Political Science Research On
Intellectual Property Law

知识产权法
政治学研究

周贺微◎著

中国政法大学出版社

2021·北京

图书在版编目（ＣＩＰ）数据

知识产权法政治学研究/周贺微著.—北京：中国政法大学出版社，2021.9
ISBN 978-7-5764-0003-8

Ⅰ.①知⋯　Ⅱ.①周⋯　Ⅲ.①知识产权法－政治学－研究－中国　Ⅳ.①D923.404

中国版本图书馆CIP数据核字(2021)第170041号

出 版 者	中国政法大学出版社
地　　址	北京市海淀区西土城路 25 号
邮寄地址	北京 100088 信箱 8034 分箱　邮编 100088
网　　址	http://www.cuplpress.com (网络实名：中国政法大学出版社)
电　　话	010-58908441(第四编辑室)　58908334(邮购部)
承　　印	北京鑫海金澳胶印有限公司
开　　本	720mm×960mm　1/16
印　　张	27.5
字　　数	450 千字
版　　次	2021 年 9 月第 1 版
印　　次	2021 年 9 月第 1 次印刷
定　　价	119.00 元

序

　　在我国知识产权法研究领域，知识产权法的政治学研究成果极少，理论研究也难以为实践提供支撑，知识产权法政治学研究似乎被有意避开。然而，当今我国知识产权法和知识产权事业的发展处于转型拐点，身处百年未有之大变局中，面临新的世界格局、变化中的国内知识创新秩序，知识产权有关的权力与利益在国际和国内层面或明或暗中涌动。《与贸易有关的知识产权协议》（TRIPs协议）制定过程中的政治成因历历在目，"后TRIPs时代"发展中国家与发达国家知识产权有关的矛盾也持续锐化，知识产权的"南北政治"及"信息封建主义"被发达国家学者阐释得较为充分，但这远远不够。实际上，从知识产权法律制度之历史发展看，发端于欧洲的近现代知识产权制度无不与政治阶层、政治势力挂钩，从英国早期著作权制度的产生即可见一斑。从当前知识产权国际保护和全球治理来看，背后的政治因素更是凸显。

　　基于知识产权法政治学研究的重要性，近些年来，国外学者对该领域的关注和研究热情不减，代表性成果也不断问世。比较而言，我国学者，包括知识产权法学者或者政治学学者，对这一主题的研究明显不够。

　　令人欣慰的是，由北京工业大学法律系教师周贺微博士撰著的《知识产权法政治学研究》一书，终于落笔并即将由中国政法大学出版社出版。该书完稿之后，本人有幸率先阅读，深感其必将大大推动我国在知识产权法政治学方面的研究，学术和学科意义重大。因此，本人欣然接受作者邀请，就该书的基本内容和特色向读者作一介绍。

　　从本书的结构来看，作者以界定知识产权法政治学的范畴为起点，分析了知识产权法政治学研究的起点、功能，进而对知识产权法政治学的局限性做出了说明。正如作者在书中表达的，知识产权法政治学的优越性仍然胜过其局限性，继而成为知识产权法政治学方法正当论的基础。接着，作者从具体制度及相关历史背景对知识产权制度进行了解构，揭示出知识产权具体制度中的政治学意蕴，可以看出行文内容尤其以知识产权制度对知识控制权的影响为主，阐述分析娓娓道来，充实而流畅。在上述基础上，作者将视野转向国际层面，提出知识产权国际竞争向知识产权国际合作转变的趋势，并结合当前国际知识产权新的政治局面和国际知识产权制度的力量阵营，提出国际知识产权法的管控与平衡。最后，作者进行了知识产权法政治学发展视角的论述，提出在人类命运共同体上建立知识产权法政治学共识，力求避免掌握权力者对知识缺乏者的控制，这当然也是当前知识分享和利用不公平的重要内容。作者还提出发展中的知识产权国家治理，并提出针对性的解决策略，包括政治学角度的功能性优化方案、知识民主化、理念的转变、制度政治共识的达成等。

从研究的特点与创新贡献来看，本书也可圈可点，兹选取几点与读者共绘：

第一，学科体系的构建。我国知识产权法政治学研究的理论和实践较为匮乏，现有方法与体系不足以为实践提供参考。本书作者构建的知识产权法政治学的框架能够为知识产权法政治学的研究提供样板。在此方面，作者在很大程度上为我国知识产权法政治学研究弥补了不足，具有极强的开拓思维和学科创新的意蕴。

第二，利用政治学分析方法对知识产权法的具体制度做了深入分析，拓宽了研究的路径和视野，有些观点、思想和见解让人"眼前一亮"。本书提出的知识控制权等利用了政治学中的权力与利益基本分析方法，丰富了知识产权法研究的层次。例如，专利权主体的雇主化扩张使得个人对知识的控制力削减，企业对专利的集中权力使得个人在知识产权秩序中的自治能力让位于强权代表，这引发了知识产权制度的危机。再如，作者在分析合理使用制度时，提出虽然西方发达国家坚持强知识产权保护，但是有些国家在转换性使用的合理使用上相当宽容，这有力弱化了强保护对人们的知识接近的负面影响。

第三，对新的知识产权政治秩序的把握较为精准。面对百年未有之大变局，国内外政治理念和秩序都在发生变化，知识产权法在国内和国际层面的重要性也较为突出。基于对"后 TRIPs 时代"知识产权法的政治学分析，国内知识产权法也呈现出结构多元化的趋势，需求也在发生变化，国际上知识产权引发的权力与利益也不再以发达国家和发展中国家来论阵营，作者进行细化分析后提出的知识产权竞争秩序转向知识产权合作秩序，具有合理性。

第四，中国特色社会主义的理念体现作者的研究理性。在当今知识产权法研究中，西方学者尤其是英文为载体的研究较占优势，他们的对话也较为强势。相比之下，中国学者的观点急需得到传达，以应对国际上对中国知识产权的误读和偏见。作者在本研究中体现出深思熟虑的理性和强烈的责任感，对中国和发展中国家知识产权利益及对话平台等制度构建的思考，尤其值得肯定。

第五，研究观点和思想能为我国知识产权法的发展及我国知识产权事业的发展理论研究和实践提供支撑。作者围绕知识产权法，从政治学角度去分析相关问题，其中明显的特色即为围绕我国国内及有关的国际背景，以中国为中心。这使得成果不仅有重要的理论贡献，还有大量的实践探讨，能够从一个崭新的视角为我国知识产权事业发展提供理论指引和实践操作范式。

除此之外，作者的研究中还涉及大量的研究素材，可为后续研究及感兴趣的读者提供一定的参考。

还值得向读者介绍的是，本书作者周贺微博士在中国政法大学就读期间是我指导的硕士生和博士生，其在攻读硕士和博士期间就体现出了强烈的学术研究兴趣和很强的科研能力。在攻读博士学位期间，她还在国家留学基金管理委员会的资助下去美国加州大学伯克利分校联合培养一年。她博士毕业后进入北京工业大学法律系工作，仍然坚持不懈地进行学术研究。看到她一步一个脚印的进步，我倍感欣慰。

当然，知识产权法政治学的研究仍然具有巨大的空间。本人在此希望作者多加努力，为我国知识产权法政治学研究贡献出更多、更优秀的作品。

冯晓青
2021 年 1 月于中国政法大学

目 录

绪 论

一、研究缘起及背景

目前知识产权法政治学研究成果在国内属凤毛麟角。从理论研究来看，知识产权法政治学研究与火热的知识产权法经济学研究、知识产权法哲学研究、知识产权法管理学研究等形成了鲜明的对比。政治本质上是在特定社会经济关系及其所表现的利益关系基础上，社会成员通过社会公共权力确认和保障其权利并实现其利益的一种社会关系，政治学是"研究政治现象及其发展规律的科学"。[1]法律是上层建筑的重要组成部分，是政治权力意志和政治权利的法定规范化。[2]法学与政治学之间本身即存在紧密的联系。实践中，知识产权法受到政治学因素影响之大与现实中知识产权法政治学研究成果之稀缺也形成了一定的反差，理论研究不充分，不能够为知识产权法的发展提供可适用的理论指导，并且知识产权法在发展道路上继续受到政治学因素的干扰，成为现实知识产权发展的困境成因之一。知识产权是一种人为的垄断权，这种垄断权从结果上来看也是一种知识"控制权"。基于激励理论的知识产权法中的权利分配机制缺乏足够的反思，知识产权法运行的监督机制有一定的缺陷，民主政治下的公众参与机制也不健全；在国际政治环境下，知识产权法政治学研究的缺失可能导致在知识资源分配规则博弈中，知识产权利益慢慢流失、知识控制权被削损。发展中国家与发达国家的理论研究不平衡和现实利益分配不平衡，与政治话语权及国际政治交往政策密切相关，在国际公约或国际双边、多边条约的制定中，如何争取知识产权利益对一个国家

---

[1] 王浦劬等：《政治学基础》（第3版），北京大学出版社2014年版，第17页。

[2] 参见王浦劬等：《政治学基础》（第3版），北京大学出版社2014年版，第19页。

来讲尤其重要。在互联网环境下，知识产权法的发展更是受到产业激励之影响，知识产权法的发展由谁来决定、政治理性如何把握、知识产权法的发展如何更为科学合理以避免更多的不理性政治影响、在知识产权法存在的情况下如何避免政策对于知识产权执法及司法的不理性对待、社会公众对知识产权法的实施效果是否有监督权等，这些问题导致当今知识产权法在国内适用的混乱及国际知识产权法的非民主带来的知识资源分配失衡。从政治学角度分析，人是非理性的，而要使得政治理性，则必须有规则规制，也即权力的分配和监督。在民主政治环境下，公众参与是常态；而非民主政治条件下，如何把握公众参与最高的"度"则成为人们面对的难题。创新激励与知识产权保护给了人们无限的期待空间，政府的激励政策是否能够产生其预期的激励效果值得质疑，激励之实施是否是知识产权造福社会的最有效途径和理性途径也不明朗，知识产权法的激励之度在哪里也很难说清，这些是现实中存在的待解决问题，从政治学角度对之进行研究将具有非常重要的实践价值。

本书在理论上将拓展知识产权法的研究空间，为知识产权法的研究提供一条实践需要的路径，丰富知识产权法的研究视角，提升知识产权法研究的科学水平。本书将在知识产权法的宏观层面提出政治学因素影响的利与弊，并展示出知识产权法中应当有的"理性"发展方向；在微观层面，将对知识产权制度设置进行研究，揭示出符合社会主义民主政治环境的知识产权法，并控制知识产权法中的激励机制，在现有及未来绿色民主政治生态环境下，更好地实现知识产权法之目标。从国内层面来看，本书能够为知识产权法的完善、知识产权相关政策的制定、知识产权法相关的政治干预、知识产权相关事务的治理、不同群体在知识产权法发展中的地位等提供一定的参考，并为我国知识产权环境优化等提供一定的建议，对我国知识产权法的顶层设计及中央与地方在知识产权事务治理上的利益分歧及其解决提出一定的见解。从国际层面来看，本书将对国际知识产权相关的政治博弈作追溯，对发展中国家和发达国家在国际知识产权利益中的"话语权"做实质分析，并对相关影响作探索。本书以我国为中心角色，在目前国际政治环境下探索对我国有利的知识产权法发展的准则和措施，以更好地为我国争取国际知识产权利益，在构建人类命运共同体的美好图景中更好地发挥我国负责任大国的作用。

笔者在此前曾对著作权法激励理论进行过一定的研究[1]，通过研究对知识产权法的价值和功能有了进一步的认识，并对知识产权法之激励有了更加深刻的理解。在人人、处处都在提倡激励创新、加强知识产权保护的今天，我们应当对知识产权法之激励作一定的审视。过度的知识产权保护是否对人类福利增加最有利，或者以人类福利增加为目标的功利主义究竟给我们带来了什么样的影响，值得审视。与此同时，不同的主体对"激励"的理解不同，也直接造成"激励"本身解释上的多元化及共识达成上的困难。以此为基础，笔者欲以识产权法的政治学分析为切入点展开研究。

二、相关文献综述

在西方国家，知识产权法政治学研究或知识产权政治是一个老问题，而在中国，基于相关词汇的敏感及我国知识产权法起步较晚等原因，知识产权法政治学研究成果非常少。这与知识产权法哲学研究、知识产权法经济学研究、知识产权法管理学研究等火热的研究现状形成了鲜明的对比。为何进行知识产权法政治学研究的人如此少？是政治学对知识产权法不适用，还是政治学相关理论及内涵在知识产权法上没有作用？笔者猜测可能有以下几个原因：首先，知识产权法与政治学或者说法学与政治学此类的交叉学科研究本就难以把握，对知识量和视野等要求较高，现有的国内教育体系培养的符合该要求的人才相对有限。而且，与已经形成显学的知识产权法哲学研究、知识产权经济学研究等相比，知识产权法的政治学研究难以吸引研究者的眼球。其次，在政治学研究上，免不了要涉及民主、分配正义、公众参与、权力分配等话题，有些人认为这些为敏感问题并予以避讳。正如有学者所言，中国作为一个大国却缺乏政治学研究成果，呼吁别人对之进行研究的人自己却不去研究。[2]也即，进行政治学研究的人本身对有些问题就有所"畏难"，更别提知识产权法政治学研究了。最后，在国际领域，知识产权公约往往与经济等联合在一起，其中的政治因素难以被单独隔离开来。因此，若非具体公约中政治学因素作用力量非常明显，政治因素将难以被人们察觉，并可能与其他内容杂糅在一起被考虑。此外，即便说政治学与法学有"联姻"，通常人

---

〔1〕 周贺微：《著作权法激励理论研究》，中国政法大学出版社2017年版。

〔2〕 参见蔡益群："中国政治学研究学术评论——兼论政治属性的理论功能与研究议程"，载《理论与改革》2012年第1期。

们想象到的也是政治学与法学或者宪法学、法理学联系更密切，知识产权法与政治学的"联姻"很容易被人忽略的现象则自然形成。但是即便如此，仍然有一部分研究成果产出，这些宝贵的研究成果能够为笔者的研究提供重要的参考与借鉴，是笔者能够完成本书的重要支撑。笔者以下对相关主要成果进行综述。

（一）国内研究成果综述

1. 跨学科的法政治学研究

在国内研究方面，将法学和政治学两个学科交叉进行法政治学研究的主要学者之一的卓泽渊（2011 年）在《法政治学研究》中认为法律具有阶级性，但是并不应当夸大阶级性。法的存在具有三个层面，分别为观念层面、制度层面、现实层面。在政治与法律的关系上，其认为，政治是法律的基础、法律是政治的规则。在法律与权力的关系上，其认为，权力是法的政治基础，法是权力的直接依据。在法与民主的关系上，其认为，民主与法律相伴而行，民主是法的政治目标，法是民主的制度依据，法补救民主的失误。其认为，正义是法律和政治的共同目标，政治必须以法律来规制，以便其合乎正义。蒋德海（2014 年）在《法政治学要义》中，以民主、治权为中心，展开了如何把政治行为关进"笼子"的研究，也即把政治行为法治化，将公共事务管理的行为规范化、制度化，保障公民参与公共事务管理的权利。蒋海德还反对将政治直接等同于阶级斗争，主张要把正当的利益诉求与阶级及其斗争分开。

2. 知识产权法政治学研究

将法政治学的镜头聚缩到知识产权法政治学研究范围，笔者将该研究领域综述分为知识产权法政治学理论研究、知识产权政府治理角色定位研究、公共政策角度的知识产权法政治学研究、历史视角下的知识产权法政治学研究、知识产权与人权视角下的知识产权法政治学研究及知识产权法国际政治学研究等分别予以阐述。

（1）知识产权法政治学理论基础研究

陈凡、王太平（2007 年）的《知识产权的政治学》一文在介绍西方学者对知识产权进行政治学或政治经济学分析的基础上，论证了我国知识产权的政治学分析之必要，认为研究知识产权政治学能够使我们认识到国际公约、知识产权国内立法会受到利益集团的影响，并认为知识产权因具有边界不确定性而更容易被人利用。作者言下之意即知识产权制度容易被政治左右并被利益集团控制。梁志文（2010 年）在《政治学理论中的隐喻在知识产权制度调适中的运用》一文中提及"杰斐逊难题"并认为其一直提醒着立法者，知识产权的扩张是否超出了社会所必须承受的"必要之恶"。文中也提及了圈地运动式的知识产权制度的极度扩张，并引用学者观点，也即从效率方面论证思想的圈地运动之合法性是不可靠的，作为公共产品的无形财产并不存在使用消耗问题，知识产权的合法性只能是为了激励创新而创设的临时垄断权；思想圈地运动在国际领域同样存在，采取统一的世界标准是忽略大多数国家当地需求、国家利益、技术能力、教育水平和公共健康条件的表现，会降低单个国家立法的自主性，使发生在发达国家的思想圈地运动得以在全球拓展；同时，这种私权实质上是人们生活的控制权，这种国际圈地运动迅速削弱了国家的控制能力，将人们的生活置身于大企业而不是单个科学家或作者的控制之下。当代知识产权制度是一种具有内在掠夺性的、服务于西方资本和帝权、王权概念的力量，专利制度的文化、社会、经济、法律根基限制了保护发展中国家的功能，却使盗用其生物资源和传统知识成为可能；高强度的知识产权制度导致了健康悲剧等人权困境；在西方话语权下，否定传统资源保护的理由是一种价值偏见，主权国家建立传统资源的积极性权利，即制定产权安排的制度，并不存在理论上的障碍。作者认为一些国际公约中体现的精神是政治学理论中隐喻所产生的巨大说服力的表现；知识产权政治学理论主张者并非反知识产权者，应当时刻对知识财产的垄断保留警惕之心，以防止对人类创新活动的可持续性造成障碍；原著团体和弱势群体对权利的声明，是要改革知识产权制度以保护其知识产权利益，是呼唤法律对利益分配的重新博弈过程。2004 年 9 月 19 日，中国共产党第十六届中央委员会第四次全体会议上正式提出了"构建社会主义和谐社会"的宏伟目标，并将之作为执政的战略任务。在我国提出"和谐"政治概念之后，张德芬（2007 年）在《知识产权法之和谐价值的正当性及其实现》一文中提出知识产权法应当超越传统的正义与效率价值，以"和谐"为最高和最终价值。

（2）知识产权政府治理角色定位研究

知识产权的治理属于公共事务治理的一部分，政府或者其他机构在其中担任的角色对于知识产权政治学研究较为重要，能够为知识产权法的政治学研究提供借鉴。张梅（2006 年）在其博士学位论文《政治学视野中的中国版权保护问题研究》中，从政治学出发揭示了版权保护与保障人权之间的辩证关系，保护版权的同时应当尊重与保障人权；政府应当与市场、社会组织共同协调保护版权，强化政府在版权保护中的责任关键不在于建立各种各样的监督制度，而在于通过提高制度的有效性推动政府部门及官员以公共精神完成公共事务；我国应当建立多元化的版权管理体系，建立版权信用服务体制；应当建立、培养、发展版权文化，版权是对人类智力创造活动从产权角度进行激励的制度，文化产业与版权产业是包含与被包含的关系，文化管理包含版权管理，文化产业机制的运行应当将版权盘活；我国版权保护战略定位应当为支撑产业化、提升竞争力，版权战略应当定位为立足国情、面向世界。该文主要是对版权保护及版权管理方面的论述，其中的政治学角色主要集中于政府管理，并附有人权和版权保护的论述。刘雪凤（2011 年）在其博士学位论文《知识产权全球治理视角下 NGO 功能研究》中提出知识产权全球治理打破了传统公共部门和私人部门二分法的思维模式，非国家行为体的参与互动使得知识产权系统主体能够呈现多元化趋势，并在主体上提倡社会主体参与，尊重公民社会的权威，将全球公民社会看作决策的权威来源。这些观点将为知识产权法的政治学研究之政府治理及民众参与部分提供一定的参考。

（3）公共政策角度的知识产权法政治学研究

公共政策相关的决策是国家行为，在一定程度上仍然属于国家治理部分，但是从政治学上看，这一部分可以单独列出，以便更好地理解影响公共政策做出的政治因素及其对社会发展的影响。孙运德（2008 年）在其博士学位论文《政府知识产权能力研究——基于知识产权制度的公共政策视角》中通过对政府知识产权能力进行界定，并对政府知识产权能力与政治制度、政治文化之间的关系进行研究，认为公共政策是促进创新、维护国家利益、推行强权政治的工具，并认为我国应当增强政府知识产权能力，政府知识产权能力建设需要政治文化。在对美国公共政策做了研究的基础上，其认为公共政策是促进创新、利益平衡、构建创新型政府、制定并实施国家知识产权战略、努力构建中国知识产权文化的重要工具。

知识产权公共政策的重要性，也与国家知识产权制度及其运行机制有极大的关联。知识产权问题，并非仅仅依靠知识产权法律就能够完全解决。知识产权法对知识及知识创新的分配功能的有限性，间接决定了除了法律之外，公共政策及政治文化等软法或可在知识产权的功能促进上提供工具。公共选择也是政治学上的观点，其认为人类社会由经济市场和政治市场组合，而人在两种不同的场合中做出不同的选择也是不可信的，也即政治经济截然对立的"善恶二元论"是不能成立的，这也是政治经济学构建的基点所在。[1]在知识产权法领域，公共选择与公共政策的形成密不可分。政治文化环境及氛围为知识产权法在各国家及地区的形成增添特殊色彩，有些地方对知识产权制度的坚持或排斥，从一定程度上可以说是知识产权政策的公共选择的构成表达。

（4）历史视角下的知识产权法政治学研究

直接从政治对我国知识产权法的影响角度出发的研究成果目前欠缺，但是有从历史角度出发对我国知识产权法进行研究的成果，这些成果中包含了部分政治因素或政治学因素对我国知识产权法发展的影响，值得参考借鉴。如李明山（2003 年）主编的《中国近代版权史》从清朝政权对版权者权利的禁锢等角度，用历史手法研究了政治对版权制度发展的影响；左旭初（2005年）的《中国商标法律史：近现代部分》则从历史角度研究了近现代的一些历史事件对我国商标法律制度的形成所产生的影响；杨利华（2012 年）的《美国专利法史研究》提及了美国长期的"亲专利"政策；汪娜（2016 年）的《近代中国商标法制的变迁：从寄生到自主的蜕变》描述了近代商会等参与者力量对商标法制的推动作用；李雨峰（2006 年）的《枪口下的法律：中国版权史研究》研究了版权宪法进路（可参考其 2012 年的《著作权的宪法之维》）；黄海峰（2011 年）的《知识产权的话语与现实——版权、专利与商标史论》则从全球知识产权制度的发展历史出发，探索了推动知识产权法律制度发展的社会力量，包括国家、商人与公众之间的关系，其中便包含政治因素。这方面的作品较多，为笔者进行知识产权法政治学的研究提供了丰富、翔实、多维的知识产权法发展的历史背景参考。

（5）知识产权与人权视角下的知识产权法政治学研究

人权是政治学中的一个重要议点，其反映的是人备受尊重、人之所以为

---

〔1〕 参见［美］詹姆斯·M. 布坎南：《自由、市场与国家——80 年代的政治经济学》，平新乔、莫扶民译，上海三联书店 1989 年版，第 29~40 页。

人的社会评价机制及结果。在知识产权法领域，知识产权与人权研究颇受欢迎，成果也较丰富。郑万青（2006 年）在《全球化条件下的知识产权与人权》中描述了全球化过程中知识产权的权利扩张图景，并以人权条约产生、发展和人权本身的演变轨迹考察了全球化条件下人权的成长情况，对知识产权是基本人权提出了质疑，并尝试探求知识产权全球治理的人权进路。王渊（2011 年）的《现代知识产权与人权冲突问题研究》以人权与知识产权之间的冲突为视角，揭示冲突表现包括知识产权主体扩展、知识产权客体扩张、知识产权内容增多、创造性与实用性标准降低和保护期限的延长等方面与社会公众的人权相冲突，在实践中表现为知识产权与生存权、发展权和集体人权等不断发生冲突，最后提出将国际民主的社会作为未来知识产权发展的背景等设想。从国际公约角度探讨知识产权与人权冲突的论文也非常多，如吴汉东（2003 年）的《知识产权的私权与人权属性——以〈知识产权协议〉与〈世界人权公约〉为对象》，宋慧献、周艳敏（2004 年）的《冲突与平衡：知识产权的人权视野》，张乃根（2004 年）的《论 TRIPS 协议框架下知识产权与人权的关系》，严永和（2005 年）的《论传统知识知识产权保护的正当性——以人权为视角》，杨明及肖志远（2005 年）的《知识产权与人权：后 TRIPS 时代的知识产权国际保护》，黄玉烨（2005 年）的《知识产权与其他人权的冲突及其协调》，郑万青（2007 年）的《知识产权与人权的关联辨析——对"知识产权属于基本人权"观点的质疑》，王培舒（2007 年）的博士学位论文《知识产权与人权的联系、冲突与协调发展》，衣淑玲（2008 年）的《国际法视角下知识产权与人权关系之探讨——以〈TRIPS 协定〉为中心》，郑万青（2009 年）的《论知识产权国际保护中的人权问题》，高兰英（2014 年）的《知识产权的人权危机：冲突与协调》等。人权与知识产权之间的冲突研究体现得非常明显，一般认为过分强调知识产权影响人权保障。

（6）知识产权法国际政治研究

从国际政治方面对知识产权法进行研究的成果比较少，但是现有成果已经为笔者的研究打开了一定的视野。吴汉东、郭寿康（2010 年）主编的《知识产权制度国际化问题研究》通过对知识产权国际保护新体制与国际贸易、知识产权国际保护与人权问题、知识产权国际保护与遗传资源问题、知识产权国际保护与文化多样性问题等进行探索，展示了发展中国家与发达国家的立法动力并对其间的政治博弈有一定的介绍。杨健（2013 年）在其博士学位论文《知识产权国际法治探究》中认为一国政治制度的合法性依赖于法律本身的合法性，而法律的合法性危机自然也会动摇政治的合法性，若国民对国家政权的认同感被普遍消减甚至被摧毁，那么该国法律政策的适用性会被降低，甚至等同于一纸空文，社会也会陷入一定的混乱，而法律的基础性价值之秩序价值也将消失。该文还论证了国际法治的必要性和合理性，进而在基因遗传资源、传统知识、文化多样性等知识产权国际保护方面提出了相关问题的解决路径，并提出我国应当采取的措施，其中蕴含了一定的政治因素考量。刘银良（2014 年）的《国际知识产权政治问题研究》是难得的优秀研究成果之一，作者主要考察中美之间 19 世纪后期至 21 世纪初期的知识产权相关冲突及其历史背景，即国际知识产权保护演化历程，特别是美国利用"特别 301 调查"与"337 调查"展开政治博弈对我国的影响，并在最后提出了我国面对国际知识产权政治发展之策略。

（二）国外研究综述

国外关于知识产权法的政治学分析或者将知识产权相关微观层面从政治学角度来分析的成果不少，甚至可以说这一问题在国外是一个"老问题"，但是该问题仍然是一个"难解之谜"，其被发达国家熟练运用而形成的知识产权研究成果同样作为政治性工具的一种，增强发达国家的知识资源控制力。在国外有人提出知识产权法政治学之称呼，为国外的知识产权法政治学的研究提供了一种科学权威式的研究环境。马克思和恩格斯在《共产党宣言》中认为，法是阶级意志的体现，而意志是由该阶级的物质生活条件决定的。威廉·M. 兰德斯（William M. Landes）、理查德·A. 波斯纳（Richard A. Posner）（2003 年）在《知识产权法的经济结构》第 15 章中运用公共选择理论分析了导致扩张性知识产权法律规则形成的政治行为和政府行动的经济原因。作者认为最近几十年的知识产权法的体系及其扩张，只能通过政治过程中的公共利益与公共选择理论结合方可得以解释，并认为需要将政治和意识形态因素加入其中，且有必要把以往某些文献中就立法机关与法院在效率导向上所做的清晰区分变得模糊一些。言下之意，知识产权的扩张并非政府行为的结果，而是相关知识产权人从中推动的结果。作者运用的更多的是政治经济学分析法，在其中含有不少经济学分析成分，笔者认为从中同样可以得以启发。值得一提的是，关于知识产权法的政治经济学分析在国内成果非常多，但是政治经济学分析从根本上来讲更贴近经济学分析法，并不是笔者关注的重点内容，因此在相关文献综述中占据比例有限。

罗斯玛丽·J. 库姆（Rosemary J. Coombe）（1991 年）在《财产的客体与政治的主体：知识产权法与民主对话》（Objects of Property and Subjects of Politics：Intellectual Property Laws and Democratic Dialogue）一文中分析了知识产权与民主之间的关系。作者借助巴赫金（Bakhtin）的对话理论认为知识产权与民主之间存在以符号标榜利益的互动，在知识产权扩张的过程中我们应当考虑符号的法律构成。许多对知识产权的解释通过肯定企业行为者，唤起财产权概念单一性的控制含义来压制对话。如果主体和客体都是由文化构成的、我们赋予含义的符号，那么我们需要抵制性地考虑法律文化和商品文化形成的政治之间的关系。

詹姆斯·博伊尔（James Boyle）（1997 年）在《知识产权政治：网络环保主义?》（A Politics of Intellectual Property：Environmentalism for the Net?）一文中提出了"知识产权政治学"。作者在文中指出，在信息时代需要政府审查，为防止形成一套硬化的规则以及大量知识产权的持有人，我们需要知识产权政治，并认为一个成功的政治运动需要一套（推广）分析工具，周围的政治联盟可以建立共同的利益，也即公共利益。因信息的拥有不同而导致社会分化并辅以道德渲染，结果信息拥有者控制了信息缺乏者，是否尊重知识产权已经不是简单的守法与否的表现，而是沦为道德上的高低，道德分化的制造者显然是信息的拥有者。针对此种情形，作者对集体形式的政治寄予希望。

彼得·班克亚（Peter Bankia）（1997 年）在《知识产权法背后的政策与政治》（Policy and Politics Behind Intellectual Property Laws）一文中认为，在互联网环境下，知识产权不再受地域限制，但是知识产权的保护要看是谁建立的保护体系，以确保必要的权利；版权所有者行使权利受到地域限制；版权集体协会是比较重要的，它们向著作权人群体收取费用并代为行使一定的权利，但是与过去不同，它们需要走出去向人们兜售它们的服务。

苏珊·K. 塞尔（Susan K. Sell）（1997 年）在《权力与思想：知识产权与反垄断的南北政治》（Power and Ideas：North-South Politics of Intellectual Property and Antitrust）一书中结合全球政治、知识产权外交及反垄断的政治背景，将关注点放在了发展中国家和工业化国家之间的关系上，被认为填补了学术和政策文献的空白。作者在书中分析了南北政治和知识产权外交、反垄断两个时代，前一时期充满了技术转让、限制性商业惯例和知识产权保护行为等谈判，后一时期则侧重于发展中国家的反垄断策略的蔓延、美国利用强制外交寻求知识产权保护及乌拉圭回合谈判。

玛达维·森德（Madhavi Sunder）（2000年）在《知识产权与身份政治：玩火》（Intellectual Property and Identity Politics: Playing with Fire）一文中认为，身份政治的壮大会加深文化的同质化，知识产权将成为越来越诱人的控制和保护文化的手段，过强的知识产权保护等同于玩火。

斯蒂芬·希尔加特纳（Stephen Hilgartner）（2009年）在《知识产权与新兴科技的政治：发明者、公民和塑造未来的力量》（Intellectual Property and the Politics of Emerging Technology: Inventors, Citizens, and Powers to Shape the Future）一文中认为，往往知识产权的对话并不是针对激励创新的问题，而是聚焦在谁能够掌握技术及实现目标上，也即对知识控制权的掌控往往成为知识产权对话的本质内容。以专利为例，专利权不仅决定了专利权人可以直接以专利权控制专利的授权等，而且专利权还是专利权人用以控制与之有关的社会关系的工具。公众对知识产权政策的争论将仍然是当代政治的一个持续特点。传统的学说强调创新、专注于一个相对狭窄的群体论证不足，应当在决定未来的技术和社会秩序的塑造中考虑民主代表的问题。各国需要在知识产权领域内进行创造性的制度调整，在新兴技术和新兴政治交织的世界中保持民主价值观。

格雷姆·奥斯汀（Graeme W. Austin）（2005年）在《知识产权政治与版权所有的国际私法》（Intellectual Property Politics and the Private International Law of Copyright Ownership）一文中认为，面对可能是明智的政治问题，制定适当的法律是重要的，特别是急需的国际知识产权私法，但是这也会有更广泛的政治担忧。

艾米·卡普辛斯基亚（Amy Kapczynskia）（2008年）在《知识接近运动与知识产权新政治》（The Access to Knowledge Mobilization and the New Politics of Intellectual Property）一文中认为，知识产权法今天已经是大众动员的对象，世界各地的运动人士反对强知识产权法，他们为了反对信息的专有权而合作发展新规则。信息共享空间和获取知识等新的挑战强调程式化的集体行动理论，假定社会行动者都有固定的限制的利益。

杰茜卡·利特曼（Jessica Litman）（2009年）在《知识产权政治》（The Politics of Intellectual Property）一文中认为，在互联网时代努力修复混乱的版权战引发的问题远多于它所解决的问题，由此导致更加不明智和不切实际地回答这些问题。哈姆斯法官（Hon. Justice L. T. C. Harms）（2012 年）在《知识产权法政治》（The Politics of Intellectual Property Laws）一文中指出，世界贸易组织的决策在 2001 年多哈部长级会议之后似乎停止了，知识产权全球治理成了一个问题。作者在文中举了一个例子：知识产权法是一艘豪华的轮船，船员是担负巡航的知识产权持有人。船长在忙着更有趣的事情，而非掌舵。船长没有给船员航海图，船靠近岩石是随时可能出现的事情，即便船撞上了岩石，船长也不关心，因为他能够像老鼠一样在察觉危险后第一时间跳船。这也就意味着，人们不再相信制度的时候就是制度结束的时候，没有任何办法能够让它继续下去。

有意思的是，在国外知识产权法政治学分析中，有一部分是对中国知识产权法政治的研究。安德鲁·C. 莫萨（Andrew C. Mertha）（2007 年）在《盗版政治：当代中国的知识产权》（The Politics of Piracy：Intellectual Property in Contemporary China）一书中认为中国是国际经济的参与者，知识产权执法不断面临国际压力，外在压力对中国复杂的行政机构决策和执法直接影响不大，反而是中国的持续压力使得国外企业花费更大的力量在中国保护知识产权。

在知识产权法的政治学分析中还有一部分学者关注欧盟立法和执法。M. 霍腾（M. Horten）（2011 年）在《版权执法之谜：互联网政治与"电信套餐"》（The Copyright Enforcement Enigma：Internet Politics and the "Telecoms Package"）一书中描述欧洲错综复杂的版权执法政策的发展，互联网、电信政治是如何影响知识产权立法的以及电信法的修改等，欧盟政策框架下游说团体的力量等对欧盟相关政策的影响在此有非常翔实的阐释。这为笔者的研究提供了一定的历史背景参考。本杰明·法兰德（Benjamin Farrand）（2015 年）在《数字版权法和政策中的权力网络：政治突出、专业知识和立法过程》（Networks of Power in Digital Copyright Law and Policy：Political Salience, Expertise and the Legislative Process）一书中通过对欧盟版权执法中的行业代表、跨境许可、地域限制等问题进行探讨，阐释了数字环境下法律和政策的权力网络，在政治性、专业知识和立法过程三方面体现了著作权法和复杂网络之间的连接关系。

同时，瓦尔博纳·穆扎卡（Valbona Muzaka）（2011 年）的《知识产权政治与药品接近》（The Politics of Intellectual Property Rights and Access to Medicines），普雷斯拉瓦·斯图耶娃（Preslava Stoeva）（2013 年）的《世界政治中的新术语和知识：保护人民、知识产权和环境》（New Norms and Knowledge in

World Politics: Protecting People, Intellectual Property and the Environment)，雅利·弗里德曼（Yali Friedman）（2008 年）的《生物技术构建：商业、法规、专利、法律、政治与科学》（Building Biotechnology: Business, Regulations, Patents, Law, Politics, Science)，比尔·赫尔曼（Bill D. Herman）（2013 年）的《数字权利的斗争：版权与技术的政治》（The Fight over Digital Rights: The Politics of Copyright and Technology)，远矢浩规的（2002 年）《国际政治学中的知识产权》（国际政治学と知的财产权）、（2013 年）《知识产权摩擦的构造：发达国家与南北之间的国际利润转移》（知的财产权摩擦の構造 一先進国間·南北間の国際利潤移転)，冈本至（岡本至）（2006 年）的《TRIPs 协议的国际政治学：预备的考察》（TRIPs 協定の国際政治学：予備の考察)，西村桃子（西村 もも子）（2007 年）的《TRIPs 协议缔结的政治过程分析》（TRIPs 協定の締結をめぐる政治過程の分析)，京俊介（2011 年）的《著作权法修改的政治学：战略互动的政策结果》（著作権法改正の政治学：戦略的相互作用と政策帰結）等均为笔者的研究提供了一定的参考。

（三）对现有文献的评价——知识产权法政治学研究上的"成与诚"

需要说明的是，因为语言有限，检索文献主要限于中文、英文文献，对其他语言形成的文献并未做全面检索。目前对知识产权法政治学的研究热度在国内不是很明显。国外的研究持续时间较长、成果较多，主要是以美国为首的发达国家学者对此方面具有很高的热情。国内外研究呈现出一定的特点：首先，对国际公约制定过程中的政治因素作研究的比较多；其次，美国的研究成果对中国的政治因素研究较多，普遍认为中国的复杂政治对知识产权的保护有无规律的影响；再次，从人权角度来研究知识产权的较多，呈现出公共健康等社会公共利益在知识产权法中如何体现的问题；最后，日本方面的研究呈现出更加多元化的趋势，并没有针对性地研究中日之间的知识产权政治冲突。

现有成果为知识产权法政治学研究提供了一定的基础，如在知识产权权利资源配置上，目前研究成果较多；在知识产权执法、政府对知识产权的治理特别是版权治理方面的政府角色研究也较受人青睐；有的成果从民主和公众参与的角度进行研究；从历史角度研究的，对历史事件做了全面分析，其中的政治学因素读者可以慢慢探寻。可以说，目前的文献研究为知识产权法政治学研究提供了非常丰富的参考素材。不过，应当指出，这些研究成果并非十分理想，笔者试从以下几个方面来总结。

第一，国内与国外研究热度形成鲜明对比，我国缺乏对知识产权法政治学研究的热情及成果。从政治学视角研究知识产权法对知识产权法的发展十分重要，从历史维度即可察觉一二，但是我国此方面的成果非常有限。在发达国家学者通过政治学研究知识产权法的发展并为其争取更多的知识产权国际利益时，我国不应当在此方面落后。因此，我国应当加强此方面的研究，并有针对性地应对国外强权政治造成的中国知识产权利益的"被迫流失"。

第二，应当均衡研究视角，平衡政治学研究方法。在目前的研究中，可以看到知识产权法政治经济学方面的研究成果、知识产权与人权之间冲突的研究成果多如牛毛。如果说理论研究应当结合实际的话，那么在某些方面可以有所放缓，转而拓展新领域、新内容。政治学内涵丰富，不仅包括政治学理论和政治制度，还包括很多附随的小分支，因此，充分利用政治学中的内容对知识产权法作综合中立的科学考察是非常有价值和值得期待的，这样也可以避免在方法上的单一造成研究结果的偏失。而且，在知识产权方面，研究成果显示出对版权和专利的偏爱，很少提及商标，这也是一个重要的问题所在。

第三，研究成果关注的更多的是冲突与问题，对政治学与知识产权法之间的正向关系缺乏研究。政治为知识产权法带来的并不全是利益损耗。知识产权法的政治学分析不应当局限于两者之间的负面影响上，还应当在现实存在的二者之间的正向激励或促进作用上作研究，并应当以建立健康良好的作用机制为目标。从目前来看，相关研究相对有限。

第四，着眼于国际层面的成果较多，着眼于国内、微观制度设计的较少。在国内政策研究方面，对于国内政治对政策的影响的研究也较为有限。之所以较少，可能与我国知识产权法是一种"输入"型的制度有关，而不是像美国等发达国家一样，它们的知识产权法是一种"输出"型的制度，国际公约中的知识产权制度部分来源于它们的国内法。从微观层面着手，或许是知识产权法政治学研究最有价值的一面。例如，在制度设计上，政治学上追求民主，其在知识产权法中的体现及制度优化值得深入探讨；再如，在知识产权法的立法、执法、司法过程中，政府角色的全程影响如何，也是知识产权法政治学研究的重要微观视角。

第五，知识产权法相关事务如何实现公共治理是一个值得深入研究的话题。谁来决定公共治理是一个民主的话题，对此方面的研究需要进一步拓展。同时要确定权力从何而来，并对权力分配与知识的掌握进行附带分析。即便是从知识产权法的本质内容来讲，知识产权制度也是一种对知识进行私权划分的制度，知识产权带来的知识控制权上的汇集会给人们的生活带来重要的影响。因此，从知识产权治理方面对之予以研究，不仅具有理论价值，还对知识控制权民主化具有实践要义。

知识产权法政治学的现有研究具有两大缺憾：第一，该领域研究过于笼统，过于关注国际（全球的和区域的）规则和法律规定的冲突，而非分析国内知识产权正在发生的事情。第二，政治意义上没有足够理论化，对于知识产权政治如何被不同的动态和逻辑贯穿缺乏关注。[1]政治学的实践告诉我们，必须寻求一个理性的制度来规制不理性的政治，而不理性的政治对制度运作带来的不良影响应当尽力降到最低。对于知识产权法的政治学分析而言，笔者认为，最终应当寻求一种良性循环的理性互动，以期建立民主可行的治理环境，增加社会福利，促进人类协同进步中知识产权法朴素功能的发挥。

知识产权法的命运及走向与发达国家的态度和行动有紧密的联系。传统理念上的发达国家的霸权主义思想为国际层面的知识产权制度带来"灾难性"的问题，知识接近差异化导致的贫富差距拉大直接决定了发达国家与发展中国家在发展问题上的不平等待遇。以发达国家为主的研究成果并没有一味为发达国家的行为背书，而是有大量的反思甚至批评的声音，这对整体知识产权秩序的发展是有极大帮助的。以知识共享为核心要点的呼吁，以知识免费为基点的认知，以全球互助式发展为路径的倡导等，预示着社会朝向"反霸权主义"发展的趋势。这将为我国及其他发展中国家在未来探索更成功的知识资源分配方式及知识控制权的争取、人类社会发展的长足进步提供良好契机。

三、研究思路与方法

（一）研究思路

本书的主要思路为，从政治学方面论证为什么人类需要知识产权法，目

---

[1]　See Sebastian Haunss & Kenneth C. Shadlen, "Introduction: Rethinking the Politics of Intellectual Property", in Sebastian Haunss & Kenneth C. Shadlen eds. , *Politics of Intellectual Property: Contestation over the Ownership, Use, and Control of Knowledge and Information*, Edward Elgar Pub, 2009, p. 2.

前知识产权法面临的困境，为解决这些困境我们应当构建怎么样的知识产权法及其原因和机理。根据知识产权法的实体框架，基本可以将知识产权法分为国内知识产权法和国际知识产权法。国内知识产权法指的是限于某国家之内的知识产权法，这类知识产权法具有国内法特点，国家与国家之间因为发展阶段及政治目的和政治行为方式不同，某些政治价值在其国内也有不同的意义和分量。基于此，国内知识产权法具有鲜明的本土特异性。国际知识产权法不仅包括知识产权国际公约，也包括不同国家之间签订的知识产权双边协议、多边协议、区域协议等多形式的知识产权协议。国际知识产权法充满了国家与国家之间的谈判力量的对比、博弈色彩，甚至在多种场合出现以牺牲知识产权利益"换取"经济贸易机会的现象。国际知识产权谈判中出现的"弱肉强食"现象已经在某种程度上危及一些发展中国家的知识产权利益，对其长期发展极其不利。与此同时，一些不发达国家的经济发展依旧十分落后，其在此背景下是否有必要贯彻当今世界普遍提高的知识产权标准仍值得质疑。实质平等在此凸显出现实价值。本书在二元论证的基础上，对知识产权法的发展提出理想的模式，并着重从政治学视角探索知识产权法中的政治理性及其实现路径。

知识产权法发展至今，是以利益为基础的"博弈/斗争"历程的冰山一角。知识产权法所包含的利益被某些群体掌控，其与政治学有着天然的联系。在知识产权法发展历程中，政治要素发挥了重要作用，对知识产权法从政治学角度进行研究不仅能够破除以经济发展为中心的假象，还可以从政治本质来探索知识产权法的发展实质是科学合理的，知识产权法的发生、发展是政治作用的结果，从社会治理来讲，知识产权法的存在具有正当性。知识产权法与政治制度有着紧密联系，政治制度直接决定了知识产权法的模型和模式，知识产权法带来的政治、经济、文化、科技利益促进政治制度的优化，并从根本上为政治制度的发展提供软性环境保障。知识产权法与政治制度具有互动作用，政治摩擦也在一定程度上使知识产权法朝向其政治目标发展。从政治学要素上来讲，知识产权法是政治事件的结果，知识产权法是国家治理的一部分，知识产权事务关涉所有社会公众，在民主社会应当赋予民众以相应权利，因为知识与政治的控制权掌握在不同人手中削弱了知识产权法的社会效果，可能不是最理想的结构模式，但是将知识与政治的控制权集中到相同的阶层及人群，同样可能带来知识控制权分化上的灾难性的后果。从国际视野来看，知识产权法相关利益牵涉人权、表达自由等因素，知识产权利益分配被发达国家主导，发展中国家知识产权利益有一定的损失，在国际政治话语权决定知识产权利益时，应当有国际机构辅助发展中国家做努力、优化国际知识产权利益分配方案及国际知识产权治理环境。在政治学视角下，知识产权法受到政府的支配力量干扰，国家顶层设计应当给予知识产权法自由空间，不应当过于频繁发布政策，不理性引导创新创造秩序。在知识产权立法、执法和司法环节，应当严格遵守法律，不应当政策"大于"法律，而应当政策辅助法律，只有如此，才能够最严格地控制政治不理性带来的负面效应。同时，应当赋予民众以监督权利，使其在知识产权法的发展中掌握一定的表达权和决策权，避免国家和利益集团联合损害社会公众的利益。

（二）研究方法

第一，本书研究对象为知识产权法政治学，其中最为关键的是政治学分析法。本书利用政治学相关概念、原理、理论分析知识产权法之正当性及知识产权法国内、国际的形成和作用机制，利用政治学中的权力、民主政治、民主参与、表达权等审视知识产权法微观制度设计；在知识产权国际公约方面，通过国际上知识产权政治相关历程及事件，利用国际政治相关趋势及国际政治策略来解读及预测未来健康的知识产权国际政治秩序。

第二，在相关问题的论述中，本书从知识产权法的历史发展脉络及相关具体历史事件进行分析，关注政治学上知识产权制度产生的正当性及政治是如何促成知识产权的产生与发展的，并对知识产权法可能存在的政治影响做探索。

第三，本书利用经济学相关内容对具体问题作部分阐释，对政治利益考量、分配正义等作经济学上的探索，揭示知识产权法的政治选择标准和政治不理性对知识产权法发展的不利和政治理性为知识产权法带来的红利。在部分内容中，也含有对效率价值的衡量。

第四，国际视野下的知识产权法政治学研究将研究视野拓展至国际层面，对不同政治环境下知识产权法的形成和适用作对比分析，并对不同历史时期政治力量变化中的知识产权国际公约作比较分析。

四、主要研究内容

基于以上研究思路及对相关问题的梳理，本书的主要内容为：

第一，对知识产权法政治学分析方法的正当性阐述。该部分以知识产权法的激励理论为主要比较对象，探讨知识产权法政治学研究的优势及其局限性（其中包含知识产权法在政治学上的属性），进而论证知识产权法的政治学功能。

第二，结合现有理论与实践，揭示出扩张性知识产权在现实中的历程及表现，其中的"圈地"行为及对知识的"集权化"行为都在削弱知识产权法本身的政治学朴素价值。对商标法领域言论自由的扩张性解释，同样服务于知识产权的扩张及其中的霸权主义思想，这也带来了很多负面影响。所谓的"致力于"解决穷人贫困问题的地理标志等，实践也体现出知识产权扩张理念下对贫困地区知识资源的攫取，这些问题也相当严重。知识产权中的扩张不仅体现了知识资源分配规则中的不公平机会和程序，还直接影响了知识学习及对知识接近的差异化现实。

第三，从现实及相关理论来看，发达国家在知识产权上的发展先机为它们把控知识产权规则提供了基础，发达国家跨国公司在全球收集信息并通过游说等方式影响其规则制定者，从而制定出对其有利的或者以其发展为目标的知识产权规则。这是制约发展中国家对知识有效接近的重要障碍之一。从知识这一公共产品及对其人为制定的有限垄断来看，知识的多样化及人类共同发展理念之下的牺牲补偿理念、人权保障等价值应当超越知识产权这一"权利"，在某些场合对知识产权予以有限的限缩，以打破知识产权逐步扩张带来的知识接近障碍造成的人类发展困境。

第四，国际层面的知识产权制度形成是发达国家有效"输出"、发展中国家有效"输入"的过程。在此过程中，国际知识产权规则与知识产权国际秩序形成了较为强烈的竞争态势，这种态势是"霸权主义"作用的结果。但是，随着自由贸易协定的流行及某些发达国家在相关知识产权国际组织上的"黏性"松动，未来国际知识产权规则的形成、知识产权国际秩序的构建可能会有"双刃剑"效果，也即过去 TRIPs 协议对国际知识产权"一刀切"的做法或许存在一定的民主不足问题，但是自由贸易规则的流行做法或许并不比"一刀切"的做法更民主，其中的博弈悬殊地位或许将产生更多的知识接近失衡、知识资源分配差异化严重等问题。

第五，为解决知识产权扩张及其导致的知识控制权集中化带来的人类发展不平衡的问题，有必要建立人类命运共同体理念之下的政治认知共识，并从知识民主化路径予以解决。为了达到此目标，必须在知识产权事务治理中明确政府的角色，协调中央与地方在知识产权事务治理方面的功能衔接，构建参与式民主的知识创新和利用秩序。在未来的绿色政治生态环境预期之下，应对相关的理念给予足够的重视，构建以知识民主化为目的的知识产权民主化路径。

特殊说明：由于"知识产权"词语本身和内容的庞杂性及易变性（variegated），[1]在本书撰写过程中，有些政治学分析适合集中讨论的则集中讨论，否则分别列明进行讨论。因此，本书虽有统一知识产权法结构之名，实则某些地方具有"分知识产权法"内容之意涵。除特殊说明之外，知识民主化、知识控制权、知识资源的分配等中的"知识"指的是知识产权语境下的知识，与知识产权、知识产权法中的"知识"内涵一致。这也并不否定知识产权语境之外的知识所产生的政治学问题，但是其并不是本书研究的主要对象。

五、本书创新之处

在研究方法上，本书具有创新之处。目前从法哲学、法经济学、管理学、历史学等不同角度研究知识产权法的成果丰富，但是从政治学角度分析知识产权法并进一步解决相关理论与实践问题的成果较少，且随着知识产权国际秩序与国内秩序的发展变化，其中的政治学理念也在潜移默化中发生转变。本书将政治学相关理论和实践用来分析并解决知识产权法中的理论与实践问题，无疑是研究方法上的重要创新。与此同时，在知识产权法学研究领域的拓展上，本书研究视角也可以作为一个突破。从目前研究成果来看，知识产权法的政治学研究成果凤毛麟角，希望本书在此领域能够有所建树，拓展知识产权法研究的外延。知识产权法政治学研究是一种交叉学科研究方法，在这一点上，本书的方法创新还在于推动知识产权法与其他学科的交叉研究上。

在内容及观点上，本书有以下几点创新：第一，法律的形成是权力行使的"果实"，知识产权法是权力作用于知识分配实践的结果，本书以此在知识与权力之间进行嫁接，提出知识产权法是分配知识控制权的依据。第二，与其他法律相比，知识产权法涉及更多的是与创新成果有关的内容，与知识紧

---

〔1〕 See Peter S. Menell, "Intellectual Property and the Property Rights Movement", 30 *Regulation* 36, 42（2007）.

密联系的法律在促进国家科技文化进步方面的作用更加明显。与有形财产权的保护不同，知识产权的保护涉及的主体交叉复杂，与产业发展融于一体，在本来比较难把握的立法层面，知识产权立法受到政治"不理性"待遇较为隐蔽。与科技文化相关的产业巨头们，以追逐知识控制权为目标，以游说的方式，通过国际法或者私法实现自己的利益，并为他人建立具有强制性约束机制的法律规范。本书揭示相关的游说活动导致的现实困境，并对主要的知识接近影响进行分析。第三，掌握知识的主体与权力主体分离，创新的重要性不在于效率而在于效力，知识产权法中的权利与权力应当如何分配，公众参与的民主政治环境下如何引导公众参与知识产权法相关活动，以使得民主文化生活中以知识产权为限制形成公民政治认知，并进而形成不同的知识接近需求。第四，在国际知识产权法上，各国力量悬殊，大国主导知识产权公约的情形较为常见，为了消除国际政治对知识产权公约的这种不良影响，维护正当的国际秩序，防止发展中国家被发达国家逼迫放弃知识产权利益，引导良好的国际政治关系作用于知识产权公约制定，应当发挥一些国际组织的中坚力量并辅助发展中国家与发达国家之间的理性政治影响实现，避免因不公平的国际知识产权规则带来人权、健康等国际难题，科学理性地用政治方法促进人类共同进步。为此，本书提出以构建人类命运共同体为主要理念的知识产权法发展方向。第五，本书通过对当前国际新局面的特点梳理，认为当前部分发达国家有脱离传统知识产权国际公约及国际组织的迹象。一方面，发达国家可能另起炉灶，建立以双边自由贸易协定为主的知识产权国际条约。另一方面，发达国家对国际知识产权秩序的引力有所下降，在此基础上可能有两个风险：第一个风险是，双边自由贸易协定更容易使发展中国家面临被发达国家一对一挟持的境地，与"一刀切"的知识产权国际公约场合相比，发展中国家可能处于更差的劣势地位；第二个风险是，这种从双边自由贸易协定累积起来的知识产权条款，或许倒逼知识产权国际公约及其他国家知识产权法的知识产权保护标准朝向发达国家想要的方向发展。在此基础上，本书提出发展中国家应当借鉴历史经验，提升联盟的技巧，促进知识利益的共识达成。第六，本书提出知识民主化的概念，进而对知识如何民主化提出对策。第七，本书以人类命运共同体的政治学朴素目标构建知识产权法中的立法宗旨，并将之作为国际知识产权法发展的价值指向，构建了新的知识产权治理理念，提出了知识产权全球治理的价值导向。

知识产权法政治学范畴论

第一章

知识产权法的重要作用在于其对社会知识与信息[1]资源进行分配的有效性，对知识产权法的研究也多以这一功能的优化为出发点。从经济学和法哲学角度对知识产权法正当性的论证成为部分知识产权法相关研究的基础，这些理论在制定知识产权法相关的制度和政策时有明显的反映。在此背景下，人们貌似忽略了知识产权法（包括其他法律）是由很多因素共同促成的，并非某单一或特定几元因素的"功劳"，历史上知识产权法的形成及发展中的某些事实正凸显此问题。从发展历史角度来看，知识产权法的成因蕴含着多种因素的历史耦合或被动结合。在这些因素中，最重要的就是政治因素及相关力量。包括知识产权法在内的法律，在国内层面，从根本上讲是为了实现政治和平及政治统治目的，权力拥有者对知识分配掌握着较大的主动权；在国际层面，人们对知识产权制度相关内容达成共识而产生合作，利益相冲突产生切磋及谈判。这些经验及教训展现出知识产权法在发展过程中的政治学蕴含。纵观历史及当今知识产权制度的发展也可知，知识产权制度的产生及发展与政治学内容联系紧密，知识产权法的产生与运行以及国际知识产权制度的产生与发展均有鲜明的政治学色彩。比起其他部门法课题，知识产权法中的知识产权来源于政府授权成为特色，知识产权法从其产生之日就与政府对国家事务的管理/治理及控制密切相关，可以说国内、国际政治力量与知识产权法如影随形，知识产权法是政治运行的结果之一。甚至，如若说社会经济发展是知识产权发展的内在动因的话，那么可以说政治力量是主导知识产权

---

[1] 知识与信息具有重叠部分，也具有不同之处。知识产权法不仅囊括了知识，更有信息的权益赋予，如在商业秘密中，更多的是一种信息的保密状态的权益。当然，大多数情况下，知识产权法保护的内容是以知识为基础的智力创造成果。

制度发展的外在重要动因之一；如若说经济学、法哲学应当是分析知识产权法的实然工具，政治学则应当是分析知识产权法的应然工具。知识产权法在历史上就被用作政府管控国家言论、控制权力的重要工具之一，且不同国家政体、不同国家发展阶段、不同国家历史背景造成其在知识产权法的诉求上具有较大差异，进而造成不同国家的知识产权法这一工具具有不同形式与内容，但对知识与信息的控制及对知识与信息使用的分配，成为不同国家的政治共识。

目前对知识产权正当性的论证有诸多理论支撑，包括经济学理论、法哲学理论、符号学理论、管理学理论等，其似乎都非常期待找到放之四海而皆准的知识产权法理念、理论、制度。有学者进而将知识产权的正当性论证归为三类，分别为基于权利的正当性（rights-based justifications）、经济正当性（economic justifications）及结果主义正当性（consequentialist justifications）。基于权利的正当性包括劳动理论（labour theory）、奖励理论（desert theory）、人格理论（personality theory）；经济正当性包括抵制搭便车/激励创造（to counter free-ride/incentive to create）、对抗信息不对称（to counter information a-symmetry）；结果主义的正当性论证包括功利主义理论（utilitarian theory）、工具主义理论（instrumentalist theory）、社会规划理论（social planning theory）。[1]因为种种原因，知识产权法是在各国差异化程度需求最大而现实中趋同性最强的部门法之一。暂且不论知识产权制度与其他法律制度的形成方式相同还是有差异，仅就其政治学本质而论，知识产权法的形成原因与其他部门法的形成原因就有本质上的差异，知识产权法的社会地位、政治学地位与其他部门法也有本质区别。不同于其他任何财产权，知识产权起源于封建社会特权，这也决定了知识产权最初所具有的君主控制思想、从事垄断经营等特点。[2]由此，政治学成为分析知识产权法的必要且契合实际的工具。作为一种分析工具，政治学在知识产权法的正当性论证上具有一定的优势，但其复杂性造就了分析的难度和高度。历史角度的知识产权法体现的鲜明政治学属性为本研究提供了起点。知识产权法又是实用性较强的部门法，与科技文化发展密不可分的交叉学科分析是其本身的优势。与此同时，需要强调的是，知识产

---

〔1〕 See Alexandra George, *Constructing Intellectual Property*, Cambridge University Press, 2012, pp. 341~349.

〔2〕 参见郑成思：《知识产权论》，社会科学文献出版社 2007 年版，第 2~3 页。

权法是研究的主要对象，政治学是分析和论证的方法。不同于政治学中的知识产权法，知识产权法政治学研究虽然是交叉学科研究，但是有明确的研究侧重点和领域。第一章作为理论基点，将联系知识产权法的政治学功能和价值，把知识产权法与人类政治文明进步的发展阶段、发展趋势等内容相结合，界定知识产权法政治学研究的范畴。

第一节　知识产权法政治学属性溯源及相关概念界定

法、政治、道德等都是人们在生活中用于描述世界的符号，法学、政治学、经济学、哲学等划分是为弥补人们对整体的认知的缺陷；法学作为因对象而划分的学科，其本身几乎无特殊的研究方法。[1]借助于政治学术语及理念分析法学是法学研究方法之一。知识产权法政治学指的是有关知识产权的政治现象及解决机制的科学。[2]建立知识产权法政治学最重要的目的在于建立集体形式的政治，以防止道德沦丧体制下，掌握权力的人（信息拥有者）控制信息缺乏者（公共利益）。[3]知识产权立法是以政治权宜之计为基础形成的结果。[4]借助于政治学理念和理论，在知识产权财产权属性上，也因知识产权客体的无形性而在传统财产权的差异化上产生一定的障碍。西方国家政府及大的利益集团在早期对知识产权体现出的狂热，以及当前知识产权发展遗留的行政与司法职权分配问题，同样透露出知识产权的分配难题。基于此，笔者认为，知识产权法政治学是以解释知识产权法对知识资源分配中的政治现象为路径并以利用政治学理念优化知识资源分配为目的的研究方法。

---

〔1〕　参见丁利：“新制度理论简说：政治学法学理论的新发展”，载《北大法律评论》编委会编：《北大法律评论》（第3卷第2辑），法律出版社2001年版。

〔2〕　刘银良教授认为，“知识产权政治是指与知识产权有关的政治现象及其解决机制，包括国内知识产权政治和国际知识产权政治两大范畴”。刘银良：《国际知识产权政治问题研究》，知识产权出版社2014年版，内容摘要。

〔3〕　See James Boyle, "A Politics of Intellectual Property: Environmentalism for the Net?", 47 *Duke L. J.* 87, 1997, pp. 87~116.

〔4〕　See L. T. C. Harms, "The Politics of Intellectual Property Laws", 2012 *J. S. Afr. L.* 461, 463 (2012).

一、财产法的政治学研究基点

亚里士多德"人是政治的动物"的观点为人们所熟知。[1]统治关系成为动物在生活方式和行为模式上政治性最高的表现。[2]人是政治的动物意味着，人注定比其他一切动物要过更多的合群生活，国家和社会正是适应人们过合群生活的自然需要而产生的。根据阿奎那的观点，国家是引导公民达到快乐而有道德的生活的组织。[3]从财产权视角来看"人是政治的动物"这句话，对理解财产权的产生、发展更加有价值。财产法中人之政治的动物的属性，使得具体法律制度成为人类追求正义、民主、公平及人权等的一种政治性理性工具。

（一）财产及"人是政治的动物"的基点

共同居住、共同活动和统治关系是政治性的三个不同层次。人类优于其他政治动物之处在于人不仅能够借助统治关系来完成共同活动，还能够依托政治关系的建立而形成一个政治共同体特有的生活方式，规定和提倡什么是好的生活。[4]正如亚里士多德所言，人之所以是政治的动物，正是因为人是会讲道理的动物，利用语言表述利弊和正义。[5]人类对情感和思想的表达，使得人类的创作活动和发明活动脱离其他动物世界，语言及载体的辅助使得人类创作活动得以开展。

相互交流是人们共同居住与生活自然发生的需求。人们的智力创作是共同生活中解决问题、丰富生活而产生的附属产品。不同种族、部落的人在本群体生活及与其他群体交涉过程中，产生智力创作（知识、信息、技术），用于相互之间交换、交涉，知识与信息得到传播与交流，对知识、信息的利用也因群体性活动的传播而实现。知识及信息所带来的利益，成为交易的首要优势。人与人之间私约的失败可能性带来秩序的混乱，因此，划定各自的财

---

[1] 也表述为"人类在本性上，也正是一个政治动物"。参见［古希腊］亚里士多德：《政治学》，吴寿彭译，商务印书馆 1965 年版，第 7 页。

[2] 参见李猛：《自然社会：自然法与现代道德世界的形成》，生活·读书·新知三联书店 2015 年版，第 46 页。

[3] 参见严存生：《法律的人性基础》，中国法制出版社 2016 年版，第 315 页。

[4] 参见［古希腊］亚里士多德：《尼各马可伦理学》，廖申白译注，商务印书馆 2003 年版，第 246~247 页。

[5] 参见李猛：《自然社会：自然法与现代道德世界的形成》，生活·读书·新知三联书店 2015 年版，第 54 页。

产权边界成了"人是政治的动物"基础上最能够实现公平的路径。

以先占为基础规则的人类生活秩序不能满足在有剩余价值之后人类共同生活的秩序维护。同时，人类需求的提升也决定了更多的财产及财产种类的出现。此种情况下，财产的增加有赖于人类政治文明的稳定及社会生活方式的改变。在人类群居生活稳定性遭遇损害时，如战争、天灾、动乱之际，就会发生综合财产量的降低及技术文化的落后现象。财产被视为政治的基础。[1]在封建时代，奴隶制时期因阶层固定而产生的财产制度从一定程度上被打乱。逐渐地，个人掌握的财产可以成为政治领导的前提，也成为衡量其政治能力的基础之一，政治制度的建立有赖于财产的积累和综合。此时，财产的分配及权力的分配成为有正比关系的两个交杂内容。

人作为政治的动物，随着生理需求、安全需求、爱和归属感需求、尊重需求、自我实现需求的提升而经历了"主动劳动""被动劳动""为权力劳动""为自己劳动"的发展阶段。人类不同发展阶段的政治体制和利益分配造就人们在特定环境下所能够获得的、能够接触到的需求。在以土地为财产时，财产类型较少，产权对政治影响较大且较为直接。随着财产类型的多元化，产权从地权向其他财产权形式扩展，产权对政治的影响变得多元化、多层次化、隐性化。[2]人作为政治的动物，其需求的发展性变迁也为产权制度的产生与发展提供了需求层面的规则需求。

人类发展到一定程度后对人的重视、对人基本权利的强调促进了社会经济发展和政治进步，推动了人类自身的变革，为社会科技发展与财产增加创造了条件。[3]人作为政治的动物的能动性、主观性增强，逐渐从之前以生产、创造财产为中心转向以财产分配、要求财产权与公平的阶段。根据人之群居生活本质的有限范围利他决定，[4]知识的自由分配需要规范来约束，才能够

---

〔1〕　See Christopher May, *The Global Political Economy of Intellectual Property Rights: The New Enclosures*, 2nd ed., Routledge, 2010, p. 24.

〔2〕　参见邓大才："产权的政治逻辑：产权怎样、如何影响政治——从产权政治的功能视角考察"，载《学习与探索》2014年第9期。

〔3〕　参见孙哲：《新人权论》，河南人民出版社1992年版，第61~62页。

〔4〕　参见［美］弗朗西斯·福山：《政治秩序与政治衰败：从工业革命到民主全球化》，毛俊杰译，广西师范大学出版社2015年版，第6页。这种有限的利他为互惠利他之下的利亲人和朋友，只有在替代机制存在的情形下才可突破这种本性。笔者认为，从一定程度上讲，通过知识产权法对创作扩大性利他就是一种替代机制。

实现人类知识的进步。

社会主义一贯强调人类天生就是社交性、合作性、集体性的且受利他主义和社会责任感的驱动，资本主义则主要认为人追求私利和以自我为中心，但是两者均未否定人的后天可塑造性。[1]亚里士多德认为，人只有在共同体中才能过上"善"的生活。知识作为人类共同生活贡献给社会群体的财富，不仅取决于先天的能力，也取决于人们在共同社会中后天学习后进行的创新创造。因此，知识作为"财产"纳入财产权范围需要有非常充分的有利于人类社会运转的理由。

(二) 财产权及公平分配的政治需求

"财产权是现代典型的政治问题"。[2]财产权被视为限制政府权力和保障个人自由的工具是私人财产权最直接的价值体现。[3]在中世纪，财产权被认为是一种社会性的政治权利。[4]产权带来的权力支配能力及皇权、国家、政府对财产权的组织管理更加被重视，而掌权机构及团体对这种权力带来的收益更加感兴趣。产权表现出的强大权力支配力决定人们可以利用这些权力并制造规则来分享利益，而有财产权才有政治参与资格的古老典范更是让人意识到产权的魅力。产权的多少与人们的政治地位和社会等级相匹配，[5]即便这种关联在 18 世纪曾受到批判，其仍在后来的政治活动中得以无形地延续。

被授予财产权的利益仍然可能受到他人或国家的威胁，如犯罪情形下财产被剥夺。因此，如果没有法律制度对这些财产权进行规范的话，这些威胁可能使财产利益的秩序紊乱。[6]政治共同体的最初设立与维系是为了利益，并

---

〔1〕 参见［英］安德鲁·海伍德：《政治学核心概念》，吴勇译，天津人民出版社 2008 年版，第 25~26 页。

〔2〕 张盾："财产权批判的政治观念与历史方法"，载《哲学研究》2011 年第 8 期。

〔3〕 参见蒋永甫：《西方宪政视野中的财产权研究》，中国社会科学出版社 2008 年版，第 5 页。

〔4〕 参见邓大才："产权与政治研究：进路与整合——建构产权政治学的新尝试"，载《学术月刊》2011 年第 12 期。

〔5〕 参见邓大才："产权的政治逻辑：产权怎样、如何影响政治——从产权政治的功能视角考察"，载《学习与探索》2014 年第 9 期。

〔6〕 See Christopher May, *The Global Political Economy of Intellectual Property Rights：The New Enclosures* Second Edition, Routledge, 2010, p. 17.

将共同利益称为"公正"，这也是立法者要实现的目标。[1]政治即在特定社会经济关系及其所表现的利益关系基础上，社会成员通过社会公共权力确认和保障其权利并实现其利益的一种社会关系。[2]知识产权法是财产法的一种新形态，人在其中处于中心地位。不同于其他财产法以财产为中心的规范方法，知识产权法的规制目的是通过法律拟制稀缺，将信息的控制权分配给符合一定条件的主体，通过主体对信息的控制权产生信息支配能力，并以此为基础获得更大的知识能力，如创作更多更好的作品、得到更广泛的知识交换能力、对与知识产权相关的关系具有更大的控制力等。在知识产权法中，人之政治的动物属性的体现更加分散，但是这种分散并没有稀释人之政治的动物属性的体现，因为人之政治的动物属性的体现是层层递进和叠加的，这种关系使得知识产权法中的人之政治的动物属性更加突出。人之政治的动物属性不仅仅体现在知识产权法立法过程中，还体现在知识产权法运行过程中的各种知识产权关系中。另外，除了国内法，在世界贸易日渐发达的过程中出现和发展的国际知识产权规则制定、国际知识产权交易等方面，人类的政治的动物属性体现得淋漓尽致。几大知识产权国际公约的制定及现在国际规则的变化，也多为政治力量博弈的结果，而不论这些规则是否被需要以及被谁需要。

由发明创造及相关利益产生的控制，会削弱他人对知识的运用，阻碍人类群居生活中知识的传播与利用。人类生活中如团体、政府、国家等组织的出现及其管理与治理理论的产生，推动了人们创作秩序制度化。所有权是万恶之源，而先占制度是事实现象。[3]财产权的细化促进多种政治价值的实现，如在财产权分配中对公平的界定、对人的发展权的界定、对信息和知识的分配、对自由和民主的实现的拓展等。公共选择的多元化带来财产制度在不同政治体制、政策和法律等方面的多元发展与冲突。国家作为最基本的人类群居生活团体，成为财产分配的基本组织。国家通过法律实现其政治需求，如提升经济，增加国家财富，增强国力，实现国家政权稳固等。有效的财产权制度对政治力量的竞争力提升具有重要作用，如有效的产权结构使得英国在历史上超越其他欧洲国家而成为"日不落帝国"，相比之下，没有建立类似有

---

〔1〕　参见［古希腊］亚里士多德：《尼各马可伦理学》，廖申白译注，商务印书馆2003年版，第246页。

〔2〕　参见王浦劬等：《政治学基础》（第3版），北京大学出版社2014年版，第9页。

〔3〕　［法］蒲鲁东：《什么是所有权》，孙署冰译，商务印书馆2009年版，"序言"第18页。

效私人财产保护和限制皇权结构的法国因此而落后；同样，亚洲等落后的组织、无效的财产权制度，决定了其没有出现工业革命。[1]财产权标识出国家权力与个人自由之间的界限，借助民主维护该界限、限制国家和政府的权力滥用，公民亦可以财产权作为对抗政治权力的最后手段。[2]因此，作为财产权的知识产权是其成为政治参与力的基点，但是知识产权法的政治学基点并不止于此。知识产权法在历史上的根源还在于政治统治者为了维护自我权威与统治的稳定而对知识、信息传播进行控制的需求。

二、近代及之前[3]的知识产权法溯源

在中世纪，罗马天主教堂对控制知识具有非常大的权力，它们决定谁可以知晓和利用知识，作品如何复制、传播和储藏，所有的作品需要经受监督及审查。[4]公会制的盛行也决定了一些技术只能掌握在公会成员之间，个人使用某项技术需要向掌握公会权力的教会或政府寻求许可。[5]封建制度下的财产以特权（privilege）而非权利（right）为依据。[6]封建制度下的"财产"是绝对主义术语，而同时期的判例和立法要比绝对主义轻得多。[7]这里的特权表现为，政府或教会以控制某类创新成果为依据，以授权、监管模式赋予他人与特有经营权类似的财产权。创造这些优秀成果的作者或发明人处于雇佣地位，对其自身创作和成果并没有特殊的掌控权。也即"知识产权的历史根源在于政治当局的蓄意干预，而不在于自发演变的大陆法律传统"。[8]从财产权

---

〔1〕 参见［美］道格拉斯·诺思、罗伯斯·托马斯：《西方世界的兴起》，厉以平、蔡磊译，华夏出版社 2014 年版，第 150 页。

〔2〕 参见邓大才："产权的政治逻辑：产权怎样、如何影响政治——从产权政治的功能视角考察"，载《学习与探索》2014 年第 9 期。

〔3〕 这里的"近代及之前"指的是 20 世纪初及之前的人类历史阶段。

〔4〕 See Christopher May, *The Global Political Economy of Intellectual Property Rights: The New Enclosures*, 2nd ed., Routledge, 2010, pp. 23~24.

〔5〕 See Christopher May, *The Global Political Economy of Intellectual Property Rights: The New Enclosures*, 2nd ed., Routledge, 2010, p. 24.

〔6〕 See Renée Marlin-Bennett, *Knowledge Power: Intellectual Property, Information, and Privacy*, Lynne Rienner Publishers, 2004, p. 24.

〔7〕 See David Schultz, "Political Theory and Legal History: Conflicting Depictions of Property in the American Political Founding", 37 *Am. J. Legal Hist.* 464, 466 (1993).

〔8〕 Boudewijn Bouckaert, *What is Property*, 13 Harv. J. L. & Pub. Pol'y 775, 790 (1990).

中分离出的知识产权也被当作集中权力、增加政府财政收入的政策之一。[1]
"政府并没有建立出于仁慈或道德关心的结构。政府准许并保护权利是为了提高它们自己的效益。但是，在此过程中，它们完成了两种重要的社会功能：一是维持法律和秩序，它是经济增长和富裕的一个必要条件；另一功能就是裁决利益冲突。"[2]封建主义的政府呈现出的是一种以自我权威维护及统治利益维护为核心的财产权发展环境，相对来讲政府在此环境下的利益关系中具有极大优势。

最初行会对商业及技术的控制，逐渐因行会退化为处于国家监管之下的行政机构而削弱。完全的国家控制的确立发生在 1300 年左右的威尼斯。[3]商人为了其商业行为目的必须针对某类或某项技术寻求政府的授权，这种授权不是独占权，而是以政府的利益为最终目的的，被称为"特权"。1474 年，威尼斯颁布的世界第一部接近现代意义的专利法规定了 10 年的垄断权。1517年，威尼斯颁布第一部版权法令，在此之前版权就被不加区分地授予新旧书籍。1548 年，为了方便审查，印刷者必须加入一个国家控制的行会。[4]威尼斯早期繁荣带来对技术和文化繁荣的保护，并通过国家授予私人垄断权进一步促进其技术文化发展。后来威尼斯的衰落加大了其对版权和专利的审查及控制，这种控制与其国内的制度一样，君主作为贵族的傀儡[5]被某些利益集团控制。[6]实际上自 1536 年之后的 100 年间，法国王权对专利申请价值的审查全然不为人知，而国王这样做可能仅仅是受到某些贵族代表的驱动，这样的驱动也是早期的"游说"。[7]专利授权直到 1551 年才具有财产

---

〔1〕 参见［英］斯蒂芬·R. 芒泽编：《财产的法律和政治理论新作集》，中国政法大学出版社
2003 年版，第 168~199 页。

〔2〕 ［英］杰弗里·M. 霍奇逊：《制度经济学的演化：美国制度主义中的能动性、结构和达尔文主义》，杨虎涛等译，北京大学出版社 2012 年版，第 427 页。

〔3〕 ［美］福兰克·D. 普拉格："知识产权史：1545~1787 年"，周琼译，载易继明主编：《私法》（第 7 辑第 1 卷，总第 13 卷），华中科技大学出版社 2007 年版，第 185~186 页。

〔4〕 ［美］福兰克·D. 普拉格："知识产权史：1545~1787 年"，周琼译，载易继明主编：《私法》（第 7 辑第 1 卷，总第 13 卷），华中科技大学出版社 2007 年版，第 191 页。

〔5〕 参见［美］福兰克·D. 普拉格："知识产权史：1545~1787 年"，周琼译，载易继明主编：《私法》（第 7 辑第 1 卷，总第 13 卷），华中科技大学出版社 2007 年版，第 191 页。

〔6〕 威尼斯的逐渐衰落导致知识产权中心转移至其他国家。

〔7〕 参见［美］福兰克·D. 普拉格："知识产权史：1545~1787 年"，周琼译，载易继明主编：《私法》（第 7 辑第 1 卷，总第 13 卷），华中科技大学出版社 2007 年版，第 194 页。

权特征,[1]在此之前的专利授权具有的特权特色及因此带来的不可转移性逐渐被突破。

在弱君主国家,贵族与行会联合,通过颁布技术文化相关的规定来谋取私人利益,知识产权制度因此具有政体依赖色彩。在英国和法国,此时行会垄断因贵族输掉了与国王的"战争"而渐显逊色,国王开始采取威尼斯的制度。真正的现代专利制度源于英国1624年垄断法的一个例外性规定,其以政府赋予一定的垄断权、特权为表象,实际仍然是政府对一些技术实施许可,意图通过技术的提升去超越他国,实现其重商主义下的出口超越进口,[2]等同于该时期的专利垄断服务于国王的经济增长目标和政治稳定目标。在皇室垄断和普遍的政治及意识形态动荡之下的17世纪,英国专利法的诞生是传统专利法历史的重要里程碑。[3]美国[4]受到英国的影响也开始推行英国的专利制度,于1790年颁布了自己的专利法。法国于1791年、荷兰于1817年、德国于1877年、日本于1885年颁布了自己的专利法。专利制度的产生并不是为了支持竞争市场,而是在重商主义下服务于国家的经济建设和技术发展的政治目标,在一定程度上专利是政府和地方官员掌控技术政策的政治工具。[5]故此,知识产权的权源的财产权色彩并不十分强烈,政府与相关组织对知识与信息的控制才是其本质。

出版特权与初始的技术相关的特权类似,由教会、行会掌握,是这些部门权威的体现,作品的创作及传播因审查需要而缺乏社会地位。早期的威尼斯授予版权的期限很短,后来对版权的广泛承认是行会施压的结果。[6]1577年至1774年之间,英国政府对书籍等印刷品的监管十分严重,与政府监管下

---

〔1〕 参见[美]福兰克·D. 普拉格:"知识产权史:1545~1787年",周琼译,载易继明主编:《私法》(第7辑第1卷,总第13卷),华中科技大学出版社2007年版,第195页。

〔2〕 参见[美]福兰克·D. 普拉格:"知识产权史:1545~1787年",周琼译,载易继明主编:《私法》(第7辑第1卷,总第13卷),华中科技大学出版社2007年版,第191页。

〔3〕 See Oren Bracha, "The New Intellectual Property of The Nineteenth Century", 89 *Tex. L. Rev.* 2010, P. 425.

〔4〕 当时还是英国的殖民地。

〔5〕 参见[法]多米尼克·格莱克、[德]布鲁诺·范·波特斯伯格:《欧洲专利制度经济学——创新与竞争的知识产权政策》,张南译,知识产权出版社2016年版,第17~18页。

〔6〕 参见[美]福兰克·D. 普拉格:"知识产权史:1545~1787年",周琼译,载易继明主编:《私法》(第7辑第1卷,总第13卷),华中科技大学出版社2007年版,第205页。

的版权保护并行的还有价格垄断，甚至影响到了市场的供给方式。[1]反对诽谤和亵渎的法律也为行政长官和法官提供了最后控制手段，并且在出现政治危机时其也能够使用。[2]在1710年《安妮女王法》之前，出版业（the Stationers）从来没有充分利用普通法去实施版权。[3]然而1710年《安妮女王法》被很多案例利用，这使得有时候对抗书商的行为取得了较大的胜利，如约翰·盖伊（John Gay）在1729年和1737年的胜利，使得其作品《波利》（*Polly*）未经授权的复制永远被列为非法行为。这是一个由政治赞助和阴谋使然的传奇，鼓励了依靠普通法获得永久版权的论点。[4]在19世纪初，出版和图书销售仍在法律监管下运作，许多欧洲政府的政治和法律限制有效地阻碍了社会知识和教育的传播。在19世纪90年代初期，英国政府试图通过《煽动社会法案》（Seditious Societies Act）来控制出版，其要求印刷机构、印刷机、铸字工等进行强制登记，但并不试图恢复对出版本身的许可。[5]可以说，著作权的出现及早期发展与专利法类似，是皇权、相关商会等阶层分配利益、掌控言论及传播信息的重要途径。

商标法的大部分历史可以追溯到中世纪，当时公会成员要求保护他们出售的商品并开始在商品上加注公会标识，以表明商品的所有权和来源。根据考古学家的发现，早在公元前5世纪和公元前6世纪，希腊就有带有个人瓷器标识的花瓶。此外，中世纪的商人在装运前会在他们的商品上标注独特的标记，以便在发生沉船事故或遭遇海盗时识别它们。[6]系统的商标法律保护成形于19世纪早期，是为了解决侵权中的仿冒问题。从政治学分析视角来

---

〔1〕 See James Raven, "Booksellers in Court: Approaches to the Legal History of Copyright in England Before 1842", 104 *Law Libr. J.* 115, 2012, P. 116.

〔2〕 See James Raven, "Booksellers in Court: Approaches to the Legal History of Copyright in England Before 1842", 104 *Law Libr. J.* 115, 2012, P. 124.

〔3〕 See James Raven, "Booksellers in Court: Approaches to the Legal History of Copyright in England Before 1842", 104 *Law Libr. J.* 115, 2012, P. 125.

〔4〕 See James Raven, "Booksellers in Court: Approaches to the Legal History of Copyright in England Before 1842", 104 *Law Libr. J.* 115, 2012, P. 129.

〔5〕 See James Raven, "Booksellers in Court: Approaches to the Legal History of Copyright in England Before 1842", 104 *Law Libr. J.* 115, 2012, P133.

〔6〕 See Nancy Sharp Nti Asare, "Intellectual Property Law: A Basic Introduction", 28 *AUG Wyo. Law.* 20, 2005, p. 21.

看，商标权相关内容在 19 世纪之后才出现资源掠夺及言论自由等政治现象。早期的纯粹商业利用并没有产生太多的政治学相关问题，但是在某些类别上使用商标仍然是人类基本需求实现的障碍，如在药品上的商标等。

实际上，知识产权这一术语是最近的修辞用语，其产生晚于著作权、专利、商标。知识产权这一术语的出现为整体的知识产权内容的政治学分析提供了更大的便利，相关内容的集合也使得知识产权的内容呈现出更多、更明显的政治学属性及相关的问题和争议。莱桑德·斯普纳（Lysander Spooner）是一个美国图书馆员，其在 1855 年第一次在书面中使用知识产权（intellectual property）术语，并声称科学家和发明家应该对他们的思想享有永久的财产权。知识产权术语作为近代产物，在 19 世纪中期逐步被大量使用。在 20 世纪上半叶，工业产权这一术语更多时候是摇摆不定的，并在第二次世界大战之后被知识产权取代，这才使知识产权在相关法律中被采用。[1]直到 1967 年世界知识产权组织建立之后，知识产权才有话语权。[2]TRIPs 协议是第一个真正的全球知识产权协议（通过世界贸易组织实施强有力的执法机制），它还是第一个在同一套法律机制下包括所有知识产权类型的条约。[3]但是 TRIPs 协议几乎是游说集团游说的成果，TRIPs 协议中的知识产权更多地与贸易有着内在的关系。[4]总之，知识产权术语的确定为知识的控制提供了更大的弹性。

根据经济学家道格拉斯（Paul H. Douglas）的观点，不同的利益集团，特别是政府本身，谋划或者至少参与了权利模式，并没有或很少有激励经济主体参与促进经济增长的行为。但是，在知识产权方面呈现出例外，最显著的就是 17 世纪英国的专利制度，其也是 18 世纪美国专利法的基础。英国的专利制度成功鼓励了发明创造，并控制了用国家支持的垄断来奖励王室宠儿的做

---

〔1〕 See Christopher May, *The Global Political Economy of Intellectual Property Rights*: *The New Enclosures*, 2nd ed., Routledge, 2010, pp. 22~23.

〔2〕 Mark A. Lemley, "Property, Intellectual Property, and Free Riding", 83 *Tex. L. Rev.* 1031, 1034 (2005).

〔3〕 See Christopher T. May & Susan K. Sell, *Intellectual Property Rights*: *A Critical History*, Lynne Rienner Publishers Inc., 2005, p. 18.

〔4〕 See Alexandra George, *Constructing Intellectual Property*, Cambridge University Press, 2012, pp. 45~46.

法。[1]从人类历史发展阶段来看，封建时代过去了，但是随着知识产权的诞生，我们又进入了信息封建时代，产权重新分配包括作为智力公共财物的知识财产转移到传媒联合大企业及综合性的生命科学公司（而非单个作者和科学家等）等私人手中。[2]知识产权的发展仍然没有脱离政治斗争及政治博弈，甚至有愈演愈烈之势。

三、现当代[3]知识产权法发展依据

国际公约为知识产权飞速发展及知识产权利益分配正义、国家利用政治手段去争取和掠夺知识产权资源提供了非常可靠而强大的工具。宗主国以宗主国的法律规定为蓝本制定殖民地知识产权相关制度也对知识产权规则的趋同化起到了重要作用。[4]国际公约及双边、多边、地区条约的协商，成为部分国家利用知识产权利益的牺牲换取政治友好与避免政治争端的手段之一，同时也是发达国家及利益集团挟制发展中国家，要求其提升知识产权保护水平的工具之一。这种国家主体对其国内知识产权制度的控制及知识产权资源分配的主动权被大大降低是近现代知识产权发展最显著的政治学属性及特征。

首先，随着全球化的推进，国家对信息的垄断力被稀释，国家对相关政策制定的权威在其他团体的游说、国际组织及其成员的参与下有弱化趋势。[5]要成为世界贸易组织成员，国家必须遵守 TRIPs 协议中的限制，这大大降低了国家对其国内知识产权事宜的决策自主权，使得不同国家的知识产权政策也趋于类似。[6]19 世纪晚期和 20 世纪早期，现代国家也越来越抵抗不住来自外界的

---

[1] See Robert P. Merges, "One Hundred Years of Solicitude: Intellectual Property Law, 1900~2000", 88 *Cal. L. Rev.* 2187, 2000, pp. 2233~2234.

[2] ［澳］彼得·达沃豪斯、约翰·布雷斯韦特：《信息封建主义》，刘雪涛译，知识产权出版社 2005 年版，第 3 页。

[3] 这里指 1911 年及以后时间段。

[4] See Oren Bracha, "The New Intellectual Property of The Nineteenth Century", 89 *Tex. L. Rev.* 423, 441 (2010).

[5] 参见［澳］弗朗西斯·高锐："知识产权的作用再思考"，载 http://www. wipo. int/export/sites/www/about-wipo/zh/dgo/speeches/pdf/dg_ speech_ melbourne_ 2013. pdf，最后访问日期：2020 年 12 月 17 日。

[6] See Susan Sell, "Intellectual Property and Public Policy in Historical Perspective: Contestation and Settlement", 38 *Loy. L. A. L. Rev.* 267, 319 (2004).

知识产权强保护的压力，甚至签署一些超越 TRIPs 协议知识产权保护标准的条约。

其次，随着经济、技术中心的转变，地缘政治重心由西方转向东方，东方国家开始增加研发投资，知识产权相关发展因地缘政治而获得较大的成绩。[1]东西方政治理念的不同，造就了对知识产权资源分配、知识创造和传播活动民主参与的认识分化，由此带来的政治学分歧也成了地缘政治的内容之一。

最后，战争的减少使得政府花费更多的精力在知识资源上寻求更多的利益。对国内而言，现当代政府倡导的利益再分配被指责，政府应具有最少的监管权力被提倡。"小政府"的呼吁表明的知识产权的管控应当最大程度脱离政府政治目标，有助于实现社会正义。近代政治文明进步提倡的民主与自由，开始被人们用作要求知识资源分配的价值衡量工具，政治学理念在知识资源分配中的渗入为我们提供了文明进步的真正工具，[2]这种工具如何使用成为现实的问题。

现当代发展知识产权带来的全球化产权管理产生了一个两难的选择，要么全球知识产权制度的治理像之前的国家制度治理一样，要么各个国家需要重申其对知识产权治理的主权。[3]知识产权与人们的生活息息相关，甚至某些知识产权的控制成为人们生存、发展的重大障碍，这也显现出知识产权发展中政治学解决路径之必要性和有效的可预测性。特别是考虑到，与传统单向度的"只读"文化相反，当前以受众与媒介文本之间的互动"读写"为特征的参与式文化充分彰显了文化消费者积极介入文化再生产的意愿和能力。这种意愿与能力会促成社会文化景观的多元化与民主化，提高政治协商过程的公众参与度，提升文化消费者自身的创造性主体和公民身份意识。[4]这些

---

〔1〕 参见［澳］弗朗西斯·高锐："知识产权的作用再思考"，载 http://www.wipo.int/export/sites/www/abo ut-wipo/zh/dgo/speeches/pdf/dg_ speech_ melbourne_ 2013. pdf，最后访问日期：2020 年 12 月 17 日。

〔2〕 See Robert D. Cooter, "Freedom, Creativity, and Intellectual Property", 8 *N. Y. U. J. L. & Liberty* 1, 2 (2013).

〔3〕 See Susan Sell, "Intellectual Property and Public Policy in Historical Perspective: Contestation and Settlement", 38 *Loy. L. A. L. Rev.* 267, 320 (2004). 转引自 Christopher May, *Cosmopolitan Legalism Meets "Thin Community"*: *Problems in the Global Governance of Intellectual Property*, Gov't & Opposition Ltd., 2004, pp. 393~422.

〔4〕 Graham Reynolds, "Towards a Right to Engage in the Fair Transformative Use of Copyright-Protected Expression", in Michael Geist, ed., *From "Radical Extremism" to "Balanced Copyright"*: *Canadian Copyright and the Digital Agenda*, Toronto: Irwin Books, 2010, pp. 399~402. 转引自尤杰："'版权作品使用共识'与参与式文化的版权政策环境"，载《上海大学学报（社会科学版）》2016 年第 1 期。

近现代知识产权的发展及其限制中的政治学艺术，成为不同地区和群体的人们之间生存发展平衡中的"天使"与"恶魔"。

四、中国知识产权法问题的特殊性

相比于西方国家在历史上的科技进步与知识产权相关制度的发端，我国古代知识产权法受限于封建皇权之下的重农抑商思想及自给自足的自然经济。中央集权是我国古代封建主义的最大特色，在我国历史上的智力创作数不胜数，历史上我国在某些朝代的文化、艺术抑或科技的发展与西方国家相比并不逊色，甚至超越同一时期世界上其他国家的水平。[1]知识产权法意义上的商标与作品在我国出现的历史非常早，但是这些并不归功于封建时代的"知识产权"制度。因为在封建时代，更多的并不是依赖法律来实现统治秩序稳定的，而是依赖家族领导人、当地长老等来实现社会的自治秩序维护。[2]相比于西方国家，现代意义的完善的知识产权法律制度在我国出现得非常晚。封建时代的皇权至上及"普天之下，莫非王土；率土之滨，莫非王臣"结构之下，皇家对国内的科技及作品享有优先控制权。大部分封建时期的严苛刑法制度导致作品的创作及传播在皇权控制之下，"版权"也是封建官僚阶级垄断的"版权"[3]。但我国封建时期并非完全没有"知识产权制度"及构思，如太平天国洪仁玕在《资政新篇》中的建议、[4]1882年光绪批准的钦赐专利等。[5]民间私自印刷、私自制造特殊类别商品的严苛刑罚[6]及皇家对技术的绝对垄断"权"使得所谓的知识并没有私"权"可言，商标标识也被用来标记产品来源及产品的责任人，追究产品质量责任。此外，封建社会固守的皇权与宗族本位、对个人自由的限制、科举考试制度对人们思想的禁锢等导

---

〔1〕　参见张子文主编：《科学技术史概论》，浙江大学出版社2010年版，第38、41页。

〔2〕　See William P. Alford, "To Steal a Book Is an Elegant Offensive: Intellectual Property Law in Chinese Civilization", Stanford University Press, 1995, p. 11.

〔3〕　如在中国南宋时期就有"版权"类似的保护，依据是碑记和榜文。参见吴海民：《审判"海盗"：知识产权与名人出庭》，华艺出版社1995年版，第7页。

〔4〕　包括"保护专利、奖励发明"等。参见薛梅卿主编：《新编中国法制史教程》，中国政法大学出版社1995年版，第314页。

〔5〕　参见郑成思：《知识产权论》，社会科学文献出版社2007年版，第5~6页。

〔6〕　如宋代对私铸铁器者"刑其左趾"。参见中国图书公司编辑：《中国商业史》，中国图书公司1913年版，第27页。

致发明创造被当作奇技淫巧而为士大夫阶层所蔑视，这可以说是"李约瑟难题"的重要答案之一。[1]旧中国的政治制度及其理念阻碍了中国知识的创新、发展及传播，后来的闭关锁国政策更是带来根本障碍，皇权"唯我独尊"的理念及政治统治权威之下的严苛的刑法制度、重农抑商的经济理念、保守落后的伦理纲常等使得禁锢现象持续。实际上在此阶段，皇权、官僚具有知识分配和占有的绝对优势和优先地位。

封建主义被推翻之后的中国处于动乱时期，知识产权制度几近空缺。在此阶段，中国的法律制度环境逐渐由具有封建的"旧法学"转向对西方法学的接受，开始"翻译法学"阶段。[2]这种翻译及借鉴类型的立法，将西方国家的知识产权相关概念及立法模式搬到中国。新中国成立前后不同的区域政府颁布的知识产权规范，主要注重对知识产权"管理"行政体系的建设，具有严重的行政化色彩。[3]这些不仅归因于当时的经济体制，更归因于当时的政治理念带来的对知识资源的态度。

此外，社会主义的财产观建立在生产资料的公有制和消费资料的个人所有制的区分上，我国在坚持全权政府的同时引入市场经济，因此相关的政治系统和经济系统的协调成为后续的理论难题。[4]我国三大知识产权法（专利法、商标法、著作权法）均产生于改革开放之后，加上知识产权法立法是对西方国家制度的借鉴，在该层面呈现的公有财产与私有财产的政治难题理论上讲较少，但国家发展需要及理念的贯穿仍然使得我国知识产权法体现出明显的政治难题以至于延续至今尚未解决，比如著作权集体管理呈现出的行政色彩、知识产权行政保护与司法保护争议等。

我国知识产权制度的正式建立与中美政治活动也密不可分。1979 年，邓小平与卡特在华盛顿签署《中华人民共和国和美利坚合众国政府科学技术合作协定》（以下简称《中美科技协定》），这一文件与我国知识产权保护及以

---

〔1〕 参见蔡宝刚："论知识产权法制对'李约瑟难题'的破解"，载《南京师大学报（社会科学版）》2003 年第 2 期。

〔2〕 参见舒国滢："中国法学之问题——中国法律知识谱系的梳理"，载《清华法学》2018 年第 3 期。

〔3〕 如商标相关的内容，主要是为了商标相关事务的管理，一般规定的也是商标注册的程序等内容。参见国家工商行政管理局商标局：《商标法规资料选编》，法律出版社 1985 年版。

〔4〕 参见涂四溢："我国宪法之'公共财产'的前生今世——从李忠夏的《宪法上的"国家所有权"：一场美丽的误会》说起"，载《清华法学》2015 年第 5 期。

后的科学技术文化的进步密不可分。[1]1979 年《中美贸易关系协定》签署之后，我国基于政治原因在 1980 年成立了中国专利局，以避免美国的贸易制裁、获得美国对中国加入世界贸易组织的支持，并鼓励外商直接对中国进行投资。[2]外国政府一度以中国知识产权保护作为对中国进行批评的重点内容，并以之为借口从政治角度干涉中国知识产权法律规范的制定，试图影响中国知识产权的某些规范，从政治角度对我国知识产权利益进行"要挟"。我国并不是唯一的被动者，同时期的其他发展中国家作为一个群体被发达国家"要求"或"变相要求"，被迫制定符合发达国家利益的知识产权规定是常见的事情。这造成国家这一主体对国内知识资源分配主权的削损。

新中国成立后相当长一段时间所实践的政治概念是一种非常政治状态方案，改革开放之后关于常态国家建设的实践为我国带来了新形势下政治协商的政治概念，法律制度的逐渐落实回应了建立常态国家的制度化需求。[3]知识产权法律制度的完整出现正是得益于这种政治稳定化措施。知识产权立法及其内容的民主性日益受到重视，知识产权立法及知识产权法内容中蕴含的民主与自由等政治性概念逐步得以实现。需要提出的是，我国知识产权法最近的修改，均大力向社会局部或全民征求意见，更体现出民主立法及知识产权国内政治关系规范化的迹象。由此可预测，我国知识产权法律制度的公平性、知识利益分配的公正性、政治价值的理性将继续被提升和完善。

但有进步并不说明没问题。知识产权法律制度与人们的日常生活关系密切，我国作为一个发展中国家，教育、医疗、科技、文化、农业及粮食安全等关系公民基本权利的系列发展仍然欠缺；作为世界上较大的版权、技术进口国，在没有过强的国际任务需要执行和被其他国家迫使的情况下，在加强知识产权保护的当今，我国知识产权保护是否过重、是否超越了政治和谐及常态化的必要仍值得进一步斟酌及商榷。因此，我国知识产权法的政治学问

---

[1]　参见张静："邓小平与中美科技合作的展开（1977～1979）"，载《当代中国史研究》2014年第 3 期。

[2]　See Pat Choate, *Hot Property: The Stealing of Ideas in an Age of Globalization*, Alfred A. Knopf, 2005, p. 186.

[3]　参见田飞龙："政治的概念与宪法的概念——从施米特政治法学的两个基本判断切入"，载http://www.iolaw.org.cn/showNews.asp? id＝20108，最后访问日期：2020 年 12 月 17 日。

题陷入了两难境地：政治上要求的加强知识产权保护，的确能够使更多的"知识"被产权化、更多的资源得以私权化，但政治上的国计民生及保障国民必要的受教育权、生存权等依然存在被忽视或落空的危险。

五、知识产权法的政治学属性[1]

知识产权法作为对知识资源的分配机制，是政治价值的载体之一，是民众参与的一个重要领域，是国家社会治理的一个关键方面。同样，知识产品[2]及其所附属的产品给人们的基本生活带来的如生存权和发展权等人权的实现也是政治学属性维度体现。可以说，知识产品的复杂性、多重性与政治学的多维性、价值多重性相交，更体现出知识产权法政治学的属性之难辨。笔者尝试从以下几个层面对之予以分解。

知识产权法中人权保障的挑战。"人权"是政治化运作中的重要概念之一，更是确定政治与法律交叉中的伦理边界之准线。对于知识产权对人类发展的影响、知识产权是否是基本人权之一的争议，凸显出人权的内涵之复杂与多元。不同种类的人权、基本人权的位次在知识产权法范围内因知识产权是否是基本人权而将产生不同的结论。因此，知识产权具有人权属性是知识产权法政治学属性的表现之一，对知识产权是否为基本人权的争议成为具化内容。

集体形式的政治是知识产权法发展历史的亮点之一，集体政治决定了知识产权规则的方向。以游说为代表的集体形式的政治，对知识资源的分配与控制，逐步将知识的控制从国家类的公单位转向以公司、公司联盟为主的私单位，是集体政治的表现之一。知识产权法具有以集体形式政治为基础的必要性，其作为国家治理的一种工具是对知识控制的方式之一。故此，知识产权法具有政治学意义上的集体政治属性。集体政治属性如何确保正义，或需以民主为基础，这又与不同国家的国体、政体密切相关。

从古至今，国家对知识的创造与传播的控制往往与知识产权制度相关联，知识产权法更是一种政治和法律工具，彰显出国家对表达自由、对表达赋权和规范的模式选择。知识产权蕴含对人们的言论自由、思想自由（如发明）、

---

[1] 政治学属性不同于政治属性，范围大于后者，常用于表达某内容在政治学上的地位和本质，而政治属性表示的则是与公共权力有关的结构和行动方面的主导性机制。参见蔡益群："中国政治学研究学术评论——兼论政治属性的理论功能与研究议程"，载《理论与改革》2012年第1期。

[2] 如作品、发明、实用新型、外观设计、商标等，本书将其统称为"知识产品"。

经济自由（如商标等）的偏爱，其往往超越对这些自由的允诺。促进国家文化与科技进步、政治文明进步等为基础价值目标，并可能因对知识产权内容和范围的扩张与限制，而对调整人们自由程度形成多层次、多元化的支持与控制机制。可以说，某国的知识产权法一定程度上可以体现出该国对国民的自由保护程度。因此，知识产权法具有自由保护风向标的属性。

唯一可以动员政治努力的问题是公共利益和私人利益之间以及知识产权和非知识产权之间的边界问题。[1]知识产权本质上是为了实现某种政治统治的目的，政治权力通过法律对知识资源进行控制与分配。尤其是当今时代，知识产品已经渗入人们生活的方方面面，法律带来的规范效应制约着人们的基本生活。例如，与农民的粮食生产相关的植物新品种权、与人们接近作品相关的著作权、与致命疾病相关的药品专利权等，都与人们的基本需求密切相关。再如，与人们未来发展密切相关的人工智能技术专利、基因技术专利等，均与人们的生存与发展息息相关。如果说传统知识产权影响的是政治稳定性的话，那么未来的知识产权可能影响政治的控制力。知识资源的权力分配将影响政治统治的根基，从此角度讲，知识产权具有重要的稳固政治统治的属性。

从国际视野看，知识产权法也是国际政治工具之一，知识产权制度是实行政治制衡的工具之一。以知识产权规则带来知识政治是发达国家与发展中国家经常有的政治交往主要内容之一。发达国家对发展中国家的知识掠夺及高压政治挟制，迫使后者将知识通过知识产权法合法地转移给前者。这种政治的不协调和实际的不公平显现出国家政治主权弱化背景下，知识利益被知识产权制度这一政治工具不公平但合法分配的模式。非国家组织，如世界贸易组织、世界知识产权组织、世界卫生组织等及区域性国际组织，面对个体国家政治需求多元化带来的利益需求的不同，是否以人为本、服务于人类的共同发展抑或只是某类团体或群体的政治代表，值得审视。因此，国际知识产权制度的作用也值得质疑。近年来，非国家组织运作有效性减损，尤其是1999年以来多哈回合谈判（Doha round of WTO trade talks）停滞不前，其中最大的原因正是北半球发达国家（countries of the global North）与新兴工业国家（newly industrializing countries）在知识产权方面的分歧与争议难以得到妥善处

---

〔1〕　Christopher May, *The Global Political Economy of Intellectual Property Rights: The New Enclosures?*, Routledge, 2000, p. 64.

理。[1]这彰显了知识产权法的国际政治工具之属性。

知识产权法的政治学本质属性使政治主体成为知识资源的权威、合法分配的工具。知识从传统的完全共享化，到后来为了某种政治目的的控制，再到为了对知识发挥政治统治作用而赋予产权的权威资源分配，是一种变迁式的属性转换。知识产权法的诞生为知识的权威分配提供了一种非暴力的模式，这种模式是人类政治文明的产物。对知识的分配促进了政治文明进步，如何优化知识的分配，提升政治作用理性，是当前知识产权法中存在的重要问题。知识产权法政治学属性的多元性，取决于知识创新形式及内容的广泛性。不同的知识创新内容具有不同的社会功能，其政治学属性的多元性、多层性，体现出知识分配的复杂性及优化分配模式的重要性，而这必须寻求以正义为基础、以人类共同发展为目标、以理性政治为约束的解决路径。

第二节　知识产权法的政治学功能

功能指的是事物或方法所发挥的有利作用。产权具有政治保护功能、权力分配功能、国家形象塑造功能、政权构造功能和制度创制功能等。[2]知识产品的非损耗性、非竞争性将知识产权排除在传统的土地等有形财产的财产权体系之外。虽然美国和欧洲国家一直在提倡加强知识产权保护，但是并没有证据表明其知识产品有关的产业经济的提升是强知识产权保护带来的。[3]从国际峰会（official summit）的官方文件中也可以看出知识产权内容的重要性与日俱增：1996 年之前，在国际峰会及条约的相关议事列表中极其少见"知识产权"的踪影；2006 年之前，"知识产权"有关的问题主要以盗版和假

---

〔1〕 See Sebastian Haunss, *Conflicts in the Knowledge Society: The Contentious Politics of Intellectual Property*, Cambridge University Press, 2013, p. 16.

〔2〕 邓大才："产权的政治逻辑：产权怎样、如何影响政治——从产权政治的功能视角考察"，载《学习与探索》2014 年第 9 期。

〔3〕 See Sebastian Haunss, *Conflicts in the Knowledge Society: The Contentious Politics of Intellectual Property*, Cambridge University Press, 2013, pp. 13~15. 作者认为，类似的专利保护，同样包装的艾滋病药物"利托那韦"（Norvir）在瑞典价格为 400 欧元，在德国要 600 欧元，在美国则要 2200 欧元，因此，其他因素而不是知识产权在这个药物定价上更具有决定性。作者还指出，虽然欧盟的药品出口量大于进口量，但是其强知识产权保护并非对所有的成员都有利，比如有的国家常常是贸易逆差国，如德国、希腊、爱尔兰、意大利、葡萄牙、西班牙，而丹麦、法国、荷兰却是贸易顺差国。

冒为主要内容，且在国际相关文件的最后，如"其他问题"中呈现；2007 年之后，"知识产权"才显得十分重要。[1]因此，知识产权法的功能也与时代的使命有关，知识产权法作为国家实行社会治理的一个方面，是政治意志体通过法律对知识进行权威分配的形式之一。知识产权法的政治学功能也是多元的，主要体现为以下几个方面。

一、为知识资源配置提供标尺，保证政治有序

资源得到公平分配是政治有序的前提，财产有助于稳定社会并阻止政治和社会动荡。[2]政治以法律为手段分配知识资源，有助于促进社会公平的实现与社会持续发展。知识不仅在创新产出方面需要人们的付出，在传播、再利用方面同样需要人类智力或资本的投入。知识特别是创造性知识的重要性，决定了对这些内容的控制需要政治统治者介入。对知识享有控制权并许可知识的创造和传播，是政治竞争的内容之一。文明政治统治追求有序的知识控制与分配，以实现政治统治的稳定与稳固。

通过知识产权法对知识进行产权分配能够增加社会中间阶层的收入[3]，这在一定程度上也显示出知识产权法的知识分配功能对社会秩序的作用，进而为政治统治提供了稳定基石。多方位的不同特性决定知识的分配必须转向实质的平等公平，原因不仅在于知识对人类发展和进步具有关键作用，更在于平等在很多时候是要求同等待遇，而知识资源的分配却因不同社会群体而被区别对待。

对知识的分配，从政治学意义上来讲是有多种途径的，如国家可凭借武力、政治权力、交易权利，分别以战争、税收、交易的方式来参与或主导。[4]作为权威性的分配，通过知识产权制度来实现相关价值，是对传统资源争夺中暴力手段的抛弃，其透明度及对公众的同等对待显现出实际的平等与公平。

---

〔1〕　See Sebastian Haunss, *Conflicts in the Knowledge Society: The Contentious Politics of Intellectual Property*, Cambridge University Press, 2013, p. 18.

〔2〕　See Justin Hughes, "The Philosophy of Intellectual Property", 77 *Geo. L. J.* 287, 290 (1988).

〔3〕　See Justin Hughes & Robert P. Merges, "Copyright and Distributive Justice", 92 *Notre Dame L. Rev.* 513, 576 (2016).

〔4〕　参见蒋大兴："政治/政党与企业——政治权力参与资源分配的文明结构"，载《当代法学》2018 年第 1 期。

然而，政治权力意志及其执行反映了知识分配的本质[1]：为了提高政府的公信力，现代文明国家及执政主体必须通过法律工具对知识进行体现其统治意志的分配。对知识产生的利益的分配及再分配，则以税收等杠杆协调工具为标尺。一般的政治主体均需以一定的传媒为其话语权的执行提供协助，因此，传播媒体对知识传播的权利也获得了一定的制度保护。科学技术作为政治权力控制内容之一，显现出知识对政治力量的影响。掌握核心科技是政治统治的利器之一，在以非暴力和知识经济、信息为核心的时代更是如此。

从传统上来看，政治直接作用于物质财产及知识，大多数时候通过暴力形式来实现，如皇权的"普天之下，莫非王土"模式。在现代政治文明体制下，政治不宜直接对知识进行暴力主义"拿来"样式的分配。为了政治统治的稳定及可持续性，必须通过法律制度及政策对知识予以规范性分配，而政治以某种形式参与或强调其在知识分配中的参与权是加强政治统治渗入知识分配的隐性手段之一。[2]这在当今知识产权法的发展中体现得仍然较为明显。

知识产权法对知识的分配能力不仅体现了政治统治的欲望何在，更体现了政治体制的科学性与否。在皇权独裁的政治体制下，知识与创造知识的人一样，都被认为在为皇权"打工"，而统治者因为其所具有的权力则可以对知识创造成果坐享其成，创造出不符合皇帝意愿的"知识"或不慎侵犯了皇权禁忌的人还可能面临轻则被罚、重则丧命甚至株连九族的危险。对某类知识赋予产权的基础并不是保护这种创造，而可能是更好地协调政府的权力与某类群体的权力，在平等保护下的群体及其自治权在此过程中也被最终保护。[3]因此，知识产权法是现代政治文明的体现之一，但是又没有完全脱离知识控制权[4]的政治学功能。

法律的规范性，特别是成文法国家法律的相对标准尺度的一致性，为社

---

〔1〕 参见吴必康：《权力与知识：英美科技政策史》，福建人民出版社1998年版，第192页。

〔2〕 参见蒋大兴："政治/政党与企业——政治权力参与资源分配的文明结构"，载《当代法学》2018年第1期。如作者提及的，中央强调党委在国企治理中的作用使得一些公司开始修改章程，强化党委在公司治理中的地位和权利。

〔3〕 See John T Cross, "Justifying Property Rights in Native American Traditional Knowledge", 15 *Tex. Wesleyan L. Rev.* 257, 290 (2009).

〔4〕 本书中知识控制权的具体所指，后文有阐述。知识控制权指的是因知识产权法及知识产权相关制度与政策等而形成的对知识与信息的独占权，以及基于这种合法垄断的集中而形成的市场及知识有关的控制力。

会程序正义提供了基础依据。基于政治无法直接作用于资源分配的考虑，选择法律作为中间工具也成为现代政治统治的惯常做法。法律制度下对知识的控制与分配，为政治统治提供了方便，并可能在集权国家被利用为主要服务于政治统治者的意志和利益的工具。这比起传统的皇权时代直接的"掠夺"模式，更显正当与文明。这种可以作为平等平衡标尺、资源分配平衡砝码的法律制度，无疑从一定程度上促进了政治统治的有序性。有学者提出的超越正义、效率价值的社会和谐价值应当成为知识产权法的最终和最高价值的观点，[1]彰显出知识产权法维护人与人之间、人与社会之间、人与自然之间秩序的重要作用，并蕴含着知识产权法对统治秩序的有效促进，这或可成为当前知识产权法的资源配置功能的理想状态。

二、为知识利益代表提供优化，增进民主政治

表达自由是衡量国家民主程度的一个标准。[2]知识产权对人类知识表达和知识促进具有保护和激励作用，知识表达的进步与言论自由的民主文化价值实现密切相关，与民主政治密不可分。知识产权法通过保障人们的自由表达意愿、自由表达成果，并为之提供一定的路径，能够促进人类民主文化和政治文明的发展。知识利益的分配民主通过国际知识产权规则、国内知识产权法等具有权威性约束力或一定影响力的规范文件，能够有力保障知识利益的国际合理分配。但与此同时，不合理的、非民主的知识产权规则和制度也可能为人类的民主文明和政治文明带来挑战与威胁，导致人类发展不平衡。

知识的表达能够促进人类的政治民主，而政治民主反过来又能够促进知识分配的民主。知识产权法具有促进民主文化发展的重要功能，在现在的民主社会建设中，该功能体现得尤其明显。[3]网络科技的发达为人人参与民主化表达、民主生活建设、民主政治等提供了更广阔的平台。知识产权法为私人表达赋权，从一定程度上显示出支持创作、创造自由的理念，并注重为人们创新表达成果提供保障，畅通人们在社会治理和国家发展中的民主参与渠道。

这一点在著作权法与民主文化建设中表现得最为突出。著作权法就是国

---

〔1〕　参见张德芬："知识产权法之和谐价值的正当性及其实现"，载《法学评论》2007年第4期。

〔2〕　胡启明、成凤明："版权与表达自由之协调"，载《河北法学》2004年第4期。

〔3〕　参见冯晓青："著作权法目的与利益平衡论"，载《科技与法律》2004年第2期。

家利用市场机制来增强社会民主性的措施,[1]其作用机制主要是通过著作权法保护人们的表达自由,从而促进言论自由的实现[2]。著作权法旨在增加并广泛传播公民和社会组织需要的知识,促进信息和教育资源的创作和传播;著作权通过经济激励、排他权和接触权的平衡,促进公民参与公共协商(public deliberation),增强了公民的社会参与性;著作权法使得作者免于过重依赖赞助(patronage)和文化等级制(cultural hierarchy);著作权法反对市场的等级制度并鼓励对在先作品的转换性使用。这些均表现出著作权法对公民社会交流领域的多元化(plurality)、独立性(independence)和生命力(vitality)的支持。[3]著作权法通过一定的制度设计,赋予人们自我表达、表达自我的空间,通过制度保障促进了知识和信息的交流与再利用,为民主文化的进步提供了制度依据。技术创新是人们对自我创造性思想予以表达的另外一种模式,其对社会民主的促进作用与著作权法对民主的促进作用有异曲同工之妙。

同样,民主的政治制度能够更加有效地促进人类知识的优化分配,保障知识在民主规则下被分配,使人们的意见、观点能够被有效代表。知识分配民主需要三个要件:在谈判过程中,所有利益必须得到代表;参与谈判各方必须得到各种可能的结果所产生后果的充分信息;一方不能强迫他方。[4]这三个要件在国际知识资源利益分配上占据非常重要的位置,而有些国际公约正是因为签订时的"不民主"、政治上的"不理性"而为后续的国际知识产权秩序带来严重的"后遗症"。这不仅削损了发展中国家的利益,还为人类的基本生存权带来挑战,出现基本人权实现因之落空的现象。

此外,知识产权制度因激励方向被控制而呈现出的对激励理论理想范畴的偏离也是知识分配非民主的成因之一。正如有人认为的,知识产权制度在激

---

〔1〕 See Neil Weinstock Netanel, "Copyright and A Democratic Civil Society", 106 *Yale L. J.* 283, 363 (1996).

〔2〕 参见冯晓青:"著作权法的民主文化目标及其作用机制研究",载《黑龙江社会科学》2011年第5期。

〔3〕 See Neil Weinstock Netanel, "Copyright and A Democratic Civil Society", 106 *Yale L. J.* 283, 363~364 (1996).

〔4〕 [澳]彼得·达沃豪斯、约翰·布雷斯韦特:《信息封建主义》,刘雪涛译,知识产权出版社2005年版,第223页。

励创作者方面（产生创新动力）做得很差。[1]知识产权大多掌握在大公司而非初始创作人手中，大公司通过知识产权组合获得影响政治决策的话语权。这些现实中的知识产权制度带来的知识利益分配不均，很大程度上源于利益没有得到民主代表、代表决定时的信息不充分、某些代表被迫同意或者在腐败等政治因素下被动同意相关知识利益分配方案。民主与否关系到知识利益分配是否公正，民主文化的丰富与进步又有赖于知识利益分配公正的方案。因此，民主作用于知识利益分配，而公平的知识利益分配方案反过来又会促进社会民主的进步。

三、为个人实现自由提供依据，保障基本人权

所谓人权指的是所有人无论国籍、性别、民族、宗教信仰、种族、语言或其他社会地位都应当享有的权利。[2]人权的概念最初在西方国家出现和流行，具有普遍性、不可剥夺性、相互依赖性、平等非歧视性、权利与义务统一性等特征。[3]基本人权是人类作为人所应然享有的基本权利，不以其他外在条件为前提。基本人权直到1948年《世界人权宣言》才全面定型。[4]基本人权又可以分为公民和政治权利与经济、社会及文化权利，也可认为是人的基本生存权与发展权。知识产权与人权相互孤立存在很长时间，1948年《世界人权宣言》第27条的规定使得对作者精神权利和经济利益的保护有了人权层面的基础和依据，[5]这在知识产权与人权之间建立了桥梁。可以认为这是知识产权人享受知识产权利益的基础，并可基于该规定认为知识产权含有人类在现代文化、科技生活中的人权。20世纪60年代的《经济、社会及文化权

---

〔1〕　［澳］彼得·达沃豪斯、约翰·布雷斯韦特：《信息封建主义》，刘雪涛译，知识产权出版社2005年版，第15页。

〔2〕　See Universal Declaration of Human Rights Article 2, available at https://www.ohchr.org/EN/UDHR/Documents/UDHR_ Translations/eng.pdf（last visited on April 17, 2020）.

〔3〕　See United Nations, *The Essential UN*, United Nations Publications, 2018, p.94. Available at https://read.un-ilibrary.org/united-nations/the-essential-un_ b985f1a5-en#page94（last visited on December 17, 2020）.

〔4〕　参见韩荣和、关今华、关山虹："简论基本人权"，载《福建师范大学学报（哲学社会科学版）》2010年第4期。

〔5〕　See Laurence R. Helfer, "Human Rights and Intellectual Property: Conflict or Coexistence?", 5 *Minn. Intell. Prop. Rev.* 47, 49（2003）.

利国际公约》第 15 条第 1 款第 2 项和第 3 项也表达了类似的内容。上述两公约中并没有特别提及知识产权的保护，但从中仍可以引申出知识产权作为人权获得保护的依据。2000 年，联合国人权机构第一次将其注意力转移到 TRIPs 协议上，并于同年 8 月由联合国保护和促进人权小组委员会通过了有关知识产权的第 2000/7 号决议[1]。该决议指出了实施 TRIPs 协议与实现经济、社会和文化权利的潜在冲突，如向发展中国家转让技术、植物育种者对转基因生物享有专利的后果、生物剽窃、保护本土文化、药品专利法律限制及对健康权的影响等。[2]因此从表面上看，知识产权保护可能有碍于人权的实现，至少可能为人权实现增加成本。

除了专利药品接近对基本人权的影响外，人们还可能质疑知识产权有碍其他基本人权实现的严重性。基本人权是人作为人生存所必须得到保障的权利，是人生存自由的基础。专利药品接近权对人生命和健康的重要性，让人深刻意识到知识产权保护对基本人权实现的冲击。获取计算机软件、文化和教育材料、专利种子和食品的限制及保护传统知识和本地材料，虽然可能不像专利药品接近不能一样立即致命，却几乎会限制每个人的生活。[3]知识产品替代物的有限性更是为消费者对某类生存和发展必需的知识产品产生一定的依赖性，而知识产权法的限制为这些依赖带来一定的实现障碍，特别是在知识产品对消费者基本人权的实现具有关键作用的场合，如治疗某些疾病的专利药物、实现人们受教育权的作品等。也即知识产权在非常宽泛的领域与基本人权存在冲突，无法获得专利药品与缺乏文化和教育材料之间的区别就是现在死还是晚些时候慢慢死。[4]换言之，知识产权要么是以一种接近范围上的广泛性、要么是以某种人们对之所存在的急需性而限制知识产品接近的实

---

[1]　Office of the High Commissioner for Human Rights, *Intellectual Property Rights and Human Rights* (*Sub-Commission on Human Rights Resolution* 2000/7), see at https://www. aaas. org/sites/default/files/ SRHRL/PDF/IHRDArticle15/E-CN_ 4-SUB_ 2-RES-2000-7_ Eng. pdf (last visited on December 17, 2020).

[2]　See Laurence R. Helfer, "Toward a Human Rights Framework for Intellectual Property", 40 *U. C. Davis L. Rev.* 971, 985 (2007).

[3]　See Peter K. Yu, "The Common Questions About Intellectual Property and Human Rights", 23 *Ga. St. U. L. Rev.* 709, 718~719 (2007).

[4]　See Peter K. Yu, "The Common Questions About Intellectual Property and Human Rights", 23 *Ga. St. U. L. Rev.* 709, 719 (2007).

现，从结果上来讲就是要么快速、要么慢速对基本人权实现带来难以用其他替代物消除的障碍。

知识产权的保护看似与人们的基本人权实现相冲突，但知识产权的保护也被认为能够促进人们基本人权的实现或能够使得基本人权更好地实现。知识产权法通过赋予知识产品的创作人、创造人、传播者以知识产权，为知识进步提供了实现渠道与保障机制。因为知识产权法的法律保障机制，科学家、作家、商人等主体与群体才能在没有后顾之忧的情况下投入相关科研并期待获取一定的回报。知识产权是他们为人类科学和文化做贡献、投资的重要动力源。合理的知识产权制度是科技进步、人类知识积累的制度保障，人类基本人权实现的基础保障正是基于此而产生。相反，如果没有知识产权制度保障，且潜在的知识产品开发者和投资者没有相关可期待的表达渠道与保障，则其会偏向于选择将创新成果保持在不公开表达的秘密状态，这或将造成知识产品止步不前。在没有其他权威机制保障的情况下，有益于人类疾病治疗、精神文明提升的知识产品的创作、创造或将消失殆尽。此语境下，没有知识产权制度而谈论保障人权，无疑是杀鸡取卵式非可持续发展的短见行为。因此，保障人权还有赖于为实现基本人权提供可促进、可持续的创作、创造、投资机制，目前的知识产权赋权保护制度就是其一。从某种程度上看，知识产权法与基本人权保障并不是完全冲突的，它们潜在地相互促进、目标趋同。

知识产权是人权的观点又可以从两个层面来理解。第一层面，知识产权本身就是基本人权，知识产权作为一种普遍人权应当与其他基本人权被同等保护。第二层面，知识产权部分为基本人权，该层面的分析逻辑又有两种：①专利和著作权具有人权基础，而公司拥有的商标、商业秘密却没有人权基础，同样，雇员发明、邻接权、数据保护及对机构作者或发明者经济投资的保护等均没有人权基础。[1]诚然，基于著作权与专利权而产生的产品对人类来讲具有非同凡响的价值，著作权和专利权可能更容易被认为是基本人权。因为，作品的丰富能够促进表达性自治和表达多样性目标的实现，著作权法通过知识资源的法律分配，丰富民主文化，促进民主社会中思想、信息和知识

---

[1] See Peter K. Yu, "The Common Questions About Intellectual Property and Human Rights", 23 *Ga. St. U. L. Rev.* 709, 727~728 (2007).

的自由交流;[1]专利权也是对自由思想的保护,是人们思想自由的表现之一。②TRIPs 协议等给予知识产权人知识产权的基础并不在于知识产权中存在不可被剥夺的自由权利(inalienable liberty),而是跨国知识产品保护的经济和工具利益(instrumental benefits)。[2]知识产权部分作为基本人权的基础还被认为在于人们对其创作和创造体现出一定的个人特性,这种凝聚个人特性的内容是个人思想自由表达的体现,因此应当予以保护,属于个人自由范围。知识产权的某些表现人的基本特性的部分属于基本人权部分,其他部分则不属于基本人权部分,因此应当认为,知识产权与其他基本人权产生冲突时,需要根据具体情况确定优先顺序。例如,在某些区域,对治疗人们的疾病非常关键的药物专利要让位于人类生命权和健康权的基本人权实现。[3]虽然知识产权具有一定的人权色彩,但在某些场合,其不仅应当,还必须让位于其他人类基本人权实现。也即,在知识产权与人的基本权利产生冲突时,创新者不仅有道德上的义务,而且有法律上的义务去帮助技术上的弱者,让自己的创新成果成为公众共享的财富,[4]因为没有其他基本人权实现,知识产权法的立法目的和价值就无法持续存在。知识产权法只有在知识产权保护和基本人权保护之间寻求一定的平衡,方可在促进基本人权实现的同时确保个人自由的实现。

　　知识产权与人权之间的关系,直接构成现实中知识产权保护与基本人权实现之间的矛盾。但是,基于相关价值的衡量及相关公约实施背景的考虑,知识产权即便是人权,也不归属于基本人权范畴。基本人权范围小于人权范围,某些内容在知识产权这一财产权上的价值与这些内容在人权上的价值就需要根据具体的政治认知来做平衡与判断。如欧洲法院在相关案件中认为,著作权不仅受到知识产权法的保护,还受到人权法的保护,进而认为作为一项有限的法定权利,著作权的重要性应当低于言论自由,但是作为人权来讲,

---

〔1〕 参见冯晓青:"著作权法目的与利益平衡论",载《科技与法律》2004 年第 2 期。

〔2〕 See Laurence R. Helfer, "Human Rights and Intellectual Property: Conflict or Coexistence?", 5 *Minn. Intell. Prop. Rev.* 47, 50 (2003).

〔3〕 See Mirela V. Hristova, "Are Intellectual Property Rights Human Rights? Paten Protection and the Right to Health", 93 *J. Pat. & Trademark Off. Soc'y* 339, 361 (2011).

〔4〕 参见张德芬:"知识产权法之和谐价值的正当性及其实现",载《法学评论》2007 年第 4 期。

著作权与言论自由都不一定优先于另一方。[1]而且，将知识产权视为基本人权很容易使得公司以人权为理由来宣扬自己的知识权利，进而实现它们对知识产权利益、知识产权扩张的追求。[2]从现实看，知识产权为个人表达自由提供了一定的保障，但是这种保障反过来为其他人的表达自由带来知识运用上的限制，究竟采取知识产权保护超越表达自由抑或表达自由被认为是人权而超越知识产权，仍然是未来的难题。但是，最基本的知识产权与个人表达自由及人权实现的互渗关系将永远存在，并呈现出根据不同国家及地区的政治偏爱而选择不同解决路径的特点。

四、为国家资源管控提供界限，限制政府权力

国家治理是政治内容之一，对国家事务的治理方式依赖于政治体制及政治目标。国家治理中的政治参与度是权力渗入资源分配的风向标，在历史上的某些时期，关于大政府还是小政府的争议对政治环境产生了不同的影响，比如，在第一次世界大战中，英国虽然是最终的战胜国一方，其损失却重大，这部分归结于政治统治者对知识的控制力不足。[3]在特殊国家政体下，非理性甚至暴力政治主体可能强行攫取社会产品甚至个人资源。现代文明及政治性的稳定得益于政治文明带来的国家对资源掌控的有限性，并以法律规定或其他政治规范为限，限制政府权力，将政府及政治掌权主体的权力有限化，使法律成为政治的规范工具。对私人财产权广义上的认识，意味着对统治者及政府权力的限制。[4]我国2004年将私有财产写入宪法，从一定程度上明确了私有财产在我国受到宪法层面的保护，也是政治统治者在知识资源管控上权力有限的宪法依据。

利用知识产权法对知识进行分配，能够降低政府在资源分配方面的角色

---

〔1〕　See Neij v. Sweden, Application no. 40397/12, European Court of Human Rights, 2013, available at http://hudoc. echr. coe. int/eng? i=001-117513 (last visited on December 17, 2020). Also see J. Janewa Osei-Tutu, "Coprorate 'Human Rights' to Intellectual Property Protection?", 55 *Santa Clara L. Rev.* 1, 2~3 (2015).

〔2〕　See J. Janewa Osei-Tutu, "Coprorate 'Human Rights' to Intellectual Property Protection?", 55 *Santa Clara L. Rev.* 1, 6 (2015).

〔3〕　参见吴必康：《权力与知识：英美科技政策史》，福建人民出版社1998年版，第194页。

〔4〕　参见蒋永甫："财产权与有限政府——洛克政治哲学的内在逻辑"，载《武汉大学学报（哲学社会科学版）》2008年第2期。

的重要性。[1]如采用政府补贴方式来代替知识产权法，可能同样可以为知识产权人带来收益，但是政府在这种模式下具有知识资源管控的主要甚至唯一权力。这不仅可能加重政府在这种替代模式下的知识资源管理和分配成本，更会因政府及政府官员腐败带来不公平的知识资源分配。再者，知识产品与公共利益的关系比传统的财产与公共利益的关系更为密切、更为复杂，如果不限制政府在知识分配中的权力，规范其角色，很可能会产生统治政府以"公共利益"为名来侵犯私人的财产权之现象或常态。[2]这不仅不利于知识分配正义，也不利于知识的传播、再利用等有益于人类进步的目标实现。

传统的财产权，可以不依赖他人的同意及经政治国家的承认而成立，[3]也即以占有等模式即可享有财产权，但是知识产权客体具有非消耗性和非竞争性，不同于传统财产权，其占有模式并不符合这种无形（财产）情形。虽然知识产权客体的产生不依赖于外部，但独占性、排他性的专有权则必须有赖于政治国家及政府通过法律赋予其人为的垄断权。这里的垄断权之大小取决于政治统治者对相关利益的考量。因此，即便是现代知识产权法体系，仍然不可能抹杀政府在知识分配中的重要地位和作用，但是知识产权法的成立及存在能够削减政府在知识分配中的独有权力，将更多的意见吸收进来。是否要在可能范围内对政府的知识分配权力予以必要的控制，如在知识产权纠纷中是否应当限制政府处理纠纷的权力与范围，将这种纠纷处理职责更多地转移给个人启动的司法程序，通过司法机关控制政府在知识分配上的权力，就在现实中有很多争议。

知识产权法是一种相对可以控制政府的知识分配权力的成功模式。之所以谓之成功，不仅在于该模式能够根据政治目的、国家发展需要等做统一改变，以统一知识利益分配标准，还在于知识产权法能够与其他法律共同存在于同一法律体系，进而根据相关的法律适用来规范与限制政治权力，降低知

---

[1] See Robert P. Merges, Peter S. Menell & Mark A. Lemley, *Intellectual Property in The New Technology Age*, 6th ed., Aspen Publishers, 2012, p. 18.

[2] 参见蒋永甫："财产权与有限政府——洛克政治哲学的内在逻辑"，载《武汉大学学报（哲学社会科学版）》2008年第2期。

[3] 参见蒋永甫："财产权与有限政府——洛克政治哲学的内在逻辑"，载《武汉大学学报（哲学社会科学版）》2008年第2期。

识利益分配中政府的过度主观性。如《美国宪法》第 1 条第 8 款规定[1]被视为美国版权法与专利法的宪法基础，但是其中的"improvement"暗示创作或发明对社会发展具有促进作用时才能够享有知识产权，因此本质上是限制了国会，表明知识产权的权利基础在于公众（public），而非政府或者发明者及作家。[2]知识产权法与其他法律所共同存在的体系决定法律之间可以合作，以限制统治者在相关内容上的独断空间及无限权力，这便是国家知识资源管控的边界依据。

知识产权起源于政府对知识产生、传播进行审查和控制，并试图将知识进步带来的利益分享控制在某些群体之内。现代政治文明提倡的知识共享、促进人类的共同发展，使得知识产权制度逐渐脱离其最初的政府控制知识的作用，转向人们对知识进步做出贡献而获得一定回报，并通过这种规范、可操作的知识利益分配机制促使更多的知识产生和传播。政府对知识利益的分配权也逐渐转移到税收，根据其对人类的贡献来审查并决定是否赋权，这种权力被限制在一定范围。但是，网络时代和信息社会也逐渐让这种有限的政府权力转移到网络审查，并对人们的知识产权、言论自由等产生实质性的阻碍。政府通过知识产权法不能对知识进行有效控制之际，选择其他方式对知识进行控制，也体现出知识产权法对政府管控知识资源的限制能力。

五、为人类共同发展提供桥梁，促进正义实现

人类共同发展是当前全球和谐共处、共同进步的总体目标。社会知识的增进带来的科技、文化、经济、政治等各方面的提升是人类进步的显性内容。知识资源的分配规则通过国际组织等予以明确是避免因掠夺知识资源而采取政治暴力的最佳手段。知识产权能够促进人类的发展，同时也能阻碍人类的

---

[1] The U. S. Constitution, article I, section 8, clause 8 gives Congress the power "to promote the progress of science and useful arts, by securing for limited times to authors and inventors the exclusive right to their respective writings and discoveries." ["国会拥有下列权力：……（8）保障作家及发明家对其著作和发明在限定期限内享有专有权，以促进科学与有用艺术之发展。"]

[2] See Malla Pollack, "The Democratic Public Domain: Reconnecting The Modern First Amendment and The Original Progress Clause（A. K. A. Copyright and Patent Clause）", 45 *Jurimetrics* J. 23, 27 ~ 28 (2004).

发展，[1]只有通过法律校准政治权力，才能够使得知识产权法服务于人类共同发展的目标，促进社会正义实现。

掌握充分信息的人，一般是受过良好教育的人。知识产权赋予这些倾向于改革社会的人才以经济权力，从而对社会产生自由主义的影响力。[2]知识产权通过对知识产权人赋予一定期限的专有权，规定保护期限之外的知识产品进入公有领域，调节了经济上穷人与富人的知识接近能力和知识接近成本。在科技基础薄弱的发展中国家，通过知识产权保护鼓励创新所得利益微弱，但由知识产权保护带来的成本则巨大，更严重的是这种知识产权保护规则会使这些国家的基本人权实现落空，[3]这致使它们的发展不能够赶上发达国家，还可能使得它们与发达国家之间的发展差距被动拉大。知识产权是人类不平等的调节器，并有望成为分配政治中最主要的部分，如中国和印度以健康为首要保护目标的知识产权制度的作用。[4]但是如何将这种调节器的功能释放出来，成为当前知识产权法的政治学功能主义研究的任务。

知识产权法促进知识的传播与改进，而知识产品的专有权只有通过传播新的技术或作品方可实现。[5]《美国宪法》知识产权条款中的"the progress"指的是传播（dissemination），因此该条款也意在鼓励知识质量的提升。[6]基于此，知识产权不仅仅是知识产"权"，对知识产权人也附加了一定的义务，在知识被利用上，特别是过了知识产权保护期限之后，能够有效地为公众服务，被公众免费使用。从长远来看，知识产权法的效用仍然是"为人所用"的，而非"为人所控"。

---

〔1〕 See Rami M. Olwan, *Intellectual Property and Development: Theory and Practice*, Springer, 2013, p. 26.

〔2〕 See Justin Hughes, "The Philosophy of Intellectual Property", 77 *Geo. L. J.* 287, 292 (1988).

〔3〕 See Commission on Intellectual Property, *Integrating Intellectual Property Rights and Development Policy* (2002), available at http://www. iprcommission. org/papers/pdfs/final_ report/CIPR_ Exec_ Sumfinal. pdf, p. 8 (last visited on December 17, 2020).

〔4〕 See Amy Kapczynski, "Four Hypotheses on Intellectual Property and Inequality", Working Paper Prepared for the SELA conference, 2015, pp. 7, 8. Available at https://law. yale. edu/system/files/documents/pdf/SELA15_ Kapczynski_ CV_ Eng. pdf (last visited on December 17, 2020).

〔5〕 See Malla Pollack, "The Democratic Public Domain: Reconnecting The Modern First Amendment and The Original Progress Clause (A. K. A. Copyright and Patent Clause)", 45 *Jurimetrics J.* 23, 28 (2004).

〔6〕 See Malla Pollack, "The Democratic Public Domain: Reconnecting The Modern First Amendment and The Original Progress Clause (A. K. A. Copyright and Patent Clause)", 45 *Jurimetrics J.* 23, 28 (2004).

　　此外，知识产权法通过为社会公众保留基于基本生存和发展需要的知识接近权，不仅有助于缩小社会贫富差距，还有助于缩小知识贫富差距。知识接近权的运动，让我们认识到知识产权边界的动态性，及以人类的某些基本权利为导向的知识产权制度发展方向的正当性。[1]人类的共同发展具有双重目标，一为"发展"，二为"共同"。缩小贫富差距是当前世界的最大难题。通过知识产权法削弱富人和穷人在知识获取和利用上因财富差距而带来的影响，能够为穷人、穷国家提供非常有效的低成本或无成本的教育资源和健康资源。人类要进步，更要"共同"进步。虽然不同的国家处于不同的发展阶段，但是知识进步无国界，知识进步应当惠益于所有人群。这也是未来知识产权法规则应当发挥的作用，并且也是提升这种作用应当坚持的方向和目标。

　　当然，政治力量对知识分配正义的影响也是显而易见的。知识产权法的政治化与当前知识产权产业的发展繁荣相关。更为重要的是，一些欧美发达国家在向其他国家进行民主输出失败之后，知识产权成为其先发制人的政治工具，[2]并因此导致知识分配正义获得性失败。关于发达国家和发展中国家的区别，不同的国际组织根据不同的标准予以归类，这使得发展中国家在知识产权领域的认知也缺乏统一性。[3]但是应当尽可能保证发展中国家在国际知识产权规则上的某些最低标准得以执行，因为在这些发展中国家政治稳定背景下，基本人权的保障才是其当前亟待解决的问题。高标准的知识产权对其并没有太大的意义，反而会给当地人带来不可承担的政治剥削代价，甚至导致政治统治的紊乱、频繁更迭。部分发达国家以政治制裁为要挟，在政治交往及谈判中对发展中国家提出超越国际公约的最低知识产权保护标准的知识产权规则。全球知识产权规则的被动提高实际上是对发展中国家知识资源的不当攫取，这种欠缺人类命运共同体意识的非理性政治不符合正义价值，是政治不道德的。

　　政治价值观的偏失造成现代知识产权制度朝向为富人服务的不平等方向

---

　　[1]　See Amy Kapczynski, "The Access to Knowledge Mobilization and the New Politics of Intellectual Property", 117 *Yale L. J.* 804, 804 (2008).

　　[2]　参见孙运德："美国知识产权文化政治化的原因及路径分析"，载《华北水利水电学院学报（社科版）》2013年第5期。

　　[3]　See Rami M. Olwan, *Intellectual Property and Development: Theory and Practice*, Springer, 2013, p. 25.

发展，这种不平等也随着知识产权的扩张而被强化，如药品研发费用的 10%
能够用来治愈世界上 90% 以上的疾病。[1]因此，随着人类文明的提升，知识
带来的正义成为人们的高诉求之一。传统的经济学提及的以"效率"为中心
的知识产权法并不能解决知识分配正义的问题，甚至有学者认为，知识产权
法并不是最优的知识分配工具，政府采购（government procurement）和公共产
品（commons-based production）似乎比知识产权法更能够满足分配正义的需
求。[2]但是需要明确的是，实践中，政府采购和公共产品比知识产权规则更
容易被政治权力操控，采用这些规则会磨灭不同国家的知识分配主权。政府
之间因政治权力制衡带来的知识利益被削损、被掠夺，更容易给人们基本权
利的实现、人们生存和发展的公平性带来难以逾越的障碍。利用知识产权法
对世界上的知识资源进行分配，不仅能够最大限度地限制政治能力与知识资
源成正比的可能性，还可以避免发达国家对发展中国家知识资源分配主权的
干涉，使得知识分配正义的实现可能性更大。全球化的知识产权资源分配仰
仗于国际知识产权规则的正义性，这就要求不同的主体得到有效的民主代
表，并通过结盟与非统一战线的政治主体在国际知识利益分配规则上进行
有效对话，争取知识分配主权与利益，由此方可更好地为人类共同发展服
务，更好地促进正义之实现。

第三节　知识产权法政治学的局限性

知识产权法的分析方法有多种，从政治学角度来分析并不能保证其在其
他价值体系内的目标实现。因此，从价值体系上看，知识产权法在政治学视
角的研究也具有一定的局限性。但是，必须从辩证角度看待该局限性，即知
识产权法政治学研究的局限性并非其分析方法的独有缺陷，也非该研究方法
的致命缺陷。

---

〔1〕　See Amy Kapczynski, "Four Hypotheses on Intellectual Property and Inequality", Working Paper
Prepared for the SELA conference, 2015, pp. 10, 11. Available at https://law. yale. edu/system/files/docu-
ments/pdf/SELA15_ Kapczynski_ CV_ Eng. pdf (last visited on December 17, 2020).

〔2〕　Amy Kapczynski, "The Cost of Price: Why and How to Get Beyond Intellectual Property Internal-
ism", 59 *UCLA L. Rev.* 970, 972~974 (2012).

一、知识产权法政治学价值目标带来的局限性

知识产权制度的价值取向直接决定了知识产权法的结构及其内容，对知识产权法的目标实现也具有直接的影响。正义与效率被视为整个知识产权法的目的和功能衡量标准由来已久，其协调也成为知识产权法最主要的驾驭困难。[1]为了解决相关价值冲突问题，有学者提出"知识产权法利益平衡理论"，力求解决知识产品创造者、传播者和使用者等主体之间的利益冲突。[2]但是，在这些理论和研究成果中，知识产权利益且主要是经济利益的分享成为主要内容，对知识产权法的政治学价值目标的讨论并未占据主要地位。这与知识产权法在我国的分析方法有关，更与我国知识产权法的引入模式有关。在我国，知识产权法的政治学分析并没有知识产权法的经济学分析、知识产权法的社会学分析、知识产权法的伦理学分析、知识产权法的历史学分析、知识产权法的管理学分析等更多见，因此，知识产权法的价值目标也更多地集中于如何实现经济利益的分配及人格利益的分配上。知识产权法的政治学分析也正是因为其价值目标而可能确实有异于其他学科分析方法。

效率是知识产权法经济学分析中最为常见且核心的价值目标。在知识产权法政治学体系下，这种价值的体现具有一定的局限性。在知识产权法的政治学视角下，知识利益的分享并不一定追求利益最大化，也不主要追求人类知识生产的最强化。相较于知识产权法在经济学视角下对知识生产的促进目标，知识产权法政治学分析集中于智力成果的分配过程，其对知识的生产与产生有所关注，但并不以此为主要或唯一目标。将效率放在非主要地位的知识产权法政治学分析与研究，可能有如下不足：第一，可能不能给潜在的知识产品创作者、创造者带来有效的激励和刺激，也可能不能为以知识产权为中心的产业经济发展带来足够的发展激励。以激励为中心的知识产权法经济学逻辑认为，赋予创作者和创造者知识产权，能够激励其创作、创造更多、更高质量的知识产品；赋予知识产品传播者以一定的专有权，能够激励他们对知识产品的传播进行投资。但是，知识产权法的政治学分析与研究，并不以激励知识产品的生产和传播效果为中心，所以在促进此目标的实现上或显

---

〔1〕　参见吴汉东、李瑞登："中国知识产权法学研究 30 年"，载《法商研究》2010 年第 3 期。

〔2〕　参见冯晓青：《知识产权法利益平衡理论》，中国政法大学出版社 2006 年版。

不足。第二，可能牺牲知识产权人的利益。知识产权法政治学研究的价值目标不在于效率，因此，可能会在必要的时候牺牲知识产权人的利益，而换取生命权、健康权、教育权等对社会来讲更为重要的社会价值。在此情况下，知识产权保护可能会被削减甚至被短暂剥夺。第三，在知识产权法的政治学价值之下，知识产权人对知识产品的控制能力降低。在效率价值体系下，知识产权人通过知识产权强保护对知识产品的强控制能够保证其对自己创作、创造或投资的收益，而在知识产权法政治学体系下，有时知识产权人对知识产品的控制能力被提倡降低。

秩序是法律的另外一个价值目标。知识产权法力求建立一个与知识生产和传播有关的社会秩序，这个秩序不仅关乎人类的共同进步，也关乎政治主体之间的和平状态。知识产权法政治学价值体系并不以国内市场秩序为中心，其秩序的范围更为广泛和宏观。着眼于服务人类命运共同体建设的知识产权法政治学，要在平衡国内秩序的同时，对国际秩序进行平衡，而以何种秩序为中心、为主要目的决定着知识产权法律制度的内容和秩序的维护程度。如有的国家为了某种政治目标和政治目的，宁愿牺牲国内知识产权秩序和利益，去迎合其他政治主体对其知识产权制度的需求；而有的国家不顾其他政治主体的要求和要挟，主要集中于国内知识产权相关秩序的建设，制定为国内知识产权秩序服务的知识产权制度。因此，在秩序多元化和复杂化的知识产权法政治学分析之下，知识产权秩序可能具有多元性，其评价标准可能具有非唯一性。知识产权法的政治学分析及决策后果可能会挑战一些秩序，[1]这样产生的可能后果就是，以某种秩序换取另外一种秩序。故此，知识产权法政治学研究视角下，知识产权法所形成的结果可能在某种秩序或某些秩序方面打折。

政治学视角下的知识产权法，因为有政治力量的介入而可能产生多元化的知识产权制度价值目标。这在知识产权法的其他分析方法中是很少出现的。价值也即客体满足主体的有益部分，如果这一价值被政治力量作用，就会导致知识产权制度在理论和实践上的价值多元化和差异化。因此，不同的政治主体需要的知识产权法是不同的，其需要主导和影响的国际知识产权规则也

---

〔1〕　See Stephen Hilgartner, "Intellectual Property and the Politics of Emerging Technology: Inventions, Citizens, and Powers to Shape the Future", 84 *Chi. -Kent L. Rev.* 197, 220 (2009).

更加具有主观色彩。从这一方面来看，知识产权法的政治学分析和研究会使得知识产权法具有个性化色彩、区域性色彩。

最后，知识产权法政治学分析中的多元政治学价值目标，如民主、人权、正义、自由等，依然可能在知识产权法的制度构造过程中产生冲突和难以协调之下的取舍。在知识产权法的政治学分析中，可能因所取用的政治学价值的差异而具有不同的知识产权制度取向。因此，该视角的研究应当主要以某政治主体为中心或者在分析问题时以某政治学价值为主，这样才可能产生令人信服的结论。而且，因为政治学分析方法在程序和实体上均有一定的牵涉，故在知识产权法政治学研究上可能会具有程序研究与实体研究、法律制定过程与法律制定结果及理论等的交织、重叠，在组织结构及论证上可能比其他研究所追求的单一价值论证方法更复杂。

二、政治学概念含义的动态性和多元性带来的局限性

不同的国家、不同的政体，具有不同的政治目标，对政治学上的价值也有不同的认知和定义。[1]因此，对国内知识产权法的研究及其成果可能并不适用于另外一个国家的相同情形。比如，民主的概念在不同的政治体制下具有不同的含义[2]，每个国家的民主都有其特色[3]，西方资本主义国家的民主意味着充分的代表，[4]而社会主义国家的民主则可能被广泛认为是"人民民主"或"政治协商民主"。另外，是否实行民主制度也是政治主体的选择，这取决于该国各种主体的政治力量对比。[5]对知识的控制与管理是封建主义国家的爱好，而现代民主国家同样对以控制言论为基础的知识传播具有虽然有差别但仍颇为类似的偏好。民主的选择，对知识利益分配具有决定性的作用。对少数意见的保留和对多数意见的遵从，或许是分享知识利益更为正义的渠道。但民粹主义与精英主义的纠缠[6]也可能决定知识利益分享的未来方

---

〔1〕　政治问题的争论双方往往都宣称自己是捍卫自由、支持民主或匡扶正义的一方。这凸显出在政治学中，概念本身的多元化给价值标准及制度的制定带来不同的方向，并可能均被主张具有正当性。参见［英］安德鲁·海伍德：《政治学核心概念》，吴勇译，天津人民出版社2008年版，第3页。

〔2〕　参见邹建锋："理解当代民主的含义"，载《探索》2003年第3期。

〔3〕　参见孙关宏："慎提'中国式民主'"，载《探索与争鸣》2014年第12期。

〔4〕　参见陈炳辉："国家治理复杂性视野下的协商民主"，载《中国社会科学》2016年第5期。

〔5〕　参见胡岩："民主的阶级性与全民性刍议"，载《社会主义研究》2001年第6期。

〔6〕　参见陈炳辉："国家治理复杂性视野下的协商民主"，载《中国社会科学》2016年第5期。

向，为知识利益分配与控制带来挑战。政治学概念之含义的动态性和多元化，可归结于如下三种原因：第一，政治分析并不注重细节描述，而是注重归纳；第二，政治学人与政治实践家具有不同的术语理解和用法，政治实践家更加注重通过语言进行政治鼓动；第三，政治概念在很多场合带有一定的以意识形态为基础的价值判断。[1]这些原因所造成的政治术语的多意及动态发展，也会使得知识产权法政治学研究呈现出一定的静态局限性，所使用术语的具体含义选择也会直接影响最终的知识产权制度的呈现。

以经济、社会和政治为综合因素划分的发达国家、发展中国家与最不发达国家，在实际的发展需求及在国际社会中对自由等内容的定义之区别，也为知识产权在知识控制权作用上的差异化提供了基础。国家发展阶段和政治动态性极大地影响着知识产权规则的价值取向，知识分配与国家文化也有非常密切的联系。不同发展阶段的国家具有不同的政治任务和发展目标，其对以知识为基础的言论自由、创新创造自由、商业自由等通常赋予不同的标准和内涵。这些符合特定目标的含义，并给知识利益分配工具——知识产权法——增加了政治能动性色彩。

同样也需要说明的是，不同的国家可能利用不同的路径行使知识控制权，如在落后地区可能通过腐败赋予一定的知识专有垄断权，其意义不在于知识产权的专有，而在于利用垄断实现知识的专有；在发展较为民主化、制度透明的国家，腐败发生在知识控制和利益分享方面的可能性更小，这些国家的相关利益主体可能通过合法化的政治代表、游说等来实现自己对知识的控制，增强自己的知识收益能力。政治路径的多元化也可能为知识产权法的政治学分析带来多重、多样甚至不可穷尽的挑战。因此，本书主要集中于中国及知识产权制度发展较为突出的国家、在国际知识产权法发展中具有一定意义的国家。

三、政治力量较量影响国际知识产权规则的稳定性

世界上极度不发达地区的人在教育、医疗、粮食及食品等方面所承受的贫困及灾难并不全是因供给引起的，实质原因是"权利"的失败，往深处说是"权力"的失败。政治力量的较量在国际社会上无时无刻不存在，只有在国际社会的政治力量较量中获胜时，方可在国际知识利益分配的谈判中被有

---

〔1〕 参见［英］安德鲁·海伍德：《政治学核心概念》，吴勇译，天津人民出版社 2008 年版。

效代表，实现自己利益阵营的话语权。简言之，知识利益的分配就是政治力量较量之下话语权的实现领域及体现之一。因此，政治力量的强弱会对知识控制权、知识产权秩序的稳定性产生影响。

政治力量较量也称为政治博弈，是人类发展中一个不可避免的政治活动。在知识产品领域，政治力量在某些时候需要借助媒体等知识创造者或传播者来实现和扩大自己的力量，因此，作为一种回报式的运作方式，政治力量也可能将其依赖的媒体等利益转移到其政治力量较量中，甚至为某些团体的利益发声，实现它们的话语欲望。在网络时代，公民通过自媒体形成的集体行动力量也对政府对知识利益的分配、知识控制权的管理施加了更大的压力[1]，这也意味着公众民主参与知识控制权的管理更为普遍。但是这些普遍性并没有蔓延至国际层面的知识控制权，国际层面的知识控制权的代表仍有赖于国家之间政治力量的较量。

发展中国家冒着各种风险签署 TRIPs 协议是其民主失败的表现之一。[2]大公司有游说的权力，但是有关产权的游说应当在民主协商背景下进行，因为产权规则会对资源的支配权产生决定性影响，若少数人获得这种支配多数人所依赖的资源的权力，就会对社会的政治自由产生重大影响。[3]这一理念同样在国际层面有效。国际政治主体之间的政治较量的频繁性、复杂性带来较明显的知识控制权的不稳定性和非民主性。某些国家不惜牺牲其他国家国民的生命权、健康权、受教育权等来实现其政治利益，贫穷国家被迫接受的国际公约及所谓的"利益交换"根本不足以缓解其贫穷状况，其给予国际公约中知识控制权让与的承诺在大多数时候是知识控制权的丧失，因为在这些贫穷国家，比起知识产权保护及知识产权高标准保护，贫穷和稳定国内政治秩序才是更为重要的、更亟待解决的、制约其发展的首要问题。在没有解决经济贫穷问题之时被迫高标准保护知识产权，无异于牺牲穷人的生命去换取富人的知识利益，这是不道德的，更是丧失政治理性的。这意味着，政治力

---

〔1〕　参见曹峰、李海明、彭宗超："社会媒体的政治力量——集体行动理论的视角"，载《经济社会体制比较》2012 年第 6 期。

〔2〕　参见［澳］彼得·达沃豪斯、约翰·布雷斯韦特：《信息封建主义》，刘雪涛译，知识产权出版社 2005 年版，第 12 页。

〔3〕　参见［澳］彼得·达沃豪斯、约翰·布雷斯韦特：《信息封建主义》，刘雪涛译，知识产权出版社 2005 年版，第 12 页。

量的较量不仅影响知识控制权，还会因为政治不理性给知识利益的分配带来实际非正义。因此，在对知识产权制度进行评价与校准时，应当着重注意其中的非理性政治因素，并将最后的知识产权制度控制在理性政治作用范围之内，力求服务于人类共同发展、建立人类命运共同体的高目标。

第四节　知识产权法政治学局限性之下的优越性

政治学的过于自信的表白在 19 世纪上叶遭到公认的失败后，刚开始恢复一些威信，边沁的功利主义在取代天赋权利和法学家的盲目传统，成为全欧洲无数法制改革和体制改革的基础以后，由于普通老百姓不相信快乐和痛苦是人类动机的唯一源泉而夭折了。[1] 在知识产权法领域，人们以 "快乐和痛苦" 危机为基础建立的社会福利最大化的激励理论成为炙手可热的知识产权法基础理论之一。特别是考虑到在知识产权法实践中对激励的热捧，不免让人担忧这种激励是否符合人类发展的共同目标，掌握知识的富人在知识领域的优势代表对穷人来讲是否是一种本质上的不公平，甚至该理论下的知识产权法是否有劫贫济富之嫌也值得审视。从政治学入手，对知识控制权分配进行合理界定，则可避免激励理论带来的人们知识贫富差距过度拉大，探寻知识产权制度在符合人类群居特点的基础上对知识的分配正义之路径。

虽然上述知识产权法政治学分析具有一定的局限性，这种局限性可能牺牲经济利益、某些国家的经济收入，但与其他价值体系和方法相比，其对人类共同发展、共同进步的不利影响仍然是相对较低的。因此，知识产权法的政治学研究在这种局限性之下仍然具有优势，尤其是基于某些方面的发展来看，更是如此。

一、知识产权法激励理论的 "失"

虽然近代的知识产权法的产生并没有以激励为中心，或者说并没有激励的意图，[2] 但是激励理论仍然因《美国宪法》第 1 条第 8 款第 8 项的规定而被人们广泛解释与认可。当今社会对知识产权法的激励机制的探讨远比对知

---

〔1〕 ［英］格雷厄姆·沃拉斯：《政治中的人性》，朱曾汶译，商务印书馆 1995 年版，第 8 页。

〔2〕 See Eric E. Johnson, "Intellectual Property and the Incentive Fallacy", 39 *Fla. St. U. L. Rev.* 623, 640 (2012).

识产权法的政治学的探讨要"成功"。首先，创新激励话语比较密集，而知识产权政治话语比较分散；其次，激励机制经由社会交易创造有限产权，进而将政策转化为可控的任务及技术进步的最大化平衡，可以达到令"人"满意的结局，而知识产权的政治话语是一个没有结局的故事，其在多大程度上呈现为制度形式仍然不清楚。[1]功利主义下的知识产权法存在以下缺憾，这些缺憾有望通过知识产权法政治学来弥补。

第一，知识产权法激励理论得出的令人"满意"的结论并非完美无缺。激励理论之下的知识产权制度意在激励人们创作、创造出更多、更好的作品或发明，并促进知识产品的传播，以此实现社会福利最大化。这种福利最大化客观上过多顾及了知识产品在富裕阶层及中等阶层的有用价值，并没有将注意力集中到贫穷阶层，也即激励理论之下的知识产权制度如何惠益于个人或所有人并没有得到重视。例如，借用西方国家知识产权法理论思维的中国知识产权法也开始充分利用亲创造者的知识产权法"鼓励"知识产品的产生与传播，而不论这些高标准是否与中国当前的发展水平相适应。即便中国的知识产权保护标准已经超越很多国家，[2]中国的知识产权保护仍然被西方某些国家认为"不够"。这里的"不够"，大概意思是不符合西方某些国家理想的利益目标。激励理论之下的知识产权法可能达到的令人"满意"的结论，可能是某些政治理性丧失的"满意"，而非满足国民需求和国家实质需要的符合国家主权意识的知识产权制度。在很多场合，知识产权激励理论之下的知识产权法对贫困阶层的知识接近爱莫能助，甚至在过度强调知识产权强保护的某些国家，贫困阶层的知识接近逐步被某些低级或者无效的知识充斥。这并不是激励理论所谓的惠益，其中的知识产权激励是否惠益到每个人或者包括穷人的大多数人，不言自明。

功利主义理念引导下的激励理论实际上将积累和提升社会财富置于第一位，并没有将人文关怀置于中心位置。这不仅极有可能带来快速发展相关的弊病，还有可能拉大人们之间的发展差距。知识接近因财富等不同而具有的较大差异，在激励理论体系中被简单呈现为知识产权人利益与公共利益的关

---

〔1〕　See Stephen Hilgartner, "Intellectual Property and the Politics of Emerging Technology: Inventions, Citizens, and Powers to Shape the Future", 84 *Chi. -Kent L. Rev.* 197, 207~208 (2009).

〔2〕　参见韩玉雄、李怀祖："关于中国知识产权保护水平的定量分析"，载《科学学研究》2005年第3期。

系。公共利益的代表失位或缺位将激励理论主要作用于知识接近能力强的人群，公共利益在政府代表过程中并不具有非常有效的作用。因此，激励理论作用下的知识产权制度可能会有效促进社会福利的整体快速增加，但并不符合人们对知识产品的实际需求和利益，也即知识产权法在激励理论下达到的满意状态可能是一种美好的愿景。

第二，激励理论过度地集中于创造者，而忽略了在知识产权政治中的公民。公民往往在此过程中扮演被动的角色，如技术进步的受益者，进行政治选择；他们也可以通过扮演"消费者"角色而在此过程中发挥积极作用，如在市场上表达选择。[1] 与创新激励不同，知识产权法政治学通过反映民主价值观的程序，确保充分代表性和弥补民主决策中的不足。[2] 因此，激励理论对人群的关注失调带来的缺憾可能由知识产权法政治学理念来弥补。

第三，激励理论将知识与权力同时集中于特定阶层，忽略了民主参与这一重要内容。掌握权力的人通常是知识获取能力更强的人，而没有权力的人通常也是知识获取能力较弱的人。权力与知识集合于同一群体之中，很可能带来精英阶层对普通公众意见的代表，这样的代表更便于他们操控知识利益分配。虽然激励理论能够增加中产阶级的经济收入，但可以肯定的是，没有这部分收入，对他们的基本生活能力的影响不会太大；但是过强的知识产权保护则可能为大部分贫困人口带来致命的障碍，降低切断贫困代际传递的概率。这无论对于国际组织还是对于一个国家来讲，都是消除贫困目标实现的障碍。因此可以说，知识产权激励理论应当转移到以民主参与为中心的政治学理念上来，利用知识分配降低知识产品接近障碍带来的基本人权实现的破灭可能性及机会正义的得益。

知识产权不仅仅有关经济，更不是仅仅依靠创新理论就能实现其制度价值的，它还具有激励之外的促进自由和安全、促进知识社会穷人和富人对知识的受益和增益等价值。[3] 通过知识产权法政治学分析，能够探析知识产权

---

〔1〕 See Stephen Hilgartner, "Intellectual Property and the Politics of Emerging Technology: Inventions, Citizens, and Powers to Shape the Future", 84 *Chi. -Kent L. Rev.* 197, 217 (2009).

〔2〕 See Stephen Hilgartner, "Intellectual Property and the Politics of Emerging Technology: Inventions, Citizens, and Powers to Shape the Future", 84 *Chi. -Kent L. Rev.* 197, 218 (2009).

〔3〕 See Madhavi Sunder, *From Goods to a Good Life: Intellectual Property and Global Justice*, Yale University Press, 2012, p. 132.

政治是如何被不同的动力和逻辑贯穿其中的，[1]描绘真实的知识产权制度形成过程和其中的重要实然内容与问题，并基于此寻求更理性政治下的知识分配方案，解决知识产权法在"激励"及"非理性激励"或"盲目激励"之下的社会作用偏失问题。

第四，传统资源与现代科技发展资源的现实也决定了仅仅通过激励理论为知识产权及其扩张在全球范围内的普及提供正当性是非常不足的。[2]通过激励理论，现实的发达国家医药公司研究出的新药最初或者在专利保护期内主要提供给发达国家，发展中国家的很多人群对这些药物并不具有及时的接近机会。甚至有些时候，知识产权法以激励为精神，会使得知识创新及成果接近仅仅发生在以富人阶层、发达国家问题为导向的范围内。因此，从实践来看，激励理论并不能保证只要提供知识产权保护就能够实现人类进步。

二、知识产权法政治学方法的优越性

知识产权法政治学方法具有超越其他分析方法，特别是激励理论分析方法之处，且知识产权法政治学分析的优越性将超越其本身的局限性。在此基础上，知识产权法有望成为最有用、最正当的知识分配工具，其在政治学视角下的制度校正将服务于人类命运共同体建设，有望成为惠益所有人群并且尽最大努力实现公平和公正的制度工具。

（一）*知识产权法政治学分析和研究的目的性优势*

知识产权法政治学分析和研究的目的之一在于建立集体形式的政治联盟，防止信息拥有者控制信息缺乏者。[3]无论人们如何辩驳，不可否认的是，人们对知识和信息的接近能力与其自身的经济贫富、所处阶层甚至性别、种族、国别等具有紧密联系。以这些身份标签为基础，知识经济时代人们对知识产

---

〔1〕　See Sebastian Haunss & Kenneth C. Shadlen, "Introduction: Rethinking the Politics of Intellectual Property", in Sebastian Haunss & Kenneth C. Shadlen eds., *Politics of Intellectual Property: Contestation over the Ownership, Use, and Control of Knowledge and Information*, Edward Elgar Pub, 2009, p. 2.

〔2〕　See Madhavi Sunder, *From Goods to a Good Life: Intellectual Property and Global Justice*, Yale University Press, 2012, p. 174.

〔3〕　See James Boyle, "A Politics of Intellectual Property: Environmentalism for the Net?", 47 *Duke L. J.* 87~116 (1997).

品的需求程度和依赖性使得某些知识产品对人们来讲成为必需品。知识产权保护、知识产权保护的扩张、知识产权保护标准的提高等知识产权偏好型知识产权法律制度削损了这部分人接近知识产品的机会，提高了他们获取知识和信息及接近知识产品的成本。虽然这些成本在理论上讲可以由政府补贴等予以弥补，但并不是每个政府都喜欢服从于所谓的"理论上"的内容。从政治学上来讲，只有在现代文明社会中建立起集体形式的政治联盟来有效代表自己的利益，对于所有群体的人才是公平的，因为集体形式的政治联盟不仅可服务于公共利益群体，还可服务于作者、发明者、出版者等知识产品创造者、传播者、利用者群体。

知识产权法通过对创新、创造赋予一定期限的权利保障，能够让更多的普通人参与到通过创造获得收入的活动中去并分享知识利益。这本身就是集体形式联盟获取话语权的表现，因为最初的知识产权并没有给"创作者"，而是雇佣、管理及控制这些创作者的教会、公司及同业行会等。从全球视野来看，该目的具有更加重要的功能。不同国家由于各种各样的原因而采取不同的政体、国体，并根据所处的不同发展阶段而采取不同的发展战略。但是，知识的全球化意味着知识产品的传播遍布全球，知识产品交易也在全球范围内流通，知识产品相关的关系交织于不同类型的国家。虽然利益集团的作用催生了财富拥有量决定知识控制权的不公平现象，但是这种政治联盟还是为集体政治联盟树立了一种模范。在这种集体行动之下，如果经过有效代表，则能够实现知识控制权的合理分配，知识利益的分配正义、人类命运共同体的终极目标之实现将有望被有效促进。

知识产权法政治学分析和研究的目的还在于利用政治理论与制度来限制政府在知识控制权中的地位及作用，避免以权力寻租为中心带来灾难性的知识贫富差距。这表现在近代利益集团作用能力的降低上。这一点也间接导致知识产权法除了激励知识产生之外，更注重知识的秩序。这种优势或许更有利于促进其自身价值目标的实现。

（二）知识产权法政治学分析和研究的价值取向优势

政治学视野下，群体在知识控制权分配中应当有有效的代表。在英国颁布《安妮女王法》之前，作者通过出版商而从一家全国性的大型行会（皇家特许出版公司，Stationers' Company）的代表中获益；与此形成鲜明对比的是发明者却因没有形成稳固的团体组织而丧失相应的力量，并遭受行会的敌意干预。[1]在 TRIPs 协议制定过程中，发展中国家也因在代表上的失败而接受"不公平"的知识分配方案。这些都表明，知识产权法的制定有必要在代表制度上得到充分的保障，以此来制定并非服务于强者的知识分配制度，而是构建一个对人类共同发展具有根本促进作用并照顾弱者的知识分配制度。在发达国家、发展中国家、最不发达国家之间知识控制权的代表上，可以从政治学中的"民主"概念和价值入手，并通过民主模式赋予在国际知识产权规则的建立中因国家发展阶段而丧失话语权、处于弱势地位的主体一定的代表机会。

政治学关注的是正义的建立。根据罗尔斯的观点，正义不仅包括实质正义，还包括程序正义。在知识产品领域，程序正义更显重要，知识的产生与进步无不建立在前人知识的基础之上，这与有形财产的产生有很大区别。在知识的创作与分配上，有赖于从政治学基础上寻求正义价值标准。在不以正义为价值取向的其他分析方法下制定的知识产权制度可能会更有利于促进新的知识产生，但是其对正义的忽略可能更大程度地削损知识对人类的作用，甚至可能丧失知识进步的意义。

人类社会进入工业时代之后，为了解决基本生存问题，以经济为发展目标或为主要目标无可厚非。以激励为中心的知识产权制度及知识产权强保护政策，能够在短期内有效提高知识增量，并可能在科技和文化方面达到一定的繁荣。但是，当人类社会进入信息时代之后，大多数人开始从关注基本物质生活转移到关注精神层面的进步。此时，物质财富层面的贫富差距已经给人们精神财富的接近机会带来不平等，如何通过知识产权分配机制尽量缩减这种不平等，成为政治学上消除社会贫困的新问题和新目标。所谓的分配正义、知识分配正义正是基于以上难题而提出的。

（三）知识产权法政治学分析和研究的客观基础优势

无论是从知识产权法的历史角度看，还是从知识产权法的当前制度及未来发展趋势看，其都是被政治力量作用最重要的一环，甚至在某些历史时期成为政治力量作用的主要领域之一、政治主体关注的资源掠夺领域之一。在历史上，游说集团对知识产权法律制度的形成有着压倒式的影响力。在国内

---

〔1〕 参见［美］福兰克·D. 普拉格："知识产权史：1545～1787 年"，周琼译，载易继明主编：《私法》（第 7 辑第 1 卷，总第 13 卷），华中科技大学出版社 2007 年版，第 195 页。

知识产权法律制定上，大规模的行业巨头联合以左右国内知识产权重要规则的制定，以最有利于自己的制度形成为最终游说目标。在国际知识产权规则的制定上同样如此，如 TRIPs 协议基本上就是以美国富有知识产权的公司为基础的游说集团进行游说的结果。[1]这些公司的利益依赖于这些权利在美国及国外的实现，它们最终获得了本地和外国政府及其他具有相互利益的行业机构的支持。[2]美国的这些公司组成的游说集团（Intellectual Property Committee, IPC，知识产权委员会）对美国商会和美国的行业全体进行游说，声称将国内知识产权与国际贸易协商挂钩是国家的利益。IPC 的成员说服了在欧洲和日本的同行以同样的信息（message）游说它们自己的政府。[3]虽然当时有发展中国家的反对，但是这个游说策略最终还是成功了。[4]可以说，历史上很多知识产权规则与政策都与强权政治脱不了干系。

在知识经济全球化时代，知识资源的分配原则更显重要。知识是现代国家软实力的象征，并可能在未来国家发展中发挥重要的作用。或者说，国家力量的竞争就是知识的竞争。因此，良好的知识资源分配规则不仅会在国内政治秩序和发展中做出重要贡献，还会在全球和平发展中表现其砝码作用。

另外一个值得注意之处是，现在的利益集团与之前利益集团的作用力量相比，有逊色的趋势。正如维基百科创始人吉米·威尔士（Jimmy Wales）指责的，美国 2011 年底有名的《禁止网络盗版法案》（Stop Online Piracy Act, SOPA），就是被好莱坞和特殊利益集团的游说团体操纵的——《禁止网络盗版法案》的支持者（主要是好莱坞的娱乐公司）花费了 2.8 亿美元的游说费。[5]但是，这个法案过于侵犯私人网络用户的网络隐私及自由，违反了

---

〔1〕 参见 [美] 苏珊·K. 塞尔：《私权、公法——知识产权的全球化》，董刚、周超译，中国人民大学出版社 2008 年版，第 1~2 页。正如作者所言，TRIPs 协议是一个关于 12 个人（知识产权委员会成员）"能够做"的事情的叙述，而这 12 个知识产权委员会成员正是当时在全球具有极大影响力的医药、娱乐业、软件工业的代表，如布里斯托尔-迈尔斯、美国哥伦比亚广播公司、杜邦、通用电器、通用汽车、休利特-帕尔德、IBM、强生、默克、孟山都及辉瑞，这些赫赫有名的公司对 TRIPs 协议文本的形成具有重要的影响力。

〔2〕 See Alexandra George, *Constructing Intellectual Property*, Cambridge University Press, 2012, p. 45.

〔3〕 See Alexandra George, *Constructing Intellectual Property*, Cambridge University Press, 2012, p. 45.

〔4〕 See Alexandra George, *Constructing Intellectual Property*, Cambridge University Press, 2012, p. 45.

〔5〕 [美] 尼克："SOPA 提案：当知识产权碰上言论自由"，载《沪港经济》2012 年第 6 期。

《美国宪法》第一修正案言论自由保护的规定。因此，该法案即便对包括版权在内的知识产权保护力度非常大，仍被很多人反对。此外，这个法案也远远超过了美国《数字千年版权法》（Digital Millennium Copyright Act，DMCA）中的安全港规则。[1]这对知识产权法的政治理性来讲是一件好事。

自从在国际上的强权国家的引领下，将知识产权规则与经济挂钩之后，知识产权就经常被用作政治工具来制衡其他国家。比如，在欧盟和美国操纵下形成的 TRIPs 协议及 TRIPs-plus 对部分发展中国家和最不发达国家来讲，实际上都是一种难以承受的知识产权保护标准，对其国内的知识资源的利用和知识正义均是一种挑战，而这些国家不得不接受这种对其不利的规则。主要原因在于，政治力量主导下的不平等"利益交换"已经成为强权国家制衡弱势国家的利器，如美国有名的"301 条款""特别 301 条款""超级 301 条款""337 条款"等对其他国家来讲都是影响力较大的规则。强权国家利用知识产权规则来制衡其他国家是一种霸权主义，也是一种政治非理性行为，给国际知识产权秩序带来了不平衡的发展导向。

在当代社会，知识资源的分配正义比知识资源的创造更为重要。这些知识政治存在的客观问题和不公平，只能从政治学这一根源着手寻求合适的解决办法。寄希望于经济学等方法的路径，并不能从根本上解决这些难题。展望未来的知识资源在国际社会上的重要作用，同样可以预测，知识政治将继续，正义的知识产权规则将对这种政治非理性带来的非正义知识资源分配进行改观、修正。着眼于现实，从根本上解决问题，是知识产权法政治学的根本优势。

（四）知识产权法政治学研究的终极针对性

理想主义的政治学观点是，健康、教育和保护土著文化的基本人权胜于实用主义，我们制定知识相关的知识产权法律制度的首要目的是保证基本人权得到实现，在此基础上寻求其他（如促进创新等）有利的结果。[2]而且，解决基本人权问题并不是完全否定在知识资源方面占有优势地位人群的知识产权之人权特性，而是要在其他基本人权方面与知识产权的人权方面，在正义论证基础上做出更好的价值衡量。

---

〔1〕 ［美］尼克："SOPA 提案：当知识产权碰上言论自由"，载《沪港经济》2012 年第 6 期。

〔2〕 参见［澳］彼得·达沃豪斯、约翰·布雷斯韦特：《信息封建主义》，刘雪涛译，知识产权出版社 2005 年版，第 234 页。

知识贫困和经济贫困一样，是人类发展现阶段必须解决的、对人类发展威胁较大的问题之一。有利于富人的知识产权制度必须通过符合知识正义的限制来缩小知识穷人与知识富人在知识资源上的差距。在此过程中，需要以民主作为政治准则，充分实现集体政治下的民主代表，因为"民主不能做到最好，但是能避免最坏"。[1]实行以民主为准则的知识资源分配，可以避免权力滥用之下的知识资源分配方案为某类群体盲目背书带来对人类文明的践踏。

人类命运共同体，是"人是政治的动物"的现代表述。这一目标在知识资源领域显得不可企及却又或可大有作为，因为人类命运共同体的建设必须要在政治理性之下有共同的目标和合理的决策过程。当今在对知识资源的争夺及相关利益的角逐中存在政治力量悬殊和集体分化的问题，知识与经济、文化、科技、政治、社会等交织重合，牵一发而动全身的效果较为明显。如何扭转知识资源分配的非正义局面，对人类命运共同体的建设而言异常重要。这是未来人类命运共同体建设的基础和关键组成部分，政治学上的国际竞争转向国际合作或可为这一困境提供有效解决方案。

第五节　本章小结

政治学术语上的描述性和规范性的区分，可以为知识产权法政治学分析呈现出两个阶段：首先是基于客观事实的描述呈现，其次是基于这些描述事实提炼问题并经由规范性的术语促进或限制某些行为方式。[2]根据知识产权法客观产生和发展中的政治过程，及根据此客观事实对未来知识资源趋势的预期，可知利用政治学对知识产权法进行分析研究具有正当性。根据其本身所具有的优势和其他方法论欠缺之处可知，只有从政治学角度对知识产权法进行分析与研究，方可从根本上发挥知识产权法的作用，让知识资源的分配在社会发展中贡献其应当有的价值。

知识资源的产生和利用离不开知识资源分配规则，知识资源的合理分配必须被赋予正义价值和民主价值。只有在充分代表规则下制定出来的知识分

---

〔1〕　参见孙关宏："慎提'中国式民主'"，载《探索与争鸣》2014年第12期。

〔2〕　参见［英］安德鲁·海伍德：《政治学核心概念》，吴勇译，天津人民出版社2008年版，第5页。

配方案才有可能发挥理想价值。以人类命运共同体为目标，以关注贫富差距带来的差异及消除贫困为目标，以提升政治理性在知识资源分配中的作用为根本目标的知识产权法政治学，可利用其本身的体系和架构为知识产权规则提供规范的有利于人类共同进步的制度。

　　然而，政治学中的价值多元化和术语的多义性，为知识产权法的政治学分析研究及知识产权规则的制定带来一定的挑战，其内在的稳定性要求必须对这些术语进行一定的概念界定和语义选择，并予以论证。所谓的"失之毫厘，谬以千里"在这种场合体现得最为明显，如若根本术语的概念不确定，则会出现这种危险：非理性政治变相利用知识产权法政治学上的概念为自己的不正当行为背书。从历史上看，这种现象俯拾即是，并为当今知识产权规则的政治学目标实现带来严重障碍。如何利用政治学为知识分配提供"理性"的方案，服务于人类整体，而非某些或者极个别的群体，有望通过本书的阐释和论证，探索出一条可期待的路径。

　　从政治学视角论证知识产权法具有正当性。理由为：知识产权法是国家治理的一个方面，从某种程度上讲，其在控制社会言论、提升国家综合实力方面具有重要的作用。而且，知识产权法之外的其他方式，如传统视角下的政府补贴，从政治学视角来讲，其中的缺陷使得相关的替代方案并不能保证政治理性，甚至因腐败等而存在的大量不确定性也决定了其要让位于知识产权法。

　　财产权的构造本身就是一个连续和可竞争的政治过程，而不是效率过程的结果。[1] 知识产权终究是政府的背书权利（state-backed IP），其核心在于，政府为继续掌握更大的"控制""权力"而设置一种稀缺性，这种所谓的"人为稀缺性"给知识产权人带来一种竞争优势。这种人为的竞争优势增加了一部分人参与知识创造和传播的机会，同时也限制了另外一部分人使用知识的自由、表达和创造自由，也即为另一部分人接近知识产品带来障碍。从表面上看，知识产权法阻碍了人们对知识的接近，但是通过知识产权法中的其他照顾知识弱者的制度的良好搭配，理论上来讲或可很好地缓和这种知识接近机会不平等冲突，更好地通过政治主体在相关制度中的权力作用，制定更

---

　　[1]　See Neil Fligstein, "Market as Politics: A Political-Cultural Approach to Market Institutions", *American Sociological Review* 61. No. 4, 658 (1996).

有效的方案。

从人作为公民这一政治角色看，公共利益同样值得通过政治力量获得话语权。公共利益虽然在激励理论体系下也有被关注，如通过对知识产权设定一定的期限来确保公共利益，但是公共利益未获得充分的话语权，而只是在被强权群体吃剩的"残羹"中获取一席之地。特别是在网络环境下，知识利益波及的范围更广，公共利益在知识领域的弱势地位更加凸显。激励理论之下的网络环境中"侵权成本低、维权成本高"更是为强知识产权保护提供了强势地位。公共利益的话语权落空及知识穷人政治话语权的大小，决定了强知识产权保护带来的循环不公平。这些通过经济理性人、效率等基本经济学模型并得不到本质的关注，关注的缺位反映了最终结果的不科学性和方法的不可持续性。将政治学价值引入知识资源分配中，解决知识资源政治侵蚀问题，成为必要手段。

当然必须强调，肯定知识产权法政治学分析的正当性并不是否定用其他方法（如经济学方法等）研究知识产权法。不得不说，其他方法在有争议的知识产权制度相关问题面前，不得不让步于政治学分析与利益，因为本质上来讲，包括知识产权在内的财产权，只不过是社会治理的一个方面，也要服务于政治有序。丧失政治有序或违反政治规律的知识产权制度，要有更大的政治代价及其他代价去弥补，或者即便有代价也得不到弥补。本书接下来的第二章与第三章，将分别从知识产权的扩张与知识产权的限缩两个维度〔1〕，探讨其中的政治学原理及实践，并试图总结出其中的政治学难题。

---

　〔1〕　两个维度的内容可能同时存在于一个知识产权体系中，但是其代表的政治利益和政治目的则具有差异化色彩。因此，笔者认为可以将之剥离出来，予以研究与分析。

知识产权法政治学扩张论

　　从封建主义王权时代对知识资源的有限占有及垄断，到资本主义民主制度对知识资源、权力的瓜分，其中蕴含着重要的民主渗入与变相作用于政治的过程。对以知识为中心的社会事务的国家治理，成为弹性知识产权法之政治工具之一。发达国家通过知识控制权，一方面在全球范围内变相知识殖民、掠夺知识资源分配利益，另一方面通过灌输政治理念，意图使发展中国家通过不平等交换知识资源分配制度和经济利益等，非民主化地增加发达国家知识产权及由此产生的知识控制权。这种以"民主"为口号的国家，在国际知识资源分配过程中却忘记了"民主"所应当适用的土壤，反而变相"专制"起来。知识产权的扩张为我们展示出发达国家知识霸权主义理念下的知识产权制度变化，这带来的问题远远超越了它们所声称要解决的问题。

第一节　知识产权扩张引领理论：私权化中的"权力"

　　知识产权法上知识产权的扩张不仅是一个术语上的扩张，也是一个法律上的扩张。[1]这种扩张得益于发达国家宣扬的激励理论，国家权力机构在利益集团等形式的"知识"拥有者和"知识产权"能力强大方的游说和变相游说下，通过法律制定、修改及解释，使知识产权法成为激励特定群体的有力工具，成为一定阶层"知识控制权"掌控能力增强的依据。知识产权制度已经超出了保护私权的范畴和需要，成为一个国家通过科学技术的创新优势取

---

〔1〕　See Amy Kapczynski, "The Access to Knowledge Mobilization and the New Politics of Intellectual Property", 117 *Yale L. J.* 804, 843~844 (2008).

得和保持社会经济发展的制度选择。[1]这种知识的权力，从以大众为基础转移到了以激励某些利益集团的创新为基础。民意被这些利益集团"代表"，而制度决策机关因为对"激励"的盲目及通过激励政策给它们带来的利益，也宁愿忽视这种民意的被动代表。游说方与制度制定机关的利益绑定在一起，决定其合作起来控制知识的这种权力远远大于知识产权制度设计之初衷。

知识产权法的激励理论来源于功利主义，在立法中首次表明知识产权法的激励作用的，可以认为是 1787 年的《美国宪法》第 1 条第 8 款第 8 项，即"国会拥有下列权力：……（8）保障作家及发明家对其著作和发明在限定期限内享有专有权，以促进科学与有用艺术之发展"。知识产权这一专有权被认为有效促进科学与文化发展。在知识产权法之激励理论之后，该激励方向在国际范围内扩散开来，激励理念甚至成为发达国家引领知识产权扩张的背书。好似表达出意思为，如若某国家不制定知识产权法、不增强知识产权保护，就是不支持或有违人类的科学和文化发展这一共同目标。后来的《保护工业产权巴黎公约》（以下简称《巴黎公约》）、《保护文学和艺术作品伯尔尼公约》（以下简称《伯尔尼公约》）、TRIPs 协议等均在知识产权保护水准上实现了发达国家引领知识产权保护的意愿，有些还蕴含了知识产权法的激励和促进社会福利的作用。[2]技术进步及全球化带来了竞争环境下的知识产品的增加，人们默认这是知识产权保护的效果。知识产权法的信息封建主义仍然遭受诟病，原因之一是没有证据证明知识产权法激励了技术的进步与创新，或从社会综合评价来看，其"功过"并不十分清楚，但不同的社会对知识产权法的激励方向给予了同向的不同解释。

"创新驱动发展"给全球带来的利润，使得各国都在角逐创新发展红利，进而出台很多创新激励政策。在我国，从 2008 年提出的《国家知识产权战略纲要》到 2015 年前后提出的"大众创新、万众创业"政策，都是国家层面对创新的激励举措、对知识产权激励创新的认可。特别是我国这样大的发展中国家，当发展到一定阶段，人口红利优势逐渐消退之时，如何通过商业模式

---

〔1〕 参见张今：《知识产权新视野》，中国政法大学出版社 2000 年版，导论第 2 页。

〔2〕 如 TRIPs 协议第 7 条"目的"条款规定："知识产权的保护和实施应有利于促进技术革新、技术转让和技术传播，有利于生产者和技术知识使用者的相互利益，保护和实施的方式应有利于社会和经济福利，并有利于权利和义务的平衡。"参见 http://www. wipo. int/wipolex/zh/other_ treaties/text. jsp? file_ id＝190812，最后访问日期：2020 年 12 月 17 日。

创新、制度创新为国家增加更多的经济财富、精神财富，是国家政策供给的重要任务。实际上，人们或许高估了知识产权作为一种制度对创新的激励作用。英国有报告表明，98.4%的公司称不向员工提供任何特定的激励措施以获得知识产权，而拥有知识产权的公司中 87.7%没有积极检查潜在的侵权行为，在此基础上，该报告却认为应当增强公司的知识产权意识。[1]知识产权并不天生对创新具有促进作用，而是被政府在一定的动机之下赋予了创新功能。近年来我国地方政府颁布的专利奖励政策、版权奖励政策、商标奖励政策、境外知识产权申请奖励政策等，对企业在知识产权的申请上起到了非常大的推动作用。政府在知识产权激励上的政策，无疑催生了一批以知识产权申请为目标的企业，地方政绩也有了提高。但这些知识产权激励并不是知识产权制度本身带来的激励，创新也不是基于知识产权制度本身的激励，而是基于能够在政府那里获得奖励和认可而产生的结果。政府的这种主导性参与知识产权激励的政策使我国的多项知识产权指标位居世界前列，如专利申请量、商标申请量等。在有些行业及领域，申请人对知识产权的"着迷"使人们对知识产权激励理论的认识产生偏差，甚至在盲目追求数量之下产生负面的后果。因此，知识产权在建设创新型国家战略中的作用[2]值得重视。

此外，不同行业和产业的知识产权激励效果其实并不相同[3]，不同国家在知识产权激励制度和政策上对这些因素的忽略其实并不一定有利于本国的创新秩序。我国近年来特别注重知识产权激励创新，一定程度上提升了我国各项知识产权的申请量，但是申请量的背后也有值得关注的瑕疵。第一，知识产权激励创新的政策导向使得某些企业开始唯知识产权申请量为荣、为目标，而非根据自己的发展需要来申请知识产权。这是我国知识产权转化率不高的主要因素，也是我国存在垃圾专利等知识产权的重要政策成因。第二，过多的专利申请并不利于国家的发展和稳定。过于提倡知识产权申请量的做

---

〔1〕 转引自 Eric E. Johnson，"Intellectual Property and the Incentive Fallacy"，39 *Fla. St. U. L. Rev.* 623，665（2012）. Robert Pitkethly，*UK Intellectual Property Awareness Survey* 2006，UK Intellectual Property Office，2006，p. 26，available at http://www.ipo.gov.uk/ipsurvey.pdf（last visited on December 17, 2020）.

〔2〕 参见刘平："我国当前知识产权奖励政策存在的偏差及其调整"，载《科技进步与对策》2009 年第 16 期。

〔3〕 See Robert P. Merges & Richard R. Nelson，"On the Complex Economics of Patent Scope"，90 *Colum. L. Rev.* 839，843（1990）.

法，并没有将知识产权最重要的功能——促进人类的发展——落到实处；某些企业可能因此保有一些知识产权，从而从政府获得一定的奖励，但是其不能够为自己带来足够的利益，因为企业在以知识产权量为目标的情形下对知识产权的需求并没有足够重视，以致很多知识产权没有落实，不能真正造福人类。而且，过度的知识产权申请奖励制度，仅仅增加了公司的利益，对知识创造者并没有什么好处，知识产权的激励作用反而有被政府的奖励政策实质性架空的风险。第三，知识产权申请量的提倡，拉大了我国的贫富差距。现代知识创造主要依赖于具有策划能力的公司或单位，而个人创造及传播的能力非常弱，与公司资本的凝聚力相比，显然个人不占据优势地位。资本上的贫富差距因为知识产品所具有的价值而部分有所增益，这或将导致公司与个人之间资本能力、贫富差距的拉大。第四，也是最重要的，大量授予知识产权降低了知识的传播效率，并在大多数场合阻碍了人们对知识的利用，而没有给知识产权人带来因知识产权产生的利益。第五，从社会秩序上来讲，过多授予知识产权，将创新者赶出了创新游戏范围，在只对极个别主体有用的同时可能使更多的创新者官司缠身，[1]这同样是一种制度性障碍。

我们同时可以看到的是，被某些行业的某些利益代表者极力促成的 TRIPs 协议的确对全球的知识产权保护水平的提高起到了决定性的作用。对于大多数的发展中国家来讲，全球知识产权保护水平的提高部分是在发达国家政治压力下被动做出的妥协。这种妥协从一定程度上讲实现了推动 TRIPs 协议成文的极个别商业巨头的利益，其代价便是发展中国家的无数公民因知识接近障碍而面临的基本人权实现的落空和一些国家知识资源分配主权的变相丧失。然而，这些大多数被知识产权激励创新的口号掩盖，并被发达国家作为借口，在他国知识产权制度上进行不同程度的"逼近"。在这些权力的渗入中，也有非政府间国际组织的参与，其对一些国际公约的处理能力并未显现出其在全球知识分配中的权力，反而体现出其仅仅在国际范围内的知识资源分配上听从于或者被动听从于某些"权力"。知识产权法的激励作用并没有被很好地利用，其作为知识产权法正当性论证的基础能够被广泛应用，却因"权力"涉

---

　　[1]　See Robert P. Merges & Richard R. Nelson, "On the Complex Economics of Patent Scope", 90 *Colum. L. Rev.* 839, 916 (1990).

及范围过于广泛而偏离了其意欲达到的目的。

但是，从现代知识产权法的发展源头难以找到确凿的知识产权法激励之踪迹，相反，知识产权法只是掌权者用来控制知识资源、保证其统治稳定的手段。印刷机在欧洲流行后，快速复制文字的技术对于专制统治来讲是非常不利的。因此，在1557年，玛丽女王为了控制消息传播而设立出版、出售书籍公会特权。[1]1558年，伊丽莎白女王登上王位，她的统治以大量颁布专利特许证（letters patent）为特色，而这些专利特许证的发放并不关心为创造者提供经济激励，其主要考虑的是其密友（cronies），最终是自己。[2]可以说知识产权的原型与激励的关系并不是很大，其是为了维护王权的统治所授予特定主体的特定经营权，所谓的知识产权的私权属性在最初的知识产权法中体现得并不十分明显。伊丽莎白女王统治下的知识垄断一直持续到17世纪末。国会的力量削弱王权之后，作者有了一定的知识专有权，但是这仍然没有体现出足够的政治意图激励创新的迹象。即便是18世纪现代专利法和版权法的建立，也与经济激励没有任何关系，而是与政治重新安排和特殊利益竞争有直接联系。[3]实际上，历史上真正在立法层面肯定激励作者和创造者的是1787年《美国宪法》，其中规定国会有权为了激励作者和发明者而授予独占权。[4]即便是在2000年，也难见理论家们期待的知识产权法的重要激励角色。我们赋予知识产权法激励功能呈现出戏剧化的结果："权力"在世界范围内的泛滥与"强者为王"的现实，使得知识产权法激励成了知识资源分布失衡及后续的贫富差距加大、民主公平等政治价值得不到实现的重要源头。更让人担心的是，这种激励作用还在发酵，其对真正的知识产权激励轨道有所偏离。政治化了的知识产权法，其服务于什么成了颇为模糊的事情。被"利用"的知识产权法激励理论，在一定程度上不能够再为知识相关的决策提供智慧。现代社会越来越强调知识的产生，因此，知识产权法如何规定与人们

[1]　See Eric E. Johnson, "Intellectual Property and the Incentive Fallacy", 39 *Fla. St. U. L. Rev.* 623, 635~636 (2012).

[2]　See Eric E. Johnson, "Intellectual Property and the Incentive Fallacy", 39 *Fla. St. U. L. Rev.* 623, 636 (2012).

[3]　See Eric E. Johnson, "Intellectual Property and the Incentive Fallacy", 39 *Fla. St. U. L. Rev.* 623, 637 (2012).

[4]　See U. S. Const. art. I, § 8, cl. 8.

的财富和生活质量密切相关。[1]知识产权法激励理论作为纯粹政治的事后合理化路径这一现实，[2]迫使我们从知识产权法的政治学角度找出知识产权政治理性的路径。

第二节　政治学视角下专利法领域的扩张

一、从发明证书到专利权

专利制度是随着资本主义产生和发展起来的保护技术发明的制度，符合资本主义国家技术先进之状况。社会主义制度下，一切技术曾被认为都应该由全国人民享用。苏联和东欧国家采取发明证书、专利权两种形式对技术进行保护：发明证书是针对本国人的，没有保护期限，发明权也归属于国家，任何企业都有权无偿使用，发明人可以获得荣誉奖励和物质奖励；专利权主要为有一定期限的归属于个人的垄断权，他人使用时需要该人许可。[3]资本主义国家则仅使用私人垄断的专利权对技术权利予以分配，但是在此情况下的专利权期限都比较有限，一般为 5 年至 20 年。新中国成立初期，我国综合两者进行了符合我国社会发展状况的衡量，制订了类似苏联的双轨保护制度，一方面，运用发明证书将部分技术收归国有，供全民免费使用；另一方面，对于适宜申请专利的赋予私人专利权。[4]这种制度无疑为扭转新中国成立初期科技落后的局面带来了希望。我国当时科技落后，许可制度也不健全，如果对大部分技术创新赋予私人专利权，则其只能为私人所垄断，这与人们的"公有"生活习惯和心态不符，同时也不利于社会主义精神的贯彻，因此，将这些技术创新成果以发明证书方式收归国有，然后全民免费使用，是使先进的创新成果为民所用最快捷的手段。在当时，资产私有、知识私有被认为是资本主义特色的社会制度和方式，在社会主义国家是不受欢迎甚至可能受到批判的。

---

〔1〕　See Eric E. Johnson, "Intellectual Property and the Incentive Fallacy", 39 *Fla. St. U. L. Rev.* 623, 679（2012）.

〔2〕　See Eric E. Johnson, "Intellectual Property and the Incentive Fallacy", 39 *Fla. St. U. L. Rev.* 623, 627（2012）.

〔3〕　参见赵元果编著：《中国专利法的孕育与诞生》，知识产权出版社 2003 年版，第 52~53 页，第 74 页。

〔4〕　参见赵元果编著：《中国专利法的孕育与诞生》，知识产权出版社 2003 年版，第 53 页。

资本主义国家的建国精神在于有限政府，资本主义国家公民并不愿意将自己的财产委托给政府，而且资本主义国家普遍存在的"私人财产神圣不可侵犯"的精神也决定了国家是没有权力渗入到个人的技术创新成果中去，将之收归国有的。

　　然而，在我国筹划制定知识产权法过程中，一些领导和专家注意到专利制度并不一定如发达国家所宣扬的那样，专利制度对发展中国家的好处可能几近没有。[1]从我国内部的发展来看，扩大企业自主权的做法，为我国知识产权的私人垄断提供了基础理念，知识不一定被"公有"，越来越多的企业不愿意再让他人无偿使用自己的科研成果。我国在 1963 年和 1978 年分别颁布了《发明奖励条例》，两者均直接规定发明属于国家所有[2]；后者与前者在是否可以垄断上有区别，前者明确规定任何单位或任何人都不得垄断，后者将该规定删除。这表明，从一定程度上讲，专利技术可能被私人垄断，但是这里的发明均归属国家所有仍然是重点。从外界因素看，在《中美科技协定》谈判过程中，美方在知识产权方面的要求十分强烈且不可让步。虽然前期的《中美高能物理议定书》《中美科技协定》将中美之间的知识产权保护义务设为保留条款，但是在《中美贸易关系协定》中，美国在知识产权方面的强硬态度及保留时间的终止决定了中国必须尽快制定知识产权法律制度。[3]《中美贸易关系协定》中的规定[4]，为我国着手制定专利法来保护私人有期限的专利权，而非发明证书方式的国有制技术所有措施，提供了主要外在动力。社会主义国家的知识公有并没有因为其公有制度而保持，因为资本主义国家的东西不想被社会主义国家公有，而且科技更加先进的资本主义国家在科技保护上具有更为强烈的欲望。将发展中的中国视为竞争对手之一的美国不仅根据其自身的知识产权保护需求要求我国制定专利法，还将《关税及贸易总协定》乌拉圭回合谈判中尚未得到发展中国家认可的知识产权条款强加给我国，

　　　[1]　参见赵元果编著：《中国专利法的孕育与诞生》，知识产权出版社 2003 年版，第 58 页。

　　　[2]　参见《发明奖励条例》（1963 年）第 23 条、《发明奖励条例》（1978 年）第 9 条。

　　　[3]　《中美科技协定》要求中国对美国的知识产权予以全面保护，可是当时知识产权、版权、专利的概念在我国尚显陌生，更别提对之予以法律保护。参见吴海民：《大国的较量：中美知识产权谈判纪实》，长江文艺出版社 2009 年版，第 5~7 页。

　　　[4]　《中美贸易关系协定》第 6 条。参见杨利华、冯晓青编著：《中国著作权法研究与立法实践》，中国政法大学出版社 2014 年版，第 237 页。

并以其"特别301条款"作为威胁工具,知识产权问题也几度成为中美外交中争议最大的问题之一。[1]强权政治的要挟使以发明证书为主的社会主义知识公有制度过渡到了以专利权保护为主的中国专利法之专利私有。这看似被逼上梁山的立法,经过后来的几轮修改,为中国知识产权法的发展提供了非常快的速度基础。

二、可专利范围的扩张:少数人的圈地运动

知识产权术语出现较晚,但是在人们的印象中,著作权、专利权等基于某些行业类似的圈地欲望而具有一些相同的特征。专利范围内的圈地运动,并不如其他行业那么弱不禁风,其理由看起来关系到国计民生:如果政府不通过立法给予保护,这些行业将发展滞后甚至停滞,并不利于国计民生。这些公司主导的专利权的扩张,成为圈地运动最主要的路径。美国知识产权立法因宪法中的规定而具有非常大的正当性,民主的政治制度及自由的政治生态并没有保证其国内的专利法是惠益国民的法律,而更像是少数掌握权力和资本的主体在控制知识上的胜利。这种少数人的胜利,在其他自由政治生态的资本主义国家同样可见,甚至在国际视野范围内观察专利权的扩张,这些特点同样可见。这些巨头公司的利益与政治家的利益密切相关,掌握政治权力的人通过其手中的权力为这些巨头公司的利益背书,并将其无限合法化。专利权的扩张,主要受到某几个行业的发达国家巨头公司的影响。这些公司想当然地利用民主国家制度下政治活动对其资金资助的依赖,要求政治统治者对其利益给予保障。这种充当"傀儡"的统治者在一定程度上是在为某些公司进行政治保障,但这也是不平等人权的成因。这种以少胜多的专利权扩张,[2]并没有成为专利法促进社会整体福利最有利的工具。

可专利范围的扩张与技术发展带来的利益争夺密不可分。以美国、欧洲国家和日本等为主的技术发达国家通过在相关标准和实践中一步接一步地拓展可专利范围,使得以其利益实现为中心的专利制度在国际范围内产生非常大的影响,并导致其他发展中国家因技术不发达而必须付出专利代价。值得

---

〔1〕 参见吴海民:《大国的较量:中美知识产权谈判纪实》,长江文艺出版社2009年版,第8页。

〔2〕 参见胡梦云、冯晓青:"软件专利保护正当性之思考",载《电子知识产权》2006年第3期。

一提的是，主张对相关技术以专利予以保护在多数情况下并不是社会上多数人的意见，也不是这些国家内部多数国民的意见。可专利范围的扩张大多是在某些大企业及集团的推动下通过政治力量的作用实现的。即便是有"民主"制度的存在，这种掌握技术的少数企业通过其本身所具有的经济优势和社会影响力优势也使得这些"民主"实际上成了以某些利益目标实现为前提的"民主"，民主制度之下的技术利益分配之公平荡然无存。为了产生有效专利政策而发展法律的内在动机非常小，且极易受到腐败的影响。[1]法院或立法机关对可专利范围及专利认定标准因为相关的利益结构不同而产生具有较大差异的观点与态度。以美国为主导的专利标准在国际范围内的势力范围极易因跨国公司的能力波及地域的扩张而扩张到其他国家，并且与之相伴随的是政治权力的扩张与强权政治国家对弱权政治国家的施压。

（一）软件产业优势下促进的计算机软件与专利

在计算机软件与专利话题之下最具有争议的是计算机程序。根据世界知识产权组织 1978 年《保护计算机程序示范条例》的规定，计算机程序指的是"一套指令，当被结合在一种机器可读性媒介物中时，它可以使计算机具有处理信息的能力，能指示、完成和取得一种特殊的功能、任务和结果"。[2]1977年生效的《欧洲专利公约》明确将计算机程序以负面清单的方式排除出可专利范围。[3]但是这种对计算机软件产业不利的规定，在欧洲产生了较大的争议，该禁止性规定最终在 2000 年被《欧洲专利公约修正案》（Draft Revision Act）删除。[4]亦即，通过对计算机程序及计算机程序产品的技术性（technical character）规定将计算机程序及计算机程序产品排除出负面清单，使得计算机软件有被专利的可能性。实际上欧洲专利局在计算机软件相关发明上授予的专利项目之繁多，是隐藏在"欧洲对软件不予专利保护"的表象观念之下

---

〔1〕　See John F. Duffy, "Inventing Invention: A Case Study of Legal Innovation", 86 *Tex. L. Rev.* 1, 5 (2007).

〔2〕　世界知识产权组织编：《知识产权纵横谈》，张寅虎等译，世界知识出版社 1992 年版，第 368 页。

〔3〕　《欧洲专利公约》于 1973 年在德国慕尼黑签署。See European Patent Convention 1973, Article 52 (2). "The following in particular shall not be regarded as inventions within the meaning of paragraph 1: … (c) … programs for computers." Available at https://www.epo.org/law-practice/legal-texts/html/epc/1973/e/ar52.html (last visited on December 17, 2020).

〔4〕　参见刘孔中、宿希成、寿步：《软件相关发明专利保护》，知识产权出版社 2001 年版，第 49 页。

的事实。[1]根据 IBM（T1173/97）与 IBM（T935/97）中的描述，当计算机程序产品在计算机内执行时，如果它超越了程序（软件）与计算机（硬件）之间正常、实际的交互作用而产生进一步的技术效果，则不可被直接排除出《欧洲专利公约》计算机程序负面清单。[2]在 *IBM* 案中，欧洲技术上诉委员会认为，虽然欧洲专利局因不是世界贸易组织成员而不受 TRIPs 协议约束，但是美国和日本当时已经允许计算机程序产品取得专利，因此，为了世界范围内专利规则的调和，有必要突破《欧洲专利公约》第 52 条第 2 项及第 3 项的除外规定。[3]自此之后，计算机软件及计算机程序被《欧洲专利公约》纳入可专利范围。2005 年 7 月，欧洲议会制定了《计算机实施发明的专利性指令（草案）》。在其制定过程中，开源社区和中小软件企业形成的"自由派"与当时较大的诺基亚、西门子等公司组成的"保守派"针锋相对，但是最终还是受到了否决。[4]在此基础上，欧洲的计算机软件可专利的趋势大致形成。

与欧洲的缓慢进程相比，美国对计算机软件予以专利保护更为直观且意愿强烈。在对计算机软件予以专利保护之前，美国一直对计算机软件提供著作权保护。互联网的出现、计算机软件的开发产生的庞大计算机软件产业利润之巨大，使对计算机软件可专利性问题的争议同样在美国上演，这决定了最终计算机软件的可专利范围扩张与美国的努力密不可分。互联网的出现造就了美国的软件产业，对计算机软件与程序授予专利是以美国为首的软件大国为了其优势产业在全球范围内的知识垄断所采取的利己措施。1990 年左右，美国为了保护其国内软件企业的利益，授予了比以往任何时候都要多的专利

---

[1] 参见刘孔中、宿希成、寿步：《软件相关发明专利保护》，知识产权出版社 2001 年版，第 51 页。如作者所述，欧洲专利局授予软件相关发明之专利的种类繁多，包括专家系统、神经网络、商业及生产管理系统、计算机辅助设计及辅助制造系统、计算机绘图、应用程序（包括计算机程序和操作系统）、数据库、集成电路设计、自然语言处理、最佳化软件、科学分析、仿真软件、语音辨识、语言组合、电子表格、教学系统及文字处理等。

[2] 参见袁建中："欧洲专利局关于软件专利保护客体之探讨"，载《电子知识产权》2009 年第 9 期。

[3] 参见刘孔中、宿希成、寿步：《软件相关发明专利保护》，知识产权出版社 2001 年版，第 52~53 页。

[4] 参见冯晓青："专利权的扩张及其缘由探析"，载《湖南大学学报（社会科学版）》2006 年第 5 期。

给计算机软件。[1] 1997 年的 *Signature v. State Street* 案明确了计算机程序可以作为专利予以保护，该案之后美国计算机行业突飞猛进的发展也导致全世界范围内掀起对计算机软件予以专利保护的浪潮。日本政府基于国家智财战略，为了扶植其软件产业，也在 2000 年修改专利法，将计算机软件直接纳入可专利范围。[2]20 世纪末及 21 世纪初，以美国软件企业为首的计算机软件公司在发展中国家大规模起诉计算机软件盗版行为，这种"放长线钓大鱼"的计算机软件反盗版行动促使发展中国家对计算机软件提供专利保护。随着发达国家在发展中国家的计算机软件诉讼与卖家市场的发展，发展中国家的计算机软件使用者如同被随意宰杀的羔羊，要么被迫接受计算机软件使用许可条件，要么接受巨额的赔偿要求，然而当时的它们对计算机软件的许可知之甚少，更不用说通过对计算机软件提供专利保护为其提供发展机会。

　　计算机软件被纳入可专利范围后，一些软件联盟声称，计算机软件的可专利性将摧毁美国的软件产业，并与知识产权法的目的背道而驰。[3]对知识产权的过度强调与关注会导致丧失对产品的关注，并可能因过多的知识产权而阻碍创新，最终阻碍信息技术进步。[4]但是，这些争论对于已经丧失理性并极力服务于发达国家的产业发展目标和占据世界领先水平的政治统治者的发展目标及决心而言，相当于杯水车薪。在美国专利商标局领导人的政绩思维之下，美国作为一个技术研发先进的国家所展现出的政治疯狂带来专利数量的增加，这种做法不仅激进，而且带有一定的侵略性。除了美国之外，世界上大多数国家都被迫为它们的政绩提升付出代价。[5]低质量的专利同时也

---

　　[1]　See Rafael X. Zahralddin, "The Effect of Broad Patent Scope of the Competitiveness of United States Industry", 17 *Del. J. Corp. L.* 949, 953~954 (1992).

　　[2]　参见袁建中："欧洲专利局关于软件专利保护客体之探讨"，载《电子知识产权》2009 年第 9 期。

　　[3]　See The League for Programming Freedom, "Software Patents, Is This the Future of Programming?", *DR. DOBB's J.*, Nov. 1990, p. 62. 转引自 Rafael X. Zahralddin, "The Effect of Broad Patent Scope of the Competitiveness of United States Industry", 17 *Del. J. Corp. L.* 949, 1005 (1992).

　　[4]　See The League for Programming Freedom, "Against Software Patents: The League for Programming Freedom", 14 *Hastings Comm. & Ent. L. J.* 297, 310 (1991).

　　[5]　参见刘孔中、宿希成、寿步：《软件相关发明专利保护》，知识产权出版社 2001 年版，第 69 页。

让人质疑专利管理机关的正当性。[1]美国计算机软件产业推进计算机软件专利保护的历史表明知识产权规则实际上并不是自然发生的，也不是政府仅仅依据相关的国家战略而制定的，它们更像是政府与企业联盟采用的为双方利益服务的合法工具。

我国《专利法》于1984年通过，《专利法》制定之后的《审查指南》中规定了极其严格的计算机软件保护标准，[2]1993年的《审查指南》虽然放宽了对计算机软件授予专利的条件，但是依然否定将计算机程序本身作为专利客体。[3]回头看，实际上因为美国的计算机软件产业非常发达，产业主体话语权较强，所以美国在计算机软件著作权保护、专利保护等方面非常积极。需要注意的是，美国也是在其软件行业发达之后，才对计算机软件提供专利保护的。[4]在中国，反而是知识产权规则倒逼了软件产业专利的发展。在对软件授予专利的问题上，我国以软件为中心的企业也逐渐呈现出对软件专利这一专有权利及其产生的技术掌控力的热爱。

不得不说，国际社会对计算机程序不予专利保护是颇为英明的决定。计算机程序不能被授予专利形成了一定的全球共识，因为计算机程序本身是一种算法语言，是一种智力劳动的规则和方法。美国1972年的 *Cottschalk v. Benson* 案就明确了将十进制换成二进制的算法不能授予专利，因为其仅仅是一种思维过程，[5]如果将之批准为专利，无疑将在未来形成一种绝对的发展垄断。即便如此，专利方面和著作权方面相互补充，已经从一定程度上全方位保护了发达国家的计算机软件。发达国家争取了自己想要的国际利益，

---

〔1〕 See Robert P. Merges, "As Many As Six Impossible Patents Before Breakfast: Property Rights for Business Concepts and Patent System Reform", 14 *Berkeley Tech. L. J.* 577, 593 (1999).

〔2〕 根据该标准，计算机程序只有符合以下要求方可授予专利：第一，能使计算机的结构或电子数据处理设备产生变化，即能够使机器硬件技术发生相应的变革，并引起机器设备在技术上有新的创新性的改进的计算机程序；第二，计算机程序能够使计算机系统或机器设备以全新的具有创造性的方式运用；第三，能够使机器设备具有新的创造性的技术特征的汉字信息处理，或以汉字信息处理为特征所设计的机器设备，或具有汉字信息处理能力的计算机，在具有新的创造性的技术特征时，可授予专利。参见刘孔中、宿希成、寿步：《软件相关发明专利保护》，知识产权出版社2001年版，第74页。

〔3〕 依据1993年《审查指南》第3.2条，参见中华人民共和国专利局编：《审查指南1993》，专利文献出版社（知识产权出版社）1993年版，第4页。

〔4〕 参见胡梦云、冯晓青："软件专利保护正当性之思考"，载《电子知识产权》2006年第3期。

〔5〕 See *Gottschalk v. Benson*, 409 U. S. 63 (1972).

并一步一步侵蚀了发展中国家基于计算机软件发展落后而意欲通过自己的方式保护自己利益的想法。

（二）生物剽窃运动：发达国家的"正当掠夺"游戏

生物剽窃，也称生物掠夺、生物海盗，指的是"对生物资源或生物多样性资源的剽窃或盗用，尤其是对具有巨大经济价值和非货币价值的生物遗传资源的盗用"。[1]生物剽窃是发达国家跨国公司对发展中国家、最不发达国家和地区的一种知识资源的掠夺与殖民，这种利用专利及动植物新品种权等合法化外衣进行正当性辩护的手段，更像是一个发达国家的知识产权扩张阴谋论，这种扩张不仅体现在客体的扩张方面，更体现在地域范围的资源掠夺扩张等方面。发达国家先进科技带来的基因技术同样被它们利用，从而控制甚至垄断一些以基因技术为内涵的物品，或侵入某些特殊地区的传统习俗和自治秩序。发达国家的这些跨国公司为了自己的利益，有预谋地联合一些组织制定符合其利益的规则，并不惜以损害当地人生命健康为代价。[2]这种生物剽窃，在发达国家视角下却以专利等知识产权形式被划入私权范围，知识产权也成为资源掠夺最有力的"背书"。知识产权能够成为掩盖《生物多样性公约》[3]等规定的保护地区生物多样性、文化多样性的"借口"。正所谓短兵相接勇者胜，占据国际强政治地位者往往能够通过各种游说渗透到知识产权规则的决定中去。这种主动渗入加上国际公约及地区公约制定中的"要挟"等，使跨国公司能够颇为顺利地通过游说达到国内外知识产权规则的利己目的。在知识产权洪水猛兽般袭来之际，生物多样性和文化多样性较为丰富的发展中国家与地区并没有足够的知识产权意识，甚至等到发达国家跨国公司带着专利等知识产品"漫天要价"之际，他们才意识到自己已经不能随意使用之前免费使用的当地知识资源。

以欧美等发达国家为首的群体，通过扩大知识产权权利范围及知识产权

---

[1]　参见王艳杰等编著：《全球生物剽窃案例研究》，中国环境出版社2015年版，第1页。

[2]　如1998年左右，为了推进转基因大豆及大豆油进入印度市场，破除印度人对芥子油的依赖，某类人有组织地、故意将大量掺假、含有有毒物质的芥子油提供给印度人，以致部分印度人患上浮肿病甚至丧命，最终换来的是跨国公司顺利在印度进行转基因大豆及大豆油的贸易。参见［印］范达娜·席瓦：《失窃的收成：跨国公司的全球农业掠夺》，唐均译，上海人民出版社2006年版，第26~32页。

[3]　参见http://www.un.org/zh/events/biodiversityday/convention.shtml，最后访问日期：2020年12月17日。

客体范围，囊括了多种基于发展中国家天然资源的知识产权。如动植物活物、动植物及人类基因是自然的产物，表面上来讲，将之专利化是不可思议的事情，因为基因专利化不仅可能导致人类自身发展受到严重阻碍，还可能给人类带来伦理道德沦丧、依据基因统计而受政治迫害等类型的悲剧。但是，在发达国家科学研究较为丰富和领先的基因科技领域，发达国家以资源掠夺的方式进行着圈地运动，而且资金雄厚的生物制药公司在其中发挥着重要的呼吁作用。1980 年美国的 *Diamond v. Chakrabarty* 案认定，经过基因工程改造的活体器官可以被授予专利。[1]自此之后，美国越来越多的活体器官被授予专利。[2]美国的这种行为是建立在美国及美国跨国公司在相关生物技术上非常具有优势这一前提之下的，其也成为授予动物活体专利的为数不多的国家之一。虽然这一行为在后来有所收敛，但是"司马昭之心，路人皆知"，从其在国际范围内的生物技术发展优势及对动物活体的生物资源控制即可见一斑。

强大的基因技术及发展使得美国等发达国家如鱼得水，它们在自己的农业生产中使用的很高比例的基因都来自于未经补偿的第三世界，这些资源因被认为是自然产品而不会得到补偿；当科技可以改变产品基因的时候，美国联邦最高法院又认为它们是可以被授予专利的，在物种上进行少量的生物工程改变令人信服地产生出遍及完整物种基因和副产品的专利财产。[3]与此类似，种子是农民生存的最基本的依赖，农民在过去的知识产权扩张过程中甚至被北半球发达国家剥夺了种子的自由使用权。这种自由使用权的剥夺，来源于美国对种子授予专利。虽然 1995 年欧洲议会投票禁止对生命形式的内容授予专利，但这并没有阻挡发达国家剥夺发展中国家对种子等自然资源的自由使用权。[4]实际上，发达国家突破传统可专利范围的限制，将未发现范围的基因序列及由此产生的相关内容纳入可专利范围，试图圈占更多的基因资源和强化其技术优势，为技术发展落后的国家设置更多的赶超障碍。[5]发达

---

[1] See *Diamond v. Chakrabarty*, 447 U. S. 303 (1980).

[2] 参见［美］肯思·奥凯："知识产权法的赌注"，载［美］戴维·凯瑞斯编辑：《法律中的政治——一个进步性批评》，信春鹰译，中国政法大学出版社 2008 年版。

[3] 参见［美］肯思·奥凯："知识产权法的赌注"，载［美］戴维·凯瑞斯编辑：《法律中的政治——一个进步性批评》，信春鹰译，中国政法大学出版社 2008 年版，第 196 页。

[4] 参见［美］肯思·奥凯："知识产权法的赌注"，载［美］戴维·凯瑞斯编辑：《法律中的政治——一个进步性批评》，信春鹰译，中国政法大学出版社 2008 年版，第 196～197 页。

[5] 参见吕薇主编：《创新驱动发展与知识产权制度》，中国发展出版社 2014 年版，第 207 页。

国家及相关企业通过这些活动悄悄将发展中国家的资源剽窃为己有，并将其凝结成的知识产品高价输出到包括这些资源来源国在内的国家，迫使资源来源国国民接受其产品及规则，为之付出高昂的对价。

虽然《名古屋议定书》及后续谈判对发展中国家提出的生物多样性和文化多样性中蕴含的惠益分享（benefit sharing）规则[1]给予了一定的认可，但是中国等发展中国家提出的"缔约方必须采取立法、行政和政策措施，确保与土著和地方社区（Indigenous and Local Communities，ILCs）相关传统知识持有者进行惠益分享"却未得到认可，发达国家企图用"酌情"等没有束缚力的词语，"鼓励"缔约方通过采取一定的措施确保其惠益分享。[2]最终文本删除该规定表明发展中国家在利益代表和对话中失败，丧失了对国家拥有的文化传统知识的惠益分享诉求实现能力。这种对话失败不是第一次，也不是最后一次，这几乎是每次国际对话中发展中国家都要面临的挑战和结局。发达国家的强势谈判地位和傲慢态度，不仅是其习惯于掠夺的本色之体现，也是其习惯于霸占国际强势地位的表现。

专利成了发达国家对发展中国家的生物和文化财富进行掠夺的一种手段，这种掠夺形同西方列强的殖民。[3]新型知识资源掠夺及"知识殖民"在当今政治文明之下显得更为"体面"，以致很多情形下人们并不觉得其本质是不正当的，反倒误以为这种行为是促进人类创新和知识进步的，其为社会的进步做出了贡献就理应享有劳动果实。实际上，这种生物剽窃与发达国家对发展中国家谴责非常厉害的作品盗版非常类似，最大的区别之一在于生物剽窃能够为发达国家带来更多的资源掠夺机会和经济利益。发达国家特别擅长利用政治定调来谴责发展中国家不符合其利益的知识资源分配规则，一度强调发展中国家要加强知识产权保护。但是从根本上来讲，发达国家想要的或者它们呼吁的知识产权保护，只不过是有利于它们的知识产权保护，对于不利于它们的或站不住脚的，它们则采用将新的客体纳入知识产权范围内等方式使其正当化。通过建立符合自我利益的知识产权规则，发达国家能够更熟练地攫取全球有价值的知识内容，并通过影响和引领全球知识产权规则与标准为

---

〔1〕　惠益共享规则可追溯到《生物多样性公约》第15条第7款。参见 https://www.cbd.int/doc/legal/cbd-zh.pdf，最后访问日期：2020年12月17日。

〔2〕　参见王艳杰等编著：《全球生物剽窃案例研究》，中国环境出版社2015年版，第12页。

〔3〕　See Vandana Shiva, *Biopiracy: The Plunder of Nature and Knowledge*, South End Press, 1997, p. 5.

它们的跨国公司在全球充分实现利益提供最坚实的依据和保障。

保护和持久使用生物多样性对满足世界日益增加的人口的粮食、健康和其他需求至为重要，而为此目的取得和分享遗传资源和遗传技术是必不可少的。[1]传统知识[2]和生物资源对某地区的人群具有非常重要的身份识别价值和经济价值，是其赖以生存和秩序自治的基础和重要内容。发达国家及生物技术先进的国家对生物多样性较为丰富的发展中国家及岛国的攫取，体现出对生物多样性的极大威胁。这种威胁不仅是对当地人资源的不公平攫取，也是对他们的自治文化和生活的严峻挑战。传统的生活习惯被打破，甚至传统的生活习惯随着外界高新技术带来的生活资源入侵而丧失流传的途径。这不仅是该地区资源的流失，更是人类整体的知识不可逆转的流失。对于整个人类发展来讲，以提升经济利益和知识垄断为核心的知识产权制度成为将传统知识推进历史坟墓的工具。虽说换来了新的科技与文化进步，但对传统部落及传统资源拥有者和来源国来讲，传统内容与生物文化多样性的秩序将成为它们永远的损失。

（三）其他专利客体的扩张——知识霸权主义延续

随着科技的发展，出现在人们面前的可开发和可利用技术也渐渐被权力嗅觉灵敏的人群占据先机。每当新的技术出现之际，关于是否将之纳入专利范围内予以保护总有不同的声音。这些内容好似最后总是由博弈能力的强弱及对政治统治者及其机构的接近能力和游说能力来决定。知识霸权主义被发达国家和富人们乐于称道，它们一方面通过一定渠道游说政治统治者或者集结起来利用现实行动表示自己的观点，另一方面充分发动知识产权学说中的激励理论来说明若不给予其专利权，相关技术就得不到发展，行业就会受到影响。这种看似正当的理由，却对专利权及著作权等知识产权扩张起到了非常大的背书作用，并直接导致当前知识产权扩张继续拥有合法工具与合理外衣。

半导体行业占据优势的美国被后来的日本通过反向工程（reverse engi-

---

〔1〕参见《生物多样性公约》，载 https://www.cbd.int/doc/legal/cbd-zh.pdf，最后访问日期：2020 年 12 月 17 日。

〔2〕根据《生物多样性公约》第 8 条第（j）款的规定，传统知识指的是来自于土著和地方社区，体现保护和可持续利用生物多样性的知识、创新和实践。参见 https://www.cbd.int/doc/legal/cbd-zh.pdf，最后访问日期：2020 年 12 月 17 日。

neering）制造相关的产品超越，美国半导体行业巨头公司开始向国会游说，以期国会制定相关规则来保护它们对半导体设计之独占权。美国国会 1984 年专门为半导体行业设立了新的"知识产权"——掩膜权（mask rights）。1984年，美国还为了保证自己在国际贸易中的地位，修改了《贸易法》"301 条款"，并于 1988 年增加了"特别 301 条款"，以知识产权大力保障美国在国际贸易中的有利地位和权威。[1]

大多数国家对诊断和治疗方法都是不授予专利的，因为：一方面，对这些诊断方法授予专利具有形式上的不足，如有些诊断方法仅仅形同于公式，在创造性上具有瑕疵；另一方面，这些方法对保障人类健康、公共健康具有至关重要的作用。我国《专利法》也规定疾病的诊断和治疗方法不授予专利，但是这并没有排除对疾病的检测方法申请专利。[2]《专利审查指南》承认，"用于实施疾病诊断和治疗方法的仪器或装置，以及在疾病诊断和治疗方法中使用的物质或材料属于可被授予专利权的客体"。与发达国家一样，对相关内容越来越多地授予专利已经成为发展中国家能够在国际社会上获得认同的做法。

标准必要专利作为新的一个领域，成为发达国家以专利为基础开始抢占知识控制权山头的一个表现。考虑到标准必要专利带来的无尽利益及对技术话语权进行掌控的强大力量，发达国家对其更是痴迷。从实际情况来看，目前很多国际技术标准都是由发达国家标准或发达国家的大企业相关技术转化而来的，[3]因此，发达国家及其大公司在标准的主导力和信息权力上具有非常大的主动权。标准的制定，以往都是由欧美国家领导的，这使得发达国家大企业在标准必要专利上占据主导地位。虽然发展中国家也有尝试，如海尔制订了保鲜技术标准，制订、修订了 365 项专业或行业标准，但是话语权并不明显。"技术专利化，专利标准化"成为强势企业垄断市场、占据话语主导权的最有利方法，"资源驱动让位于创新驱动"的说法也使标准必要专利流行

---

〔1〕　参见王宏军：《"向上看"抑或"向下看"：中美两国知识产权扩张的立法视角研究》，南开大学出版社 2014 年版，第 36~37 页。

〔2〕　参见桑丽茹："'与疾病诊断有关的检测方法'专利申请的策略"，载《中国发明与专利》2012 年第 11 期。

〔3〕　参见冯晓青："专利权的扩张及其缘由探析"，载《湖南大学学报（社会科学版）》2006年第 5 期。

趋势下的小企业被动放弃资源接触机会，进而造成实际贫富分化及机会不平等。大企业与中小企业之间因专利带来的发展不平等，尤其容易被国家忽视，并在国际市场和对话上呈现出利益分化之下对话的失衡。

在网络技术发展极为迅速的 21 世纪，数据已经成为很多发达国家及全球很多企业角逐并希望占据的资源。基于数据所有权与隐私权的冲突、数据泄露与安全之间的关系协调甚至国家安全等内容的考量，数据的可知识产权性及所有权成了当前最热的话题之一。网络平台具有的接近个人数据的先天优势带给其对个人数据私有化、私用化的巨大利益，网络平台对个人数据的处理也成为对个人安全和生活的威胁。在一些个人隐私与数据保护几近全无的国家，个人数据在网络时代近乎裸奔，没有权利或权利模糊的灰色领域也是人们生活最不安全的领域。除了个人数据的知识产权保护争议领域，对数据结构产品，也即功能性数据的专利保护，在 2000 年的 *Philips*（*T1194/97*）案中体现得最为明显。[1] 在大数据时代，对数据的分类、收集、处理带来的利益决定数据可知识产权性与义务应当平衡，但是对数据享有所有权的主体往往因为在数据使用和传播上的无限性或不可限制性，给数据产生者的安全带来隐患。[2] 由于网络时代数据的跨国界性，数据安全更关系到国家的自治数据资源分配的重要性。正如有学者指出的，与其对某些知识授予专有权，不如将之放置于公共领域，以防相关数据掌握机构一方面尽力排除其他竞争者的进入，另一方面又利用对这些数据的专有而向公众收费。[3]

在美国等发达国家，根据"额头出汗水"原则和理念，微生物、基因序列、转基因动植物、数据等都可以作为专利权的客体。[4] 即便是 TRIPs 协议，在谈及是否对微生物等授予专利的时候，也仅仅是非必要性地排除。[5] 在部

---

〔1〕 参见袁建中："欧洲专利局关于软件专利保护客体之探讨"，载《电子知识产权》2009 年第 9 期。

〔2〕 See Matthew Rosenberg, Nicholas Confessore & Carole Cadwalladr, "How Trump Consultants Exploited the Facebook Data of Millions", *The New York Times*, March 17, 2018. Available at https://www. nytimes. com/2018/03/17/us/politics/cambridge-analytica-trump-campaign. html（last visited on December 17, 2020）.

〔3〕 参见郑胜利："论知识产权法定主义"，载《中国发展》2006 年第 3 期。

〔4〕 参见胡波："扩张还是限制？——从美国专利判例法的演变趋势看我国专利法修改"，载《河北法学》2014 年第 5 期。

〔5〕 TRIPs 协议第 27 条第 3 款。

分大陆法系国家，对知识产权的保护意念同样非常强烈。但是在新的事物出现时，美国等国家显现出非常强烈的政治把握色彩。可专利范围的扩张不仅削弱了文化和生物多样性，还给人们的自由带来了一定的限制。[1]这种扩张主要由发达国家主导，因为这些国家通过相关知识资源的专利化，能够提升它们在全球范围内的科技强权性和实际上的超垄断能力，并借助于政治力量对发展中国家的影响，将发展中国家的相关可利用知识资源同样合法地转移给发达国家，使知识霸权主义借助于扩张的专利范围得以延续。

三、专利保护期限的扩张：以医药专利为中心

专利的保护期限因专利类型而异，最为重要的发明专利期限一般最长，在专利保护期限语境下也最具代表性。TRIPs 协议规定专利的最低保护期限为20 年，这比当时很多国家规定的保护期限都要长。当时，美国对专利规定 17年保护期限，印度规定药品的专利保护期限为 5 年，而其他专利保护期限比这长。但是因为 TRIPs 协议的非歧视性规定，这种多元化的专利保护期限的规定不再被允许。[2]从现实看，TRIPs 协议中的专利保护期限是以发达国家工业化水平为基础规定的，[3]其并不符合发展中国家的利益，加重了发展中国家的专利保护义务。以下以其中的医药专利为中心，阐述相关国家在专利保护期限上的扩张行为并对之进行评价。

医药产业一直是发达国家的优势，医药企业凭借其在医药科技上的科研能力和掌握的信息，在左右国家对医药的专利保护上也体现出非常明显的政治技巧。即便是发展中国家的医药企业，有时候也为了使自己受益而去游说政府延长医药专利的实际保护期限。比起其他专利，大企业对医药专利延长保护期限的需求更为强烈和直白。为了所谓的服务于人类疾病解决等目的，使医药企业获得更多的经济收入时长也成为各国延长医药专利保护期限的正当理由。表面看似正当，背后却是医药行业巨头引领的控制人类疾病医疗信息和获益的政治游说的成功。

---

〔1〕　See Vandana Shiva, *Biopiracy: The Plunder of Nature and Knowledge*, South End Press, 1997, p. 5.

〔2〕　See Donald P. Harris, "TRIPS' Rebound: An Historical Analysis of How the TRIPS Agreement Can Ricochet Back Against the United States", 25 *Nw. J. Int'l L. & Bus.* 99, 106（2004）.

〔3〕　参见田曼莉：《发展中国家实施 TRIPs 协议研究》，法律出版社 2012 年版，第 85 页。

基于化学产品一直具有可专利性的逻辑，美国药品自一开始就是可专利的，而且美国承认两种不同形式的专利，即生产药物的过程可以独立于该药物的化学式获得专利。到 1984 年，美国对待医学发现同其他创新一样，但是近年来药物专利被允许更长和更频繁的扩张保护。1984 年的《Hatch-Waxman 法案》[1]意图弥补新药延迟进入市场的损失，后来的专利扩张将药品专利的有效保护期限延长了三年至五年。[2]与美国游说团体成功游说国家立法机构形成对比的是，在欧洲直到最近也仅仅是制药过程具有可专利性，也就是说，如果发现了一种新药，第二个制造者可以找到不同于专利方法的方法制造该药品。[3]如根据法国 1844 年 7 月 5 日的第二部专利法，药物发明（pharmaceutical invention）是不能获得专利的，1959 年 2 月 4 日和 1966 年 1 月 2 日分别引入了对医药产品（pharmaceutical products）的有限的专利，1978 年专利法修订才完全消除对药物授予专利的禁止。[4]德国 1877 年 3 月 25 日的法律规定了化学和药品工艺均可专利，但产品被明确排除出可专利范围；1891 年 4 月 4 日的法律将专利保护范围扩展到通过专利流程获得的产品；1967 年 9 月 4 日的法律规定化学和医药产品一般可专利。[5]历史上瑞士制药业的地位不言而喻，其一直是德国制药业主要的竞争对手。德国通过政治和法律给瑞士施压，最终导致瑞士在 1907 年 6 月 21 日通过颁布法律对化学过程（chemical processes）授予专利。依瑞士 1954 年 6 月 25 日的法律，可专利性虽然仍仅适用于过程（processes），但是专利的保护期限从 10 年延长到了 18 年，对产品给予专利直到 1977 年才被瑞士引入。[6]在意大利，药品专利（pharmaceutical patents）被禁止，直到 1978 年意大利最高法院在 18 家外国公

---

[1] Drug Price Competition and Patent Term Restoration Act，也即 the Hatch-Waxman Act。

[2] See Michele Boldrin & David K. Levine, *Against Intellectual Monopoly*, Cambridge University Press, 2008, p. 215.

[3] See Michele Boldrin & David K. Levine, *Against Intellectual Monopoly*, Cambridge University Press, 2008, pp. 215~216.

[4] See Michele Boldrin & David K. Levine, *Against Intellectual Monopoly*, Cambridge University Press, 2008, p. 216.

[5] See Michele Boldrin & David K. Levine, *Against Intellectual Monopoly*, Cambridge University Press, 2008, p. 216.

[6] See Michele Boldrin & David K. Levine, *Against Intellectual Monopoly*, Cambridge University Press, 2008, p. 216.

司要求在意大利执行医药产品的外国专利案中做出对这些公司有利的裁定。尽管完全缺乏专利保护，但意大利已经发展成为一个强大的药品生产国，到 19 世纪 70 年代末，其已经成为世界第五大药品生产国和第七大药品出口国。[1] 西班牙在 1986 年引入了产品专利（patents for products），作为其进入欧洲经济共同体的结果，其专利法在 1992 年才开始适用。在此之前，西班牙 1931 年的法律明确禁止任何物质的（patenting of any substance）专利，特别是禁止对任何药物物质（pharmaceutical substance）予以专利，而对流程的专利则是被允许的。[2] 日本在制定其国内专利制度之初，同样将化学和医药产品排除在外，直到 1976 年才对其提供保护。[3] 2000 年，欧洲专利条例提案获得通过，但到 2007 年该提案仍难以推进，关键原因在于数量持续增长的各国利益集团的寻租。[4] 不同国家对医药和制药过程的专利保护，呈现出医药公司的繁荣程度和企业在游说政治立场上的差异。

　　1995 年 WTO 成立的时候，其成员被要求对药品授予 20 年的专利，但是当时很多国家还不认为药品具有可专利性。当有公共健康紧急状态时，允许有例外，也即政府可以颁布强制许可令。在 20 世纪 90 年代后期，南非不顾一切地控制艾滋病的蔓延，因此准备生产或进口仿制药来对付艾滋病。美国一些制药公司强烈反对，美国政府也通过对南非进行贸易制裁来威胁它。虽然制药公司后来降低了药品价格，但是对南非的病人来讲药品仍然难以获得，因为制药公司降价后的药价仍然比印度生产的仿制药价格高出许多。[5] 在此之后，布什政府允诺贫困国家生产治疗有限种类疾病的仿制药，但是不能进口它们。最贫困的国家最需要仿制药，但是它们最没有能力去生产这些仿

---

〔1〕　See Michele Boldrin & David K. Levine, *Against Intellectual Monopoly*, Cambridge University Press, 2008, p. 216.

〔2〕　See Michele Boldrin & David K. Levine, *Against Intellectual Monopoly*, Cambridge University Press, 2008, p. 217.

〔3〕　See Commission on Intellectual Property, Integrating Intellectual Property Rights and Development Policy（2002）, available at http://www. iprcommission. org/papers/pdfs/final_ report/CIPR_ Exec_ Sumfinal. pdf, p. 8（last visited on December 17, 2020）.

〔4〕　See Michele Boldrin & David K. Levine, *Against Intellectual Monopoly*, Cambridge University Press, 2008, p. 217.

〔5〕　See Marcia Angell, *The Truth About the Drug Companies: How They Deceive US and What to Do About It*, Random House, 2005, pp. 206~207.

制药,[1]这构成了专利保护扩张给医药领域带来的技术困境之一。有人认为,专利给制药公司带来利润,制药公司将这些钱投入到更多的研发中去,因此才能可持续地惠益人类。[2]但遗憾的是,没有证据表明因专利产生的利润被制药公司投入了新的研发中并惠益人类,即没有证据表明专利产生的大量利润给人类带来了更多的好处。

我国《专利法》对专利的保护期限也经过了一个扩张的过程。1984 年《专利法》规定,发明专利的保护期限为 15 年,实用新型专利和外观设计专利的保护期限为 5 年。1992 年修改《专利法》过程中,延长了专利保护期限,分别改为发明专利保护期限为 20 年,实用新型专利和外观设计专利保护期限为 10 年。2020 年我国《专利法》修改,将外观设计专利保护期限改为 15 年。1995 年美国发明专利的保护期限仅为 17 年,在 1995 年之后发明专利保护期限延长至 20 年。美国为了充分保障专利保护期限,还在 1999 年通过《美国发明人保护法》(American Inventors Protection Act of 1999, AIPA)建立了专利期限调整制度,即如果有美国专利商标局的延误行为或者不可归责于专利申请人的延误行为,则必须给予专利保护期限以补偿。这一制度能够有效弥补药物、医疗器械、食品添加剂、食品着色剂的专利因在进入市场销售之前主管部门的监管程序而遭受的专利期限缩短的损失,[3]对美国相关产业在社会上的发展优势具有重要保障作用,并为其他国家在相关方面期限的延长提供了有效的借鉴。1990 年左右的专利保护期限的延长与 TRIPs 协议中规定的发明专利 20 年最低保护期限有关系,而与此同时必须清楚的是,TRIPs协议中的规定超越当时各国国内法对专利保护期限的规定也是来源于当时大企业的游说。专利保护期限的延长并不是知识产权扩张的特殊情况,随着知

---

〔1〕 See Marcia Angell, *The Truth About the Drug Companies: How They Deceive US and What to Do About It*, Random House, 2005, p. 207.

〔2〕 See Marcia Angell, *The Truth About the Drug Companies: How They Deceive US and What to Do About It*, Random House, 2005, pp. 37~38. 美国制药公司贸易协会主席告诉一个电台记者:"减少这个行业能够提供的研究与开发,将会给我的孩子带来伤害,与此同时也将给数百万其他有生命危险的美国人带来伤害。"

〔3〕 参见董小灵:"美国发明专利保护期限的决定因素探讨",载《中国发明与专利》2015 年第9 期。参见《美国专利法》,易继明译,知识产权出版社 2013 年版,第 52~56 页。Also see 35 U. S. C. 154 (b)(1),35 U. S. C. 154 (b)(2), available at https://www.uspto.gov/web/offices/pac/mpep/mpep-9015-appx-l.html#d0e303482 (last visited on December 17, 2020).

识产权产业的壮大与发展，其他种类知识产权的保护期限也被动延长。TRIPs协议也规定了有关实验数据的私有。[1]在赋予更多专利和更长保护期限能够激励医药公司进行研发和创新，从而更好地服务于医治人类疾病的理念下，我国作为发展中国家也开始延长医药专利进行改革，其中最大的亮点就是对医药专利实际的保护期限，如2018年的《药品实验数据保护实施办法（暂行）（征求意见稿）》第5条、第6条规定了医药实验数据的保护期限。[2]作为我国在医药专利期限上的新做法，这在社会上引起了相当大的关注。

以医药专利的保护期限为代表，世界范围内的专利保护期限呈现出一定的扩张态势。医药专利保护从无到有、保护期限从短到长、从特殊到普遍存在，使得医药企业获得了通过知识产权制度对医药技术流通及相关利益分配的强大决策权。加之医药作为产品之特殊性使其市场具有的独特性，[3]医药专利更显得具有特殊性。人们的健康依赖于医药相关技术的进步，医药专利保护期限的延长使得人们必须为医药付出更大的代价。从结果上看，可以认为医药专利保护期限的延长为医药专利公司带来医药技术流通控制权的同时，也为政府与医药公司之间的话语权争夺提供了机会。政府为了保障国民医疗健康，实际上对医药企业的长期专利保护并不是特别有利，但是基于医药技术的进步及科研难题的解决很多时候能够为医疗健康问题提供及时的解决办法，医药企业能够为避免国家进入健康危机提供保障。也基于此，政府在多数时候都希望医药企业获取更大的利益，以确保医药企业在国民健康方面的有力保障能力，稳定国家秩序。基于此，虽然并不确定医药专利是否能够激励医药技术的进步，但是可以看到的是，在医药专利的问题上，大多数的政府依旧与医药企业的利益捆绑在一起，医药企业在有些时候甚至能够以其对国民健康的影响力而影响政府的决策及政府对其依赖程度。一家医药企业或许并不能绝对左右政府对医药专利期限延长的态度，但是医药行业的利益捆

---

〔1〕　参见 TRIPs 协议第 39 条第 3 款。

〔2〕　参见《药品实验数据保护实施办法（暂行）（征求意见稿）》第 5 条。

〔3〕　患者愿意购买任何价格的医药产品，而且在很多情况下，患者并不决定他们消费的医药产品种类，因为他们缺乏用药知识，甚至给他们开药的医生也并不一定获得完全的用药信息。因此，药品的消费市场更依赖于广告等。更何况在有些国家，医药费用支出者要么依赖政府，要么依赖保险。See Jennifer Sellin, *Access to Medicines*: *The Interface between Patents and Human Rights. Does One Fits All*?, Intersentia, 2014, pp. 32~33.

绑及意见形成或许能够基本左右政府的决策。

四、专利权主体的变更：削弱个人自治的集权化

从最初的专利权和著作权的皇家授权来看，非个人为主体的公司已经开始获得专利权和著作权等特有的知识垄断权。但是这些公司的垄断权与后来的专利权在知识产权法中的地位还是略有不同，因为这一阶段的非个人主体的行会等是皇家规避风险及意图将信息控制在自己手中的工具之一，是政府对社会的隐性的监督机构构成部分。[1]公司的崛起，强劲影响了世界发展走向，公司不仅因自身的资金量及资源的聚合而有在相关创作和组织方面超越个人的能力，还具有自然人很难具备的强大的抗风险能力[2]。公司的形式多样性被皇家特许，因为这样的公司形式不仅能够完成个人不能够完成的高风险任务，还能够为皇家带来诸如税收等更大的利益。这样，国家把信誉卖给了公司，促使了陌生人之间都可以合作的公司制度发展。[3]在此基础上，信息的流动也逐渐从个人到个人转向个人到公司再到个人的模式。

但是后来随着以个人权利主义为基础的资本主义的发展，个人作为最初的创造者与创新者，呼吁成为主要的专利权人。19世纪末与20世纪之间的专利法的制定，同样建立在对公民个人财产进行保护的基础上，甚至在有些国家宪法上的"个人财产神圣不可侵犯"之价值基础上，公民与政府之间存在一个默契的距离和空间，在此基础上个人对个人创造的成果申请专利成为基础和流行做法。而且，反对政府对公民个人私权的介入是私权的理念，也成为专利权主要为个人所享有的重要政治依据。小政府的论断，试图将政府对创造等私人活动的介入降到最低程度，且在很多知识产权的管理上要求政府尽量少涉及，这也是西方资本主义国家知识产权系统内知识产权许可和转让流行的原因。但也有反面例子，如1980年之前，依据当时美国相关法律的规定，受到政府资助的大学等的研究成果，其专利权归属于政府。因为最终私

---

〔1〕 ［美］福兰克·D.普拉格："知识产权史：1545~1787年"，周琼译，载易继明主编：《私法》（第7辑第1卷，总第13卷），华中科技大学出版社2007年版，第186页。

〔2〕 参见《公司的力量》节目组：《公司的力量》，山西教育出版社2010年版，第33~34页。正如作者所言，对于自然人商人非常冒险的事情，英国商人开始寻找汇集资源和资本的新的商业方式，以代替个人完成高风险的活动。

〔3〕 参见《公司的力量》节目组：《公司的力量》，山西教育出版社2010年版，第36页。

权的剥夺，这种项目虽然有资助，但并不受欢迎，即便有申请者，其专利成果最后转化的也非常少。这导致美国不得不在后来通过修改专利法来适应社会力量的要求。依据美国 1980 年颁布的《拜杜法案》（Bayh-Dole Act）[1]及《斯蒂文森-韦得勒科技改革法》（Stevenson-Wydler Technology Innovation Act of 1980）[2]的规定，大学和小公司有权为得到国家卫生研究所资助的研究成果申请专利，然后将这些垄断性专利让渡给制药公司。这将专利逐渐转移给了具有雄厚财力实施专利的大公司，加强了大公司对一些知识进一步的垄断权。这两个法案与 2000 年的《科技转移商业化法》（Technology Transfer Commercialization Act of 2000）[3]组成了美国专利及技术鼓励创新和转化的三大法案。这些技术的专利权及商业化的权利和利益在市场上的自由行使，逐步使得具有雄厚资产的大公司更容易利用专利规则来实现自己知识控制权的扩张及对国家政治活动、社会互动的介入。借助于这种政策支持，美国的专利权也主要转移到了非自然人的企业手中。

随着新的科技文化等产业的壮大，如电影制作、软件开发、基因测试等行业在近一个世纪内快速发展，公司力量已经完胜个人在知识创新方面的能力，甚至个人在创新创造中已经完全不能像以往那样承担所有的创作和创造活动。这为知识产权从以自然人为主转向以公司为主提供了非常大的动力，因为随着科技的发展，自然人在文化和科技提升方面的参与度逐渐被稀释，个人能力的有限性和相关创新能力的局限性也决定了更多人来分享成果权利之下的权力和利益。这使得发达国家逐渐在立法和司法实践中给予企业更大的、更主动的专利权。公司的出现给整个社会的运转带来了突破性的转变，

---

〔1〕 也即美国 1980 年的《专利商标修正法案》，也称《贝赫-多尔法案》。参见 https://www. congress. gov/bill/96th-congress/house-bill/6933，最后访问时间：2020 年 12 月 17 日。其主要内容在于：①规定联邦政府资助产生的大学发明，其所有权可以归大学，前提是大学要承担起专利申请和将专利许可授权给企业的义务；②允许大学进行独占性专利许可；③规定发明人应分享专利许可收入，但未规定发明人具体应得份额；④规定大学应将技术转移所得、全部专利许可所得返还到教学和研究中去；⑤规定联邦政府留有"介入权"，即大学如果未能通过专利许可方式使某项发明商业化，联邦政府将保留决定该项发明由谁来继续商业化的权利，但政府的干预权限仅此而已。

〔2〕 Available at https://www.congress.gov/bill/96th-congress/senate-bill/1250（last visited on December 17, 2020）.

〔3〕 Available at https://www.congress.gov/bill/106th-congress/house-bill/209（last visited on December 17, 2020）.

公司作为整体，其优势不言而喻。最主要的是，公司通过资金集合而具有的强大的抗风险能力决定了其对个人在某些创作投资能力和风险承担能力上的超越。无论是在发达国家还是发展中国家，随着公司制度的成熟与完善，在知识产权制度方面，公司等组织都占据了越来越重要的地位，且在知识控制上具有越来越大的作用。

基于公司的雇佣能力及组织能力，公司不仅在创新能力上完胜个人，在社会观点表达及共识凝聚上也胜于个人，它们在知识产权制度的观点表达及知识产权制度形成过程中的社会能动力更强。传统上，国际规则影响因素主要来自于国家与国家的博弈，而在知识产权领域，公司开始在国际制度中崭露头角。国家在国际规则上的意见表达呈现出代表国内部分公司观点的态势。私人公司开始介入世界政治及秩序，[1]在一定程度上意味着知识产权及知识的政治化。这种知识产权的政治化在专利领域表现的威力，主要归功于公司专利权制度的保障。专利权归属于公司的雇佣发明及职务发明等，从根本上促动了公司向发展中国家进军并跟随政治统治者的意愿或双方私下政治利益与商业利益的勾兑而服务于相关国家的全球化了的政治目标。

这种主体的扩张，对专利权人的私人拟制的大力扩散，也使得全球范围内的专利权越来越集中于有名气的大公司、跨国公司。它们通过对专利权的掌握和领先占取，看似促进了人们的生存和发展，但是就专利产品而言，尤其是一些对人的生命和健康起到决定作用的专利产品，它们并没有给贫困阶层带来什么好处，反而是滋生了价格决定权集中而产生的专利产品极度稀缺和接触难度提升的现象。公司不仅在创作能力和风险承担能力上遥遥领先于个人，还在知识产权制度的影响能力上远胜于个人。生物科技、医药、军工等方面的专利权人的集中化，使得大公司更加容易集合起来。基于这些公司对稳定政治秩序的重要性，政治统治者有些时候也必须让它们三分，从而满足它们提出的知识产权制度要求，这更加剧了专利权集中化之后的科技垄断。

个人在专利权中的弱化，实际上是对个人自治的一种极度削弱。在大公司掌握核心技术，垄断科技进步机会和能力的同时，社会上也逐步形成了雇方市场。公司在雇佣阶段展现出强势地位，并辅之以保密义务等现代逐渐完

---

〔1〕 参见樊峰宇：《公司政治》，中国纺织出版社 2004 年版，第 98 页。

善的员工义务体系，个人在公司中的知识创新地位相对受限，权利的转移无疑对个人自治产生削损。在新中国成立初期，一般的创新发明活动都是在单位进行的，所以我国将发明的最终权利均收归国有；以美国为主的资本主义国家，则更多的是私人或私有企业的发明创新，因此美国的专利法是私人发明的"守护神"。[1]但是当前西方国家从政治利益上来讲，逐渐将个人为主要权利人的专利归属转移给了公司，无论在英美法系还是在大陆法系，这一点都颇为相似，不同的仅仅是实现途径而已。我国目前的专利归属实践也体现出公司的强势地位，尤其是央企、国企，在相关操作中规定无论是公司中的个人还是分部的专利，第一专利权人必须为总公司，以实现所谓的"知识产权的统一管理和统筹应用"，但这实际上是公司对个人及下级单位知识创新自治的剥夺。[2]资源的集合，使得大公司更有能力在市场知识资源分配中占据主要话语权，并在国家立法和司法程序中被认为是利益的代表。

从事物发展的正向顺序来讲，大的拥有较多专利的公司实现了专利权集中化。从历史实践来看，从服务于国家审查政治目的的行会拥有主要的"专利权"，到资本主义个人主义时代对个人专利权的注重，再到大公司主导的专利权集中化的专利制度，大多数的专利承载的知识控制权已经被处于上层或者中层的公司牢牢地掌握，而社会中下层人群即便有技术上的创新，很多时候也并不能成为专利的掌握者，甚至连创新实践的机会都是受限的，因为他们并不能充分接触及了解大公司所拥有的专利涉及的科技前沿信息。专利权的集中化，也拉大了贫富差距，加重了阶层分化。

五、加强专利保护：强权代表们的显性社会主导力

人类政治文明的发展从武力的对比转化为科技强国的较量，体现出人类对非人性化的武力战争的一种反思。当今时代，虽然战争是小范围的，但强权势力发展从未停止。从没有专利到专利的扩张，更多的个人、组织、国家等参与到这场科技能力的"垄断"争夺活动中。这种技术的合法垄断，在一定程度上被步步紧逼式地加强。对专利给予保护之后，大公司及发达国家开

---

[1]　参见赵元果编著：《中国专利法的孕育与诞生》，知识产权出版社2003年版，第84页。

[2]　参见尚志红："国家电网公司知识产权管理现状及发展对策"，载《中国电力企业管理》2017年第16期。应当注意的是，在我国目前体制下，由央企、国企总部作为第一专利权人，也可能是为了更好地保护国有资产，防止国有资产流失。

始呼吁加强对专利的保护，甚至使专利保护大大突破了传统民法范围。从历史上看，制药行业的专利垄断在时间和空间上具有一定的差异；在专利数量少和弱保护的国家，现代制药发展较快。自第二次世界大战带来的化学工业在全球范围内的权力分布动荡之后，专利游说者长期游说并成功提升了对药品的专利保护。[1]一方面，知识产权法激励理论的兴起与被不当地大范围宣扬与适用，是政府掌握主动权的胜利。如以孟山都等为代表的企业，通过游说发达国家政府及以跨国公司的形式渗入到发展中国家的政治及社会活动中去，抬高了国际范围内的专利保护水准，主要表现但不限于专利执法力度的加强、专利侵权赔偿额的提升、专利侵权惩罚性赔偿等。另一方面，主要技术过度被专利，由 NPE（non-practice entities）或 PAE（patent assertion entities）带来的专利流氓（patent trolls）给一些目标公司制造困难，通过发起法律诉讼来达到获取赔偿等目的。大部分公司会担心因诉讼产生不良影响，如股票大跌、销售量下跌、公司或产品形象受损等。此外，国际公司为了使得一些竞争对手或新兴公司销声匿迹，就利用政治影响、媒体关系、先进的知识产权、专业的诉讼团队等有利的资源去起诉它们。[2]基于大公司与小公司在社会上的地位和信息权力的悬殊，多数情况下大公司会在与小公司的较量上取得胜利。

不可否认，对人们的创新、创造授予专利，不仅是对个人创新活动的认可，更可以因专利带来的巨大利润自动使知识流向更有效利用它的主体手中。这种知识私权化的路径，能够从一定程度上发展科技，并攻克困扰人类发展的难题，因此也能够产生维持政治秩序稳定的结果。但是不得不注意的是，知识被过度专利化也有知识垄断主义和集权化的倾向。这将是人类未来的科技贫富差异、对人类生命健康有关键作用的药品的接近差异最重要的来源。这些问题不仅值得从发达国家与发展中国家两个角度进行反思，更值得从贫富分化不利于社会稳定和人类发展角度予以审视，阶层分化也将因这种对技术的接触能力的差异而更加明显。

---

〔1〕 See Michele Boldrin & David K. Levine, *Against Intellectual Monopoly*, Cambridge University Press, 2008, p. 215.

〔2〕 See Mei-Hsin Wang & Daniele Alexander, "Analysis of Cases on Pharmaceutical Patent Infringement in Greater China", in Randal R. Rader, Toshiaki Iimura, Thomas J. R. Voit et al. eds., *Law*, *Politics and Revenue Extraction on Intellectual Property*, Cambridge Scholars Publishing, 2015, p. 113.

第三节　政治学视角下著作权法领域的扩张

虽然著作权相关产业并没有专利相关产业在人类抵制疾病、就业等方面给我们带来的问题严重，但这些年著作权的一再扩张仍然给人们的生活及发展带来巨大挑战，给人们的自由实现和文化进步带来限制，与专利制度一样给我们带来某种程度的非正义（unjust）。[1]相较于专利扩张给人们的健康权带来的负面影响，著作权的扩张给人们带来的更多的是以发展权为中心的负面影响。以发展权为中心的著作权扩张的影响，通常被人们认为可以通过政府提供公共产品或者建设公共图书馆等来抵消，言下之意好似著作权扩张并不是影响人们发展权的原因。然而事实并非如此。著作权法领域的扩张与人们公共表达的自由形成较大的本质冲突，而奇怪的是，著作权扩张常常被人们以充分表达自由而正名。这种正名表现出强权集中化的趋势和人们民主参与模式下的知识控制权分配。

一、著作权法的目标：从言论管控到知识强权集中化

为了限制言论自由、维护统治者权威的稳定，西方封建社会中后期，国王开始通过授予印刷商出版特权来达到严格审查出版物、维护自我权威之目的。[2]著作权法出现后的很长一段时间内，其保护对象主要是出版者。在以出版者为主角的时代，作者为主的现代著作权人并没有进入著作权法的主要规范范围。在此阶段，政府的主要目的是通过给予有限的出版者出版特权，对出版内容进行把控——控制言论自由、对言论自由进行监管。这样的著作权法并没有赋予太多的知识独占权，强政府力量决定了其对言论自由的控制、对表达自由的监管，从一定程度上讲，此时的知识控制权主要掌控在政府手中，而公有领域的知识也相对广泛。

出于维护人类表达自由和言论自由之个人权利的需求及对法律予以保障的期待，著作权法开始注重对作者等著作权人的"表达"以著作权形式予以保护。然而，这种保护也可根据保护范围的中心转移分为两个阶段：第一阶

---

〔1〕　See Michele Boldrin & David K. Levine, *Against Intellectual Monopoly*, Cambridge University Press, 2008, p. 97.

〔2〕　参见韦之：《知识产权论》，知识产权出版社 2002 年版，第 1 页。

段是，与传统财产权一样，保护著作权重在保护著作权人对该种财产权的使用。第二阶段是，基于作品的使用是一种非消耗性行为，知识产品是一种非竞争性产品，因此，必须给予著作权人"排他性使用权"。这种使用权保护著作权人对财产的独占，甚至可以扩张到与其作品雷同的范围。当"保护"成了著作权法的中心，社会公众对作品中蕴含信息的接触范围也开始被限制了，著作权法开始服务于为著作权人提供一种以"禁止他人未经授权的使用"为中心的知识强权。

随着著作权相关产业的丰富化、作品在话语权上的影响力提升等带来的某些群体对信息利用的优势地位的凸显及对其中所携带的巨大利益的追逐，不同的人群对新模式下的产物是否应受著作权法保护有着不同的期待。从政府对信息的管控方面看，作品的网络传播模式为政府通过著作权管控信息流通带来挑战，加之网络传播的受众之多及自媒体的来临，使得通过著作权来控制信息流动成为难题。从根本上说，这种意义的著作权是信息集权主义的一种表现。另外，著作权法的中心转移，并不影响其立法目的之正当化表述，即"为了促进知识的学习"，"促进文艺发展"等。对于这种抽象的目的，各国具有非常大的自主解读空间，且根据信息管理的行政职能之需求，著作权法成了国家特色最为明显的一个领域。著作权的扩张虽然没有给人们带来如药品专利类的直接生死之难，却为人们自由接近知识、实现自我发展带来了多元化的、不同程度的影响。

（一）著作权保护期限扩张：大企业游说的持续胜利

著作权法可以说是典型的因大企业游说而发展的法律。19 世纪的著作权范围扩张非常厉害，作品二次使用被削减，著作权保护期限得到了非常大的扩张。[1]从全球著作权保护期限的扩张来看，其与发达国家的引领不无关系。从美国版权法的发展可窥见著作权保护期限扩张过程中文化产业类公司的话语力量。1790 年美国第一部版权法规定著作权保护期限为 14 年，期限届满作者仍然在世的可延长 14 年。在此之后的两个世纪，美国国会间歇性地延长了著作权保护期限。[2]1831 年，在诺亚·韦伯斯特（Noah Webster）和他在国会

---

〔1〕 See Oren Bracha, "The New Intellectual Property of The Nineteenth Century", 89 *Tex. L. Rev.* 423, 447 (2010).

〔2〕 See Stewart E. Sterk, "Rhetoric and Reality in Copyright Law", 94 *Mich. L. Rev.* 1197, 1199~1200 (1996).

的代理人的游说下，著作权保护期限延长至 28 年，[1]续展期也在 1909 年延长至 28 年，在 1962 年延长至 47 年。1976 年《版权法》规定雇佣作品的著作权保护期限为发表后的 75 年，或作品创作完成后的 100 年，以首先届满者为准。1997 年到 1998 年之间，迪士尼花费了大笔立法献金，同时开展在华盛顿的大力游说，敦促美国国会通过著作权保护期限延长法案。美国国会 1998 年通过《松尼·波诺著作权保护期限延长法案》[2]，将自然人作品著作权保护期限延长至作者死后 70 年，规定雇佣作品的著作权保护期限为作品发表后的 95 年或作品创作完成后的 120 年（以首先届满者为准），将著作权保护期限成功延长了 20 年。因为美国著作权保护期的变化与米老鼠著作权保护期限相关联，该法案也被称为"米老鼠法案"。[3]自从 1928 年米老鼠在《汽船威利号》短片中面世，为了米老鼠带来的巨大利润，迪士尼公司一次次游说政治人物，成功"操纵"了一次又一次的著作权保护期限延长（参见图1）。这种游说色彩在以美国为主的西方国家较为常见，政治学上称之为"依附主义"，其本质上与腐败是具有同等色彩的，但是在民主政治背景下的多种场合貌似具有政治上的合法色彩，并实际在知识产权法的立法上起到了中流砥柱的作用。实际上 1996 年美国国会的报告在涉及是否将著作权保护期限延长争议时提到，法案的目的是确保美国作品在外国获得足够的著作权保护和可持续的经济利益。[4]美国等资本主义国家向来以自我利益为中心，并在政策的制定和修改上主要为一些大的企业所"操控"，甚至在某些时候政治意见听从于对其政治统治有稳定作用或能够为其政治统治提供财源等好处的一些大企业。欧盟 1993 年的《版权与邻接权保护期限指令》第 1 条规定著作权保护期限为作者终生加上死后 70 年。发达国家，如日本、新加坡、澳大利亚、韩国等，因在与美国的双边自由贸易协定谈判中受到美国的政治压力而将著作权保护期限延长。[5]

---

〔1〕 See http://www.copyrighthistory.org/cam/tools/request/showRecord.php? id＝record_ us_ 1831 (last visited on December 17, 2020).

〔2〕 The Copyright Term Extension Act (CTEA) of 1998, 也称 the Sonny Bono Copyright Term Extension Act, Sonny Bono Act, 或 the Mickey Mouse Protection Act。

〔3〕 参见郑文通："宪法和知识产权：美国最高法院'米老鼠案'述评"，载《电子知识产权》2004 年第 1 期。

〔4〕 See the U. S. 104th Congress Senate Report 104-315, available at https://www.copyright.gov/legislation/s-rep104-315.html (last visited on December 17, 2020).

〔5〕 参见何华："著作权保护期限研究三题"，载《法商研究》2012 年第 4 期。

在 2011 年，欧盟修改了 2006 年版的《版权与邻接权保护期限指令》，将表演者和录音制品的保护期限也延长至 70 年。[1]其他国家的著作权保护期限的延长，一方面与美国的政治压力有关，另一方面也是为了避免因为国外作品的著作权保护期限延长而出现其他国家作品能够在世界范围内长青进而侵蚀本地文化的危险。国际上米老鼠所代表的形象及其长期的国际文化影响力，毫无疑问得益于美国著作权保护期限的延长。

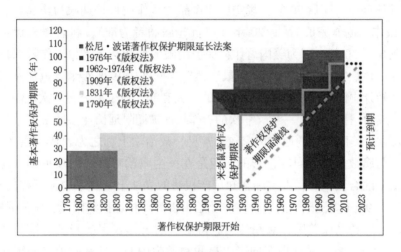

图 1　米老鼠著作权保护期限与美国版权法[2]

我国《著作权法》制定得较晚，但起步较高。1990 年我国制定《著作权法》时参考了当时世界上约 85% 的国家的做法，规定了以 50 年为基准的著作权保护期限[3]，这一保护期限比新中国成立前的著作权保护期限长了 20 年。[4]因此，即便其他国家有所提升，在我国保护期限已经符合《伯尔尼公约》与

---

〔1〕　See Directive 2011/77/EU, available at http://ec. europa. eu/internal_ market/copyright/term-protection/index_ en. htm (last visited on December 17, 2020).

〔2〕　See Steve Schlackman, *How Mickey Mouse Keeps Changing Copyright Law*, October 18, 2017, available at https://mag. orangenius. com/how - mickey - mouse - keeps - changing - copyright - law/ (last visited on December 17, 2020).

〔3〕　参见《著作权法》（1990 年）第 21 条。

〔4〕　参见时任国家版权局局长宋木文 1989 年 12 月 20 日在第七届全国人民代表大会常务委员会第十一次会议上关于《中华人民共和国著作权法（草案）》的说明（以下简称"关于《著作权法（草案）》的说明"）第 6 条。

TRIPs 协议规定的标准前提下，我国并没有延长著作权保护期限。但是从立法上看，仍然因为著作权保护内容的扩张，带来一些新的著作权保护期限规定，如计算机软件保护期限规定、实用艺术作品保护期限规定等。计算机软件的普通生命周期为 9 个月到 2 年，但是 TRIPs 协议第 9 条直接决定了在 TRIPs 协议成员超过寻常需求对计算机软件予以保护的现实，这被视为 TRIPs 协议中对发展中国家最具有压迫性的条款之一，限制了发展中国家在相关科技与文化上的发展速度。[1]我国著作权保护期限并没有受到太多的外界因素的干扰，实际上是我国根据社会公平正义分配劳动果实政治理念的一种贯彻。[2]基于当前全球社会作品融合趋势及作品传播的跨国性现实，是否延长著作权保护期限也成了我们思考的问题，大多数的意见为保持或延长。但是在目前，并没有太强大的社会力量促使我国立法机关对之予以认可。

（二）著作权及作品种类扩张的政治学分析：公共资源私有化

关于何种表达能够被认为是著作权法意义上的表达并进而被认为是受著作权法保护的作品，在各个国家也都有扩张的过程。以美国为例，在 1831 年版权法中，著作权权项仅仅包括对作品的独占权和印刷、复制、出版、销售自由；[3]1870 年，美国国会修改《版权法》，规定著作权人对作品的翻译（translate the work）和剧本制作享有独占权；1909 年《版权法》增加了衍生权利，如将作品改编成小说和制作成音乐的权利；1976 年《版权法》规定作者对其作品的演绎作品享有专有权利，而且对何为演绎作品给予了比较宽泛的规定。[4]

虽然在《伯尔尼公约》之前也有一些版权多边公约，但是这些公约大多数是为了解决特定的政治问题，[5]因此相关的著作权权项也并不具有广泛的

---

〔1〕 参见田曼莉：《发展中国家实施 TRIPs 协议研究》，法律出版社 2012 年版，第 87 页。Also see Paul J. Heald, "Mowing the Playing Field: Addressing Information Distortion and Asymmetry in the TRIPS Game", 88 *Minn. L. Rev.* 249, 289 (2003).

〔2〕 参见关于《著作权法（草案）》的说明第 6 条。

〔3〕 See John Tehranian, "Towards a Critical IP Theory: Copyright, Consecration, and Control", 2012 *BYU L. Rev.* 1237, 1253 (2012). Also see the U. S. Copyright Act of 1831, ch. 16, §1, 4 Stat. 436 (1831).

〔4〕 See John Tehranian, "Towards a Critical IP Theory: Copyright, Consecration, and Control", 2012 *BYU L. Rev.* 1237, 1254 (2012).

〔5〕 参见［美］弗雷德里克・M. 阿伯特、［瑞士］托马斯・科蒂尔、［澳］弗朗西斯・高锐：《世界经济一体化进程中的国际知识产权法》（下册），王清译，商务印书馆 2014 年版，第 691 页。

适用性。以欧洲国家为中心的《伯尔尼公约》的构建，起初并没有引起美洲国家的兴趣。《伯尔尼公约》中的著作权包括翻译权、复制权、表演权、广播权、公开朗诵权、编制成电影的权利、供选择的追续权、精神权利等。[1]在此之后，为了处理以欧洲国家为中心的《伯尔尼公约》成员国与非《伯尔尼公约》成员国之间的著作权关系，有一系列公约，如《泛美版权公约》，直到缔结《世界版权公约》。最初的《世界版权公约》是为了提供一个统一的国际文件，以处理《伯尔尼公约》成员国与其他国家之间的著作权关系。[2]与《伯尔尼公约》不同，1952年的《世界版权公约》只明确规定了一项著作权权项——翻译权，[3]但是后来的《世界版权公约》使著作权权项得以明确，如1971年的《世界版权公约》明确保障作者的各项经济型利益，包括受益人复制、公开表演和广播的权利。[4]随着逐步扩充著作权权项，向《伯尔尼公约》靠近，《世界版权公约》也逐渐走向现行国际著作权架构的边缘。[5] TRIPs协议的出现，为著作权权项的完善提供了非常明确的国际公约规范依据，[6]除了《伯尔尼公约》中的权项，还包括租赁权、公开表演权、向公众传播权、邻接权等。但是，从相关的国际公约也可以窥见国际层面对著作权权项的扩张，这些扩张一方面的确与科技的进步带来的作品呈现形式及作品利用方式扩张之下新的知识利益分配需求有关，另一方面也是既得利益者或者潜在利益者对知识控制权力的渴求。尤其是媒体娱乐公司、计算机软件公司等大型跨国公司，它们通过行业协会或者其他形式的联盟，向政治统治者进言，在新科技可能带来知识资源分配之机，奋力争取对自己有利的知识资源分配规

---

〔1〕 参见［美］弗雷德里克·M. 阿伯特、［瑞士］托马斯·科蒂尔、［澳］弗朗西斯·高锐：《世界经济一体化进程中的国际知识产权法》（下册），王清译，商务印书馆2014年版，第699~700页。

〔2〕 参见［澳］山姆·里基森、［美］简·金斯伯格：《国际版权与邻接权：伯尔尼公约及公约以外的新发展》（下卷），郭寿康等译，中国人民大学出版社2016年版，第1035页。

〔3〕 参见［澳］山姆·里基森、［美］简·金斯伯格：《国际版权与邻接权：伯尔尼公约及公约以外的新发展》（下卷），郭寿康等译，中国人民大学出版社2016年版，第1050页。

〔4〕 参见［澳］山姆·里基森、［美］简·金斯伯格：《国际版权与邻接权：伯尔尼公约及公约以外的新发展》（下卷），郭寿康等译，中国人民大学出版社2016年版，第1060页。

〔5〕 参见［澳］山姆·里基森、［美］简·金斯伯格：《国际版权与邻接权：伯尔尼公约及公约以外的新发展》（下卷），郭寿康等译，中国人民大学出版社2016年版，第1064页。

〔6〕 1990年的"安奈儿草案"仅仅提及《伯尔尼公约》中的财产权，而意图排除人身权。参见联合国贸易与发展会议、国际贸易和可持续发展中心编：《TRIPS协定与发展：资料读本》，中华人民共和国商务部条约法律司译，中国商务出版社2013年版，第166~167页。

则。尤其是现代作品展现形式多元化之后，邻接权权项也得以扩大，其中最大的原因仍在于大公司及有资金的人群在形成组织和联盟方面具有优势的前提下，能够借助于自己与政治统治者的距离，来实现游说的效果。此外值得注意的是，在英美版权法体系下，人们更注重对知识资源进行经济利益的分配和争夺；而在大陆版权法体系下，人们还注重对人的身份予以认可之下的人格有关的认知与扩张。这也是两个版权法体系之下著作权权项的规定差异化的原因之一。

有些权项的增加是为了达到一定的政治目的，这种目的虽然不是将资源集中化，但是从全球视野来看仍然是基于某些主体所具有的优势而将一些作品产生的利益人为转移到另一方。如世界第一次大战之后，法国为了弥补在战争期间死亡的艺术家的家庭，[1]且基于其艺术品繁荣及拍卖市场在国际范围内的优势，在1920年的著作权法中就规定了艺术品的追续权。[2]但是基于国际社会的反对，《伯尔尼公约》并没有将追续权纳入其中。[3]从追续权的设立及其作用来看，其最初作为一种"扶贫"制度，[4]用于维护战后某一群体的生活秩序。后来，《伯尔尼公约》第14条之3第1款规定了追续权，并在第14条之3第2款规定追续权为成员国可选择的著作权。[5]当今一些国家开始考虑是否将追续权引入国内法律系统，也表明在艺术品市场上的利益已经成为各国虎视眈眈的一块肥肉。

不同的国家还在国际公约最低保护标准基础之上，根据自己的产业优势和资源利用优势，规定了有利于自我价值实现的保护规则。如在新中国成立之后一直承担政治宣传职能的广播电视业得到了非常大的发展，其作为党及政府与群众联系的重要工具之一，在精神文明建设上具有突出的贡献。[6]在广播组织者权的保护上，广播组织也因一般为国家或政府单位而具有更大的优势。正因为它们的单位性质，所以未经授权的转播、未经授权的录制和复

---

〔1〕 See Lara Mastrangelo, "Droit de Suite: Why the United States Can No Longer Ignore the Global Trend", 18 *Chi. -Kent J. Int'l & Comp. L.* 1, 7 (2018).

〔2〕 参见戴哲:《艺术品追续权制度研究》，知识产权出版社2016年版，"摘要"第1页。

〔3〕 See Marilyn J. Kretsinger, "Droit de Suite: The Artist's Right to A Resale Royalty", 15 *Hastings Comm/Ent L. J.* 967, 968 (1993).

〔4〕 参见周林:"论信息时代的版权立法——以追续权立法为例"，载《美术研究》2018年第1期。

〔5〕《伯尔尼公约》第14条之3第1款、第2款。

〔6〕 参见胡开忠、陈娜、相靖:《广播组织权保护研究》，华中科技大学出版社2011年版，第157页。

制等侵犯广播组织者权的现象非常常见。一方面，这与侵权成本及反侵权成本有关系；另一方面，这也与我国广播电视节目等基本以政府单位为传播权利主体有关。根据社会主义的传统理念，政府的就是人民的，从而形成了免费文化。但是近年来，随着国际社会对我国知识产权侵权的批判以及我国内生的知识产权制度需求，我国也开始注重广播组织的权利保护，并对侵权者予以惩罚。

权项的扩张，与作品种类的扩张如影随形。但是，所有作品种类的扩张，几乎都与产业力量的较量相关联，甚至在某些场合隐含着一种世界知识资源的侵占和优势掠夺之政治味道。以计算机程序的著作权保护为例，对计算机程序的专利保护予以否定是大多数国家的共同做法，但是基于计算机程序所蕴含的经济价值和其带来的产业利润、竞争优势，大多数国家都开始立法、修法或者解释法律，进而通过著作权法对计算机程序予以保护。如美国1980年《版权法》规定包括源程序和目标程序的计算机程序是作品；英国1981年在修改《版权法》的绿皮书中规定计算机程序是作品并受版权法保护；德国1982年的《著作权法》本身即可将计算机程序纳入到作品的范围内；欧州经济共同体1993年通过《计算机程序保护指令》，规定自1993年1月起所有计算机程序在欧州经济共同体范围内享有与文学作品相同的著作权。[1]在20世纪80年代，巴西、日本、法国等国家准备为计算机程序设计特别的保护模式，结果均在美国的压力和影响下改弦易辙，回到美国推动的计算机程序保护模式。[2]美国游说团体利用自己的优势，向世界传播了自己的计算机程序保护理念和模式。[3]这只不过是美国众多利用强势地位掘动国际规则的例子之一，其习惯性地主导国际规则不仅体现在规则的制定层面，更体现在规则的执行层面。按照国家主权原则，国内执法及司法属于国家自主范畴。软件盗版战争带来的发展中国家集体沦陷，成为发达国家大的软件公司"割韭菜"的后果。纵使当今，对软件盗版的声讨仍然是发达国家批判发展中国家知识产权保护不力最重要的内容之一。

著作权的扩张与专利权的扩张不一样。著作权的扩张正当性理念认为，当今时代人人都可能成为创作者，因此著作权扩张是潜在惠益每一个人的。

---

〔1〕 参见文希凯、陈仲华：《专利法》，中国科学技术出版社1993年版，第64~65页。

〔2〕 参见韦之："欧共体计算机程序保护指令评介"，载《中外法学》1998年第6期。

〔3〕 参见王运嘉："计算机软件整体保护模式之探讨——版权法与专利法之双重视角"，中国政法大学2014年博士学位论文。

但实际上，著作权的扩张仍然是基于知识掌控权的游戏，以企业、职业作品产出者为中心的群体为著作权扩张最主要的推动力量。从政府控制言论自由而来的著作权，转而成为知识集中于某些群体的合法工具。这种合法工具不仅使限制人们的自由成为理所应当之事，还使民主国家及民主建设为知识控制权集中让路：通过从立法上对著作权客体和权项予以开放式表述，适应其对任何场合的可纳入私权范围的知识的主动性。另外，通过开放式表述不仅可以达到一些知识控制的目的，更可以实现人群的集中和共识的汇聚。著作权越发展，知识接近限制就越严格，随之而来的是永无止境的加强著作权保护的呼吁，这种呼吁与近年来著作权主体及作品传播者的崛起有直接联系。

（三）主体扩张之下的主动力量由个人转向组织

作品创作者的地位在著作权法历史上曾经显赫一时，尤其是在《安妮女王法》给予作者一定的肯定之后，在欧洲兴起保护作者权利的立法。随着国家发展和整体社会结构的变化，公司等组织无论在抗风险能力上还是在与政治主体接触的机会上，都比个人更具优势。尤其是随着发达国家在高科技领域的创新优势出现，它们的公司在全球范围内的扩张及对知识控制权的渴望，借助于大公司对发达国家政治的影响力得以实现。

在19世纪末之前，社会上普遍存在的是以个人作者为中心的著作权归属原则，但是因为19世纪公司的崛起及现代形式的作品逐渐进入人们的生活，美国不得不在大公司的强力要求下认可雇主著作权，英美国家开始通过立法确立以"拟制作者"为基础的雇主著作权。[1]在20世纪初，西方工业社会开始出现越来越多关于雇佣形式作品的立法。[2]著作权由以个人为中心转移到以雇主为中心，与专利上的职务发明及雇佣发明类似，除了科技发展过程中带来的一些任务难以由个人完成的现实成因之外，还在于公司逐渐掌握了知识控制权，并有能力或者通过联盟等方式向政府游说来集中自己的权力。

发达国家的大企业通过游说扩张了著作权保护范围和期限，更是将以作者为中心的利益规则明目张胆地改弦易辙为以它们为中心的规则。在这种规则变化之下主要呈现的雇佣作品和雇主作品（或称法人作品）等著作权名词，

---

〔1〕参见孙新强："论作者权体系的崩溃与重建——以法律现代化为视角"，载《清华法学》2014年第2期。如美国1909年《版权法》写道："作者一词应当包括雇佣作品情形下的雇主。"

〔2〕参见孙新强："论作者权体系的崩溃与重建——以法律现代化为视角"，载《清华法学》2014年第2期。

成为公司据以集中获取知识控制权的有力工具。从另一方面看，统治者偏向于认可非自然人的公司等组织在著作权主体上的中心地位，与政治统治者的政治逻辑密切相关。[1]西方国家在质疑大政府的漫长历史中，极力强调个人的自由，如美国在宪法中明确规定保障人的言论自由等，为了促进民主，美国联邦最高法院也成为言论自由的守护者。[2]但是为了能够达到对作品潜在的控制能力，发达国家政治统治者不再从限制言论自由方面着手，因为其正当性深受质疑；它们认可公司对作品的高度集中的权利，从而与大公司默契配合。政治统治者通过立法渠道认可大公司对作品的广泛权利，大公司在组织制作作品及传播作品上蕴含一定的政治意愿，如将作品输出到其希望达到一定政治影响力的地域范围、创作蕴含一定政治理念的作品、排斥一定理念的作品等。雇佣作品模式也得到了发展中国家的广泛认可，因为控制个人思想表达及对某类作品传播的监控对发展中国家来讲是一件有损其政治形象的事情，会受到发达国家的指责。发展中国家在控制个人言论和思想表达自由方面也转移到更为隐蔽的方式，默认和支持将大多数的著作权从法律方面归属为公司，以实现更加集中的控制。另外，公司经营很多情况下要符合国家的一些政策导向，因此会更为注重作品的内容和传播。通过这种双重目的的达成，国家更希望著作权能够最终由政治正确和理性的公司来控制和管理。在有些国家，大的媒体公司等本身具有国有特色，或者与政治派别具有依附甚至代表的关系，在控制作品的内容与传播方面具有更大的政治自觉性。与政治逻辑相关的知识资源分配制度，也从公司的抗风险能力及公司的资源优势方面得以正当性的论证。

基于雇佣作品、法人作品等名词被广泛认可，这种由公司等组织来担任著作权人、收获知识控制权的现象也被越来越多的人称赞和认可。但是这种蕴含政治理念的操作方式，从根本上来讲具有一定的瑕疵。一方面，就个人投入作品的创作过程而言，作品凝聚的个人意志一般要比专利明显，也即个人在作品场合的自治程度更大。另一方面，所谓的主要依赖单位资源的情形，

---

[1] See Catherine L. Fisk, *Working Knowledge: Employee Innovation and the Rise of Corporate Intellectual Property, 1800~1930*, The University of North Carolina Press, 2009, pp. 6~8. 转引自 Oren Bracha, "The New Intellectual Property of The Nineteenth Century", 89 *Tex. L. Rev.* 423, 430~431 (2010).

[2] 参见马得华："我国宪法言论自由条款类似于美国宪法第一修正案吗？"，载《比较法研究》2016年第4期。See *Near v. Minnesota*, 51 S. Ct. 625 (1931).

作品的创作过程也比专利要逊色。虽然随着软件、电影、电视等大型投资项目的出现，公司等提供资金的能力显而易见，但是具体创作活动的实现方面，个人仍然占据主要地位，抑或讲，组合的、多人的创作智慧才是法人作品的精华。实际上，公司仍然是一个拟制人，其要创作出一定的知识和智慧，仍然要依赖于个人。也即，个人才是信息的最初掌控者，除非有更强的理由，否则个人的信息权利和知识权利应当被充分保护。但是与专利权的集权类似，著作权也逐渐以不同的方式集中到公司的名下。大型的文化、传媒、软件公司，不仅在著作权权属上占据集权地位，还在作品的内容和传播上占据优势地位。

（四）著作权集体管理——行政思维对公民自治意志的忽视

我国的著作权集体管理制度的行政色彩广受争议。将类型化的作品著作权集体管理集中到唯一的集体管理组织，是符合经济学效率的，[1]但是从政治学角度来分析却未必理想。

对自己作品的管理授权，理应属于自治范围，从政治学上来讲，也是对自己意志表达的一种传播代理体现。我国著作权集体管理组织的唯一性及行政色彩，忽视了著作权人在表达自我上的自由选择路径充分性，增加了著作权集体管理组织的监督参与权力。从民主参与角度来看，作品集体管理过程中的定价等决策中，著作权人的参与色彩并不明显，甚至在著作权集体管理之延伸管理语境下，作者民主参与自己作品的授权、定价等程序具有较大的障碍。虽然广受争议，但是政府对著作权集体管理组织的市场化好像并不是很支持，有些学者也坚持认为我国著作权集体管理组织的行政色彩具有正当性。尤其是我国在 2010 年修改《著作权法》时删除了"依法禁止出版、传播的作品，不受本法保护"[2]的规定之后，通过著作权集体管理组织的授权及对大量作品的授权管理，辅之以著作权自愿登记制度，可以从一定程度上通过著作权制度将作品的内容和传播维持在一定的优良水平。如果将著作权集体管理组织市场化，引进竞争机制，著作权集体管理组织的政治秩序维持作用将被大大削弱。

但值得注意的是，行政体系的强大从某种程度来讲也存在一定的不足。[3]

---

〔1〕　参见向波："著作权集体管理组织：市场功能、角色安排与定价问题"，载《知识产权》2018年第 7 期。

〔2〕　参见《著作权法》（2010 年）第 4 条第 1 款。

〔3〕　参见［美］弗朗西斯·福山：《政治秩序与政治衰败：从工业革命到民主全球化》，毛俊杰译，广西师范大学出版社 2015 年版，第 67 页。

著作权集体管理作为一种作者和著作权集体管理组织选择的自主范围内的活动，因制度限制而最终由唯一的著作权集体管理组织对类型化作品进行一站式的管理，必定可以促进审查程序，但是同样也会引发政治反对（fierce political opposition），因为除了拥有大量著作权的公司之外，其他较小或者较弱的著作权人，他们的权利在某种程度上是不同于大公司的，而在著作权集体管理上，大公司的意见和利益必定成为著作权集体管理组织倾向于维护的重点。[1]失去在唯一著作权集体管理机构话语权的弱势著作权人，如果有充分的市场竞争，就可以选择关注他们自主权实现的著作权集体管理组织，而在我国目前这种单一的著作权集体管理机构情形下，他们的参与及利益代表无法充分得到保障。著作权延伸集体管理虽然在经济学语境下能够有效解决集体管理的经济成本及效率问题，[2]但是从对人的自治的尊重及人们对作品传播的民主参与需求来看，著作权延伸集体管理并不是一种非常恰当的选择。此外，赋予著作权集体管理组织以唯一性和垄断性，也未必能使其充分保障个人的利益。著作权集体管理组织的唯一性也极其容易带来透明性的缺失，其非营利性及行政色彩带来的会员大会的虚置也决定了著作权集体管理的行政色彩在政治学意义上的劣势。[3]将著作权集体管理组织市场化是否能够解决上述政治学不足，成为否定其行政集权化正当性的关键。

（五）其他扩张

得益于民法体系下的意思自治理念，著作权体系下的合同也非常发达，双方合意从而实行著作权转移或授权成为著作权实践的常见形态。这种常见形态，因为有谈判优势一方过于强调自己在信息产品上的强势地位，扩张著作"权"也成为常见的事情。然而，这种合同过于渗透到著作权实践的做法，在有些场合并不是恰当的选择，有时候不仅给合同一方带来不公平，还可能侵蚀公共资源，并给著作权法带来威胁。[4]格式合同不仅在著作权法领域体

---

[1] See Dr. Tilman Lüder, "The Next Ten Years in E. U. Copyright: Making Markets Work", 18 *Fordham Intell. Prop. Media & Ent. L. J.* 1, 26 (2007).

[2] 参见杨晓静："著作权延伸集体管理制度的法经济学解析"，载《中国出版》2018年第11期。

[3] 参见张文镝："论著作权集体管理组织内部治理的基本原则"，载《科技与出版》2017年第9期。

[4] See Guy A. Rub, "Copyright Survives: Rethinking the Copyright-Contract Conflict", 103 *Va. L. Rev.* 1141, 1224 (2017).

现出合同对著作权的扩张，也在其他领域凸显了合同对法律的侵蚀与超越。[1] 这种对知识控制权的操控欲望在网络著作权环境下非常明显。

　　除了私下以合同为中心的著作权扩张之外，政治统治者也希望能够对著作权给予过度的保护，如扩张著作权犯罪适用范围。对于著作权上的侵权过于强调通过刑罚来处理是值得质疑的。从控制社会作品治安来讲，对作品使用的严格治理是政治统治者使其监控国民言论的行为合法化最重要的一种方式。言论审查作为现代政治文明批判的对象之一，不仅在个人人权保障上受到质疑，也会产生诸如言论审查过度、言论审查不能穷尽的缺陷，而提升著作权保护水平，将更大范围的表达内容以保护表达方式的名义纳入到政府的监管范围，或可正当地辅助言论审查。这种做法不仅在民主程度低的国家和地区流行，更在民主程度较高的西方发达国家蔓延。在民主程度高的西方发达国家，政治统治者及政府对个人的言论进行审查缺乏正当性，因此一般是被否定的。美国众议院得克萨斯州议员拉马尔·史密斯（Lamar S. Smith）2011 年提出《反网络盗版法案》。该法案以 1998 年《知识产权保护法案》（Protect Intellectual Property Act）为基础，意图限制网民在网上分享版权作品，如 "6 个月内分享 10 份音乐或电影类的版权作品将面临最高 5 年的监禁"；该法案还意图通过一些措施禁止为网络盗版提供任何便利，如访问收益等，赋予美国执法部门及著作权人应对网络上贩卖盗版产品及冒牌货行为的权力。[2] 谷歌等公司对该法案非常反对，认为这是对人们网络接近（access to website）权利的限制。谷歌公司的反对行动得到了维基百科（Wikipedia）、易趣（eBay）、脸书（Facebook）、推特（Twitter）等互联网公司的支持，这造成了美国议员撤回对该法案的支持。[3] 该法案至此被搁浅，这种搁浅也呈现出政府在争议较大的规则制定过程中与大公司之间力量的对比。现代意义上的著作权法，在当前网络快速发展的背景下，呈现出超越传统市场主体之间的主要著作权

---

　　[1]　See W. David Slawson, "Standard Form Contracts and Democratic Control of Lawmaking Power", 84 *Harv. L. Rev.* 529, 530 (1971).

　　[2]　See the U. S. 112th Congress (2011~2012), H. R. 3261. Available at https://www.congress.gov/bill/112th-congress/house-bill/3261/text (last visited on December 17, 2020).

　　[3]　See Rob Waugh, *U. S Senators Withdraw Support for Anti-Piracy Bills as 4. 5 Million People Sign Google's Anti-Censorship Petition*, available at http://www.dailymail.co.uk/sciencetech/article-2088860/SOPA-protest-4-5m-people-sign-Googles-anti-censorship-petition.html, 2012 (last visited on December 17, 2020).

角色范围，返回由政府控制网络秩序、社会秩序，而企图利用著作权规则来达到其政治目的的态势。这种做法与著作权是私权是否有冲突，并不能直接得出结论。从人们的生活语境来讲，无人不在政治之下，而著作权范围也是政治的组成部分。利用著作权的扩张及著作权保护的扩张，政府可以稳定作品的传播方式、范围、程度，将著作权转化为控制文化传播的一种渠道。之前，商人与政治人物的著作权利益趋同，甚至在政治活动中，政治人物主要代表大公司的利益，但是在网络环境下，不同公司在作品的产生、使用与传播方面的利益分化更加严重，在达成利益分享共识及共同实行游说方面困难增加。

二、著作权法领域扩张影响的政治学分析

（一）著作权民主参与与文化冲击

传统创作模式下人们的表达及社会中的文化参与方式，为群体中的部分参与。在此环境下，政府只要对这部分人的言论进行某种形式的控制、监管即可实现对言论表达的审查。表达的内容和方式也非常有限，以文字表达为中心的现象决定民主表达的参与并不是每个人的需求。即便是每个人都有表达自由的现实需求和参与文化社会治理的需求，他们也并不对著作权法所保护的表达方式感兴趣，甚至从一定程度上讲，形成具有独创性的表达方式的作品，是掌握了一定表达技巧的人所希望的。这种民主式的参与欲望与现实著作权法保护内容之间的落差，形成政府通过著作权法监管言论的真空区，这部分落差越大，政府对民众的言论监管的合法性就越有限。

网络技术的普及和发展改变了人们参与文化的方式及表达参与程度。任何阶层的人、任何职业的人、任何国家和地区的人、任何政治需求的人都主动或被动地牵涉到文化生活的治理中。网络成为人们表达自由的利器，传播范围远超传统的报纸，这种传播甚至在大多数场合都是无国界的传播，而且传播速度极快，因此言论的控制成为更加棘手的问题。国家对网络环境下人们参与式创作场合的言论自由的控制更是不可完全实现，但其通过巧妙地对这种言论自由的监控授予著作权来实现人与人之间的相互监督，并借助于网络内容提供者和网络服务提供者的责任区分，将国家意图实现的言论自由秩序的治理转移给社会上的任何人。网络环境下著作权保护的范围还波及更广泛的衍生作品、创作环境的保护以及社会自我控制与调节。文化参与式创作情况下的著作权保护从根本上为符合政治价值的言论提供了保护依据，著作

权人可以通过自发保护自己的创作成果参与到文化秩序维护中去；文化参与式创作环境还减轻了政府的负担，政府不再窥视人们言论表达对政治的威胁，而是更多地借助于著作权执法或者著作权司法来规范作品表达秩序。当然，文化创作的参与人也因为要考虑作品传播给个人带来的风险，而更趋向于将作品的内容指向符合政治发展方向的领域。在作品范围扩张的同时，依赖于著作权保护来参与文化创作的人也逐渐增多，而表达的交互式现象也为这种言论自觉性提供了一定的正向引导。表达的交互式主要体现为，作品传播渠道、衍生作品及进一步创作具有多样性，作品之间的相互渗透性增强，增加了文化参与的集中性和趋同性。多元性反而可能出现在著作权保护不力的区域，因为在这些地方如果民主参与表达被允许、言论自由得以充分保护，人们创作和利用知识的机会就会更多，著作权弱保护可能为人们参与文化表达提供一种负担较小的社会事务参与模式。越是著作权保护强的区域，人们参与知识创作过程中相互渗透的可能性越小，反而是著作权保护弱的地区可能由于相互渗透力度较大而出现表达趋同现象，为知识传播带来消极影响。

网络技术的发展带来的公民参与式文化及积极介入文化再生产的意愿和能力等，促成了社会文化景观的多元化与民主化，提高了政治协商过程的公众参与度，提升了文化消费者自身的创造性主体和公民身份意识。[1]在著作权保护较为规范的地区，人们的政治协商参与度较强；著作权保护不力时，人们对政府本身信任不足，因此政治协商参与度较弱。前种情形呈现出人们公民身份意识较强烈，后者呈现出在政治协商语境中公民身份意识较弱或者说被弱化。萨缪尔森教授认为，版权扩张最大的危险不是来源于单独的法律，而是来源于三种不同做法的结合，分别是增加知识产权的保护范围，对技术保护措施给予更大的保护，以及拆封合同（shrinkwrap contracts）的强制性。[2]这种强制性也限制了人们在文化参与过程中的自主性，削弱了公民身份认同感。公民身份认同感的削弱，不仅不利于稳定文化秩序，还可能间接导致文化民主参与过程中观点的弱化表达。

借助于著作权法上的概念的创设及扩张，将人们在文化民主参与过程中

---

〔1〕　参见尤杰："'版权作品使用共识'与参与式文化的版权政策环境"，载《上海大学学报（社会科学版）》2016年第1期。

〔2〕　See James Boyle, "Foreword: The Opposite of Property", 66-*SPG Law & Contemp. Probs.* 1, 12 (2003).

的身份认知提高到法律层面，是政治统治者意图将大多数文化民主参与纳入到可控范围的高级手段。19世纪末20世纪初，美国的著作权案例和政治思想的契约范式自由带来了雇佣作品著作权归属的弹性变化，[1]自由思想的渗入带动了文化民主参与过程中权属的变动及转移。然而，同样在自由思潮影响下的欧洲国家，在著作权的归属及文化参与中的身份认同上给予了更为强烈的规范与政治守护。无论是法国还是德国，都对著作权中的人身权给予了非常严格的规范并在实践中予以重视。相比之下，美国的著作权思想则与其政治活动中的游说习惯联系紧密，民主参与文化创作以言论自由为后盾被保护，但是实践中的雇佣作品实际上将一部分作品的控制权及身份表达默认转为单位所有。

从著作权法立法思想带动文化传播来看，发达国家也占据非常大的优势力量，这些力量中往往蕴含着一种权力。这种著作权法输出同时带动的文化和政治的嵌入，成为发达国家变相向发展中国家施加政治影响的一种手段。传统文化的保护与阻挡外界对传统文化的侵蚀，成为发展中国家的政府或非政府部落在著作权法思想引入过程中最难坚守的内容。民主化的文化参与，从世界范围内来看并没有充分得到规范，著作权法从一定程度上削弱了全球文化参与的民主性。发达国家借助雇佣作品的著作权理念和制度，产生大量蕴含其政治理念和文化的电影、电视剧、音乐等作品，这些全球化、网络化传播的内容不仅侵蚀了发展中国家的文化，更给它们带来政治上提升著作权保护水平的压力，这种政治压力最终化为著作权法的发达国家化。利用发展中国家的著作权保护体系，发达国家的作品对本土作品产生冲击与挑战，本土作品为了达到与其相同的效果，也开始模仿其制作方式和理念，将发达国家试图输入的政治文化理念成功主动本土化。

作为除行政、立法和司法三权之外的第四种权力，美国媒体大多受益于其著作权强保护政策，它们以国际知识产权保护机制为后盾，挟世界贸易组织以令他国，这已经成为其干涉其他国家知识产权立法、司法、执法主权的主要手段。[2]这种模式也是挑战民主文化参与最重要的内容之一。可以说美

---

〔1〕 See Oren Bracha, "The New Intellectual Property of The Nineteenth Century", 89 *Tex. L. Rev.* 423, 431（2010）.

〔2〕 参见孙运德："美国知识产权文化政治化的原因及路径分析"，载《华北水利水电学院学报（社科版）》2013年第5期。

国媒体在世界著作权规则的制定及向发展中国家进行文化传输活动中功不可没。这些媒体与美国政治互惠互利，虽然并没有像有些国家的媒体发挥政治传话筒的作用，但是它们为了实现自己的利益与话语权，也在一定程度上为美国政治在其他国家的嵌入发挥着代言作用。与传统殖民暴力形式不同，这种政治文化思想的嵌入更显温和，以著作权法来提要求也显得更为"君子"。从结果来看，发展中国家的政府对这种嵌入行为大多数时候是没有谈判优势的，因为无论是从交换条件来看，还是从自身对话能力来看，其都没有足够的力量。借助于国际组织的协调机会或可从人类发展道义上给予发展中国家一定的助力。但是，一方面，这种助力并不常发生；另一方面，这种助力并不总会被发达国家的强势力量接受，甚至常常可见的是发达国家要么要求不公平的利益交换，要么用其擅长的强硬手段结束对话，如多哈回合谈判及《跨太平洋伙伴关系协定》（Trans-Pacific Partnership Agreement，TPP）的"特朗普式流产"。

（二）少数人控制作品可及性带来民主缺失

著作权保护规则直接影响大多数人的知识接近、学习增进、受教育权的保障，这直接关系到人的发展权实现。作品作为人类进步阶梯的知识载体，是每个人进步的必经之路。对非著作权作品的接近已经不能够满足人们的文化需求，对著作权作品的及时接近成为大多数人获取教育先机、平等教育机会的关键。然而，随着网络的发展及著作权法本身的扩张，近现代媒体、软件、影视及其他娱乐产业大公司着力向政治统治者进行游说，导致文化知识控制权的集中，个人作为社会活动最重要的参与者在文化知识权利分散性掌握上不再具有优势。正如有人所述，考虑到大众需求的缺乏，没有足够金钱或权力的人及团体通常不被允许有实质意义地介入到大众媒体中，且这部分普通人没有权利通过诸如《美国宪法》第一修正案等来要求参与相关问题的对话，这使得美国的言论表达与信息输送途径得以被一小部分跨国公司控制。[1]这种情况下产生的少数资金雄厚或在国家建设中处于重要地位的单位，利用其接近政治的机会及其在政治发展上的有力引导作用，通过著作权归属及合同自由，为少数群体争取知识控制权，控制多数人的文化生活方向及理念。

---

〔1〕参见［美］戴维·凯瑞斯："言论自由"，载［美］戴维·凯瑞斯编辑：《法律中的政治——一个进步性批评》，信春鹰译，中国政法大学出版社 2008 年版，第 148~149 页。

忽视对人的知识接近能力的估量，趋于"一刀切"的著作权法的扩张，表面上是为了维护作品秩序，激励、促进人们的知识学习，实际上却缺乏对人本身对知识具有基本需求这一前提的考量，缺乏信息渠道分配公平视角的考虑。占据少数的富人对于作品的辨识及筛选能力、支付能力基本不受著作权法扩张的影响，尤其是考虑到其在信息支配上的权力，著作权扩张的影响力对他们来讲可以说是几近全无；特别贫穷的人对于作品的支付能力和需求度也与著作权法扩张的影响不成正比，因为通常情况下他们对作品的消费量和需求较少，甚至有些国家的政府还为他们的作品消费提供一定的补贴等，来满足他们的购买需求。就美国而言，受到著作权法扩张影响最大的是中产阶级，他们是选票最重要的组成部分，是政治统治者最需要考虑的人群，但是他们在知识资源分配规则上并不能占据主导地位，如有些中产阶级的作者，他们一生可能就依靠有限的作品来维持生活。[1] 因此，著作权规则的更改对中产阶级最具影响力，而著作权规则更改的主导力量却是富人（单位）阶层，从一定程度上看，既不公平，也不民主。另外，中产阶级也是文化消费的重要组成部分。农民虽然对种子具有天然的需求，但是他们对作品知识的需求并不强烈，甚至中产阶级在一定的时期对盗版具有比其他阶级更大的偏好。[2] 这种偏好同时挑战着所谓的著作权法的扩张最主要影响的是穷人的观念。这并不是说著作权扩张与富人和穷人完全无关，而是作为整个社会稳定之根基的中产阶级在面临著作权扩张与著作权保护不力时，会遇到更大的生活挑战。对于参与文化创作机会多的中产阶级来讲，他们在著作权法的扩张欲望之下的民主国家中，有可能形成利益集团，并可能向上层阶级迈进；而在非民主国家，他们可能会因著作权保护不力或者过强带来的创作机会等而被迫向下层阶级转移。以上两个方向的转移对中产阶级形成的压力使得他们对著作权扩张具有更大的偏爱，因为著作权扩张虽然限制他们使用他人作品进行再创作，但是过度保护著作权则可能降低市场上他们作品盗版发生的概率，从而保障他们的文化参与热情及收入来源。从世界范围内来看，穷人人数居高不下，他们也在一定程度上受到著作权法的影响，特别是在政府补贴得不到实现的场合。但是穷人群体在作品可及需求等方面的代表并不够，且他们在国

---

〔1〕 参见裴宏："美国知识产权掠影（上）"，载《中国发明与专利》2006年第11期。

〔2〕 参见郝振省主编：《全国国民阅读调查报告（2008）》，中国书籍出版社2009年版，第256页。

内的民主政治参与及对政治选票的影响上，并不能占据主要力量，对于他们来讲，最基本的知识需求得到满足就是他们能够脱离贫困代际传递的前提，而更高标准的著作权作品对于他们来说仍处于一种可望不可即或者既不可望也不可即的高度，对于他们脱离贫困代际传递来讲也是一种困扰。另外，对于穷人脱离贫困来讲，更多地要依赖国内的阶层跨越可实现性及政治统治者对待贫穷问题的政策。从一定程度上来讲，版权作品对穷人的可及性并不能完全通过著作权制度来实现，而是可以通过开拓相关的著作权惠穷政策来实现，如知识产权扶贫政策。

不仅在国内层面，在国际层面也是少数决定著作权扩张。有的国家的媒体主要被政府集中控制和垄断，有的被私人控制，后者对提供给大众的信息和思想的高度集中控制就相当于政府官员不承担义务、不负责任、不经民主选举程序而产生。[1]从雨果等作家及作家协会等推动《伯尔尼公约》，到20世纪跨国公司左右国际版权公约，均有少数的既得利益者、可得利益者竭力争取在著作权行业分得更多的利益。少数发达国家在国际著作权规则上发出的声音及本质上的决定权，也导致著作权规则在形成和修正过程中的利于少数人的特点。但是，将著作权规则输送给其他国家，尤其是发展中国家，以达到一定的著作权规则的趋同化，使得著作权利益不平等分享加剧。

成熟的西方民主国家在国内倡导的民主制度，到国际层面却没有得到同样的发挥和倡导。它们在世界范围内主张可版权作品范围的逐步扩张、著作权权项的扩张、侵权赔偿额的提高等，大多数是为了实现其需要的有利目的，如对信息流通渠道的控制权与影响力、扩大发达国家的大型传媒及科技公司等在全球范围内的影响力、潜移默化地改变全球其他国家（尤其是发展中国家）的文化消费习惯及著作权治理模式等。这种世界范围内少数主体对多数主体的知识控制和封闭极容易形成文化上的鸿沟。

在著作权扩张逐渐加重的同时，穷人群体会被动选择免费的、劣质的作品[2]作为生活娱乐和消遣的方式，甚至潜移默化地被劣质免费作品包围，并将其作为接受教育的内容和对象。在这种环境下，青少年可能会主动对劣质作品进行阅读及学习，甚至模仿不健康作品传播的价值观和行为。这种因著

---

〔1〕　参见［美］戴维·凯瑞斯："言论自由"，载［美］戴维·凯瑞斯编辑：《法律中的政治——一个进步性批评》，信春鹰译，中国政法大学出版社2008年版，第149页。

〔2〕　如内容不健康的作品、低俗作品。

作权的扩张带来的被迫选择可能会导致穷人群体文化环境的劣质化、价值观的扭曲甚至盲目推崇。这不仅是对良好作品教育作用的排挤，还是培育良好教育环境的巨大障碍。在著作权扩张的过程中，逐渐将人们对文化的接近能力以贫富为标准予以划分。支付能力较强的富人在面对著作权的扩张时，可能具有更多的话语权，并充分利用其在社会中的身份地位而维持这种优势。在穷人的知识支付能力降低甚至被剥离之际，有些低俗作品创作者及商业模式乘机将大量质量低的作品提供给穷人群体，这一现象常被人们忽视。作为一种娱乐消遣方式，这在一定程度上能够满足穷人群体对知识"量"的需求，却使得他们在参与社会活动、创造社会价值、接近教育资源等方面遭遇极大的不公平。在代际传递的文化塑造过程中，被著作权法的扩张决定的文化阶层分化，将造成穷人和富人对社会事务的参与与管理机会的严重分化。本身的贫富差距带来的知识接近能力的差异，将在著作权扩张的刺激之下越来越大。

（三）抑制著作权法扩张能促进政治民主进步

Fox News Network v. TVEyes 案中，阿尔文·K. 海勒斯坦（Alvin K. Hellerstein）法官认为，当公共话语和对话蓬勃发展的时候，民主才能发挥最好的作用，TVEyes 的收藏功能有助于促进思想的自由交流，因此更适宜认定为合理使用，而非著作权侵权。[1]过多地以著作权扩张来限制公民的话语表达，将文化知识控制在一定范围内而阻碍人们对传播信息的接近，将会带来人们学习受限的现实困难，民主参与社会对话和交流的机会也被削损。在此语境下，著作权保护的确能够激励人们参与知识创造。对作品予以一定的著作权保护不仅是对人们自我公民身份认知的保障，还是对他们参与民主文化生活的一种认可与鼓励。民主文化生活参与的网络化并不意味着知识的全部免费抑或盗版的正当性，同样也不意味着著作权法过度扩张及著作权过度扩张带来民主机会的减少。盗版并不能为社会的文化生活进步带来长远的动力。从历史角度来看，包括我国在内的发展中国家被发达国家贴上盗版的标签，[2]甚至在我国已经为打击盗版做了非常多的努力并卓有成效的当今，西方仍然存在很多学者带着偏见苛责中国。盗版在某种意义上虽然能够提升人们的作品接近能

---

〔1〕 See *Fox News Network, LLC v. TVEyes*, 124 F. Supp. 3d 325 (2015).

〔2〕 See Peter K. Yu, "Piracy, Prejudice, and Perspectives: An Attempt to Use Shakespeare to Reconfigure the U. S. -China Intellectual Property Debate", 19 *B. U. Int'l L. J.* 1 (2001).

力，扩大作品接近范围，[1]提高人们参与文化生活的主观能动性和客观实现能力，但其后果也严重得多，如它会极大地挫伤人们公开自己作品的积极性和进一步参与创作的信心，降低人们对自我身份的认知。在降低原创性作品公开度的盗版秩序下，民主实现并不能持续，民主文化生活秩序的建设也得不到保障。故打击盗版是十分必要的。要确保民主文化生活有一定的可持续性，必须有源源不断的新思想和新表达，这样才能够扩展人们的知识进步和交流表达空间。正常意义上的著作权保护并不会加重贫困，反而可能因为稳定的著作权保护水平而形成稳定的著作权秩序，使得政府有效地对贫穷人群的作品支付能力予以救济，如建立免费教育体系、建立公共图书馆等，用以改善贫穷人群不便参与民主文化生活的局面。另一方面，对于新型的作品是否纳入著作权保护范围予以知识私权化，不仅应当考虑这种作品本身的可作品性，还应当对其与人们民主文化生活环境相协调进行衡量。任何新型的作品及其商业模式均与公民的民主表达密切相关，这其中不仅关涉经济利益，更重要的是民主构建有赖于著作权规则来保障公民的自由参与。因此，应当将著作权扩张的度控制在一定的范围，不应当以游说为主要判断因素，而应当以促进民主文化生活为更高等级的考虑因素，因为只有后者才是人类的共同需求，仅仅以游说团体的需求来制定著作权规则大多数时候惠益的是富人群体，而非占据人口大多数的中产阶级及下层人群。

民主本意为多数人决定原则[2]，在著作权扩张过程中呈现的少数人决定多数人利益的现实与之不符。严格遵守市场模式的著作权保护的扩张，严重限制了转换性使用的空间，扼杀了思想的自由交流，不仅减少了作者对可销售商品的表达，破坏了著作权促进政治民主的能力，还忽视了创作型表达对于民主制度的重要性。[3]扩张著作权保护或许能够解决作者的生活困境、富足作者的生活，[4]但是因过度扩张而带来的不稳定性也会使民主削损成为社

---

　　[1]　如对于缺乏充分的支付能力的人，盗版作品的存在使他们实现了额外可支付机会和对作品的接近能力的匹配。如果没有盗版，作品中的信息传播可能永远不会达到这些人群。但是盗版的存在使得作品主动展现于某些人群面前，这种选择更像是信息传递的理想模式。

　　[2]　参见朱建平：《中国化马克思主义研究》，知识产权出版社 2017 年版，第 50 页。

　　[3]　See Neil Weinstock Netanel, "Copyright and A Democratic Civil Society", 106 *Yale L. J.* 283, 386 (1996).

　　[4]　See Stewart E. Sterk, "Rhetoric and Reality in Copyright Law", 94 *Mich. L. Rev.* 1197, 1197 (1996).

会文明进步的痼疾成因之一。著作权扩张带来的著作权过度集中化，给社会声音被公平地传播带来了很大的挑战，[1]这不仅可能给一部分社会成员带来因著作权扩张而形成的受教育障碍和作品接近障碍，还可能给著作权规则的变动形成虚假代表的内容，造成实质上的民主缺陷，甚至著作权规则的霸权主义。由此形成的所谓言论等级制度也威胁着表达多元化和激烈对话等对民主治理非常关键的前提。[2]过度的著作权扩张，还为言论自由带来严重的限制。著作权保护本身已经为著作权人带来了一定期限的独占权，这种独占权从实际上来看也是对人们言论自由的一种合法限制。著作权扩张，尤其是过度扩张，影响了对言论自由法定限制的"度"，是对人们言论自由的一种现实削损。著作权法扩张与言论自由的冲突由此产生。站到国际层面看，言论自由及其保障规则呈现出一定的国别差异，而著作权规则已经全球化，由此产生的著作权规则与言论自由规则的冲突与协调更加复杂，有人试图提出全球本土化（GloCalization）的概念，以著作权和言论自由的融合来解决相关的冲突。[3]发达国家热衷于在保护言论自由的同时扩大著作权保护范围，民主制度不太健全的发展中国家则在言论自由上持谨慎开放的态度，同时对著作权保护范围和程度的扩张相对消极。

著作权的扩张应当以促进文化的进步、推动民主文化进程为目标，[4]而非在政治强势力量主导的全球化著作权扩张之下碾压和挤压民主。固然，加强著作权保护能够从一定程度上给新的言论创作提供激励，促进独立的作者和出版者通过政治和资金等与大企业对抗，从而增进民主。[5]但是，仍然要将民主贯彻到著作权法运用的大多数场合，而非以少数场合的民主实现掩盖多数场合民主不能实现的缺陷。著作权法在某种程度上以署名为先占标志，

---

〔1〕 See Neil Weinstock Netanel, "Market Hierarchy and Copyright in Our System of Free Expression", 53 *Vand. L. Rev.* 1879, 1879~1882 (2000).

〔2〕 See Christopher S. Yoo, "Copyright and Democracy: A Cautionary Note", 53 *Vand. L. Rev.* 1933, 1934 (2000).

〔3〕 See Michael D. Birnhack, "Global Copyright, Local Speech", 24 *Cardozo Arts & Ent. L. J.* 491, 494 (2006).

〔4〕 See Michael D. Birnhack, "Global Copyright, Local Speech", 24 *Cardozo Arts & Ent. L. J.* 491, 495~496 (2006).

〔5〕 See Neil Weinstock Netanel, "Market Hierarchy and Copyright in Our System of Free Expression", 53 *Vand. L. Rev.* 1879, 1883~1884 (2000).

虽然著作权法以保护著作权人利益为主要目的，名义上为激励创新创作，但是固守落后技术状态下的商业模式的著作权人却不会得到著作权法的支持。[1]因为一个国家著作权法的制定不仅关乎国内著作权产业的保护，更关乎综合国力的提升，即在制定著作权制度时，不仅要以著作权人的利益为考虑对象，更要以国家的发展、政治的稳定等现实需求为主要目标。但是不得不承认，什么样的著作权制度能够促进民主、什么样的制度能够抑制民主，是一个相对而非绝对的问题，换言之，具体著作权制度对民主的促进抑或抑制不是有或无的问题，而是强或弱的问题。因此，意图以促进或抑制民主为确切标准来标尺化著作权法是不合理的，更是不现实的。著作权具体制度的实际效果也不是孤立的，而是与其他条文相配合的，甚至是与社会的政治、经济、文化等各种因素交织在一起的，后文也针对此点提出在对知识产权法的具体制度做出改变的时候有必要制定相应的辅助措施，以减少其对民主的过度削损等负面效果。

总体来看，著作权的扩张仍然是少数富裕群体相对于多数非富裕群体的"胜利"，其不仅降低了人们民主文化生活的参与度，还削损了人们自我认知过程中的政治地位。从国际层面来看，少数对多数的把控仍然是著作权扩张过程中的主流，跨国公司主导文化生活，携带政治影响力目的入侵他国的文化，从著作权的扩张对其予以正当化到将这种正当化范围进一步扩张，不仅改造着社会的财富分配秩序，还影响着人们在民主文化生活中的参与能力及由此形成的（贫富）差距。著作权的持续被动扩张带来的政治理念和文化理念的全球化，加剧了穷人群体的文化接近能力贫瘠的代际传递。对于占据人口大多数的中下层人群，他们在著作权扩张过程中对信息的接近能力和接近机会正在被动下降，他们作为民主文化生活的中坚力量，在大多数著作权规则的制定中并没有起到决定性作用。由上层社会力量主导的著作权规则逐渐将著作权法的理想目的转移为服务于某类群体的利益，并通过政治利益输送、政治游说等活动将这些规则法律化。这些著作权规则名义上是激励创作和作品的传播，但是在实践中对于创作"人"、传播"人"的思考不足，从而体现为以一定的权力为特色。著作权扩张是权力关系变动的主战场，从一定程度上彰显了知识资源争夺与控制权力的转移，尤其是在互联网时代，网络大

---

[1] 梁志文："论版权法改革的方向与原则"，载《法学》2017年第12期。

公司的出现及发展极大地促进了国际著作权的扩张。从本质上看，大多数时候推动著作权扩张的并不是作者个人，也不是国家本身，而是以公司为主的著作权相关产业者。同时，国家能够通过扩张的著作权获得更多的税收。随着一国著作权的扩张，其国民的表达自由程度受到一定的限制，自主文化自治、个人身份认同等也逐渐被侵蚀。在提高著作权保护水平的同时，国民知识接近能力，尤其是穷人的知识接近能力、受教育的能力，逐步受到限制。发达国家可以通过免费教育、公共图书馆的扩建等抵消强著作权扩张带给国民的负面影响，大多数的发展中国家因教育公共设施等不足而直接扩张著作权、大力提升著作权保护力度，这为政府带来了更多的税收，却不能打破国民教育权受损、知识接近能力不足的困境。国际层面的著作权扩张体现出的国际民主文化的参与与互动也因此可能出现文化贫穷的代际传递。

第四节　政治学视角下商标法领域的扩张

无论是商标的产生还是发展过程，都携带着极其浓重的商业气息。商标从本质上来讲是一种商业资产，是知识产权法中与经济直接挂钩的知识产权客体。从政治学角度看，商标本质上的信息传递功能发挥着表达自由和民主文化建设的作用，这一点在通常情况下极易被忽视。因此，商标权客体等方面的扩张仍然属于知识资源分配的内容之一。随着商标资源的相对有限性凸显，商标资源的分配成为未来世界可竞争范围之一，圈地运动式的立法活动也将成为发达国家制衡发展中国家商标资源的模式之一。与专利融合在同一个商品上的重叠知识资源分配，使得某些场合的商标成为限制人们知识接近权实现的障碍之一。但是毕竟商标权与专利权、著作权具有不同的社会功能，专利权和著作权所承载的知识表达与接近功能在商标权范围内体现并不明显。有关商标权的知识增进呈现出若即若离之态势，甚至有人认为将商标权纳入知识产权之专有权体系范围内也值得质疑。但依据商标权与专利权、著作权具有相同的知识产权特性，尤其是在知识表达与控制这一基础上，将之纳入知识产权体系是合适的。此外，根据历史上商标及商标权产生的历史，也可知这种划分的适当性。商标权作为来自政治统治国家机关的授权，体现了一种独占权的色彩。近些年来，商标权的扩张在美国仍呈现出一定的显性规则，这其中蕴含着商标权私权化中信息资源的圈地运动式的解决办法。此外，必须指出的是，商标与专利一样，在限制贫穷人群对药物的接近上仍然是有力量的，这同样可以威胁人们的生命健康。从政治谈判层面来看，商标也逐渐成为身份形成和国家认同形成过程中具有较大作用的内容。[1]因此，从政治学角度来审视商标法领域的扩张，仍然是值得关注的。

一、商标注册与使用的扩张中的言论自由

（一）言论自由与商标注册和使用的耦合

对言论自由的争议和关注，绝不是老调重弹，[2]而是基于当今社会有一些事情正在发生变化，对言论自由的内容重新进行审视并着重关注其冲突解决和应用。传统意义上，言论自由的保护及言论自由与知识产权的冲突更多地体现在著作权法领域，并以作品的审查、作品传播的限制为主要分支。但是近年来言论自由的讨论也扩张到了商标法领域，并最终在美国联邦最高法院获得胜利——商标权在言论自由意义上实现了扩张。从政治学理论上来看，言论自由意指"所见所闻所思以某种方式或形式表现于外的自由"[3]，《布莱克法律词典》将之定义为"表达一个人思想和观点而不受政府限制的权利"[4]。言论自由包括个人言论自由与商业上的言论自由。个人言论自由是人们在参与社会事务过程中不可或缺的保障之一。关于商标是否是言论自由保护的内容之一，在各国因为商标法规则的不同而具有差异。从商标的功能来看，其最主要、最基础的功能是区别商品来源，降低消费者的搜索成本。从更高层次上说，商标具有代表商主体传递商业信息的功能。这就意味着，商标的丰富能够促进言论自由的实现和民主文化氛围的营造。

商标本身具有的私人言论属性加上近些年的商标资源短缺，[5]使一些禁止注册或禁止使用的词汇开始进入人们的视野，因之引发的商标在言论性质上的审查及其在宪法之言论自由保护中的地位，逐步成为商标法发展中棘手

---

〔1〕　See Anjali Vats & Deidre A. Keller, "Critical Race IP", 36 *Cardozo Arts & Ent. L. J.* 735, 750（2018）.

〔2〕　参见［美］欧文·M. 费斯：《言论自由的反讽》，刘擎、殷莹译，新星出版社 2005 年版，第 2 页。

〔3〕　侯健："言论自由及其限度"，载《北大法律评论》编委会编：《北大法律评论》（第 2 卷第 2 辑），法律出版社 2000 年版。

〔4〕　Bryan A. Garner（Editor in Chief），*Black's Law Dictionary*，8th ed.，2004，p. 1960.

〔5〕　See Barton Beebe & Jeanne C. Fromer, "Are We Running Out of Trademarks? An Empirical Study of Trademark Depletion and Congestion", 131 *Harv. L. Rev.* 945（2018）.

的问题。此外，关于知识产权是否是基本人权的争议，也为商标与言论自由的冲突火上浇油。

实际上，商标注册的性质与言论自由的关系决定了商标法是否违反宪法上的言论自由保护条款。商标注册是行政行为，但是其为何种行政行为是有争议的。美国专利商标局曾经表明，商标注册不代表对标识的批准。[1]在以美国为主的商标权使用取得制国家，商标注册不是获得商标权的前提。我国虽然也逐渐强调商标的使用，但是仍然以自愿注册为商标权取得的基本原则，商标注册的性质如何更是复杂。商标注册在我国也不是商标使用的前提，因为在我国，商标法中的禁止性条款不仅包括禁止注册，还包括禁止使用。[2]在我国，禁止使用条款也被称为绝对禁止条款，禁止注册条款被称为相对禁止条款。相比之下，美国《兰哈姆法》中的禁止性规定，仅仅是禁止注册，而非禁止使用，[3]但是在美国商标法体系下，商标注册能够给商标权人带来更大的、更稳定的保护。

（二）商标之言论自由性质

言论自由是人表达自我的基础，是人的基本权利之一，因其异常重要，所以往往被规定在国家宪法或其他法律条文中。[4]根据不同的标准，可以将言论进行不同分类，进而对其适用不同的审查标准。[5]关于商标注册和使用的消极规定是大多数国家商标相关法律的共同做法，商标是否属于言论自由

---

〔1〕 See *Matal v. Tam*, 137 S. Ct. 1744（2017）and *In re Old Glory Condom Corp.*, 26 USPQ 2d 1216, 1220, n. 3（T. T. A. B. 1993）. "The PTO has made it clear that registration does not constitute approval of a mark."

〔2〕《商标法》第 10 条是禁止使用条款，第 11 条是禁止注册条款。禁止使用情形当然禁止注册。

〔3〕 See 15 U. S. C. § 1052.

〔4〕 最有名的是《美国宪法》第一修正案中对言论自由的保护规定，即"国会不得制定关于下列事项之法律：建立宗教或禁止宗教信仰自由；剥夺人民言论自由或出版自由；剥夺人民和平集会及向政府申冤请愿之权利"。参见《美国宪法及其修正案》，朱曾汶译，商务印书馆 2014 年版，第 14 页。但是也有在其他法律中予以规定的，如《英国人权法案》（United Kingdom Human Right Act 1998）第 12 条的规定，参见 https://www.legislation.gov.uk/ukpga/1998/42/section/12，最后访问日期：2020 年 12 月 17 日。

〔5〕 以言论的内容为标准，言论可以分为政府言论、商业言论和私人言论，分别受到适中审查、合理性审查和严格审查。参见陈明辉："言论自由条款仅保障政治言论自由吗？"，载《政治与法律》2016 年第 7 期。以言论的内容为划分标准，言论可以分为纯粹私人言论、政治言论和商业言论；以发表言论的场合为划分标准，言论可以分为私密场合言论、私人场合言论及公开场合言论；以言论的价值高低为标准，言论可以分为高价值言论、低价值言论、危险言论和危害性言论。

保护范围、属于何种性质的言论及应当受到何种标准审查，成为解决商标法中对侵犯性标识消极规定与言论自由冲突的重要前提。

基于政府对知识产品的控制及言论审查的必要性，知识产品产生了人为稀缺性，并逐步发展为今天人们耳熟能详的"知识产权"。[1]商标法是知识产权法的重要组成部分，但商标法与著作权法、专利法的保护对象具有明显差异，商标法保护的不是商标的创作，而是商标这一具有信息传递功能的言论区别商品或服务的来源"标签"作用。[2]从政治学意义及知识产权产生的历史来讲，商标、作品等知识产权客体与言论表达密不可分，甚至是言论及言论自由的体现方式。知识产品从其产生之日就受到政府的监管，这种监管不仅使政府从中获取收益，更使得政府可以通过监管知识产品掌控知识产品涉及的言论表达及其衍生物带来的社会秩序。在现代商标法体系内，商标权获取模式分为两种：一种是通过使用即可取得商标权，称为商标权使用取得制；另一种是通过向国家商标局申请商标注册取得商标权，称为商标权注册取得制。[3]无论何种商标权取得制度，商标都是以信息传递（也即通过商标标识一定的商品或服务）为消费者在市场上检索其需要的商品提供信息。从商标的本质功能来看，商标主要发挥的是信息传递功能。言论是信息传递的前提，商标是具有信息传递功能的言论。

1. 商标不是政府言论

传统观点认为，政府言论是政府在其管理事务过程中所发表的言论。现在的政府言论的范围是一个争议较大的问题。政府言论的范围被扩大，基本表现为两种：第一种是政府作为发言人的言论，第二种是个人发言人含有政

[1] 参见黄海峰：《知识产权的话语与现实：版权、专利与商标史》，华中科技大学出版社 2011年版，第 13~14 页。

[2] 近年来关于商标法保护的是商标权人通过使用商标在商标上积累的商誉的观点，逐渐成为通说。参见李明德："商标、商标权与市场竞争——商标法几个基本理论问题新探"，载《甘肃社会科学》2015 年第 5 期；冯晓青："未注册商标驰名商标保护及其制度完善"，载《法学家》2012 年第 4 期。但是也有学者认为，应当区分不同的商誉类型，并以商标的传递功能为主，解释保护此种商誉会如何促进商标的信息传递功能之实现。这一观点在一定程度上是对目前以商誉为财产权的做法的一种否定。See Robert G. Bone, "Hunting Goodwill: A History of the Concept of Goodwill in Trademark Law", 86 *B. U. L. Rev.* 547 (2006).

[3] 目前大部分国家采取商标注册取得制，采取商标使用取得制的国家较少，包括美国、澳大利亚、加拿大、南非、英国等。See Richard Stim, *Trademark Law*, West Legal Studies, 2000, p. 193.

府的信息的言论。[1]在美国，政府言论指的是，政府可以选择它对人们的言论，也就是它能够选择向公众传达某种观点而不是其他观点，且不受《美国宪法》第一修正案的审查。[2]美国联邦最高法院在 *Matal v. Tam* 案中反对目前扩张的政府言论范围，认为商标不是政府言论，[3]为这种扩张的政府言论提供了一定的限制。

商标注册在中国、美国及其他某些国家并不是商标使用的前提，也即申请商标注册是申请人的自愿行为，一般情况下政府并不强制注册。特别是在采取商标权使用取得制的国家，商标注册虽然能够给商标权人带来一定的保护，但是对于商标权人对商标的使用并不具有决定性的影响。即便是在采取商标权注册取得制的国家，商标管理机构也仅仅是一个审查者的角色。在 *Matal v. Tam* 案[4]中，美国联邦最高法院对商标不属于政府言论给予了充分的解释：首先，商标是申请人创作出来的，而不是政府创作出来的，即商标"言论"本身来源于商标注册申请人，而非政府；其次，商标一旦获准注册，除非当事人撤销注册、注册商标期限届满或联邦贸易委员会根据某些事由提起诉讼，否则美国专利商标局无权直接将其从注册簿中移除；最后，如果商标因在政府部门注册而成为政府言论，那么联邦政府将面临"巨大的和无序的烦扰"。[5]如果认为商标注册能够将标识转化为政府言论的话，将使政府言论的范围面临巨大而危险的扩张，著作权等的政府注册也会很容易地被以同样的方式描述，[6]更何况，社会公众也不会将商标及其所代表的内容与政府

---

〔1〕 David S. Day，"Government Speech：An Introduction to a Constitutional Dialogue"，57 *S. D. L. Rev.* 389（2012）.

〔2〕 See Matthew W. Silverstein，"Note：Pro-Football, Inc. v. Blackhorse and the First Amendment：Does Classifying Trademarks as Government Speech Undermine Free Speech Protection?"，17 *Wake Forest J. Bus. & Intell. Prop. L.* 54（2016）.

〔3〕 See *Matal v. Tam*，137 S. Ct. 2017，1744. 本案中，美国联邦最高法院认为商标注册不是政府言论（government speech），不是政府补贴（government subsidy），也不是政府项目（government program）。

〔4〕 See *Matal v. Tam*，137 S. Ct. 2017，1744.

〔5〕 See *Matal v. Tam*，137 S. Ct. 2017，1744. "…especially given the fact that if trademarks become government speech when they are registered, the Federal Government is babbling prodigiously and incoherently." 也有人将之翻译为"假如商标一旦获得注册就变成了政府言论，那么，联邦政府岂不会变得异常吵闹、乱七八糟"。参见金海军："美国最高法院2016年度知识产权判例解析"，载《知识产权》2017年第9期。

〔6〕 也即，如果商标因注册而变成政府言论，那么同等的、经过国家注册的其他内容也可能被认定为是政府言论，这将给政府带来较大的压力和责任。

联系起来。因此，商标虽由美国专利商标局予以注册，但其并不是政府言论。

2. 商标是商业言论

商业言论的定义及范围一直是个有争议的话题。[1]商业言论可以定义为，提出商业交易的言论，[2]即自然人、法人或其他非法人组织在经济活动中为寻求缔约机会而发布的与市场交易有关的信息或意见表达。[3]商标的主要作用在于传递有关产品或服务来源的信息，符合《美国宪法》第一修正案确保信息的自由流通，以促进大众做出准确决策的真谛，因此受到《美国宪法》第一修正案中言论自由条款的保护。[4]实际上《美国宪法》第一修正案在保护商业言论上曾有争议，[5]但考虑到其之于当事人的经济利益，商业言论自由早在1976年就被美国联邦最高法院明确纳入言论自由条款予以保护。[6]商标作为区分商品和服务来源的重要标识，在市场交易和竞争中发挥着重要作用，对商标权人来讲可以积累商誉，对消费者来讲能够通过商标识别并购买商品。因此，商标发挥着传递商业信息的功能，属于商业言论范畴。

作为商业言论，如果要受到《美国宪法》第一修正案的保护，应当受中等审查。需要说明的是，商标的性质和使用商标行为的性质，有必要区分开来。在一些商标案件中，商标本身并不提出商业交易，[7]而是被用作言论的主体；但是也有商标被用在商品包装装潢中，既可以指示商品本身，也可以

---

〔1〕　See Alex Kozinski Stuart Banner, "Who's Afraid of Commercial Speech?", 76 *Va. L. Rev.* 627 (1990).

〔2〕　See Jennifer L. Pomeranz, "No Need to Break New Ground: A Response to the Supreme Court's Threat to Overhaul the Commercial Speech Doctrine", 45 *Loy. L. A. L. Rev.* 389 (2012).

〔3〕　参见刘闻："论商业言论自由的法律边界"，载《江西社会科学》2016年第8期；吴汉东："知识产权领域的表达自由：保护与规制"，载《现代法学》2016年第3期。

〔4〕　张惠彬："论言论自由与商标权之协调"，载《新闻与传播研究》2015年第7期。

〔5〕　See Nat Stern, "In Defense of the Imprecise Definition of Commercial Speech", 58 *Md. L. Rev.* 55 (1999). See John V. Tait, "Trademark Regulations and the Commercial Speech Doctrine: Focusing on the Regulatory Objective to Classify Speech for First Amendment Analysis", 67 *Fordham L. Rev.* 897 (1998).

〔6〕　See *Virginia State Board of Pharmacy v. Virginia Citizens Consumer Council*, 96 S. Ct. 1817 (1976). 转引自陈明辉："言论自由条款仅保障政治言论自由吗？"，载《政治与法律》2016年第7期。

〔7〕　John V. Tait, "Trademark Regulations and the Commercial Speech Doctrine: Focusing on the Regulatory Objective to Classify Speech for First Amendment Analysis", 67 *Fordham L. Rev.* 897 (1998). 依据该文章内容，商标不仅可以传递商业信息，还可以传递政治和社会言论，而且有时商标还蕴含着艺术信息，消费者还能够通过滑稽模仿使用商标。

指代商品的广告，这种商标的使用同时包含商业言论和非商业言论。[1]因此，商标作为商业言论的一种，其本身可以被用作商业言论，商标注册的禁止性规定即为对商标这一商业言论的限制。美国联邦最高法院在 *Matal v. Tam* 案中认为，《兰哈姆法》规定侵犯性标识禁止作为商标注册，而政府不能够提供其因禁止注册能够获得更大的利益的证据，[2]未能经受言论自由保护的中等审查。[3]商业言论的保护理论上只保护商业利益，但是当政府将之用作掩饰负面言论的外衣，超越界限时，必须对之予以严格的宪法审查。[4]

3. 商标作为私人财产是私人言论

商标也是私人言论。商标的首要作用在于使使用商标的商品区别于其他商品，这种区别性不仅仅是商标本身的文字含义所表达的意思带来的区分，更是通过消费者对这种来源指示的认知产生的指示性特有含义。因此，商标背后的商誉才是商标保护的内容成为学界的一种主流观点，即商标本身携带的内容其实对商标的功能来讲是没有决定性影响的。

这种私人言论之所以受到质疑，是因为商标往往被用于商品上，在交易场所出现。但是这种简单粗暴的"偏见"忽略了言论种类划分的实质。[5]将商标认定为私人言论主要有以下原因：第一，商标本身是知识产权的客体之一，是商人为了区分自己商品与他人商品，在自己商品上"做的记号"。这种极具私人属性的行为，是商标作为私人言论的前提。第二，商标通常是由商标权人自己创作或者委托别人创作出来的具有一定的显著性的标识，这种标识蕴含了商标权人自己的思想和情感。商标注册只是便于某一地域范围内的

---

〔1〕 Mark A. Lemley, Eugene Volokh, "Freedom of Speech and Injunctions in Intellectual Property Cases", 48 *Duke L. J.* 147 (1998). 还有人认为，当一个商标使用"®"或"TM"时，表示该商标为识别商品来源的商业行为。See Lisa P. Ramsey, "Increasing First Amendment Scrutiny of Trademark Law", 61 *SMU L. Rev.* 381 (2008).

〔2〕 See The Harvard Law Review Association, "Frist Amendment-Freedom of Speech-Trademarks-Matal v. Tam", 131 *Harv. L. Rev.* 243 (2017).

〔3〕 See *Matal v. Tam*, 137 S. Ct. 1744 (2017).

〔4〕 John V. Tait, "Trademark Regulations and the Commercial Speech Doctrine: Focusing on the Regulatory Objective to Classify Speech for First Amendment Analysis", 67 *Fordham L. Rev.* 897 (1998).

〔5〕 亚历山大·米克尔约翰认为，公言论指的是与统治事务有关、人们参与自治过程的言论；私言论指的是，与统治事务和自治过程无关的言论。公言论由《美国宪法》第一修正案予以绝对的保护，私言论由《美国宪法》第五修正案予以相对的保护。参见［美］亚历山大·米克尔约翰：《表达自由的法律限度》，侯健译，贵州人民出版社 2003 年版，第 82 页。

经济秩序，而不表达政府对商标标识的任何实质性贡献。第三，无论是商标的管理还是商标的维护及商标所代表的商品经济秩序的稳定，都离不开商标权人的私人经营。商标的后续言论实现依然脱离不了一种私人财产性质的控制与经营。

在美国，当言论能够传递一种思想的时候，就必须考虑《美国宪法》第一修正案的言论自由保护。[1]商标的私人言论性质在商标权使用取得制国家是最明显的，未经商标管理机构注册的商标依然可以获得商标权。在商标权注册取得制国家，商标注册是商标权获得的首要途径或者唯一途径，商标作为一种言论，在面对商标法中的禁止注册或禁止使用条款时，相对受到限缩。作为知识产权之一的商标权是财产权，这也就意味着在商标权注册取得制国家，商标这一私人言论如若受到商标法禁止性条款的限制，特别是绝对禁止条款的限制，不仅有违言论自由，更是对商标权这一财产权获得的阻碍。

（三）言论自由保护理念之下的商标权扩张

除了因显著性缺陷被排除的情况，还存在大量的商标被限制注册或限制使用的规定，如我国《商标法》第10条的规定。美国联邦最高法院作为言论自由的守护者，在商标可注册范围的扩张上也有一个历程。在美国1981年的 *In re McGinley* 案中，美国专利商标局驳回了商标申请人对一个标识的申请，原因是该标识包含了《兰哈姆法》规定的不道德和毁誉性的事物。这个标识由一幅一个裸体男性和一个女性以显示出男性生殖器的姿势亲吻和拥抱的图片构成。根据商标申请人的申请，这个标识将用于社会与人际关系主题的通信和社交俱乐部服务上。美国海关与专利上诉法院驳回了申请人的请求，其认为：美国专利商标局拒绝申请人的标识作为商标注册并未影响他使用该标识的权利；禁止该标识作为商标注册，没有行为被禁止，也没有任何有形的表达方式被压制，因此申请人的《美国宪法》第一修正案的权利不会因为标识被拒绝注册成商标而被剥夺。而且商标一旦获得注册，会刊发在政府相关的公共档案或出版物上，不仅美国专利商标局对商标的注册需要成本，后续为维护这个商标、排除近似商标的注册也需要成本，这些成本来源都是公共资金。不同于具有侵犯性的艺术作品，商标在商业活动中使用，其面对的是

---

[1] See Robert C. Denicola, "Trademarks as Speech: Constitutional Implications of the Emerging Rationales for the Protection of the Trade Symbols", 1982 *Wis. L. Rev.* 158 (1982).

所有年龄段的人群。因此，对该商标注册申请予以否决。[1]从一定程度上讲，该案对商业标识作为言论受保护持消极态度。法院在审理中认为，虽然《兰哈姆法》规定不予注册，但是并未禁止使用，申请人的言论自由并未被削减。[2]*In re McGinley* 案确定的《兰哈姆法》禁止侵犯性标识作为商标进行注册并未侵犯申请人的言论自由的判决被后续很多案例引用，并引起一些学术争议，这一判决直到 *Matal v. Tam* 案才被完全否定。

在 *Matal v. Tam* 案之前，*McDermott v. San Francisco Women's Motorcycle Contingent* 案[3]被称为贬损性商标注册名案。2003 年，旧金山女子摩托车队（SFWMC）申请注册 DYKES ON BIKES 商标，用于教育和娱乐服务，但被美国专利商标局以《兰哈姆法》禁止贬损性标识作为商标注册为由予以拒绝，因为 "dyke" 这个单词对女同性恋有贬损（be disparaging to lesbians）之意。后来，商标复审和上诉委员会支持了此商标注册。原告（McDermott）对该商标注册提出异议，SFWMC 提出动议（motion），请求驳回异议人的异议，商标复审和上诉委员会同意了 SFWMC 的动议，理由是：McDermott 作为一个男人，跟这个商标没有任何关联，缺乏反对此商标注册的理由。McDermott 认为被告注册的商标对他造成了损害，提起诉讼。法院认为，该案的争议焦点在于 McDermott 是否有反对该商标注册的正当理由（standing）。答案是否定的。法院认为，原告有两个诉求：首先，原告诉称，该商标因为用了 "dyke"，所以具有贬损性；其次，原告诉称该商标包含了诽谤（scandalous）和不道德（immoral）的内容，因为这个商标完全能够与该团体的活动非法相联系。原告对这两个诉求都缺乏合理的主体资格。如法院在 *Ritchie v. Simpson* 案中的观点，反对一个商标注册，首先，反对商标注册者必须与诉讼有真正的利益关系；其次，有合理的理由相信反对者会因商标注册受到损害。[4]原告作为一个男人，与注册商标没有任何联系。法院还认为，另外一个可以证明被告可能会受到损害的方式是通过调查、请愿书或公共利益集团的宣誓证明等来表明其他人也可能会因该商标注册受到损害。在本案中，原告没有提供相关的证据证明他有资格反对涉案商标注册。最终，法院维持了商标复审和上诉委

---

〔1〕 See *In re McGinley*, 660 F. 2d 481 (1981).

〔2〕 See *In re McGinley*, 660 F. 2d 481 (1981).

〔3〕 See *McDermott v. San Francisco Women's Motorcycle Contingent*, 240 Fed. Appx. 865 (2007).

〔4〕 See *Ritchie v. Simpson*, 170 F. 3d 1092 (Fed. Cir. 1999).

员会的决议，驳回了 McDermott 的诉讼请求。

Matal v. Tam 案[1]中，美国专利商标局驳回了一个音乐乐队对"丹凤眼"（THE SLANTS）[2]商标的注册申请，理由是 THE SLANTS 标识是对亚洲人的贬损，违反《兰哈姆法》中侵犯性标识禁止作为商标注册的规定。美国联邦最高法院不仅在判决中全盘否定了政府主张的商标是政府言论的观点，还根据《美国宪法》第一修正案对言论自由保护的规定认为《兰哈姆法》规定的禁止侵犯性标识作为商标注册是对商标申请人言论自由的剥夺，因此认定《兰哈姆法》中的禁止侵犯性标识作为商标注册的规定违宪。

Matal v. Tam 案之后的 *In re Brunetti* 案践行了 *Matal v. Tam* 案中美国联邦最高法院的观点。*In re Brunetti* 案中，[3]美国专利商标局驳回了商标申请人的 FUCT 商标注册申请，认为 FUCT 包含了不道德和毁誉性事物。上诉法院认为，《兰哈姆法》禁止毁誉性和不道德标识注册商标的规定违反了禁止限制言论自由的宪法规定。撇开不道德和毁誉性条款是否是观点歧视，这个禁止性条款本身是内容歧视，违反了《美国宪法》第一修正案。内容歧视条款要正当存在，就必须经受严格审查，即政府需要证明这种限制能够实现更大的利益，并且以损害最小的方法实现这种利益。政府承认不道德和毁誉性标志禁止注册商标的规定是对言论自由的限制，但是政府并不认为这种规定与《美国宪法》第一修正案有任何关系，因为商标注册要么是政府补贴项目，要么是有限的公共论坛。上诉法院对此予以否定，认为商标不是政府言论，《兰哈姆法》禁止不道德和毁誉性标识作为商标注册的规定也不能经受中等审查。法院还认为，现在很多不道德或毁誉性的作品已经得到登记，这些作品同样会流入市场。《美国宪法》第一修正案保护私人言论，包括对某类人群具有侵犯性的私人言论。政府没有提供因禁止侵犯性言论管控产生任何实质性的政府利益的证据。因此，《兰哈姆法》的不道德和毁誉性条款违反《美国宪法》第一修正案，驳回美国专利商标局的决定。

2018 年初 *Pro-Football, Inc. v. Blackhorse* 案[4]被上诉法院发回重审，同样

---

〔1〕　See *Matal v. Tam*, 137 S. Ct. 1744 (2017).

〔2〕　也有学者将"THE SLANTS"翻译成"斜眼角人"。参见金海军："美国最高法院 2016 年度知识产权判例解析"，载《知识产权》2017 年第 9 期。

〔3〕　See *In re Brunetti*, 877 F. 3d 1330 (2017).

〔4〕　See *Pro-Football, Inc. v. Blackhorse*, 709 Fed. Appx. 182 (2018).

得益于 *Matal v. Tam* 案中美国联邦最高法院的观点。此案中，Pro-Football，Inc.（PFI）是华盛顿职业橄榄球队 Redskins 的所有者，其对球队的名字和标志拥有六个在联邦获得注册的商标。包括一群美国原住民的被告提出异议，请求撤销其商标，认为原告的商标含有贬损性事物，违反《兰哈姆法》的规定。美国专利商标局支持取消注册，地区法院对之予以支持。PFI 提起上诉。该案审理期间，美国联邦最高法院对 *Matal v. Tam* 案做出了判决，认为《兰哈姆法》第 1052 条（a）的规定违反《美国宪法》第一修正案。据此，上诉法院撤销地区法院的判决，发回重审。因为各种原因，华盛顿职业橄榄球队开始更换其商标。

在美国，*Matal v. Tam* 案使商标法中的表达自由权的保护一锤定音，侵犯性标识有可能在美国"遍地开花"，一些具有贬损性、不道德、毁誉性的标识将在市场上出现。仅仅允许使用而禁止注册已经不能满足美国人对言论自由保护的强烈要求，他们争取商标言论自由历经多年，取得了理想结果。美国联邦最高法院对之予以的宽容和解释，将给美国的商标注册规则之改变提供推进力。同时，这种言论自由扩充到其他禁止注册的标识，或许在强言论自由保护的美国也不是什么不可期望之事。美国联邦最高法院的判决观点并不是那么受欢迎。首先，商标注册在美国并不是商标这一言论自由实现的唯一渠道，商标所有者完全可以不经注册进行使用。其次，如若侵犯性标识成功注册，不仅会污染商标所在的市场，还会减损商标资源。最后，侵犯性标识在商业活动中使用，可能会产生一定的市场知晓力和影响力，可能会给未成年人教育等带来一定的不良影响，实际上是有损公共秩序的。

美国对商标可注册范围的扩张，并不仅仅是其国内之事，在实践中可能产生率先"抢占"侵犯性标识资源的策略，因为侵犯性标识有违一般人对商标良好寓意的印象，可能产生显著性和区分来源的识别功能，但在一定程度上在全球范围内大量闲置。在这种闲置现状下，谁率先对这一领域扩大开放，谁就有可能抢占更多的商标资源，进而对知识具有更大的掌控力。

二、商标法扩张之下的民主削弱

新自由主义的资本主义扩大了商标的实际功能与意义，商标在全球化贸易中已经脱离产品，成为一种脱离于公共资源的私有权利。[1]基于商标法中普遍认为商标具有可续展性，商标成为最长寿、最强大的知识私权。商标作为一种资源被抢占与争夺，并因商标附随的贸易全球化而带来全球范围内的商标"表达"圈地运动。货物的全球流通、公司的全球扩张均为商标带来了一定的扩张环境。从最初的图形商标、文字商标，到现代的非传统商标的立体商标、声音商标、气味商标等，均由发达国家领先并进而对发展中国家的商标资源进行开拓。发展中国家开始模仿发达国家对一些非传统商标进行保护，尤其是在发达国家的跨国公司及全球化公司的游说之下，商标组成因素的扩张不仅使更多的资源被垄断，更因这些商标被大公司独占而对人们的表达自由产生一定的限制。如一种立体商标固然可以带来一定的商业识别性，但是对于产品、建筑物等设计来讲是一种排他性的独占、霸占思想。这种在先的知识产权存在对其他知识产权类型的排除，并不能促进资源的有效利用和人们民主参与文化创造。

对于商标资源的垄断，与著作权和专利权情形不同，这种对信息、符号的垄断并不是对他人使用该标识的特定期限的禁止，期限性在商标法领域是十分弱化的内容，甚至期限性的弱化被鼓励践行。一般来讲，为了保护商标所有权人对商标的持续投入和商标识别功能的稳定性，商标存在无限次数的续展机会，每到期限届满之际，权利人均可以选择续展商标。这种可续展性也决定了商标的垄断功能从机会上来说是绝对的，比起其他知识产权的期限性限制，商标的期限性更似一种伪限制。而且，随着商标使用时间的持续，商标可能成为驰名商标，而驰名商标的扩大保护能为商标权人带来更高层次的垄断。这种垄断意味着，驰名商标不仅能够突破商标法保护的商品类别，还可以跨越到其他知识产权领域，如驰名商标在某些时候能够排除作品对驰名商标的使用。大的跨国公司对这种垄断具有非常强烈的愿望，其不仅使得自己本身的商标在更广范围内使用，还乐于开发非常多的子商标。如阿里巴巴公司为了防御申请了"阿里爷爷""阿里奶奶""阿里伯伯""阿里兄弟""阿里弟弟""阿里姐姐""阿里妹妹""阿里宝宝"等商标，宝洁公司、联合华利公司在全球的日化用品上使用了多个系列产品的多个商标。

---

〔1〕 See Anjali Vats & Deidre A. Keller, "Critical Race IP", 36 *Cardozo Arts & Ent. L. J.* 735, 750 (2018).

因为知识产权的地域性，很多在某地区被长时间使用的标识也被注册为商标而为一些公司所独用，这些注册了商标的企业甚至能够通过商标侵权打击本身使用该标识的人群。这还被《世界人权宣言》中规定的"人人得有单独的财产所有权以及同他人合有的所有权"，"任何人的财产不得任意剥夺"予以佐证。[1]这种商标如果使用一种特殊的土著符号，如土著语言、土著象征标志等，虽然从商标法意义上来讲并没有显著性等方面的障碍，但是在来源指示上可能会带来误导。当然，这种误导与平常的商标混淆之下的误导不同，其带有一定的特色暗示，如带某地区语言符号的商标商品会被认为来自该地区，带有某民族特殊符号的商标商品会被认为具有该民族特色。土著人自己使用，是一种带有文化宣传性质的正当使用，如果被非该群体的主体使用，则具有文化采借[2]色彩。这种借用不仅有可能误导消费者，还有可能使土著文化产生淡化的倾向。尤其是在网络时代及全球化时代，任何商标都有可能走向全世界，这对土著人的文化自治并不是一种尊重与维护。

借助于电视、网络等现代媒体的广告模式，一些商标还未进入市场就已经被大量广告宣传，甚至通过广告宣传等构成驰名商标，以扩大保护范围。[3]商标的扩张、商标权的扩张及现代广告制度带来的商标知名度，并不是建立在传统观点上的商标——商品——消费者之三角关系，而是脱离了消费者的一种广告推广模式，时间也不再是商标辨识度的影响因素。[4]在这种模式下，强力的商标广告传输给人们，相关公众对相关商标的认知并不是主动参与式的认知，而是被动侵袭式的认知。这种认知模式有时候能够颠覆真实的消费者对一些商标商品的接触积累带来的商誉积累，最典型的为反向混淆。在反向混淆情形下，市场规模较小或者商品供应区域较为有限的商标注册得较早，却被后来较大的企业使用相关商标来势汹汹的规模湮没。这不仅是对小企业进行相关的商业表达信心的一种挫伤，更是对人们民主参与社会秩序的扰乱，

〔1〕 See Peter J. Chalk & Alexander Dunlop, "Indigenous Trade Marks and Human Rights: An Australian and New Zealand Perspective", 99 *Trademark Rep.* 956, 956 (2009).

〔2〕 文化采借意指对其他文化的接纳及吸收，在本书语境下意指非特殊群体借用特殊群体文化，稀释社会上该特殊文化的凝聚力，更容易破坏该种文化的纯粹传承与保护。

〔3〕 See Gabriel N. Turcu, "Influences of the Trade Environment on the Trademark", 2006 *Rom. J. Intell. Prop. L.* 196, 199 (2006).

〔4〕 See Gabriel N. Turcu, "Influences of the Trade Environment on the Trademark", 2006 *Rom. J. Intell. Prop. L.* 196, 202 (2006).

如"蓝色风暴"案等便为此种类型。这也就说明实践中这种广告推广模式带来的商标强力嵌入对人们民主参与商标筛选和认知是有影响的，而法院的判决在一定程度上是正义的代表，因此其在把握相关原则与尺度时，所偏重的价值观与正义更加值得斟酌。

随着全球化的推进，知识产权保护的地域性被削弱，一部分商标在全球范围内推广的同时具有一定的政治、经济象征意义，如可口可乐代表资本主义，麦当劳代表全球化，哈雷戴维森代表自由与不受限制的生活等。[1]这些象征意义并不是企业明确标识出来的，而是与商标标识在使用过程中所附带的文化及政治理念的全球影响有关。随着这些企业的商标及产品进入其他国家及地区，这些政治层次的理念自然输送过去，如美国通过向其他国家输出美国品牌的产品，使当地人对美国产品产生依赖，为美国的政治文化扩张打下坚实的基础，可口可乐、麦当劳、肯德基就是最成功的案例。[2]美国很擅长以商业活动为工具，将自己的文化和意识形态输入到其他国家，这也就意味着，"暗藏美国意识形态的公司"紧紧跟随美国的政治立场，以商业名义进入其他国家，从而进一步巩固政治市场。[3]这也彰显了商标在政治文化输出中的隐性作用。

在发达国家及富裕的大公司强化其在全球范围内的商标资源独占和垄断之际，社会公众是无法成功抗拒和阻挡这种夹杂强势入侵色彩的商标文化的。具有雄厚财力和娴熟政治技巧的大公司，基于背后国家的强硬态度，一般都能够在发展中国家具有非常大的市场和快速的影响效果。这种价值观的输入，不仅是有效的，还是备受追捧和可延续的，如麦当劳在发展中国家大范围入驻，不仅给发展中国家带来了商标和商业上的信息，还给它们的传统饮食文化带来了冲击。饮食民主决定被这种强势的商标标识推广及侵蚀，受到年轻一代的支持，他们热爱的多元化及对外来物的新鲜感也为饮食文化的传统流失提供了助力。虽然麦当劳会在尊重饮食文化基础上做出一定的改变，但是

---

〔1〕　See Gabriel N. Turcu, "Influences of the Trade Environment on the Trademark", 2006 *Rom. J. Intell. Prop. L.* 196, 208（2006）.

〔2〕　参见邓正红：《再造美国：美国核心利益产业的秘密重塑与软性扩张》，企业管理出版社2013年版，第155~156页。

〔3〕　参见邓正红：《再造美国：美国核心利益产业的秘密重塑与软性扩张》，企业管理出版社2013年版，第157~159页。

这种改变并不是重要部分，全球连锁的麦当劳文化仍然占据主要的地位。商标的统一化和永久性的垄断空间、大企业的肆意扩张和对民主生活的侵蚀改变了地方民主生活，并从一定程度上削弱了全球生活多样性。

从国际公约层面看，虽然发展中国家缺乏实施某些扩张中的商标制度的能力，但是它们仍然倾向于接受这些商标制度，[1]因为从国家利益来看，接受这些商标制度不仅能够增加外商投资、促进国际交流，还能够辅助性地缓和国家与国家之间的外交关系。这种民间商业活动有时候对国家与国家之间官方的政治态度具有较重要的参考价值，如邻国之间重要的贸易伙伴，在考虑政治合作对话时往往给彼此更大的相互渗透空间，实现自下而上的政治外交对话；对于商标带入文化较少的国家及地区，这样的政治活动或许会更加轻松，从而实现从上至下的政治外交对话。发展中国家不仅寄希望于更多的外资企业来国内生产，还期待更多的知识产权能够提升本地的知识层次及水平。但现实往往是，发达国家的公司将商标带进来了，却将关键技术保守为秘密，使发展中国家的发展期待不能百分之百实现。即便如此，发展中国家仍然愿意接受扩张的商标制度，因为只有如此，才能够尽早介入已经相对统一的国际规则，防止因商标制度过于落后而形成外来者对进入投资望而却步的现象。商标权的全球化扩张与专利权、著作权不同，它在某种程度上呈现出的文化政治入侵好似对当地人并没有现实性的损害，欠缺传统生活文化的商标的入侵，可能会被当地人模糊地认为是生活现代化。

三、商标法扩张之下商品的接近障碍

发达国家从专利方面实现对高科技等知识产品的控制已经成为事实，这为贫困人口接近这些知识产品增加了极大的负担。商标对人们接近知识产品的影响也较为明显，值得说明的是，商标的这种对接近权实现的障碍更像是一种辅助功能；在其他知识产权不作为主要构成的产品上，商标却能够成为优良商品流向贫困人口的主要障碍。全世界品质优良的产品大多数来自发达国家，更确切地说是被发达国家拥有。对于发展成熟的企业来讲，商标更是其在全球范围内扩张的重要工具，因为专利并不被老百姓直接明显地接触，

---

〔1〕 See Michael P. Ryan, "Knowledge-Economy Elites, the International Law of Intellectual Property and Trade, and Economic Development", 10 *Cardozo J. Int'l & Comp. L.* 271, 273（2002）.

而商标却明确地、直接地被人们当作识别一个公司及其产品的符号。中小企业试图用商标在全球扩张自己的业务，大企业尤其是跨国企业及全球化企业往往在自己利益实现的同时夹带一定的政治影响色彩，如麦当劳与可口可乐商标及其商品的全球化与美国的政治影响力作用范围密切相关。

对药品的控制通过专利或许可以达到一定的效果，但是，往往一些贫困地区的技术落后、药品研发能力受限，当地人的健康和生命被药品有关的知识产权平行进口等影响，商标作为一种药品上的外在标识更能够起到辨识作用。在一些高科技产品上，对高价格的品牌消费不起、没有替代品的情况下，贫困地区的人们在技术能力的提升和个人及群体的发展上受到限制。

商标权扩张到网络领域，能够有效辅助解决著作权侵权案件及专利侵权案件，将商标权侵权作为一个切入口能够有效制衡电商，使他们认真对待知识产权附着的商品。网络环境下商品的普及及价格差异化严重能够从一定程度上适应不同收入水平家庭对商品的支付能力。一些疑似侵犯商标权的商品，它们虽然侵犯了个人的私权，却能够惠益数以万计的无力购买正牌商品的贫困人口。[1]引人深思的是，这些假冒商标或侵犯他人商标权的产品虽然在价格上较正牌商品更低，在安全性上却没有保障。这种安全保障问题是否足以抵消假冒商品对穷人的正向作用，抑或说孰重孰轻，值得审视。比如，侵犯他人商标权的冒牌电视机等产品，或许企图通过销往贫困地区赚取利润，同时给正牌的商标权人疑似[2]带来损失。在贫困地区，没有接触外界可能性与用假冒商标的电视机接触外在世界并能够获得教育提升机会相比，孰重孰轻可见一斑。但这里并不是支持假冒或仿冒商品，如一些丧失良心的商家趁着国家"家电下乡"的政策销售不符合标准的假冒伪劣产品，可能给贫困人口带来非常大的接近相关产品、接触外界的窗口，但是并不能消除这些没有安全保障的商品对人们的生命健康权带来的危害。因此，从根本上说，这些内容并不主要基于商标而产生，而是基于质量而产生。商标不仅代表商品来源，更彰显一定的质量。商标是人们认知商品来源和辨识产品质量的符号，这种

---

〔1〕 如曾受人诟病的一些网购平台仿冒假货问题。参见王砾尧、孟佳惠："打假'信'动能——多部门以信用监管助力打击假冒侵权综述"，载《中国信用》2019 年第 5 期。

〔2〕 之所以疑似，是因为贫困地区的人们在没有冒牌产品时是否会消费高的正牌产品，是一个未知的问题。对于贫困群体，他们不能购买高的正牌产品，因而他们宁愿不买这类商品。也即，实际上冒牌产品是否对正牌产品产生了替代性，并不确定。

符号与人们民主参与社会生活、对生活物资进行接触密切相关。建立良好的商标识别秩序、培育多元化的商标商品或许更能够为人们提供正向的发展机会。

商标秩序的稳定与人们对政府的信任密切相关，因为人们的生活无论是在商品还是服务上，均以一定的基础识别符号表达来辨识。当今时代，商标不仅为商品生产者所拥有，也越来越多地为不生产任何商品的公司所拥有。[1]对商标资源的抢占带来的商标资源拟制穷竭或商标设计困难的情形在日后或将凸显，面对商标大量申请的现状，有人认为这是知识产权能力提升的表现。实际上，这种说法并不完全正确。商标是人们识别商品来源的依据，是商家表达商业信息的载体，但是如果过多，如超越了商家与商品所需的饱和度，无疑将给人们识别商品来源带来一定的障碍。这就为近似商标在市场上产生的信息传递失误提供了机会，有些人利用"擦边球"的模式生产仿冒他人商标的产品也就逐渐流行。因此，有效控制市场上的商标量，是防止商标资源穷竭的一个方面，也是人们正常接近所需要商品的商标信息的保障。贫困地区对商标产品的接近能力不足，不能长期依赖低价格的冒牌产品，而应当建立良好的商标信息传递与竞争秩序，鼓励一般商标在人群中的传递。

四、商标禁止注册中的商标含义政治依附

商标作为一种信息载体，也因其内容而被衡量是否予以注册，这在美国因言论自由而得以庇护，但是在我国及其他多数国家并没有同样的做法。根据人们对信息含义的通常理解，有些商标权人意图通过商标使自己的商品具有一定的特殊含义，尤其是与政治、官方等内容产生一定的联系，使得商品获得额外的表达优势。

在特殊历史时期，商标与政治的关联十分密切，与其说这些商标具有识别功能，毋庸说它们是一种政治立场的表达。如20世纪30年代的"雪耻""九一八""一二八""抵羊（洋）"等商标用于表达对侵略活动不满之民族情绪，[2]体现了抗击外国人侵者的民族情怀。一些商标能够被消费者读出一种商标之外的意思，这种可被利用的政治依附目的也就达到了。基于对商标

---

[1] See Gabriel N. Turcu, "Influences of the Trade Environment on the Trademark", 2006 *Rom. J. Intell. Prop. L.* 196, 210（2006）.

[2] 参见左旭初：《中国近代商标简史》，学林出版社2003年版，第345~347页。

内容本身的了解和观点，商标的政治化倾向也能发挥一定的政治化作用，如凝聚政治共识、表达政治观点等。从这一实践来看，商标在我国也是有言论色彩基础的，虽然当前中国商标法语境下的商标注册和使用并没有将商标纳入言论自由范围，但不可否认其具有这方面的潜质。

市场上选择以政治相关词汇为商标进行注册，体现出明显的政治依附心理。此种情形下，商标不仅具有商品来源区分功能，更是一种文化信息的传递。这种功能并没有脱离商标本身的识别功能，但发挥识别功能的方式发生了变化，不是依靠市场，而是依靠词汇本身所蕴含的意思。这样商标成了一种自由表达的实际载体，通过商标自由实现言论自由自然也成为热爱言论自由者追求的内容。虽然某些商标可能因为有违政治标准或可被取缔而不被市场接受，但是从美国目前对商标可注册范围的限制让位于《美国宪法》第一修正案中言论自由的保障可以看到，言论自由对于人类的重要作用在某些区域已经开始超越商标本身的功能以及其维护政治权威的功能。

从我国《商标法》及其实施来看，除了通过对商标可注册范围的排除，如对国家名称等明确排除，以达到维护政治统治权威、避免政治用语商业化等目的，还利用解释商标法的"其他不良影响"来拥护明确列举排除范围之外的政治权威。这种解释所发挥的作用有时候已经远远超越其"不良影响"的语境解释和法律功能，转而服务于一定的政治宽泛权威。有些案例仅从商标功能上并不能获得令人信服的解释，但从维护政治秩序与权威层面来分析，则很容易获得合理解释。通过政治游说也可以实现一些标识的商标注册，甚至在我国也存在这种现象，最有名的一个案子即为 True Religion 商标注册案。[1]

政治依附的商标注册者是否具有实际搭便车心态，应当个案分析。从国内看，这种有意或无意的政治依附，可能不会对商标的秩序产生根本影响，最多是一些商业主体更换或者尽量避讳某些词汇，这与中国传统的对政治权威的维护和对政治秩序的高度尊重之下的优先次位考虑是相辅相成的。但是，

---

〔1〕　See Catherine Ho, "Looking to Protect Brand Abroad, Companies Tap Lobbyists on Trademark Infringement", *The Washington Post*, August 14, 2011, available at https://www.washingtonpost.com/business/capitalbusiness/looking-to-protect-brand-abroad-companies-tap-lobbyists-on-trademark-infringement/2011/08/08/gIQA9vCXFJ_story.html? noredirect=on&utm_term=.7eef75551724 (last visited on December 17, 2020).

我国已经加入世界贸易组织 20 年，一些商标资源的充分利用和通过制度允许注册和使用，是一种商标资源在世界范围内占据优势的策略。我国目前对资源、信息表达的警觉性远比美国要弱，在我国尽力控制商标可注册范围之际，美国已经开始通过言论自由来扩大商标的表达功能认识、分析维度。在言论自由上的理解层次也决定了我国至少现阶段不会将商标注册及使用的内容以言论自由予以保护。然而，西方国家擅长的游说及其强大的游说能力，却可能动摇中国的商标注册禁止方面的实践。True Religion 商标案中美国游说力量的得胜，为反思我国商标注册禁止范围提供了一种思路，可能对具有政治依附色彩的商标完全禁止注册及过宽范围的禁止并不是一种维护国内商业表达利益和国内政治权威的妥当做法。相反，勇于分析世界范围内一些概念的正当性、可行性，并为之提供符合中国发展利益的制度，才是中国维护自我权威更好的方向。一味坚持过宽的禁止范围，可能给国外商主体提供在中国先占一些标识资源和独占信息表达的机会。它们娴熟的游说技能为其在中国实现其目标提供了非常大的支撑，为商标法的扩张提供了进一步的推动力，如若不加注重，不仅会带来实际上的不公平，还会带来机会上的不公平。

五、中国的驰名商标政治

驰名商标制度为一些为公众所熟知的商标提供了一种扩大性保护，类似于对有益于信息识别的商标的承认、对这种"强"商标权人的一种长期参与功劳的认可。我国长期对驰名商标的态度与做法，貌似称之为"驰名商标政绩"类型的政治过程也不为过。在驰名商标政治过程中，驰名商标和著名商标是企业乐于追求的荣誉和嘉奖，是它们从政府获取财政支持和政策优惠（如税收优惠）的条件之一。原本驰名商标制度要保护的商标秩序与其试图维护的市场价值，在过去很长一段时间内，被政府和企业赋予它的新内容代替了。在此阶段，对于企业和企业家来讲，拥有驰名商标是一种社会地位、政治地位和身份的象征。从政府方面来看，驰名商标也是地方政府争比的指标之一，因为驰名商标的数量经常被用来衡量一个地区的政绩。[1]驰名商标被视为政绩，而且当地政府还会对驰名商标企业给予奖励，这些奖励来源于纳税人的钱，本质上来讲也是地方政府对民众授权的一种滥用；甚至一些地方

---

〔1〕 参见袁真富："驰名商标异化的制度逻辑"，上海大学 2010 年博士学位论文。

政府会为了某些驰名商标而动用官方资源宣传某些企业，这不仅是政府对商标表达秩序的过度介入，还是一种有违政府公信力的行为。[1]政府与企业对待驰名商标的行为使得市场上出现的驰名商标并不全是真正的驰名商标，一些本应该驰名的商标可能并没有获得驰名商标认定。与其说是一种驰名商标，不如说是一种"政绩"商标，本应当以社会公众为基础认知主体的驰名商标巧妙地转变为以政府为主体。省级别的著名商标也成为"小驰名商标"类型的"政绩"商标。省以下级别的地方政府会对地方的著名商标申请单位进行嘉奖，并将著名商标的数量作为政绩评比的一个因素。地方政府不仅鼓励地方企业申请驰名商标认定，对其进行奖励，给予税收等政策优惠甚至补贴，有时还会直接提供一定的背书及帮助，以使其成功申请驰名商标认定。

从政治哲学角度分析，我国驰名商标制度异化的主要影响在于：第一，剥夺了消费者为主的相关公众对相关商标进行民主决策和筛选的机会。商标作为一个表达，识别功能对于消费者和该商标商主体的竞争对手具有较为重要的作用，相关公众对商标的识别及辨识、筛选参与应当是自发的、遵循商誉积累原则的。脱离了相关公众民主参与、民主决策的驰名商标异化，不仅削弱了相关公众的民主参与程度，还给公平竞争带来了巨大损害。第二，政府过度介入，挫伤了市场中信息的民主表达秩序。政府对驰名商标、驰名商标企业过度关注，可能会产生商人与政府官员之间的不正当利益输送。从现实情况来看，这种可能性也是存在的，因为在我国驰名商标列表中，部分驰名商标并非凭借真实市场地位来博取驰名商标的"加冕"，甚至有些所谓的驰名商标，在其被命名为"驰名商标"之前，市场上的知晓程度极低，呈现出一种先驰名后市场的怪象。第三，地方政绩思维会带来驰名商标的地方保护主义，因为驰名商标与政绩挂钩，形成了地方政府与商人之间的利益绑定，这种绑定之下目标的趋同性加重了商标权保护及执法方面的地方保护主义、选择性执法。

驰名商标异化在我国曾经受到广泛而强烈的争议。在强烈的争议及批评声音中，我国2013年《商标法》的修改对驰名商标的这种异化功能和实践作了纠正，主要以个案认定、个案有效、被动认定规则来修正之前的做法。在这种修正之后，驰名商标的认定更多地起到防御作用，而非与政府嘉奖类似的荣誉，其认定参考因素也更多地集中到了商标使用者的经营、对商标的投

---

〔1〕 参见袁真富："驰名商标异化的制度逻辑"，上海大学2010年博士学位论文。

入上。为了持续保护消费者对商标的识别及确保驰名商标的驰名由相关公众民主决策出来，驰名商标认定的个案有效原则也能够起到重要作用。驰名商标在保护范围上大于一般商标，其作为特殊对象获得优待，这种优待应当基于相关公众的民主参与，更应当在社会公平竞争秩序之下产生特殊的驰名商标，而非使驰名商标普及化，侵蚀其他人使用商标的自由。

第五节　政治学视角下其他知识产权的扩张

一、地理标志：与传统知识保护对比下的政治学分析

地理标志一般与一定的区域有关系，因此经常被认为是为穷人服务的知识产权。但从实践看，这一标榜为贫困地区服务的知识产权并没有发挥其所声称的政治作用。[1]不仅如此，从国家的政治角色看，具有唯一性的地理标志为地方政府所促动，并为一定的地方治理和政绩服务。这种政治性较强的标识与商标不同：对于商标来讲，大多数情形下商主体并不分贫富贵贱，即便是很小的商主体，只要商标满足一定的客观要件，均能够得到注册；对于地理标志而言，并没有商主体作为主体去个人申请的理论正当性，一般规定只能由能够代表该区域的组织来申请，并为该地区或该组织的成员共同使用。但奇怪的是，在国际范围内，地理标志所惠益的穷人并没有其惠益的富人多。这并不是因为地理标志本身的制度问题，而是与传统知识对比之下呈现出的差距问题。

在地理标志的保护上，发达国家的酒类产品作为最为有名的地理标志适用产品，得到了较强的保护，而其他的产品或知识却没有太多的保护，包括具有发展中国家特色的传统知识，实际的不平等对待可见一斑。在此层面上产生了发展中国家与发达国家之间的冲突。[2]地理标志的申请及保护以一定的组织意愿和组织能力为基础，即小范围的结盟和共识的达成。贫困地区的人们不仅欠缺较高的资源优先占取意识，也缺乏政府组织方面的有利引导。

---

〔1〕 See Ruth L. Okedui, "The International Intellectual Property Roots of Geographical Indications", 82 *Chi. -Kent L. Rev.* 1329, 1365 (2007).

〔2〕 See Madhavi Sunder, *From Goods to a Good Life: Intellectual Property and Global Justice*, Yale University Press, 2012, p. 141. 如大吉岭茶（Darjeeling Tea）、迈索尔丝绸（Mysore Silk）、印度香米（basmati rice）等。

如埃塞俄比亚咖啡案中，虽然咖啡农申请地理标志更有优势，但是申请地理标志不仅要提供大量的证据以证明这种咖啡与当地的地理环境具有一定的关系，还需要组织山丘上数不尽的咖啡农以达成一定的组织代表。最后基于这种困境，埃塞俄比亚为了维护自己在发达国家咖啡市场上的影响力，不得不选择几个商标予以注册。[1]

地理标志对穷人的保护不力还体现在另外一个方面。地理标志的保护具有固定的地理属性，一个穷人如果在地理标志所囊括的区域内从事相关行业的工作，则可以享受到一定的地理标志惠益，但是如果其迁移出该地理标志区域，则不会再享受该惠益。在这一逻辑之下，地理标志对穷人具有一定的限制作用，即穷人如果要享受地理标志的惠益，必须留在此穷人圈内，为当地的发展贡献自己的力量。这种名义上以惠益穷人为目标的制度，实际上以政府和当地发展为主要的惠益对象，穷人的发展并没有成为其主要惠益对象。

相反，在发达国家利用发展中国家传统知识上，显示出明显的超越地域性的特征。发达国家的大公司对发展中国家传统知识的利用与挖掘不受地域的限制，甚至反过来还会将这种知识产品向传统知识产出地输送，当地人还会在规则之下为这种知识产品埋单。与传统知识的利用与保护不同，地理标志被视为一种地理标签，其并不是当地人所属的财产，而更像是一种区域固定的地方财产。地方财产在发达国家被利用的程度可能比在发展中国家更高，如法国的葡萄酒、烈性酒，意大利的火腿等，远远超越发展中国家或者穷人群体的地理标志在全球的影响力。即便发展中国家的地理标志在数量上超越发达国家，如何达到发达国家地理标志在全球的影响力程度仍是问题。

与其他方面的知识产权规则在全球范围内的扩张类似，地理标志在全球范围内的扩张性保护与以法国为首的发达国家的推动有关。在 TRIPs 协议谈判过程中，欧洲的葡萄酒生产国强烈要求对葡萄酒及烈性酒地理标志提供更高水平的保护，最终 TRIPs 协议第 23 条专门规定了 "对葡萄酒和烈性酒地理标志的附加保护"，并在 TRIPs 协议第 24 条规定了地理标志例外。[2]地理标

---

〔1〕 See *The Coffee War*：*Ethiopia and the Starbucks Story*，September 3，2010，available at http：//www. wipo. int/ipadvantage/en/details. jsp？ id = 2621（last visited on December 17，2020）.

〔2〕 参见王笑冰：《地理标志法律保护新论：以中欧比较为视角》，中国政法大学出版社 2013 年版，第 18 页。

志对发达国家的产业发展优势助力延续至今，虽然说地理标志有益于农产品的地方特点之保护，在有些发展中国家也在持续被强调，但是其对穷人的惠益仍然是有限的。在地理标志保护方面历史悠久的欧盟国家将地理标志看作一种具有公权性质的国家遗产，但是地理标志不太占据优势的美国等国家并不十分赞同欧盟在地理标志扩张性保护上的做法。[1]与其说地理标志是惠益穷人的，不如说其是惠益发达国家穷人的。在国际市场上，基于欧盟国家在地理标志上的主导地位，其他国家尤其是发展中国家在相关产品的地理标志资源及保护上的竞争能力远远弱于欧盟国家。欧盟国家企图将葡萄酒和烈性酒的地理标志特殊保护扩张到一般产品上，并实施全球多边注册机制，但未得到其他国家的赞同。[2]

与其他国际知识产权规则谈判过程中呈现出的发达国家利益相对一致、发展中国家利益相对一致的局面不同，地理标志与不同的发展中国家、不同的发达国家具有不同的利益关联，在地理标志特殊保护的延伸性谈判过程中并未呈现出发达国家与发展中国家两个明确的阵营。[3]地理标志对穷人的保护基础并没有体现得非常明显，对于全球统一地理标志注册的提议也不能减轻发展中国家、不富裕的国家的行政负担。基于这些考虑，很多发展中国家也会考虑地理标志规则给其带来的影响问题。从政治影响力上看，欧盟国家与美国的利益不同，因此在发达国家群体中难以形成主导性的规则，它们无法成功通过联盟来主导发展中国家的认同。

地理标志具有重要的政治价值，对内其有利于维护社会秩序稳定，对外其可以作为农业等相关政策的谈判砝码。[4]理想的地理标志规定对于国家粮食安全、地区发展、解决贫困等政治目标的实现具有促进作用，而不适宜的地理标志规定可能摧毁国家农产品等相关产业在国际范围内的占有率和在相关国际规则上的话语权。根据国家利益采取适合国家综合政治利益的地理标志保护制度，不仅是国家的事情，更是大多数生活在一线的农民的事情。从

---

〔1〕 参见平少华、耿澜："世界农产品地理标志保护的百年博弈"，载《中国果菜》2015年第11期。

〔2〕 参见平少华、耿澜："世界农产品地理标志保护的百年博弈"，载《中国果菜》2015年第11期。

〔3〕 参见孙浩蕾："多哈地理标志谈判及中国对策研究"，山西大学2012年硕士学位论文。

〔4〕 参见赵小平：《地理标志的法律保护研究》，法律出版社2007年版，第10~14页。

地理标志规则的初衷来看，其毕竟与大多数的有地区特色的产品有关，这也就意味着其可能与农民的生产计划具有天然的联系。地理标志的保护通常蕴含的农民权[1]在实践中似乎通常被忽视。国家在相关规则谈判与制定过程中，不仅应当注重农产品关税相关问题，还应当注重地理标志诱惑。对于本国国民有利的地理标志制度并不是无度扩张的地理标志制度，对于一国看似有利的地理标志扩大性保护可能给国内带来更多的负担。应关注国内传统知识保护方式与地理标志的协同，综合衡量本国在相关方面的优劣势，制定出符合地理标志之保障国内粮食安全、促进农民群体生活、有利于解决贫困问题等政治性目的的制度。当然，提及地理标志对农民群体及贫困问题的政治性作用，并不蕴含否定地理标志对于中上阶层的利益之意。实际上，在地理标志上，中上阶层与下层人群的利益是挂钩的，因为地理标志通常与某地区具有关系，该地区的相关产品的生产者及提供者不仅包含该地区的贫困人口，还包括该地区具有一定经济基础的中上阶层，甚至可以说大多数的地理标志相关的产业是被当地的中上阶层经营的。

地理标志的扩大保护，不仅惠益富人，还惠益部分穷人，因为如同发达国家充分利用传统知识一样，地理标志的扩大保护可以为地理标志优势地区带来更大的商业吸引力及在相关产业的话语权。同时，借助于地理标志，可以将当地的传统知识传播出去，并保持当地自治文化的多样性。[2]这不仅可以促进当地的对内治理，还可以缩小发达国家利用它们的传统知识进行创新活动[3]产生的贫富差距和世界影响力的落差。

二、植物新品种权：作为农民生存基础的种子及其权利垄断

植物新品种是育种产生的结果，其对于以农民为基础的种植者具有非常重要的作用。农民是种子的最大需求者，他们的生计与种子充足与否具有直接的关系。世界范围内对植物新品种权的保护，将这种依赖关系推向了世界种子政治的风口浪尖，因为对于植物新品种的需求不仅关系到农民的基本生

---

[1]　参见李晓娟："论地理标志保护中的农民权"，山西大学 2012 年硕士学位论文。

[2]　See Madhavi Sunder, *From Goods to a Good Life*：*Intellectual Property and Global Justice*, Yale University Press, 2012, p. 140.

[3]　See Madhavi Sunder, *From Goods to a Good Life*：*Intellectual Property and Global Justice*, Yale University Press, 2012, p. 138.

存，还直接决定国家的粮食安全。然而，国际上植物新品种权的私权化扩张，却不符合农民需求和贫困国家粮食安全需求。更贴切地说，对于植物新品种权的推动，不仅与新技术的发现有关，还与私人种子产业所运作的有组织的、日益强大的政治技术和政治权力密切相关。[1]这种企业集团对种子的垄断，不仅将农民的基本生存权控制在一定的集团手中，还将国家粮食安全可能存在的风险朝着必须依靠相关的种子公司来解决的方向引导。

《国际植物新品种保护公约》的规定也极大地限制了农民的权利，而对育种者的权利予以扩张，主要体现在：第一，植物新品种保护的范围扩张到了所有植物属种及实质性派生品种；第二，将保护期限由 15 年至 20 年延长到了 20 年至 25 年；第三，育种者的权利从繁殖材料扩张为繁殖材料、收获产品或部分最终产品；第四，对于农民留种行为从之前的允许自留种转向特定作物允许自留种；第五，从允许非商业性的交换改为不允许种子交换。[2]新的文本主要服务于发达国家的商业育种公司，这掀起了发达国家在植物新品种立法中限制农民权利的热潮，影响了发展中国家在植物新品种上的利益。[3]从美国视角来看，其农业生物技术产业在全世界具有领先的地位，其对植物新品种不仅通过专利予以维护，还通过植物新品种权予以全方位的保护。[4]在美国对植物新品种的保护历程中，最初松散的育种公司并没有优势，当时的政治统治者反而更注重农民的选票而制定利于农民的植物新品种保护制度，但是1970 年至 1980 年美国农业公司的合并为这些经济实力雄厚的企业获得后来美国新植物品种规则的利益做了铺垫。他们不仅通过自己的力量获取国会大部分的农业研究经费，还逐渐影响到种子产业的发展带来的种子产权的私有化和植物新品种权的扩张。[5]大型育种公司在植物新品种权扩张上的作用不仅撼动了国会，还与农民形成一定的对抗关系。植物新品种对于农民来讲至关

---

〔1〕 参见李菊丹：《国际植物新品种保护制度研究》，浙江大学出版社 2011 年版，第 58 页。

〔2〕 参见周宏："美国植物新品种保护体系发展历程及对我国的启示"，载《电子知识产权》2007 年第 11 期。参见《国际植物新品种权保护公约》（1991 年）第五章"育种者权利"，第 14~19 条。

〔3〕 参见焦和平："植物品种权扩张背景下'农民特权'的法律保护"，载《西北大学学报（哲学社会科学版）》2012 年第 4 期。

〔4〕 参见周宏："美国植物新品种保护体系发展历程及对我国的启示"，载《电子知识产权》2007 年第 11 期。

〔5〕 参见林祥明："植物新品种保护对我国种业发展的影响研究"，中国农业科学院 2006 年博士学位论文。

重要，而大型育种公司不仅将这些种子的控制权集中在自己手中，还持续培育出每年都必须换种的植物耕种模式，代替之前农民自留种及换种的传统耕种模式。植物新品种权一方面推动着农民在种子的选取上必须跟着大型育种公司的植物新品种进行更替，另一方面从结果上影响农民的种子自治权。自治意味着外界力量对之不加干涉，因此在辅之以权利化的同时要把握好当地自治保留与知识产权法干涉的平衡。[1]发展中国家75%的农民依靠自留种和换种进行农作物耕作，他们对自己的耕种及种子问题具有自我传承的习惯。[2]全球化过程中，发达国家的大型育种公司发展成为跨国公司，他们同时可能成为农药公司，利用其培育的抗除草剂的种子，使得农民在一定程度上既依赖于其除草剂，又不得不选择它们具有针对性抵抗力的种子。这种策略不仅让某些跨国农业公司名利双收，也让农民的播种计划被控制在一定范围内。但是对于育种环境较具优势的南亚及东南亚国家，传统的农民育种及换种模式或许更能够保护其农耕传统及植物多样性。[3]另外，一些发达国家从发展中国家获取植物新品种的原材料，在进行一定的培育之后获得植物新品种并卖给原材料来源国。这种植物新品种保护模式不能惠益发展中国家及其农民，而会产生实际上的不公平。

为了应对国际植物新品种权相关制度压力给农业和国家粮食安全带来的潜在危险，印度《植物新品种和农民权利保护法》明确规定了农民的权利及植物新品种权对农民的惠益性。这是发展中国家通过法律给予农民在植物新品种权益上的最大保障，被认为是保障农民权的典范。但是印度也因为该规定而被拒绝加入《国际植物新品种保护公约》。为了区域性引进国外先进的植物新品种，发展中国家和最不发达国家必须跟随国际潮流来建立符合国际公约保护标准和趋势的植物新品种保护模式。[4]TRIPs协议第27条也规定了缔

---

〔1〕　See Daniel Austin Green, "Indigenous Intellect: Problems of Calling Knowledge Property and Assigning It Rights", 15 *Tex. Wesleyan L. Rev.* 335, 356 (2009).

〔2〕　参见焦和平："植物品种权扩张背景下'农民特权'的法律保护"，载《西北大学学报（哲学社会科学版）》2012年第4期。

〔3〕　See Adam Masarek, "Treetop View of the Cathedral: Plant Variety Protection in South and Southeast Asian Least-Developed Countries", 24 *Emory Int'l L. Rev.* 433, 438 (2010).

〔4〕　See B. De Jonge, "Plant Variety Protection in Sub-Saharan Africa: Balancing Commercial and Smallholder Farmers' Interests", 7 *J. Pol. & L.* 100, 107 (2014).

约方必须对植物新品种予以保护。[1]这是发展中国家进行游说的结果。[2]植物新品种问题在发展中国家及最不发达国家关系到人们的生死，但是比起用专利保护植物新品种的模式，采用植物新品种权保护模式无疑更有利于发展中国家及最不发达国家。[3]撒哈拉沙漠以南的非洲国家建立的以 1991 年版的《国际植物新品种保护公约》为蓝本的植物新品种保护模式与当地的小农作业现状不符，不仅损害了最贫困地区农民的利益，也给撒哈拉沙漠以南的贫困地区带来了粮食危机。[4]

这种扩大性的对植物新品种的保护，促进了大型育种公司近乎垄断性地培育植物新品种，这些植物新品种的培育和创新也造就了世界范围内的植物新品种的多样性和高产品种（high-yielding varieties）。[5]这种高产在短期内能够满足一定地区对食物的需求，只是并不是所有地区都一样，因为一般来讲，植物新品种及其引进与国家粮食安全政策也有关系，在植物新品种权及专利等模式对植物新品种进行保护并排除换种的情况下，贫困地区依然不可接近这些具有垄断性的品种。农民使用和交换种子的权利对他们的生计和脱离贫困具有重要的作用，对当地农民植物品种的传统习惯及种植习惯予以尊重，也是当今生物及文化多样性维护的重点。高产品种带来的增产机会使当地人为了经济利益选择种植单一的农作物，而抛弃其他农作物，久而久之可能对生物多样性造成损害。此外，农民是保障社会粮食安全最重要的主体，没有种子使用权或者种子接近障碍严重的农民，也面临着因之而来的生存及发展障碍。这符合话语权较大的跨国农业公司及发达国家的政治影响扩张意愿，却不是知识产权的初衷。

---

〔1〕 参见 TRIPs 协议第 27 条："……然而，缔约方应以专利方式或者一种有效的特殊体系或两者的结合对植物新品种给予保护。这一规定将在本协议生效之日起的 4 年之内予以复查。"

〔2〕 See Rashmi Venkatesan, "TRIPS and Plant Variety Protection in India: Complicating the Globalisation Debate", 9 *Indian J. Int'l Econ. L.* 43, 50 (2018).

〔3〕 See Adam Masarek, "Treetop View of the Cathedral: Plant Variety Protection in South and Southeast Asian Least-Developed Countries", 24 *Emory Int'l L. Rev.* 433, 448~449 (2010).

〔4〕 See B. De Jonge, "Plant Variety Protection in Sub-Saharan Africa: Balancing Commercial and Smallholder Farmers' Interests", 7 *J. Pol. & L.* 100, 101 (2014).

〔5〕 See Donemark Joseph L. Calimon, "Plant Variety Protection and the Rights of Breeders, Farmers and Indigenous Peoples under Philippine Law", 15 *World Bull.* 212, 215 (1999).

三、数据知识产权私权化保护：从"私"到"私"的转移

基于网络安全等因素的考虑，早在 20 世纪末，西方国家就已经出现了对数据予以保护的立法性规定，保护最为严格和处于先锋地位的为欧洲国家。气象数据、环境数据等与公共健康、公共生活相关的数据，逐渐以事实为基础成为知识产权法的客体而排除公众对数据的自由接近。欧盟 1995 年出台了《数据保护指令》，禁止未经授权对大量数据的使用，并给予 15 年的保护期限。未经许可和支付费用禁止使用，将知识产权保护范围延伸至事实范围，这实际上与传统知识产权法或著作权法要求的创新性是不相符的。[1]这种扩张性的保护不仅给科学发展带来了一定的障碍，还不能满足人们知晓数据、利用数据等基本的需求。

数据作为知识产权进行保护也成为当今世界范围内知识产权扩张的一个视角。但是在全球范围内对于数据的保护还存在一定的差异，如我国对数据尚未形成成熟的保护机制，因此存在数据转卖、个人信息"裸奔"等危及个人及信息秩序的行为。这种危害是民法上的事情，更是数字时代国家秩序稳定的基础。更进一步讲，没有数据保护方案的当今，国家信息安全及个人信息安全都在裸奔中有被别有用心的人利用的风险，它们对社会安定的危害显而易见。[2]数据不仅关系到信息安全，也关系到个人对自我数据归属的掌控能力。数据是否是知识产权，这种权属属于何人，也是当前数据保护中争议的重要问题。

世界上大多数数据是基于个人活动产生的，也即个人活动是数据的基础，这些个人活动表现了个人在社会生活及社会事务治理过程中的民主参与及社会贡献。虽然从根本上讲这种数据的来源是个人，但是在收集信息方面，专业的信息公司及服务提供者的确具有个人不可睥睨的能力。收集及整合、利用信息能力的差异决定了在信息归属方面的制度走向，甚至决定了数据信息在知识产权法中的地位。因此，在将信息数据的归属权划给公司的情况下，它们在信息保护及信息使用方面的职责应当与个人隐私的保护、个人安全的

---

〔1〕　See Committee on Geophysical and Environmental Data, Board on Earth Sciences and Resources & National Research Council, *Resolving Conflicts Arising from the Privatization of Environmental Data*, National Academies Press, 2001, p. 18.

〔2〕　如我国数据泄露严重带来的电信及网络诈骗等问题。

保障、社会稳定等因素相结合。公民对一些科研数据的需求、开放共享数据的流行等也为数据信息带来了保护模式上的挑战。[1]对于个人产生的数据，如何在控制社会安全性范围内合理有效利用，成为政治者统治们当前需要面对的问题。当今数据产生的跨国性也为发达国家成熟的数据公司提供了掌控全球数据信息的重要契机，如在科研能力上占据极大优势的斯坦福大学开展的蛋白质折叠（Folding@ Home）项目，就是利用全球范围内的网民资源获得的数据，这是人类共同参与形成的数据。

数字时代，数据对人们越来越重要，控制数据、将数据私有化成了版权界的一个新焦点。当今世界的数据数量极速增长，虽然不是所有的数据都被著作权法保护，但是已经有很多数据被认为具有可著作权性。[2]在我国《民法典》总则部分制定过程中，"数据信息"也曾作为知识产权的种类之一被明确列举。[3]但是在最后的版本中将数据的保护单列在第127条"法律对数据、网络虚拟财产的保护有规定的，依照其规定"。数据的私权化将逐渐威胁信息自由，并阻碍发展中国家在信息获取上的便利，妨碍国际范围内信息的流动及利用。[4]随着对个人数据的保护增强，其他数据也获得了越来越特殊的对待，彰显着公共数据私权化的倾向。大公司具有的不可超越的数据信息收集能力及对个人信息使用的优势与个人对信息保密的需求、国家对信息安全的需求，形成了相对难以调和的冲突。这种冲突本质上讲仍然是信息知识产权分配问题带来的，这种将政治利益融于其中的知识资源的分配与利用对任何一个个人及国家的安全都尤其重要。

---

〔1〕 参见伍春艳、焦洪涛、范建得："人类遗传数据的开放共享抑或知识产权保护"，载《知识产权》2014年第1期。

〔2〕 See Eric E. Johnson, "Intellectual Property and the Incentive Fallacy", 39 *Fla. St. U. L. Rev.* 623, 652 (2012).

〔3〕 《中华人民共和国民法总则（草案）》第108条，载 http://www.npc.gov.cn/npc/flcazqyj/2016-07/05/content_ 1993342.htm，最后访问日期：2020年12月17日。

〔4〕 参见郑万青："知识产权与信息自由权———种全球治理的视角"，载《知识产权》2006年第5期。

第六节　知识产权法政治学扩张影响分析

一、知识产权法扩张与政治利益：主要政治因素

（一）新型知识殖民思想

知识与人们对现实世界的认知和理解密切相关，且影响人们的思想和行为规范，最终影响人们的自觉、自我规训及知识受众的意识形态。[1]在利用军事暴力等方式实行殖民统治之后，发达国家开始进行新型的变相殖民。[2]这种殖民以知识资源的分配规则为工具，以知识控制和知识集权化为表现，以对发展中国家穷人群体的知识控制力为目标，体现出现实的知识殖民与结果。发达国家的跨国公司利用它们雄厚的游说资本及现代民主体制，对政治统治者进行游说，以制定符合其利益需求、符合政治统治者利益需求的知识产权规则。全球化过程中知识产权规则的相对统一及近年来知识产权保护水平的不断提升，使发达国家的跨国公司在全球范围内的知识与信息控制能力越来越强，这不仅为其带来了丰厚的资金，也为其在世界范围内发挥自己的影响力、控制全球相关领域的知识信息的分配与走向打下了坚实的基础。

新型的知识殖民思想与以传统暴力战争为基础的殖民思想不同，通过知识产权规则跑马圈地获得的对知识与信息的垄断，成为发达国家挟制发展中国的政治性工具。在系列国际贸易及政治谈判中，发达国家充分利用其在知识产权成果上的优势地位，要求发展中国家制定或者修改国内法律，以保护其在这些发展中国家的利益及影响力。发展中国家在近年来虽然可以发出对这些规则的反对声音，甚至是出现一些颇具知名度的游行活动，但是在这些发达国家引领及强控制之下的国际规则仍然难以撼动。这种情形在全球规则体系内也是合法的，并且好似发展中国家或者贫困地区如果不按照强知识产权国家和企业的意愿去提高知识产权保护水平、扩大知识产权保护范围的话，它们将被认为是不符合全球公允标准的、窃取他人成果的主体，甚至被人视为"小偷"。这种被动贴标签的现象越来越普遍地出现，使得发展中国家在与发达国家的谈判过程中处于极其劣势的地位，美国以"301条款""特别301

---

〔1〕　参见沈桦："知识生产下的殖民主义"，载《艺术当代》2017年第10期。

〔2〕　参见张科荣："知识权力与后殖民主义文化霸权"，载《广西社会科学》2004年第1期。

条款"等相关的知识产权标准制裁其他国家就是典型。

从结果看，这种新型知识殖民也给发达国家的公司"撑了腰"。它们将自己的业务扩张到全球各地，并深入到挖掘和私有化发展中国家智慧结晶的谋略中去。它们利用发展中国家的知识和信息，并利用发达国家主张和宣扬的各种扩张性知识产权规则，悄悄地将大量发展中国家的知识与信息资源集中到它们自己手中。通过将这些产品反过来以知识产品方式提供给发展中国家，它们改变了后者对这些知识和信息的认知和习惯，颠覆了后者生活的自治空间。这种自治空间的颠覆与传统的殖民具有近似的作用，知识殖民"入侵者"通过将自己的意志力强加给当地人，使得当地人为它们的政治统治者服务。它们通过知识产品的渗入，将发达国家的文化及政治思维传输到发展中国家，并在此过程中占据绝对的主导地位。[1]这或许会给当地人带来短暂的经济收入，如贩卖知识产品等，但是这种知识入侵可能使全人类付出一定的代价。这种代价体现为：传统知识的丧失、传统生活社群的分散、人类文化多元性的丧失、生物多样性的削损、知识自由享用机会的丧失等。被拉入到现代化生活环境的传统地区人群，他们能够听从政府的法律规定，却不能够对不满足的事情进行有效的表达并改变规则。发展中国家知识产权的扩张在一定程度上是被"迫使"进行的，尤其是在全球化及加入相关国际公约而必须放弃知识产权潜在利益之际。对于脱贫十分迫切的发展中国家来讲，它们也宁愿屈服于发达国家及相关跨国公司"软硬兼施"的措施，尝试利用知识产权来改变它们的贫困现状。在不知道知识产权强保护是否会带来脱贫结果的情况下，发展中国家以放弃知识产权制度需求来换取的经济贸易等规则上的"待遇"可实际给它们带来经济上的增长，是它们考虑的重点之一。

知识产权的扩张不仅影响了发展中国家和贫困地区，对个人来讲也是影响非凡。采用雇佣知识产品制度的知识产权扩张，将个人智慧形成的知识产权悄悄转移给以公司为主的拟制主体。公司的雄厚财力及寿命的无期限性，决定了其可以集中人类知识和信息财富的能力及控制权远超个人。公司领导人的更迭并不影响公司对知识产品所具有的控制力，其利用各种优势，将会持续在全球范围内超越个人甚至国家，成为未来影响人们和世界格局的主体。在这种殖民思想的影响下，未来影响世界秩序的可能不只是人，还有具有知

---

〔1〕 参见张科荣："知识权力与后殖民主义文化霸权"，载《广西社会科学》2004 年第 1 期。

识与信息垄断权的大公司及大公司联盟。传统的殖民活动通过物品掠夺等达到控制人和物的目的，新型知识殖民通过知识产权的扩张来控制全球的知识与信息。[1]这种新型知识殖民是传统殖民思想的延续，是知识殖民者的权力体现。

（二）知识产权保护与政治统治利益

西方封建主义阶段，王室以一定期限内的免税经营权、独家制造权、贩卖权等形式赋予某群体独占性特权，这种初期专利从本质上看更像是王权、皇权用来恩赐某群体的手段[2]，而目的是为皇权谋取利益或者稳固自己的统治地位。当今专利作为科学技术领域的重要专有权，其发展方向被某些利益巨头牢牢把控着，其本身也成为左右政治权力的资本。商标从一定程度上看，已经部分脱离了商标朴素主义的标识和区别功能，转而成为一种标榜权力和政治文化的工具。[3]著作权的扩张限制了公众利用和接近的作品的方式，并变相将大多数作品的著作权和控制权集中到大的文化公司及科技公司手中。我们发现知识产权已经成为一个可以包罗未来所有"无形资源"并将它们财产化、知识产权化、集权化的名词。知识产权法表面上看是保护个人的知识创造，实际上却成为保护国家文化及利益的一种工具。[4]美国为了其本国在科技发展上的利益和优势，一直非常积极地在全球范围内推动知识产权扩张政策。为了提升其国际影响力，美国还试图利用政治话语对其他国家进行威胁，如对不能为其知识产品提供有力知识产权保护的国家采取贸易制裁等。[5]这些做法不仅是美国的特色，还是其他发达国家及发达国家联盟的共同点。

知识产权制度与一国的产业发展和政治目标联系紧密，如西方资本主义

---

〔1〕 See Anibal Quijano, "Coloniality and Modernity/Rationality", 21 *CULTURAL STUD.* 168, 169 (2007). 作者还提出，通过权力矩阵（matrix of power）来实现殖民有四个组成部分，分别是经济控制（economic control）、权威（authority）、父系统治（patriarchal domination）及知识和主体性（knowledge and subjectivity）。

〔2〕 参见张子文主编：《科学技术史概论》，浙江大学出版社 2010 年版，第 106 页。

〔3〕 参见林珊珊、周思婷："商标里的政治"，载《领导文萃》2013 年第 11 期。

〔4〕 See James H. Mittelman, "'Democratizing' Globalization: Practicing the Policies of Cultural Inclusion", 10 *Cardozo J. Int'l & Comp. L.* 217, 219 (2002).

〔5〕 See Peter K. Yu, "From Pirates to Partners: Protecting Intellectual Property in China in the Twenty-First Century", 50 *Am. U. L. Rev.* 131, 132~133 (2000).

国家在跨国公司上的优势使得其希望通过强加给其他国家知识产权保护义务和提高知识产权保护水平来保障自己国家的跨国公司在其他国家实现利益。政治统治者在为此努力的同时，可以从这些跨国公司得到更多的政治献金及通过征税得到更多的税收，政府也可以通过对相关知识产权的审查与登记得到更多的知识信息。因此，多数的政治统治者在此模式下并不反感知识产权扩张。随着全球化进程的推进，跨国公司开始利用和尝试攫取发展中国家的知识资源，试图通过一定的知识产权将相关的资源私权化，并剥夺相关知识资源原始拥有者和创造者的免费使用权。这带来的不公平是明显的，限制人们对知识资源的接近机会和能力也是现实存在的。理想主义的知识产权法应当是促进知识创造、传播并且鼓励人们的知识学习的，可现实的政治学分析之下的知识产权法却永远处于一种扩张的政治利益之下。

第二次世界大战之后的全球秩序维护中虽然仍有通过战争等暴力形式的资源掠夺及政治利益的冲突解决方式，但是必须承认这些暴力政治的形式仍然是个案解决方式，且大多数与目前人们对文明的期待与政治秩序的维持理念是相冲突的，甚至大多数是受到谴责的。在此理念之下，通过传统的强制殖民限制人们的自治和发展是不符合国际公约及相关"共识"的。对强权国家来讲，意欲通过直接的侵略达到它们的政治目的好似正当性不太充分，于是便逐渐转向通过附随跨国公司进入其他国家，从而通过知识产权规则输出自己的政治影响和文化。这种软化的看似正当的知识产权"入侵"与"掠夺"实际上与传统的强制入侵与直接掠夺并没有太大的实质性差异，甚至从根本上讲，可能对人们的危害更加持久。传统的政治暴力直接侵害的是人的人身和财产安全，是直接侵犯人们的基本人权；软化的知识产权政治变成了对人们接近知识能力的变相限制，从而削损的是人们的发展权和在某些场合的生命健康权实现能力。软化的知识产权政治还有统治文化的输出，特别是在21世纪信息网络发展过程中，发达国家不仅向发展中国家输出知识产品，还以此为载体向其他国家输出民主，代替其传统民主输出方式，弥补其传统民主输出方式的失败[1]，这更加值得警惕。

以知识产权扩张促进发达国家将相关内容输出到发展中国家的软实力政

---

[1] 参见孙运德："美国知识产权文化政治化的原因及路径分析"，载《华北水利水电学院学报（社科版）》2013年第5期。

治作用，不仅符合发达国家的政治影响灌输理念，还符合其合法化的主观意愿，以致美国愿意放弃其硬实力政治作用，而推进以知识产权等为主的软实力政治作用。[1]与发达国家公司对立法的主导作用及可对立法产生非常大的影响相比，我国公司并没有成长到能够主导立法的程度，[2]因此，从一定程度上讲，我国知识产权扩张并不十分明显。但是随着立法和修法过程中引进的民主参与对话机制，我国文化科技产业大公司可能在未来的知识产权立法中发挥一定的影响力。最初的知识产权法对发展创新是有价值的，过度扩张的知识产权法是变质的知识产权法，是发达国家垄断知识、控制和剥削其他国家的一种工具，[3]并不是发展中国家应当坚持的方向。

全球化是知识产权扩张的辅助政治性工具，甚至有些制度也因为知识产权规则的全球化而逐渐被更多国家接纳[4]。借助于全球化，知识传播需求为知识产权规则的趋同化提供了现实理由。从政治解决路径上看，跨国公司及发达国家也是利用全球化规则制定中的强权地位及主导性的话语权，左右甚至决定了全球大多数人所依赖的知识资源分配和再利用规则。这对人们基本权利的实现产生了不同的影响。对于富人来讲，他们具有相对有利于创作、创造的物质环境和社会环境，本质上属于知识的输出群体（虽然他们也是知识的消费者），知识产权保护水平的提升并没有超出他们的知识支付能力，反而大大增加了他们的收入。对于穷人来讲，他们已经为生存发愁的生活环境下，对于创作、创造根本没有投资的资本，并且因为知识产品接近能力提升的有限性，他们不得不利用陈旧的知识，这也决定了他们的创作与创造将在知识产权强保护的趋势下被迫落后。随着知识资源分配规则的趋同化，全球知识阶层分化也逐渐清晰，盗版、假冒依然解决不了穷人的知识匮乏问题。全球化过程中，因知识产权强保护遭殃的不仅仅是发展中国家的国民，发达国家的穷人依然面临知识产权强保护的压力，缺乏盗版、假冒等国内环境可能使他们的知识接近难度更大。在发达国家向全球输送人权保障政治理念的

---

〔1〕　参见邓正红：《再造美国：美国核心利益产业的秘密重塑与软性扩张》，企业管理出版社2013年版，第13~14页。

〔2〕　参见何华："著作权保护期限研究三题"，载《法商研究》2012年第4期。

〔3〕　参见赵元果编著：《中国专利法的孕育与诞生》，知识产权出版社2003年版，第126页。

〔4〕　如最初被很多国家反对的、源自法国的追续权。See Marilyn J. Kretsinger, "Droit de Suite: The Artist's Right to A Resale Royalty", 15 *Hastings Comm/Ent L. J.* 967, 973 (1993).

当今，其本身依然存在着知识贫困群体，如果不是仰赖于发达国家的政策优势[1]，他们的人权同样面临各种困境。

发达国家利用其在资金、法律体系、市场配套服务、政府补贴科研实验室和大学等方面的优势，能够使知识转化为知识产权，进而转化为国际范围内的知识控制权，[2]它们的民主制度也决定了知识产权规则偏向游说力量较大的公司群体。相反，发展中国家在很多时候因被发达国家"牵着鼻子走"而不得不在一些政治谈判场合，利用知识产权规则上的牺牲来换取其他方面极其不平等的短期利益。民主制度国家在政治选票上对富人政治的合法接受决定了它们的选票好似并不以每一个人的选票平等为目标，而是以每一单位货币的价值平等为目标，这就使有钱人和有钱的利益集团有突出的能力掌握知识控制权，而穷人则成为这种规则的附属品。[3]民主制度国家传统上组织良好的利益集团攫取政府的大部分，在一定程度上从以选票换好处的依附主义转换为当今合法的政客回应利益集团要求，而这种做法带来的知识产权集中化，成为知识政治权力作用的领域之一。[4]集权国家的集权性决定了其改革的效率性和权威性，虽然其能够在一定程度上以官僚权威对抗利益集团，但是正因为如此，其才在其他国家的政治施压下使国内知识利益分配制度成为换取政治利益的一种手段，甚至大多数时候是削弱主权的知识利益被动让与。

知识产权强保护与知识产权扩张主要对知识产出国（knowledge producers）有利，也即对发达国家有利。[5]从发达国家视角看，美国建国以来私权至上的理念导致其国内知识产权不断扩张，甚至忽视了国家对知识公有领域的保护之公共职责，偏离了知识产权法的公平性，带来了知识的世界霸权及全球

---

[1] 如免费教育、免费医疗、公共图书馆、公益事业等发达国家为国民提供的国内非产权政策，在一定程度上缓解了知识产权强保护制度之下穷人对知识产品的接近困难。

[2] See Cynthia Cannady, "North-South Trade in Intellectual Property: Can It Be Fair", 3 *World Trade Rev.* 317, 317 (2004).

[3] 参见［美］戴维·凯瑞斯："言论自由"，载［美］戴维·凯瑞斯编辑：《法律中的政治——一个进步性批评》，信春鹰译，中国政法大学出版社 2008 年版，第 155 页。

[4] 参见［美］弗朗西斯·福山：《政治秩序与政治衰败：从工业革命到民主全球化》，毛俊杰译，广西师范大学出版社 2015 年版，第 30 页。

[5] See Madhavi Sunder, *From Goods to a Good Life: Intellectual Property and Global Justice*, Yale University Press, 2012, p. 182.

知识产权战争的恐慌局面。[1]通过国际公约来扩张知识产权只是知识产权扩张的一种途径，另一种途径是通过自由贸易协定等双边或多条约来形成新的超越国际公约的知识产权保护标准，这种约束通常带有执行条款，因此在提高知识产权保护水平上比国际公约具有更大的效力。[2]双边或多边条约对知识产权的扩张，带来了多重的知识产权保护标准，这些被称为 TRIPs–PLUS 的条款在现实中发挥着知识产权规则的作用。[3]因而，知识产权与政治统治利益的关系更显复杂。

二、知识产权法政治学扩张带来的影响

TRIPs 协议提高了全球的知识产权保护标准，使全球的财富向知识产品出口国转移，同时为发展中国家的发展带来障碍。[4]知识产权的扩张不仅影响发展中国家，对于发达国家的相关公民来讲，其同样可能成为一种发展障碍。[5]但是，在此情形下，美国没有通过改变国内的知识产权规则来提升国民对知识产品的接近能力，大公司及政治力量反而将自己的手伸向了国外，使得加拿大不得不放弃自己的专利强制许可制度，而转向与美国接近的专利强制许可制度。[6]20 世纪著作权与专利权的扩张被国际大公司殖民化了，它们以知识产权制度作为国际卡特尔的支柱，从各国及其本国国民手中征收重税，但

---

〔1〕　参见徐瑄："知识产权的正当性——论知识产权法中的对价与衡平"，载《中国社会科学》2003 年第 4 期。

〔2〕　See Peter Drahos, "Intellectual Property and Pharmaceutical Markets: A Nodal Governance Approach", 77 *Temp. L. Rev.* 401, 419 (2004).

〔3〕　See Peter Drahos, "Intellectual Property and Pharmaceutical Markets: A Nodal Governance Approach", 77 *Temp. L. Rev.* 401, 419 (2004).

〔4〕　See Donald P. Harris, "TRIPS' Rebound: An Historical Analysis of How the TRIPS Agreement Can Ricochet Back Against the United States", 25 *Nw. J. Int'l L. & Bus.* 99, 101 (2004).

〔5〕　如曾经因为专利药品价格过高，美国人不得不去加拿大购买仿制药。See Christopher Scott Harrison, "Protection of Pharmaceuticals as Foreign Policy: The Canada-U. S. Trade Agreement and Bill C–22 Versus the North American Free Trade Agreement and Bill C–91", 26 *N. C. J. Int'l L. & Com. Reg.* 457, 459 (2001).

〔6〕　See Christopher Scott Harrison, "Protection of Pharmaceuticals as Foreign Policy: The Canada-U. S. Trade Agreement and Bill C–22 Versus the North American Free Trade Agreement and Bill C–91", 26 *N. C. J. Int'l L. & Com. Reg.* 457, 505~525 (2001). 加拿大之前的法律体系带有自由授予强制许可的制度。

在知识产权被过度扩张的同时，另一部分支付不起知识产品费用的人必须做出牺牲。[1]发达国家的态度带动了发展中国家在知识产权制度上的发展与被动跟风，这种跟风可能会惠及一部分群体，但是从整体上看不一定是所有群体的最佳选择。

第一，知识和信息上的利益分配严重失衡。如前所述，现代知识产权的扩张与规则的转变，将大多数的知识产权所承载的知识与信息集中到了少数的大型公司、发达国家手中。它们借助于国家在全球对话中的强势力量对全球知识资源分配规则做出改变，进一步增强了它们在知识产权扩张中的话语权，马太效应之下的知识产权话语权在全球范围内带来知识贫穷的代际传递。此外，全球性的知识需求与供应的不平衡，表现为知识差距（knowledge gap）和信息问题（information problems）变相导致发达国家对信息的垄断。[2]生物剽窃之专利否定了本地人在本土知识中的创新。[3]现在要求知识产权强保护的大公司，多数是基于剽窃他人的知识产权而发展起来的。[4]如有名的好莱坞产业的繁荣是建立在侵权基础之上的，它们为了减少支付给他人的授权费而大量未经许可使用他人的知识产权。[5]在19世纪中后期，欧美的国际盗版现象十分严重，甚至美国在长达一个世纪的时间内并没有加入《伯尔尼公约》。[6]但当它们利用知识产权获得了足够的力量时，它们就要求政治统治者为它们的利益去提升知识产权保护水平。

这种发展历程的不公平，在国家与国家逻辑上同样适用。发达国家在现代意义的知识产权制度产生初期，同样是知识产权保护弱国，它们借弱知识

---

〔1〕 参见［澳］彼得·达沃豪斯、约翰·布雷斯韦特：《信息封建主义》，刘雪涛译，知识产权出版社2005年版，第38~39页。

〔2〕 参见陈传夫："关注信息领域的知识产权利益平衡问题"，载《郑州大学学报（哲学社会科学版）》2003年第1期。

〔3〕 See Madhavi Sunder, *From Goods to a Good Life: Intellectual Property and Global Justice*, Yale University Press, 2012, p. 137.

〔4〕 See Lawrence Lessig, *Free Culture: The Nature and Future of Creativity*, Penguin Books, 2006, pp. 53~64.

〔5〕 See John Tehranian, "Towards a Critical IP Theory: Copyright, Consecration, and Control", 2012 *BYU L. Rev.* 1237, 1242 (2012).

〔6〕 参见刘银良：《国际知识产权政治问题研究》，知识产权出版社2014年版，第22~23页，第29页。

产权保护政策发展之后，却要求还没来得及利用这种弱知识产权保护规则的其他国家提升知识产权保护水平。这种发展现实在一定程度上剥夺了发展中国家利用知识的机会，从源头来讲，发达国家的这种知识资源利用策略还是一种投机取巧主义胜利的霸权思维。进入了以 TRIPs 协议为蓝本的知识产权保护体系之后的发展中国家如同买了月票，它们希望看到这些知识产权规则给它们带来利益，但是当大多数国家并没有得到理想的结果，技术发展依旧落后，知识与信息创新能力依旧落后时，它们就开始质疑这种国际公约上对知识的垄断规定及相关的知识产权规则的扩张是否具有正当性。[1]知识产权制度带来的南北发展壁垒导致南北之间的机会、权力分配严重失衡。[2]

此外，国家与国民在知识产权扩张过程中所处的地位也不相同。知识产权的扩张是以国家从这些创造中获得利益和权力为基础的。以专利为例，首先，国家通过制定标准来决定哪些技术创新能被授予专利；其次，国家规定的可专利范围越宽泛，其可获得的税收也就越多，这是政治统治者最期待的财源；[3]最后，国家可以通过赋予某些创新以专利来保护本国的发展优势。[4]这些创新创造、积累知识与信息的行为并不是大多数国民能够实行的，多数国民仍是知识和信息的消费者、需求者。国家可以从更加严格的知识产权保护政策中抽取利益，维护社会安全和繁荣，但是过度的知识产权保护不仅削弱了大多数人进一步利用知识产品的能力，最终还可能在其他辅助缓解措施跟不上时，带来知识利益"国强民弱"的问题。如有些国家大力提升知识产权、知识产品的量，这可以增加国家税收与表面"政绩"，但是对于国民整体利用知识产品的环境来讲可能是非常不友好的。

第二，接近权的差异化日益严重。[5]TRIPs 协议对知识产权保护水平的提升及相关知识产权法的扩张，严重影响了公共利益的保护，限缩了公共领

---

〔1〕　See Cynthia Cannady, "North-South Trade in Intellectual Property: Can It Be Fair", 3 *World Trade Rev.* 317, 318 (2004).

〔2〕　参见张永宏：《本土知识在当代的兴起：知识、权力与发展的相互关联》，云南大学出版社2011年版，第3页。

〔3〕　参见赵元果编著：《中国专利法的孕育与诞生》，知识产权出版社2003年版，第85页。

〔4〕　如美国以自己的软件行业发展优势，对计算机软件授予专利的做法。

〔5〕　该部分接近权的问题，将在第三章详细阐述。

域。[1]基于前面分析的知识产权规则对不同人群、不同国家具有的不同影响，可知人们对不同知识产品的接近需求也不尽相同。对于不同的接近需求，知识产权的全球"一刀切"式的做法并不符合人类发展的正当需求。在发展中国家及部分发达国家的穷人群体无法通过知识产权制度获取必需的人权保障之际，知识产权规则将这种救助义务分配给发展中国家的政府，这不仅是不靠谱的，也是不公平的。在越积极主张知识产权扩张的地区，人们对于知识的垄断性要求越高，他们中的部分人越能够从中得利，并有机会参与到知识控制权的角逐中去。相反，在知识产权越被动的地区，人们对知识免费的需求就越高，他们偏爱盗版，这些盗版的产品虽然降低了他们的生活水平，但并不意味着他们的生活质量被削弱。他们在免费知识的环境下，能够有效接近网络新音乐、新电影、新书、新专利药等，他们与知识产权支付能力强的人具有同样的社会事务参与权。在知识产权强保护之下，这部分人参与能力降低，不得不利用其他低俗或者没有"营养"的知识产品，这种环境下知识产品接近的差异化加重，并带来接近权异化的催化剂。谈及这些，知识产品接近的重要性显而易见。

第三，知识产权的过度扩张给言论自由带来限制。在世界上大多数国家，言论自由都是人们的一项基本权利，甚至有的国家将之作为宪法的一部分予以最高法律层面的规定。从国家治理层面看，公民言论自由是其得以参与国家公共事务治理、民主表达思想的前提条件之一。言论自由是现代国家最重要的政治理念之一，不当扩大的知识产权保护立法以及扩大的司法解释极大地干扰了言论自由，著作权和商标权所有者的利益胜过了表达自由的公共利益。[2]知识产权本身是在知识共享与信息开放环境下设置的一种对信息与知识的合法垄断权，这种垄断权本身就是对言论自由的一种限制，并曾为言论审查与控制的政治目标提供实现路径。过度扩张知识产权种类，不仅会进一步挤压人们言论自由的空间，还会剥夺人们充分利用现有资料进行表达的权利。从实践角度讲，因为知识产权赋予权利人对知识的垄断权，他们作为信息和知识提供方具有强势地位，在知识产权相关的合同中大大扩张了知识产

---

〔1〕 See Donald P. Harris, "TRIPS' Rebound: An Historical Analysis of How the TRIPS Agreement Can Ricochet Back Against the United States", 25 *Nw. J. Int'l L. & Bus.* 99, 163 (2004).

〔2〕 参见［美］肯思·奥凯："知识产权法的赌注"，载［美］戴维·凯瑞斯编辑：《法律中的政治——一个进步性批评》，信春鹰译，中国政法大学出版社 2008 年版，第 193 页。

权的范围，甚至将本应该公开或者免费的知识信息纳入知识产权合同内。强知识产权主体在合同中的肆意扩张也成了变相限制人们言论自由的一种现实工具。

一般来讲，政府并不正向增设自由，而是通过法律限制自由，即规定负面自由。但是从另一方面看，正是政府作为一个积极的主体通过法律创设了自由。[1]《美国宪法》第一修正案所预想的可利用的丰富信息被扩张的知识产权阻碍，私有领域出现通过私人或团体主张私有财产权而压制表达的情况。[2]对于言论自由范围的认定也直接决定了知识产权制度对言论自由的影响和两者之间的协调。知识产权法过度扩张对言论自由实现的直接影响是社会民主化的降低。在美国，因为有宪法对言论自由的保护及联邦最高法院近年来维护言论自由的强势态度，知识产权扩张实际上得到了满足，如其允许一些侵犯性标识注册为商标，直接肯定了个人将侵犯性标识作为商标注册的合法性。这虽然实现了个人在商标标识方面的表达自由，但反过来也限制了公众对言论自由及言论净化的一种需求。同样有必要明确的是，美国作为知识产权扩张政策主导能力最大的国家，尚未将这种言论自由的过度解释有效地输入到发展中国家，相当一部分国家在认定知识产权与言论自由方面仍然非常谨慎。这可能与言论自由的政治稳定密切相关，对于知识产权领域的言论自由的过度认定意味着知识产权范围的扩张，并可能将言论自由的范围扩大，这与有些国家政治层面对言论自由的有限性管控并不相符。因此，在言论自由与知识产权的交叉部分，全球范围内可能对其解释更加多元化，从发展趋势来看，这种言论自由的解释空间也非常宽泛，对于不同主体言论自由价值的维护将产生不同的知识产权规则。

第四，知识产权过度扩张过程中存在损害主权风险。知识产权法在知识领域提供了过多的信息权利，它们逐渐损害了传统的领土和主权政治概念。[3]在知识产权制度形成过程中，发达国家及其跨国公司在全球范围内呼

---

〔1〕　See Filip Spagnoli, "In Defense of the Compatibility of Freedom and Equality", 13 *Tex. Wesleyan L. Rev.* 769, 776, 777 (2007).

〔2〕　参见［美］肯思·奥凯："知识产权法的赌注"，载［美］戴维·凯瑞斯编辑：《法律中的政治——一个进步性批评》，信春鹰译，中国政法大学出版社 2008 年版，第 194 页。

〔3〕　参见［美］肯思·奥凯："知识产权法的赌注"，载［美］戴维·凯瑞斯编辑：《法律中的政治——一个进步性批评》，信春鹰译，中国政法大学出版社 2008 年版，第 191 页。

风唤雨的势力及强烈的游说欲望与能力，带来了发达国家在知识产权领域的主导形象，这种主导形象随着时间的推移，与其在国际上的政治影响力挂钩，它们通常以别的国家知识产权保护不力为由头，来达到其政治外交和制裁目的。通过这些手段，它们如同战争时期对其他国家的入侵一样——不达目的不罢休。即便是其他国家被动接受了这些所谓的国际知识产权规则，它们还要通过一定的手段和研究来调查这些国家在执行过程及执行结果上的表现，并进一步采取措施来威逼利诱这些国家按照它们的政治意愿规范知识产权制度与秩序。

知识产品在网络环境下及全球化浪潮下的跨国性也给知识产权规则的主权带来挑战，所谓的知识产权的地域性被削损，这与知识产权的扩张实践有必然的联系。过激主义者的知识产权方案尴尬地倾向于知识产权所有者，而非在使用者和创造者之间达到平衡，因为它忽视了一个事实，即所有的知识产权拥有者也是使用者。公司和特权的结合带来的公司对知识的控制力和对知识产权制度的影响，随着政治民主化的发展愈加强烈，公司与政治统治者之间的互惠互利在一定程度上是一种政治依赖和政治存在及延续的基础。为了掌握更多的知识产权保障的知识利益，公司很容易形成具有共同利益的集团，并在民主机制下向政治统治者献金或者给政治统治者带来雄厚的税收等有利于其统治稳定的惠益，政治统治者一般非常愿意为它们的利益发声。正是在此逻辑下，知识产权的扩张在实行民主制度的资本主义发达国家体现得更加明显。全球化的知识产权导致知识产品的全球化，知识产品的全球化导致了知识产权规则的全球化，全球化的知识产权规则带来的知识分配规则上的主权削损，延续了知识霸权主义带来的知识分配不均。

跨国公司不仅能够通过税收、政治献金为政治统治者做出贡献，还能够在特殊时期成为政治统治者实施国外资源掠夺的工具。历史上跨国公司被用来在国外为政治统治者开疆拓土、增加殖民地，[1]知识控制时代跨国公司通过从政治统治者那里获得利己的知识产权国内和国际规则，代替政治统治者向外国知识资源伸出了同样的"掠夺之手"。他们的规则不同，却实施了同样政治理念的霸权主义，土地霸权不符合现代政治文明时，知识霸权开始顺心

---

〔1〕 跨国公司化身为国际组织，为国家在世界范围内开拓殖民地。参见《公司的力量》节目组：《公司的力量》，山西教育出版社 2010 年版，第 55 页。

应手。这种知识资源的霸权有合法的外衣，且不利的后果不会立即显现出来，因此很多情况下通过知识产权规则的知识的掠夺并不为发展中国家所感知，直到后果发生才意识到这种政治伎俩之下知识控制权带来的危机。

第五，目的在于促进人类知识增益和人类对知识的学习的知识产权法，在知识产权一步步扩张的过程中，并没有主要服务于人的发展，即便是作为创作者和创新者的个人也一样。如知识创作后的知识产权并不归属于进行创作的自然人，所以知识产权的强保护在一定程度上并不完全惠益和促进创新和创作。知识产权强保护有些时候还极易催生"富公司、穷个人"的现象，如家喻户晓的 The Lion Sleeps Tonight 歌曲被用在电影《狮子王》中，为迪士尼公司赚来了数百万美元，但这首歌曲的南非创作者所罗门·琳达（Solomon Linda）的家庭却非常贫穷，其甚至不能支付孩子的药费，导致孩子最终死于艾滋病。[1]类似的例子不胜枚举。

扩张的知识产权还在个人自我认知与自治上体现了负面的作用。如在由自然人做出了智慧贡献的创新与创作上，有的连署名权这种最基本的个人身份表达都得不到实现，雇佣知识产权极度削弱了个人自治及身份确认的力度。[2]个人自我认知与民族群体自治，是人作为政治环境下的人最基础的标志，是政治稳定的根基，是现代政治文明有必要予以呵护的。自治权的实现也能够为人类发展贡献大量的多元化智慧与文化遗产，是民主参与人类进步进程的保障。脱离了知识自治的全球趋同化的知识资源分配规则及发达国家主导的知识产权的扩张，为人类政治文明的多样性带来限制。这种限制，从长远来看可能更有利于霸权主义对全球多数人的控制，这种危险将不亚于传统暴力战争对人类文明的摧毁。如果知识产权法不能够服务于人类的共同进步，那么实际上它可能成为政治文明的"蛀虫"。

---

〔1〕　See J. Janewa Osei-Tutu, "Human Development As An Intellectual Property Metric", 90 *St. John's L. Rev.* 711, 740 (2016).

〔2〕　参见孙新强："论作者权体系的崩溃与重建——以法律现代化为视角"，载《清华法学》2014 年第 2 期。诚如作者所举的例子，软件著作权中，做出实质性贡献的职员一般都不能实现署名这一确认身份的目的。

知识产权法政治学限缩论

正所谓"成也萧何，败也萧何"，知识产权的扩张并不是发达国家利益集团发挥作用、施加自己意志的唯一场合。在一定程度上，提升知识产权保护水平固然能够带来国家技术、文化的进步，为人类提供更有益的知识，但过度的知识产权扩张不仅不利于知识的增益，还可能阻碍知识的进步，甚至给人类的基本生存权和发展权带来挑战。某类利益集团能够通过政治力量扩张知识产权，实现自己的利益，其他利益集团为了自己的利益同样可以通过政治力量遏制知识产权扩张。现实中这两种利益集团一般会以竞争的关系出现在同一场合或出现在平行关系的不同场合，前者可能会更多地出现在发达民主国家，后者可能会更多地出现在发展中民主国家。

第一节　知识产权法政治学限缩理论

一、知识控制力与政治影响力

本书中的知识控制权指的是因知识产权法而形成的对知识与信息的独占权及基于这种合法垄断而形成的市场及知识有关的控制力。知识与信息是现代国家综合竞争力的关键。除依赖于武力侵略去影响其他国家，扩大自我影响力之外，现代国家主要利用知识产权及其他壁垒来实现上述目的。传统知识在殖民地结束之后开始崛起，一方面，随着意识形态对抗的淡出及可持续发展理念的流行，知识产权制度的发展得以促进；另一方面，全球知识产权问题突出，南北矛盾深刻影响着知识在全球分配的差异，权力路线不仅没有被削弱，反而得以增强。[1]关于传统知识的掌握与进一步利用，在南北之间发生的争议说明了知识对政治的影响及政治统治者在知识控制权上的角逐。这不仅使知识进入历史上最为重要的时期，也给知识的垄断带来多元化的体现方式。知识不再对人人平等，知识也不再对人人开放，知识与信息的开发成为专业的事情，也不再主要依赖于个人的自主创造，甚至在一些国家，利用政策优势来促进知识的发展与进步，催生了一些以专门产生知识产权为目的的公司。知识控制权大的发达国家在全球范围内兜售自己的知识产品及扩大以自我制度扩张为目的的知识产品保护方式。这些现象导致的结果是，知识的进步的确得以促进，但这种进步是一种惠及小部分人的进步，这种普通公众接触不到的、世界上多数人接近困难的知识进步实际上是以扩大政治影响力为条件的。

　　知识不仅能够给统治者带来信息优势，也能给其统治的其他方面带来非常大的优势。甚至从一定程度上看，掌握了知识就拥有了对其他对象"挟天子以令诸侯"的权力。这一点主要体现于掌握一定知识控制权的大公司在知识控制权集中化场合对政治统治者的影响力上，如在 TRIPs 协议的制定中 12 个大的跨国公司对相关规则的影响。另外，在发达国家，基于民主参与政治制度的完善和言论自由的保障机制，大公司往往因为大量掌控知识产权及知识产品而在国家经济发展、社会稳定等方面占据首要地位。为了稳固政治统治、维护国家秩序，国家在制定知识产权规则时不得不着重考虑这些强有力的知识产权大户。从实践角度看，它们似乎被默认为行业翘楚、行业代表，它们的声音被听到的机会远远大于其他知识产权弱者，甚至在某些时候它们的声音能够掩盖知识产权弱者。知识产权法允许知识产权"人"搜集"原料"，并予以加工，创造出知识产权，把它们以知识产品的价格卖给生产"原料"的人，这样通过北半球的制药公司、农业公司和生物科技公司主导的基因政治开始变得明朗了。[2]这种大公司的政治影响力及极强的政治参与欲望不仅左右了国际层面的知识产权规则的形成，还在发展中国家的国内知识产权规则形成及实施过程中产生了影响。但相比之下，发展中国家及发达国家

---

〔1〕 参见张永宏：《本土知识在当代的兴起：知识、权力与发展的相互关联》，云南大学出版社2011年版，第1页。

〔2〕 参见［美］肯思·奥凯："知识产权法的赌注"，载［美］戴维·凯瑞斯编辑：《法律中的政治——一个进步性批评》，信春鹰译，中国政法大学出版社2008年版，第196页。

的小企业政治参与欲望及能力有限，影响力也较为微弱。

然而，就在很多人强调加强知识产权保护的时候，劳伦斯·莱斯格（Lawrence Lessig）教授等人开始呼吁免费文化。[1]所谓免费文化指的是，创作者不要对其创作进行控制，因为创作是通过改变、组合、文本重现等方式实现的。[2]这种免费文化的宣传与知识产权扩张性保护一样，波及范围极其广泛。与知识产权扩张性保护不同，免费文化的提法并没有得到国家层面的响应与践行，也没有得到多数公司的响应。与此类似的还有，发达国家宣扬的知识产权激励理论之下的专利权，实际上并没有对专利药品的研发起到推进作用，反而主要服务于制药行业在世界范围内的话语权。言下之意，以激励理论为正当性外衣的知识产权的扩张，有时并不是真实服务于人类共同进步的知识资源分配制度。发达国家成熟的利益集团与政治统治者的利益互动，促进了这种知识控制权与政治影响的作用机制，如美国仅仅在信息产业就组建或参与了多个涉及不同政策议题的联盟，扩大了自己的政治影响。[3]免费文化的呼吁并没有占据主要地位，在知识产权法的发展中仍然以知识产权扩张的观点为主。

知识控制权的掌握主要以知识产权垄断为基础工具，并在实践中体现为国家与大公司以利益为中介的相互作用、相互促进的政治互动。大公司在利益趋同基础上形成了不同的利益集团，不同的利益集团通过民主制度中的游说制度形成权力作用机制。大公司与政治统治者在影响力扩张的方向上趋于一致，它们之间通过合法的利益承诺在知识产权制度上相互支持。知识掌握得越多，它们所具有的政治影响力就越大，最终获得的利益也就越多。无论是产业利益集团还是公共利益集团，都具有非常相似的过程。在知识全球化运动中，有一部分人在担心他们的社会地位、政治影响力丧失之际，开始启动"反全球化运动"。这部分人并不是社会贫困阶层，而是社会中间阶层，[4]即所谓的与产业利益集团类似的公共利益集团，它们的组成者并非穷

---

〔1〕 在《免费文化》一书中，作者阐述了大媒体公司是如何通过著作权将知识控制在他们手中的。

〔2〕 See Laura J. Murray, S. Tina Piper, Kirsty Robertson, *Putting Intellectual Property in Its Place: Rights Discourses, Creative Labor, and the Everyday*, Oxford University Press, 2014, p. 16.

〔3〕 参见闫星："美国信息产业利益集团政治参与的研究"，复旦大学 2006 年博士学位论文。

〔4〕 参见唐昊："利益集团政治变迁与美国霸权的转型"，暨南大学 2007 年博士学位论文。

人，因为穷人在一定程度上并没有组成利益集团的组织能力与政治技巧。因某些原因对公共利益感兴趣的知识分子等，为了扩大影响力及附带地提升一定群体的知识利益及权力，也会开展与传统的产业利益集团类似的游说活动。

从微观角度来看，个体差异本身就能够影响政治参与机会、国家治理的民主参与、政治知识的获取，从而产生政治参与主体的组成结构及政治结果；反过来，公民对知识的接近能力直接与其政治参与、政治态度相关。[1]知识产权直接影响人们接近知识产品的能力，并直接影响大多数人的受教育水平、以基本健康和食品为基础的生活问题，以知识接近能力与政治参与能力为基础的政治环境虽然依托于民主政治制度，但是知识产权制度仍然作为知识控制权的标杆决定着个人在社会中的政治地位及政治能力。同时，政治地位的差异也影响个人的知识接近能力，一个国家在全球范围内的政治地位也直接与其国民在世界范围内的知识接近平均能力相关。

然而，知识控制权的增大也使传统的利益集团与发达国家政府之间的相互作用机制产生变化。知识产权的国际化、趋同化导致知识产权相关行业的利益集团开始利益分化，它们因为逐步脱离了国内政治的束缚而获得更大的自由，国内政府也逐渐无法有效地监控跨国公司的行为。[2]一些全球公司，它们不同的部门分布在不同的国家，因此并不听从于某一国家的政治，而是通过自己在国际范围内的庞大影响力，来倒逼相关的国家根据它们的要求改变知识产权制度及国家在世界范围内的知识产权规则支持方向。这也表明，知识控制权的汇聚给非政府主体带来的政治影响力，已经逐步跨越以国家为单位形成的稳定的国际秩序，成为新的国际知识资源分配规则的重要影响因素。权力在使用暴力时，并不是最大的武器；当使用的武器是拉拢、参与等方式时，权力的力量才最强大。[3]这种在全球范围内通过知识产权制度来改变大多数人的知识接近能力及知识控制权的知识产权规则，成为提高现代政治影响力最有用的工具。

---

〔1〕 参见臧雷振："变迁中的政治机会结构与政治参与——新媒体时代的国家治理回应"，北京大学 2014 年博士学位论文。

〔2〕 参见唐昊："利益集团政治变迁与美国霸权的转型"，暨南大学 2007 年博士学位论文。

〔3〕 参见〔美〕查尔斯·梅里安：《政治权力》，转引自〔美〕罗伯特·W. 杰克曼：《不需暴力的权力——民族国家的政治能力》，欧阳景根译，天津人民出版社 2005 年版，第 32~33 页。

二、多样性的政治需求及其重要性

多样性是人类文明的发展动力，[1]是人们寻求创新的保障。当然，所谓的多样性也可以有很多后缀，但凡有多样性存在的内容都可以冠以多样性的前缀。人类政治文明的多样性，依附于其他内容多样性的保留与发展。生物与文化的多样性是知识产权规则形成与变化过程中争议最大的问题之一。在社会事务的表达和决策中，生物与文化多样性特征以身份政治的概念进入，而以集中的利益析出，形成具有某种特点且团结的、相对一致的人群组织。但是，在相关内容中，知识产权的大范围涉入"摧毁"了生物与文化多样性中传统知识的保留秩序，全球化的步伐不仅带动了全球的经济互融，也带来了世界范围内知识的交融、生物及文化多样性的削损。知识产权规则的趋同性带来了人类多样性知识存在及发展空间的限缩，进而对政治文化的多样性产生影响。尊重人权与基本自由是保护多样性的前提，丰富人们对知识的接近途径是文化多样性及民主参与文化活动的保障。[2]为了维护政治文化的多样性及人们共同的政治文明遗产，有必要校正历史进程中国家面对趋同化的知识产权规则及趋同化的知识控制权所采用的决策方式及决策结果。

人们对知识的诉求及对知识产品的不同需求造就对知识产权制度的不同期待。这种期待一方面彰显着多元化的政治需求，另一方面在民主环境下能够促动多方利益主体进行充分竞争，以对政治权力主体产生影响，促进政治环境中多方利益的呈现。在非民主政治环境下，由一部分人来呈现出非多元的知识分配下的利益表达，他们虽然被认为代表所有的国民，但一般将国民多元化的需求解释为符合他们自我政治追求的内容。最重要的是，知识接近充分不仅能够促进国家与社会范围内政治文化的相互影响及进步，还能够在利益上相互制衡。任何事情的单一性都将带来权力的集中化，从而形成相对强大的利益控制集团，威胁政府和国际组织；多元化的知识接近现实，带给社会的是多元化的意见，多元化越强烈，民主性需求就越大、越分散。分散化的民主参与与相互制衡之间的平衡需要以政府为中心的政治平衡。不以国

---

〔1〕 参见虞崇胜："论政治文明的多样性"，载《济南大学学报（社会科学版）》2004 年第 1 期。

〔2〕 参见徐知兰："UNESCO 文化多样性理念对世界遗产体系的影响"，清华大学 2012 年博士学位论文。

家为主导单位的集团、组织，在世界范围内的国家身份色彩渐渐淡化，与其之前形成的发展中国家的弱公司力量及发达国家的强公司力量相比较，现在的及未来的知识多元化的政治环境下的政治需求将更加多元，它们不仅是政治发展的参与者，更是政治发展的促动者。

　　无论是知识还是人类参与社会事务的方式，都因政治、经济、文化等的不同水平和历史而有所差异。多样性的社区代表了人类共同的财富，知识产权过度扩张及全球化带来的发达国家主导的知识产权扩张不仅会泯灭传统区域人们的生活自治秩序，还会削损人类发展的多样性。[1]对合理的知识产权规则的政治角色进行调整，无疑显得尤为必要。从现代网络环境变化及信息爆炸、商业模式涌现来看，貌似知识呈现方式多元化了，人们接近知识的机会也得以拓展。事实上却是相反，人们接近的"知识"多元化了，但能够促进人们参与政治生活的、有利于人们发展的"知识"不见得增加，且对于人们知识控制权的掌握能力来讲，知识产权仍然是最重要的调和工具。

　　反过来讲，"政治是价值的权威性分配"。[2]政治能力的强弱及知识控制权的强弱直接影响国家对知识资源及其他相关资源的控制能力。权威性分配在国内的实现并不完全相同地表现在国际范围内的资源分配规则上，全球范围内包括知识在内的权威性分配产生于相互协商，这种操作模式可以认为是趋民主化的协商，但是具体的实践被非民主方式代替并造成多样化政治需求的实际落空。为了多样性社会的持续与发展，必须对带有极强发达国家政治意愿的知识产权予以有度限缩，否则，单一性取代多样性之后，人类以知识为基础的发展将严重受到阻碍，即便是对发达国家也将具有一定的多样性损失所致的负面影响。

三、人类共同发展的牺牲补偿理念

　　人类的发展由于各种因素的叠加而产生了因地区、政治、经济、文化等因素而异的发展路径及成果。在某些历史时期一部分人偏向的制度规则，可

---

　　〔1〕　See Peter K. Yu, "Currents and Crosscurrents in the International Intellectual Property Regime", 38 *Loy. L. A. L. Rev.* 323, 383（2004）.

　　〔2〕　［美］罗伯特·W. 杰克曼:《不需暴力的权力——民族国家的政治能力》，欧阳景根译，天津人民出版社 2005 年版，第 33 页。

能在若干年后为处于类似发展阶段的另一部分人所需要。就知识产权制度来讲，发达国家在知识产权制度形成之前，也有盗版等违反现代知识产权制度理念的行为盛行。[1]甚至如人所述，现在对知识产权保护要求强烈的好莱坞及软件公司等，它们的发展得益于盗版等与当前知识产权强保护理念不符的操作。美国在历史上也有对外国作品不予以同等知识产权保护的做法。[2]近些年引领世界知识产权扩张的美国，也曾经对知识产权保护不以为意。所有的政治主体都想在利于自己国家利益的层面操纵知识控制权。然而，在历史上知识产权弱保护时期，现代发达国家已经充分利用了相关的资源，并在现代社会继续变相对发展中国家的知识与信息资源进行利用。

以人类共同知识为基础的西方文化在历史上积累了巨大的发展优势，并在发达之后通过全球知识产权规则的趋同性，使其他国家与它们共同遵循知识产权保护高标准，这是一种对发展中国家不公平的做法。[3]这种不公平不仅源于人为制造，更源于政治影响力扩大之需求。与环境治理理念类似，发达国家较早地污染人类共同的环境而发展起来之后，利用自己的标准来约束发展中国家，将弥补环境牺牲的责任从发达国家转移给发展中国家，剥夺了发展中国家平等利用人类资源的机会，导致异时空视角上的资源分配不公平。在这种场合，并不是说发展中国家采取同历史上发达国家相应发展阶段的做法具有正当性，因为国家之间的发展阶段必定有差异，如果按照发展阶段来规范的话，国家可能会为了利用更多的资源而在加快发展步伐上丧失积极性。但是，这种模式可以以一定的制度补偿来实现公平价值。人类资源的平等利用与共同发展，并不是要以发达国家的意愿为唯一导向，而是应当兼顾大多数人的需求，并尊重少数人的需求。这种牺牲补偿理念不仅在历史上没有被重视，即便是当今也鲜被提及。

此外，从知识产权法的实践来看，发展中国家应相关国际公约的要求，加入TRIPs协议等国际公约，牺牲国内知识相关利益而达到国际要求的标准。

---

〔1〕 See Assafa Endeshaw, "Intellectual Property Enforcement in Asia: A Reality Check", 13 *Int'l J. L. & Info. Tech.* 378, 381~382 (2005).

〔2〕 See Bronwen Jones, "Orientalism, Postcolonialism and Intellectual Property Protection in Egypt", 7 *J. Comp. L.* 112, 123~124 (2012).

〔3〕 See Colin Darch, "Digital Divide or Unequal Exchange: How the Northern Intellectual Property Rights Regime Threatens the South", 32 *Int'l J. Legal Info.* 488 (2004).

它们在做出重大牺牲而努力达到 TRIPs 协议等要求的知识产权保护标准之际或者达到相关标准之后，却被发达国家一再要求超越 TRIPs 协议等国际公约的标准来达到更高的知识产权保护水平。发展中国家做出牺牲，不但没换来它们期待的利益，[1]反而"赶鸭子上架"式地被发达国家进一步地提出牺牲要求。

人类共同发展政治价值之下，存在一种以长远视角来审视的对象，这种对象并不存在于所有的发展过程，尤其是在具化的单一问题语境下。从长远来看，人们的共同发展依赖于对知识和信息的接近及对必需品的接近，除此之外，它们理应共同享有当前发展阶段的知识、信息及相关的产品。从个人视角来看，人类的共同发展价值理念并不十分突出，因为个人寿命的有限性及个人力量的局限性，对于生存权和发展权的需求往往体现在以一定的政治身份为基础的环境中。如对于一个人来讲，可能 100 年前的与 100 年后的知识与信息的资源分配与他个人并无大的关系，个人更乐于追求当前对他们更有利的制度。但是对于一个政治主体来讲，它们背后的对象不仅是当前的国民，还有若干年后的国民，一个制度在一个政治国家体现的影响并不止于当前，还可能延及以后，甚至还能波及国民之外的其他人群。因此，从政治主体角度来看人类的共同发展，牺牲补偿理念的价值才更能体现出来。前人的资源牺牲，应当在后来得以弥补，这样才能带来政治主体理念下的人与人之间的共同发展，避免资源牺牲者角色的代际传递。

在知识产权国际公约制定过程中，发展中国家及发达国家因发展地位、发展程度、发展阶段等的不同而具有不同的、不对等的谈判地位。发展中国家和最不发达国家在遵循知识产权国际公约过程中的牺牲应当通过知识产权规则来弥补，这种弥补可以以对知识产品的必要接近和利益分享制度等来实现。[2]在发展中国家传统知识被发达国家的跨国公司大量用于申请专利，导致知识垄断带来的不公平累积之际，国际社会达成了对部分知识的利益分享共识，这种利益分享体现的正是对牺牲补偿理念的肯定。知识是人类共有的内容，其应当造福全人类。虽然对个人的创造性贡献应当予以尊重，但是不可否认人类知识与信息是相互渗透的。人类共同发展理念之下，牺牲补偿机

---

〔1〕 参见刘银良：《国际知识产权政治问题研究》，知识产权出版社 2014 年版，第 76 页。

〔2〕 See Cynthia Cannady, "North-South Trade in Intellectual Property: Can It Be Fair", 3 *World Trade Rev.* 317, 322 (2004).

制更值得知识产权法政治学在未来充分挖掘。

四、基本人权的政治实现

"人权是人依其自然属性和社会本质所享有和应当享有的权利"。[1]基本人权的实现与知识产权的冲突之探讨由来已久，伴随着两者之间的冲突问题，有人提出知识产权也是基本人权的观点。从政治学上看，基本人权问题主要由人的生存权与发展权展开，以《世界人权宣言》为蓝本，是人作为人的基本权利。知识产权是基本人权的提法主要来源于对人的发展权的解释，例如以《经济、社会及文化权利国际公约》为依据的知识产权来源于文化权利的说法，甚至有国家的宪法中规定知识产权是基本人权。[2]但是知识产权与基本人权的关系因为知识产权的扩张而被赋予了更加复杂的色彩。一方面，人们的社会生活等直接受到知识产权制度的限制；另一方面，作为社会知识创造者、创新者的人群，他们的经济权利、文化权利又有赖于知识产权制度予以保障。在知识产权扩张语境下，从知识产权角度要求实现经济、文化权利的人越来越多。而且，越是经济、文化权利得到实现的人，越有可能通过自己在社会上的影响力要求知识产权扩张，呼吁知识产权是基本人权。此外，免于贫穷与人权具有统一性，免于贫穷的权利作为个人获得维持体面生活所必需的物质资料和文化产品，并获得均等的减贫机会，参与及促进减贫并分享减贫积极成果的权利，是一项独立的人权。[3]知识产权的出现及扩张，限缩了大多数人对知识产品的接近能力，他们不能够共享人类发展的成果，甚至因为不能够共享人类发展的共同成果而加深贫困，生命权与健康权得不到及时保障。这一点在撒哈拉沙漠以南地区的艾滋病专利药等内容的接近困难上及当地的贫困问题因知识产权限制而陷入难以解决的窘境上，体现得较为明显。

知识产权不能被认定为基本人权，从而在知识产权与基本人权冲突时，应当使知识产权扩张让位于基本人权，或者说在保护知识产权时必须给基本人

---

〔1〕 参见李步云：《论人权》，社会科学文献出版社 2010 年版，第 3 页。

〔2〕 阿塞拜疆在其宪法中规定知识产权是基本人权。参见郑万青："知识产权与人权的关联辨析——对'知识产权属于基本人权'观点的质疑"，载《法学家》2007 年第 5 期。

〔3〕 参见汪习根："免于贫穷的权利及其法律保障机制"，载《法学研究》2012 年第 1 期。

权的实现保留一定的空间。基本人权不仅包括生存权，还包括发展权，[1]基本人权的实现不仅蕴含着个人的生存与发展，还蕴含着政治性稳定的根基；而知识产权一定程度上给基本人权让位则很少产生个人生存及发展的绝对障碍，对于政治稳定的影响也相对更弱。但是，这绝对不是说不需要对知识产权给予保护，而是应当将知识产权限制在一定的范围内，并在某些地区做出知识产权让位于基本人权的规范。在发达地区，知识产权是一部分人赖以生存的基础，如作家群体，他们的生存与发展同样值得保护。故此，从根本上讲，知识产权与人权的冲突不是仅仅靠统一的国际知识产权规则就能够解决的，而是应当允许在相对统一的知识产权规则走向上共存多种不同的保护模式与知识资源分配方式，以确保本国国民对基本人权的需求与保障。而且，一个国家应当根据本国的政治理念和目标达成一定的国内知识资源利用与保护共识，以使人们的生存发展空间在知识产权扩张趋势下得以保留。如传统知识、农业、药品等是世界上最贫困人口赖以生存的基本内容，是他们得以延续生命的重要资本，是他们生活生产的基础，[2]如果通过知识产权扩张使这些贫困人口赖以生存的内容被其他个人垄断，必将给贫困人口带来不可忽视的消极影响，而且这种消极影响不仅直接波及他们个人，还将影响他们的子孙后代。在基本人权得不到保障的情况下，必须由政府出面，对之予以足够的补充，但是后者是因情况而定的，如果没有法律保障，这些所谓的"应当"有很大可能会落空，即没有知识产权法上的声明，人们的基本人权保障仍然没有十分的把握。因此，基本人权的实现仍需要从知识产权制度本身入手，从而为人权实现保留足够的空间。

第二节　知识产权法政治学限缩实践

知识产权限制论的解释有多种，知识产权限制实践也呈现出多样化色彩，甚至有抵制知识产权、极力呼吁消除知识产权的声音，特别是一些免费文化

---

[1] See Bluntschli, "The Development of Right, and the Right of Development", 32 *J. Jurisprudence* (*T. T. Clark*) 1, 1 (1888).

[2] See Rosemary J. Coombe, "Protecting Traditional Environmental Knowledge and New Social Movements in the Americas: Intellectual Property, Human Right, or Claims to an Alternative Form of Sustainable Development", 17 *Fla. J. Int'l L.* 115, 115 (2005).

的呼吁者。为了实现他们的目的，知识产权限制论者结合各种因素予以论证。在实践中，为了反对知识产权扩张及限制知识产权范围和保护力度，还有各种运动形式的知识产权限缩需求活动。这些现象不仅体现了知识产权扩张对知识产权秩序的负面影响，还揭示出知识产权这一被动的、人为的知识垄断给人们带来的实际困难。但是，对于知识产权的限缩需求，并不完全是因为个人需求而集中起来的共识，其仍然没有脱离政治学的理念与逻辑。

一、知识产权限缩实践的政治学出发点：知识接近自由

自由是政治学的基础概念之一，在知识产权领域，自由主要体现为接近自由之下的信息自由、表达自由、竞争自由、科研自由、网络自由等。从自由分类之积极自由与消极自由来看，接近自由为积极自由。接近自由是知识信息时代人们以自我生存及发展为基础的基本需求。知识接近自由并不是知识全部免费。知识接近自由仅意味着对于社会上大多数人来讲，知识具有可及性，而非因为知识产权的过度扩张，使知识脱离人们的可及范围。这种可及性的实现，即为知识接近自由。这种自由不否定一定的代价，当然也不肯定过度的代价。从目前知识产权制度的发展趋势来看，仍需要严重警惕知识产权带来的知识接近代价过高等问题。以知识产权为中心的相关知识信息垄断制度，对人的这种基本需求造成了非常大的限制。尤其是在 TRIPs 协议之后，知识产权制度的扩张及欠缺知识产权保护能力的国家和地区，不得不面对被剥夺知识与信息接近机会的局面。对创作者和创造者来讲，知识产权的扩张带来了某些方面和某些领域的知识过度接近，但是在越来越多方面的生活被知识产权过度介入时，他们在接近知识的能力上也显现出一定的被动性，甚至在某些时候也不得不面临知识产权制度带来的知识产品接近不能问题。因此，从根本上讲，知识接近是普遍存在的，知识产权带来的知识接近不足是多层级的，知识产权制度在知识接近需求之下是必须被限缩的。

基于知识接近自由而产生的"知识接近权"，是一个带有政治色彩的术语。在知识产权被动扩张的发展中国家，特别是撒哈拉沙漠以南的非洲国家，因为缺乏治疗艾滋病的专利药而产生的人类悲剧，为我们的知识产权制度敲响了警钟。我们可以预期的是，一个健康的和受过良好教育的人可能比健康

状况不佳和缺乏教育的人更具有生产力和创新能力。[1]因此，从提升政治上的国家竞争力来看，用知识接近权的保障来促进知识的进步，能够为国家带来更多的利益。相反，扩张性知识产权制度大范围限制知识接近权实现的状况，对提升国民的自主创作和参与创造能力极其不利。由此来看，知识接近权还与人们如何参与知识创造直接相关。

知识接近权运动的胜利让我们意识到，不仅应当关注物质利益，还应当关注人们是怎样联合起来去构建他们的共同利益和机会的，构建行为涉及的是如何帮助团体获得支持、招募盟友、施加政治压力。[2]一个人的资源可以包括财产、体格、技能、性格和抱负等人格特征，以及其他合法机会等。[3]在知识产权扩张被发达国家大肆宣扬并推进的历史中，我们可以看到知识接近权被弱化的迹象。在新自由主义环境下，本土社群作为政治主体是非常重要的一部分，[4]必须尊重他们在知识接近权上的需求。在知识接近过程中，还必须明确的是，机会平等比福利和财产资源平等更加可取。[5]没有知识接近的自由，任何人的权利都无从谈起，因为没有知识接近就没有个人的生存与发展。同样，知识自由之下的平等接近能够有力减少无知人群的数量，虽然未必能够带来技术文化的进步，但是它的作用仍然是非常重要的。

同样，知识接近应当顾及世界上的多数人口并尊重人们的自治意志。自由就是人们能够选择使自己成为更好的人并实现自我发展的能力，[6]没有足够选择的自由并不是真正的自由。传统地区的人们在遭遇国际知识产权规则变动带来的问题时，会以运动的方式表达反对意见，但是很多时候都不能达

---

〔1〕　See J. Janewa Osei-Tutu, "Human Development As An Intellectual Property Metric", 90 *St. John's L. Rev.* 711, 735（2016）.

〔2〕　See Amy Kapczynski, "The Access to Knowledge Mobilization and the New Politics of Intellectual Property", 117 *Yale L. J.* 804, 851（2008）.

〔3〕　参见［美］罗纳德·德沃金：《至上的美德：平等的理论与实践》，冯克利译，江苏人民出版社 2012 年版，第 300 页。

〔4〕　See Rosemary J. Coombe, "Protecting Traditional Environmental Knowledge and New Social Movements in the Americas：Intellectual Property, Human Right, or Claims to an Alternative Form of Sustainable Development", 17 *Fla. J. Int'l L.* 115, 123（2005）.

〔5〕　参见［美］罗纳德·德沃金：《至上的美德：平等的理论与实践》，冯克利译，江苏人民出版社 2012 年版，第 300 页。

〔6〕　See Filip Spagnoli, "In Defense of the Compatibility of Freedom and Equality", 13 *Tex. Wesleyan L. Rev.* 769, 773（2007）.

到反对的效果。发达国家和世界政治主体的联盟及在相关问题上的决定权，掩盖了穷人群体的意志及意愿，穷人的观点逐渐被边缘化。[1]人们对知识接近权未能达成强有力的共识，不仅与各国的国内需求有关，还与各国的政治需求有关，更与各国在国际上的政治地位有关。

二、知识产权法语境下知识接近自由的内容

知识产权语境下，知识接近自由的内容主要以基本人权实现及民主参与社会事务的必须性作为参考因素。知识接近自由并不是所有的知识产品必须被免费接近，而是应当使知识产品对人们来讲具有可期待性，而非完全不可企及。基于知识产权对人们生活的渗入及对人们实现自我生存和发展的参与度，自然人为了实现自己作为个人的人权，应当享有对专利药品的接近权以实现健康权、科学进步受益权，接近有著作权的学习资料以实现受教育权等。[2]知识接近范围的大小，直接关系到人们在知识产权与基本人权冲突时所享有的正当要求权益。但包括 TRIPs 协议在内的知识产权规则从根本上限制了知识接近的范围，如将可专利的范围扩张到所有领域，排除技术领域的歧视，这意味着食品、药品、农业等不再被排除出私权、垄断的范围。[3]这些规定成为限制知识接近的依据。从现实国家发展及人的生存发展来看，一些内容的接近是必要的，并具有稳定政治秩序的作用。

（一）对专利药品及疫苗的接近

专利药品的接近是当前人权与知识产权冲突最明显的体现。[4]疫苗的出现为人类预防疾病提供了可能，疫苗在实践中对人们的惠益性也可见一斑。

---

〔1〕 See Rosemary J. Coombe, "Protecting Traditional Environmental Knowledge and New Social Movements in the Americas: Intellectual Property, Human Right, or Claims to an Alternative Form of Sustainable Development", 17 *Fla. J. Int'l L.* 115, 131 (2005).

〔2〕 See Laurence R. Helfer & Graeme W. Austin, *Human Rights and Intellectual Property: Mapping the Global Interface*, Cambridge University Press, 2011, chapter 1~chapter 7.

〔3〕 See Donald P. Harris, "TRIPS' Rebound: An Historical Analysis of How the TRIPS Agreement Can Ricochet Back Against the United States", 25 *Nw. J. Int'l L. & Bus.* 99, 106 (2004). 参见 TRIPs 协议第 27 条："……所有技术领域的任何发明，不论是产品还是方法，只要它们具有新颖性，包含创造性并能在产业上应用，都可以获得专利……"

〔4〕 See Laurence R. Helfer & Graeme W. Austin, *Human Rights and Intellectual Property: Mapping the Global Interface*, Cambridge University Press, 2011, p.90.

人们的生命健康权依赖于科技进步带来的药品和疫苗等专利产品，因为国家以专利赋予医药公司的药品和疫苗垄断权，得以接近专利药品和疫苗可能仅仅在发达国家流行或者在世界范围内的非穷人区域流行。穷人和儿童不能获得或者不能及时获得专利药品和疫苗会丧失健康甚至生命。[1]据统计，世界上约有1/3的人缺乏对必需药品的接近，而在撒哈拉以南的非洲国家，该数据为1/2。例如，截至2017年，全球范围内有3.69亿人感染HIV病毒，仅有2.17亿人接受抗逆转录病毒治疗（antiretroviral therapy）。[2]因为专利保护制度，人们对专利药品及相关药品的接近严重不足，这带来了生存与发展的极度不平等。这种不平等，是一种呈现出区域性差异的发展失衡。为了应对知识产权扩张，世界范围内的药品接近和知识接近运动使人们对药品和疫苗接近给予必需的考虑。[3]世界范围内的专利药品及疫苗，贫穷地区对它们的接近难度难以想象，这不仅让贫困地区人口在个人生命权和健康权的实现上备受阻碍，还直接影响着地区人口质量而给全球带来人口质量问题。

疾病与贫困具有因果关系，两者互为因果，并且相互促进。[4]对贫困人口专利药品的接近限制，提升了他们的贫困系数，增加了消除贫困的政治目标的实现难度。贫困与疾病如影随形、相互促进，更是为贫困地区带来贫困代际传递的恶劣后果。这样，在穷人自顾不暇之际，民主参与社会活动的机会就会越来越有限，他们的声音越来越趋向于边缘化，甚至因为接近药品的缺陷而缺乏在社会环境中的竞争机会和阶层上升渠道。贫困人口不能负担高价专利药品是专利药品接近不能的一方面，另一方面是，贫困人口购买高价专利药品的能力极度有限，因此，制药企业不会考虑对于贫困人口疾病具有针对性的科研，提供有效的药品，这将从根本上减少制药企业对贫困人群疾病的关注。发达国家的制药企业以专利保护为代价，调整贫困地区的专利药

---

〔1〕 See Peter Drahos, "Intellectual Property and Pharmaceutical Markets: A Nodal Governance Approach", 77 *Temp. L. Rev.* 401, 402 (2004).

〔2〕 See UNAIDS, 2017 *Global HIV Statistics*, p. 1, available at http://www.unaids.org/sites/default/files/media_ asset/UNAIDS_ FactSheet_ en. pdf (last visited on December 17, 2020).

〔3〕 See J. Janewa Osei-Tutu, "Human Development As An Intellectual Property Metric", 90 *St. John's L. Rev.* 711, 716 (2016).

〔4〕 See Brigit Toebes & Rhonda Ferguson, Milan M. Markovic & Obiajulu Nnamuchi, *The Right to Health: A Multi-Country Study of Law*, *Policy and Practice*, T. M. C. Asser Press, 2014, p. 22.

品价格，这成为其将专利药品输入到贫困地区的谈判筹码。[1]但是，这种降价是否普及到所有的必需药品及制药企业，对贫困人口来讲仍然是不确定的问题，但是如若发展中国家对药品予以过多、过度的专利保护，则会普遍增加贫困人口对专利药品的接近难度。

国际组织对穷人的药品接近权非常重视。1946 年《世界卫生组织法》规定了健康权为人的基本权利。[2]1948 年《世界人权宣言》第 25 条规定："人人有权享受为维持他本人和家属的健康和福利所需的生活水准，包括食物、衣着、住房、医疗和必要的社会服务……"[3]健康权相关的人权又可分为生存权（right of existence）、自治权（right of autonomous action）、社会互动权（right of social interaction）。[4]对于必需药品的接近权是人类生命健康权的保障，是人口质量提升的重要保障。2000 年《联合国千年宣言》"鼓励制药行业让发展中国家所有有此需要的人更容易买到价格相宜的必要药品"。[5]

疫苗作为人类发展史上对抗疾病的福音，是人们预防疾病最重要的途径之一。对于致死性疾病或具有遗传性质的疾病，通过疫苗预防能够提升人口质量，并将疾病限制在一定范围内。如艾滋病，一般患病的为父母，如果能够通过疫苗预防 HIV 病毒传给后代，将减少患病父母不能够抚养孩子及大量患病孤儿不能照顾自己的现象。[6]疫苗不仅能够通过提升人口质量维护政治稳定，还能够通过预防疾病保障国家的公共安全并减少国家公共安全开支。[7]疫苗能够有效预防不必要的疾病感染、死亡及医疗花费，从宏观层面看，还

---

〔1〕 如美国制药企业以及政府声称，如果一个发展中国家对药品予以专利保护，美国的制药企业愿意降低在该国的药品售价。See Nadia Natasha Seeratan, "Negative Impact of Intellectual Property Patent Rights on Developing Countries: An Examination of the Indian Pharmaceutical Industry", 3 *Scholar* 339, 382 (2001).

〔2〕 See Constitution of the World Health Organization (1946).

〔3〕 See Universal Declaration of Human Rights (1948), Article 25 (1).

〔4〕 See Jose M. Zuniga, Stephen P. Marks & Lawrence O. Gostin (ed.), *Advancing the Human Right to Health*, Oxford University Press, 2013, pp. 11~15.

〔5〕 参见《联合国千年宣言》第 20 条。Available at https://documents-dds-ny.un.org/doc/UN-DOC/GEN/N00/559/50/PDF/N0055950.pdf? OpenElement (last visited on December 17, 2020).

〔6〕 See Jennifer Berman, "Using the Doctrine of Informed Consent to Improve HIV Vaccine Access in the Post-TRIPS Era", 22 *Wis. Int'l L. J.* 273, 273 (2004).

〔7〕 See Linnea Nasman, "Philosophical Vaccine Exemptions and Their Risk to Public Health", 21 *LBJ J. Pub. Aff.* 69, 69 (2013).

能够降低国家及社会环境中的公共健康舆情风险。但是当今最具有挑战性的问题在于，如何在 HIV 疫苗的专利垄断与人类对疫苗的接近之间作衡量。[1]与必需专利药品一样，对疫苗的接近仍然在一定程度上受限于贫困等问题而导致接近困难。

疾病治疗与预防关系到人类的公共健康与安全，不仅是一个国家或某类人的问题，更是整个人类需要共同面对的问题，必须从全球发展的高度来对待。放眼全球，很多生活在贫困线以下的穷人，他们理应获得医药和疫苗，因为这是他们脱贫的前提条件。任何带病人口对社会做出的贡献，比起健康人都是有限的。贫穷国家不能负担治疗致命疾病的专利药品导致的对基本人权的不尊重在历史上重复上演，这让当今的我们必须严肃对待药品和疫苗的接近问题。[2]对必需药品和疫苗的接近问题，从知识产权角度来突破，不仅是有效的，还是符合其内在的根本动因的。贫困地区人们的生活贫困并不是其个人的主观愿望，也不是因为个人主观能动性较弱，而是国家发展不平衡导致的；国家的体制及制度设计并未达到与国民需求一致的程度，加之西方国家的资源掠夺及政治压迫，贫困从根本上来讲并不是个人原因所致，而是社会综合因素所致。从此层面来看，发展中国家相关的贫困所致的对专利药品与专利疫苗的接触能力有限与发达国家对这些国家的历史"待遇"也有直接的关系。

（二）网络作品及软件等接近自由

网络及软件的出现和流行，将人们的生活连接起来，当今时代，人们离开网络与软件更是寸步难行。当前网络作品的技术保护措施及相关责任分配，使得社会公众对作品的接近机会非常有限，甚至物质层面的作品可及性有时候还大于网络环境下的作品可及性。这不仅是对作品使用范围的限缩，还是对作品传播范围的普遍限制。人们对正版软件的不可及性，也在一定程度上影响着人们对相关技术的接近。缺乏对网络环境作品的有效接近及对软件的接近，主要有以下不利影响：

第一，影响贫困人口受教育程度的提升。在印刷环境下，人们买来的书

---

[1] See Lori Knowles & Tania Bubela, "Challenges for Intellectual Property Management of HIV Vaccine-Related Research and Development: Part 1, the Global Context", 16 *Health L. J.* 55, 57 (2008).

[2] See Nadia Natasha Seeratan, "Negative Impact of Intellectual Property Patent Rights on Developing Countries: An Examination of the Indian Pharmaceutical Industry", 3 *Scholar* 339, 404 (2001).

可以借给他人传阅，也可以通过一定的市场转卖。但是，在网络环境下，人们不仅无法以低于一手价的价格来购买二手网络作品，还无权将买来的作品传阅给他人。这从一定程度上影响了中下阶层在教育材料上的选择空间，而选择空间限缩可能会给他们本身有限的购买能力雪上加霜，削弱他们对社会作品的接近力。在有些国家，对于主要依赖于高价教材的学生来讲，他们同样期待能够获得可负担的电子资源，但是在目前的著作权法体系内，在合理使用空间有限的情况下，大多数场合仍然需要为教育材料支付高额费用。同样，软件开发支付的成本需要通过高售价来收回。不同于网络游戏等软件，很多非网络游戏的计算机软件在许可情形下采取的固定搭售模式也给人们的选择带来较大的限制。教育与软件的使用密不可分，但对于教育情形下的软件使用，著作权法并没有予以侵权豁免。

第二，影响人们民主参与社会表达。网络环境下，人们参与社会表达的机会及相互之间的表达交流逐渐部分代替物质环境下的表达及参与。在此情形下，理论上人们能够利用网络环境进行更大范围、更深层次、更高频次的交流与沟通，在民主表达上能够有更进步的表现。事实上，在非洲国家，因为缺乏技术而导致的人与人之间的交流减少、交流不充分，不仅减少了信息流通给人们带来的创作机会，还限制了人们接触相关信息的渠道。[1]这严重减少了人们民主参与社会活动的机会，封闭了相关的途径，不利于民主文化的建设。只有有效保证信息接近权，人们才能够通过一定的渠道吸收相关信息并实现自我发展。2000 年的《联合国千年宣言》第 25 条规定，"确保新闻媒体有效发挥重要作用的自由，也确保公众有获取信息的权利"，这是对个人有权获得信息的重要性的明确肯定。

第三，人们发展趋于不平衡。互联网与软件的普及与发展，为人们带来了发展的新机会与新挑战，发达国家能够充分利用相关的大软件企业的成果进行新的理念创新与实践发展，而落后地区只能利用发达国家过保护期限的软件或者冒着侵权的风险而使用盗版软件来加入到新发展行列。但是这种冒着侵权风险尝试发展的行为，并没有给他们带来真正的发展。他们能够利用网络，却不能够利用相关的软件及其健全功能；他们能够利用相关的盗版软

---

[1]　See J. Janewa Osei-Tutu, "Human Development As An Intellectual Property Metric", 90 *St. John's L. Rev.* 711, 736 (2016).

件，却无力购买正版软件；他们即便负担得起相关的软件，也可能因为可接近的软件太少而被提供残次软件。这种发展不平衡，不仅是知识产权保护的问题，更是一种在新的环境下对知识产品的接近态度选择的问题。

第四，弱化个人自主选择的权利。软件的拆封协议本身就是人们购买软件时的受限性表现之一，加之软件的捆绑销售等，人们的自由选择空间被动缩小。许可立法的内容在互联网时代已经超过了软件的狭义范畴，因为互联网时代很多作品都开始以数字化形式提供，内容提供者也开始利用许可合同规定使用者可以做什么和不可以做什么。[1]这种扩大化的合同内容，不仅是知识产权合同的扩张，也是商家在新的市场环境下以其相对于个人的优势地位而采用的一种超越知识产权范围的策略。但是基于知识产权的法定性，这种所谓的许可合同，同样应由知识产权法规制，以维护个人的自由选择空间及以人为本的知识产权法的权威性。

(三) 粮食及食品的接近自由

粮食是农民赖以生存的关键物质，没有粮食，农民的生存权就失去了基础保障，更别谈他们的发展及进步。与粮食相比，食品波及的范围更为广泛，没有食品，人们的生活将陷入无法想象的境地，在没有替代品的情况下，人类不仅无法生存，还可能因此产生社会动乱。世界范围内的贫困极大程度上仍然是粮食及食品不足引起的，人们的疾病也有很大一部分是因为粮食及食品接近不足、接近不能等而产生的。诸如营养不良等普遍存在的地区性健康问题，也是对粮食及食品的接近不足引发的。归根结底，对于最不发达地区来讲，保障人们的生命权、健康权的第一要素不是其他，而是粮食及食品。知识产权法允许的对粮食及食品的权利垄断，增加了人们接近粮食及食品的难度，为地区甚至全球范围内的粮食及食品供给带来变革。

这种变革一定程度上是因为发达国家大的育种公司、粮食食品及化工公司等大力推进植物新品种、粮食及食品的知识产权申请。发达国家大的育种公司不仅拥有大量的植物新品种权和专利权，还乐于培育具有特定抗性的植物新品种，以对它们提供的农药产生匹配性，促使购买该粮种的人同时产生对它们的农药的依赖性。耕种对高农药和高施肥具有抵抗力的植物新品种，

---

[1]　See Douglas E. Phillips, *The Software License Unveiled: How Legislation by License Controls Software Access*, Oxford University Press, 2009, p. 187.

使得当地的农药污染和土质硬化问题严重，给可持续耕种带来极大的挑战。[1]在没有技术含量的传统农耕场合，人们不得不采取提高灌溉率、增加施肥量、增加多样的农药等方式来达到提高粮食产量的目的。[2]这不仅使当地的环境和土地遭受污染，导致土地质量变差，还会影响当地农业的可持续发展。但是，在广泛搭配使用特定的育种公司提供的植物新品种和农药后，这些问题并没有得到改善。专注于特定的植物新品种的农民，他们的农作物可能大范围丧失培育多样性及多抗性的基础。所谓的可持续发展，并不见得被这些育种公司的植物新品种和农药促进了。

民以食为天，粮食安全不仅关系到人们的生存与环境保护，还关系到国家的稳定。[3]粮食主权也是一个国家生存与发展的关键。[4]现在大多数发达国家通过专利权及植物新品种权将粮食控制在自己的手中，急需粮食以保障国民基本生存的国家却在粮食及粮种上丧失自由接近机会。发达国家的这些行为导致粮食集权主义出现，少数大企业控制了生存权赖以实现的食物链，并摧毁了生物多样性。[5]以发达国家的大公司为粮食和食品行业巨头，为发展中国家带来粮食危机的可能性非常大。粮食危机及粮种危机，是一个国家的致命问题。缺乏粮食保障及植物新品种自我培育能力的国家，为了保障国内的食品供给，必定从国外进口相关的物质。一旦该种进口途径被阻断，国家就只能被动接受他国提出的不公平条款的约束。此外，全世界范围内的脱贫目标实现，主要依赖于发展中国家的成功脱贫，而粮食及食品的接近自由与安全是脱贫的重要保障。

知识产权的扩张不仅给贫困地区带来粮食上的种种问题和脱贫障碍，还给人们的饮食习惯和主权带来了挑战，严重影响了人们的粮食及食品自主权

---

〔1〕 See Jiyu Zhang, "New Plant Variety Protection in China from the Perspective of Food Security and Environmental Protection", 12 *Frontiers L. China* 174, 178 (2017).

〔2〕 See Rashmi Venkatesan, "TRIPS and Plant Variety Protection in India: Complicating the Globalisation Debate", 9 *Indian J. Int'l Econ. L.* 43, 46 (2018).

〔3〕 See Jiyu Zhang, "New Plant Variety Protection in China from the Perspective of Food Security and Environmental Protection", 12 *Frontiers L. China* 174, 177 (2017).

〔4〕 See Rashmi Venkatesan, "TRIPS and Plant Variety Protection in India: Complicating the Globalisation Debate", 9 *Indian J. Int'l Econ. L.* 43, 48 (2018).

〔5〕 参见［印］范达娜·席瓦：《失窃的收成：跨国公司的全球农业掠夺》，唐均译，上海人民出版社2006年版，第18~19页。

和自治秩序。1996 年 10 月 16 日，世界粮食日，来自 75 个国家的 500 个机构呼吁世界范围内抵制抗化学除草剂草甘膦（chemical herbicide glyphosate）的转基因大豆。[1]但是，种子公司及生物公司对转基因的热爱及它们在全世界范围内对转基因食品的推广，使得人们丧失了对食品的选择权。对于是否食用转基因食品，人们本应当具有的知情和自由选择的权利（right to know and right to choose）[2]逐渐被磨灭，其中的知识产权的镶嵌，也使得这些内容更加神秘。发达国家向具有特色农作物耕种习惯和饮食习惯的发展中国家的渗透，很大程度上改变了相关国家的传统习惯及自治环境。植物新品种的持续开发，使当地人丧失了原来植物新品种的培育技能及种植习惯，他们在新的发展阶段会依赖于发达国家育种公司推广的植物新品种。在这种逻辑下，贫困地区及传统地区的人们可能对这种种子产生一种被动的稀缺感。知识产权对农民接近植物新品种的阻碍，可能会给农民种植的积极性及成本带来负面影响，他们可能本来更愿意选择耕种支付得起的品种，而非价格昂贵的品种。

　　发达国家不仅采用生物掠夺方式剥夺了发展中国家的农民对粮种的接近权和生存保障权，还将自己"发明""改进"出来的粮种推销给他们，削损了当地的粮食民主。[3]农民不仅需要接近粮种、育苗等，还对现代育种成果具有天然的期待。只有带给他们产量更高的植物新品种，才能够给他们的生活带来更大的保障，使他们有机会脱离贫困。盲目地接受专业育种公司的植物新品种，一方面会弱化农业种植的多样性，造成农产品的单一性发展，另一方面也极有可能削弱农民在育种上的自愿性及能力的发展。这就有必要处理好农业发展与多样性维护之间的协调问题，但是这种协调并不能仅以经济效益作为唯一标准，因为经济问题仅仅是植物新品种所涉问题的冰山一角，其关涉到的国家粮食安全及其保障问题更值得认真对待。

　　有人认为，农民与育种者具有同等的地位，因为农民也可以申请植物新

---

　　[1]　See Vandana Shiva, *Biopiracy: The Plunder of Nature and Knowledge*, South End Press, 1997, p. 37.

　　[2]　See Vandana Shiva, *Biopiracy: The Plunder of Nature and Knowledge*, South End Press, 1997, p. 38.

　　[3]　参见［印］范达娜·席瓦：《失窃的收成：跨国公司的全球农业掠夺》，唐均译，上海人民出版社 2006 年版，第 19 页。

品种权。[1]但是，这句话忽略了农民与专业的育种公司在相关条件上的本质差异。育种公司的植物新品种不仅可以提升产量，还具有对一些农药的针对性抵抗力，这些都是农民接触不到并且不能进行实验的。再者，农民也不具备实验的场合和经费，也无申请知识产权保护的意识，而育种公司却可以以科研名义向国家和政府申请相应的研究经费，并积极获取知识产权保护。另外，即便国际公约中有对农民使用种子等利益进行保护的规定，这种利益保护也不是以牺牲育种者的利益为代价的。[2]因此，这种所谓的交换或者说平等竞争是根本不成立的。

但是与此同时，运用高科技同样可以培育出具有广泛抗性的植物新品种，这些植物新品种特性稳定、产量高且污染少。[3]但是对植物新品种权的过度保护，不仅加剧了育种公司在全球的大肆扩张与对育种信息和技术的控制，还偏离了保护植物新品种权的初衷[4]，将植物新品种权的保护降低到了次要位置[5]。如何使育种公司对信息和知识的掌握优势发展成为对农民有利的、有助于提升农民对粮食和食品自由选择能力的工具，值得思考。

三、政治学视角下知识产权限缩制度实践

虽然知识产权法的激励作用被宣扬得非常厉害，并被当作论证知识产权正当性及加强知识产权保护的有力基础，在实践中也被人们视为促进知识进步的理论基础，但是实际上至少在著作权和专利权领域，激励作用并没有具有说服力的证据予以证实。[6]据研究，人们对知识产权的感知与其所宣称的

---

〔1〕 See Rashmi Venkatesan, "TRIPS and Plant Variety Protection in India: Complicating the Globalisation Debate", 9 *Indian J. Int'l Econ. L.* 43, 51 (2018).

〔2〕 See Rashmi Venkatesan, "TRIPS and Plant Variety Protection in India: Complicating the Globalisation Debate", 9 *Indian J. Int'l Econ. L.* 43, 52 (2018).

〔3〕 See Jiyu Zhang, "New Plant Variety Protection in China from the Perspective of Food Security and Environmental Protection", 12 *Frontiers L. China* 174, 180 (2017).

〔4〕 See Mark D. Janis & Stephen Smith, "Technological Change and the Design of Plant Variety Protection Regimes", 82 *Chi. -Kent L. Rev.* 1557, 1614 (2007).

〔5〕 See Mark D. Janis & Jay P. Kesan, "U. S. Plant Variety Protection: Sound and Fury", 39 *Hous. L. Rev.* 727, 776 (2002).

〔6〕 See David Vaver, "Intellectual Property Today: Of Myths and Paradoxes", 69 *Can. B. Rev.* 98, 98 (1990).

知识产权法的激励作用并不完全相符。[1]况且，从财产权角度来看，知识产权中所谓激励发展的目标与财产权的目标并不吻合，当今没有限制的知识产权正威胁着人类的发展，成为某些领域制约人类共同发展的瓶颈。因此，应当存在对知识产权的限制制度。[2]更何况，对当前的知识产权进行限缩不仅是人类发展的现实需求，还存在理论上的正当性。以下以政治学视角从知识产权分支分别阐述及评价相关知识产权限缩实践及背后的理论。

（一）著作权限缩实践的政治学分析

从政治学视角来探讨著作权的限缩，不应将著作权人与作品使用者对立，而应将自然人、单位为源头的创作主体作为一方，将竭力呼吁著作权扩张的X方作为对立面，在此基础上探讨著作权限缩需求及其实践。信息接近权在著作权法领域被认为来源于基于知识公共领域的信息接近，其与以著作权为基础的信息垄断权相抵触。从思想表达二分法为基础的著作权保护，到著作权侵权责任的承担及著作权终结，著作权法的限缩需求贯穿其中，但是与坚挺的著作权强保护及扩张的声音相反，这种限缩需求体现得更为委婉，甚至因为不太强烈而被磨灭或者被认为是道义上的对社会部分群体的施舍。实际上却不尽然。

1. 著作权限缩——思想表达二分法的反思

思想表达二分法是著作权法中认定作品受著作权法保护的基础原则。之所以要通过著作权对表达予以垄断性的保护，而不对思想作同等对待，其基础逻辑在于：思想是民主对话的必要内容，而复制思想的表达对于民主社会和思想发展的维护并不是必要的，即是否予以著作权保护的基础在于该对象是否能有效促进民主。思想的多元性当然可以推动民主进步，但是任何思想不经表达便不可被感知和传播，即任何思想必须通过表达方可推动民主进步。思想表达的著作权保护，不仅在于对表达者的表达效果的维护，还在于通过著作权保证思想表达者对其表达方式的真实性和完整性予以控制。在脱离表达者控制的场合，任何表达都有可能被篡改、曲解，其对社会民主的推动之真实性并不能够得到保障。因此，著作权法中一般均会规定以人身权为基础的著作

---

[1]　See Gregory N. Mandel, "The Public Perception of Intellectual Property", 66 *Fla. L. Rev.* 261, 308 (2014).

[2]　See Michael A. Carrier, "Cabining Intellectual Property through a Property Paradigm", 54 *Duke L. J.* 1, 82 (2004).

权，来确保思想表达者能够有效传达其真实的观点。非表达性的思想及事实并没有被垄断的价值，因为对任何事实及思想的垄断，均会限制这些内容的传播，从而缺乏进一步产生多元化观点的空间，这显然是对自由表达非常不利的。

与思想相比，表达对于民主对话及反暴力更为重要，因此，对有新闻价值的照片等减弱作者的控制更有利于民主对话，但这也体现出思想表达二分法的局限性。[1]一个人的思想是不可控制且不能控制的，因为任何一个人的思想不经表达便不能被随意猜测，历史上曾经因对思想的推测而引发的暴力事件便是教训。对任何人的思想均不应当作限制，因为思想是人之为人的根本机能，任何机构和人不得干涉，任何思想也不宜被任何人限制与控制。但是在思想与表达界限不清晰时，对表达的垄断也会限制思想，这也可能减损著作权之民主正向作用。

思想与表达在大多数情况下是可以作一定的区分的，但是在一些时候也是融合在一起的。两者之间的交叉与融合，使得思想与表达的保护相对模糊。比如，在某些情形下，图片的表达及传递信息的能力及精确度，远远不能被其他方式代替。[2]在 *Feist Publications*，*Inc. v. Rural Telephone Service Co.*，*Inc.* 案中，法院就提出，版权法的首要目标并不是奖赏作者的劳动，而是促进科学和实用艺术的进步，因此需要保护作者对其原创性表达的权利，并鼓励他人在作品所传达的思想和信息基础上自由创作。[3]在任何著作权保护案件中，在思想与表达界限模糊时，应当默认为是以思想而非以表达进行垄断，因为比起通过确保著作权来实现民主表达秩序，言论自由对民主表达秩序的构建更为重要。

在 *Harper & Row Publishers*，*Inc. v. Nation Enterprises* 案中，法院认为如果被告能够用自己的语言来表达，那么复制别人的作品就不是必需的，因此就可能构成侵权。[4]该案之后，所谓的思想表达二分法被广泛使用。[5]虽然文字作

---

〔1〕 参见李雨峰："思想/表达二分法的检讨"，载《北大法律评论》编委会编：《北大法律评论》（第8卷第2辑），北京大学出版社 2007 年版。

〔2〕 如美莱村大屠杀的图。See Travis J. Denneson，"The Definitional Imbalance between Copyright and the First Amendment"，30 *Wm. Mitchell L. Rev.* 895，912（2004）.

〔3〕 See *Feist Publications*，*Inc. v. Rural Telephone Service Co.*，*Inc.*，499 U. S. 340.

〔4〕 See *Harper & Row Publishers*，*Inc. v. Nation Enterprises*，471 U. S. 539（1985）.

〔5〕 See Travis J. Denneson，"The Definitional Imbalance between Copyright and the First Amendment"，30 *Wm. Mitchell L. Rev.* 895，913（2004）.

品的思想与表达更容易区分开来，人们也更容易用自己的文字来表达相同或类似的思想而不构成侵权，但是在某些场合，为了达到一定的表达效果，有必要使用别人的作品，而这种作品的使用目的并不是抄袭，而是传达信息、促进民主。

与此同时，著作权法中的思想表达二分法也在实践中受到挑战，因为其并不能在著作权保护与言论自由之间提供充分的平衡。[1]与出版自由（press freedom）不同，言论自由（speech freedom）意在保证个人将自己的思想表达出来，是一种对个人自治的尊重及对个人选择自由的保障机制。[2]《美国宪法》第一修正案中的言论自由保护，在美国甚至全世界都备受关注。言论自由曾经被视为著作权的天敌，因为著作权保护限制了言论自由。但是一个人的言论自由受到保护，也要确保其言论的真实性、不受歪曲性，因此，著作权保护在一定程度上也能够维护个人的言论自由。[3]当然，从不同角度看待言论自由与著作权法之间的关系，将看到不同的联系和结果。著作权法的合理作用的发挥，可以促进言论自由，从而推动民主参与；若著作权法不当发挥作用，则可能泯灭言论自由的"烛芯"。从思想表达二分法来看，《美国宪法》第一修正案的言论自由规定，不仅保护思想，还保护人们自愿采取的表达这些思想的方式。[4]也即，人们对自己的表达方式具有自由选择的空间。思想表达二分法之下的著作权法规定，人们不能随便使用他人已经使用过的表达，如果不经授权使用，可能侵犯著作权。从这一点看，思想表达二分法的确不是维护言论自由的理想工具。

在思想内容不具有可版权性，而思想的表达具有可版权性的场合，自由的限度更是受到限制。[5]例如，在数据汇编中，不具有受保护性的数据在表达方式——汇编——之下，变成了必须受到著作权限制的内容。这里的著作权限制不仅仅是使用上的限制，还有信息表达的限制。再如，法律内容本来

---

〔1〕 See Travis J. Denneson, "The Definitional Imbalance between Copyright and the First Amendment", 30 *Wm. Mitchell L. Rev.* 895, 917 (2004).

〔2〕 See Travis J. Denneson, "The Definitional Imbalance between Copyright and the First Amendment", 30 *Wm. Mitchell L. Rev.* 895, 915~916 (2004).

〔3〕 See Justin Hughes, "The Philosophy of Intellectual Property", 77 *Geo. L. J.* 287, 358~359 (1988).

〔4〕 See Travis J. Denneson, "The Definitional Imbalance between Copyright and the First Amendment", 30 *Wm. Mitchell L. Rev.* 895, 916 (2004).

〔5〕 See Douglas J. Frederick, "Watching the Watchdog: Modifying Fair Use of Works Produced by the Institutional Press", 87 *Iowa L. Rev.* 1059, 1074~1075 (2002).

属于公共信息，人们对法律的了解及接近理所应当，但是有数据库将这些法律内容容纳进去，并将数据库卖给别人，或者将法律汇编成册子，就成了著作权法保护的表达。在没有公共或者公立机构对法律进行充分汇编公开的情况下，著作权法便构成了人们接近与了解法律知识的限制。这种著作权限制，从本质上来说是对表达方式高度重视的极端。思想表达二分法并不能很好地维护社会秩序，在特定场合或者当今技术高度渗入的情况下，极大地限制了人们作为社会构成部分的角色。

从作品类别看，文字作品可能会更好地实现思想表达二分法之下的思想与表达的相对分离，但是其他类型作品的思想与表达并不一定能够被剥离开来，如将视觉艺术（visual art）视为言论（speech），使得相关内容的作品平等地受到著作权法的保护成为现实。[1]但是在当前的著作权法体系下，显然言论自由的维护并不占据主要地位。从人类思想自由的长期需求来看，著作权法仅仅保护思想的表达，并不意图将思想作为一种私权来保护。思想表达二分法本身也蕴含着可版权的作品是具有独创性的，而不具有可版权性的概念、事实、其他发现等是不能够被独立表达出来的思想层面的内容。[2]18 世纪及 19 世纪，很多人认为存在判定好的艺术、好的作品的标准，因此对艺术给予著作权保护的思维根深蒂固；[3]20 世纪之后，对作品的著作权保护降低了对艺术价值的重视，自由主义思维的作品范围逐渐扩大。[4]与此同时，著作权法并不（is not）抑或说并不应当（shall not）对表达予以极端的封闭性守护，因为表达仅仅是内容呈现的方式，并不是一种客观的存在。对表达的限制必须以一定的制度规范予以呈现，以维护人们的自由需求，如表达方式有限的场合或思想与表达融合的场合，这些内容就不再具有可著作权性。[5]因为在表达方式有限的情况下，如果授予表达者以垄断性的著作权，就具有严格限制表达自由的色彩，对民主表达及思想交流极其不利。但是问题在于，如何确定思

---

[1] See Sonya G. Bonneau, "Ex Post Modernism: How the First Amendment Framed Nonrepresentational Art", 39 *Colum. J. L. & Arts* 195, 196 (2015).

[2] See Christina Bohannan, "Reclaiming Copyright", 23 *Cardozo Arts & Ent. L. J.* 567, 592 (2006).

[3] See Amy B. Cohen, "Copyright Law and the Myth of Objectivity: The Idea-Expression Dichotomy and the Inevitability of Artistic Value Judgements", 66 *Ind. L. J.* 175, 184~185, 187 (1990).

[4] See Amy B. Cohen, "Copyright Law and the Myth of Objectivity: The Idea-Expression Dichotomy and the Inevitability of Artistic Value Judgements", 66 *Ind. L. J.* 175, 178~179 (1990).

[5] See Christina Bohannan, "Reclaiming Copyright", 23 *Cardozo Arts & Ent. L. J.* 567, 593 (2006).

想与表达是融合的，表达方式是有限的，以致必须使著作权让位于表达自由。

著作权法不保护思想与民主社会对思想自由的珍视有关。但是在现代社会，思想与表达的边界并不是非常清楚，强著作权保护论者倾向于将任何东西都解释为表达，而弱著作权保护论者也可能将很多表达解释为思想。两者的边界区分困难有时候被利用，因此导致人们的客观自由也颇受限制，甚至主要受到享有权力（powerful）者的限制。这很难说对谁更加有利，因为任何有权力的主体都有可能利用思想表达二分法，而且这种看似公平的原则也逐渐难以满足人们对自由等政治价值的需求。

2. 著作权限制制度[1]的政治学分析：合理使用制度

合理使用、法定许可和强制许可是知识产权法中传统的三种缓和知识产权保护和知识产品接近之间紧张关系的制度。在知识产权法体系中，这三种制度是大多数国家在知识资源分配实践中协调个人生存及发展权与个人身份识别之间的关系不可或缺的工具。本部分从合理使用制度出发，对著作权限制制度的政治学价值予以分析。

著作权合理使用制度具有促进言论与表达自由、作者身份认知、学习与获取信息、讲真话及求真等政治目标与价值。[2]合理使用制度在一定程度上保证了言论自由与著作权法的兼容。[3]从历史上看，合理使用是一个普通法（common law）原则，美国国会在1976年将之纳入《版权法》第107条予以规定。[4]往原作品中加入一定的新内容或者利用新的方式使用原作品，对社会的表达具有增进作用，因此以合理使用及其扩大被排除侵权。[5]合理使用制度在美国以转换性使用及转换性使用的扩大，促进了社会公众作品接近自由之实现及对作品表达新内容的尊重，极大地拓宽了合理使用的空间及由此带来的表达空间。合理使用制度最初来源于生产性使用（productive use），即对作品的使用只有对发展有用、提供新的内容时，才有可能被纳入合理使用的

---

〔1〕　因下文主张著作权合理使用应当为使用者的"权利"，因此在此用著作权"限制制度"蕴含合理使用制度，并不是真正的著作权限制制度。

〔2〕　See Pamela Samuelson, "Unbundling Fair Uses", 77 *Fordham L. Rev.* 2537, 2537（2009）.

〔3〕　See Pamela Samuelson, "Unbundling Fair Uses", 77 *FORDHAM L. REV.* 2537, 2547（2009）. 转引自 Joseph Tromba, "Is Fair Use Actually Fair in the Digital Age for Good-Faith Creators? A Call for a Broader Interpretation of the Fair Use Doctrine in the Digital Age", 33 *Touro L. Rev.* 1283, 1286（2017）.

〔4〕　See Christina Bohannan, "Reclaiming Copyright", 23 *Cardozo Arts & Ent. L. J.* 567, 593（2006）.

〔5〕　See Christina Bohannan, "Reclaiming Copyright", 23 *Cardozo Arts & Ent. L. J.* 567, 593（2006）.

范围。这又衍生出两种合理使用的模式，第一种为转换性使用（transformative use），第二种为对计算机软件的反向工程（reverse engineering）。前者为社会产生了更多的作品，后者使得绕过了技术发展的瓶颈，两者从根本上来讲都是促进了社会发展的。[1]反向工程没有转换性使用受关注，但是其蕴含的思想传播之政治价值却不逊色。法院在 *Sega Enterprises Ltd. v. Accolade*，*Inc.* 案中认为，如果不允许反向工程，那就意味着计算机软件著作权人控制了思想，而不仅是思想的表达，这与思想的传播及著作权法对发展的作用目标是不相符的；反向工程能够促进创造性表达的产生，这对于社会的言论发展及思想传播具有重要的作用。[2]这也就意味着反向工程是社会言论发展与言论自由保护的重要途径，是人们传播思想的重要工具。基于本部分的内容安排，以下以第一种模式为分析对象。

具有里程碑意义的转换性使用案例——*Campbell v. Acuff-Rose Music*，*Inc.* 案，为转换性使用在合理使用中的地位提供了背书。该案中，Roy Orbison 等写了一首名为 *Oh*，*Pretty Woman* 的摇滚民谣并将著作权转让给了 Acuff-Rose 音乐公司。1989 年，Luther R. Campbell 为了讽刺原作品，写了一首名为 *Pretty Woman* 的歌。1989 年 7 月，2 Live Crew 乐队（Campbell 为其成员之一）的管理者向 Acuff-Rose 表示愿意支付 *Pretty Woman* 对原作品的使用费，Acuff-Rose 拒绝了这种滑稽模仿使用许可请求。1989 年 6 月、7 月，2 Live Crew 乐队发行了包含该歌曲的专辑，该专辑标明了 *Pretty Woman* 的作者为 Roy Orbison 等，发行者为 Acuff-Rose。该专辑获得大卖。一年后，Acuff-Rose 起诉 2 Live Crew 及其公司，认为 *Pretty Woman* 是对 Acuff-Rose 享有著作权的 *Oh*，*Pretty Woman* 的侵权。美国联邦最高法院最后以转换性使用为由，认为该案并不构成侵权，而是构成合理使用。[3]这为后来对转换性使用之"转换性"的大幅度扩张贡献了重要力量。从该案中的转换性思想，到后来转换性可以是使用目的的转换、作品功能的转换、呈现方式的转变等，[4]美国在转换性使用上的宽容态

---

[1] See Michael A. Carrier，"Cabining Intellectual Property through a Property Paradigm"，54 *Duke L. J.* 1，86（2004）.

[2] See *Sega Enterprises Ltd. v. Accolade*，*Inc.*，977 F. 2d 1510，1514，1523，1527（1992）.

[3] See *Campbell v. Acuff-Rose Music*，*Inc.*，510 U. S. 569（1994）.

[4] See Jason M. Nolan，"The Role of Transformative Use: Revisiting the Fourth Circuit's Fair Use Opinions in Bouchat v. Baltimore Ravens"，16 *Va. J. L. & Tech.* 538，538（2011）.

度与其强知识产权保护政策看似是两个不同的方向。基于合理使用对发展的促进作用，美国联邦最高法院在相关案件中逐渐放宽了转换性使用的构成范围，并使转换性使用在合理使用认定中的地位逐步提升。美国通过司法活动对转换性使用的范围作了非常宽泛的解读，以实用主义为中心的美国，其在个人言论自由的保护上让人惊叹。转换性使用的扩张为促进国家文化进步等政治目标的实现提供了著作权制度基础，同时，转换性使用实际上削弱了著作权保护力度。美国在要求其他国家加强著作权保护的同时，却使自己的著作权保护弹性化。

在使用作品上，美国的转换性使用的范围也远远大于其他国家。如在 *Time Inc. v. Bernard Geis Associates* 案中，法院认为，比起著作权保护的利益，向观众传达肯尼迪被刺杀的信息更为重要，因此，被告将原告享有著作权的肯尼迪被刺杀的图片用在电影中蕴含公共利益，是一种合理使用。[1]虽然原告同时主张了言论自由与合理使用，但是法院最终还是认定了合理使用。这也就意味着，美国倾向于从著作权制度上来实现言论自由及相关信息的传播，并不是完全以言论自由为直接依据，而是在合理使用制度中开创更多"空间"，使得言论自由更加具有制度依据。

虽然我国目前对转换性使用的倾向并不是特别明显，但是在某些案件中仍然体现出对公众表达多样性的一种积极认识。如法院认为短视频的创作及传播有助于公众多元化表达和文化的繁荣，因此不应当过于严格地认定其创作高度。[2]

在以公共利益为目的的场合或教育、研究需求的合理使用情形，图书馆和公民可以无偿利用信息，否则因为付费使用必要信息及知识可能带来知识在贫富人群中分配差距逐步拉大的危险。[3]这一点，发达国家因为对国民知识教育等方面的政治需求，对待合理使用制度显得比较温和，与发展中国家

---

〔1〕　See Travis J. Denneson, "The Definitional Imbalance between Copyright and the First Amendment", 30 *Wm. Mitchell L. Rev.* 895, 913（2004）. Also see *Time Inc. v. Bernard Geis Associates*, 293 F. Supp. 130（1968）.

〔2〕　北京微播视界科技有限公司与被告百度在线网络技术（北京）有限公司、被告百度网讯科技有限公司侵害作品信息网络传播权纠纷案，北京互联网法院（2018）京 0491 民初 1 号民事判决书。

〔3〕　参见顾朝晖、朱伟铃、孙红卫："数字图书馆信息自由权和知识产权的冲突"，载《现代情报》2008 年第 9 期。

在被谴责知识产权保护不力的压力之下对待合理使用非常谨慎的态度相反。在美国，通过知识分享网站、免费图书馆等相关实体工具，在以教育、研究等目的实现为基础的作品的利用上显得更为便捷，任何人群都有渠道接近其需要的知识，即便是街头的流浪汉也可以通过免费进出广泛存在的公立图书馆吸收知识。

合理使用制度并不会削弱人们的创作能力和动力，因此并不会影响著作权法在政治学意义上促进知识进步的目标实现。[1]相反，其能够带来更多人们免费接近作品、使用作品的机会。从理论上来讲，这最有希望扭转贫困人口的知识接近需求得不到满足的局面。但是，如同其他场合一样，著作权人对作品的强有力的控制使得合理使用制度得不到充分释放。更让人感到无奈的是，合理使用可能因现代技术及著作权法对技术保护措施的肯定而备受限制。这与人们对合理使用的定性有极大的关系。将合理使用定性为社会公众的权利，是合理使用制度发挥其作用的强大理论支撑。但是这种观点并未得到广泛认可。将合理使用制度作为侵权阻却、著作权限制的观点倒常见，广受肯定的这两种定性以对知识产权的保护和尊重为前提，以合理使用为例外。侵权阻却说与权利限制说有力地促成了合理使用制度的实践不能，并在一些场合（如技术措施场合）将合理使用制度架空。社会公众没有理论与制度肯定的合理使用"权"，因此也难以将自己知识诉求的实现障碍予以排除。

当我们将合理使用作为使用者的权利来看待时，其实践及其政治价值或可得以完美呈现。合理使用作为使用者的权利，从结果上看也是对原著作权人的限制，但其最本质的内容关涉人们的言论权利，因此，使用者使用行为的"不合理性"应当由著作权人举证，[2]如证明对方使用行为对自己的侵权（对自己著作权法意义上利益的损害）。[3]但是作为一种权利的合理使用，必须使著作权人负有对某部分使用者开放作品的义务。这种义务不仅意味着在使用者要求使用时，著作权人或其他权利人对之开放，还意味着作者所谓的

〔1〕 See Sean Buchanen, "If Hip-Hop Were Classified and the Pentagon Papers Had Been Copyrighted: An Analysis of Whether the Fair Use Defense in Copyright Law is Broad Enough to Protect First Amendment Concerns", 3 *Akron Intell. Prop. J.* 351, 381 (2009).

〔2〕 See Ned Snow, "The Forgotten Right of Fair Use", 62 *Case W. Res. L. Rev.* 135, 174 (2011).

〔3〕 See Ned Snow, "Providing Fair Use: Burden of Proof as Burden of Speech", 31 *Cardozo L. Rev.* 1781, 1791 (2010).

技术加密措施在部分场合的不正当性，其在有力防止侵权的同时也阻碍了很大部分的合理使用情形。但是将合理使用作为权利来看待，将在实践中产生诸如成本、效率等方面的问题，因此该观点并不是很受欢迎，不过这并不影响其内在的正当性及其潜在的政治学价值。

必须承认的是，商业模式的创新及技术的发展不仅为著作权制度的适用带来挑战，也为人们通过著作权制度发挥政治作用、实现政治目标带来前所未有的困境。P2P、挪用艺术、混创、用户参与式创作、社交网络等，使得人们认识到这些新的商业模式之下蕴含的以著作权为中心的巨大利益。利益的嵌入让人们对著作权保护的强度和宽度有着强烈的需求，而国家的作用不仅在于保护私人的财产，更在于维护资源的有效分配以及维持国家政治发展秩序稳定。但是因为这些新的商业模式同时会给国家带来更多的税收，为人们提供更多的就业岗位，所以国家更加倾向于将这些新的商业模式出现之后的内容纳入到著作权法保护范围，而合理使用空间的缩小也是家常便饭式地被忽略。也有研究表明，P2P 分享音乐的限制在民主社会并不是必需的，因为这为言论自由带来了限制。[1]但是这一点在我国并没有受到认可，广泛的云盘、网盘等被严格规制，从一定程度上也揭示了我国对合理使用制度的保守态度及在新的商业模式下的强知识产权保护态度。

有时著作权阻碍个人自由及社会参与，合理使用制度并不能满足言论自由的需求，[2]其在政治语境下的作用显得极其有限。与此同时，美国也有人认为，被当作言论自由从而受到《美国宪法》第一修正案保护的，应当是表达自己思想的自由，而非表达他人思想的自由，因此，以言论自由保护条款论证使用别人作品的合理性也受到一些学者的质疑。[3]基于此，有学者提出了三重合理使用标准，分别为：第一，转换性使用与计算机软件的反向工程；第二，促进观点多元化、有利于民主对话的使用；第三，微量使用及与社会

---

[1] See Robert Danay, "Copyright vs. Free Expression: The Case of Peer-to-Peer File-Sharing of Music in the United Kingdom", 8 *Yale J. L. & Tech.* 32, 32 (2005~2006).

[2] See Sean Buchanen, "If Hip-Hop Were Classified and the Pentagon Papers Had Been Copyrighted: An Analysis of Whether the Fair Use Defense in Copyright Law is Broad Enough to Protect First Amendment Concerns", 3 *Akron Intell. Prop. J.* 351, 381 (2009).

[3] See Randall P. Bezanson, "Speaking through Others' Voices: Autoship, Originality, and Free Speech", 38 *Wake Forest L. Rev.* 983 (2003). 作者提出认定为言论自由的三个条件。

广泛的习惯吻合的使用。[1]根据本书的内容需求，笔者在这里聚焦于第二种情形。合理使用制度不仅应当以对社会发展有促进作用为目标，如产生更多的作品、作品多元化呈现，更应当以多元化观点促进民主对话为导向，因为随着著作权的扩张及大公司知识集中能力的过度增强，现在对知识的掌握及对创作机会和成果的享用更多地由大公司掌控。随着知识控制权的集中化，可参与民主对话和创设表达平台的人将越来越受到限制，人们参与过程的非充分性可能导致言论和观点的趋同性甚至固化，缺乏充分多样性的表达及民主生活注定对人类发展是不利的。[2]这种对合理使用制度的重塑，比起传统的合理使用四原则显得更能够发挥合理使用制度的价值，其在对社会的实际价值上，比以经济和市场为中心的规范更能够彰显人性的一面，对于社会秩序的建立以及国家稳定和进步来讲更具有价值。

从另一个方面看，随着作品种类的丰富及创作模式的转变，当前掌握大量著作权的并不是个人，而是大公司。这些大公司的逐利性无可厚非，但是大公司所拥有的对内容的强大掌控力，或可泯灭个人在社会秩序中的主体地位。合理使用制度的严格化，可以认为等同于著作权保护的不当扩张，其带来的可选择观点的有限性不利于社会思想的多元化。因此，应当在未来合理使用范围内允许更多的有利于促进观点多元化的使用，如评论及评价、批评、滑稽模仿等性质的作品使用，应当更多地被纳入合理使用范围，[3]以增加当前的知识多样性和观点多样性，促进民主表达。

著作权法的目的是促进自由表达的创新（creation）与公开（publication），因此其与《美国宪法》第一修正案对言论自由的强维护具有异曲同工之处。[4]从合理使用的认定上来看，不同于美国合理使用制度的要素主义，我国合理使用制度采取了规则主义，这导致对合理使用的认定大大地被限制。[5]这并

---

〔1〕 See Michael A. Carrier, "Cabining Intellectual Property through a Property Paradigm", 54 *Duke L. J.* 1, 95 (2004).

〔2〕 See Michael A. Carrier, "Cabining Intellectual Property through a Property Paradigm", 54 *Duke L. J.* 1, 98 (2004).

〔3〕 See Michael A. Carrier, "Cabining Intellectual Property through a Property Paradigm", 54 *Duke L. J.* 1, 100 (2004).

〔4〕 See Christina Bohannan, "Reclaiming Copyright", 23 *Cardozo Arts & Ent. L. J.* 567, 594 (2006).

〔5〕 参见彭桂兵："表达权视角下版权许可制度的完善：以新闻聚合为例"，载《西南政法大学学报》2018 年第 4 期。

不是我国特有的著作权合理使用性质，而是发展中国家普遍存在的问题。我国《著作权法》第三次修正时虽然对著作权合理使用增加了兜底条款，但并未将著作权合理使用制度纳入国家秩序及其政治价值释放的层面。

3. 著作权限制制度的政治学分析：法定许可、强制许可

著作权本身为作品作者及其他著作权人提供了一种获益权和人身权，其中的许可权是对人格身份认同的要点，而著作权侵权也主要以"未经许可"为前提。但是在法定许可及强制许可情形下，作品的使用者不需要经过著作权人的许可。不可否认，这种模式确实具有经济上的效率性，但是其未止于此。

根据法定许可，在一定条件下，可以不经著作权人许可而使用其作品并向其支付报酬。获酬权也是法定许可与合理使用的最大区别所在。著作权法中的法定许可与录音技术的诞生有关。20 世纪初，美国少数唱片公司利用自己与音乐出版单位签订许可合同的优势地位对唱片的传播进行控制，严重影响了人们对唱片的接近和利用。[1]美国为了抑制著作权市场垄断，在新旧产业更替之际规定了一种确保知识传播途径畅通的制度，即法定许可。[2]在信息网络时代，聚合平台的发展增加了人们接近知识的机会和及时性，对接近作品的定性直接影响人们在接近作品过程中的知情权与表达权。[3]普通授权模式下的授权不及时、授权不能导致知识接近延迟及知识接近不能，人们对自由接近知识的需求无法得到充分满足。法定许可在著作权法中被规定为有限情形，如报刊转载[4]、制作录音制品[5]、播放作品及录音制品[6]、编写出版教科书[7]、制作课件[8]、通过网络向农村提供特定的作品[9]等。从我国著作权法立法来看，法定许可制度发挥着两个维度的作用：第一，节

---

〔1〕　参见彭桂兵："表达权视角下版权许可制度的完善：以新闻聚合为例"，载《西南政法大学学报》2018 年第 4 期。

〔2〕　参见熊琦："著作权法定许可制度溯源与移植反思"，载《法学》2015 年第 5 期。

〔3〕　参见彭桂兵："表达权视角下版权许可制度的完善：以新闻聚合为例"，载《西南政法大学学报》2018 年第 4 期。

〔4〕　参见我国《著作权法》（2020 年）第 35 条第 2 款。

〔5〕　参见我国《著作权法》（2020 年）第 42 条第 2 款。

〔6〕　参见我国《著作权法》（2020 年）第 46 条第 2 款。

〔7〕　参见我国《著作权法》（2020 年）第 25 条。

〔8〕　参见我国《信息网络传播权保护条例》（2013 年）第 8 条。

〔9〕　参见我国《信息网络传播权保护条例》（2013 年）第 9 条。

约许可成本，这从结果上看直接助推了作品在更大范围内获得传播，且某些作品的传播更加及时，避免因常规许可、授权、支付报酬、使用作品的烦琐程序将支付报酬后置，有利于解决作品传播的及时性难以实现的问题。第二，实现政治目的，包括为实施义务教育情形下编写出版教科书及为扶贫目的通过网络向农村提供作品。这对著作权为人们的受教育权带来阻碍、增加贫困的结果能够起到一定的缓解作用，但是这种缓解作用仍然不足。可是这并不否认我国法定许可制度在网络环境下的政治价值。结合我国的知识产权扶贫政策、网络在农村地区的逐步普及和智能手机等先进网络接近工具进入农村，越来越多的农村贫困人口将可能因法定许可制度而走出贫困。但是此情形的法定许可的局限性还体现为其忽略了城镇贫困人口，扶贫或不能达到理想目的。[1]

但是从另一方面看，当前人们获取信息不再受许可合同之下某些网络平台的控制时，信息接近渠道的多元化也决定了网络环境下的法定许可并不那么重要，仿佛法定许可在此并不具有与其原始状态相同的合理空间。因此，在网络环境下，国家版权局颁发了《关于规范网络转载版权秩序的通知》，其中规定了对媒体转载先许可、后使用的原则，[2]以维护网络环境下转载秩序的稳定，这也是基于对网络环境下自治秩序不能自理危险的考量。在网络环境下，一般对他人作品的转载可以依托于便捷的网络授权许可模式，及时获得权利人的许可，与著作权传统法定许可并没有可比性。但是这一问题也可能落入默示许可范围，传统法定许可延续到网络环境下或者多元自媒体模式下并不能实现其意图达到的效果，抑或说，网络环境下对法定许可拓展的需求可以用默示许可及相关技术的发展来实现。

2013 年中共中央办公厅、国务院办公厅印发的《关于创新机制扎实推进农村扶贫开发工作的意见》及 2014 年国务院扶贫开发领导小组办公厅等制定的《建立精准扶贫工作机制实施方案》提出对农村贫困人口进行因地制宜的精准扶贫。从知识产权角度入手，对农村贫困人口进行扶贫得到了广泛的关注。通过法定许可等制度中的扶贫条款及图书馆文化扶贫[3]等，能够满足相

---

〔1〕 参见黄玉烨、舒晓庆："扶助贫困法定许可制度探究"，载《中国社会科学院研究生院学报》2014 年第 3 期。

〔2〕 参见国家版权局《关于规范网络转载版权秩序的通知》（国版办发〔2015〕3 号）第 8 条。

〔3〕 参见吉宇宽："图书馆文化扶贫视域下著作权法定许可规则的适用及调整"，载《国家图书馆学刊》2017 年第 5 期。

关地方的知识接近潜在需求。通过法定许可制度对贫困地区进行知识产权扶贫，不仅符合我国政治上的消除贫困的目标，还符合我国《著作权法》惠益国民并促进社会进步的总体功能目标。前文提及的法定许可的不足之处，或许有机会通过知识产权精准扶贫的持续推进得以完善和改进，以更大程度地满足我国人民日益增长的美好生活需要。

著作权强制许可并没有专利强制许可受到的关注多，但是在国外却有着较多的著作权强制许可规定，且适用条件比法定许可更为严格，[1]如美国《版权法》第108条、第110条、第112条规定了强制许可的情形，并在第118条规定了最强的强制许可规定。[2]我国现行《著作权法》中没有规定著作权强制许可，但是并不意味着现实中不存在该种需求。著作权强制许可的意义在于，其能够有效提高作品利用率，并避免相关强著作权者对人们接近相关知识的绝对控制。在使用者不能获得著作权人许可的情形，应当给予其通过强制许可使用该作品的机会。司法实践中，著作权强制许可也具有较大的需求，如在美国教育考试服务中心与新东方的纠纷中，[3]因为著作权强制许可的缺位，新东方不得不被认定为著作权侵权，并不能够获得对方的许可，这带来了较典型的相关知识的垄断[4]。目前仍有大量当事人因中国没有著作权强制许可制度而不得不采取进一步的法律措施，以获得使用对方作品的合法机会，有的还冒着侵权的风险使用对方的作品。使用者不能获得对方的许可，而又期待使用对方的作品，从而不得不在其活动中直接使用该作品或者规避使用该作品。从强制许可服务于一定的社会面可知其缺位对知识的传播及国民知识接近影响之重。

随着互联网的发展，音乐领域对著作权强制许可的探讨较为热烈。有人

---

〔1〕　参见熊琦："著作权法定许可的正当性解构与制度替代"，载《知识产权》2011年第6期。

〔2〕　美国《版权法》第108条规定的是图书馆和档案馆的复制，第110条规定的是某些演出和展览的免责，第112条规定的是临时性录制品。国会规定这些使用形式免责意在认可这些使用对社会发展的贡献。美国《版权法》第118条为关于非商业广播对某些作品的使用的规定。See Michael A. Carrier, "Cabining Intellectual Property through a Property Paradigm", 54 *Duke L. J.* 1, 90~91 (2004).

〔3〕　参见美国教育考试服务中心诉新东方侵犯著作权和商标专用权案，北京市第一中级人民法院（2001）一中知初字第35号民事判决书、北京市高级人民法院（2003）高民终字第1393号民事判决书。

〔4〕　参见张玲、王洪慧："试题的著作权保护与限制——'新东方'案的启示"，载《法学家》2005年第5期。

认为，为了实现音乐领域作品的混创自由，应当拓宽强制许可范围。[1]但是也有人认为，这种基于市场失败的假说并不成立，[2]且不利于自治。这种观点认为，没有理由为作品混创开设一种削弱原作者自治权的强制许可特权，混创音乐爱好者可以自己去寻找愿意为他们提供作品的人，如通过一些知识共享体系（a creative commons system），或者支付一些许可费。[3]对于是否缺少了强制许可制度就更加能够体现自治秩序，笔者在此不作预测，但是本着对本书研究方法的考虑，笔者认为自治秩序的建立并不能排除他人使用作品的需求，尤其是在强制许可为必要公共目的的情形。民主文化的生活离不开对自治秩序的尊重，但是更需要一个畅通的许可秩序，如果没有强制许可作为许可不能情形的后盾，必将影响许可秩序自治意图的实现。

从强制许可对发展中国家的重要性来看，著作权强制许可或可发挥重要的作用。在《伯尔尼公约》《世界版权公约》中均有关于向发展中国家颁发翻译及复制强制许可证的规定，但是这些规定也限制重重，并没有在实践中为发展中国家提供充分的制度保障。[4]虽然著作权强制许可制度为发展中国家与发达国家协调的结果，但是该制度却为发达国家所用。英美法系国家以著作权强制许可制度的规定之详细而著称，大陆法系国家采用法定许可为主、强制许可为辅的著作权非自愿授权政策，[5]有力保证了作品授权的充分性，避免知识传播被垄断的风险。现在一些著作权人对授权的排除，如"不得转载""不得使用"等，均已造成了实际的知识传播障碍。[6]在音乐作品等独家授权模式下，知识的垄断及传播、使用路径单一化或将为著作权法的立法

---

〔1〕 See Dina LaPolt, John Meller & Jay Rosenthal, "A Response to Professor Menell: A Remix Compulsory License Is Not Justified", 38 *Colum. J. L. & Arts* 365, 368 (2015).

〔2〕 See Dina LaPolt, John Meller & Jay Rosenthal, "A Response to Professor Menell: A Remix Compulsory License Is Not Justified", 38 *Colum. J. L. & Arts* 365, 373 (2015).

〔3〕 See Dina LaPolt, John Meller & Jay Rosenthal, "A Response to Professor Menell: A Remix Compulsory License Is Not Justified", 38 *Colum. J. L. & Arts* 365, 374 (2015).

〔4〕 参见金眉："《伯尔尼公约》述论"，载《南京大学学报（哲学·人文·社会科学）》1994年第4期。参见《伯尔尼公约》附件第2条、第3条，《世界版权公约》第5条。

〔5〕 参见钦国巍："构建我国著作权强制许可使用制度"，载《郑州轻工业学院学报（社会科学版）》2010年第5期。

〔6〕 参见钦国巍："构建我国著作权强制许可使用制度"，载《郑州轻工业学院学报（社会科学版）》2010年第5期。

目的及其政治价值之实现带来严重困扰。随着当前对商业模式创新等的推崇，独家授权及排除使用等模式下的许可，或许为自治意愿带来了一定的尊重，但是可能磨灭为某些特殊目的的使用需求，如为教育目的的使用等。由于来自发达国家的压力及国际公约中苛刻的著作权强制许可的条件限制，发展中国家从著作权强制许可制度上可得到的利益着实有限。《知识接近公约》（Treaty on Access to Knowledge）顾及了发展中国家对强制许可制度的需求，其第 3~12 条指出，为了使发展中国家能够获得其需要的与教育、科学、技术及文化相关的资料，有必要建立新的著作权强制许可议定书。[1]在不久的将来，该问题或可在国际层面通过一定的渠道解决，以打破对发展中国家使用作品的限制，消除某些作品不得被授权、被垄断带来的知识接近不能。

我国应当以国际法及他国的著作权强制许可制度为参考，以我国国情和著作权授权模式的发展为依据，在著作权法中明确著作权强制许可制度。实际上 1989 年《著作权法（草案）》中曾提及著作权强制许可制度：" '强制许可'，即按照规定的条件，当著作权人无正当理由拒绝他人出版或以其他方式传播其作品时，由国家著作权行政管理机关批准，可以强制出版或以其他方式传播其作品，但应向著作权人支付报酬。"[2]全国人大常委会对《著作权法（草案）》进行审议时修改为"作品发表三年后，如果著作权人无正当理由拒绝授权他人出版或者以其他方式传播，为了教育或者科学研究的目的，经国家著作权行政管理机关批准，可以强制出版或者以其他方式传播，但必须按照国家的有关规定向著作权人支付著作权使用费"。"有些委员和部门提出，这条规定涉及对外国人的作品的著作权保护问题，可以根据双边协定解决，著作权法可以暂不作规定"。[3]基于相关问题的复杂性，我国在后来的《著作权法》修改中，并未对该制度进行进一步的规定。但是目前来看，著作权强制许可制度对促进作品的传播及控制垄断对知识接近的限制具有重要的作用。联系国外实践及国内外制度之差异，我国应从立法上对之予以

---

〔1〕 See Treaty on Access to Knowledge（2005 draft），article 3~12，available at http://www.cptech.org/a2k/a2k_ treaty_ may9. pdf（last visited on December 17, 2020）.

〔2〕 参见 1989 年《著作权法（草案）》第 44 条及关于《著作权法（草案）》的说明（1989 年 12 月 20 日）。

〔3〕 参见全国人大法律委员会对《著作权法（草案）》审议结果的报告（1990 年 6 月 20 日）第 8 条。

回应。

网络环境下使用他人作品的原则，不仅有关传统媒体的内容变现，还极大地影响着数字消费者的表达参与及共享能力，[1]而表达及共享能力是民主生活中最能够体现自由的两个重要因素。在科学文化活动中，应将社会公众作为统一的主体来对待，而非局限于以著作权人为中心进行著作权保护，只有这样，才能够制定出符合人类共同进步需求的著作权法。法定许可与强制许可兼顾了著作权弱者在社会进步中的主力作用及其知识接近的有限性和必要性，发挥着有效协调知识产权保护与民主文化生活建设的作用。通过制度介入、政府介入实现的对理论上自治环境中作品传播和使用秩序的调试，将主要服务于社会政治的稳定及国家发展需求。没有这些介入，仅仅靠市场来左右所有的作品使用及传播，既是不全面的，也是非实质正义的。因为知识对每个人来讲都具有非同寻常的作用，每个人都有权利接近知识并使用知识来提升自我，国家的延续及发展也离不开个人知识接近需求的满足。

4. 国家、政府层面对公众的知识让免

为了实现相关数据的充分公开，政府必须从政治学角度出发，而非从单一的著作权角度出发，来处理信息公开与著作权保护问题。这一价值理念在实践中也得到了广泛的认可。在包括我国在内的大多数国家，对法律法规、官方文件等排除著作权保护，如我国《著作权法》第 5 条[2]、美国《版权法》第 105 条[3]。排除对政府作品的著作权保护，能够确保政府资讯留在公共领域，[4]促进公众对相关信息的及时接近，进而促进民主建设。对于信息公开是否可以进行商业化利用，美国也在《信息自由法》中做出了规定。在 2016 年对《信息自由法》进行修改之后，政府信息接近的程度和政府公开其信息的程度均有较大的提升，如由申请公开为主转为主动公开

---

[1] 参见彭桂兵："表达权视角下版权许可制度的完善：以新闻聚合为例"，载《西南政法大学学报》2018 年第 4 期。

[2] 我国《著作权法》（2020 年）第 5 条规定，"本法不适用于：（一）法律、法规，国家机关的决议、决定、命令和其他具有立法、行政、司法性质的文件，及其官方正式译文；……"

[3] 《十二国著作权法》，《十二国著作权法》翻译组译，清华大学出版社 2011 年版，第 729 页。美国《版权法》第 105 条规定："本法所定著作权之保护，不适用于美国政府之任何著作。但美国政府因转让、遗赠或其他方式移转而接受或拥有著作权者，不在此限。"

[4] See Miriam Marcowitz-Bitton, "Commercializing Public Sector Information", 97 *J. Pat. & Trademark Off. Soc'y* 412, 2015, p. 420.

为主等。[1]信息的公开化是政府部门及媒体部门共同促成的,人们因此有了充分接近信息的机会。

"信息之于民主,犹如货币之于经济",对于信息公开的需求使得一些政府在民主期待中获得了部分成功。但是信息的公开在实践中仍然受到著作权法的限制。加之实践中信息基础设施不健全,信息接近的实现仍然可能受到著作权保护的限制。比如,理论上讲,法律条文属于排除著作权保护的客体,但是现实中有人将这些法律条文归类并编撰成书籍进行出售,或者将各种立法文件集中到相应的平台,从而进行访问限制。这些行为,在政府部门或者公立机构对立法文件的归纳和提供非常充分的情况下,对公民获取法律文件的影响是不明显的,但是在政府立法权不集中、网络建设落后的情况下,是非常影响人们对法律文件的接近的。有人说归类整理可以构成汇编作品,但是其中的作品独创性体现在何处是非常模糊的,如在有限的分类标准下进行的法条汇编。甚至换个角度讲,既然对法律文件排除著作权保护,那么对之进行汇编是否也应当延续这种法律文件非版权保护的特点,以保证人们对政府文件的充分接近?这也是《伯尔尼公约》所言,只有构成智力创作的方构成作品。[2]这些问题都是现实中存在的,而它们的存在无形中剥夺或减少了人们免费接近信息的机会。

美国倾向于认为政府信息产生于纳税人纳税,因此其使用权及所有权理应被所有公民享用。[3]在我国,这种观念并没有被推崇,但是人们在接近政府信息上有同样的需求。因为各种原因导致的信息公开不及时,及借助于著作权保护思维产生的信息封闭问题,在我国应当进一步得到解决。我国是社会主义国家,政府的信息更应当脱离传统的著作权保护理念、付费使用理念,从而充分向公众公开,让公众免费大范围接近,以促进我国政治文明建设之下的公民对政府信息的充分接近和运用。当然,制度上的可接近性并不能保

---

〔1〕　参见后向东:"美国2016年《信息自由法》改革法案述评",载《电子政务》2016年第10期。

〔2〕　《伯尔尼公约》第5条规定:"文字或艺术作品的汇集本,诸如百科全书和选集,由于对其内容的选择和整理而成为智力创作,应得到与此类作品同等的保护,而不损害作者对这种汇集本内各件作品的权利。"

〔3〕　参见杨智杰:"政府资料开放与著作权法之关系:美国、欧盟、英国比较",载《河南财经政法大学学报》2018年第3期。

证实际上的接近，国家仍然应当在相关活动中推进相关平台的建设，以消除对法律汇编予以著作权保护带来的人们对政府信息的接近障碍。

5. 开源运动与文化：自治的思考

开源（open source）指的是放弃与贡献作品的专有权而将之有条件与他人分享，形成遵守相关自治规则的共享文化社区模式。这种模式日臻成熟，为人们充分参与社会表达及创作提供了著作权之外的新模式。比起传统的对著作权的固守与严格著作权授权模式，开源模式的特殊之处在于，其通过许可证保留软件著作权的一部分权利，同时允许其他人对之进行学习、修改，以提高该软件的质量。[1]开源软件秩序的形成及遵守以开放源代码首创行动组织（Open Source Initiate Association, OSIA）批准的开源软件许可证为核心，截至目前，该组织批准的开源软件许可证多达 60 余种，GPL（general public license）占据了 45%~50%。

软件代码开源看似与发达国家的利益不符，因为计算机软件的国际保护建立在美国计算机软件产业的优势之上，[2]理论上讲软件代码的开源将降低相关国家及其企业对软件创新及技术的控制力，并可能难以预测其传播范围。但是从现实来看，这些开源文化并没有带来过重的影响，相反，得益于这种模式的开放性和规则的自治性，契约精神之下的权利放弃与保留构筑了人类历史上最伟大的知识共享社区（knowledge share community）。以开源模式之下的计算机软件为例，计算机软件的免费公开为人们提供了接近计算机软件的机会及对相关软件的利用，促进了个人发展。[3]然而这种面对公众的公开，并不是没有约束机制的，而是有内部的约束条款，通过多种许可模式达到理想自治秩序。如 GPL 许可证模式下的计算机软件将被免费使用，但是被许可人必须遵循修改说明、传递 GPL 条款，承担必需的提示义务、发布时提供源代码义务等。[4]开放源代码组织以民主、分散的方式发

---

〔1〕 参见王广凤、唐要家：《开源软件与专有软件的竞争——基于系统软件市场的研究》，经济管理出版社 2015 年版，第 140 页。

〔2〕 See Daniel Garner, "Intellectual Property in the Uruguay Round", 3 *Int'l Legal Persp.* 51, 51 (1990).

〔3〕 See V. Kryzhna, "Intellectual Property Law and Public Interests", 2011 *Law Ukr.* : *Legal J.* 145, 146 (2011).

〔4〕 参见 GPL 条款。转引自杨林村主编：《开放源码软件及许可证法律问题和对策研究》，知识产权出版社 2004 年版，第 53 页。

展,[1]开源是一种自下而上的非传统知识产权规则,其显示出更前卫的秩序自治模式及秩序维持实践。开源的精神在于,众人分散合作、共同创新、共同享用,体现出强烈的民主创新特色。[2]这种精神不仅有为人类文化和技术社区带来更高文明的可能,还为人与人之间的信息交流与智慧共享提供了非常大的空间,使得表达能够及时得以传播。

以计算机技术领域 Linux 为代表的开源主义显示出集体力量对利益集团的作用力。传统软件开发模式下,个人有限参与、表达受限,而开源社区给予了独立的个人更多的表达空间。表达自由是人们实现自我尊严的基础,没有表达自由,个人就不能真正获得自由,在和其他人一样作为社会的一部分存在时,就不能成为一个积极的参与者。[3]这种积极参与也在开源社区内人们对软件主动进行修改并保留个人痕迹中得以体现。

受困于著作权强保护的传统计算机软件后续开发和修改权利主体,具有高度集中性,用户及社会公众对之进行修改的机会、参与创作的机会极其有限。计算机软件的开源,能够减少许可费用,并降低被处罚的概率。另外,开源还能够降低盗版的概率,[4]培育一种互惠共享的社会氛围。在开源世界中,人们更能够通过"共""献"而共享人类的创作成果,提升人们参与式创作的能动性。在参与式创作的场合,个人也能够得到更大范围内的身份认同,这种忽略著作权强保护的创作模式与环境,让人与人之间的交流与沟通更近一步,比起所谓的信息封建色彩浓厚的著作权垄断思想,它为人类提供了相互信任与共同进步的平台。

开源也增加了人们对信息的接近机会和接近能力。信息自由是人们的基本人权之一,这被联合国承认,其不仅包含不受干涉的表达自由,还蕴含信

---

[1] 参见 Eric Steven Raymond, "The Cathedral and the Bazaar", 载 http://www.unterstein.net/su/docs/CathBaz.pdf (last visited on December 17, 2020). 转引自范小青:"开源文化的三大源头",载《教育传媒研究》2016 年第 5 期。

[2] 参见范小青:"开源文化的三大源头",载《教育传媒研究》2016 年第 5 期。

[3] 参见〔美〕肯思·奥凯:"知识产权法的赌注",载〔美〕戴维·凯瑞斯编辑:《法律中的政治——一个进步性批评》,信春鹰译,中国政法大学出版社 2008 年版,第 190 页。

[4] See Assafa Endeshaw, "Intellectual Property Enforcement in Asia: A Reality Check", 13 *Int'l J. L. & Info. Tech.* 378, 401 (2005).

息的获得自由,〔1〕如《世界人权宣言》第19条及《公民权利和政治权利国际公约》第19条第2款。信息时代似乎是读者的天堂,这是一个无限获取信息资源和人际交流的时代,但著作权人广泛采取"权利管理"技术对个人阅读习惯进行数字监控,无疑会对人们的思想自由产生损害,因为不受干扰地阅读、思考与表达是个人形成其自由思想的重要保障。〔2〕开源模式下,人们对这些开源信息的接近更加便捷,借助于相关费用机制优势,人们对这些信息的接近能力也更强。

作品的消费者是公民听众(读者),为保障民主决策所需要的信息充分,大众媒介是远远不够的。发行渠道的数字化及信息的爆炸式增长造成信息湮没,公民听众需要某些媒介,以获取高质量的内容。〔3〕因此,作品的传播对于公益的重要性在新技术时代要大于作品创作的重要性。开源信息的公开传播,对于创新和创造机会的增加功不可没。

开源模式对著作权的部分排除,体现了在作品创作过程中的利益共享和知识分享精神。这种创作模式是一种共识基础上的民主,〔4〕民主参与创作并蕴含一定的共识、遵循共同的契约规范体现出的自治秩序也预示着人们在著作权部分舍弃模式下的自治成功。

6. 余论

在提及公众的作品接近权及其实现路径的同时,作者的接触权也跃然纸上。作者的接触权,即作者或著作权人有权通过接触权来实现对作品的控制。作者的接触权及其讨论,因在网络环境下作品传播过程中使用各种技术保护措施而得以实现。但是这种作者的接触权也饱受争议,并因其在一定程度上限制了人们的表达自由而没有得到肯定性的共识。〔5〕著作权法对艺术及文学的用处并不大,在整个综合性的创作促进环境下,单独的著作权法的作用成

---

〔1〕 参见郑万青:"知识产权与信息自由权——一种全球治理的视角",载《知识产权》2006年第5期。

〔2〕 See Julie E. Cohen, "A Right to Read Anonymously: a Closer Look at 'Copyright Management' in Cyberspace", 28 *Conn. L. Rev.* 981~982 (1996). 转引自梁志文:"论版权法改革的方向与原则",载《法学》2017年第12期。

〔3〕 See Malla Pollack, "A Listener's Free Speech, a Reader's Copyright", 35 *Hofstra L. Rev.* 1457, 1465 (2007). 转引自梁志文:"论版权法改革的方向与原则",载《法学》2017年第12期。

〔4〕 参见范小青:"开源文化的三大源头",载《教育传媒研究》2016年第5期。

〔5〕 参见刘建:"论版权法中的接触权原则",载《中国出版》2017年第17期。

分也非常有限。[1]著作权人对作品的强控制思维模式下的著作权强保护，可能并不利于著作权法政治价值的实现。有人质疑，在网络模式下及未来新的技术与商业模式下，侵权或许更容易发生且对人们的创作积极性有负面影响。必须注意这个说法的另一面，即著作权强保护模式下对自治秩序的忽视也是侵权发生的原因之一。著作权人对作品的强控制，使得人们对全面授权使用作品难以支持，尤其是在双方地位不平等的场合，作品使用者的使用积极性将极大降低。这不仅导致知识使用效率不高，还可能导致教育权受到限制、文化生活不富足，影响人们民主参与文化生活、自由表达等。

在现代网络环境下，作品创作成本相对降低，而作品权益在著作权完善体制下显得更容易得到保障。技术保护措施的使用严重限制了他人使用作品的机会和能力，甚至一些应当向他人公开、免费接近的作品也被著作权人以一定的方式封闭起来，这不仅不利于思想的传播，还限制了多元化观点的产生与表达。开源文化为我们提供了一种具有开拓性的可参考模式，在共享文化塑造中，这种商业模式对著作权的部分自治体现出制度优势。这对于我国具有非常重要的参考价值。我国从过去的盗版现象屡禁不止到现在走向绝对化的著作权保护，已经有慢慢限制人们之间的文化分享和共享的苗头。在鼓励分享、认可共享的文化塑造中，并不是对任何未经许可的作品使用都予以禁止，而是应当遵循法律规定，在法律规定范围内予以侵权认定，在法律规定之外，特别是不应当认定为侵权的场合，侵权的适用应当受限制，更不应该通过行政手段去禁止文化传播、民主表达、自由分享等活动及秩序构建。对著作权人的尊重并不意味着对社会公众文化习惯的否定，而是应当尊重人们的文化习惯和对分享与共享的期待值，维护人们参与文化创作的积极性。著作权自治文化、创新创作自治构建，仍然需要政府对相关模式的认可和尊重。

与此同时，来源于专利滥用的著作权滥用，其主要目的在于将著作权人的著作权限制在一定的范围内，防止其对社会公众造成侵害，影响人们对作品的使用和传播。基于资金积累的优势，当今网络环境下，内容生产商与网络服务提供商之间的重叠越来越严重。著作权的集中化使知识、信息的垄断

---

〔1〕　See David Vaver, "Intellectual Property Today: Of Myths and Paradoxes", 69 *Can. B. Rev.* 98, 109 (1990).

风险增加，著作权滥用值得警惕。有学者认为，比起专利滥用，著作权滥用并不真实存在，因为作品具有较强的可替代性。[1]现实中意图利用著作权优势地位扩张自己"权力"范围者并不因作品具有较强的替代性而免于权利滥用的行为认定。如字库著作权人常以其对字库的著作权而禁止他人使用其字体，尤其是在某些字体自动嵌入办公软件或字库被社会广泛免费使用的场合，字库著作权人热衷于事后发出大量的字体使用提示函、警告函。在北大方正电子有限公司与广州宝洁有限公司等侵犯著作权纠纷案[2]中，北大方正电子有限公司辩称其倩体单字构成美术作品，从而应当受到著作权法的保护。这种行为，不仅是一种权利的过度自信，更是对他人自由表达有限场合的限制。字库作为工业性产物，有些具有创新及特殊美感的，整体构成作品。但是，字库的首要功能为文字表达的识别，人们基于对该功能的依赖而使用字体，如若过度受到限制，易导致文字表达及表达自由受限制的后果。

著作权蟑螂（copyright troll）同样是危害著作权自治秩序的"毒瘤"。21世纪初，以华盖、三面向、磊偌等商业维权主体为代表，[3]著作权人通过集中著作权，对商业环境中利用作品的行为进行"攻击"。这种行为貌似是以著作权保护为目的的维权行为，但是更像一种著作权滥用行为。这种著作权维权扰乱了著作权使用秩序，降低了著作权使用的稳定性及人们对著作权市场的合理期待，社会自治氛围下形成的著作权自治空间极有可能被各种著作权滥用方式的维权活动破坏。这就使人们思考究竟要建立何种著作权保护秩序，是以著作权的维权为唯一目的，还是以构建著作权自治秩序与合理分配自治空间为目标？对著作权蟑螂的态度彰显出人们对著作权秩序的期待及所处的两难境地，在缺乏道德制约的网络环境下，盗版与著作权保护之间的自治平衡也被打破。

随着 WEB2.0[4]的发展，用户创作内容的模式已经随处可见，人们对作

---

〔1〕 参见李明德："'知识产权滥用'是一个模糊命题"，载《电子知识产权》2007 年第 10 期。

〔2〕 参见北京北大方正电子有限公司与广州宝洁有限公司等侵犯著作权纠纷案，北京市海淀区人民法院（2008）海民初字第 27047 号民事判决书，北京市第一中级人民法院（2011）一中民终字第 5969 号民事判决书。

〔3〕 参见易继明、蔡元臻："版权蟑螂现象的法律治理——网络版权市场中的利益平衡机制"，载《法学论坛》2018 年第 2 期。

〔4〕 简单来讲，WEB 2.0 就是用户主导生成内容的网络发展时代，与 WEB 1.0 环境下的网站及其雇员主导生成内容相对应。

品的创作已经形成了持续性、随时性的特点。人人都是创作者、人人都是作者的现象给知识的私权化带来了挑战。在作品量突增的同时，人们不得不提出质疑，因为这些作品的著作权保护或将给人们的自由表达带来重量级的障碍。强知识产权保护让人们活在一种天天维权的自我"围栏"里，并不会促进交互式参与民主生活的创作活动。此种情况下，法定许可及合理使用范围的有限性决定了默示许可的必要性。默示许可能够保护人们使用他人作品的自由，并能够解决许可成本问题，其对著作权人的身份认可以自治环境的素质培养为依托也可以实现。大公司在信息时代对知识资源分配力量的影响同样强于个人，如人们虽然向网络贡献了非常多的信息和资源，但个人极度缺乏对这些内容和信息的控制能力和决策权力；与此对应的是，他们却不能免费使用网上的资源，而一旦未经许可使用，则可能面临罚款甚至牢狱之灾。[1]因此，将默示许可融入当前及未来的商业模式，是著作权许可模式的优化路径。与此同时需要注重的是，与合理使用相比，默示许可将适用于更广泛的空间，其将弥补合理使用制度带来的民主表达空间受限的不足；与法定许可的有限条件相比，默示许可不再服务于特定的使用情形，而是更加侧重于实现作品使用的自由性及基于作品使用而产生的接触及时性，由此带来知识增益。

（二）专利权限缩实践的政治学分析

1. 可专利范围的限制

（1）普通专利保护期限及要件等限制：反知识绝对垄断的基础手段

对专利权的限制，首先体现为专利保护期限的限制。专利直接与人类对专利产品的接触相关，其对社会公众的影响比作品要明显，而且这种影响往往因社会上欠缺相应的替代品而更明显[2]，因此专利保护期限普遍比著作权保护期限要短。从实践来看，著作权保护期限不断延长，[3]而专利保护期限却没有大的改变，在其维持较短期限的前提下，还使一定范围内的专利保护期限的功能弱化，如在药品的相关专利保护期限内，他人可以一定程度突破

---

〔1〕 See John Tehranian, "Towards a Critical IP Theory: Copyright, Consecration, and Control", 2012 *BYU L. Rev.* 1237, 1269 (2012).

〔2〕 正如有作者认为的，作品、商标的可替代品较多，而专利涉及技术的研发等，这并不是每个人都有机会实行的，也不是社会普遍存在的，其可替代性较弱。

〔3〕 如美国著作权保护期限从 14 年延长至当今的 70 年。

专利垄断权而采取一定的手段事先介入使用并被归入侵权豁免范畴。从历史角度看，专利保护期限的变化也不是特别大。在 1474 年的《威尼斯专利法》中，专利保护期限只有 10 年。[1]最初国王授予的专有垄断权有 10 年至 20 年的保护期限。1624 年的英国《垄断法规》作为现代专利法的开端，规定专利保护期限为特许状发出之日后最多 14 年。[2]美国 1790 年的第一部《专利法》规定，专利保护期限最长不超过 14 年；根据 1762 年法国的专利保护声明，专利保护期限为 15 年；日本 1885 年的《专卖专利条例》规定，专利最长保护期限为 15 年。[3]迄今为止，国际范围内的专利保护期限几乎保持在一个较为稳定的水平，且以发明专利 20 年、实用新型专利 10 年为最流行的做法。除了特殊情形，如医药专利因其需要特殊的审批而导致专利保护期限被消耗，因而允许通过特殊程序延长之外，专利保护期限相对稳定且不可被延长。我国专利保护期限虽然有一个延长的过程，但是幅度并不大。根据我国 1984 年《专利法》的规定，发明专利保护期限为 15 年；实用新型和外观设计专利保护期限为 5 年，届满可以申请续展 3 年。[4]在 1992 年《专利法》修正时，基于对专利研发过程及市场占有等因素的考虑，将相关专利保护期限延长，国家知识产权局曾经提出将发明专利保护期限延长至 20 年，将实用新型专利保护期限延长至 8 年，外观设计专利保护期限改至 10 年的建议。[5]最后全国人大常委会审议及公布的修正结果为发明专利保护期限延长至 20 年，实用新型和外观设计专利保护期限延长至 10 年，并取消续展。[6]对于专利保护期限的规范，有利于为社会知识的传播提供充分的释放渠道，在知识被合法独占的

---

〔1〕 参见曾海帆编著：《专利制度发展简史》，湖南省专利管理局、湖南省科技情报研究所 1985 年版，第 4 页。

〔2〕 参见曾海帆编著：《专利制度发展简史》，湖南省专利管理局、湖南省科技情报研究所 1985 年版，第 9 页。参见黄海峰：《知识产权的话语与现实——版权、专利与商标史论》，华中科技大学出版社 2011 年版，第 134 页。

〔3〕 参见曾海帆编著：《专利制度发展简史》，湖南省专利管理局、湖南省科技情报研究所 1985 年版，第 17、18、23 页。

〔4〕 参见我国《专利法》（1984 年）第 45 条第 1 款、第 2 款。

〔5〕 参见时任国家专利局局长高卢麟 1992 年 6 月 23 日在第七届全国人大常委会第二十六次会议上关于《中华人民共和国专利法修正案（草案）》的说明。

〔6〕 参见全国人大常委会《关于修改〈中华人民共和国专利法〉的决定》（1992 年 9 月 4 日第七届全国人大常委会第二十七次会议通过）及我国《专利法》（1992 年）第 45 条。

前提下，相关发明人通过独占获取投资回报，不至于知识、技术等被长期独占而妨碍社会对知识及知识产品的充分利用。

在英国历史上曾经有大量申请专利的热潮时期，专利权人通过向国王缴纳专利费用，进而获得在市场上的绝对垄断权，而国王对此也乐此不疲，因为他也能够从中获利。1602 年的 *Darcy v. Allen* 案在英国引发了对专利滥用的限制。[1]该案涉及的是销售扑克牌的专利，普通法院判决认为垄断限制了人们的自由，损害了其他从业商人的贸易自由，这也可被视为历史上小商人为了争取从业自由而反对专利垄断的一次重要胜利。[2]国王滥用专利制度引起的民众与王权的意见不一，体现了专利权限制的必要性及专利权规则被滥用的风险。之后的《反垄断法案》等对国王权力的限制仍然不足，对专利权利及专利权力的限制跃然纸上。而今，专利权的扩张虽然不及 20 世纪夸张，但是也呈现出生活各个领域都要被专利限制甚至为专利付出沉重代价的局面。专利给人们生活带来的局限，并不完全是因为人们不愿意为他人的发明创造付费，而是因为过松的专利授权标准产生了大量专利。这些产生于专利标准宽松政策的结果，导致人们在后续的发明创造中备受阻碍，而与此同时，或许有大量专利并没有被投入生产，而是申请了之后就"冬眠"。为了防止权利人的专利"冬眠"，知识产权法一般规定，专利权人必须按时缴纳年费。但是，这些年费的正当性也受到一些质疑，因为专利局对专利进行管理值不值得这些年费是有问题的。有一些不值得的专利因为年费的代价而被专利权人"放弃"。[3]从 1930 年开始，美国罗斯福总统也对专利持怀疑态度，其在 1938 年给国会的意见中主张专利制度是困扰国家的经济的，这导致美国联邦最高法院对专利创造性的要求更加严苛。也因此，在第二次世界大战结束后，美国司法部反垄断局开展了一项反对专利滥用的运动。[4]选择通过缴费继续垄断市场抑或退出市场垄断，能够将专利权人对自己的发明创造置于一种"选择—持续垄断"的模式之下。这种模式比起"选择—退出垄断"更利于知识传播，更具有一种大幅度促进商业自由化的效果。据统计，德国在第二

---

〔1〕　See "The Argument, Decision, and Reports of Darcy v. Allen", 45 *Emory L. J.* 1261 (1996).

〔2〕　参见黄海峰：《知识产权的话语与现实——版权、专利与商标史论》，华中科技大学出版社 2011 年版，第 133 页。

〔3〕　如我国《专利法》（2020 年）第 44 条。

〔4〕　石必胜："美国专利创造性制度的司法变迁"，载《比较法研究》2012 年第 5 期。

次世界大战之前仅有 2.5%～5.0%的专利通过持续缴纳年费达到了最长的专利保护年限。[1]

专利权人对信息的垄断，还以其获得权利时必须公开其技术为要求。早在 1852 年英国修改《垄断法规》时就提及，将呈请的专利说明书公开，使得社会公众能够在一定期限内提出异议。[2]这种在专利法上规定为专利说明书等形式的信息公开，也是专利法限制专利权的形式之一。这种形式的信息公开，能够在专利权人获取对信息的垄断性市场占有之际，为相关的科研进步提供基础。这种限制能够有效减少专利权人对信息的垄断带来的信息流通障碍，在有限的商业自由限制之外，能够保持一定的科研自由。另外，通过有效的制度确保科研性质的专利侵权被排除，能够鼓励发明创新等技术信息的开发，有力促进人们在科研中利用知识。我国在 1984 年制定《专利法》之初就对该问题进行过探讨，认为在申请发明专利时，必须将其主要内容写成详细说明，由专利局予以公布，这有利于打破技术封锁。[3]对于专利信息的公开主要体现在 1984 年《专利法》第 26 条、第 27 条规定的申请专利时应当提交的文件及其要求中。《专利法》直接规定将相关的技术予以公开的模式，体现了反对技术壁垒的态度，对我国改革开放之初的工业发展起到了重要的信息互换作用。

（2）基因专利及其限制：安全价值体现

所谓的基因专利，在本书中意指对有关基因申请的专利。基因专利引发的伦理争议持续已久，通过专利标准及专利制度将基因排除出可专利范围，成为反基因专利者赞同的做法。2013 年的 *Association for Molecular Pathology v. Myriad Genetics, Inc.* 案中，美国联邦最高法院认为，Myriad 公司只是分离了特定的基因，而未改变基因材料的任何内容，没有发明基因组序列，因此并不符合专利保护资格。[4]值得注意的是，基因专利给人类疾病研究带来了严重的阻碍。Myriad 公司向多家科研单位发出了侵权警告通知，这些单位不

---

〔1〕 参见［奥］伊利奇·考夫：《专利制度经济学》，柯瑞豪译，北京大学出版社 2005 年版，第 17～18 页。

〔2〕 参见曾海帆编著：《专利制度发展简史》，湖南省专利管理局、湖南省科技情报研究所 1985 年版，第 13 页。

〔3〕 参见时任中国专利局局长黄坤益 1983 年 12 月 2 日在第六届全国人民代表大会常务委员会第三次会议上关于《中华人民共和国专利法（草案）》的说明。

〔4〕 See *Association for Molecular Pathology v. Myriad Genetics, Inc.*, 569 U. S. 576 (2013).

得不停止对基因突变的测试。反基因专利者虽然赞扬该案判决对于公民自由、病人、个人化医疗等为重大胜利，但由于 Myriad 公司专利的部分请求项（如关于编码 BRCA1 及 BRCA2 多肽之经分离的 cDNA 之请求项）仍有效，基因专利仍然挑战着人类疾病检测与治疗的科研及实践。美国专利商标局发布审查指引，将该案判决结果延伸至 DNA 之外的所有来自于自然存在之物，甚至可能延伸至该物之衍生物，只要该物在结构上并非显著不同于自然存在者。[1]因此从实际上来看，基因专利仍然在暗潮涌动。基因的本质为化学物质，其主要从微生物、植物、动物及人体分离获得或者通过一定的方法制备，这种过程更偏向于从现实世界中发现事物，因此不应赋予专利。[2]若对基因赋予专利，则不仅有将公共物品私权化的倾向，还将限制社会上非专利权人对相关基因及基因产品的开发及研究。

基因资源提供者与发明创造者之间对基因产品的权益争夺也十分激烈，基于某些国家对基因专利的支持，基因产品公司对基因的科研及相关产业发展的热衷使得它们霸占了相关的利益。基因专利不仅将一些公共遗传资源信息及其发展集中到了一定的公司手中，还将人们的未来集中到了某些私人手中，这或将在未来某些场合给人们的安全、全球基因战略带来巨大威胁。所谓的基因专利也即基因战争，国家之间对基因专利的不同态度，也表明了相关国家对世界安全与和平的态度。

此外，基因专利还极大地阻碍了人们对基因使用和科研资源的共享，阻碍了基因资源的信息互通。这使得相关的基因专利权人在基因科研上具有较大的优势，尤其是它们可以在一定场合收集某类人群的基因，探索其特性，并针对这些特性研发出符合其国家政治愿望的药品等来抑制对方或者在战争中使用相关基因专利等信息来对抗对方。这些结果不仅是非人性的，还有在未来毁灭人类的风险。但是，考虑这些负面的风险，并非对相关的基因探索及研究因噎废食，而是应当找到合理的方式对基因研究成果进行资源分配。这种资源分配即为对基因专利进行限制，并将一定的基因资源和信息控制在一定范围内，以维护区域人群发展秩序，并防止非正向目的的基因窃取带来

---

〔1〕　参见施雅仪："从美国 Myriad 案探讨经分离 DNA 之专利适格性"，载《智慧财产权》2014年第9期。

〔2〕　参见王震："基因专利的惠益共享"，载《北京科技大学学报（社会科学版）》2007年第2期。

的风险。

人类的基因信息是否可以像其他信息一样在国际层面互享也是重大的政治问题。1996 年，美国某大学在中国采集某区域哮喘家族致病基因这一人类遗传资源盗窃案，[1]让人们惊恐万分。基于此，我国 1998 年出台的《人类遗传资源管理暂行办法》第 17 条规定，我国境内的人类遗传资源信息，未经许可，不得向其他单位转让。但是这种不得转让的规定，并未阻止一些中外合作科研单位在合作过程中向外方输送我国境内的人类遗传资源。2018 年 10 月，知名基因检测公司华大基因、跨国药企阿斯利康、复旦大学附属华山医院等机构，因违规采集、收集、买卖、出口、出境人类遗传资源等被予以行政处罚。[2]基因问题关涉到国家安全、地区人口安全等，国家对之更应当从国家安全、国民安全等角度出发，制定符合国家安全政策的专利制度。对基因专利的限制，可以从一定程度上共享相关的基因信息，并尊重和维护基因提供群体的安全及发展。

基于维护生物多样性的需求，惠益分享为知识资源的分配正义提供了依据，通过遗传资源来源披露制度能够实现遗传资源提供者的实际利益。根据来源披露制度，专利申请人基于诚实信用原则必须在专利申请文件中披露专利所涉遗传资源的来源信息，如果不履行这种披露义务，将导致专利申请被驳回，已授权的专利可能宣告无效或撤销，并承担行政、民事或刑事责任。[3]根据该国际共识，我国也在《专利法》中规定了披露制度，主要体现在《专利法》第 26 条第 5 款规定的说明遗传资源来源义务及《专利法》第 5 条第 2 款规定的违反规定不授予专利中。这可以从一定程度上限制对遗传资源的不当私有化，并能够为惠益分享提供一定的制度依据。但是，因为缺乏强制披露的规定，目前仍然不能充分实现惠益分享，这可能会造成国家行政机关对公民自由行为的限制。[4]遗传资源的保护与遗传资源秩序的维护，关系到人类

---

〔1〕 参见马肃平、袁端端："六家企业受罚，暗流依然涌动'基因泄密者'的明与暗"，载《南方周末》2018 年 11 月 8 日。

〔2〕 参见马肃平、袁端端："六家企业受罚，暗流依然涌动'基因泄密者'的明与暗"，载《南方周末》2018 年 11 月 8 日。

〔3〕 该规则体现在《名古屋议定书》第 17 条第 1 款，参见 https://www.cbd.int/abs/doc/protocol/nagoya-protocol-zh.pdf，最后访问日期：2020 年 12 月 17 日。

〔4〕 参见傅玮琳："专利法框架下应对'生物剽窃'之制度探索——以德昂族酸茶为例"，载《中国发明与专利》2017 年第 2 期。

整体的信息安全，信息本身的权利归属及信息的利用极为重要，如果不当利用，则可能直接或间接带来人类发展灾难。

（3）不可专利范围的明确及变动中的国家发展导向：以我国为例

不可专利性，除了因创新本身所具有的条件不能满足专利的构成要素之外，还有根据国家发展阶段进行考虑的因素，而且后者在一定程度上能够对立法起关键作用。1984 年制定《专利法》时，考虑到我国当时的发展水平低、国民知识技术需求大等因素，如药品、食品及各种化学合成物质的新品种、动物和植物新品种等对人民生活、保健及加工业影响很大，如果对之授予专利，会影响国家发展，因此不适宜通过专利予以保护；与此同时，为了从国外引进新技术及技术改造，对生产这些物质的新方法及新配方仍可授予专利。[1]这说明，国家当时的发展目标决定了需要社会共享相关的技术，以促进国家生产力的提升。而在短短 8 年之后，《专利法》修改时，我国对该问题的态度便发生了变化。相关部门的说明中指出，基于我国在振兴工业、医药资源、饮食文化方面的优势，[2]需要对化学物质、药品、食品、饮料、调味品等予以专利保护。1992 年修改后的《专利法》第 25 条第 1 款删除了"食品、饮料和调味品""药品和用化学方法获得的物质"不授予专利权的规定。同时，为了提高我国外观设计专利的质量，2008 年修改《专利法》时将"对平面印刷品的图案、色彩或者二者的结合做出的主要起标识作用的设计"纳入不授予专利的列表。[3]在《专利法》第四次修改征求意见过程中，有意见指出，该规定并不利于我国相关产业的发展，应当删除。[4]我国目前的排除性规定不仅将科学发现、智力活动的规则和方法等不符合专利实质性要件的内容予以排除，而且诸如动物与植物品种等内容也被排除出可专利范围。可以窥见的是，我国专利授权排除的规定，紧紧围绕我国发展阶段和发展需求，与我国的产业发展政策、国家发展战略等密切相关。

---

〔1〕　参见时任中国专利局局长黄坤益 1983 年 12 月 2 日在第六届全国人大常委会第三次会议上关于《中华人民共和国专利法（草案）》的说明。

〔2〕　参见时任国家专利局局长高卢麟 1992 年 6 月 23 日在第七届全国人大常委会第二十六次会议上关于《中华人民共和国专利法修正案（草案）》的说明。

〔3〕　参见我国《专利法》（2008 年）第 25 条第 1 款第 6 项。

〔4〕　参见中国人大网上对《中华人民共和国专利法修正案（草案）》的意见，2015 年。2020年《专利法》第四次修正通过，该规定并未被删除。

在专利的授权中，最重要的为授权的实质要件，如我国《专利法》中规定的发明专利与实用新型专利的新颖性、创造性、实用性要求，外观设计专利的实用性、美观性等要求。我国在专利相关授权标准上的变动及其他国家在相关授权标准上的发展，可彰显相关要件规范服务于国家意志及国民意志的倾向。如传统知识因不符合现代知识产权法中的创新标准而在大多数情况下不能够被纳入知识产权保护范围，而这些传统资源却是数代人的智慧结晶。[1] 但这并不意味着其不能通过专利等知识产权来保护。根据《生物多样性公约》的精神及我国传统资源丰富的国情，我国在 2008 年的《专利法》修改中，增加了对遗传资源来源披露的规定，并规定遗传资源的获取或者利用违反有关法律、行政法规的规定的，不授予专利。[2] 是否对相关内容予以专利保护并不是孤立存在的，有些国家虽然在逐渐扩大可专利的范围，但是与此同时其也在专利产品的可及性上下功夫，以满足人们对某些技术产品的需要。如巴西在 TRIPs 协议之前对药品不给予专利保护，在 TRIPs 协议之后的 20 世纪 90 年代初期的拖延游戏是巴西对抗西方发达国家政治压力最重要的表现。1996 年《巴西专利法》将药品纳入专利保护范围，但仍以强制许可为后盾，迫使艾滋病类药物在巴西降价，这一"强硬"的专利政策为巴西避免了艾滋病危机。[3] 同样，为了应对专利对公共健康的严重挑战，巴西提出"事先同意"（Prior Consent）制度，以有效限制医药专利。所谓的"事先同意"制度，即由国家知识产权局和国家公共卫生监督局共同对专利申请实行检查的制度。[4] 言下之意，虽然被迫扩大了专利的保护范围，但是仍然需要通过一定的专利政策满足国家发展对专利的制度需求。

从国家对专利授权标准的调整，也可以看出专利授权条件的严格化、专利权的限制对国家发展目标的重要性，实践中多见国家对相关标准的调整服

---

〔1〕 See J. Janewa Osei-Tutu, "Human Development As An Intellectual Property Metric", 90 *St. John's L. Rev.* 711, 2016, p. 741.

〔2〕 参见我国《专利法》（2008 年）第 26 条第 5 款、第 5 条第 2 款。

〔3〕 参见［澳］彼得·达沃豪斯、约翰·布雷斯韦特：《信息封建主义》，刘雪涛译，知识产权出版社 2005 年版，第 9 页。

〔4〕 参见史学瀛、张春玲："我国解决公共健康危机的法律策略探析"，载《河北法学》2008 年第 4 期。Also see Edson Beas Rodrigues Junior & Bryan Murphy, "Brazil's Prior Consent Law: A Dialogue between Brazil and the United States over Where the TRIPS Agreement Currently Sets the Balance between the Protection of Pharmaceutical Patents and Access to Medicines", 16 *Alb. L. J. Sci. & Tech.* 423 (2006).

务于国家阶段性发展目标。以新颖性为例，发明专利、实用新型专利及采取专利保护外观设计的场合，大多数国家均会对相关的专利授予给予一定的实质性要件规范，如发明专利与实用新型专利的新颖性、创造性、实用性等。在 2008 年之前我国采取的是相对新颖性标准，即规定申请发明、实用新型专利的发明创造没有在国内外公开发表过，也没有在国内公开使用过或者以其他方式为公众所知；申请外观设计专利的设计没有在国内外公开发表过，也没有在国内公开使用过。〔1〕认定专利申请人的专利是否符合新颖性标准，比对的对象仅仅为国内的现有技术。在 2008 年《专利法》修改之后，上述标准改为绝对新颖性标准，即规定授予专利的发明创造在国内外都没有为公众所知，新颖性的比对范围扩展到了国内外这一范围。〔2〕绝对新颖性标准之下，我国授予专利的范围被实质性限缩。理论上讲，此标准的修改有利于提升专利质量，提高我国相关单位的技术创新水平，〔3〕进而促进国力提升。与我国相反，日本在历史上因为其技术发展的优势地位，在 1899 年的专利制度建立初始就采用了绝对新颖性标准，虽然在 1909 年及之后的 90 年内，其转为日本国内公知的技术新颖性标准，但是在 1999 年又将之改为绝对新颖性标准。〔4〕美国法律也有对"非显而易见性"〔5〕趋于严格的变化。从 TSM 标准到 KSR 标准，美国在"非显而易见性"标准上有了较为明显的限缩，〔6〕其中彰显的专利授予标准的调整与国家限缩专利权以倒逼国内企业提升创新能力，显而易见。

2. 专利强制许可制度：以医药专利强制许可为中心

专利强制许可（compulsory license）指的是"国家专利主管机关可以不经专利权人的许可，通过行政程序而直接允许第三者实施专利权人享有专利权

---

〔1〕　参见我国《专利法》（1992 年）第 22 条第 2 款。

〔2〕　参见我国《专利法》（2008 年）第 22 条第 2 款、第 5 款。

〔3〕　参见施燕："浅谈绝对新颖性标准对中国企业的影响"，载《科技创业月刊》2012 年第 4 期。

〔4〕　参见胡佐超等："法律的生命不在于逻辑，而在于经验——论绝对新颖性标准在我国的适应性"，载《电子知识产权》2009 年第 5 期。

〔5〕　非显而易见性的内容主要体现在美国《专利法》第 103 条。See 35 U. S. C. 103, available at https://www. uspto. gov/web/offices/pac/mpep/consolidated_ laws. pdf (last visited on December 17, 2020).

〔6〕　参见胡波："扩张还是限制？——从美国专利判例法的演变趋势看我国专利法修改"，载《河北法学》2014 年第 5 期。

的发明或实用新型，并向其颁布实施该专利的强制许可证的法律行为"。[1]专利强制许可制度主要是为了在专利技术不实施或不充分实施而社会又有需求的情况下，以政府介入方式解决专利许可不足或专利许可不能的问题，《巴黎公约》第 5 条及 TRIPs 协议第 31 条对之予以了规定。TRIPs 协议规定专利强制许可必须遵循一定的限制，如强制许可不可转让、必须是非独占的许可等。但是，对于专利强制许可的规定，主要以医药专利为中心，因为疾病对人们的打击往往难以估计，对全球造成的损失同样是难以预测的。如果有专利产品能够解决相关问题，却因为专利许可不足、接近专利药品失败而导致人们面临健康困扰或大规模丧命，那是违背知识产权法之支持人类发展的初衷的，对全球秩序的扰乱将远远大于专利权人固守专利权及自主授权带来的私利。因此，通过政府介入而将相关的专利技术分散开来，通过更多的企业来共同利用该技术、齐心协力解决疾病或其他问题，能够起到事半功倍的效果，对政治稳定具有举足轻重的效用。

强制许可制度在我国《专利法》中有规定，但是其实践效果并不理想。这与强制许可所涉及的经济利益有关，因为专利强制许可的实施及生产等需要一定的准备期间，且生产相关的医药等需要相关的技术学习。而且，由于专利强制许可从某种程度上讲蕴含一定的政治任务色彩，所以相关产品的定价等并不具有足够的主动性。为应对公共健康危机、国家紧急情况的强制许可必须服务于解决当前遇到的问题，因此在相关问题解决后，可能市场需求并不大。从利益衡量上看，少有企业愿意为了政治任务而牺牲自己对相关技术的垄断利益。基于对药品仿制技术、生产条件等的限制，一些国家和地区虽然法律制度上有专利强制许可的规定，但是并不具有能力去申请专利强制许可而生产相关的专利药品。基于此考虑，世界贸易组织总理事会早年就已决议允许没有药品生产能力或产能不足的会员直接进口通过强制许可生产的专利药品。[2]世界贸易组织知识产权理事会在 2003 年 8 月 30 日的会议决议中认为，发展中成员和最不发达成员在因艾滋病、疟疾、肺结核及其他流行性疾病发生公共健康危机时，可通过强制许可自己生产有关的专利药品，一些无生产能力的国家也可获得由此生产的药品。[3]这里蕴含了两层含义，第

---

[1] 冯晓青、刘友华：《专利法》，法律出版社 2010 年版，第 223 页。

[2] 参见向利："主动与被动：达菲的两难选择"，载《医药产业资讯》2006 年第 1 期。

[3] 参见刘春田、金海军："2003 年知识产权法学学术研究回顾"，载《法学家》2004 年第 1 期。

一层含义是专利强制许可，第二层含义是从其他国家进口强制许可生产的药品。遗憾的是，强制许可制度虽然常见于各国专利法中，但是实践中的强制许可及从其他国家进口强制许可生产的药品困难重重。其中一个重要的因素就是，国家与国家之间的政治关系要求专利在目的国受到保护、非专利药品受到谴责与否定。发展中国家对强制许可的适用并没有过度的热情，而与此相比，发达国家对专利强制许可的实践则更为直观，如加拿大在1969年至20世纪80年代后期于制药领域广泛使用强制许可，英国在20世纪70年代以前对某些药品的强制许可等。强制许可在发展中国家并不得势的重要原因之一即为它们担心发达国家以双边或多边制裁相威胁。

另外，虽然专利强制许可在某些国家并未得到大规模的适用，甚至在有些国家从未得到过适用，但是其仍然存在较大的价值。专利法上强制许可制度的存在能够在一定程度上扩大专利产品的生产规模，政府通过专利强制许可制度可以"迫使"专利权人为社会提供足够的、合理价格的专利产品，以解决社会面临的专利产品不足的困境，如某些疾病对人类的威胁等。在2001年炭疽热席卷美国期间，美国政府告知拜耳公司，如果其不扩大生产反传染专利药西普罗（Cipro），政府将发布强制许可。最终拜耳公司在政府的专利强制许可"告知"下，扩大了其专利产品的生产规模，并实行降价销售。[1]从此意义上讲，专利强制许可制度本身的存在，就是一种人们能够接近专利产品的"胜利"。

对医药为中心的专利问题予以专利制度上的调整，以符合全体人类发展的目标，并着重注意世界贫困人口对药品的接近权，是未来包括药品专利在内的专利制度需要考虑的内容。对于一些药品，贫困地区的政府和个人均不具有支付能力[2]的情况下，专利制度引起的人类对专利药品的接近限制，严重影响了人们的生存。然而，寄托于以制药公司降低药品价格等方式来解决相关的接近能力问题，并不能确保相关方案得到有效实施，因为没有约束力的制药公司所谓的价格承诺，并不能确保贫困人口与国家对某些必需药品予以接近。只有通过有效的专利制度，从根本上赋予贫困人口在必需药品接近上的"权利"，这些问题才有可能被相关机构重视和实际解决。

---

〔1〕　参见文希凯："禽流感与专利权"，载《中国发明与专利》2005年第12期。

〔2〕　See Jennifer Berman, "Using the Doctrine of Informed Consent to Improve HIV Vaccine Access in the Post-TRIPS Era", 22 *Wis. Int'l L. J.* 273, 274（2004）.

美国《专利法》中并没有明确规定强制许可制度，且专利权人拒绝许可或拒绝行使其专利权一般也不能被认定为专利权滥用。[1]但是这并不意味着专利强制许可在美国不存在，实际上美国通过司法实践或其他法律规定在特定条件下认定专利强制许可。为了公共利益，美国政府可以在特定情形下征用专利，如2004年左右在美国对抗禽流感时就有人提议对"达菲"（Tamiflu）专利予以国家征用。[2]虽然后来罗氏集团对"达菲"的生产发放了一定的许可，但是对于某些国家来讲仍然是不足的，专利强制许可依然有一定的需求空间。

强制许可作为对知识产权人权利的限制，从一定程度上表现出政府在面对个人权利上的"强势"。一个专利权人可能在一定期限内因为某种或某些原因没有实施自己的专利或没有跟他人谈成授权，此时如果国家对该专利实施强制许可，那么对专利权人是不公平的。权力、资源、政治在不同的国家有不同的影响力，发达国家的人会羡慕发展中国家的鲁莽，因为发展中国家的人可以剽窃知识产权，但是发展中国家的人也可能认为跨国公司会贿赂政府官员。[3]人们认为在国际上具有影响力和资源的公司会滥用媒体、操纵法律及司法政策以达到它们想要的目的，会在诉讼中使用一些策略以获得它们希望的裁判。[4]在健康权的实现上，药品的接近是第一位的，而现实中一些药品接近难以实现不是因为个人力量有限，还因为即便是政府也负担不起国民因健康权而对专利药品的接近需求。[5]这也就意味着，在地球上的某些区域，即便是让一个人凭借自己所有的力量，甚至付出生命的代价，也满足不了知

[1] 美国《专利法》第271条（d）（4）。参见《美国专利法》，易继明译，知识产权出版社2013年版，第94页。

[2] 参见李文江：《国外专利权限制及我国适用研究》，知识产权出版社2017年版，第84页。

[3] See Mei-Hsin Wang, "Trends and Case Analysis Regarding Compulsory Licensing in Asia", in Randal R. Rader, Toshiaki Iimura, Thomas J. R. Voit et al. eds. , *Law*, *Politics and Revenue Extraction on Intellectual Property*, Cambridge Scholars Publishing, 2015, p. 109.

[4] See Mei-Hsin Wang, "Trends and Case Analysis Regarding Compulsory Licensing in Asia", in Randal R. Rader, Toshiaki Iimura, Thomas J. R. Voit et al. eds. , *Law*, *Politics and Revenue Extraction on Intellectual Property*, Cambridge Scholars Publishing, 2015, p. 109. 如在欧洲委员会、国际贸易委员会或美国商务部等提起投诉，发展中国家及最不发达国家的公司却不能在此种水平上代表他们自己。

[5] See Madhavi Sunder, *From Goods to a Good Life*: *Intellectual Property and Global Justice*, Yale University Press, 2012, p. 173.

识接近需求。

我国 1984 年《专利法》第 6 章通过 8 条对强制许可予以规定，其中强制许可的具体情形仅包括为充分实施的专利强制许可及从属专利强制许可。[1] 1992 年，为了与国际接轨，我国修改了 1984 年《专利法》中规定的专利强制许可法定条件，引进"国家出现紧急状态或非常情况时"及"公共利益"情形下的专利强制许可。[2]虽然我国《专利法》中规定了专利强制许可制度，但是在我国尚无一例专利强制许可，可以说该制度并没有被很好地利用。专利强制许可在实践中的缺位并不是中国特有的，其他国家的专利强制许可实践也不活跃。但是，专利强制许可仍然非常重要，诸如在治疗艾滋病方面颁布的强制许可能够解决很多人的生命健康问题，甚至一个国家的国民健康和国家安全问题。马来西亚、赞比亚、津巴布韦、印度尼西亚、莫桑比克等国家在治疗艾滋病药物方面曾先后发布过相关药品专利强制许可。[3]一些发达国家在强制许可上的实践力度要比发展中国家大，如美国、澳大利亚等国家在发生公共健康危机时曾用专利强制许可来解决专利保护与人道主义的冲突。[4]尤其是在今天，全球各个方面的流动及互动非常频繁，困扰人类的大型疾病屡见不鲜，在相关的药品专利的强制许可方面应当及时响应，而不应当使相关的专利成为影响人们生命健康的"拦路虎"。看着人们因为对现有专利药品接近不能而大范围活生生地离去或忍受病痛的煎熬并不是专利制度的初衷。在一些突发疾病场合，相关药品专利权人并不愿意将相关的生产技术与他人分享，因为这样做或许会侵犯它们在全球市场的威力及份额，但是与众多患者的生命相比，这些所谓的"私利"或许适当、临时后置更为恰当。

值得注意的是，2018 年国务院办公厅《关于改革完善仿制药供应保障及使用政策的意见》第 12 条提出明确药品专利强制许可的路径，提高药品可及性。[5]这从一定程度上可强化药品专利强制许可的规定，明确相关的步骤、提升该制度的可操作性。专利强制许可是一种无须经专利权人同意，政府允

[1] 参见我国《专利法》（1984 年）第 52 条、第 53 条。

[2] 参见我国《专利法》（1992 年）第 52 条。

[3] 参见文希凯："禽流感与专利权"，载《中国发明与专利》2005 年第 12 期。

[4] 参见向利："主动与被动：达菲的两难选择"，载《医药产业资讯》2006 年第 1 期。

[5] 国务院办公厅《关于改革完善仿制药供应保障及使用政策的意见》（国办发〔2018〕20 号）第 12 条。

诺第三方使用专利的做法，[1]其充满了强行政色彩，决定了在一定场合政治目的强于商业自主的价值选择。强制许可会带来专利权人的利益损失，因此，平衡社会公共福利和尊重专利权人的权利是一门艺术，[2]更是一种价值抉择。诸如在艾滋病、禽流感等疾病场合，为人类造福的药品对穷人、贫困地区来讲是可望而不可即的。除了高价之外，还有本地药品不足这一重要因素，供不应求之下，强制许可或可解决当地人对医药的需求问题。

再者，强制许可制度一般涉及的公共健康危机及国家紧急情况等关系到国民的生命及国家安全，甚至某一类疾病、某一事件的爆发可能会给该国带来毁灭性的打击，因此，在一定程度上可以认为专利强制许可属于国内事务处理范围，包括 TRIPs 协议在内的国际公约并不应当对相关的情形进行过度规范，而应当对国内法处理相关问题的规定予以鼓励。如 TRIPs 协议并不禁止并且不应当禁止成员采取措施保护公共健康[3]的做法就很值得赞赏。在一定场合，专利强制许可备受争议，或者说专利强制许可更多地涉及经济利益，但是从根本及实践层面看，专利强制许可更多情况下是关系到国家安全、社会秩序稳定、人类总体发展的。专利强制许可给专利带来的限制，实则可以为造福人类提供制度依托。如前所述，虽然实践中专利强制许可被用得并不够多，但是起码在相应的情形发生时，政府或他人能够以之为"条件"或"要挟"，来逼迫占据专利许可强势地位的专利权人扩大生产规模、发放足够多的许可、降低专利产品价格等，以实现社会需要的专利产品供应，使社会在灾难中保持相对安定。

3. Bolar 例外：公共健康对专利权的获胜

Bolar 例外指的是专利法将药品专利到期前他人未经专利权人同意而进口、制造、使用专利药品进行试验，以获得药品管理部门所需要的数据等信

---

[1] See Mei-Hsin Wang, "Trends and Case Analysis Regarding Compulsory Licensing in Asia", in Randal R. Rader, Toshiaki Iimura, Thomas J. R. Voit et al. eds. , *Law*, *Politics and Revenue Extraction on Intellectual Property*, Cambridge Scholars Publishing, 2015, p. 98.

[2] See Mei-Hsin Wang, "Trends and Case Analysis Regarding Compulsory Licensing in Asia", in Randal R. Rader, Toshiaki Iimura, Thomas J. R. Voit et al. eds. , *Law*, *Politics and Revenue Extraction on Intellectual Property*, Cambridge Scholars Publishing, 2015, p. 110.

[3] See Bronwen Jones, "Orientalism, Postcolonialism and Intellectual Property Protection in Egypt", 7 *J. Comp. L.* 112, 124 (2012).

息的行为，视为不侵犯专利权。[1]Bolar 例外来自于美国的 *Roche Products*，*Inc v. Bolar Pharmaceuticals Co.*，*Inc* 案。该案中，Roche 公司拥有一项关于安眠药有效成分盐酸氟胺安定的专利，Bolar 公司在涉案专利保护期限内未经专利权人许可，从国外进口少量的专利药品进行实验，以收集数据，用于 FDA（美国食品药品监督管理局）药品上市审批。Roche 公司认为 Bolar 公司侵犯了其专利权并诉至法院。一审法院认为 Bolar 公司为满足 FDA 的要求而对 Roche 专利的药品的使用属于实验使用，构成侵权的例外。[2]二审法院认为，Bolar 公司使用 Roche 公司的专利药品，意在日后销售相关的仿制药，属于商业目的，是故意未经许可使用他人专利药品的行为，因此 Bolar 公司的行为侵犯了 Roche 公司的专利权。[3]该问题凸显了仿制药提前研究与专利权保护的冲突。仿制药企业强烈反对二审判决，并集合游说国会进行相关的立法活动。随后，美国国会于 1984 年修改了《专利法》相关规则，并促成了《Hatch-Waxman 法案》，肯定了专利保护期限内进行临床试验等药品注册审批要求的实验研究的合法性，[4]权威性地解决了专利权与其他利益的冲突。《Hatch-Waxman 法案》将药品专利的有效期从平均 9 年延长至 11.5 年，新药中有 9%延长了 5 年（最长延长期限）、有 34%延长了 3 年以上。[5]Bolar 例外从一定程度上限制了专利权的绝对性，主要是有效解决了药品专利权方与仿制药方在审批程序中产生的利益冲突及公共健康实现程度等问题。Bolar 例外虽然最初作为试验例外用于药品专利，但后来逐渐被扩展到药品之外的医疗设备[6]及其他产品[7]。在 2007 年的 *Amgen*，*Inc. v. Roche Holding Ltd.* 案中，法院将 Bolar 例外从"可以适用于进口专利产品的行为"扩张到"可以适用于进口通过专利

---

〔1〕 参见吕薇主编：《创新驱动发展与知识产权制度》，中国发展出版社 2014 年版，第 200 页。See *Roche Products*，*Inc. v. Bolar Pharmaceutical Co.*，*Inc.*，733 F. 2d 858（1984）. *Bolar Pharmaceutical Co.*，*Inc. v. Roche Products*，*Inc.*，469 U. S. 856（1984）.

〔2〕 See *Roche Products*，*Inc. v. Bolar Pharmaceuticals Co.*，Inc.，572 F. Supp. 255（1983）.

〔3〕 See *Roche Products*，*Inc. v. Bolar Pharmaceutical Co.*，Inc.，733 F. 2d 858（1984）.

〔4〕 美国于 1984 年通过《Hatch-Waxman 法案》，在美国《专利法》第 271 条增加（e）款。

〔5〕 参见 http://www. ipmall. infro/hosted - resources/crs/RL30756 - 050110. pdf，最后访问日期：2020 年 12 月 17 日。转引自罗军：《专利权限制研究》，知识产权出版社 2015 年版，第 168 页。

〔6〕 See *Eli Lilly and Co. v. Medtronic*，*Inc.*，496 U. S. 661（1990）.

〔7〕 如美国扩展到了药品及医疗设备，日本扩展到了药品、医疗设备之外的其他产品。参见吕薇主编：《创新驱动发展与知识产权制度》，中国发展出版社 2014 年版，第 200~201 页。

方法制造的药品的行为"。[1]2008 年，菲律宾通过《全面获取廉价合格药品法案》，允许其国内以平行进口方式获得低价药品、对药品专利进行限制，以确保公共安全、国内药品充足等公共健康目标。Bolar 例外的扩张对专利权人的权利限制是明显的，其足以将相关仿制药的市场占有提前到一定期限，这对于专利权是一种限制，是仿制药产业的胜利，是公共健康的胜利。借鉴美国、加拿大、澳大利亚等国的做法，我国 2008 年修改《专利法》时，将为提供行政审批所需要的信息、拟制造药品或者医疗器械的单位或个人制造专利药品或专利医疗器械纳入不视为侵权的范围，[2]为 Bolar 例外在我国的使用提供了立法依据。

相对于专利药企业，仿制药企业的力量相对弱势一些。为了避免仿制药在药品专利到期后就能够在市场上销售，出现了一种专利药企业通过向仿制药企业支付费用，换取对方许诺不销售其拥有的仿制药的做法，这种做法被称为反向支付行为。这种反向支付行为虽然没有违反 Bolar 例外，但是实际上降低了 Bolar 例外最初为公共健康目的的制度价值。仿制药的延迟上市会给社会带来公共健康问题及人们对仿制药的需求得不到满足且对专利药支付不能等实际难题。为了反对反向支付行为及降低该行为带来的公共健康危害，美国参议院于 2007 年向国会提交了《廉价仿制药品获取保障法案》（Preserve Access to Affordable Generics Act）。[3]建立"禁止反向支付"制度，与 Bolar 例外配合使用，促进仿制药快速上市，以有效解决在创新药品不足场合医药专利带来的公共健康问题，成为必要。考虑到我国目前仍为发展中国家且医药行业创新能力不足，更应当以仿制药来解决专利药品接近不足带来的公共健康问题。

但是，基于仿制药利益带来的冲击以及创新药品实验的高风险性，为了促进公共健康、提升公共健康水平，美国建构了专利链接（patent linkage）制度。该制度来源于美国的《Hatch-Waxman 法案》，指的是国家药品注册主管

---

[1] See *Amgen, Inc. v. Roche Holding Ltd.*, 519 F. 3d 1343 (2008).

[2] 参见时任国家知识产权局局长田力普 2008 年 8 月 25 日在第十一届全国人大常委会第四次会议上关于《中华人民共和国专利法修正案（草案）》的说明。参见我国《专利法》（2008 年）第 69 条第 1 款第 5 项。

[3] 参见史学瀛、张春玲："我国解决公共健康危机的法律策略探析"，载《河北法学》2008 年第 4 期。

部门在审批药品注册申请时，不仅要审查申请注册药品的安全性、有效性及质量可控性，还要审查其是否存在侵犯他人专利权的行为。[1]该制度主要是为了加快仿制药上市的速度与效率，避免因为专利保护制度而浪费仿制药审批的资金与时间，[2]更好地使仿制药服务于公共健康。在美国，《经过治疗等效性评价批准的药品》（Approved Drug Products with Therapeutic Equivalence Evaluations，以下简称《橘皮书》）是专利链接制度的载体，其为《Hatch-Waxman 法案》的构成部分，由 FDA 在官网公开、每月更新，以记载经 FDA 批准的药品、多来源处方药的治疗等效性评价、所列药品涉及的产品专利及方法专利信息等，专利保护期满的药品将被移出《橘皮书》。自此以后，美国仿制药的申报量大大增加，仿制药审批秩序也趋于混乱。1989 年出现的仿制药审批丑闻[3]，暴露了仿制药审批过程中申报者对评审官员的贿赂行为及 FDA 对评审官员虚假申报数据的放任。该丑闻被曝光之后，美国在1992 年颁布《仿制药实施法》（Generic Drug Enforcement Act），进一步提出药品链接制度，分配了 FDA 与美国专利商标局之间的职能，确立了美国完善的专利链接制度保障，并对虚假行为做出了禁止的规范。基于在创新药上的利益及对创新药的鼓励，美国试图通过自由贸易协定说服更多的国家建立专利链接制度，以适应其国内的专利链接制度。虽然有一些国家通过自由贸易协定建立了专利链接制度，但是不同国家的专利链接制度也有差别。与美国相邻的加拿大在 1993 年颁布的《药品专利链接的管理办法》（NOC Regulations）也建立了专利链接制度，以有效平衡专利药与仿制药之间的发展。虽然加拿大制定了专利链接制度，但是基于其以仿制药为主的制药产业特性，在相关的专利诉讼中，仿制药往往获胜。[4]这从一定程度上保护了仿制药行业的发展，限制了专利权人的利益过分扩大，维护了本国国民的医药利益。

　　实际上在 2008 年我国《专利法》修改时就有人提出根据 Bolar 例外对应

---

〔1〕　参见肖建玉、沈爱玲："构建符合我国国情的药品专利链接制度"，载《现代中药研究与实践》2010 年第 5 期。

〔2〕　参见吕薇主编：《创新驱动发展与知识产权制度》，中国发展出版社 2014 年版，第 201 页。

〔3〕　美国著名的制药公司 Mylan 先申报药品（ANDA, Abbreviated New Drug Application），FDA 对之未给出审查结果，但是其竞争对手后申报的药品却屡屡率先得到 FDA 的批准。Mylan 公司通过私人侦探发现了仿制药审批过程中评审官员的腐败行为，这件事被称为仿制药审批丑闻。

〔4〕　参见胡潇潇：《药品专利实验例外制度研究》，知识产权出版社 2016 年版，第 131 页。

地建立专利链接制度。但国家知识产权局不支持建立专利链接制度，其认为延长药品专利的保护期限直接关系到我国民众获得药品的机会与成本，对我国维护广大民众生命健康有非常大的影响。[1]考虑到建立专利链接制度将直接抵消增加 Bolar 例外的正向作用，国务院及全国人大常委会对专利链接制度也不予赞同。[2]但是随着我国对专利的重视及我国近年来对专利激励创新、创新驱动发展的认知水平提升，在政策支持力度增强的背景下，我国对专利链接制度的重视度也逐步提高，如何根据国内目前对医药行业的期待及对医药的需求等综合制定符合我国及我国国民利益的医药专利链接制度成为思考的重点。我国目前的医药水平虽然有了较大的提升，但是在世界范围内仍然较为落后。[3]再者，我国国民数量众多、疾病人群较多、经济水平有限，对品牌药的支付能力非常有限，对仿制药有着大量的需求。与我国相邻的印度，其国内仿制药行业非常发达，但是因为各种限制，我国国民能够接触到的相关仿制药渠道非常有限。总而言之，实践中我国国民对医药需求量之大与医药创新研发能力不足、国民微弱的支付能力形成鲜明对比，很多人因接近品牌药的能力有限而被迫成为贫困人口，更有人因为疾病而丧失家庭或生命。2018 年上映的电影《我不是药神》就充分展示了我国对仿制药的大量需求及仿制药对我国国民的重要性。建立符合我国国情的专利链接制度及充分促进仿制药行业的发展显得非常紧迫。

原国家食品药品监督管理总局在 2017 年 5 月发布了《关于鼓励药品医疗器械创新者权益的相关政策（征求意见稿）》，在其中建立了药品专利链接制度。[4]2017 年 10 月 8 日，中共中央办公厅、国务院办公厅公布了《关于深化审评审批制度改革鼓励药品医疗器械创新的意见》，其中指出建立药品专利链接制度[5]，而且还提出建立上市药品目录集[6]、医药专利补偿试点

---

〔1〕 参见尹新天：《中国专利法详解》（缩编版），知识产权出版社 2012 年版，第 638 页。

〔2〕 参见尹新天：《中国专利法详解》（缩编版），知识产权出版社 2012 年版，第 639 页。

〔3〕 参见李红团："构建合乎国情的药品专利链接制度"，载《中国新药杂志》2018 年第 17 期。

〔4〕 参见原国家食品药品监督管理总局《关于鼓励药品医疗器械创新保护创新者权益的相关政策（征求意见稿）》（2017 年）第 1 条。

〔5〕 中共中央办公厅、国务院办公厅《关于深化审评审批制度改革鼓励药品医疗器械创新的意见》第 16 条。

〔6〕 中共中央办公厅、国务院办公厅《关于深化审评审批制度改革鼓励药品医疗器械创新的意见》第 15 条。

等制度〔1〕。这就与美国的做法趋于相同，但是美国同时通过《Hatch-Waxman
法案》规定了新药申请者可以获得一定的专利延长期，这个延长期与其临
床试验延误天数相同，用以弥补新药在临床试验及药品审批中所耗费的时
间。〔2〕实际上在此之前，我国《药品注册管理办法》（已失效）就有仿制药
在申报时必须提供相关专利不侵权证明的规定〔3〕，但是基于在相关的审查过
程中国家知识产权局与原国家食品药品监督管理总局相关的职责并未规范明
确，该制度实践效果并不理想。〔4〕2020 年我国《专利法》第四次修正，其中
第 76 条对专利链接制度做了原则性规定。从目前的情况来看，我国专利链接
制度及相关的配套制度将日臻完善，但是这种对仿制药企业的严格负担〔5〕或
可带来医药行业的竞争，并产生医药价格下降的结果。此外，还可能因专利
链接制度对创新药品专利权的维护，使得其在相关方面受到更多的激励，促
进创新药的进一步研发，以应对我国医药创新能力不足的问题。专利链接制
度的立法能够为我国仿制药审批提供初步的法律依据，并为实践带来具有可操
作性的指引，这可加快仿制药的上市速度，提升仿制药的质量，提高人们对仿
制药的接近效率。与此同时，应尊重创新药的专利权，建立弥补其临床试验
及审批消耗的专利期限的制度，〔6〕以更好地促进仿制药与创新药产业的发展。

　　Bolar 例外及专利链接制度是在市场失灵模式下，政府对医药专利的运行
进行的有效、主动干预。〔7〕虽然当今美国在全世界范围内呼吁强专利保护、
严厉打击知识产权侵权行为，但这是在其医药专利占据优势地位的前提下提
出的呼吁。在 19 世纪之初，美国因为自身发展不足，曾经鼓励免费从欧洲国
家获取先进的科学技术，为其国内发展所用。〔8〕因此，即便是美国等发达国

---

　　〔1〕　中共中央办公厅、国务院办公厅《关于深化审评审批制度改革鼓励药品医疗器械创新的意
见》第 17 条。

　　〔2〕　参见李红团："构建合乎国情的药品专利链接制度"，载《中国新药杂志》2018 年第 17 期。

　　〔3〕　《药品注册管理办法》（已失效）第 11 条。

　　〔4〕　参见李红团："构建合乎国情的药品专利链接制度"，载《中国新药杂志》2018 年第 17 期。

　　〔5〕　如审查药品范围过宽。参见刘立春、朱雪忠："美国和加拿大药品专利链接体系要素的选择
及其对中国的启示"，载《中国科技论坛》2014 年第 1 期。

　　〔6〕　参见《专利法》（2020 年）第 42 条。

　　〔7〕　参见刘晶晶、武志昂："从政府规制理论看'Bolar 例外'"，载《中国药师》2016 年第 7
期。

　　〔8〕　参见李红团："构建合乎国情的药品专利链接制度"，载《中国新药杂志》2018 年第 17 期。

家，它们的专利制度及对医药专利的态度，仍然是仅贴合它们当前的发展需要的。必须承认的是，医药对任何国家来讲都是关系民生的基本而又宏大的工程，医药专利制度如何将直接影响该国医药产业的发展及该国国民对医药的接近能力。发达国家与发展中国家在相关制度上的趋同，与国家的政策有关，更与国家对知识产权及其限制目的的追求有关，且国与国之间在制度的主动权上也有差异。美国等发达国家大的制药公司因专利而控制了世界上大多数人口对救命医药的接近权。在 TRIPs 协议谈判之后，强制许可成为发展中国家接近某些药品的重要工具。这一制度在印度得到了非常明显的体现，甚至印度因为其低成本、大规模生产仿制药而被称为发展中国家的重要药品来源国。[1]这使得印度、墨西哥、南非等国家与美国产生冲突，被美国列入"特别 301"优先观察名单。[2]此举是美国采取的一种制衡措施，意在限制发展中国家对仿制药的生产。Bolar 例外及相关的制度，是国家在处理医药专利与公共健康之间的冲突时所做的协调，彰显出社会公众对医药专利产品接近需求之大和接近能力之不足。如何通过专利法来降低专利对公共健康带来的危害，是当今专利法必须面对的核心问题。

4. 专利侵权中的禁令否认："公共利益"为"王"

除此之外，在世界范围内还存在着以"公共利益"为由而否定禁令的现象。专利权人为了保护自己的利益，可以向国家机关申请对侵权人相关行为的禁令，这些禁令分为临时禁令和永久禁令。实践中对专利禁令的一些限制貌似过于谨慎，也有法院认定行为侵权，但是在责任承担方式上豁免侵权方停止侵权，本书称之为禁令否认。然而，禁令的大量拒绝是对专利权的一种非正常方式的限制，或许并不是好事。当然，禁令否认在有些场合仍有保留价值，如在公共卫生、医疗运输中断等场合，拒绝颁发（永久）禁令而予以专利强制许可即为解决问题的方式之一。[3]在我国存在大量的以公共利益为理由拒绝颁发禁令的情形，而这种拒绝颁发禁令的情形是否真的维护了公共

---

〔1〕 See Anjali Vats & Deidre A. Keller, "Critical Race IP", 36 *Cardozo Arts & Ent. L. J.* 735, 774~775 (2018).

〔2〕 美国"特别 301"观察名单分为优先观察名单（Priority Watch List）和一般观察名单（Watch List）。

〔3〕 See Michael A. Carrier, "Cabining Intellectual Property through a Property Paradigm", 54 *Duke L. J.* 1, 108 (2004).

利益、促进了社会进步，有时并不是十分明确。这种禁令否认好似一种"后发的强制许可"。知识产权日益重要，同时也让我们认识到公共领域的重要性及对公共领域进行充分利用的重要性。[1]但是，是否任何利益都可以被视为公共利益，纳入非专利侵权范围，抑或是否所有的公共利益均可作为限制专利权的理由，也值得反思。从知识产权禁令的适用实践上可以看出，国家机关在公共利益认定及公共利益对专利权的限制等问题上起着决定性作用，其不仅直接反映了国家对公共利益的态度，更显示了国家对专利权绝对性的调控与把握。

（三）基于公共知识共享及言论自由平衡的商标权的限缩

商标权作为知识产权中的一项，其在本质上与具有较高创造性的著作权及专利权具有较大的差异，这也导致商标法在立法价值上及其实践中对商标权的限制理念及价值传输上与专利法和著作权法具有较大差异，甚至与商业秘密及植物新品种权方面的规范中所蕴含的理念也有较大的差异。在对商标权的限制方面，主要以必要性和表达的保留为衡量标准，甚至在一定的符号资源公用性保留与个人商标使用不冲突的情况下，商标权的限制并不十分明显。因此，商标权的限制显得非常不确定。

1. 商标权排除商标元素：表达自由资源

在大多数国家的商标法中，除了规定符合某些条件可以作为商标注册之外，一般还对排除商标注册的标识作专门规定。我国《商标法》在 1982 年立法之初就规定国家名称、国旗、国会等禁止作为商标使用。[2]2001 年我国《商标法》第二次修改时区分了禁止作为商标注册和禁止作为商标使用的情形，以配合我国商标自愿注册的制度，并在此前提下区别对待注册商标的管理与未注册商标的管理。[3]对商标使用的排除，大多数是为了社会秩序，尤其以国家及政府相关的标识为重点。国家机关等相关的标识，在社会上带有一定的"身份"象征色彩，这些标识本身在相关人群心中就具有一定的权威性。诸如有些团体的专有名称、某些国家的固定标识、某些人群的固定描述

---

[1]　See Robert P. Merges，"A New Dynamism in the Public Domain"，71 *U. Chi. L. Rev.* 183，184（2004）.

[2]　参见我国《商标法》（1982 年）第 8 条。

[3]　参见时任全国人大法律委员会副主任委员胡光宝 2001 年 10 月 22 日在第九届全国人大常委会第二十四次会议上关于《中华人民共和国商标法修正案（草案）》审议结果的报告。

等，不仅具有特指含义，还具有相应的表达直接指向性，如果允许这些标识作为商标使用，难免会将某些公众性的表述空间压缩，甚至模糊某些标识的指向性。禁止作为商标注册或使用的标识范围因不同的文化而有差异，这直接关系到国民对某些标识的文化传统。如《印度商标法》规定，含有或构成伤害任何阶层和部分印度国民宗教情感的标识不得注册为商标；[1]《孟加拉国商标法》规定，禁止将伤害任何孟加拉国国民宗教情感的标识注册为商标。[2]相比之下，西方国家对商标禁止注册的范围规定更加统一，如国旗、国徽、地名等禁止作为商标注册。言论自由保护十分强烈的美国在禁止性规定上则呈现出放松的姿态，越来越多的标识可以作为商标注册。美国对商标禁止注册范围的限缩是商标权扩张的体现，这与其国内将商标注册作为言论自由对待有直接的关系，即商标注册是言论自由的组成部分，其应当受《美国宪法》第一修正案保护。但是从某种程度上讲，这种过度的言论自由保护是对社会公众言论自由的限缩。比起美国对商标可注册范围的宽泛性认定，我国的商标禁止注册范围显得非常宽泛。

在某些国家，代表王室权威的标识也不得作为商标注册。如根据《泰国商标法》的规定，王室成员姓名、王室图案、王室成员姓名或王室图案的缩写，国王、王后及王室继承人的表称，表示国王、王后、王室继承人及王室成员的姓名、文字、专有名称及徽章等，均不得作为商标注册。[3]虽然将王室的某些标识作为商标注册并不一定会在市场上产生混淆可能性，但是基于国家对王室的尊重及对政府符号的权威性和相对唯一性的维护，这些符号在很多场合并不被鼓励作为商标注册或使用。一方面，如果将它们作为商标使用，会削弱王室及政府在民众心中的唯一性和权威性；另一方面，如果放任

---

〔1〕 See Indian Trade Marks Act (1999), Article 9 (2) (b). [(2) a mark shall not be registered as a trade mark if... (b) it contains or comprises of any matter likely to hurt the religious susceptibilities of any class or section of the citizens of Indian；...]

〔2〕 See Bangladesh Trade Marks Act (2009), Article 8 (d). ["a mark or part of a mark shall not be registered as a trademark if" ... "(d) it contains anything to hurt the religion sentiments of any citizen of Bangladesh" ...]

〔3〕 See Trademark Act of Thailand, Section 8 (3) (4) (5). ["Trademarks having or consisting of any of the following characteristics shall not be registrable：... (3) royal names, royal monograms, abbreviations of royal names or royal monograms, or (4) representations of the King, Queen or Heir to the Throne；(5) names, words, terms or emblems signifying the King, Queen or Heir to the Throne or members of the royal family；" ...]

这些标识作为注册商标或未注册商标在商业活动中使用，则王室或政府必须花费一定的精力将这些商业活动与自己撇开，并花费一定的成本来维护己方在社会公众中的可信度及获取国民的信任。此外，即便政府花费一定的成本去维护社会公众对其认知的唯一性及权威性，其经费依然来源于纳税人的纳税，这种纳税的投入并不一定符合国家对税收的使用标准。但是在泰国，王室具有大量的土地等资源，他们利用这些资源产生的财力巨大，因此其在社会中的势力也比英国王室更强。在《英国商标法》中，没有禁止王室相关标识作为商标注册的直接规定。[1]再如，日本纵使有天皇，其商标法中也没有直接对使用天皇及王室的相关标识予以禁止。[2]因此，其中貌似存在一种默认的逻辑：权威性符号的商标注册是否被允许，与背后的文化、权威性及权威性维护的路径有关联。基于此，相关的权威性符号作为商标被表达的限制也有了差异化规定。

我国商标禁止注册的范围较大，一定程度上可以维护相关词汇和标识被人们自由用于表达的秩序。在诸如地名的商标性排除上，可以将相关的地名作为人们传递地名信息的载体。但是，这并不意味着所有的地名均被排除商标注册。考虑到我国地大物博、人口分布较广的背景，有些地名仅仅对较小范围内的人群具有指示性作用和自由表达需求，对该范围之外的人并不具有任何特殊含义，因此，首先从地域范围上进行限制成为可能，如我国《商标法》禁止县级以上地名作为商标予以注册。[3]然而这并不具有绝对性，如有些标识虽然是地名，但是通过长时间作为商标使用而产生了一定的指向功能，我国国民也并不认为该标识的商品来源于该地，此时，其对人们的表达自由并不会有任何限制，因此成为禁止作为商标注册的例外，如青岛啤酒等。再如在"佛印山"商标案中，法院认为佛印山虽然是重庆市内的一座山，但是其并不具有较高知名度，因此社会公众不能将之与"佛印山"相联系。[4]虽然同等级的地名理应具有同样的权威性和保持其指向的唯一性，但是在某些

---

〔1〕　See The United Kingdom Trademark Act.

〔2〕　《日本商标法》第4条。参见《日本商标法》，李扬编译，华夏出版社2011年版，第4~8页。

〔3〕　参见我国《商标法》第10条第2款。（县级以上行政区划的地名或者公众知晓的外国地名，不得作为商标。）

〔4〕　参见重庆长城茶叶有限责任公司诉原国家工商行政管理总局商标评审委员会商标驳回复审行政纠纷案，北京市知识产权法院（2015）京知行初字第6454号行政判决书。

场合，基于表达的需求和人们对相关信息的认知程度，可以将相关的权威性与唯一性让位于人们的表达需求，包括商标这一表达需求。

注册商标必须具备一定的实质性要件，以限制可商标范围，使大多数标识资源被社会公众共同享用，而非由特定主体独占，这是国家在社会资源分配上的重要作用。如果缺乏相关的限制，社会上很可能出现具有雄厚资源的人更有优势获得多数标识的独占权，这些独占权不仅意味着资源力量上的雄厚，更意味着它们能够调动大量的社会资源，如商标标识的交换价值可以为它们带来更多的金钱，商标标识的高度集中能够使它们具有更高的知名度和谈判优势，基于大量的商标独占资源能够撬动相关的秩序等。因此，对相关的商标必须做出一定的注册条件限制，以降低社会公众识别相关商品来源的难度，也降低社会公众在识别商品来源时向政府咨询的概率，降低政府在识别咨询上的错误率，提升政府在社会公众中的威信。这些限制性要件主要被表述为商标的显著性、非关联性等。商标必须具有显著性的原因除了可识别性，还在于商标词汇的非通用术语（generic term）确保了竞争对手在使用术语上的自由，如禁止"暖水瓶"（thermos）直接作为商标使用在暖水瓶上，可确保相关的竞争对手在使用"暖水瓶"时没必要使用"保温的瓶子"（vacuum bottle）等解释性词组。[1]因此产生出非侵权的使用，如描述性使用、指示性使用等概念。

2. 商标权限制的非绝对性

商标权是商标权人的财产权，商标权人有权自由使用及处分自己的财产。然而，与有形财产权及著作权和专利权又有所不同，商标权的承认以商标权人持续对商标进行经营为基础。如若商标权人在商标注册之后，将商标束之高阁，而不持续建立其与商标的联系，则是一种资源的浪费且很可能带来社会不正义——需要的人得不到，得到的人不需要，资源流通不畅。在商标权限制制度中，一般会将这种限制予以相对性规定，以使得相关的社会资源要么被利用，要么被流通。商标与作品和专利都不同，作品的著作权及技术上的专利权主要依赖于前期的创作行为，而商标权的存在不仅依赖于前期的标识"创作"行为，更依赖于后期的持续表达行为。这与商标的社会定位有关：

---

〔1〕 See Michael A. Carrier, "Cabining Intellectual Property through a Property Paradigm", 54 *Duke L. J.* 1, 128 (2004).

其不仅是一种传递信息的工具，还是言论自由的一部分。这里的言论自由包含两层含义：第一层言论自由为，任何人均有对标识的使用权，除同商标权人相冲突的商标使用外，其他对商标的使用行为，如描述需求的言论自由使用等，因不会与商标权人产生言论自由冲突而被认定为合法；第二层言论自由为，商标权人使用自己的何种商标、如何使用，只要不违法，就是其对自己商标的自由处分，商标权人选择和使用商标就是一种言论自由。因此，商标权和商标权的限制是在一定的言论自由价值衡量之下的结果。正因如此，商标权的限制也存在一定的相对性：如专利权，除特殊情况外，一旦保护期限届满，就归为公共领域，著作权也一样，但是在商标权制度下，一般认为注册商标保护期限为10年，到期后仍然可以经过续展无限期拥有对某一标识的商标权。

确定10年保护期限，能够将更多的商标性资源、商业信息表达纳入资源流通渠道，这是国家对资源被充分利用的期待。而且，商标续展制度能够充分筛选出真正的商标经营者——言论自由的需求者，它们的经营活动与商标背后的商誉紧密联系，只有对积累商标商誉的行为进行鼓励，才能建立良好的商标标识功能的竞争秩序，而非通过政府赋予驰名商标等"荣誉"来抬高相关商标及商品在市场上的优势。

商标与市场行为紧密联系，没有市场行为就没有指示功能发挥作用的空间。但是，普遍将商标的保护期限定为10年，并不能很好地鼓励商标权人对其商标进行持续表达，因为在市场上建立一个商标并培育一个商标与其商品的唯一关联，需要持续不断的表达。如果时间过短，只能通过扩大性的广告等方式提升自己的知名度，或者通过贿赂等方式来获取以诸如驰名商标跨类保护等为结果的商标资源独占程度的提高。期限的限制是一种对商标权的限制，除此之外，商标权人还必须持续使用商标，如果在若干时间内没有使用，则存在闲置商标资源的嫌疑，容易造成妨碍相关资源进入市场、不利于他人自由表达等结果。因此，商标法中也有一定年限（或期限）不使用商标，商标可被撤销的规定。这种规定是对商标权人的限制，也是对商标权的限制，即商标的注册并不一定产生绝对的商标权，政府对商标的授权确权效果并不与专利权等同。从政治学角度看，这也是与言论自由协调的一种做法：商标标识是一种自由表达，而这种表达的独占是商标权人的权利，如果商标权人不再使用这种表达，则为了社会公众的表达需要，将这种表达纳入社会公共资源范围，供社会公众使用。

3. 商标使用的限制：促进表达及健康

商标的使用也因为社会保留必要的自由表达空间而必须予以限制。他人如果将商标权人的商标使用于描述性、指示性等场合，以表达自己的见解，或用于其他非商业性目的，则并不与商标权人的商标性使用相冲突，如戏仿（parody）也是一种对商标的非侵权性使用。商标戏仿除发挥着作品滑稽模仿的类似功能之外，在商标以识别商品来源为首要功能的语境下，其还发挥着其他功能，诸如促进市场的自由表达、允许市场的自由评价等，这些功能对于社会公众的作用超过了商标权人借助商标表达的内容。从某种程度上讲，或许商标戏仿可能给市场带来更多元化的商标表达空间。

基于某些药品、食品、疫苗等对于人们生命权、健康权的重要性，也必须使一些商标做出一定的牺牲。基于扶持贫困等特殊政策，也可能对商标给予一定的限制。在这些方面，专利比商标的影响力更大，因此很常见对专利的抱怨，但少见对商标带来某些知识产品接近限制的抱怨。事实则是，商标带来的知识产品接近限制同样存在。商标在某些场合不仅直接标榜不同阶层购买商品的能力，更可能导致社会消费阶层化，甚至可能因为这种趋势带来产品质量的差异，致使不同的人群在知识产品接近结果上的差距被拉大。

此外，为了公共健康目的，有些国家还规定特殊行业必须注册商标，即商标自愿注册原则的例外。如我国 1982 年制定《商标法》时确立了商标自愿注册原则，但是规定与国计民生关系密切的少数商品（如药品等）必须使用注册商标。[1]基于商标与商品或服务的绑定特性，国家对商标的限制与商品的管理密切相关。

基于烟草对人体健康的危害，国家在相关产品的商标注册上予以严格限制。如根据我国《商标法》的相关规定，烟草制品必须使用注册商标。比我国对特殊商品商标权限制更加严格的做法为，通过香烟平装立法来实行控烟。香烟平装立法是对商标权的最大限制，可以说从根本上磨灭了商标使用自由及商标的功能。在自由理念较为强烈的当下，人们对自我社会地位认知非常

---

〔1〕 我国《商标法》（1982 年）第 5 条；我国《商标法实施细则》（1983 年）第 4 条第 1 款；我国《商标法实施细则》（1988 年修正）第 7 条。

敏感，即便香烟平装能够带来控烟效果，也是政府对人们生活的极大干涉。政府为了实现控烟目的而采取的香烟平装制度，将会严重弱化香烟商标的指示功能及商标表达的效果积累。2011 年的《澳大利亚烟草平装法案》（Tobacco Plain Packaging Act 2011）对香烟外包装等方面的要求引起全球关注，并被乌克兰、洪都拉斯、古巴、印度、多米尼加等国家诉至世界贸易组织，后者认为该规定违反 TRIPs 协议等国际公约。依据 TRIPs 协议第 8.1 条的规定，各成员为了其国内的公共卫生及营养、促进对其经济技术发展至关重要的公共利益，在符合 TRIPs 协议规定的前提下可以制定及修改其法律。削损、限制商标权的必要性成为该次世界贸易组织争端解决的中心问题。2020 年 6 月，世界贸易组织上诉机构做出裁决，裁定澳大利亚关于烟草平装的法律是合理的，驳回了上诉请求。但是，香烟危害人类健康与商标权并未显现出必要的联系，甚至可以说香烟对人类健康的影响不应当成为限制商标权的直接原因。但是这里已经表明，在公共健康与商标权保护中，某些国家选择限制商标权的做法之流行趋势，如在澳大利亚之后，新西兰、英国等国家纷纷开始在香烟产品上限制商标的使用。

四、政治学视角下知识接近及知识产权限缩困境

知识产权限缩是对知识产权这一财产权的限制，但是对知识产权的限制并非仅仅是财产权的限制，其因知识产权的多元化解读而具有多重含义。[1] 从政治学视角看，知识产权的限制或多或少存在着政治学成因，这些成因造成的知识产权限缩的后果，能够解决一定的问题并符合政治学导向，但是实践中有些知识产权限缩制度不能够被合理地处理、友好对待，甚至有些制度看似形同虚设。以下仅从几个典型方面对之予以分析，试图揭示出其困境对知识产权法政治学正确方向的影响。

第一个困境是，特别贫困地区及人群因为贫困因素不能享受到知识产权限缩相关的利益。如对于很多非洲地区的国家，人们的温饱都是问题，更不用提对相关知识产品的需求和要求。即便实行专利强制许可或通过慈善将药品、疫苗等知识产品运输到贫困地区，也可能由于道路不畅通、运输条件欠缺、保温装置不符合要求等，使相关的知识产品在途中受损。即便通过千辛

---

〔1〕 参见吴汉东："关于知识产权本质的多维度解读"，载《中国法学》2006 年第 5 期。

万苦运输到贫困人群所在的地方，也可能因为当地不具备相关的医疗条件等而不能使相关的知识产品作用于有需要的人群，知识产权限缩制度再好也不能起到关键的作用。因此，制度为贫困而设计，却不能够为贫困所用的现状，决定了对于贫困地区先通过政府和相关方的努力解决基本贫困问题成为首要选择。

不得不说，贫困地区的贫困程度有时令生活在其他地区的人群难以想象。贫困带来的知识产权限制制度得不到落实，从结果上看，与这些制度的设置目的是背道而驰的。诸如专利强制许可、著作权法定许可等制度，目的是通过对知识产权的限制弥补贫困地区在获取知识上的不足、降低贫困人口获取知识的成本，进而促进贫困人口在生命健康权、受教育权等方面的发展，而实际的贫困却使得知识产权限制制度在实践中失去了扎根土壤。因此，从根本上讲，在知识产权限制方面花费力气，对贫困地区进行一定的扶持，并不一定符合政治效果的有效性。实际上相关地方政府或可进行更多的有形物质的补足，如修建更多的公路、建立符合标准的医院及更好的学校等，只有这样，知识产权限制才有被谈论和实践的土壤。

贫困对知识产权限制之实践带来的障碍，绝不意味着否定知识产权限制的必要性。随着科技的发展，有些贫困人口基于逐渐脱贫能够买得起电视机、手机等硬件设备，但是如果知识产权过度保护，同样会给贫困人口带来知识获取的限制。拥有智能手机和电脑等设备，并不一定能够获取网络知识。网络付费文化的过度强调及过度保护，使得贫困人口的知识接近范围极为有限，他们的思想多元化构建渠道受到严重限制，言论表达也在一定程度上失去色彩。因此，知识产权限制制度应当继续有序推进，与此同时，必须建立符合知识产权限制制度实践的辅助制度，促进知识产权制度目标的实现。

第二个困境是，来源于国家竞争思维的知识产权限制制度具有有限性。国家与国家之间的发展竞争是亘古不变的论调，这符合常理，也符合历史发展规律。但是，在全球化进程中，知识产权限制制度好像从来都与发展中国家绑定，仿佛所有的知识产权限制制度都是对发展国家有利的。与之对立的是，仿佛所有发达国家对知识产权限制制度的需求都不明显。必须说明的是，这种"看似"现象是一种错觉，知识产权限制制度与知识产权永远共存。虽然不同的国家处于不同的发展阶段，但是在任何国家都有贫困人口和富裕人口，对于贫困人口来讲，知识产权限制制度大多数是被需求的，而对于富裕人口，知识产权限制制度也并不一定就对他们不利。从全球这一更高层次来看，知识产权限制制度将为人们提供更加多元化的知识接近机会，丰富知识表达空间，将知识发展提升到力所能及之地步。因此，一定程度的知识产权限制制度不应当被贴标签，更不应当被认为属于某些阶层的特别需求。国家在制定相关制度时虽然应当结合本国的发展阶段及民众需求，但是更应当放眼全球，对他国的知识产权限制制度予以一定的尊重，尽量避免过度左右其他国家知识产权限制制度的落实。现实中，通过政治力量或者其他策略来影响或左右他国知识产权限制制度的行为并不少见。远有 TRIPs 协议等国际公约制定中，某些国家对其他国家的指责，近有 TPP 中抛开国际公约而形成的知识产权保护高标准、限制知识产权限制制度的作用，这些均与某些政治力量的强弱及国家发展思维有紧密联系。这些不确定的因素，直接或间接决定了知识产权限制制度在国际范围内及国家区域内的作用能力及效果。

第三个困境是，知识产权限制制度或可影响政府利益或者大集团的利益，因此其在国内也备受阻挠。知识产权量的增加，可以为政府带来丰厚的税费、管理费等收入。对知识产权的限制，意味着某些收入要分流出去，对政府来讲并不一定是有利的。政府的财政收入是其存在的基础，也是其展开工作的重要保障，政府对知识产权限制制度的态度直接影响市场上知识产权限制制度作用之发挥。限制知识产权，从一定程度上讲是强知识产权保护的负面内容，而且从提高知识产权保护水平到降低知识产权保护水平，可能会带来更多的盗版及逃税问题。[1]虽然这不是知识产权限制制度的初衷，但毕竟是知识产权限制带来的结果。知识的传播并不意味着对知识产权的全部放开，基于一定价值偏向的知识产权限制也可能被认为会产生不利影响，从而导致人们对知识产权限制制度持被动态度。

第四个困境是，对知识产权限制的限制（知识产权反限制）成为限制知识产权限制制度的合法依据。知识产权反限制可以分为两种：第一种是对知识产权限制制度规定适用条件；第二种是设定知识产权保护的正当方式，以使知识产权限制制度实际得不到保障。第一种非常常见，通常表现为知识产权限制制度的构成要素，如美国司法实践带来的合理使用四要件。比如，将

---

〔1〕　See Assafa Endeshaw, "Intellectual Property Enforcement in Asia: A Reality Check", 13 *Int'l J. L. & Info. Tech.* 378, 381 (2005).

合理使用制度用来获利并不当然导致合理使用被排除，因为合理使用的主要目的在于通过将作品一定程度上免费、免许可被他人使用，促进社会上产生更多的表达，唯一的前提应当是该使用行为不对原有的作品表达市场产生替代性。但是，对合理使用之商业性的排除还是主流观点，这或许并不是著作权限制之合理使用制度的初衷。再如，专利强制许可制度虽然有利于解决现实中人们对专利产品的接近问题，但是并不能保证现实中的专利产品的有效接近，因为专利强制许可的条件繁多，对于特别贫困地区简直不可实现。即便乌干达等国家也规定了较为严格的专利强制许可限制条件，[1]但是这些条件并不是 TRIPs 协议规定的义务。况且，专利许可的麻烦不只是条件苛刻，还有来自于政治上的不允许实施专利强制许可的压力。[2]这些条件限制，使得知识产权限制制度的效果实际上很难预测。第二种更为巧妙，通常表现为，在知识产权限制制度之外，加强知识产权保护制度的构建，以充分抵消知识产权限制制度的影响。如在网络环境下，允许技术保护措施的大范围适用，从根本上限制网络环境下合理使用作用的范围。著作权本身就是对信息自由的一种审查，[3]而技术保护措施对版权作品及非版权作品接近设立的门槛，在网络环境下的知识接近上效果非常明显，技术保护措施对合理使用的限制也是非常直观的。技术保护措施跨越了著作权限缩而给人们对知识的接近机会带来限制，妨碍社会公众对版权作品及非版权作品的接近及利用，原本可以通过合理使用制度接近作品的机会被合法限制了。正如有人所评价的，如果一个人因为技术保护措施的存在而不能获得某一作品，那么在事实上也就不存在对该作品的合理使用，所谓的权利的例外与限制也就失去了意义。[4]对技术保护措施予以一定的规范成为当今知识接近规范化的必要措施之一。

这些所谓的知识产权反限制并不被所有人看好。知识产权反限制在根本上是对知识产权限制制度的限制，支持者们没有认识清楚知识过度垄断将会

---

〔1〕 See Jennifer Sellin, "Access to Medicines: The Interface between Patents and Human Rights. Does One Fits All?", *Intersentia*, 2014, pp. 453~454.

〔2〕 See Madhavi Sunder, *From Goods to a Good Life: Intellectual Property and Global Justice*, Yale University Press, 2012, p. 183.

〔3〕 参见蔡祖国：《知识产权保护与信息自由的冲突与协调》，知识产权出版社 2016 年版，第 61~62 页。

〔4〕 李明德："欧盟'版权指令'述评"，载《环球法律评论》2002 年第 4 期。

给人们的政治表达及民主参与社会生活带来的限制。公共领域的保护是我们得以自由表达的前提，知识产权不当扩张对公共领域的限缩给我们的文化自由带来限制，因此，相关的知识产权政策必须对之予以关注。[1]在这种关注之下的知识产权限制制度难免会损害某些既得利益者的利益，力量强大的他们及被他们影响的国家机关很容易联合起来制定某种符合他们利益需求的知识产权限制制度的限制制度。当然，与西方国家发达成熟的知识产权制度不同，发展中国家尤其是亚洲和非洲国家在知识产权制度借鉴之后产生的内在不协调、与国际层面的不协调还体现在知识产权执法与制度执行层面。[2]因此产生的冲突在发展中国家及更加贫困地区尤其明显，且在此冲突之下，知识产权制度对社会进步的贡献或许将被限制。要解决问题，只有借助于较强的行政执法能力来调和相关利益，但是这样又会导致政府对私权的过度介入。在缺乏监督能力的情况下，政府行动融入私利更难确保知识产权制度作用的正确性与有效性，人们得益于知识产权制度的期待也难以保障。

第三节　本章小结

知识产权的扩张、国际范围内知识产权不同的扩张阶段及在特殊阶段强权国家对他国提升知识产权保护水平的要求，严重影响了某些国家对其国内知识产权事务的自主治理。为维护人们的生命权、健康权、言论自由、知识接近权、教育权、自由商业等政治价值及国家对稳定、发展、繁荣的期待，通常在国内知识产权制度上设置知识产权限制制度，以有效平衡知识控制权的分散和将知识控制权有效分配给有决策权的社会公众。基于对多样性的期待，知识产权也不应当被绝对性地垄断，多样性的思想、多样性的表达、多样性的生活等蕴含着不同的社会主体对自我、社会的独立认知，多样性直接决定着国家发展之决策。维护多样性，不仅需要将知识产权"有限化"，更需要保证合法垄断性之下民众对知识产品的广泛接近，并为这种接近建立相应的保障机制，即知识产权限制制度。

---

〔1〕　See Jyh-An Lee, "The Neglected Role of Non-Profit Organizations in the Intellectual-Commons Environment", Stanford Law School Dissertation (the degree of Doctor of the Science of Law), 2009, p. iv.

〔2〕　See Assafa Endeshaw, "Intellectual Property Enforcement in Asia: A Reality Check", 13 *Int'l J. L. & Info. Tech.* 378, 378 (2005).

但是，从现实的角度看，知识产权限制制度多且复杂，不仅关涉个人利益，更关涉国家利益。因为知识产权的无形性和非消耗性，虽然有些侵犯知识产权的行为未必给权利人带来实质性损害，但是基于个人道德规则的集体主义认为其侵犯整体利益，从而认为其"侵权"。国家政策是集体主义道德最明确的表述，利害权宜是其唯一界限。[1]对知识产权制度的限制也会产生是否与知识产权制度所要维护的政治价值相冲突之争议。这些所谓的争议，其解决路径并不一定符合民主性。基于此，知识产权限制制度的发展实际上仍然抵不过知识产权扩张制度的发展。缺乏法律规范的自由，没有其他外部控制的话，保障自由选择的公共空间将被侵犯，[2]因此在知识产权法上规定权利限制制度是必要的。复杂的现实也决定了必须通过知识产权法来保证人们的知识接近权，因为没有知识产权法的保障和对知识控制权扩张的限制，人们的自由就会被严重削损，更别提人们自由基础上的发展。

知识产权限制制度在当前被需要的现实仍然存在被忽略或故意忽略的可能性。一些发达国家的发展，并不是依靠知识产权保护带来的创新，而是得益于其发展先机，在从其他国家进行盗版等不尊重知识产权的阶段大量获取了知识，这些对知识的非知识产权方式的接近有力促进了它们的发展。美国和日本都有这样的经历，但其却无视自己不光彩的历史，竭尽全力呼吁其他国家对知识产权加强保护，而不考虑这些国家的发展阶段如何，甚至在后来它们自己知识产权制度得以完善、知识产权保护较为严格的时段强烈干涉他国知识产权制度。[3]发达国家对知识产权限制制度的消极态度，并不意味着它们制度中缺乏知识产权限制制度，相反，它们能够利用高超的辩术和强势的政治力量为己方辩护，如美国在著作权合理使用制度上的宽泛性，再如加拿大在仿制药上的宽容等。

现实中的贫困，仍然是知识产权限制制度发挥作用的重要障碍。贫困降低人们的知识接近能力，因此，对知识财富进行再分类是人类能够实现知识

---

〔1〕　参见［英］哈耶克：《通往奴役之路》，王明毅等译，中国社会科学出版社 1997 年版，第 141 页。

〔2〕　See Filip Spagnoli, "In Defense of the Compatibility of Freedom and Equality", 13 *Tex. Wesleyan L. Rev.* 769, 773（2007）.

〔3〕　See Bronwen Jones, "Orientalism, Postcolonialism and Intellectual Property Protection in Egypt", 7 *J. Comp. L.* 112, 124（2012）.

接近自由的基本方法，知识产权法从一定程度上限制知识产权也是促进人类整体平等的方法之一。但是知识产权限制制度因物质技术条件等的贫乏，不能有效运用到贫困地区，无异于缘木求鱼。因此，虽然在制度上存在知识产权限制制度，但是若想达到知识产权限制制度之政治学目的，仍然有待于政府等相关方面合作，对贫困地区的物质技术条件进行改善，为知识产权限制制度提供最基本的着陆土壤，以服务于最需要知识产权限制制度的人群。

知识产权法政治学国际论

当代知识产权法的发展与全球化联系紧密，国际贸易增加也直接带来了知识产权摩擦。知识产权摩擦产生的利益纠纷直接影响国际知识产权利益的分配方式及知识产权问题的解决模式。然而，与其他国际问题不同的是，知识产权国际问题不仅与政治学相关，更与政治直接相连。国际范围内无形财产权规则的影响力远超有形财产，国际知识产权规则的制定和发展也直接被影响。

纷繁复杂的知识产权国际利益的博弈能力与国家主体的国际地位直接相关，在国际社会的话语权越强，在知识产权规则的制定上影响力就越大。抛开国家为主体的传统分析模式，在全球化进程中知识产权规则的变化也与某些国家的利益集团之推动密不可分。它们在全球范围内经营业务，成为跨国公司或全球公司，也成为国际知识产权规则的主要影响力量。网络环境下的知识产权的弱地域性也为知识产权国际矛盾提供了养料。

全球知识产权规则是体系化的机构的产物。机构深植于体系，这使得它们的行动成为可能。制度也在两个方向影响体系与机构：体系改变制度，并形成新的机构，反过来，机构改变制度，又形成新的体系。不同要素的组合会带来差异巨大的结果。[1]知识产权法对知识的产权重新进行分配，这将私有垄断提升到了全球化的层次，全球化的力量某种程度上能削弱国家的作用，降低国家保护其公民行使私有垄断权的能力。[2]从国际视野来看，知识产权

---

〔1〕 〔美〕苏珊·K. 塞尔：《私权、公法——知识产权的全球化》，董刚、周超译，中国人民大学出版社 2008 年版，第 7 页。

〔2〕 参见〔澳〕彼得·达沃豪斯、约翰·布雷斯韦特：《信息封建主义》，刘雪涛译，知识产权出版社 2005 年版，第 3 页。

法体现了一个国际资源争夺的过程，掌控知识产权能为国家积累信息与财富。在过去的历史中，发达国家往往把控着国际知识产权制度的主导权，并利用强硬的外交和谈判力量制定符合其利益的国际知识产权规则，或利用经济壁垒等要挟发展中国家利用不利于它们自身的知识产权制度来交换一种经济贸易的"便利"。

虽然前文多少涉及国际知识产权法政治学相关问题，但是并不十分体系化，且缺乏相应的连贯性。本章着眼于国际政治视角下的国际知识产权规则的设计及优化，对相关内容予以梳理和论证，并提供自己的见解，以期为知识产权法的政治学研究提供国际思考视野。

第一节　知识产权法国际政治历史简述

知识产权法国际政治历史充满变数，国家国际地位的提升、人类社会的发展及国际组织的变迁，也直接为知识产权法国际政治提供了变换的平台。在国际舞台上，知识产权法政治基本可以分为三个阶段：第一阶段为知识产权制度各自为政阶段。在此阶段，各个国家的知识产权制度基本相互独立，知识产权之重要性并不明显，世界范围内的知识产权保护及其普及性也不足，因此国际知识产权的说法及冲突鲜见。第二阶段为第二次世界大战之后至 20 世纪末。这一阶段出现了两种最重要的政治特征，一个是民主与集权的争议，另一个是民族与帝国的争议。[1]在此阶段，知识产权法政治成为综合政治的重要组成部分，并成为发达国家获取发展中国家知识利益的手段。第二次世界大战结束对跨国公司来讲是一个分水岭，跨国公司之前被国家用来在国外开疆拓土、争夺殖民地，[2]之后其化为隐性力量，为国家在外争夺知识资源。因此，知识产权制度在国际范围内开始相互关联。第三阶段为进入 21 世纪之后。在此阶段，知识产权冲突增多，通过知识产权区域协定及双边自由贸易协定来规范和增强知识产权保护的特征凸显。知识产权的国际化与经济等内容的国际化同时发生，知识产权纠纷与知识产权的权力争夺更加激烈。

---

〔1〕　参见《公司的力量》节目组：《公司的力量》，山西教育出版社 2010 年版，第 53 页。

〔2〕　参见《公司的力量》节目组：《公司的力量》，山西教育出版社 2010 年版，第 260 页。

世界贸易组织、世界知识产权组织、国际植物新品种保护联盟及相关的条约为世界知识产权体系提供了一个健全的法律框架，以公众获取新知识为代价，加强知识产权保护成为流行趋势，掌握大量知识产权者主张激励创新给社会带来的利益超过知识作为财产商品化而带来的损失。[1]最初的《关税及贸易总协定》实际上并没有过多提及知识产权问题，而是集中在减免关税事宜上。[2]1986 年到 1994 年的乌拉圭回合谈判中，发生了 TRIPs 协议修改和系列协商活动，[3]因为国际政治地位的差异及话语权的分化，乌拉圭回合谈判异常艰难。参与方在 1994 年签订了《建立世界贸易组织的马拉喀什协议》，并在 1995 年成立了世界贸易组织。20 世纪末，把知识产权与贸易体制联系起来的 TRIPs 协议几乎是利用知识产权实现政治目的的典型，而这最初只不过是一个"白日梦"的想法，却通过少数公司各种游说政府而最终成为制衡其他发展中国家的有效工具。[4]结果是，围绕着 1994 年的 TRIPs 协议进行的协商及谈判不可避免地形成了史无前例的全球知识产权管理，这多少受到了高压政治手段的影响。[5]

TRIPs 协议是迄今为止知识产权保护范围最广、保护标准最高的国际公约，堪称"知识产权保护的法典"。TRIPs 协议也存在合理性和适当性的问题，对 TRIPs 协议的制度缺陷及其实施所带来的东西方利益失衡，我国学者早有认识。一揽子协议的立法模式实际上并没有解决东西方利益失衡问题，发展中国家为了换取世界贸易组织提供的最惠国待遇而不得不承认超越其承受能力的知识产权保护水平。TRIPs 协议实体规则非常有利于发达国家，而发展中国家及最不发达国家存在现实的实施困难，当发达国家一再拔高知识产权保护水

---

〔1〕 See Renée Marlin-Bennett, *Knowledge Power：Intellectual Property, Information, and Privacy*, Lynne Rienner Publishers, 2004, pp. 64~65.

〔2〕 See Kristie Thomas, *Accessing Intellectual Property Compliance in Contemporary China：The World Trade Organization TRIPS Agreement*, Palgrave Macmillan, 2017, p. 5.

〔3〕 See Kristie Thomas, *Accessing Intellectual Property Compliance in Contemporary China：The World Trade Organization TRIPS Agreement*, Palgrave Macmillan, 2017, p. 5.

〔4〕 参见［澳］彼得·达沃豪斯、约翰·布雷斯韦特：《信息封建主义》，刘雪涛译，知识产权出版社 2005 年版，第 229 页。

〔5〕 See Anjali Vats & Deidre A. Keller, "Critical Race IP", 36 *Cardozo Arts & Ent. L. J.* 735, 744 (2018).

平时，发展中国家也提出了保护文化等要求。[1]以 TRIPs 协议为核心的当代国际公约所确定的"最低保护标准"，体现了权利的高度扩张和权利的高水平保护，更多地顾及和参照了发达国家的要求和做法。执行统一的知识产权保护标准为发展中国家带来的损害远远超过它们可能通过这些标准获得的利益，因为发展中国家知识的发展对发达国家的技术、知识产品具有一定程度的依赖。[2]所谓的 TRIPs 协议标准，基本是一种偏向发达国家意志和利益的国际规则。

有人评价"TRIPs 协议意味着保护国际知识产权'和平共处'态度的终结"。[3]TRIPs 协议将知识产权与贸易挂钩，使得发展中国家必须考虑通过接受 TRIPs 协议中规定的知识产权义务（尽管它们没有能力，也没有动力去承担这样的义务），来换取它们生存发展所需要的贸易市场，以此满足一些重要合作伙伴及政治伙伴国家的态度。[4]发展中国家对 TRIPs 协议中的知识产权条款不予支持的呼吁并没有得到实质上的重视，由发达国家主导的国际知识产权规则趋同化，由此拉开帷幕。但是，发展中国家对 TRIPs 协议的被动接受，并没有换来发达国家的让步。[5]TRIPs 协议压迫和不公平谈判的结果已经为人所接受，[6]更令人沮丧的是，TRIPs 协议不公平谈判的结果及其对少数人有益的过程却被坚持和发扬。当今国际知识产权规则的制定与知识产权保护标准持续惠益少数人的趋势，比起 TRIPs 协议过犹不及。基于国际不公平谈判，发展中国家的财富源源不断地以知识产权名义向发达国家汇聚，发展中国家及最不发达国家在步步高升的知识产权规则中夹缝求生，对于他们来讲，贫困是现实的，知识产品是支付不起的、是奢侈的。处于国际弱势地

---

〔1〕　刘丽娟编：《郑成思知识产权文集：国际公约与外国法卷（一）》，知识产权出版社 2017 年版，第 39~40 页。

〔2〕　参见吴汉东、李瑞登："中国知识产权法学研究 30 年"，载《法商研究》2010 年第 3 期。

〔3〕　参见［澳］彼得·达沃豪斯、约翰·布雷斯韦特：《信息封建主义》，刘雪涛译，知识产权出版社 2005 年版，第 40 页。

〔4〕　See Bronwen Jones, "Orientalism, Postcolonialism and Intellectual Property Protection in Egypt", 7 *J. Comp. L.* 112, 126 (2012).

〔5〕　See Bronwen Jones, "Orientalism, Postcolonialism and Intellectual Property Protection in Egypt", 7 *J. Comp. L.* 112, 127 (2012).

〔6〕　See Madhavi Sunder, *From Goods to a Good Life*: *Intellectual Property and Global Justice*, Yale University Press, 2012, p. 194.

位的发展中国家，不断被发达国家以双边自由贸易协定来逼迫提升知识产权保护水平，慢慢符合发达国家的意愿。但是这对于发展中国家来讲，无异于剜肉补疮，曾经试图通过知识产权规则谈判中的让步来换取经济上的优惠，实际上却在满足国民对知识产品的现实需求上大打折扣。在国内知识产品供应不足或者代价昂贵时，国家并没有提供足够的知识产权便利政策。除了非洲国家因对专利药品的接近障碍遭受的损失难以弥补之外，在经济发展上看似具有优势和竞争力的发展中国家，如巴西、中国、印度等新兴经济体，在国际上被认为应当承担起高标准知识产权保护的职责。但是从根本及现实情况来看，发展中国家毕竟是发展中国家，它们虽然在经济发展上稍微有点起色，但是它们在知识的产出能力及知识产品的获取上仍然困难重重。

"全球化开放了疆土，却增进了贫富差距",[1]这种差距不仅体现在经济上，还主要体现于知识上。知识产权规则的全球趋同化，忽略了不同国家、不同阶层的人的知识需求及知识能力。主要由富裕阶层制定和把握的国际知识产权规则，带给富人的是更好的创作机会和知识私有化制度保障；对于穷人来讲，这些以富人为主的知识产权规则，他们并没有兴趣参与，也没有能力参与，更没有什么机会参与。这些知识产权规则给他们本已贫穷的生活带来更大的脱贫障碍，甚至带给他们知识贫穷的代际传递，最终使他们沦为"永久"的穷人。知识产权规则带来的贫富差距，不仅体现在穷人和富人的区别上，还体现在阶层分化上。经济的困难是临时的，知识产权规则带来的潜移默化的知识产品接近困难则可能是永远无法弥补的，由此产生的对一个国家而言的影响也是显而易见的。非洲国家接受西方国家的巨额贷款导致的严重贪腐，拖延了非洲国家的发展，人们得不到经济实惠，却又不得不面临国际知识产权规则带来的药品贫瘠、教育落后等机会贫困甚至当地资源被掠夺后的资源使用限制。

在"后TRIPs时代"，对TRIPs协议遵守程度的评估是没有太多的效率的，因为很多成员还在忙于关税问题的双边或多边协商，而这些协商结果中就包含了很多知识产权内容。[2]发达国家擅长以减免关税来换取发展中国家提升知识产权保护水平，也正是因为如此，发达国家才可以自由地与发展中

---

〔1〕 参见《公司的力量》节目组：《公司的力量》，山西教育出版社2010年版，第276页。

〔2〕 See Kristie Thomas, *Accessing Intellectual Property Compliance in Contemporary China: The World Trade Organization TRIPS Agreement*, Palgrave Macmillan, 2017, p. 6.

国家在双边或多边协议上做文章。这导致的结果是，不费什么力气，TRIPs 协议就被贯彻和执行了，甚至双边条约和多边条约超越保护标准而导致超水平地执行 TRIPs 协议。但是即便如此，发达国家仍然得寸进尺，在多地区或多边的知识产权有关谈判中，过度提升知识产权保护水平，变相增加 TRIPs 协议成员的知识产权保护义务。

　　国际知识产权规则的政治历史，与其他方面的国际规则具有相同之处，但是也有差异。在国际知识产权规则的制定中及相关国际规则的国内化中，发展中国家一般处于劣势地位。国民待遇原则等在国内有时成了超国民待遇，如我国为了与国际知识产权规则保持一致，在一些特定的历史阶段曾经通过相关规定对国外作品给予强于国内作品的保护，这既是对我国著作权人平等受保护权利的损害，也是外国强势势力作用的结果。[1]在知识产权制度趋同化产生的问题越来越多的同时，国际层面的知识产权规则也越来越从国际条约转向超国家准则（Supranational Codes）。[2]在一些新型知识资源分配等知识产权问题上，跨国公司的全球左右能力及政治力量的地区性作用意愿使得多边条约逐渐盛行；由此发展出发达国家引领的有利于其目的实现的超国家准则，一些问题逐渐跨越国家的认同而在一些行业的跨国集团之间形成相互认可的规则，如在数据库的保护问题上，在国际共同体尚未达成共识时，在区域范围内已经形成一定的保护模式。[3]这些所谓的地区性的规则，可能反过来倒逼国际规则的改变。

　　美国在奥巴马执政期间力推和其他国家共同制定的 TPP，在特朗普上台后遭遇否决，成了政治牺牲品。特朗普上台后陆续退出相关的组织，也从一定程度上揭示出美国在世界知识产权范围内的影响力。这也再次证实，知识产权制度的发展不仅仅是一个经济问题，更是一个政治问题。[4]这些政治问题的内涵，在国际范围内体现得更加明显，而且与其他问题不同，国际知识

---

〔1〕　参见崔广平："略论我国著作权法保护客体与 TRIPS 协定的异同"，载《法学杂志》2002 年第 6 期。

〔2〕　See Peter K. Yu, "Currents and Crosscurrents in the International Intellectual Property Regime", 38 Loy. L. A. L. Rev. 323, 330~374（2004）.

〔3〕　See Peter K. Yu, "Currents and Crosscurrents in the International Intellectual Property Regime", 38 Loy. L. A. L. Rev. 323, 375（2004）.

〔4〕　参见梁志文："论版权法改革的方向与原则"，载《法学》2017 年第 12 期。

产权问题能够成为世界范围内的问题，更像是一个被动普遍、被动产生的过程。

第二节　知识产权法国际政治学竞争

国际知识产权问题的产生与全球化密切相关，与地缘政治的发展理念不可分割。发达国家与发展中国家的提法将知识产权利益大致划分为两个阵营：发达国家阵营与发展中国家阵营[1]。两个阵营代表的知识产权利益的对立性直接导致 20 世纪之后的知识产权法国际政治学呈现出以竞争为主的态势，并主要体现出发达国家的强劲竞争力力压发展中国家的特征。这种知识产权规则相关的国际竞争被有关学者归纳为"南北之争"[2]也相当形象。

一、知识产权规则国际竞争的主要体现

国际知识产权规则的逐步成形、拓展及渗透到各个国家是一个相当快速的过程。虽然诸如《巴黎公约》等知识产权国际公约在 19 世纪就已经出现并有成员国，但是严格来讲，19 世纪末及之前，知识产权事务还是一项国内事务，[3]知识产权的相关规则也主要以国内法为主，并主要被国内法规范。然而，19 世纪末至今的国际知识产权规则蕴含了较多竞争因素。下文拟分析知识产权规则国际竞争的主要体现，并对其中的成因予以阐述。

（一）以发达国家为主要引领力是主要表象

19 世纪末至今，知识产权规则的成熟化及全球化离不开发达国家的推动与引领。在发达国家培育出色的跨国公司和经济全球化的浪潮中，大型跨国公司在国际知识产权规则的形成和修改过程中通过国家政治统治者的政治活动来实现知识产权利益，这成为国际知识产权规则以发达国家为主要引领力的主要模式。

---

〔1〕　发展中国家阵营包括发展中国家及最不发达国家。

〔2〕　参见 [美] 苏珊·K. 塞尔：《私权、公法——知识产权的全球化》，董刚、周超译，中国人民大学出版社 2008 年版。

〔3〕　参见 [美] 苏珊·K. 塞尔：《私权、公法——知识产权的全球化》，董刚、周超译，中国人民大学出版社 2008 年版，第 10 页。

　　美国 12 个跨国大公司集团利益在 TRIPs 协议中得到充分体现，[1]它们引领的知识产权国际化统一规则并没有充分尊重其他国家的事实情况和意愿。一些国家在与知识产权规则挂钩的贸易规则的吸引下，同意相关的知识产权统一规则；另外一些国家被包括跨国公司和发达国家在内的政治力量说服，从而对知识产权产生了一种错觉性质的憧憬。知识产权规则从国内走向国际，并在后来成为国际范围内最热的话题之一，主要原因是 TRIPs 协议等的谈判中，将知识产权规则直接纳入全球贸易协定中而导致知识产权规则与经济贸易规则直接挂钩。这导致迄今为止，知识产权规则被动地与全球贸易及全球贸易规则直接关联，并在很大程度上被强权国家用来挟制他国立法和修法，以符合其政治和经济需求。这种"文明"的做法，虽然从外表看与暴力战争差之千里，但从结果看却有过之而无不及。再者，战争期间的殖民地政治做法，直接导致后来包括知识产权法在内的立法等受到宗主国的影响并得以延续。从经济方面看，第二次世界大战之后发达国家为非洲国家提供的借贷，让这些国家到目前为止仍发展落后，负债累累变成当地生存和生计问题、发展落后的重要根源。发达国家对非洲的贷款资助，给非洲国家带来的利益远远小于其伤害，因为这些所谓的帮助主要进了政府的口袋，并产生了腐败，掌握政府的政权成为致富的主要途径。[2]基于相关债务关系及政治统治者对外来借贷的期待，知识产权立法成为借贷双方谈判的砝码之一，债务人的知识产权规则被动"规范化"成为"不得不"的选择。国际层面的"南北对话"产生的实际不平等的背后隐藏的是经济、政治、文化帝国主义（cultural imperialism）导致的权力不平等，这不仅不公平，更因为其持续性而令人失望。[3]基于西方国家的利益集团游说及政治的强势力量，多种知识产权国际公约的出台推动了知识产权的全球化（intellectual property globalization）。[4]知识产权成为全球化中最趋向于制度一致的领域也为当今知识产权利益的博

　　〔1〕　参见周超：《论 TRIPs 协定与公共利益》，知识产权出版社 2012 年版，第 17~18 页。

　　〔2〕　See Dambisa Moyo, *Dead Aid: Why Aid Is Not Working and How There Is a Better Way for Africa*, Farrar, Straus and Giroux, 2010.

　　〔3〕　See James H. Mittelman, "'Democratizing' Globalization: Practicing the Policies of Cultural Inclusion", 10 *Cardozo J. Int'l & Comp. L.* 217, 224（2002）.

　　〔4〕　See Michael D. Birnhack, "Global Copyright, Local Speech", 24 *Cardozo Arts & Ent. L. J.* 491, 506~516（2006）.

弈埋下了伏笔。跨国公司在全球化过程中对知识产权制度一致性的要求，直接促使它们通过政治游说等途径，力促相关国际知识产权规则对国内法产生作用。随着网络的发展，跨国公司也逐渐成了全球公司。[1]在此背景下，知识产权规则成为国际范围内法律制度统一化程度最高的领域之一。但是，毕竟国家与国家的发展和利益诉求具有差异性甚至对抗性，利益分化严重导致的人权保障的失衡预示着知识产权规则必须在一定范围内具有差异性、符合国家发展目标。

发达国家的知识产权扩张呈现出由"民"到"官"、由国内到国际的路径，而发展中国家的知识产权扩张则呈现出由"官"到"民"、由国际到国内的路径。[2]实际上，国际层面的知识产权规则和知识产权的扩张以及西方国家国内的知识产权保护的扩张，大多数时候是在大公司为中心的私人利益驱动下进行的政治对话，通过发达国家在国内公司利益团体的游说之下与其他国家在国际层面进行谈判和协商，争取和保持自己在国际谈判桌上的强势地位，它们共同造就了知识产权规则的扩张与发展中国家的被迫合意。[3]简单来讲，其实现路径为大公司或行业集团通过游说而使得其政府在国际市场上代表其利益。不同的利益集团凭借其自身或团体的强大经济实力及在国内政治赞助中的重要地位，能够成功说服本国政府在国际舞台上代表其利益，从而将其利益诉求以国际公约的形式予以固定，并拓展到其他国家的国内法，结果是它们的利益得到合法而强有力的维护。[4]越是发达国家，国内公司通过游说其政府，使得其政府在国际上代表其利益来制定国际知识产权规则的可能性越大。发达国家引领的知识产权规则并没有使知识资源分配方案与人类的基本需求相匹配，从而导致实质性平等在知识产权规则中被严重低估。[5]发达国家引领的国际知识产权规则成为历史上发达国家持续掠夺发展中国家

---

〔1〕 参见《公司的力量》节目组：《公司的力量》，山西教育出版社 2010 年版，第 264 页。

〔2〕 参见王宏军：《"向上看"抑或"向下看"：中美两国知识产权扩张的立法视角研究》，南开大学出版社 2014 年版，第 3 页。

〔3〕 See Donald P. Harris, "TRIPS' Rebound: An Historical Analysis of How the TRIPS Agreement Can Ricochet Back Against the United States", 25 *Nw. J. Int'l L. & Bus.* 99, 103 (2004).

〔4〕 ［美］苏珊·K. 塞尔：《私权、公法——知识产权的全球化》，董刚、周超译，中国人民大学出版社 2008 年版，第 59~60 页。

〔5〕 See Margaret Chon, "Intellectual Property and the Development Divide", 27 *Cardozo L. Rev.* 2821, 2912 (2006).

的基础，从实体资源掠夺到知识资源掠夺，其路径大致相同。

（二）知识产权国际竞争带来的不尊重国家主权

知识产权从其产生之日就具有浓厚的"防止异端思想和煽动性言论传播"之政治性动机，[1]其具有本质上的国家主权事务特色。利益的差异化带来的政治权力较量之下的政治制约成为知识产权竞争中的显著特征。国家主权意味着国家对国内事务的自我决定权，知识产权事务关系到国民在知识接近、文化进步等方面的权利实现，而本属于国内事务的知识产权却有被他国间接干涉的可能。实际上，很多发展中国家是被发达国家宣扬的知识产权制度"忽悠"而引入知识产权法的，很多发展中国家在引入知识产权制度后发现知识产权法对自己并无太大的利益，而加入国际公约决定了它们必须将这些对其无利甚至有损的制度坚持下去。[2]有些国家，特别是发达国家，对发展中国家的知识产权政策制定的干涉非常严重。据史料记载，2002 年的《日本知识产权战略大纲》中提及："……作为政府要注意……对发生侵权的国家的中央政府和地方政府开展强有力的工作，最大限度地行使 WTO……所允许的权利。……对非 WTO 成员国的国家也要通过两国间的谈判，迫使其加强知识产权保护。"[3]此处用语充分显示了日本干涉他国知识产权事务的态度与决心，其根据自己的标准来看待其他国家对知识产权事务的责任与义务，并决心将自我为中心的意愿强加给相关的国家，极大地削弱了相关国家主权。这种削弱国家主权的做法是发达国家惯用的制裁发展中国家的政治伎俩。

虽然现代政治文明讲究将相关的知识产权事宜纳入国际层面协商解决，但在国际层面知识产权事宜协商的同时，政府间的知识产权政治或知识产权政治事务从来不单独被国际层面的协商解决。在其他国家有明确法律规定及依据的情况下，很多国家依然选择通过政府与政府之间的政治施压来迫使对方保护或超国民保护其知识产权。这样做的好处是，政治施压可以避开对方国家国内执法为该国主权的基本原则的讨论，对该国以政治经济报复为威胁，

---

〔1〕［澳］彼得·德霍斯：《知识财产法哲学》，周林译，商务印书馆 2008 年版，第 139 页。

〔2〕参见赵元果编著：《中国专利法的孕育与诞生》，知识产权出版社 2003 年版，第 64 页。

〔3〕参见尹新天："如何发挥知识产权制度的作用（下）——评英国知识产权委员会的报告"，载《知识产权》2003 年第 5 期。

迫使该国在违背国内法的基础上实现其政治要求。[1]美国作为发达国家，不仅具有非常强大的游说团体和游说能力，还通过其国内法律规定制裁不能够满足其知识产权保护利益的国家与地区。美国最被人诟病的规定就是"301条款"及"特别301条款"。美国游说团体的力量促使美国修改1974年《贸易法》的"301条款"，在1984年授权美国政府单方面制裁不能够满足其知识产权保护标准的国家与地区。1988年，"301条款"扩张成"特别301条款"，并开始列明不符合美国知识产权保护标准的国家与地区名单，知识产权政策被用作报复策略，登上历史舞台。[2]美国"特别301条款"的威力已经波及全世界，以发展中国家及最不发达国家为主的观察名单迫使相关国家与地区在压力之下修改国内与域内的知识产权法，扩大与其能力不相符的知识产权保护范围并提高保护标准。但是美国的政治手段及霸权主义思想沟壑难平，即便在中国知识产权保护水准已经非常高的情况下，其仍然不断以知识产权保护不力为借口对中国发起一系列的制裁，包括2018年特朗普当政期间的对华贸易战，其借口之一即为中国对知识产权保护不力。[3]国家主权是国家存在及国家治理事务的最基本前提，知识产权事务的特殊性及被干涉的频繁性，使得其国内治理成为难题。

与此同时，知识产权相关机构及贸易代表办公室等机构通过采取一定的措施，使得发展中国家被动地改变符合其自主意愿的知识产权规则，并尊重发达国家利益和要求来制定知识产权规则。南非为了解决其国内因专利带来的治疗艾滋病药物价高问题，在1997年提出保证供应药价合理的《医药法》。该法被美国和欧洲国家认为是歧视专利、违反TRIPs协议的。美国贸易代表办公室将南非列为可实施贸易制裁的对象，因专利引起的纠纷马上上升到政治层面。最后迫于各方压力，该案和解，但与南非类似的发展中国家被削弱对自身健康权的管辖权成为一个不争的事实。[4]美国作为发达国家，通过利

---

〔1〕 参见尹新天："如何发挥知识产权制度的作用（下）——评英国知识产权委员会的报告"，载《知识产权》2003年第5期。

〔2〕 See F. M. Scherer, "The Political Economy of Patent Policy Reform in the United States", 7 *J. on Telecomm. & High Tech. L.* 167, 203~204 (2009).

〔3〕 美国2018年对华贸易战的理由是其1962年《贸易扩展法》第232条的国家安全和1974年《贸易法》"301条款"的知识产权保护。

〔4〕 参见［澳］彼得·达沃豪斯、约翰·布雷斯韦特：《信息封建主义》，刘雪涛译，知识产权出版社2005年版，第6~8页。

用国内的"特别 301 条款"逼迫很多发展中国家放弃知识产权利益，制定符合美国要求的知识产权条款。如果一个国家在法治中接受了美国的知识产权法观点，如加入 TRIPs-plus、遵守《反假冒贸易协定》，它就会幸免，否则美国会用"301 条款"打败它。有人将之比喻为"骑虎难下"（auribus teneo lupum）。[1]面对这种骑虎难下的尴尬境地，主权国家会对相关内容进行选择，不过这种选择与其称为"选择"，倒不如称为"单选"。

美国还通过"挟制"其他国家的大公司，引起相关国家对满足美国知识产权制度需求的重视。如美国政府通过公布相关的公司或者将相关的公司列入某些名单，在全球市场对相关公司的知识产权态度贴标签，进而将某些国家的大公司汇总贴标签，影响世界其他国家对该国知识产权态度的认知。美国将知识产权作为其实施贸易保护主义的手段与工具，已经成为其对其他国家发动贸易战等打击活动的重要原因。[2]每当其对某国以知识产权等为由发起贸易战，总会给对方国家的经济发展、社会秩序等带来一定的负面影响。

对于这种不当影响主权国家对知识产权事务决策权的现象，国际层面只能从更高的层次来反对。2001 年，发展中国家敦促 TRIPs 理事会承认 TRIPs 协议允许发展中国家自己处理公共健康危机，最终通过了《关于与贸易有关的知识产权协议与公共健康问题宣言》，确立了发展中国家保护其公民的公共健康的权利。[3]通过如公共健康等更高层次的知识产权制度蕴含的价值观念，来抵抗发达国家对发展中国家知识产权事务直接或间接的干涉，能够在一定程度上确保发展中国家的主权，但是并不能确保一国知识产权事务的完整性。固然国际层面可以达成统一的价值选择"共识"，但这并不能阻碍相关国家双方或区域性的知识产权条约或协定成为双方的束缚。基于此，知识产权事务的独立国家主权色彩仍显暗淡。

发展中国家之所以在有些时候会忽视国家对知识产权事务的主权而被动接受或无意识地跟随发达国家的知识产权规则与政策，与其政治发展目标有关。发展中国家政治统治者往往因为自己面临的是实际政治发展任务，如消

---

〔1〕 See L. T. C. Harms, "The Politics of Intellectual Property Laws", 2012 *J. S. Afr. L.* 461, 463（2012）.

〔2〕 参见冯晓青："关于中国知识产权保护体系几个重要问题的思考——以中美贸易摩擦中的知识产权问题为考察对象"，载《人民论坛·学术前沿》2018 年第 17 期。

〔3〕 参见［澳］彼得·达沃豪斯、约翰·布雷斯韦特：《信息封建主义》，刘雪涛译，知识产权出版社 2005 年版，第 8 页。

除国家经济贫困、发展国民经济等传统政治目标，而被动接受发达国家提供的以知识产权强保护为对价的农产品及纺织品关税降低等条件诱惑。[1]然而，削弱主权国家对知识产权事务的自主决策权，是一种违反人类共同发展、国际共同进步的精神的做法，这不仅引来对国际上国家与国家之间关系的反思，更引起人们对已成型的国际规则的思考。关税及贸易总协定组织、世界贸易组织前任法律顾问曾经提出"TRIPs协议没有参照人权法"的批判，其认为根源在于制定贸易政策的政治家宁愿选择避免人权对话，从而使得政治化的贸易关系不具有民主色彩。[2]国际范围内知识产权规则缺失民主色彩，不仅使得知识产权规则缺乏正义可能性，更可能基于知识产权非正义的规则而影响人们对知识的接近与利用机会，进而带来结果上的不正义。TRIPs协议的目的就是"以发达国家的知识产权保护标准为基础提升发展中国家的知识产权保护标准"[3]的论断，虽然略显极端，但是不无道理。

需要提及的是，发达国家知识产权规则有很大的影响力，甚至在一些时候是一种与全球风向标类似的标准。例如，美国着重保护其软件行业，所以对软件给予著作权法与专利法双重保护，这一保护制度被很多国家采用；同样，美国将其著作权保护期限一再延长，给其他国家的著作权保护也带来了压力。美国是版权输出国家，而对应的其他国家可能是版权输入国家。美国的文化产业和科技产业为美国经济增长做出了不小贡献，很多有关知识产权的法律，无论是全球性的、区域性的还是国家性的，都因其民主制度和依附主义被提到美国国会，美国也因此成为知识产权全球化和标准化的主要推动者。[4]但是对于其他国家，知识产权的适宜性及保护策略，并不一定与以美国为首的发达国家相一致，忽略国情的知识产权规则的趋同性导致的问题接踵而至。

---

〔1〕 参见景明浩："药品获取与公共健康全球保护的多维进路"，吉林大学2016年博士学位论文。

〔2〕 参见吴汉东："知识产权VS.人权：冲突、交叉与协调"，载《中国知识产权报》2004年1月6日。

〔3〕 South Center, *The TRIPs Agreement: A Guide for the South*, *The Uruguay Round Agreement Trade-Related Intellectual Property Rights*, p. 47. 转引自田曼莉：《发展中国家实施TRIPs协议研究》，法律出版社2012年版，第2页。

〔4〕 〔澳〕普拉蒂普·N. 托马斯、简·瑟韦斯主编：《亚洲知识产权与传播》，高蕊译，清华大学出版社2009年版，第V页。

（三）国际知识产权话语权竞争争议

谁掌握了国际知识产权话语权，最终的国际知识产权规则就有利于谁。代表性、全面信息方面的失败及高压政策，导致了知识利益分配的非民主性。[1]政治力量成为国际知识产权话语权最主要的衡量因素。[2]无论是在国际层面还是区域国际层面抑或双边国际层面，知识产权话语竞争之激烈和竞争优势带来的利益体现都非常明显，并形成一定的持久力。发展中国家对国际知识产权保护标准的影响力相对有限，其在这种情形下被迫接受不公平的谈判结果，并借助其他机制逃避这种承受不起的知识产权保护义务，这就导致国际知识产权保护标准的无效化。[3]话语权掌控上的劣势给发展中国家带来的表达失效，也直接导致它们在一些国际知识产权规则制定和国际谈判中的影响力较低。尤其是发达国家借助于其在技术发展等方面的优势，长期利用政治思维占据知识资源分配规则的霸主地位，使得发展中国家在一些问题上的话语权不足。例如，在以标准为王的工业领域，我国的制度优势并不明显，反而还因发展不足而显得话语权欠缺。[4]再如，发达国家将发展中国家的盗版及知识产权保护不力与恐怖主义挂钩，认为有的盗版网站为恐怖主义提供资助，并认为任何对盗版有所"贡献"的人都等同于在资助恐怖主义，盗版者和恐怖主义一样在威胁着国际政治安全，阻碍国际政治体制的健康运行。[5]发达国家甚至延伸出反盗版战争、知识产权战略等用语。

特许之下的公司带有浓厚的政治色彩，它们巧妙地化身为国家开拓殖民地的工具，被利益集团"挟持"，反过来借用国家意志及力量推动企业行为达到其目的。[6]这在知识产权领域同样存在。大型跨国公司大多产生于发达国家，并通过发达国家的政治体制得到一定的意见表达和输出，从而在国际上

〔1〕 参见［澳］彼得·达沃豪斯、约翰·布雷斯韦特：《信息封建主义》，刘雪涛译，知识产权出版社 2005 年版，第 223~225 页。

〔2〕 参见杨静："话语视角下的知识产权国际保护秩序：以 ACTA 立法进程为例"，载《东方法学》2016 年第 1 期。

〔3〕 See James H. Mittelman, "'Democratizing' Globalization: Practicing the Policies of Cultural Inclusion", 10 *Cardozo J. Int'l & Comp. L.* 217, 225 (2002).

〔4〕 参见苑野："物联网商业方法的专利保护探析"，载《知识产权》2018 年第 4 期。

〔5〕 ［澳］普拉蒂普·N. 托马斯、简·瑟韦斯主编：《亚洲知识产权与传播》，高蕊译，清华大学出版社 2009 年版，第 131~132 页。

〔6〕 参见《公司的力量》节目组：《公司的力量》，山西教育出版社 2010 年版，第 56 页。

实现一定的话语权代表。发展中国家在一些国际知识产权规则制定中缺乏一定的集合性意见代表，话语权也随着政治权力的大小而相应地变化。在 TRIPs 协议的制定过程中，话语权的掌控最为明显。TRIPs 协议使发达国家与发展中国家的知识产权制度脱离了与国内发展目标相一致的传统法律工具论，使得世界范围内的知识产权制度趋同化，不仅忽略了发展中国家的实际需求，还忽略了它们提供这种知识产权保护的实际能力。[1]对分配正义和知识接近的需求，使得发达国家为了自己的利益而发动一轮又一轮的知识产权扩张显得非常恶劣。它们不仅阻断了发展中国家人口发展的机会，还促使发展中国家基于它们的要挟来修改国内知识产权法，以提升知识产权保护水准、维护发达国家知识产品利益和其在发展中国家的政治影响力。发达国家基于它们自身在世界范围内的发展优势对知识产权保护予以较高的期待，[2]这种高标准保护知识产权的做法并不利于人类的协调发展。知识产权制度带来的对知识的垄断，人为将人们对社会事务的民主参与权划分等级。话语权在其中起着决定性的作用，不仅直接带来国际层面的知识产权规则的发达国家色彩，更直接或间接地使得发展中国家接受强话语权的发达国家的知识产权规则需求。

虽然 TRIPs 协议不是国际知识产权规则的唯一标准，理论上来讲也不是所有国家的知识产权规则的模板，但基于 TRIPs 协议与经贸协定的绑定性，发展中国家不得不大范围地加入并遵从相关规定。如 TRIPs 协议并没有确定平行进口的世界标准，[3]这为发达国家对平行进口持坚决否定态度提供了基础，也是国际范围内不同地区穷人遭遇不同级别的知识接近障碍的原因之一。理论上讲，发达国家对发展中国家知识产权保护水平的期许及变相"要求"是提供足够的知识产权保护，而非符合 TRIPs 协议，即发达国家对发展中国家知识产权保护不力的看法并不是基于 TRIPs 协议的规定，而是基于发展中国家的知识产权保护没有达到它们需要的程度。[4]实践中，发达国家通过政

---

〔1〕 See Assafa Endeshaw, "Intellectual Property Enforcement in Asia: A Reality Check", 13 *Int'l J. L. & Info. Tech.* 378, 379 (2005).

〔2〕 See Bronwen Jones, "Orientalism, Postcolonialism and Intellectual Property Protection in Egypt", 7 *J. Comp. L.* 112, 122 (2012).

〔3〕 参见［澳］彼得·达沃豪斯、约翰·布雷斯韦特：《信息封建主义》，刘雪涛译，知识产权出版社 2005 年版，第 39 页。

〔4〕 See Bronwen Jones, "Orientalism, Postcolonialism and Intellectual Property Protection in Egypt", 7 *J. Comp. L.* 112, 125 (2012).

治威胁要挟他国满足其期许的知识产权保护需求成为 20 世纪末以来的通常做法，这种做法发展出超越 TRIPs 协议的知识产权保护标准的系列 TRIPs-plus。以双边自由贸易协定为基础的知识产权保护标准的被动抬高，使世界范围内发达国家引领的知识产权扩张在较大范围内得以实现。TRIPs 协议的签订彰显了国际公约作为发达国家维护自身利益的工具的性质，而发展中国家与最不发达国家面对发达国家的政治压力，无法成功说服重新对相关条款进行谈判，多哈回合知识产权谈判"南北"矛盾之本质也在于发达国家在相关规则制定中的引领性地位和其强势政治力量之下的话语权。[1]被动抬高知识产权保护水平，成为发展中国家在国际竞争秩序中失败的表现之一。

　　然而，比起 TRIPs 协议，双边条约的流行做法为话语权失衡提供了更为广阔的空间，并使得国际范围内发达国家与发展中国家对知识产权规则的话语权失衡更加严重。如欧盟在地理标志上具有较大的主导性地位和资源优势，因此其着力推动世界范围内对其有利的葡萄酒及烈性酒等地理标志的特殊保护，并通过双边和多边条约获得一些国家对相关制度的认同。[2]又如美国与其他国家签订的自由贸易协定中的大多数知识产权保护条款都超越了 TRIPs 协议中规定的知识产权保护标准。[3]话语权失衡带来了更多的不公平知识产权条约。

　　现有的大多数知识产权国际公约的发起者及最初的成员多为发达国家。[4]在发达国家的影响下及发展中国家与国际接轨的需求之下，发展中国家的知识产权保护有潜在的"盲目竞高"风险。[5]然而，知识产权对于科学家对相关科研的投入并不具有太大的激励作用，况且主流的科研更依赖于公共

---

　　〔1〕　参见王笑冰：《地理标志法律保护新论：以中欧比较为视角》，中国政法大学出版社 2013 年版，第 121 页。

　　〔2〕　参见平少华、耿澜："世界农产品地理标志保护的百年博弈"，载《中国果菜》2015 年第 11 期。

　　〔3〕　参见郑万青："知识产权与信息自由权———一种全球治理的视角"，载《知识产权》2006 年第 5 期。

　　〔4〕　See Philippe Cullet, "Plant Variety Protection in Africa: Towards Compliance with the TRIPs Agreement", 45 *J. Afr. L.* 97, 100 (2001).

　　〔5〕　参见李文江：《国外专利权限制及我国适用研究》，知识产权出版社 2017 年版，"前言"第 3 页。

资助。[1] 从而，知识产权保护水平的逐渐提升，不仅是发展中国家科技文化进步的阻碍，更是它们在国际竞争层面的禁锢。本来就话语权不足的发展中国家群体，在此情形下更期待通过其他理念和价值来减轻知识产权保护义务，因为过重的知识产权保护义务对它们的发展来讲的确是负担，并极有可能使它们付出过重的发展代价。这种看似被"豁免"的知识产权保护义务，甚至被认为是一种发达国家的"施舍"。话语权的失衡，直接导致对相关问题的主导能力偏失。

（四）发达国家不是知识产权"慈善家"

在国际公约条款中，"过渡条款"留给一些加入国家或者发展中国家过渡期来提升其知识产权保护水平，以符合这些公约的规定。发达国家同意在相关的国际规则或双边条约中给予发展中国家一定的过渡期、给予发展中国家一定的时间调整规则，进而达到国际公约的标准，因此有时候发达国家被称为"慈善家"。如《巴黎公约》第 30 条规定了过渡期，TRIPs 协议第六部分也做了过渡期的安排，并对最不发达国家规定了 10 年的过渡。[2] 但是实际上这些过渡期的适用及相关制度发挥作用并不是非常顺利。TRIPs 协议对最不发达国家的过渡期虽然是 10 年，但是这些国家并不见得在 10 年过渡期内就达到了相应的知识产权保护能力，TRIPs 协议中的知识产权保护水平相对于它们所处的发展水平来讲要求依然过高。因此，这里的过渡期的意义实际上并没有实现。在试图延长 TRIPs 协议过渡期过程中，发达国家对此并不欣然同意，发展中国家、最不发达国家在与发达国家的协商、博弈中并不占据优势。[3] 与其说发达国家在实施知识产权"慈善"行为，不如说这种博弈的结果是最不发达国家理应得到的人道主义"照顾"，是发达国家以自己所谓的"西方知识产权制度"作为世界标准而忽视发展中国家的利益和立场[4] 之下必要的补救措施。

---

〔1〕 See Dan Liu, *Owing the Code: The U. S. Supreme Court's Decision in Myriad Genetics Distinguishes between DNA and cDNA*, Los Angeles County Bar Association, 36-DEC L. A. Law. 20, 23 (2013).

〔2〕 过渡性安排参见 TRIPs 协议第 65 条；针对最不发达国家的过渡期规定，参见 TRIPs 协议第 66 条规定。

〔3〕 参见 "TRIPS 理事会批准最不发达国家药品豁免延至 2033 年"，载 http://www.ipr.gov.cn/article/gjxw/gjtp/dbtp/gjty/wtogjty/201306/1757075_ 1. html，最后访问日期：2020 年 12 月 17 日。

〔4〕 See Peter K. Yu, "Piracy, Prejudice, and Perspectives: An Attempt to Use Shakespeare to Reconfigure the U. S.-China Intellectual Property Debate", 19 *B. U. Int'l L. J.* 1, 84 (2001).

　　美国从 20 世纪 80 年代之后就着力强化知识产权保护，建立了促进经济发展与科技创新的知识产权政策体系，实施将知识产权保护与对外贸易相关联的战略政策等。[1]这些对国际范围内其他国家也具有重要的"网络效应"，其他发达国家及发展中国家通过调整相关的国内规则，实现知识产权相关规则的趋同性。知识产权规则的趋同性，并不要求知识产权规则的一致性，而是知识产权利益的一致性。虽然有些国家并没有建立符合所谓"一致性"要求的知识产权制度，但是通过一定的政策体现出符合知识产权利益的指引仍然能够满足发达国家对其知识产权利益的需求。我国在没有知识产权法时代，曾经认为创造及创新成果应当是共用的，因此在他人请求许可时免费允诺给他人用。[2]但是在中美谈判之后，中国被动开始制定知识产权相关的法律制度，并逐步完善知识产权规则，在此阶段，我国技术发展落后的局面并没有因知识产权制度而得到大幅改善，更多的是基于知识产权相关制度而花费大量的物力、财力购买国外相关技术，加之国家对相关科研活动的大力补贴和支持才得以发展。知识产权制度对我国科技进步等的贡献主要在知识产权制度相对较为完善、科技发展水平能够有基础支撑、国民温饱问题得到一定解决的基础上才得以释放出来。当然，我国知识产权制度的贡献更多地得益于国内政局的稳定、政府财政收入有保障前提下对知识产权及科技文化进步的大力支持。相反，与我国同等时段脱离第二次世界大战的非洲国家，因为政府接受西方国家的大量外债导致的国内贪腐、政局不稳定等问题的持续，知识产权制度没有着陆的土壤，因此不仅其物质条件得不到大的改善，人们对知识产权的接纳能力也相对较弱，知识产权制度只能成为这些国家科技进步与发展的障碍。因此，知识产权制度并不是发达国家的"慈善"行为，接纳能力不足、不适宜建立知识产权强保护制度的国家本应该享有知识产权保护责任豁免权，以实现它们更加急需的物质发展、贫困消除等政治任务，在政局稳定的前提下消除贪腐带来的恶性环境。

　　发达国家为了增加己方的贸易收入及其他利益，必须通过一定的手段首先创设出符合自己利益的游戏规则（知识产权制度），引领其他国家也制定同

---

　　[1]　参见吴汉东："关于知识产权本质的多维度解读"，载《中国法学》2006 年第 5 期；冯晓青：《企业知识产权战略》（第 3 版），知识产权出版社 2008 年版，第 205 页。

　　[2]　参见赵元果编著：《中国专利法的孕育与诞生》，知识产权出版社 2003 年版，第 104～105 页。

样的或类似的规则，并不惜以政治力量变相逼迫对方改变规则。[1]这种变相的"逼迫"行为与"慈善"也相差甚远。不仅如此，在有些阶段，发展中国家虽然没有知识产权强保护的制度规定，但是在其国内的制度和政策中，已经对外国人充分实行了超国民待遇的知识产权保护，而且这种超国民待遇在发展中国家时常发生。[2]以我国知识产权立法为例，1992年的《实施国际著作权条约的规定》中有关对外国实用艺术作品给予25年保护期、外国计算机程序登记手续的规定等即为超国民待遇。[3]超国民待遇为跨国公司在华滥用知识产权提供了重要的政治资源，它们充分利用地方政府对外资引入的需求获取地方政府对其有利的知识产权安排，严重限制了国内企业的发展及公平竞争环境的构建。[4]基于对国内科技创新的鼓励与发展需求，我国颁布的自主创新政策引发了美国等国家对国民待遇及歧视性对待的争议，其认为我国的自主创新政策与政府采购的关联影响了美国在华企业的竞争力和美国经济的发展。美国的反对直接导致我国2006年出台《国家自主创新产品认定管理办法（试行）》（已失效），以停止将自主创新与政府采购优惠挂钩的做法。[5]超国民待遇并不违反知识产权国际公约中的国民待遇原则，因此在一定程度上是以歧视性的态度对待国民相关知识产权利益的，其不仅不利于维护国内的团结和稳定，还可能因为这种内外有别的做法，使得更多的优秀人才、公司及技术通过操作转换成国外身份，进而争取享受相关的超国民待遇。国民待遇能够有效解决知识产权独立保护原则之下的知识产权保护水准问题，然而超国民待遇并不是一种符合稳定有序价值导向的知识产权保护原则。超国民待遇产生于对外国或国外知识产权保护的需求，但是与此同时以低标准保护国内的知识产权，从国际层面看，有违国家尊严。从超国民待遇在发展中国家时有发生，也可以窥见知识产权"慈善"更像是发展中国家对待发达国家的做法，而非相反。

---

〔1〕 参见王宏军:《"向上看"抑或"向下看"：中美两国知识产权扩张的立法视角研究》，南开大学出版社2014年版，第35页。

〔2〕 参见王霖华:"TRIPs中的国民待遇原则及其在国际私法上的意义"，载《外交学院学报》2001年第1期。

〔3〕《实施国际著作权条约的规定》第6条第1款。

〔4〕 参见秦克寅:"跨国公司知识产权滥用的社会学探析"，载《商场现代化》2006年第16期。

〔5〕 参考何隽:"鼓励自主创新是否违背国际规则？——对国民待遇原则的再思考"，载《知识产权》2013年第1期。

国民待遇是国际知识产权规则最重要的精神和原则，该原则能够使得一个国家对国内外的知识产权给予同等对待，以确保在国际层面知识产权规则的兼容。对发展水平不足的发展中国家及最不发达国家来讲，与被迫构建与其发展能力不匹配的知识产权强保护制度相比，构建有利于国外技术转让的知识产权制度或许更能够解决其当前的困难。[1]但是，在一定的历史阶段，发展中国家在不具备相关保护能力的情况下，为了达到发达国家所要求的知识产权保护标准所采取的知识产权超国民待遇，是一种对发达国家的"慈善"，这种弱者对强者的"施舍"成为强者更强、弱者更弱的原因之一，其中的不公平不言自明。

二、知识产权国际竞争之下的发展中国家

基于在国家发展、消除贫困上的困难，最不发达国家仍将长期处于最不发达阶段，因此，TRIPs协议中的过渡期的延长成为它们解决贫困问题、豁免知识产权保护义务的"救命稻草"。知识产权的保护能够促进创新、引入知识产权或促进人类知识的进步，但是对于部分发展中国家及最不发达国家来讲，稳定政局、降低贫困指数或需依赖一定阶段内知识产品的纯进口，因此，知识产权保护、强知识产权保护对它们的发展弊大于利的评估结果或将长期存在。TRIPs协议的10年过渡期对它们来讲并不够，它们需要更长时期内的自我调整及从外部调入更多的知识产品、物质财富等，方可解决贫困和疾病等严重阻碍发展的难题。从另一方面来看，它们在天然资源上的占有优势与微弱的发展能力同在，外在世界利用它们的天然资源，理论上讲并不是它们分享利益的绝对理由。但是基于人们发展的需求、人们对正义和共同发展的期待，国际社会必须构建起符合共同发展价值目标的知识资源分配制度，如拥有传统知识的穷人也应当被认可及保护，应当被赋予公允（fair and equitable）的利益分享权。[2]现代国际知识产权规则变相排除穷人对知识的接近和利用，带来了知识利益分配不平等的现象，这种不平等在南半球国家（Global South）

---

[1]　参考何隽："鼓励自主创新是否违背国际规则？——对国民待遇原则的再思考"，载《知识产权》2013年第1期。

[2]　See Cynthia Cannady, "North-South Trade in Intellectual Property: Can It Be Fair", 3 *World Trade Rev.* 317, 324 (2004).

非常丰富的传统资源的保护上更为明显。[1]生物和文化单一化趋势降低了生物多样性、文化多样性等社会多样性和人们的自治权利，这类似于生态暴力（ecological violence），不仅致使很多生物趋于灭绝，更对文化多样性造成损害。[2]因此，人们也开始从生物多样性保护等方面寻求保护发展中国家、最不发达国家传统资源的知识产权制度模式。《名古屋议定书》及后来欧洲为了践行该议定书而作的规定，均为传统资源保护及利用知识产权规则促进社会公平提供了依据。[3]因此，从竞争逐渐转向"反竞争"，成为改善全球范围内基于政治能力的发展不平衡和天然资源分布不平衡的正义价值体现。

对于发达国家、发展中国家、最不发达国家来讲，它们面临的最主要困难不同，但是本质上都蕴含着政治统治者的治国安邦意图，它们需要通过作用或反作用与世界其他阵营的政治主体协商或通过其他方式进行沟通，以构建符合它们统治目标的制度。只不过对于发展中国家及最不发达国家来讲，它们在面对"先发制人"的发达国家主导的国际知识产权规则和秩序时，具有一定的被动性，加之政治力量的薄弱及话语权的微弱，它们在表达自己观点时，更像是向发达国家寻求一定的制度和利益让与意义上的"慈善"或"施舍"，但是这种评价明显既不客观，也不公平。知识本质上讲是全人类共享之物，且这种共享之上的创造并不见得是一种天然的占有之物。创始于政府对技术和言论、商业自由等控制之需求的知识产权，从政治价值走向法律价值只是既得利益者成功游说结果的持续。冠之以各种学说的正当性论述，使得知识产权堂而皇之、名正言顺地成为共享之上的独占。与传统的物质财富不同，知识产权的独占在发达国家和发展中国家之间的分配并不均衡，人为的制度差异及人为的制度相对统一造就了人为的发展不平衡，这种发展不平衡反过来拉大了发达国家与发展中国家的差距。从这种逻辑来讲，任何现

---

〔1〕 See Amy Kapczynski, "Four Hypotheses on Intellectual Property and Inequality", Working Paper Prepared for the SELA conference, 2015, p. 20, available at https://law. yale. edu/system/files/documents/pdf/SELA15_ Kapczynski_ CV_ Eng. pdf (last visited on December 17, 2020).

〔2〕 See Vandana Shiva, *Biopiracy: The Plunder of Nature and Knowledge*, South End Press, 1997, p. 102.

〔3〕 See Amy Kapczynski, "Four Hypotheses on Intellectual Property and Inequality", Working Paper Prepared for the SELA conference, 2015, pp. 20, 21, available at https://law. yale. edu/system/files/documents/pdf/SELA15_ Kapczynski_ CV_ Eng. pdf (last visited on December 17, 2020).

成的知识产权规则都有被重新商量的余地，关键是看其中强权者的角色由谁来担任。

和平稳定的政治局面，有利于国内经济等发展，并能够促进知识产权保护能力的提升。[1]"绿色革命"（Green Revolution）的集中规划及分配使得绿色革命带来的不仅是对人们生活的影响，更是冲突和政治问题。多样性语境下，每个因此产生的政策都被转化成了"我们"和"他们"——我们被不公平对待了，他们收获了不公平的特权。[2]正如有人所述，发展中国家的许多问题，不过是他们的国家软弱低效的副产品。[3]知识产权的问题带来的连锁反应及给政治秩序带来的压力同样使得发展成为棘手的问题，知识产权领域的合作也成为切实的需求。

第三节　知识产权国际合作下的政治学考量

"后 TRIPs 时代"全球知识产权规则的协调努力并不限于多方知识产权条约的谈判，知识产权规则的趋同化过程中出现了越来越多的冲突。[4]基于知识产权规则对国家发展的重要性，知识产权冲突时常比其他冲突更为激烈和持久，相关问题也更加棘手。国际知识产权规则的统一性在知识产权国际合作理念之下或许获得一定的瓦解，在将来或许被束之高阁的国际知识产权规则何去何从或可在知识产权国际合作思维之下予以合理推测。

一、政治博弈之下知识产权国际合作的形成

知识产权国际经济和政治是两次世界大战之后人们在利益博弈、政权稳定需求之下解决知识利益问题的必经之路。两次世界大战形成的殖民地与宗主国的关系在殖民地脱离宗主国之后仍然留有痕迹，并在国内及国际知识产

---

〔1〕 参见万飞："WTO TRIPS 协定与老挝知识产权保护制度完善问题研究"，武汉大学 2014 年博士学位论文。

〔2〕 See Vandana Shiva, *Biopiracy*: *The Plunder of Nature and Knowledge*, South End Press, 1997, p. 109.

〔3〕 参见［美］弗朗西斯·福山：《政治秩序与政治衰败：从工业革命到民主全球化》，毛俊杰译，广西师范大学出版社 2015 年版，第 32 页。

〔4〕 See James H. Mittelman, "'Democratizing' Globalization: Practicing the Policies of Cultural Inclusion", 10 *Cardozo J. Int'l & Comp. L.* 217, 244~245 (2002).

权立法中形成较为一致的观点与思维模式，进而在国际知识产权规则的国内转移方面形成一致的合作空间。与此同时，知识产权国际合作的需求还产生于跨国公司在多个国家频繁进出及大量贸易往来等事实之下，跨国公司对相关国家的知识产权立法统一和无缝接轨的需求。

脱离宗主国之后的殖民地，大部分延续了宗主国留下的法律体系。知识产权成为殖民体制对于殖民地最重要的"馈赠"之一，[1]并影响了殖民地在之后的知识产权秩序和国际利益中被动代表和站队。从国际层面来看，知识与文化联系密切。发达国家主张及提倡的知识产权保护与知识产权强保护的理念在向世界传达的同时，也携带着将文化和其政治理念传达到其他领域的效果，基于语言及长期殖民的基础，最容易的就是向其之前的殖民地进行传输。这种效果不是自然发生的事情，是发达国家意图提升其政治影响力和国际主导力的政治行为。它们借着知识产权立法有利于国家科学文化的发展等理念，软硬兼施地将符合其利益的知识产权规则以"合作"的形式输入到发展中国家。表面上看，它们为发展中国家带来了新鲜的饮食文化、先进科技等，实际上在这种合作的深层次镶嵌的仍然是其希望这些国家能够继续站队与在国际上支持它们的隐性条件等。

知识产权国际层面的合作，可以分为发达国家与发展中国家的"南北合作"，发达国家与发达国家的"北北合作"、发展中国家与发展中国家的"南南合作"。"南北合作"，抑或称为全球合作，是一种显失公平的合作，与其称之为合作，不如称之为"不平等的合作"。当然，知识产权国际合作的开展仍然离不开利益的分配。国际知识产权合作呈现出的利益互换特点明显。看似平等的知识产权国际合作带有非常明显的利益交换、挟制色彩，如虽然 TRIPs 协议对发展中国家非常不利，但它们仍旧不得不以其他利益换取知识产权产生的损失，事实上这种交易带给发展中国家的好处远远不及 TRIPs 协议带给美国和欧盟的好处。[2]之所以低收入国家最后同意了一个减损其知识产权有关的社会福利的知识产权规则，是因为这些低收入国家希望能够以此换来其在农

---

〔1〕［澳］普拉蒂普·N. 托马斯、简·瑟韦斯主编：《亚洲知识产权与传播》，高蕊译，清华大学出版社 2009 年版，第 125 页。

〔2〕参见［澳］彼得·达沃豪斯、约翰·布雷斯韦特：《信息封建主义》，刘雪涛译，知识产权出版社 2005 年版，第 11 页。

业和纺织方面的出口利益以及避免美国"301条款"的惩罚。[1]"软"的知识产权国际合作同样以"不平等"为鲜明特征，这种不平等尤其以国家之间的政治共识和阵营为风向标。虽然知识产权相关的国际公约大多数为发展中国家和最不发达国家提供了一定的宽限期，但综合来看，这些国际公约仍然呈现出实际的"不平等"，主要可以概括为如下两点：第一，明显的利益交换实质上为"利益挟持"。如在TPP制定过程中，以美国等发达国家为主导的国家，在公约中大大提升了知识产权保护标准，而可以从该公约其他部分获得"利益"的国家仍然愿意接受这种知识资源上的牺牲。比如越南作为纺织品大国，原则上可以通过零关税在纺织工业的出口及市场份额上获得更多的机会和利益；秘鲁则可以在羊驼毛等农、牧、渔业产品的出口上获得"利益"。[2]第二，知识产权合作中民主缺失。纵观当今国际知识产权规则的发展，其并不是在民主对话（democracy dialogue）的基础上产生的国际规则，而是在几个发达国家"操控"之下产生的"利己"规则。这种国际合作模式下的规则的形成，民主性的体现略微逊色。

　　然而，与发达国家和发展中国家作为两个知识产权合作对象相比，在"北北合作"与"南南合作"中，知识产权利益相对来讲具有更大的公平分配空间，势均力敌的政治地位与相对一致的政治价值观念非常有利于它们之间的平等对话及共识达成。因此产生了大量的区域性知识产权条约，如欧盟、北美自由贸易区、法语非洲国家、安第斯组织等分别在相关区域达成了知识产权区域协定。[3]这两种知识产权模式虽然更为顺利，从政治学意义上来讲契合度也更高，双方的共识也更容易达成，但仍然存在不可忽视的知识产权国际发展风险。在知识产权强强合作及弱弱合作过程中，极容易形成知识产权区域分化的利益共同体，且夹杂着强弱合作的知识产权文本的存在及最惠国待遇原则，对知识产权弱国来讲具有更大的知识利益被"剥夺"的可能性。

---

　　〔1〕　转引自Hazel V. J. Moir, "Who Benefits? An Empirical Analysis of Australian and US Patent Ownership", in Sebastian Haunss & Kenneth C. Shadlen eds. , *Politics of Intellectual Property*: *Contestation over the Ownership*, *Use*, *and Control of Knowledge and Information*, Edward Elgar, 2009, p. 182.

　　〔2〕　参见周贺微："TPP之著作权限制条款研究——兼论著作权法激励理论的适用"，载《邵阳学院学报（社会科学版）》2017年第2期。

　　〔3〕　如《北美自由贸易协定》《欧洲联盟运转条约》等。参见叶京生、董巧新：《知识产权与世界贸易》，立信会计出版社2002年版，第33~37页。

此外，发展中国家与发展中国家之间的"南南合作"中，虽然知识产权障碍相对较小，但是弱弱合作的效果仍然较为有限，在一些政治利益上的趋同性也更容易形成地缘政治。我国近年来的"一带一路"也是"南南合作"的有益尝试，即通过合作来解决一定的贫困问题，进而维护双方之间知识资源的有效利用，达到技术和知识资源的充分流动与转移。

从知识产权国际合作意义上来看，双边自由贸易协定中的知识产权条款及双边知识产权条约等带有的合作意义的知识产权规则仍然是当前知识产权合作的重要组成部分，且是具有强实施力的知识产权合作文本基础。显然，加强知识产权保护能够实现发达国家在世界范围内对知识利益和国际市场的控制，[1]但是与此同时，"南南合作"更容易将发展中国家的意见集合起来，并建立相对利益趋同的利益共同体和知识政治需求，或许该模式的知识产权政治的成熟经验能够为未来知识产权国际层面的利益分布及调整带来新的代表结构。

二、知识产权国际合作的政治学分析

知识产权国际合作与国际贸易密切相关，而跨国公司的盛行及发达国家跨国公司对政治经济有较强的话语权，对政府影响巨大，从一定程度上可以间接干预国际知识产权合作现有秩序。从国际政治发展理念上来看，国际知识产权朝向合作的方向发展也是顺应国际政治秩序的。国际知识产权关系到全人类发展，国际层面的知识控制权与知识产权的拥有联系密切，对知识产权的竞争不仅是一种不公平的竞争，更是一种可能危及基本人权的行为，而从竞争为主转向合作为主的国际知识产权秩序，则可能有效地将知识控制权纠纷转化为双方问题或者区域性共识。这种高效的知识产权国际合作将更加迅速地达成和谐的国际知识产权秩序共识，因知识产权而起的政治经济摩擦或许会因这种双方的协定、区域性的协定而减少。

知识产权国际合作可以分为理念上的合作与制度上的合作。人们在探讨国际知识产权合作的时候更多指向后者，对前者的忽视则是知识产权全球合作难以达成的关键所在。从知识产权观念上予以合作，不仅能够促进制度合作的达成，还能够形成一定的"软法"，为知识产权合作营造良好的协商运作

---

〔1〕 参见范超："经济全球化背景下国际贸易中的知识产权保护问题研究"，东北财经大学 2011 年博士学位论文。

环境。进言之，知识产权制度合作的目的是基于国际政治经济现状而达成双边、多边、区域甚至全球知识产权规则，这种模式的合作是实践性的，同时也是各国最依赖的知识产权合作依据。知识产权制度有些可以以公约的形式存在，另一些可以以备忘录等形式存在，后者的实践仍然有赖于彼此的政治关系、信赖与诚实信用。

以区域知识产权国际合作为特色的知识产权国际合作秩序将在未来有效促进国际知识产权秩序的构建。但是必须警惕的是，知识产权的世界制度及格局与政治理念及认知是如影随形的，知识产权能力的差异化可以被用作国际谈判与协商的筹码，同时也是发达国家对发展中国家进行相关方面要挟的工具。区域知识产权国际合作虽然弱化了知识产权的尖锐对决，但是它存在的价值及其被广泛用作综合实力的重要组成部分与象征，或将仍然直接导致在发展中国家与发达国家合作、区域合作等方面存在利益上的不同。在利益共享理念之下，寻求"公约数"或许是一条可以解决知识产权冲突与利益争端的重要思路。如对于我国与发达国家来讲，知识产权法的激励作用呈现出被认可的趋势，政府及司法机构等对知识产权保护的态度也较为强硬，在此利益共同取向之下，或许能够构建更多的知识产权共同话语机会；而我国与其他发展中国家或最不发达国家同处于发展中阶段，国民依赖的经济发展、政治稳定等需求仍未实际改变，在利益共享需求和对知识产品的急需性等方面仍然存在共识。因此，在国际合作层面，多层次的合作和多层次同时推进的模式将成为政治决策的复杂成因之一。利益的兼容性与互斥性，也决定了在相关内容上求同存异之必要性。

但是，在国际合作的同时，还必须注重不同国家之间在文化等方面不可逾越的鸿沟对知识产权规则的影响。不同的宗教、文化等政治因素对知识资源的分布有很大的影响，在国际合作层面不仅要注重这些资源的充分利用，还要增进相关的文化和政治交流，促进文化和知识的流动与交融，在保留区域知识特色和维持秩序稳定的前提下，充分进行知识"互借"。这对于解决知识产权冲突和有效化解人权问题具有很大的帮助。知识产权在发展中国家的最大障碍之一就是对人权的限制，而从文化交流、政治有效沟通上多建立相应的知识分享与共享认知结构，或将有效促进双方高层对一些问题的理解及民间对一些问题的交流，进而在知识产权规则上达成共识。国家与国家之间对一些问题的政治高层认知，通过一定的渠道实现趋同化，可以建立双方之间的政治认知共同体，建立知识产权制度之政治根基。

基于合作理念的国际知识产权秩序的建立还有利于实现"全球共享发展"的政治理念，有助于推动建立人类命运共同体。知识是治愈愚昧落后的良药，合适的知识产权制度能够实现人类知识的有效增进，而人类对知识的接近也是人的发展必不可少的。过去以竞争为主的国际知识产权秩序并不是一种良性的知识产权秩序，其中蕴含着发达国家的霸权主义和过度赋予发展中国家的政治任务，而基于正义价值的发展中国家知识产权保护义务应当与它们的发展阶段相匹配，以知识创造为评价基础的知识产权理念和制度应当由国家主权独立为基础的政治环境创造，而非仅仅依靠外来的政治压力被迫同意。

多极世界观在现代社会的流行，给人们带来一种去中心化的政治秩序假象。实际上，虽然多极世界观受到发达国家和发展中国家双方的认可，但是其自身的发展也存在一定的风险。过快的国际社会去中心化建设并不能满足霸权主义国家对国际秩序的欲望，它们对其他发展中国家的崛起十分敏感，甚至以知识产权保护等为借口来阻碍发展中国家的发展。这在美国对其他国家的发展遏制上，体现得较为明显。多极世界观能为非洲国家提供一定的发展机遇，[1] 发展中国家在多极世界观之下的联盟增多，它们的经济及文化发展一定程度上增强了整体知识产权保护实力，但是与此同时，知识产权保护的高等义务也被强加给它们，并有可能基于它们经济发展能力的提升而被认为有知识产权强保护的能力。发达国家与发展中国家在国际政治地位上的战略和认知不同，决定了知识产权国际合作面临的障碍将长期存在。这些长期存在的障碍不仅基于双方的政治战略和认知，更基于知识产权国际保护义务实质不平等和过程不平等。自发达国家强制发展中国家与其负担同等知识产权保护义务至今，发达国家已经从发展中国家攫取了大量的知识产权利益，包括经济利益与文化利益等，这些利益不仅造成了发展中国家知识产权制度的失控，还直接决定了发达国家利用知识产权制度对其进行挟制之下的政治层面的妥协。国家对知识产权立法的独立性被削弱的情况下，虽然知识产权国际合作有一定的前景，但是问题仍然存在。解决这些问题的最终办法，仍然要以政治认知和和谐的政治合作为依托。知识产权是经济和政治行动的借

---

〔1〕 参见［摩洛哥］法提姆·哈拉克："正在形成中的多极世界：非洲面临的机遇与挑战"，周瑾艳编译，载《西亚非洲》2017 年第 1 期。

口与工具，应建立更多的利益共享格局与政治信任，在世界多极化之下为长期稳定的知识产权秩序提供着陆土壤。

第四节　国际知识产权法管控与平衡论

国际知识产权秩序直接影响国家与国家之间的贸易关系和政治关系，直接对国家之间的知识利益分配产生决定性影响，因此，国际层面对知识产权规则的管控与平衡也相当重要。国际层面自发或者通过一定的号召而形成的国际组织、区域组织等在国际知识产权规则及国际知识产权秩序的维护上，有着至关重要的作用，可以为全球范围内知识利益的分配和知识控制权的平衡提供多元化的平台。

一、国际知识产权法管控与平衡的政治参与方

国家是国际社会秩序最基本的参与主体和协商主体，也是国际问题解决最依赖的组织单元。国家主权的基本共识是社会上各个国家维护本国国民及本国利益的基本前提，也正是基于该前提，国际层面主要在国家与国家之间进行规则协商。与此同时，国家代表本国利益在国际上表达己方对知识产权规则的意见，因此其知识产权认知与其在国际上的地位和其在一定时期内对国内外知识产权的认知有直接的联系。国民对知识产权利益的享有也直接仰仗国家在国际社会上对知识产权规则的有效代表与表达。通常来讲，政治权力越强者在国际层面的知识产权规则表达越有效，反之亦然。

国家与国家之间因为政治力量、经济力量的悬殊，在双边条约中一方可能以强势力量逼迫对方接受相关的观点或直接提供自己的版本，或软硬兼施，使得另一方认可相关知识利益分配规则。这对发展中国家、最不发达国家来讲是不仁道的，对不同发达国家的影响也不同。在此情形下，国际组织这一平台就显得尤为重要。公认的知识产权国际组织在世界上存在的时间并不是很长。1970年根据《成立世界知识产权组织公约》而正式设立世界知识产权组织，该组织是联合国下属机构，为知识产权国际事务的协商、沟通与解决提供了一个相对公开中立的平台，是近年来知识产权国际事务解决主要依赖的重要平台之一。作为TRIPs协议的促成平台，世界贸易组织也发挥着一定的知识产权国际事务的沟通协商平台功能。联合国教科文组织也具有一定的

知识产权对话协商平台功能。国际组织的功能多维度呈现，相同之处在于它们能够为国际知识产权制度的对话及协调提供一个相对中立的平台。在国际组织平台中，国家能够代表它们的国民表达一定的态度，并能够在知识产权利益博弈中获得目前最公平和透明的对待。此外，有些时候，国际组织还能够代表世界上最底层的知识需求者，在相关的知识产权制度的制定及执行中为最不发达国家的利益发声，使得社会更多地关注贫困群体、贫困问题等。国际组织制定全球知识产权规则，通过宣扬一定的机制，一定程度上能够为消除贫困、实现人类的共同发展贡献一定的智慧。如 2000 年的《联合国千年宣言》呼吁工业化国家"给予更慷慨的发展援助，特别是援助那些真正努力将其资源用于减贫的国家"。[1]这从一定意义上彰显了国际组织在国家与国家之间发展差距持续拉大过程中所宣扬的价值观，但是这些倡导性价值并没有强制力，因此具体的知识产权援助仍有待于知识产权雄厚的国家自主决定。国际组织还在一定程度上注重发展中国家的利益维护，以扭转国际知识产权政治发展失衡的局面。1992 年，世界知识产权组织内设立"发展中国家（PCT）司"，意图促进在发展中国家发展 PCT 成员国、促进 PCT 制度在成员国有效使用。这种简化专利国际申请程序的制度，最开始并未被认为利于发展中国家，而现在 152 个成员国中已经有非常多的成员国为发展中国家。[2]国际组织还能在国际知识产权规则的谈判上起到推动谈判进展的作用。例如，发展中国家的生物多样性和文化多样性被发达国家以知识产权的名义造成一定的破坏，发展中国家与发达国家的谈判地位不平等，在话语权上一直处于劣势。关于生物多样性等问题，在发展中国家呼吁的"获取与惠益分享国际制度"（Access and Benefit Sharing，ABS）的政府间谈判中，世界贸易组织努力促成了《名古屋议定书》，[3]对发展中国家的要求给予了充分肯定和支持。我国于 2016 年加入《名古屋议定书》[4]，并基于该议定书的"惠益分享"原则着手国内立法。作为一个独立的发展中国家，我国不仅要找准自己的国

---

〔1〕 参见《联合国千年宣言》第 15 条。Available at https://documents-dds-ny.un.org/doc/UNDOC/GEN/N00/559/50/PDF/N0055950.pdf? OpenElement（last visited on December 17, 2020）.

〔2〕 参见王正发："独一无二的鲍格晋"，载《中国发明与专利》2007 年第 10 期。参见 https://www.wipo.int/pct/zh/pct_contracting_states.html，最后访问日期：2020 年 12 月 17 日。

〔3〕 参见王艳杰等编著：《全球生物剽窃案例研究》，中国环境出版社 2015 年版，第 8~9 页。

〔4〕 《名古屋议定书》于 2016 年 9 月 6 日对我国生效。

际角色，也要根据国内资源和技术发展需求，维持稳定和安全的国内秩序，发挥国家立法在资源利益保护和分配中的主权及自治作用，充分利用相关国际组织的知识资源分配平台的功能。

非政府间国际组织也是近年来在国际知识产权政治中起到关键作用的主体。在国际组织平台中，国家与国家之间的谈判及规则的制定很大程度上仍然有利于政治强权者的倾向。国际组织在大多数时候起到的基础作用是提供对话平台，中立性本色也决定了其左右国际知识产权博弈的能力有限，甚至其完全代表发展中国家和最不发达国家的利益也是不可能的。非政府间国际组织的存在，能够有效弥补这种不足，它们能够在一定场合通过雄厚的财力和鲜明的国际和谐意识，为它们所代表的组织发声，比起国家与国家之间的共识凝聚更具有效力。而且，基于它们在社会上的积极作用，它们的行为也得到了很多人的关注，并可以持续存在。成熟的政治环境适应技巧也使得它们能够在国际层面的对话中突出表达相关方的观点与态度，尽可能地代表社会中最需要知识而不得的群体。同时，也有相关的非政府间国际组织对一些应当分享知识产权利益的主体进行代表，有效确保知识产权在知识利益分配上的正当性与人文性，避免政治主体仅仅为经济和政治目的的"弱肉强食"。如公共利益知识产权顾问组织（Public Interest Intellectual Property Advisors, PIIPA）作为一个独立的国际服务和引荐组织被建立，其目的是为寻求促进健康、农业、生物多样性、科学、文化、环境等领域发展的发展中国家政府、企业、土著人和公益组织提供无偿的知识产权法律咨询。[1]此类组织在国际上具有重要的价值与意义，但是也存在一定的不足，如不具有独立的主权，无法正当参加相关的活动；对社会公众具有较强的影响力，易使社会公众失去自我认识真相的能力等。

自由国际主义论者认为非国家的个人及集团才是国际知识产权体系的基本主体，国家对知识产权相关政策的选择并不是国家的决定，而是国家根据相关个人及集团的偏好做出的表达。[2]在实践中，非国家主体的大公司、利益集团、非政府间国家组织等对国际知识产权规则的影响是实际存在的，而

---

〔1〕　Michael A. Gollin, "Answering the Call: Public Interest Intellectual Property Advisors", 17 *Wash. U. J. L. & Pol'y* 187 (2005). Also see the introduction of PIIPA on its official website, http://www.piipa.org/index.php/about-piipa (last visited on December 17, 2020).

〔2〕　参见薛虹:《十字路口的国际知识产权法》，法律出版社 2012 年版，第 49~50 页。

且这种影响将会长期持续，如何将这种影响规范化是最终要思考的问题。知识产权被认为是私权，但是知识产权事务是国家事务、国际事务。不同于有形财产的排他性占有，知识产权的非排他性占有导致人类享用知识产品的范围有直接无限结果性。也即，即便知识产权是私权，从国际公约对知识产权的保护范围我们也可知，人们在以私权名义进行知识资源的集中甚至掠夺，这种掠夺成为近代发达国家与发展中国家政治争议最激烈的内容之一，是知识利益博弈的重中之重。

二、国际知识产权法管控与平衡的政治现状

国际知识产权法管控与平衡的国际力量差距基于发展中国家的经济提升与国际上的援助等得以在一定程度上缩小，而国家与国家之间在国际知识产权事务上的主动权与主导权仍存在巨大的差距。国际知识产权法管控与平衡的政治呈现出以下特点。

第一，过去及现在的知识产权国际公约往往"一刀切"（one-size-fits-all），更确切地说是超标准适用于所有成员（super-size-fits-all），使得一些知识分配原则统一适用于所有国家，而不论这些国家的基本情况如何。这产生了非常多的问题。[1]这些问题作为当前国际知识产权法管控与平衡的基点，却又与当前的国家政治发展步伐不一致。第二次世界大战之后，发达国家与发展中国家在相互的政治关系上更多时候是求同存异，在相互认可的事实与内容上展开相关的合作。霸权主义色彩的发挥得到的并不完全是服从，而是一种温和的反抗。这种温和的反抗一方面体现于发展中国家对无能力履行的知识产权国际公约条款较为被动，另一方面体现于发展中国家对传统资源保护及利益分享进行呼吁，发达国家必须对之予以合理让步，以稳定国际层面的知识产权秩序。基于此，发达国家引领和管控的传统知识产权规则，在当前更多地向以平衡为主转移。这种平衡能够在发展中国家对"一刀切"的国际规则践行能力不足或践行损失过大等情形下，通过其他国际知识产权规则获取一定的利益，以弥补其接受国际知识产权法管控的利益损失。

第二，国际知识产权法的管控需求强于平衡需求。国际知识产权法的管

---

[1] Peter K. Yu, "The Objectives and Principles of the TRIPS Agreement", 46 *HOUS. L. REV.* 979, 981 (2009).

控与平衡需求是同时存在的，发达国家主要追求知识产权制度管控。一方面，这与它们的国际政治地位有关，是霸权主义作用于知识产权领域的结果之一；另一方面，这与发达国家经济与科技发展产生的大量跨国公司等主体的实际需求有关，这些公司或者它们的联盟对政治统治者进行游说或者利益输送，它们对国际层面知识产权法管控的需求直接与它们的利益需求挂钩。政府需要跨国公司提供国外知识产权信息并以之作为政策依据，也直接决定了知识产权政治活动中跨国公司的知识产权偏好在政府观点中的自动嵌入。[1]来源于发达国家的政治家、商人的利益代表及利益输送并不止步于制定统一的知识产权国际公约，他们还对知识产权国际公约制定中的相对决定权具有很大的兴趣，霸权主义政治思维之下的国际知识产权法管控欲望异常强烈。为了达到这种目的，他们在知识产权国际公约制定中对发展中国家的游说也相当重视，而且通过联合发展中国家的相关企业对发展中国家的政治统治者进行游说能够达到更好的效果。发展中国家的利益与发达国家的利益被动地暂时性绑定，发展中国家对平衡知识利益的需求被发达国家的强权以及娴熟的政治技巧、谈判技巧弱化，发展中国家基于对经济发展的急切需求，宁可放弃在知识产权规则上的利益而接受发达国家提倡的超高保护标准。发展中国家之所以接受不符合其利益的国际知识产权规则，也是为了避免被"边缘化"。[2]发展中国家政治统治者为了解决国内的经济发展问题及人们基于此的生活秩序稳定的问题，必须在短时间内接受发达国家的谈判条件。虽然它们对国际知识产权法平衡的需求十分强烈，但是它们很少单独"对抗"超过它们保护能力的知识产权规则，最大的可能性就是联合其他发展中国家，以发展中国家群体为一方，对相关规则发表意见。国际知识产权法的平衡需求是普遍存在的，管控也是需要一定科学规范的，但是目前的国际知识产权法管控以发达国家对发展中国家的知识利益掠夺为主，发展中国家要想从当前国际知识产权法中真实获益，还需要一定的时间；与此同时，对国际知识产权法的平衡需求的广泛存在及其中蕴含的发展中国家的需求，却没有得到充分的重视。国际知识产权法的管控比平衡更强势。

---

〔1〕　参见［美］苏珊·K.塞尔：《私权、公法——知识产权的全球化》，董刚、周超译，中国人民大学出版社 2008 年版，第 45~46 页。

〔2〕　参见孙玉红：《多国博弈视角下 TPP 谈判引发的政策互动和中国的战略选择》，对外经济贸易大学出版社 2014 年版，第 15 页。

第三，国际知识产权法管控与平衡来源于各国国内意见，但是又强烈反作用于国内知识产权制度。国际知识产权规则一旦形成，其对成员的国内或地区内法律制度就具有强大的影响力。除了践行国际公约中的知识产权保护义务，为其他国家提供知识产权保护等压力之外，发展中国家还面临发达国家的"监控"。在发展中国家的发达国家跨国公司为了其在发展中国家实现利益增长，通过自己的认知向母国提供发展中国家在知识产权保护上的做法等信息，在发展中国家保护知识产权不能够满足它们的要求时，发达国家就会以国际公约中的相关发展中国家的义务对它们提出质疑甚至是否定性的披露与批判，这间接给发展中国家在对外贸易等方面带来了负面影响。发展中国家在此重压之下当然会尽力契合知识产权国际公约中的知识产权保护义务，以国际公约为标准，有效促进国内知识产权法的立法及司法进步。甚至在有些时候，发展中国家为了逃避这种负面的公开性批评，会超越知识产权国际公约中规定的知识产权保护标准和义务、超越国家当前知识产权保护能力制定本国的知识产权法，以这些法律规定来实现国际知识产权法在国内知识产权法中的贯彻。国际组织不仅有利于促进国际知识产权规则的形成，还有利于通过相关的约束，来推动相关国际公约成员、双边及多边条约成员知识产权规则的改变，以更有利于国家之间在知识利益分配规则上达成一定的共识。因为知识产权规则影响的扩大，一些不关注或者不涉及知识产权发展的组织及会议，也逐渐将知识产权及其标准的协调纳入议程。[1]最初以跨国公司为中心的利益集团通过向政府输送知识产权概念及其重要性，打开了它们在国际范围内通过知识产权获得利益的重要渠道。当今时代，国际范围内消息畅通，政府可以不再那么依赖跨国公司来传达国外知识产权相关的信息、跨国公司在很多时候不一定完全以发达国家为根据地、全球公司开始流行等也预示着国际知识产权规则的走向在未来可能对国内知识产权规则产生影响，甚至在国际知识产权规则制定上都很容易呈现不同于以往的发达国家跨国公司的引领性。

第四，国际组织在国际知识产权法管控与平衡中的中立地位下降。国际组织为国际层面及国家之间的知识产权问题提供了一个貌似非常公平公正的

---

[1] See James H. Mittelman, "'Democratizing' Globalization: Practicing the Policies of Cultural Inclusion", 10 *Cardozo J. Int'l & Comp. L.* 217, 245 (2002).

协商平台，虽然它们有时候因为发展中国家及最不发达国家对解决贫困等相关的知识产权利益需求偏向及其劣势国际政治地位对其问题更为关注，但是整体来说，国际组织是世界范围内解决国际知识产权问题的最佳对话平台。国际组织不仅提供公开透明的参与程序与条件，还能够确保以国家为单位在相关内容表达上的独立性，至少表面上看在知识产权问题的争议解决上是相对客观的。随着全球化的推进，发达国家对多极世界真正到来的危机意识和对霸权主义的维护，可能导致其有撇开国际组织而独立通过自己的意愿直接解决问题的倾向。如世界贸易组织在美国和中国贸易战之后，美国与欧盟零关税等之后，可能有被"退休"的可能性。[1]这样的结果极可能是美国另起炉灶，建立以美国为首的包括知识产权规则在内的世界贸易规则。这既是危险的，也是不负责的。美国作为世界大国之一，其对知识产权的强保护经历了一个非常奇怪的过程，民主的政治体制使得大企业对其政治人物的游说成为流行，并进而贯彻到它们对知识产权及知识利益的政治见解表达中。当今的美国正是因为其政治体制的民主及自由才具有极其不稳定的政治风格与走向，知识产权相关利益仍然是其不愿意轻言放弃的内容，但是在其国内却呈现出以政治言论自由等为目的的放松知识产权保护的趋势。所以，发达国家与发展中国家仍然需要一个相对中立的平台来进行知识产权相关的对话，而非在"一刀切"的国际知识产权规则之后各自寻求对自身有利的知识产权规则，使他方面临不公平的待遇。知识产权事务与国际贸易挂钩之后，国际组织在 TRIPs 协议框架下的作用有限，[2]国际组织对国际知识产权秩序构建相当重要，其地位有待提升，作用也有待加强，但目前对其重视程度显然不足。国家与国家之间的政治策略与政治身份在国际层面的依托虚空情形下，极有可能导致国际知识产权规则朝着某些国家想要的方向发展，对国际知识产权秩序将极为不利。

三、国际知识产权法管控与平衡的政治学难点

国际知识产权法管控与平衡的效果是国际知识产权秩序及国际知识产权

---

〔1〕　如在中美贸易摩擦开始不久，特朗普就宣扬要退出世界贸易组织等国际组织。这引起了欧洲的恐慌，进而提出让中国作出让步的意见。

〔2〕　See Brigitte Binkert, "Why the Current Global Intellectual Property Framework Under TRIPs Is Not Working", 10 *Intell. Prop. L. Bull.* 143 (2006).

法功能的重要体现。大国希望通过包括知识产权法等在内的规则，使小国能够在政治等方面向它们靠拢，达成新的区域主义。[1]但是小国在自己发展上的知识控制权不足，使它们更倾向于将精力放在国民身上及国际层面经济和政治友好化的互利上。国际知识产权法管控与平衡有些时候显得止步不前，虽然社会对知识产权法有着更大的期待，但是往往事与愿违。

（一）多哈回合谈判停滞不前

对 TRIPs 协议的执行被双边协议和多边协议中的知识产权条款覆盖并提升。在此基础之上，从发达国家来看，TRIPs 协议已经不能满足其扩张知识产权、提升其跨国公司在其他国家的知识产权利益之目标；从发展中国家来看，TRIPs 协议中有关公共健康、人权保障、生物多样性和植物遗传资源等方面的内容也不能够满足它们的需要。这种对 TRIPs 协议的不满催生了 2001 年的《TRIPs 与公共健康多哈宣言》（Declaration on the TRIPs Agreement and Public Health, Doha Declaration）。[2]为了实现包括农业、非农产品市场准入、服务、知识产权、规则、争端解决、贸易与环境、贸易和发展等问题在内的国际层面谈判，世界贸易组织于 2001 年在多哈举行第四次部级会议，该会议涉及新一轮的多边贸易谈判。但是因为相关谈判内容争议较大、利益博弈较为激烈，直到 2005 年仍然没有达成理想的协议。2006 年 7 月，多哈会议被批准中止，至此，多哈回合谈判停滞不前，但是对其讨论与重启的期待仍然存在。多极世界及稳定的国际秩序急需有一个稳定的、可持续的谈判进程和结果。

在多哈回合谈判中，虽然利益纷争较为纷杂，但是最终的重要利益对立面还是发达国家与发展中国家。TRIPs 协议对发展中国家照顾不足的历史，[3]让我们认识到在进一步的谈判过程中必须对知识产权问题予以足够的重视。多哈回合谈判失败之后，发展中国家在面对公共健康、气候变暖等方面的知识产品相关的技术转移问题时，仍然处于劣势地位。发达国家在知识产权的输出方面可以借助其强势的国际地位而达成符合自己意愿的协议，这并不影响它们的商业性活动及向其他国家输出文化思想的行动，但是这些并不能满

---

〔1〕 参见孙玉红：《多国博弈视角下 TPP 谈判引发的政策互动和中国的战略选择》，对外经济贸易大学出版社 2014 年版，第 14 页。

〔2〕 See Kristie Thomas, *Accessing Intellectual Property Compliance in Contemporary China: The World Trade Organization TRIPS Agreement*, Palgrave Macmillan, 2017, p. 6.

〔3〕 参见田曼莉：《发展中国家实施 TRIPs 协议研究》，法律出版社 2012 年版，第 84~95 页。

足发展中国家的实际需求。

（二）《反假冒贸易协定》的命运政治难点分析

《反假冒贸易协定》是一个以保护知识产权，打击仿冒、盗版等侵权活动为宗旨的政府间协议，签署国包括美国、日本等国，波兰在签约后成为首批加入该协定的欧洲国家之一。不过，《反假冒贸易协定》自诞生之日起就引发了广泛的争论。有一些国家质疑该协定的合法性，因为其中部分条款超出了世界贸易组织的相关规定。还有反对者担心，该协定中的某些条款极有可能损害非签署国的利益。2012 年 1 月底，反对《反假冒贸易协定》的示威活动自波兰发端，并迅速席卷整个欧洲。在抗议声中，包括波兰在内的多国政府决定暂停《反假冒贸易协定》的批准或者签署程序。

在《反假冒贸易协定》的构建中，美国的目的非常明确，像往常一样，其意图通过《反假冒贸易协定》将自己的知识产权标准固定为国际标准，这在《反假冒贸易协定》的各谈判文本中得以体现。[1]加强知识产权保护的规定与美国知识产权法的规定如出一辙，这让欧洲国家预测到可能有潜在的损失。基于此，《反假冒贸易协定》无论是在美国国内抑或在欧洲，均受到一定的反对，谈判遭遇越来越大的阻力，[2]这也降低了包括中国、印度、巴西等国家在内的新型经济体对强化国际知识产权保护的担忧[3]。《反假冒贸易协定》谈判过程中，欧洲国家与美国对谈判文本的分歧表明在国际谈判中发达国家与发达国家之间的利益分化同样是存在的，"强强对立"也造就不了和谐的知识产权秩序，这也预示着只有正义的文本才能真正合理分配国际知识控制权。

《反假冒贸易协定》之所以引起巨大的关注，在于它是美国意图再次输出其国内知识产权法的载体之一，虽然最终的《反假冒贸易协定》版本并没有完全符合美国的意图。基于《反假冒贸易协定》谈判过程的保密性及公众的公开要求得不到满足等现实，《反假冒贸易协定》也营造了国际知识产权法"自上而下"的危险环境。《反假冒贸易协定》意图通过发达国家进行谈判形成文本，而阻碍发展中国家的实质性参与，并用最终的版本欢迎

---

〔1〕　参见刘银良：《国际知识产权政治问题研究》，知识产权出版社 2014 年版，第 75 页。

〔2〕　See Sebastian Haunss, *Conflicts in the Knowledge Society: The Contentious Politics of Intellectual Property*, Cambridge University Press, 2013, p. 17.

〔3〕　参见刘银良：《国际知识产权政治问题研究》，知识产权出版社 2014 年版，第 80 页。

发展中国家加入，以此约束发展中国家。[1]这是极不公平的和丧失民主精神的国际知识控制权的分配思维，并可能在日后被美国用作在国际层面主导知识产权条约的武器。但是来自美国国内的反对声音，给《反假冒贸易协定》带来挑战。虽然美国签署了《反假冒贸易协定》，但是欧洲议会的反对及美国国内的反对声音，使得《反假冒贸易协定》意图达到的效果难以顺利实现。

（三）以 TPP 为例看当前公约的"失败"

知识产权国际公约的达成有利于国家与国家之间和平解决知识产权有关的冲突，是对知识产权相关事务的共识的体现。以 TRIPs 协议为代表的发达国家主导的国际知识产权规则带来的发展中国家与发达国家在知识产权利益分配上的非正义，催生了制定国际公约的需求。然而以 TPP 为代表的当前知识产权国际公约并不理想，这也体现出当前国际知识产权法管控与平衡的政治层面的障碍。

TPP 起源于新西兰、新加坡、智利和文莱共同发起的《跨太平洋战略经济伙伴关系协定》（Trans-Pacific Strategic Economic Partnership Agreement，P4），美国加入之后在全球掀起一阵风波。美国加入 TPP 及极力推动 TPP 的谈判，是为了分享亚洲发展利益，它不希望亚太地区出现排美的贸易安排，TPP 与它建立亚太自由贸易区（Free Trade Area of the Asia-Pacific，FTAAP）的设想一致。[2]TPP 曾经因其内容之广泛且涉及知识产权等敏感问题而被称为"21世纪的贸易协定"。TPP 使知识产权保护标准大幅提升，且因其谈判过程秘密带来参与国利益交换的神秘感。虽然由美国主导秘密谈判而成的 TPP，发展中国家曾经有过声音，但是最后文本并未兼顾发展中国家的声音，很大程度上忽视了知识产权国际公约中的知识产权保护最低标准，几乎类似于美国与相关国家建立的自由贸易协定标准。[3]奥巴马在位期间对 TPP 的主导及极力推进使其几乎被签署，但在特朗普上台并宣布美国退出 TPP 之后，该协定进入一个"群龙无首"的状态。暂时搁置的 TPP 一方面表明政治认知稳定对知

---

[1] 参见刘银良：《国际知识产权政治问题研究》，知识产权出版社 2014 年版，第 74 页。

[2] 参见万璐、程宝栋、李俊：《美国 TPP 战略的经济效应及我国亚太地区 FTA 策略研究》，人民日报出版社 2017 年版，第 20 页。

[3] 参见周贺微："TPP 之著作权限制条款研究——兼论著作权激励理论的适用"，载《邵阳学院学报（社会科学版）》2017 年第 2 期。

识产权国际公约友好发展的重要性，另一方面也表明在当前国际知识产权规则的构建中，发达国家的引领力仍然必要。否则，知识产权国际公约的谈判及最终文本的达成，或许需要更多的磋商过程。

美国退出之后，TPP 成员国甚至不排斥将中国纳入其中。这也表明，国际知识产权规则形成过程中的利益交换不在乎国家之间的发展阶段差异，也不在乎一个国家对另一个国家的发展排斥，只要有潜在的利益交换，就有国家政治领导者的积极参与。比如，在 TPP 谈判中，不仅有发达国家，还有越南等发展中国家，它们愿意用利于它们经济发展的纺织业贸易来换取对它们不利的高标准知识产权保护规定。再如，美国加入之后，它们的谈判意图之一就是形成跨太平洋的贸易协定来遏制中国的崛起，但是在美国退出之后，它们甚至希望中国加入该协议的谈判。TPP 不是新的 TRIPs 协议，它比 TRIPs 协议更复杂、更不公平。[1]知识产权国际公约的成员在未来可能出现更加多样化、更难预测的组合。

中国在亚洲的影响力引起美国的担忧，美国为了制约中国，必将采取一定的措施来限制中国的发展。美国不仅力图排除中国对知识产权及贸易等公约的参与，更是极力通过与其他亚太国家进行联合而期待在亚太地区发挥其影响力及引领力。美国的霸权欲望与其国民对其期待也有关系，以致在美国退出 TPP 之后，有美国人担心美国会丧失其在全球的引领力。这种霸权主义的论调很符合美国的政治特点，即不是希望分享全球知识利益，而是希望世界为其所用，并基于此而在全球范围内参与各种对其有利的规则制定及"监督"，貌似知识产权领域内的世界"警察"。但是 TPP 的失败也预示着美国政治领导者的政治观点不一致给国际知识产权秩序带来的改变，同时这对亚太地区的知识产权发展及发展中国家的知识产权发展、知识利益共享等也是一个巨大的机遇。

（四）合作难以真正成为国际知识利益博弈的核心

虽然知识产权合作会给双方带来更好的效果，但选择非合作的模式来获得对它们自己有利的制度以获取知识利益，[2]是现实中国际知识产权法管控

---

〔1〕　See Kimberlee Weatherall, "Intellectual Property in the TPP: Not the New TRIPS", 17 *Melb. J. Int'l L.* 257 (2016).

〔2〕　参见孙玉红：《多国博弈视角下 TPP 谈判引发的政策互动和中国的战略选择》，对外经济贸易大学出版社 2014 年版，第 9 页。

与平衡的难点所在。非合作性质的国际知识产权规则的建立可能会产生两个风险：第一，非合作性质的博弈可能会有相互之间对某些规则的统一，但是并不具有信服力，可能因为没有强制力保证其信守诺言；[1]第二，非合作性质的博弈不符合国际规则建立的理想民主进程。

知识产权的加强必定加速知识的集中化，知识的集中化必定带来决策权力的集中化。或许有技术能够打破对相关知识的集中，如区块链，但是这并不是十分肯定的事情。[2]因此，为了建设民主社会、构建人类命运共同体，必须将知识产权的知识资源分配功能放入政治体系内，并以知识民主化而非集权化为努力的方向。真正的知识产权国际合作不仅在于各自均从协议中获取自己的利益，更在于在该协议中体现一个优化的平衡机制，照顾人类总体的发展。而在现实的国际知识产权规则中，时常见到的是发展中国家承诺按照发达国家的知识产权保护标准，牺牲自己的或者自己应当获得的知识控制权，从而换来发达国家对它们的关税等方面的优惠。这是极不公平的，因为发达国家放弃的仅仅是贸易有关的经济利益，而发展中国家放弃的是文化科技发展的机会，通常这种表面的合作是脱离国民而通过国家层面达成的"共识"。在政治体制民主的国家，国民或许对这些"合作共识"反对、批评进而促使国家对之进行审视；而在政治体制较为专制的地区，国民或许没有机会和权利对这些内容进行民主表达，有的只是最终的被动遵守，这对国民的个人发展是极不公平的。国际知识产权规则的形成与知识控制权的分配有着直接的关系，发达国家因为其政治强势及对知识控制权的代际累积，将需要知识的发展中国家远远甩于身后。发展中国家需要的不仅仅是知识量的增长，它们更需要的是利于它们掌握知识控制权的国际知识产权规则。基于此，合作的难点也比较凸显。相互之间多层次的利益与需求平衡下，知识产权利益成为长久发展的重点，也成为发展中国家在谈判中被动的原因。

即便是"南南合作"与"北北合作"的知识产权双边或多边条约，也体现出一定的非合作的特点。各个国家各取所需，在博弈中形成相互让步的知识控制权分配方案，也更加符合趋同的知识利益。自由贸易协定成员的稳定性及相关内容的可协商性，或将使其成为比世界贸易组织体系更为重要的替

---

[1] 参见孙玉红：《多国博弈视角下 TPP 谈判引发的政策互动和中国的战略选择》，对外经济贸易大学出版社 2014 年版，第 9 页。

[2] 参见 https://www.geekpark.net/news/232619，最后访问日期：2020 年 12 月 17 日。

代非合作的方案。"南南合作"的亚太贸易谈判代表着发达国家构建以知识产权、药品接近及知识接近为中心的知识产权议程。基于此，在国际知识产权法管控与平衡上，合作如何成为真正的核心点并被践行，是解决国际知识产权法问题和优化国际知识产权秩序的重难点所在。

第五节　国际知识产权利益新布局及知识产权政治环境

知识产权相关的国际组织对处理知识产权国际事务具有非常重要的作用，发达国家对知识产权国际组织的控制欲及控制不能、发展中国家对知识产权国际组织的持续期待决定了在某些时候知识产权国际组织并不能有效缩小双方期望值之间的差距，因此，随着国际知识产权利益的大大提升、国家与国家之间对知识控制权的争夺，国际知识利益格局也在发生潜在的变化，知识产权政治环境也随之改变。

一、双边条约、多边条约盛行中的国际知识产权规则"自治"

由于国际公约修改之困难及部分发展中国家、最不发达国家执行国际公约的能力不足，一些知识产权发达的发达国家对知识产权国际组织逐渐失去信心。表面上看是知识产权国际组织失去了对这些发达国家的吸引力，实际上随着发展中国家及最不发达国家对知识产权的认识提升，发达国家对它们的主导、对知识产权国际组织协商平台的控制和引领逐渐力不从心，这导致发达国家开始在区域知识产权协商及双边知识产权协商上"大做文章"。

从传统视角来看，知识产权国际公约对国家的发展及公民的发展具有重要的影响，国家对相关国际知识资源分配规则的态度与公民团体对相关国际规则的态度并不完全吻合，却有相对一致的趋向。当今，全球化及国际知识产权规则对世界大多数国家和人口的渗入，使得这种吻合出现裂缝，国内对知识产权规则的需求也逐渐多元化，人们对民主参与知识产权规则制定和文化生活的意愿也逐步提升。同一个国家对知识产权利益的认识将逐渐变化，其在国际公约平台之下的知识产权保护义务也可能并不能够满足其现实需求，因此，双边或多边条约或可比国际公约更有吸引力。

多元主义视角下，任何国家和民族都有自己的价值和立场，并具有较强的意识形态区分特点，如国家自治、民族自治、南北问题等，国家知识产权地域性较强；而技术和文化的发展带来的普遍主义则为多元主义视角下的知识产权制度带来冲击，国际公约在世界范围内开始发挥重要的知识分配作用。[1]在发展中国家努力践行 TRIPs 协议和《世界知识产权组织版权条约》《世界知识产权组织表演和录音制品条约》等国际公约的同时，一些双边自由贸易协定也在推动发展中国家批准和实施这些国际公约，美国将之作为其贸易政策之一，欧盟也在此方面有明显的尝试。[2]双边及多边自由贸易协定承载着成员之间对知识产权规则的"共识"，在现实中的约束力越来越大。

曾经有人预测，截至 2010 年，由于中国政府在保护知识产权上的不懈努力，美国对中国的知识产权抱怨将逐渐减弱，中美之间的热点话题将由知识产权领域转移到其他领域。[3]这一预测并没有得到现实的印证，直到今天，美国对中国的知识产权问题一直持异常苛刻的态度，这些与其所谓的"中国威胁论"不无干系。美国基于其民主制度带来的政治稳定及在两次世界大战中积累的政治力量，在全球具有非常大的影响力，其保持的世界第一的地位唯恐被其他国家超越。美国不仅利用政治手段来制衡其他对其具有挑战力的国家，还从 20 世纪末至今惯常利用知识产权来打击给其世界地位带来挑战的国家，之前的日本及现在的中国都受到过此类打击。中美之间的贸易摩擦及知识产权作为导火索的中美紧张政治关系，或将直接导致中国在美国的强压之下面临科技研发等知识产权制度方面的障碍，对我国知识产权事业及以知识产权发展为臂力支撑的众多科技型公司走出国门都将产生不小的影响。这也证明，即便有知识产权国际公约的存在，国际知识产权利益的分配仍然间接导致发展中国家与发达国家之间微妙的关系，发展中国家接受相关知识产权保护条款的限制并不能达到某些发达国家的期望值，发达国家的霸权主义、特殊的多极世界提法与发展中国家的认知并不完全一致，对国际知识产权、知识资源分配秩序的期待利益也有差异，因此产生的限制与反限制也就不足为奇。

---

〔1〕 参见张平："网络环境下知识产权法的作用"，载陈美章、刘江彬主编：《数字化技术的知识产权保护》，知识产权出版社 2000 年版。

〔2〕 Tzen Wong and Graham Dutfield, *Intellectual Property and Human Development*: *Current Trends and Future Scenarios*, Cambridge University Press, 2010, p. 262.

〔3〕 参见裴宏："美国知识产权掠影（上）"，载《中国发明与专利》2006 年第 11 期。

过多的知识产权双边及多边条约并不见得就是理想的知识产权自治模式。例如，多边条约执行中的监督就实际存在。美国联邦最高法院在 Tram 案中认定《兰哈姆法案》中禁止贬损性商标注册的规定违反了《美国宪法》第一修正案，这也就意味着注册贬损性商标将是合法的。但是，加拿大、美国、墨西哥共同缔结的《北美自由贸易协定》（North American Free Trade Agreement，NAFTA）第 1708 条第 4 项的规定与之相左。美国的这一判决根本没考虑其在多边条约中应当承担的义务。[1] 从根本上讲，仍旧是强权国家在知识产权双边和多边条约构建、制定、执行中处于主导地位，其他成员国处于相对弱势的地位。

自由贸易协定成为美国给其他国家知识产权扩张政策施压的一个强有力的途径，这种方式使得美国不再期待通过世界贸易组织协商等途径来解决这些国家的知识产权保护不力问题。[2] 这种外在的压力，给发展中国家带来更加具有威胁力的知识产权强压。知识产权双边及多边条约的弹性小于 TRIPs 协议，[3] 因此，发展中国家如果过多参与发达国家主导的知识产权双边及多边条约而没有公平的协商机会和协商结果，势必会落入知识产权发展的劣势地位，其本身的知识产权利益和发展，甚至政治稳定都可能面临进一步的挑战。美国想在世界知识产权保护的标准上实现其霸权主义，但是实际上这可能会产生一种逆向的效果（backfire），如美国在试图与埃及通过双边自由贸易协定提高埃及的知识产权保护立法上，就遭到对方的拒绝。[4] 但是发达国家相对于发展中国家的绝对优势并没有改变，如埃及与欧盟之间的双边自由贸易协定给予埃及加入 TRIPs-plus 的义务。[5] 这使得以知识产权双边和多边条约及自由贸易协定中的知识产权条款为载体的自治模式得以体现，但并未

---

〔1〕　See Lisa P. Ramsey, "A Free Speech Right to Trademark Protection", 106 *Trademark Rep.* 797 (2016).

〔2〕　See Assafa Endeshaw, "Intellectual Property Enforcement in Asia: A Reality Check", 13 *Int'l J. L. & Info. Tech.* 378, 396 (2005).

〔3〕　See Faris K. Nesheiwat, "A Critique of Intellectual Property Research", 27 *Arab L. Q.* 51, 63 (2013).

〔4〕　See Bronwen Jones, "Orientalism, Postcolonialism and Intellectual Property Protection in Egypt", 7 *J. Comp. L.* 112, 132 (2012).

〔5〕　See Bronwen Jones, "Orientalism, Postcolonialism and Intellectual Property Protection in Egypt", 7 *J. Comp. L.* 112, 133 (2012).

看出其超越 TRIPs 协议等多项知识产权国际公约的显著优越性。如果说 TRIPs 协议这种"一刀切"的做法严重损害了发展中国家的知识利益及其他利益，那么看似具有弹性的知识产权双边、多边条约及自由贸易协定中的知识产权条款并不见得更公平，发展中国家被动的机会更大。

二、主流发达国家国际知识产权规则控制能力的下降

发达国家意指在 TRIPs 协议等知识产权国际公约制定中占据强势地位并在后来的国际知识产权规则和秩序形成中具有强势力量的欧美发达国家，它们对全球范围内的知识产权保护水准的提升"功不可没"，这种"功不可没"之下隐藏的全球霸权主义思维的强权政治是其追求的永恒主题。但是近年来，国际层面的知识产权规则相对稳定之后，这些主流发达国家的国际知识产权规则的控制能力有所下降，并呈现出两种模式。

第一种是主动下降。第二次世界大战之后，世界上各殖民地独立，恢复生产，基于国家独立原则，发达国家对这些殖民地的控制能力必须被降低。20 世纪末及 21 世纪初，发达国家与发展中国家针对 TRIPs 协议的激烈争议带来的"一刀切"的做法对国际知识产权秩序的相对稳定具有举足轻重的作用。在大多数发展中国家看似尽力遵守 TRIPs 协议的情形下，发达国家希望谋求更高的知识产权保护标准及利于它们自身的国际知识产权规则。发达国家发展优势的多元化，使得它们在主导国际知识产权规则上产生分歧，不同的行业对国际知识产权规则也有不同的期待，因此，与其将重心放在知识产权国际公约及知识产权国际组织上，不如通过有针对性地解决问题来达到自己的目的，而这种有针对性的重心就包括通过自由贸易协定规范知识产权义务，以达成关于知识产权利益与贸易利益的暗度陈仓式的不公平意见。进而，发达国家在国际统一知识产权规则上的控制能力下降，也使得它们逐渐抛开世界贸易组织而利用自由贸易协定来改变相关国家对待知识产权保护的态度及规则。[1]这种自由贸易协定会产生的利益交换空间比国际公约更大，更具有针对性的政治利益与经济利益的不平等交换发生的概率更高。而且，通过自由贸易协定，发达国家对发展中国家采取贸易报复的可能性也

---

〔1〕 参见王笑冰：《地理标志法律保护新论：以中欧比较为视角》，中国政法大学出版社 2013 年版，第 123 页。

更小，[1]这对于自由贸易协定各方来讲也更具有稳定性。

这种控制能力的主动下降，与发达国家追逐自身利益的雄心密切相关。以美国为首的发达国家在认识到某些国际公约对其不利或者其不能占据主导地位时，就可能抛开国际公约而寻求其他的平台，作为其攫取利益的"战斗场"。如第二次世界大战之后，美国为维护其在国际上的影响力而开始涉入国际版权体系，并为此推动制定国际版权公约（Universal Copyright Convention）。但是，20世纪80年代，美国认识到联合国教科文组织是颇具政治色彩的论坛，其在此平台维护己方利益并不具有主导优势，因此在1984年退出该组织[2]，并将中心转移到世界知识产权组织等国际论坛。[3]论坛的转移是发达国家习惯性的做法，虽然在某些时候，诸如退出国际公约、国际组织并不是常见的做法，但以己利为中心和具有强烈的把控欲望的某些发达国家，对这种转移论坛的做法却乐此不疲。这种控制能力的主动下降，是发达国家自我利益最大化的绝佳路径，也是其发挥国际影响力和国际知识产权秩序对话难以预测的原因之一。

第二种是被动下降。虽然在多哈回合谈判中，美国的影响力就有所下降，并由此导致中国、巴西、印度等发展中国家开始发出自己的声音，但不可否认的是，美国等发达国家仍然占据着国际规则的主导地位并具有强大的影响力。[4]发展中国家的崛起及它们在世界范围内的呼声和非政府间国际组织对发展中国家的人权保障等站队，作为外因致使发达国家已经不能完全主导或者控制世界贸易组织或世界知识产权组织的谈判平台。[5]借助于长期稳定的政治秩序和殖民时期的优良法律基础，一些发达国家在经济发展和法治建设上具有一定的优势，经济发展之快让它们逐渐在世界范围内寻求与发达国家类似的利益阵营，也因此带来发达国家与部分发展中国家知识产权规则趋向

---

〔1〕　参见孙玉红：《多国博弈视角下TPP谈判引发的政策互动和中国的战略选择》，对外经济贸易大学出版社2014年版，第15页。

〔2〕　美国1984年退出联合国教科文组织后，直到2003年才重返该组织，但是美国2017年又宣布要退出该组织，并于2018年底退出。

〔3〕　参见刘银良：《国际知识产权政治问题研究》，知识产权出版社2014年版，第30~32页。

〔4〕　参见王笑冰：《地理标志法律保护新论：以中欧比较为视角》，中国政法大学出版社2013年版，第122页。

〔5〕　参见崔国斌："知识产权 vs. 网络自由：新一轮国际立法争议解读"，载《电子知识产权》2012年第3期。

一致的现象。这种友好的合作前景也让主流的发达国家寄希望于通过有针对性的、因地制宜的方式来解决彼此之间的知识产权问题，以达到自己的目标。

主流发达国家国际知识产权规则控制能力的主动和被动下降，表面来看对国际层面的知识产权规则的友好协商具有正面的促进作用，但是发达国家逐渐脱离传统国际公约并不是单向的效果，发达国家在知识产权国际公约上的控制力下降绝对不意味着其在国际知识产权事务中的霸权主义减弱。正当中国等发展国家走向强知识产权保护制度的同时，美国开始慢慢呼吁弱化某些知识产权保护。[1]发达国家在国际知识产权规则中的控制能力降低的同时，在它们看重的更具执行力、更具约束力的双边、多边条约中，它们的主导与控制力量之大是显而易见的。而且在此情形下，游说力量在国内具有不平等性，当立法论坛的数量增加、地理位置改变时，差距可能会更大，[2]发达国家的跨国公司及全球公司在相关的政治游说活动中更容易达到它们的目标。此外，这种双边自由贸易协定中所嵌入的不平等性更容易扩展到国际规则的制定中去，因为：一方面，双边自由贸易协定中的知识产权义务一般比知识产权国际公约更多，通过一对一的双边自由贸易协定，发达国家很容易将符合自己意愿的知识产权规则强加给发展中国家，并通过有效执行义务使发展中国家"自动"践行。另一方面，在未来国际知识产权规则的改变上，这些签订了双边自由贸易协定的国家，在相关议案上将会倒向符合其双边自由贸易协定的高标准知识产权保护规则。发展中国家的利益趋同性将大大降低，国家与国家之间的结盟基础也可能丧失。因此，比起"一刀切"的国际知识产权规则带来的不公平，普遍存在的自由贸易协定给发展中国家带来的知识产权利益损失可能更加严重。

虽然当前的国际知识产权规则及秩序呈现出发达国家霸权力量的削损迹象，但是这并不意味着任何发达国家有意影响其他国家知识产权规则及知识产权秩序的"雄心"的减弱。随着第三世界国家的崛起，发达国家认识到它们面对的竞争力量不仅来自同一阵营的发达国家，还来自发展等级不同的国家，美国一直宣称的"中国威胁论"等就是明证。不仅如此，它们还借口发

---

〔1〕 Xuan-Thao Nguyen, "The China We Hardly Know: Receiving the New China's Intellectual Property Regime", 55 *St. Louis U. L. J.* 773, 773 (2011).

〔2〕 See Graeme B. Dinwoodie, "A New Copyright Order: Why National Courts Should Creat Global Norms", 149 *U. Pa. L. Rev.* 469, 578 (2000).

展中国家对知识产权保护不力等，试图限制发展中国家的崛起与发展。2018年特朗普发起的对华贸易战的借口之一，就是中国的知识产权保护不力。[1]这显得尤其讽刺，因为我国通过近些年的努力，知识产权保护水平已经超越大多数发展中国家，甚至有些方面超越了包括美国在内的发达国家。

三、国际知识产权新格局中的不变因素

国际知识产权新格局之下，仍然有严重的不变因素，这些因素构成了知识产权规则和能力鸿沟的基础，且直接决定在日后较长阶段，仍有必要对这些不变的内容如何有效镶嵌在知识产权历史发展车轮中而尽量减少对部分人的伤害、提升社会发展中的知识政治文明进行思考。

第一，发达国家的知识霸权主义思维模式仍然未变。现代政治文明体系下，国家的强盛已经不能仅仅依赖于强权掠夺等军事力量，更多的是需要通过巧妙的制度来谋取自己在国际上的利益。这些政治统治者都是精明的国际游说家，他们巧妙地借助其强大的政治地位来说服或者要挟发展中国家建立符合发达国家政治统治者意志的知识产权制度，这是一种习惯。依赖于这些制度，发达国家可以合法地实行对发展中国家的新型知识"殖民"和知识资源的合法转移。在此政治语境中，国际知识产权利益得到了非常不公平的分配。政治力量主导的知识控制权如同无形之手，将部分发展中国家的穷人推进了不符合现代政治文明的人权落魄之境地。发达国家在此合法外衣之下，仍然不忘指责发展中国家的人权保障不力，如同其一直指责发展中国家的知识产权保护力度不够一样。但是，它们从不揭露国内政治体制和政策之外的知识产权制度对人权实现的阻碍，而发展中国家怯于发达国家的人权保障指责，也并不大愿意提及知识产权制度对人权实现的阻碍。如此双面夹击之下，知识产权制度带来的人权保障障碍，形成一个无人触碰的"真空区"，虽然有人指责，但是都不愿去捅破，因为好像双方都有这个能力和义务去解决人权问题，而捅破"真空区"是对双方政治统治者都不利的事情。欧美发达国家理解的多极为双边引领的多极，而对真正的多极极为恐惧。它们寄希望于通过更加有效的方式来控制和主导其他国家的知识资源分配方案，并尽力推动

---

[1] 参见冯晓青："关于中国知识产权保护体系几个重要问题的思考——以中美贸易摩擦中的知识产权问题为考察对象"，载《人民论坛·学术前沿》2018 年第 17 期。

其他国家在其霸权主义思维之下的规则变动。

第二，发达国家的强知识产权保护及 TRIPs 协议的长尾效应凸显。虽然发达国家在一些知识产权强保护规则上基于对国民利益的考虑而构建符合其自身发展的知识产权制度，但是之前所提倡的知识产权强保护的方案并没有被发展中国家遗忘。这导致，在发达国家开始反思并在转换性使用等领域放松知识产权强保护的同时，知识产权强保护却在发展中国家得以践行，而发展中国家、最不发达国家数量之多、市场之大或许直接产生更符合发达国家利益的知识产权保护效果，本质上承载的却是知识控制权从发展中国家向发达国家大量输送的效果。发达国家知识产权规则在世界范围内的蓝图效应是非常明显的，当前的知识产权制度大多数都源于发达国家的推动。如对于医药给予专利保护并不是专利法原本的做法，而是美国领先之下其他国家被动跟随潮流的结果。1990 年，在 33 个较大的收入较高的发展中国家中，14 个国家医药产品不可专利，15 个国家食品产品不可专利，11 个国家化学产品不可专利。[1] 目前为止，对于医药专利，无论是在欧洲还是在发展中国家，授予专利都已经成为流行做法，而无论该国对专利药品的可及性如何差。与传统社会比较而言，当前社会成员的同质性降低，多样性增加。[2] 在政治强权下形成的国际知识产权规则，使得到惠益的人产生了充分的共鸣，但是对于这种知识规则被动作用群体来讲，他们在知识全球化、知识产权规则全球化过程中丧失了自己的话语权。[3] 这一基础也决定了发达国家在此长尾效应下或可获得超越其期望值的知识控制权，而发展中国家却因此持续受损。

第三，最不发达国家的贫困长期持续。世界范围内生活在极度贫困中的人口已经从 1990 年的 19 亿下降至 2015 年的 8.36 亿，然而仍有一部分人最基本的生存需求在当前发展阶段难以得到满足。[4] 在知识产权利益新布局之下，仍然存在变化不是很大的发展中国家、最不发达国家贫困之现状，它们对物

---

〔1〕 See F. M. Scherer, "The Political Economy of Patent Policy Reform in the United States", 7 *J. on Telecomm. & High Tech. L.* 167, 202 (2009).

〔2〕 参见张静、董彦峰："组织分化、政治整合与新时代的社会治理"，载《文化纵横》2018 年第 4 期。

〔3〕 See Michael D. Birnhack, "Global Copyright, Local Speech", 24 *Cardozo Arts & Ent. L. J.* 491, 499 (2006).

〔4〕 "2020 年可持续发展议程——目标 1：无贫穷"，载 http://www.cn.undp.org/content/china/zh/home/sustainable-development-goals/goal-1-no-poverty，最后访问日期：2020 年 12 月 17 日。

质财富的急需直接决定了它们在社会格局变化过程中最基本的物质生活无法得到保障。对它们来讲，知识产权是否能够直接为贫穷的消除带来利益值得质疑，更何况缺乏有效数据支持。与知识产权保护相比，当地更需要解决生存、生计及政府的腐败等问题。在非洲最不发达地区，道路等公共设施非常匮乏，即便是没有知识产权的保护、给它们免除知识产权的保护，它们也不能够提供合理的储存专利药物的设备，不能够提供运输专利药物的道路，而这些物质技术条件才是最不发达国家需要着力提升的东西。撒哈拉沙漠以南地区长期受到国际扶贫，效果却不甚明显。基于相关的经济扶贫方式及经济扶贫目的等原因，相关国家虽然一直被扶贫，但是它们国民的生活状况并无太大改观，扶贫效果并不理想。从知识产权制度方面对之予以扶贫，或许能够从一定程度上保持扶贫效果的可持续性，有效阻断贫困代际传递。有人认为，当前非洲国家应当停止从外边接受援助、从发达国家"断奶"、谋求独立发展，以实现可持续的发展，而不是长期的、循环的贫困持续，或值得考虑。

第四，非世界贸易组织成员不受 TRIPs 协议约束及脱离世界贸易组织体系后的可能预测。世界贸易组织成员目前为止有 140 多个，与全球 200 多个国家和地区数目相比，还是有一定差距的。非世界贸易组织成员虽然不受TRIPs 协议的直接影响，但是基于贸易全球化等现实，它们在知识产权保护规则上仍然直接或间接与世界知识产权规则有相同的走向。在这个问题并没有得以充分解决的情况下，世界贸易组织体系也有被动松弛的风险。如 2018 年美国总统特朗普宣称可能退出世界贸易组织，引起一阵风波。如果美国退出世界贸易组织，那么以世界贸易组织为基础的知识产权等秩序将进入新一轮的混乱。从这点来看，未来的知识产权国际政治远远要比当前的相对和平局面复杂和难以预测。

此外，反对全球化运动并没有本质上战胜强权国家对国际知识产权规则的操控；[1]相反，随着国际对话机会的增多、国际知识利益分配地位的不平等加剧及双边条约的流行，发展中国家不得不接受相对统一的国际知识产权规则、超国际知识产权保护标准的发达国家给予的知识产权保护压力，发达国家与发展中国家在知识产权规则上的地位不平等是持续的。美国政治领导

---

〔1〕 See Michael D. Birnhack, "Global Copyright, Local Speech", 24 *Cardozo Arts & Ent. L. J.* 491, 499 (2006).

人的变化及其政治风格的迥异，或可改变美国在国际知识产权规则中的主导地位。

第六节　本章小结

"后 TRIPs 时代"有关的知识产权双边、多边、地区协定，如自由贸易协定，使得执行 TRIPs 协议中的知识产权保护标准已经不是"难事"，实际上部分国家已经被迫或者以"利益交换"为目的达成了政治共识，对知识产权的保护标准已经超越 TRIPs 协议的规定，并形成 TRIPs-plus 体系。但是，这种忽略个体不公平的知识产权保护水准的提升对发展中国家及最不发达国家的利益需求实现并没有本质性的帮助，其带来的所谓经济利益也不能惠及国民，更多程度上是将利益保留给国家、精英阶层。国家利益增长是否会惠及国民，如是否能够将以被动提升知识产权保护水平为代价换来的利益反哺给知识接近受到限制的国民，是非常难以确定的。因此，实际上发展中国家在"后 TRIPs 时代"与发达国家关于知识产权制度与经济利益交换的活动中所扮演的角色，无异于用自己的权力来降低最需要知识产品的人群接近知识的能力和机会。这不仅会给穷人的生存权和发展权实现带来本质障碍，还可能使国家的可持续发展面临饮鸩止渴的悲剧。

政治方面的因素使统一的知识产权规则在全球范围内虽然令人向往，但很难得到协调，因为各国在知识产权保护的成本和收益方面会存在极大的差异，知识产权和谐通常由所有国家提升国内知识产权保护水平以符合国际强知识产权保护标准而实现。[1]因此，知识产权国际公约的历史铸成及 TRIPs 协议成员国对相关规则的践行等，使得目前全球范围内总体知识产权保护还是朝向强保护的方向进行的。当然，理论上讲，发达国家和发展中国家在知识产权国际保护方面的关系，可以是竞争，也可以是合作，甚至有时两者彼此融合，不能明辨。以合作为主的知识产权国际发展关系远远优于以竞争为主的知识产权国际发展关系，也成为政治学分析上的理想结果。

---

〔1〕　See Bronwyn H. Hall, *The Global Nature of Intellectual Property*: *Discussion*, Toronto IP Conference, May 2001, available at https://eml.berkeley.edu/~bhhall/papers/BHH01_ Toronto_ Maskusdiscussion. pdf (last visited on December 17, 2020). 如作者在文中提及的，欧盟专利制度的协调过程中，欧盟各国国内法律体系的改变比起欧盟专利制度协调本身更困难。

　　知识产权国际公约有利于促进全球发展知识产权的一致性。知识产权相关问题的多层性及复杂性，决定了其只有通过有效的政策反应能力，才能使得政治解决能力与问题规模相匹配。[1]多样化的需求也间接带来自由贸易协定为基本形式的知识产权双边、多边条约等内容的实现，缺乏平等主体谈判的双边自由贸易协定甚至多边自由贸易协定并不能够确保协议的绝对履行，制度允诺的失败也会发生。国际谈判中国家主权地位的天然强弱直接决定相关利益的让渡与谈判权力的分配等不平衡关系存在，不寻求平衡之下的各求所需成为最常见的非合作博弈之常态。也因此，如何谋求在全球知识产权事务治理中发展中国家的话语权，是当前知识产权利益分配必须解决的问题。没有发展中国家话语权的崛起，知识产权强权政治就会持续存在，知识利益的分布和占有就会持续失衡，人类知识利益分享面临的发展性难题就会继续恶化。

　　不能"一刀切"（one size does not fit all）是国际知识产权统一化规则的实践结论。[2]但是从现实政治学角度来分析，国际知识产权规则同样不可能进入纯粹合作状态，国家与国家之间的非合作性博弈是它们作为独立个体在国际范围内寻求最佳知识利益的首选路径。成熟的政治体制下，一个国家对国际上的知识产权规则具有非常灵敏的嗅觉，它们不仅乐于引领国际知识产权规则，还擅长"摧毁"现成的国际知识产权法体系。试图建立以它们自身为中心的知识产权规则，一方面是它们本身霸权主义政治思维的实践，另一方面也是国际层面知识产权规则破除"一刀切"而走向另一个极端的苗头。"一刀切"的国际知识产权规则是弱肉强食的政治生态的结果之一，这个结果造成了发展中国家及最不发达国家知识接近欠缺的现实，并导致它们在技术转移、知识产品发展等方面的劣势地位。虽然这些不公平已经形成并有一部分人做出重大的牺牲，但是政治生态导向的残酷并不止于此，而是会继续向前发展成对发达国家更有利的国际知识产权秩序。发达国家主导的双边、多边自由贸易协定蕴含的以知识产权规则为代价的利益交换，成为发展中国家及

---

　　〔1〕　参见［澳］弗朗西斯·高锐："知识产权的作用再思考"，载 http://www.wipo.int/export/sites/www/about-wipo/zh/dgo/speeches/pdf/dg_ speech_ melbourne_ 2013.pdf，最后访问日期：2020 年 12 月 17 日。

　　〔2〕　See Michael D. Birnhack, "Global Copyright, Local Speech", 24 *Cardozo Arts & Ent. L. J.* 491, 495 (2006).

最不发达国家在相关谈判中基于发展需求而必须抓住的"救命稻草",这对于解决它们的贫困难题是非常不利的,从更高的政治价值角度看也是非正义的。双重的非正义现实将造成知识资源分配的重大失衡,如果没有其他措施缩小该差距,或许未来的国际政治秩序也会存在一定的风险。现实中知识产权制度给人们带来的发展不公平,决定了必须运用更高的政治智慧和视野去解决未来知识人为分配不均带来的人类发展失调问题。

知识产权法政治学发展论

R. 尼布尔（Reinhold Niebuhr）曾经认为，解决社会问题和消除社会不公平的主要资源有三种，分别为宗教信仰、人类理性和社会强制。宗教信仰和人类理性的不可靠性决定了强制的必要性，因为宗教虽然容易激励个人，但是不容易促进社会与政治的政策，而人类理性在利己冲动下很难解决个人与社会利益的冲突。从强制方面来讲，暴力强制不如非暴力强制，除非迫不得已，否则应当将暴力降低到最低值。再者，为了防止强制成为个人及某群体谋私的工具，应当对强制进行一定的监督。[1]在当前的民主制度被滥用而服务于少数知识控制权时，社会有关的知识纠纷就面临着各种不公和冲突。公平分配知识控制权，纠正民主作用机制，成为当前及以后知识产权制度的首要任务和亟待解决的问题，以防止因知识产权制度带来更多、更大的知识接近不公，导致知识贫富差距的拉大并引发人类不公平待遇等终极问题。

当今的知识产权比历史上任何时期都重要，其范围与期限等的扩张严重威胁着人们共同的发展环境，表达自由和民主建设并没有因为知识产权的扩张而更加丰富，知识产权的政治化扩张过程反而给人类命运共同体的建设带来了极大的负面挑战。[2]为了更好地实现知识产权法的政治学功能及其朴素主义的知识资源分配正义功能，必须以发展、负责的眼光来对待知识产权规则的优化。当前知识产权制度产生的信息封建主义比20世纪更严重，这也决

---

〔1〕 ［美］R. 尼布尔：《道德的人与不道德的社会》，蒋庆等译，贵州人民出版社 2009 年版，中译者序第 4~6 页。

〔2〕 See Michael A. Carrier, "Cabining Intellectual Property through a Property Paradigm", 54 *Duke L. J.* 1, 144 (2004).

定了公平接近知识的需求更加常见。[1]正如有的学者所言："一国知识产权制度的确立及强弱保护的政策，多是基于政治的决定，而非出于或仅出于经济的考量"。[2]知识产权制度的发展往往融合于新技术环境下的知识利益的"争夺"中。现代技术和政治交往与协作环境下，信息网络交流工具的跨地域性和及时性使得知识资源的分配更为重要。现今人们通过网络参与社会生活的概率更高，知识的产生和进步更得益于人类在社会中的互通有无，知识产权规则的制定更有赖于合作，而非以竞争为主的传统政治力量之下的知识分配制度。

另外一个问题是，随着技术的发展，非人类主体的机器创新和创作将进入知识创造中。相关的知识资源争夺仍然是利益冲突可能产生的领域之一。如何发展知识产权制度并确定发展知识产权制度的标准成为应当思考的终极问题，为知识产权制度配置一个符合其地位和作用的应然角色是我们应当坚持努力的方向。国际政治、国际地缘政治、国内政治不免影响到知识利益的分配，因为从始至终"知识就是力量"都是知识权力（knowledge power）的核心，从政治作用的知识资源分配领域探索出未来知识产权发展之政治参与是目标，作为知识权力核心的知识控制权是知识产权在知识方面的构成体现。

知识产权事关人类繁荣（human flouring），[3]建立以服务于人类发展为目标的知识产权制度是各国在国内知识产权法和国际知识产权制度构建过程中必须坚持的理念。抛开人的发展，仅以经济利益和价值为中心扩大知识产权，最终将使得知识产权制度成为人类发展的"绊脚石"。现代政治国家和政治文明必须从敌对的竞争状态转移到和平的合作中来，抛弃传统的政治游说带来的知识分配不公，转而寻求更加充分和理性的民主代表。

---

〔1〕 See Anjali Vats & Deidre A. Keller, "Critical Race IP", 36 *Cardozo Arts & Ent. L. J.* 735, 772 (2018).

〔2〕 黄海峰：《知识产权的话语与现实——版权、专利与商标史论》，华中科技大学出版社 2011 年版，第 2 页。

〔3〕 See J. Janewa Osei-Tutu, "Human Development as an Intellectual Property Metric", 90 *St. John's L. Rev.* 711, 743 (2016).

第一节　政治学意义上发展理念之下的知识产权制度价值

从人类历史视角看，人们对发展有着不同的认知。发展本身具有多重前缀关键词，如经济发展、政治发展、社会发展等，但是经济发展与政治发展最终都要转化为社会发展，如果没有人们的生活保障，经济与政治的发展也不会顺利实现。同理，没有人们参与的发展也是空中楼阁般的虚念。[1]前期提及的发展更偏向于一种基于物质生活所需的财富概念、经济概念上的发展，如解决温饱、住所等。随着人类文明的进步，发展一词有了新的含义，除了侧重于物质财富的发展，更侧重于机会的增长，如个人教育层面的发展等。知识的创新因为知识产权的赋予给人们带来经济上的发展，同时促进人们文化科技生活的发展，增加人们在文化科技生活水平上的触及内容，这也就意味着知识产权规则与人们的经济发展相关联的同时也与人们的社会发展紧密联系。发展权本身也是联合国一直在推进人权保护的核心所在。[2]实际上，知识产权自其被创设以来，就与政治的发展相依相傍。所谓的政治发展，指的是政治体制从不发达走向发达的历程，其核心在于民主政治的成功构建。[3]

发展目标同样是理解发展一词的重要前提之一。基于发展的多层次性及多样性，迈克尔·P. 托达罗（Michael P. Todaro）曾将发展目标分为三个层次：第一，提升人们的生活水平，如收入、消费、食物、医药、教育；第二，通过社会、政治和经济体系及能够促进人们身份和尊重的体系构建有益于人们自尊的条件；第三，通过扩大人们选择的变量来提升人们的选择自由，如多样的食物和服务等。与西方发达国家的先民主政治后公民社会权利保障的发展顺序不同，发展中国家在"发展"上有不同的抉择，如果它们先有民主

---

〔1〕 See Nkgodi Race Diale, "Community Group Environment for People Participation and Empowerment", 2009, available at http://uir. unisa. ac. za/bitstream/handle/10500/3434/02%20dissertaion. pdf? sequence＝3&isAllowed＝y, p. 1 (last visited on December 17, 2020).

〔2〕 See United Nations, *The Essential UN*, United Nations Publications, 2018, p. 101, available at https://read. un－ilibrary. org/united－nations/the－essential－un＿b985f1a5－en#page101 (last visited on December 17, 2020).

〔3〕 参见陈家刚："协商民主与当代中国的政治发展"，载《北京联合大学学报（人文社会科学版）》2008 年第 2 期。

政治，或许就不能更好地解决国民的发展权问题。[1]先解决经济发展问题给包括我国在内的部分发展中国家知识产权事业的发展带来了巨大的红利，在知识产权制度不健全的时期，发展中国家国民对知识的充分接近为知识产权能力的提升贮存了较大的能量。相反，一味强调政治权力的国家，它们在整个社会秩序上的重大牺牲造成了包括知识产权在内的秩序基础的虚空，这种虚空无法支撑起强烈的政治权力等内容，进而无法为发展目标的落实提供合理路径。

发展路径和顺序的不同从一定程度上决定了发达国家与发展中国家在知识产权等方面的选择空间与利弊衡量。它们对知识产权制度的政治认知不同，发达国家基于稳定的经济基础而发展出的知识强权远比发展中国家在缺乏足够的稳定发展根基前提下对知识的一种被动私权化路径中显现出的知识权利色彩更加突出。发达国家从知识权利到知识控制权，是跟随工业化发展的一个路径；发展中国家的被动化知识权利，或许会给它们在发展的道路上带来阻碍或偶然转机。

"一刀切"的国际知识产权规则从政治学上看并不适宜，[2]不同的国家，甚至同一个国家不同的发展阶段，具有不同的知识追求目标，具有不同的政治发展目标。国家安全及统治安全是一个国家最需要考虑的问题，而知识产权制度对其国民知识接近能力、知识产品接近能力具有非常关键的影响。国家所处的地理位置不同、发展阶段不同、文化不同，它们对国内知识资源的分配应当具有自主决定权。现实中的政治价值理念也对知识产权规则具有较重要的影响。当前与经济挂钩及起源于全球化目标的发达国家对全球的控制欲望带来的知识产权规则的统一性，不仅给发达国家进一步控制知识资源的分配以主动权，更是发达国家借以制衡发展中国家的强有力工具。当前的知识产权制度在发展中国家并没有获得理想的效果，一方面是因为发展中国家并没有真正理解其国家需求、政治目标，另一方面还与其他方面的制度欠缺有关系，如对发展的鼓励等。[3]理论上讲，所有新的国际知识产权标准都应

---

[1] 参见杨光斌："社会权利优先的中国政治发展选择"，载《行政论坛》2012年第3期。

[2] See Madhavi Sunder, *From Goods to a Good Life: Intellectual Property and Global Justice*, Yale University Press, 2012, p. 184.

[3] See Rami M. Olwan, *Intellectual Property and Development: Theory and Practice*, Springer, 2013, p. 359.

当受限于民主审查和平衡，包括国内立法批准和司法审查。[1]但是，现实操作中因为某些深层政治价值的差异而导致了民主缺位。知识产权法的保护是必需的，如果没有知识产权法的保护，很多专利技术都要依赖于个体谈判，而这样的个体谈判并不见得就公平，原因是这样的谈判价格大多数依赖于双方的地位和能力，[2]这更加可能拉大不同发展群体之间及国家之间的知识贫富差距。知识产权影响民主、正义及基本人权的实现，如何平衡知识产权与人类发展、政治文明进步是最大的问题。

此外，未来的世界不仅仅是人与人之间的知识资源分配问题，还可能涉及机器等与人的知识资源分配问题，这将是更为"恐怖"的事情。因此，以发展的眼光来看待知识产权规则时，一定是将人作为"政治人"来看待的，相关的政治学理念下的价值观遵守和反思必不可少。知识产权法的目的是服务政治秩序稳定，人类命运共同体构建之下的人类进步是知识产权法作为对知识资源进行分配的法律的重要高层使命。

一、基本人权保障应当作为知识产权制度的价值前提

基本人权的保障是构建人类命运共同体应有之义。知识产权是知识分配的首要规则依据，对人们基于知识而涉及的基本人权的实现至关重要。尤其是在不平衡的谈判地位场合，知识产权规则的达成更容易牵涉人的基本人权甚至几代人基本人权的保障问题。基本人权的保障是知识产权法应当注重的价值，但是与此同时，人类整体的进步仍然有赖于人类知识的创新，人类知识的创新能够进一步辅助基本人权的实现与人权的提升，这无论是对个人还是整个人类来讲，都有潜在的益处。

（一）构建基本人权保障的知识产权制度

如第一章提及的基本人权与知识产权的关系，如何认识知识与人权、知识产权与人权、人权与基本人权等关系，是确定发展中的知识产权法知识产权公共预留空间的根基。知识产权规则对基本权利的威胁并不那么显而易见，

---

〔1〕　"The Washington Declaration on Intellectual Property and the Public Interest", 28 *Am. U. Int'l L. Rev.* 1, 20 (2012).

〔2〕　参见赵元果编著：《中国专利法的孕育与诞生》，知识产权出版社 2003 年版，第 62 页。

而是建立在知识产权制度对人们生活不断积累的限制的基础上的。[1]首先要使基本人权保障的内容清晰化和统一化，对于不同国家对基本人权的不同理解，在多方互相探讨的基础上做出最大范围的基本人权保障。之所以要以最大范围，而非以传统的提取公因式方式达成共识，是因为不同国家处于不同发展阶段，尤其是发展差距越来越大之际，太多的人群被这种限缩形成的"共识"限制而丧失发展机会甚至生存机会。

对于发展中国家而言，应当从国际规则上为它们保留更多的知识共享机会和可依赖制度，以保障它们基本人权的实现和在此基础上对知识的利用，并为未来实际上可能的强知识产权保护积蓄力量。[2]以基本人权为牺牲的知识产权强保护不仅是不道德的，还是有违基本人权的。但是，现在的国际知识产权规则中，对人权的照顾仍然是非常不周的，甚至可以说是相当"吝啬"的。例如，在国际公约中，只有《伯尔尼公约》附录（Berne Appendix）提及了发展中国家对著作权的接近权，这显然是远远不够的。因此有人认为应当删除等待延缓宽限期等，给予发展中国家其发展所需要的最基本知识产权豁免利益。[3]国际人权的规则、制度和话语越来越多地与知识产权法和政策相关联，如果相互孤立，则会变得错综复杂。[4]而且，在当前的新国际公约体制下，更有必要慎重对待人权保护，比如对于特殊群体的特殊保护。对于土著群体的知识保护已经引起社会的广泛关注，这种对土著群体传统知识的保护以及对外界利用土著知识的不公平性成为人们讨伐利用土著资源创造知识产权的理由。对于这种特殊的商标排除注册，有人认为是不公平的，因为如果这些人作为一个特殊群体受保护，他们重要的符号不得作为商标被注册，

---

〔1〕 参见 ［澳］彼得·达沃豪斯、约翰·布雷斯韦特：《信息封建主义》，刘雪涛译，知识产权出版社 2005 年版，第 4 页。

〔2〕 See Peter Drahos, *Global Intellectual Property Rights*：*Knowledge*，*Access and Development*，Palgrave Macmillan, 2002.

〔3〕 See Ruth L. Okediji, *The International Copyright System*：*Limitations*，*Exceptions and Public Interest Considerations for Developing Countries*, International Centre for Trade and Sustainable Development, p. 29, available at http://unctad. org/en/docs/iteipc200610_ en. pdf（last visited. December 17, 2020）.

〔4〕 See Laurence R. Helfer, "Toward a Human Rights Framework for Intellectual Property", 40 *U. C. Davis L. Rev.* 971, 1020（2007）.

那么其他有特殊符号的群体（如移民）是否也要保护就会成为问题。[1]首先明确的是，土著文化是人类传统文化的组成部分，这部分文化经由土著人代代相传并保留下来，要想延续，必须利用有效的手段。外界对之进行知识产权意义上的开发，第一目的并不是帮助他们使这种文化持续发展，而是剥夺土著人对这些知识的管控权和生存依据。人权保障之所以重要，是因为在社会的某类人群（如穷人）不能够通过法律实现自己的自由、自我发展时，能够通过人权来达到自我发展的目的。[2]这是他们作为人，自我生存、自我发展的最后一道政治性价值的"救命稻草"。

人权无法直接实现，需要借助国家的政治和法律结构，其所确立的只是个体请求权的终极正当性以及国家政治与法律结构运行的伦理边界。[3]在知识产权法相关规则中必须贯彻基本人权保障的思想，或者在适用知识产权规则时有有关的法律依据可以遵循。2004年我国正式将"人权"入宪——"国家尊重和保障人权"。[4]虽然基本人权的呼声很大，但是落实起来是相当复杂的，不仅是因为其中的利益主体多元化，更是因为制度带来的不平等发展机遇造成发展差距。人们的健康权、受教育权的实现，必须通过一定的立法允许知识产权规则对之予以让步，或者通过其他渠道弥补。如果没有其他渠道弥补，必须将这样的基本人权保障的精神贯穿到知识产权法及其实践中去。

从国际层面来看，基本人权的保障更是知识产权国际合作与竞争中经常出现的争议点。以人权为核心来解决相关知识产权纠纷，也有先例。例如，原告安海斯－布希公司（Anheuser-Busch Inc.）是一家来自美国密苏里州的在全世界范围内制造和销售啤酒的公司，1981年它在葡萄牙申请注册"Budweiser"商标，但是葡萄牙相关机构对之予以推迟，因为捷克共和国的百爷啤酒（Budejovicky Budvar）已经注册了"Budweiser Bier"作为原产地名称。在

---

〔1〕　See Peter J. Chalk & Alexander Dunlop, "Indigenous Trade Marks and Human Rights: An Australian and New Zealand Perspective", 99 *Trademark Rep.* 956, 961 (2009).

〔2〕　See Filip Spagnoli, "In Defense of the Compatibility of Freedom and Equality", 13 *Tex. Wesleyan L. Rev.* 769, 780 (2007).

〔3〕　参见田飞龙："政治的概念与宪法的概念——从施米特政治法学的两个基本判断切入"，载 http://www.iolaw.org.cn/showNews.asp? id=20108，最后访问日期：2020年12月17日。

〔4〕　参见田飞龙："政治的概念与宪法的概念——从施米特政治法学的两个基本判断切入"，载 http://www.iolaw.org.cn/showNews.asp? id=20108，最后访问日期：2020年12月17日。

葡萄牙和捷克共和国的前身之间有一个为了相互保护注册原产地名称的1987年生效的双边协定。葡萄牙最高法院最终认定这个协定保护百爷啤酒的原产地名称。2001年,针对葡萄牙的判决,原告向欧洲人权法院寻求救济,依据是《欧洲保护人权和基本自由公约第一议定书》(下称《第一议定书》)。《第一议定书》第1条规定,"每一个自然人或法人都有权和平享用其财产。除了基于公共利益并遵循法律和国际法普遍原则规定的条件外,不得剥夺任何人的财产"。欧洲人权法院以五比二的决定支持了葡萄牙。法院认为,只有商标成为原告的财产时,该案才适用《第一议定书》第1条的规定。更有人称,这个案子与《第一议定书》第1条是不相干的,更谈不上违反。[1]

将贫困地区群体对知识产权规则的不满与人权挂钩是历史上经常会出现的做法。[2]但是,通过很多年的基本人权保障的呼吁,基于知识产权制度产生的相关"悲剧"仍然在上演,且或可持续下去。这意味着,过往的知识产权制度在人权保障上的努力很不成功,而且这种静态的对基本人权的衡量和保障并不符合人们对发展的理解、对发展的前瞻性期待。

(二)发展知识产权制度的基本人权保留

基本人权的保留并不是一个静态的内容,它是一个动态的、因地而异的内容。以不同的主体来理解动态的知识产权制度,以确保基本人权的保留,也有不同的结果。但是以发展知识产权制度为依托建立基本人权保留的动态认可机制,即对有些基本人权的可自由选择性,并通过民主的抉择与公开程序,或可成为弹性化的、更适宜的基本人权保留制度。现实知识产权与人权的发展实践使得人权的理念对知识产权的限制远远比不上其对知识产权扩张的促进。[3]曾经有学者提出建立知识产权人权框架的三种假设,分别为:①利用人权扩大知识产权,即牺牲其他人权及被许可人、用户和消费者的利益,

---

〔1〕 See John R. Schmertz & Mike Meier, "European Court of Human Rights Holds That Budweiser Could Not Invoke Protection of Protocol No. 1 in Suit Against Portugal for Rejecting Its Trade Mark Application Since Mark Had Never Become Its 'Possession'", 12 *Int'l L. Update* 18 (2006). See John R. Schmertz & Mike Meier, "Court of First Instance Rules for Budweiser in EU Trademark Dispute", 13 *Int'l L. Update* 103 (2007).

〔2〕 See Rosemary J. Coombe, "Protecting Traditional Environmental Knowledge and New Social Movements in the Americas: Intellectual Property, Human Right, or Claims to an Alternative Form of Sustainable Development", 17 *Fla. J. Int'l L.* 115, 132 (2005).

〔3〕 See J. Janewa Osei-Tutu, "Coprorate 'Human Rights' to Intellectual Property Protection?", 55 *Santa Clara L. Rev.* 1, 4 (2015).

来提升知识产权保护标准。②利用人权对知识产权施加外部限制。用户群体强烈抵制对知识产权人的额外法律保护,其援引人权法制度、增加新条约和软法标准数量等限制知识产权保护及其扩张,推动知识产权的限制规则。但是该方案具有一定的风险,如会增加国际条约的分散性,扰乱其统一性。③通过知识产权实现人权。此框架下,规定人权法在健康、贫困、教育等方面的最低标准,知识产权法应当符合这种最低标准前提。[1]三种假设形成的框架应当相互结合以稳固知识产权与人权协同的结构,即利用人权扩大知识产权、对知识产权形成外部扩大性限制、实现人权等,形成一个里应外合的镶嵌结构,而非相互独立存在。发展性的知识产权人权保留意图通过三种途径在最大范围内实现人权保障。

更进一步讲,对于人权的实现,应当以发展的眼光来看。对于发达国家而言,它们讲究牺牲知识产权来换取温饱的机制明显不是最有利于稳定的策略,因为贫困人口的贫困等级在发达国家远远小于发展中国家,加之发达国家所具有的优良社会保障机制及条件,它们在解决贫困问题上有更大的能力。此时,它们的发展对秩序的需求更明显地体现为一种对更高人权层次(也即人的发展之"人权")的重视与需求。此时,过度地限制知识产权或许会抵消社会上的知识创新和思想传播,潜在的思想传播被制度"断绝"也不利于人们多元化思想的形成。

相反,这种发展式的人权观念并不宜照搬到传统地区。传统地区的自然生活环境与人们依赖的生活方式与其他地区是有所不同的。现代化的步伐快过传统资源保留的步伐可能会给人类精神源头带来重创,影响将这种传统思想有序保留与传递的秩序。传统地区的知识与智慧产生于当地居民所处的自然环境和人群智慧,[2]他们代代相传的知识与当今的先进技术和科学理念并不冲突,是可以共存的。但是,发达国家及跨国公司对这些地区的主动渗入,并近似利用政治力量要挟他们加入国际统一知识产权规则的行为,不仅削弱了传统居民维护和持续发展自我创造成果的能力,扰乱了当地居民特色发展

---

〔1〕　Laurence R. Helfer, "Toward a Human Rights Framework for Intellectual Property", 40 *U. C. Davis L. Rev.* 971, 1015～1020 (2007).

〔2〕　See Rosemary J. Coombe, "Protecting Traditional Environmental Knowledge and New Social Movements in the Americas: Intellectual Property, Human Right, or Claims to an Alternative Form of Sustainable Development", 17 *Fla. J. Int'l L.* 115, 116 (2005).

和利用自我智慧的秩序，还从一定程度上通过知识垄断和知识产权的集中化将全世界多数人口依赖知识的生存和发展权掌握在自己手中。当地人的基本人权的实现不一定是以知识产权方式，即便必须以知识产权方式充分利用这些资源，也应当为当地人对这些资源的贡献提供一定的回馈机制，如利益分享。因为这是他们赖以生存的基础，是他们特色泛化的起点，对他们人权的影响是不可估量的。为了最大范围地保留这种人与人之间在时间、空间维度上的知识资源的传播，更应当基于人权的考量来预留知识资源的分配利益。

缺乏对人权的考虑，国家将难以发现自身的潜力，也不能够更好地达到国民的发展目标。[1]从人权角度来看，全球知识产权保护处在一个十字路口，预测它的走向仍然是一个复杂的事情。[2]但是，未来的知识产权制度应当更多地服务于人类的共同发展，而非局限于以私人利益保护为中心促进经济的进步。基于人类政治权利的实现、政治利益保护之下的人类共同发展，作相对合理的、优化的知识产权发展方向论仍然是可行的。策略可以多种多样，如充分利用 TRIPs 协议给予的延缓期限，将更多的内容纳入可知识产权范围或缩小可知识产权范围。[3]知识产权可以促进创新、创造和文化发展，[4]借助于此可以达到更高的人权层次。虽然知识是没有国界的，但是知识秩序是有国界的，国际上的知识秩序也应当由相关国家来共同构建。人们的基本人权实现是多层级的，知识产权的生态环境也有必要对之做出一定的反应。

二、知识接近自由中的国家地位平衡为关键政治认知

政治认知，指的是"政治主体根据以往的政治知识和政治经验对政治事件、政治人物、政治活动及其规律等各种政治现象的认识、理解和判断"。[5]

---

〔1〕 See United Nations, *The Essential UN*, United Nations Publications, 2018, p. 93. Available at https://read. un-ilibrary. org/united-nations/the-essential-un_ b985f1a5-en#page93（last visited on December 17, 2020）.

〔2〕 See Tzen Wong and Graham Dutfield, *Intellectual Property and Human Development*: *Current Trends and Future Scenarios*, Cambridge University Press, 2010, p. 358.

〔3〕 See Tzen Wong and Graham Dutfield, *Intellectual Property and Human Development*: *Current Trends and Future Scenarios*, Cambridge University Press, 2010, pp. 358~359.

〔4〕 "The Washington Declaration on Intellectual Property and the Public Interest", 28 *Am. U. Int'l L. Rev.* 1, 2012, p. 20. （"Intellectual property can promote innovation, creativity and cultural development."）

〔5〕 马振清:《当代政治社会化基本理论》，九州出版社 2017 年版，第 64 页。

东西方国家对一些问题存在一定的政治认知逆差，这些政治认知逆差是很多问题在东西方产生不同后果的深层次原因。[1]政治认知是人们在政治文化生活中进行相关价值判断并进而采取相关行动的基础，因此政治认知是知识产权制度中潜在的政治学因素，对知识秩序的塑造具有较为关键的影响。也因此可以说，政治认知对知识资源的分配具有极高的影响力度。反过来说，国家对知识文化的重视，不仅可以激发人们学习吸收知识的兴趣，更可以催生良好的知识创新生态环境。而且，通常越是对知识重视的地区，越是对知识表达予以自由保障，其与知识产权之间的关系也越被重视。相反，一些专制国家的政治认知相对保守，其统治主要以震慑为主，人们对知识的接近有一定的限度，并对某些知识有很大的禁止流通规定。政治上的专制思想会影响很多以知识为中心的资源走向，并反过来作用于政治和国家发展所需要的知识进步。

对知识接近自由的理解层面之一，就是在言论自由理念上的政治认知。知识产权法中的自由主要体现为言论自由。"言论自由有助于保护公民平等。"[2]如果个人不能自由表达自己的意见，这个社会就不能有效解决冲突，或因需要和利益而产生竞争，也不能产生新的思想，更不能实现民主的运行和保持稳定。[3]但是，自由文化并不排除财产的存在，也不否认艺人收取报酬的权利。如果没有财产，或是创造者们无法收到报酬，那么它就是无政府主义，而不是自由。无政府主义在当前社会是非常不适宜的，自由文化是无政府状态和集权控制之间的平衡。[4]从自决权意义上来讲，自由（freedom）就是权力（power），是对自己生活的权力。[5]因此，这种源于自由的知识产权制度，将被用作一种更近似于权力而非权利的工具，即国家对知识接近进行巧

---

〔1〕　参见樊鹏："西方应尽快填补政治认知'逆差'"，载《环球时报》2017年10月27日第15版。

〔2〕　参见［美］罗纳德·德沃金：《至上的美德：平等的理论与实践》，冯克利译，江苏人民出版社2012年版，第384页。

〔3〕　参见［美］肯恩·奥凯："知识产权法的赌注"，载［美］戴维·凯瑞斯："言论自由"，载［美］戴维·凯瑞斯编辑：《法律中的政治——一个进步性批评》，信春鹰译，中国政法大学出版社2008年版，第190页。

〔4〕　［美］劳伦斯·莱斯格：《免费文化》，王师译，中信出版社2009年版，第XI~XII页。

〔5〕　See Filip Spagnoli, "In Defense of the Compatibility of Freedom and Equality", 13 *Tex. Wesleyan L. Rev.* 769, 779 (2007).

妙调控的工具。国家通过这种调控，不仅能够有效监控相关的言论流向，还可以通过一定的政策工具调整国家收入。

对知识接近自由的理解层面之二，就是在实践上对知识接近自由的政治认知渠道的差异化。不同的国家对何为知识接近自由可以做出不同的规定，如倡导言论自由的民主国家，他们所强调的自由范围较宽，而且在知识产权领域已经大大超越其他国家在自由法律化上的进程。以美国为例，《美国宪法》第一修正案通过排除思想传播的障碍来保障人类的言论自由，而著作权法通过鼓励思想的传播来实现思想传播的自由，两者在言论自由保护的精神上可谓殊途同归。[1]美国国会1998年通过《松尼·波诺著作权保护期限延长法案》（CTEA），艾尔德里德等人认为该法案违反了《美国宪法》第一修正案中的言论自由条款，并提起诉讼[2]。虽然2003年美国联邦最高法院确认《松尼·波诺著作权保护期限延长法案》合宪，也即《松尼·波诺著作权保护期限延长法案》有效，但是关于著作权保护期限延长实质上是否是对公众表达自由的限制，仍值得探讨。言论自由本身对批判性民主及批判法学具有重要意义，因此言论自由本身还需要进一步自由化。[3]美国言论自由虽然在1791年宪法中就有规定，但是也是通过1919年到1940年的基本变革，特别是20世纪60年代的公民权运动和反越战运动真正确立的。[4]美国为了促进自由表达，使用"转换性使用"的概念极大拓宽了合理使用的范围。在商标法领域，美国联邦最高法院对 *Matal v. Tam* 案的判决更是让很多人大为惊叹。在现实中，政治与商标也存在一定的"使用"相关问题。在美国 *IT's miller TIME* 与 *IT's muller TIME* 案中，后者认为其只是政治言论自由。这个立场并没有得到美国法院的支持，因为将"IT's muller TIME"放在自己的车牌上是政治言论自由，但是如被告一样将该标语用于衬衫、包、帽子等上，并进行销售，已经是商业活动中的使用，系作为商标的使用，为商标侵权。

对知识接近自由的理解层面之三，要回到通过一定的程序构建正常的知

---

〔1〕 See *Pac. & S. Co.*, *Inc. v. Duncan*, 744 F. 2d 1490, 1499（11th Cir. 1984）. 转引自 David J. Loundy, "Revising the Copyright Law for Electronic Publishing", 14 *J. Marshall J. Computer & Info. L.* 1, 2（1995）.

〔2〕 See Eric ELDRED, et al., *Petitioners v. John D. ASHCROFT*, Attorney General, 123 S. Ct. 769（2003）.

〔3〕 季卫东："戴维·凯瑞斯：《美国言论自由的历史与现实》"，载《清华法学》2002年第1期。

〔4〕 季卫东："戴维·凯瑞斯：《美国言论自由的历史与现实》"，载《清华法学》2002年第1期。

识接近政治认知程序。通常来讲，政治主体或者说政府，他们对言论自由、知识产权这些内容的理解，更多地是基于一定政治程序上的材料或汇报，他们作出结论的依据一般存在一定的大公司、大的游说团体等为特色的信息来源者，在对外国的情况进行了解时更是如此。知识接近自由问题的解决，必须以一定的正常政治认知程序为寄托，这就要分析言论自由与沟通成本问题。沟通成本往往导致只有富人才能真正享有言论自由，即财产的规模有可能决定言论自由的程度。[1]降低沟通成本，或者将沟通成本降低到平民可接受的程度，去除富人沟通成本优势，保证意见市场的自由竞争性，成为制度设计的重要课题。这既是确保政治认知中立的基础，也是政治认知的重要组成部分。没有宽松的知识接近自由制度，贫富差距之下政治认知来源渠道并不民主，其带来的沟通渠道与沟通方案可能会在一定程度上与实际的社会需求有一定的差距，更有甚者，基于这种差距会产生适得其反的效果。

对知识接近自由的理解层面之四，要正确定位国家或者说政治统治者在相关内容中的角色。帕特里克·亨利（Patrick Henry）在1775年3月23日的殖民地弗吉尼亚州议会演讲中提及的"不自由，毋宁死"（Give me liberty, or give me death）振奋人心。[2]但是，现在的国家政府为了确保其统治的稳定性和绝对性，越来越倾向于对人们的知识接近自由进行干涉，无论是发达国家还是发展中国家，都有这一现象的存在。对于知识接近自由的构建，政府的调整活动应当具有必要性，也正是因为如此，美国的相关案例多显示不得禁止新闻的发行，除非有明确且现实的危险（clear and present danger）。[3]网络的发展为政治统治者对信息传播的监管带来一定的困难，人们参与力度的加大直接导致绝对监管不能。但是为了实现政府对相关内容和信息的权力，相当多的政府愿意花费大力气进行网络审查。弱化政府网络审查的声音在西方国家非常明显，他们有的形成组织，以一定的行为来反抗政府的网络审查。实际上，从网络接近权角度看，政府的网络审查也有瑕疵。网络接近权（the access to the Internet）已经被许多国家认定为一项人权（a human right），而言

---

〔1〕　季卫东："戴维·凯瑞斯：《美国言论自由的历史与现实》"，载《清华法学》2002年第1期。

〔2〕　See https://en.wikipedia.org/wiki/Give_me_liberty,_or_give_me_death!（last visited on December 17, 2020）.

〔3〕　Anthony Lewis, *Freedom for the Thought That We Hate*, Basic Books, 2007, p.174.

论自由、出版自由、集会自由没有网络接近权基本不能实现。因此，为了保障人们的基本创作自由，政府不应当对创作的内容进行审查。[1]国家及政治统治者对自己的知识政治认知的构建，必须以一定的信任为基础。过度地介入国民知识秩序中，或将产生一定的国民与政府的不信任行为，长此以往，所有的信息真实性或大打折扣。而且，这种网络审查会影响国民的政治认知，这是他们选择政治文化生活的重要参考因素。对于统治者来讲，这或许是一种比"审查"更大的危机。

对知识产权法政治学视角下的知识接近自由的理解与政治本身的特点有关，而从个人方面来讲，自由又与自身对知识的认知有关。对个人来讲，自治权的保障代表着自由，也即一个人能够做他想做的，但是往往一个人想做的并不是对他最有利的，因此，应当从政治学视野中的合作之公共空间的协调来实现自治和自我发展的自由，反之，没有公共空间或合作的政治空间，我们可以做我们想做的事，但这对我们的发展并不是最好的。[2]如果将自由定义为自治和自我发展，那么自由就需要规则，这样无政府状态就会得以避免。为了人们的发展，在知识意义上也需要消除暴政，这种定义的自由也能够避免暴政极端。[3]因此，国家与知识控制权相提并论时存在一个前提，就是对和平分配知识资源秩序的共同需求与期待。这种对知识资源的和平秩序的期待，意味着当我们面对其他人具有的平等分享知识资源的权利时，自由就要受到一定的限制。[4]自由和平等是相互竞争的。为了保护自由，法律是必要的，而且法律不可避免地是自由的让步。[5]从此角度看，国家对自治秩序的构建与对自由的限制也是同步的。如农民对种子的生产、交换、改良、销

---

〔1〕　See Cory Doctorow, *Information Doesn't Want to Be Free：Laws for the Internet Age*, McSweeney's, 2015, pp. 108～109.

〔2〕　See Filip Spagnoli, "In Defense of the Compatibility of Freedom and Equality", 13 *Tex. Wesleyan L. Rev.* 769, 775 (2007).

〔3〕　See Filip Spagnoli, "In Defense of the Compatibility of Freedom and Equality", 13 *Tex. Wesleyan L. Rev.* 769, 781 (2007).

〔4〕　参见［美］罗纳德·德沃金：《认真对待权利》，信春鹰、吴玉章译，上海三联书店2008年版，第354页。

〔5〕　参见［美］罗纳德·德沃金：《认真对待权利》，信春鹰、吴玉章译，上海三联书店2008年版，第355页。

售是一种自治的表达，[1]但是从知识产权角度来讲，必须通过一定的制度来保证人们对种子等知识创新和知识使用的自由予以保护与限制。

科技水平现状也决定一个国家应当对知识接近自由做出符合其实际情况的知识产权政策规范。如乌干达在医药生产设备及技能上具有非常大的困难，毋庸提让其提升知识产权保护水平，即便是生产仿制药都不能够满足全国的医药需求，因此，医药专利创新相对于其国内现状来讲基本没有意义，与其让其提升专利保护水平，不如允许其从仿制药的生产开始发展。[2]乌干达在医药专利方面的 TRIPs 协议宽限期在 2021 年到期，它是否充分利用相关规则，直接关系到之后国民对医药的接近自由及是否有机会和能力在创新和知识产权保护上持积极的态度。此情形下的知识接近自由更多的是依赖于对必需品、急需品的接近自由，因此，国家需要提高对自我政治角色的认知，而非仅仅提供一种秩序规范的认知。

最后，稳定的秩序是知识分配秩序的基础，知识分配秩序是稳定秩序的组成部分。我国稳定的政治秩序为我国改革开放之后知识产权秩序的构建与繁荣提供了非常扎实的着陆土壤。我国之所以没有出现与美国知识产权法类似的大规模、互动的、引领性的知识产权扩张，一方面与我国是发展中国家，知识产权法起步较晚有关，另一方面也与国内的《宪法》及政治统治对知识产权的直接决定权力有关。对后者而言，一方面因为，虽然《宪法》中有规定言论自由，但是这一点主要体现在《著作权法》中，在商标法体系下并没有被广泛接受的 "商标注册与使用为言论自由内容之一" 的现实存在，而且我国《宪法》在直接执行上的问题也是我国的特色；[3]另一方面，与西方民主国家相比较，我国的游说集团及游说存在的空间并不是很充分，游说也没有非常熟练的实践过程，即便有游说力量的存在，也是相对较为隐蔽的。故此，稳定的政治秩序为稳定的政治认知提供了非常稳定的环境，这也是我国日后知识产权发展成功与稳定的关键因素和优势之一。

---

[1]　See Vandana Shiva, *Biopiracy*: *The Plunder of Nature and Knowledge*, South End Press, 1997, p. 125.

[2]　See Jennifer Sellin, *Access to Medicines*: *The Interface between Patents and Human Rights. Does One Fits All?*, Intersentia, 2014, p. 450.

[3]　参见苗连营、郑磊、程雪阳：《宪法实施问题研究》，郑州大学出版社 2016 年版，第 62 页。

三、知识分配正义理念之下的知识产权制度的动态发展

财产的分配正义是人们讨论分配正义时的主要对象，对于知识产权理念之下的知识分配正义，人们的观点可能更闪烁。一是所谓的分配，言下之意为财产的私权化分配，而知识作为公共产品，其是否有分配之必要极可能是个问题；二是知识产品作为非竞争性产品，其分配正义的界定可参考的因素复杂多变，如何界定"正义"是否存在可供参考的相对权威标准也存在疑问。但实际上，知识产权规则的确是知识分配正义的首要结果呈现方式，是现当代知识领域内最重要的知识正义工具。知识产权制度的分配正义理念嵌入方式是知识分配正义的最主要载体。将大部分的知识公开化、开放化，使得大多数的知识为人们免费、随时自由取用。罗尔斯认为正义应当满足两个原则：首先，每个人都有关于基本自由的最广泛配置（与所有人的类似自由配置相容）的平等权利。其次，社会和经济的不平等要符合两个条件：①他们应当使社会中处境最糟糕的成员相对的预期效用最大（最大最小公平原则）；②在机会的公正平等条件下，职位和地位向所有人开放。最大最小公平原则，最有争议。任何人都有可能成为知识产权人，而且随着社会的发展、人们对知识的观念改变，人们之间在享用知识上的不平等性带来的知识产权人的标签化也成为不可忽视的现实。知识产权法将知识产权人与其他人以角色名称对立的方式确定知识资源的分配，是正确的做法，这样可以避免以经济地位来确定资源的分配倾向之危险。因为如果以人的经济地位而非人们对知识的角色来确定知识资源的分配，可能将知识资源的进一步创造带入一种不公平的逻辑中去。知识产权法中对穷人群体（如最不发达国家、贫困地区）的表述是一种相对弱功能的表述。知识分配正义的实现也将成为一种难以确定的波动。如果将之予以知识角色的描述，或许更能体现出知识分配正义及知识控制权的功能化作用机制，如在知识产权法中将贫困地区描述为知识产品的极度需求者、知识产品必需者等。

进一步讲，知识资源的分配并不宜以知识产权为中心。虽然知识产权是私权成为大多数人认可的观点，知识产权是财产权也成为知识产权研究的主要基点，但通过知识产权制度对知识资源的分配是一种权力安排，是一种得到权利（right）之后对知识权力（power）的转换。也正是因为如此，一方的基本权利得到保障，并不是削损另外一方基本权利的借口。相反，政治的过

错应当由政府承担。知识产权并不应当为这种损失担责。对艾滋病患者来讲，他们对治疗艾滋病的药品极度需求，但在艾滋病药品因专利而售价较高的情况下，他们对药品的接近权并没有得到保障，其生存权因而落空。而对于艾滋病药品的专利权人来讲，他们若要为艾滋病患者提供更好的药品，必然期待这些新药品具有一定的利润，因此对他们来讲，专利权保护下的利润同样值得期待。[1]中间的利润落差由政府承担好似更加符合双方公平价值的追求。但是这并不意味着知识产权法对之毫无作为，基于知识产生的权利与基于知识集聚产生的权力，仍然是政治目的上的嵌入式考量，如果没有在知识产权法中有所涉及，那么这些落差的缩小或将被遗忘，由此带来的牺牲同样是难以估量的。

信息公平理念认为，作为信息来源的知识产权影响人们对信息的接近。知识产权从一定程度上阻碍了人们对信息直接或间接的接近，给人们的表达自由也带来了一定的障碍，但是知识产权制度为其提供的公有领域能够弥补这种障碍带来的损失。借助于信息公平理念，可以促进知识资源分配规则的正义实现。

罗尔斯提出，要想人们的利益得到公平分配，最好的办法就是借助"无知之幕"（veil of ignorance）。国际层面的知识分配正义以发达国家的知识分配正义观为基础，并为发展中国家的国内知识分配正义提供前提。TRIPs 协议毋庸置疑是有利于发达国家而同时以发展中国家的发展为代价的。建立符合正义价值的知识产权制度，应当充分体现以国际社会普遍接受的标准来衡量不同国家的知识产权责任，而非将所有国家的知识产权保护标准统一化。[2]所谓的国际层面知识分配正义，应当超越发达国家与发展中国家、最不发达国家的发展距离来制定符合人类共同发展目标的知识产权制度，使得知识的分配无论降落到哪一人群都是一种更加可期待的保障性制度。

在知识资源分配的制度制定上，更要注重使形式正义与实质正义相契合甚至兼容。形式正义是按照绝对平等和自由的原则分配权利和义务，而实质正义则是根据主体身份特征进行倾斜式分配，两者分别是近代和现代法律分

---

〔1〕　See Robert D. Cooter, "Freedom, Creativity, and Intellectual Property", 8 *N. Y. U. J. L. & Liberty* 1, 11~12 (2013).

〔2〕　参见田曼莉：《发展中国家实施 TRIPs 协议研究》，法律出版社 2012 年版，第 3 页。

配权利义务的价值观念。[1]形式正义的结果不公平性是当前知识产权制度带来知识接近不公的主要原因之一，而其中的程序由发达国家主导本身就是一种形式不正义。以主体身份为特征进行的倾斜式分配是符合国家责任与发展结构的，从本质上来讲，是一种符合人类知识利益共同体观念的有益正义。实质正义促进了民法的社会化，通过立法转化为具体的权利和义务规范，进而通过行政和司法得以实现。[2]现实中对知识产权实质正义的需求是一种需求的保留还是将之纳入常规化运作，仍然是各个国家的不同选择。如有观点认为，从知识产权法是民法体系的构成这一前提来看，知识产权法也应当以"追求形式公平为原则，以追求实质公平为例外"，且"例外必须是法定的"。[3]但是，在我国知识产权司法实践中，有不少在形式公正之外的司法自由裁量典型，知识产权制度中的合理使用情形等知识产权限制制度最能够说明这些问题。在我国，以知识产权限制制度来保障人们对知识的一定接近，并为人们通过知识学习来创新知识提供了非常好的制度保障，但是实际上的司法活动及立法活动并没有太大的空间去主动保障这些内容的实现，反而很可能因为基于私权的知识产权主体的主张而更多地以保护知识产权为由限制人们对知识资源的正当性获取渠道。所谓的正义制度设计在此或沦为空中楼阁。再如，符合意思自治的知识产权授权模式，在网络环境下的默示许可空间的存在，是否预示着集体管理的开放化未来，同样值得斟酌。没有充分的著作权集体管理的情况下，或许人们对知识的获取和授权模式的知识利益的获取，并不能确实实现。对知识资源的分配，归根结底还是要以实质性正义为基础，并在一定程度上把控实质性正义的规范化践行。

正义与效率是整个知识产权法的立法目的和功能目标的体现。知识产权制度中正义价值不能完全覆盖效率价值，正义目标的最终实现也不等于效率最大化，也即正义不一定促进知识、技术、信息的广泛传播。[4]现在对知识产权制度的追问与发展需求，也在围绕着知识产权制度的正义功能与效率功能的争议展开。所谓的以经济学或者激励理论对知识产权制度做出的设计，更多地强调效率的重要性，而对正义价值的非首位考虑应当是国家和国际层

---

〔1〕 薛克鹏："经济法的实质正义观及其实现"，载《北方法学》2008年第1期。

〔2〕 薛克鹏："经济法的实质正义观及其实现"，载《北方法学》2008年第1期。

〔3〕 参见于飞："民法基本原则：理论反思与法典表达"，载《法学研究》2016年第3期。

〔4〕 参见吴汉东、李瑞登："中国知识产权法学研究30年"，载《法商研究》2010年第3期。

面构建知识产权制度时需要着重纳入的内容。没有效率的知识产权制度，可能会在知识经济上带来一定的滞后，但是它可以确保整个社会的知识秩序的相对稳定。人们对知识的创新必须有法律制度的保障，以激励为表象的知识产权法能够在短期内使知识的增量达到一定的范围，但是若长期保持一定的增长速度，必须将知识分配正义精神考量进去。人们往往以自我为中心构建正义的价值与方向，但是，从人类发展必要性来看，必须以人类为总体进行综合平衡，计量出所谓的正义之角色，也即不是畸形的偏向正义提出者的正义，而是对人们发展有利的正义。

四、人类命运共同体构建理念之下的知识产权制度价值

所谓的"共同体"可以追溯到亚里士多德的"人是政治的动物"，社会主义者和传统的保守主义者对共同体非常重视，共同体在前者语境下意味着合作与社会义务及小规模自我管理等，在后者语境下意味着一种有保障的社会身份和归属感。[1]人类命运共同体构建理念是超越霸权主义的更高境界的世界观、人类发展观。联合国对人类命运共同体构建的认可也表达出在未来全球治理模式中人类命运共同体构建的可能性方向。在知识产权领域的人类命运共同体的构建更为重要，其不仅体现为知识创新在未来可能给人们的生活、发展带来巨大的帮助，更体现为在未来以人类作为统一的整体对抗包括机器在内的其他威胁时必须以人的共同发展为理念。无形财产的分配规则比起有形财产的分配更影响社会正义的实现，如拯救生命的遗传信息、知识传播的控制、创造自由、群体身份认知、财富分配等。[2]因此，以多高的理念来统领知识产权秩序，将直接决定我们未来拥有何种知识秩序。

知识产权并不是自然权利，其产生于政治授权和认可。[3]通过知识产权制度掌握知识的主体所具有的知识控制力反过来还可以影响知识产权制度和知识秩序，这不仅可能带来马太效应下的知识分配自然曲解，还可能带来经

---

〔1〕　参见［英］安德鲁·海伍德：《政治学核心概念》，吴勇译，天津人民出版社2008年版，第152页。

〔2〕　See Peter S. Menell, "Property, Intellectual Property, and Social Justice: Mapping the Next Frontier", 5 *Brigham-Kanner Prop. Rts. Conf. J.* 147, 149 (2016).

〔3〕　See Timothy Sandefur, "A Critique of Ayn Rand's Theory of Intellectual Property Rights", 9 *J. Ayn Rand Stud.* 139~161, 158 (2007).

济发展不平衡之下的人类命运共同体构建的根基丧失。普通的政治诉求在知识产权的发展中有着不稳定的作用点，民主政治体制对知识产权规则的更改可能更有利于知识控制权的集中化，而相对专制的国家对知识产权规则的改变是一种自上而下的过程，因此，知识产权制度中很难体现真正的国民政治诉求，但是能够反映该国政府的政治态度与偏好。在建立知识产权人类命运共同体时，有必要将这些复杂的国家政治体制及其运作模式考虑进去，不然知识产权制度的构建将只是"构建"，而不能为人类命运共同体的构建提供良好的非物质形式的知识控制权结构平衡。

技术主导的人们的知识发展慢慢削弱人们的自主意识，在所有创造活动中人们的生活看似更加便捷，但不可否认的是，人们的思辨意识逐渐降低、民主味道逐渐被稀释。[1]人们在未来面对人类与非人类知识的学习与创新时，不仅应当考虑人与人之间的关系，更应当以人为首要保护对象而形成知识民主化分配制度。知识产权的过度扩张带来了知识控制权过度集中化，这种过度集中化产生知识资源分配的主导性，进而导致思想多元化削弱等不良影响。确保知识产品接近的一个重要目的是促进公众表达。公众表达主要依赖于分配性资源的多寡，分配性资源与公众获取的言论资源成正比。[2]着眼于建立人类命运共同体的知识产权法，或许能够为国际及相关国家的知识产权秩序带来更稳定的发展态势。要让以人类命运共同体构建为中心的知识产权法得到世界范围内的认可，还有很大的困难，这就要从发达国家与发展中国家当前的知识国家治理着手解决。

第二节 发展中的知识产权制度国家治理

知识产权是现当代国家治理的重要组成部分，尤其是西方发达国家从 19 世纪开始对知识产权着重关注，通过知识产权制度实现国家治理层次上的知识控制权，而世界上其他国家在对之予以学习、效仿过程中，并未能完全达成理想的结果。知识产权事业的发展与国家治理联系密切，知识产权关系到人们生活的各个方面，贯穿于国家的文化、科技、商业经济、政治等各种社

---

〔1〕 参见 https://www.geekpark.net/news/232619，最后访问日期：2020 年 12 月 17 日。

〔2〕 参见彭桂兵："表达权视角下版权许可制度的完善：以新闻聚合为例"，载《西南政法大学学报》2018 年第 4 期。

会活动与秩序之中，是相关竞争力增强的核心内容。所谓的国家综合实力的比拼就是知识的比拼，是一种简单的总结性表述，虽然不够周全，但折射出了知识产权在国家治理中的重要角色。

一、知识产权法在国家治理中的地位

国家治理是国家政治的重要构成部分，国家社会事务的治理包括政府治理和非政府治理，知识的公共性与知识产权的专有性决定知识产品相关的社会治理的政府治理和非政府治理的综合性。政府治理是通过自上而下的权威体系发挥作用的协调社会生活的方法和途径，其核心在于形成集体决策的能力与事实决策的权威，以维持有序统治的机制。[1]所谓的国家治理部分，以国家提供公共服务等为中心，如制定知识产权保护的高层指导方针、发布知识产权相关的规定、利用国家机构为知识产权公共事务提供服务等。知识产权法是国家知识产权事务治理的重要结果之一，也是国家提供知识产权公共服务的依据之一，更是我国知识产权秩序构建的基础依据。因此，知识产权法在国家治理中处于知识产权事务治理的基础部分。

知识产权过度扩张与人们的健康和受教育权的政治目标实现存在实质性的关系，这是国家治理中不可忽视的知识产权有关的关键点。国家治理中，知识产权的治理是一个独立的部分，但是这部分又与其他社会事务的治理紧密联系，如著作权保护与教育权的实现、专利药品与公共健康、商标制度与商业表达秩序的构建等。知识产权虽然以私权保护为中心，但是必须基于其与其他社会治理的关系、现实存在与发展而保留必要的私权限制与其他价值目标的知识产权特殊规定。知识产权制度与国家的政治文明、生态文明等构建密不可分。例如，著作权法的内容直接决定着人们的言论自由程度，并且可以起到间接影响人们参与社会知识创造的积极性的作用。作品内容丰富的情况下，人们创新作品的思维模式可能更为多元化，思想的交互传播更为充分，这对民主国家的构建是不可或缺的"良方"。再如，构建绿色技术而不鼓励有害专利技术等是各国专利法普遍的做法。当今的知识产权制度过度注重内部权衡，以致忽略了知识产权制度外部，也即忽略了促进文化和科学发展

---

〔1〕 参见〔英〕安德鲁·海伍德：《政治学核心概念》，吴勇译，天津人民出版社2008年版，第22页。

的其他制度之权衡，如奖励等制度。[1]从结果上讲，知识产权事务的治理不仅是国家治理的一部分，还是民众参与社会事务治理的重要部分，是民众政治认知的构成部分。改变知识产权规则以调整公民获取知识及知识产品的渠道，有助于调整公民的政治参与态度。[2]基于此，知识产权治理在国家治理中的地位不言而喻。

根据精英主义理论，社会人口被分为有权的少数与无权的多数，所谓的民主也即不同精英主体竞取权力的过程。[3]知识产权制度作为知识资源分配的首要法律依据，发挥着使知识控制权与人群匹配的功能，在不同精英主体竞权过程中也有一定的作用。基于利益集团在政治行为中的角色，掌握大量知识产权的公司能够依托于一定的政治代表而得以影响更偏向于它们利益实现的知识资源掠夺实践，而政治主体也可以以他们在制度形成过程中的权力，获取更多的政治支持与利益。利益集团在发展中国家更容易达到它们所想要的影响力，因为许多发展中国家的政府在满足跨国知识产权相关的公司的要求时，不必顾及民主政治的严厉，它们甚至为了国家的经济发展而成为这些利益集团的代言人。[4]这个过程是复杂的，更是知识产权事务治理的重点所在。所谓的知识产权事务在国家治理中的地位更依赖于不同的政治环境而有所差异。

现代知识产权的起源并不存在于学术上争议的经济学中，而是存在于君主政治与千禧年社会不同权力之间的斗争中。[5]之所以知识产权相关的制度并未导致知识控制权弱者的大多数与知识控制权强者的少数发生尖锐的冲突以改变目前的不平等、不民主、不公平的知识产权规则，是因为尚存在可调和的空间，如政治利益的交换。如若产生尖锐的冲突，则政治强制者不再如此隐蔽，将会推翻某些知识控制权强者推崇的知识产权不平等规则。知识产权制度的形成与改变，是国家治理的一部分，也是政治实现的一种表现。在

---

[1] Amy Kapczynski, "The Cost of Price: Why and How to Get Beyond Intellectual Property Internalism", 59 *UCLA L. Rev.* 970, 975 (2012).

[2] 参见臧雷振："变迁中的政治机会结构与政治参与——新媒体时代的国家治理回应"，北京大学 2014 年博士学位论文。

[3] 参见闫星："美国信息产业利益集团政治参与的研究"，复旦大学 2006 年博士学位论文。

[4] 参见唐昊："利益集团政治变迁与美国霸权的转型"，暨南大学 2007 年博士学位论文。

[5] See Eric E. Johnson, "Intellectual Property and the Incentive Fallacy", 39 *Fla. St. U. L. Rev.* 623, 635 (2012).

国家治理中，知识产权法关系着众多民生性价值的实现，如教育权、公共健康、表达秩序、国民就业等，随着知识产权产业在相关国民经济中占比的提升，国家对于这种无形财产权的规范应当更加注意，因为其中有关的知识产权规范不仅关系到产业的发展，更关系到国计民生与国民教育。

二、政府在知识产权事务治理中的角色

"政府之所以是关键的，是因为它对于整个社会的控制是相对有力的"。[1]知识产权事务的治理是社会事务治理的一部分，政府作为政治角色是不能缺位的，其位置如何安排是一个重要的问题。政府在社会治理中的地位及角色与国家政体有较大的关系，而且根据具体的政府职能划分不同，也具有多样的政府角色选择。基于此，国家政体与知识产权制度及政策具有紧密的联系。如我国的政治协商模式虽然不具有西方民主政治的民主责任制、反腐败、财政公共化等优势，却在政策与权威的连续性、国家能力的有效性、决策的理性化、公民协商能力的有效培养等方面具有优势。[2]知识产权事务的管理与负责，在有些国家根据不同的知识产权类型而归属于不同的政府部门。政府对知识产权事务的治理，主要在于知识产权授权确权的管理，也即所谓的行政事务。知识产权的行政权力作用规范和作用过程直接影响该国知识产权事务的治理秩序与发展导向，并起到间接影响国家知识资源分配的作用。

政府在知识产权规则中起到知识产权政策承上启下的中坚作用，它的作用是中立的，且在一定程度上代表社会公众。根据德沃金在《原则问题》里的观点，就什么可以成为美好生活的问题来说，政府必须保持中立。知识产权规则对人们的美好生活具有关键作用，政府在国内法制定过程中既要听知识产权需求的意见，也要听社会公众的意见。在社会公众没有得到有利代表的时候，政府应当从一定程度上去探求究竟相关的观点是否对社会公众及秩序稳定具有公平的促进作用、是否平等对待了人们的生存权与发展权，并以此作为制度制定和执行的依据。作为国家法律规定的首要执行主体的政府，其在知识产权授权确权的具体落实中，有制定具体工作规范的权力，但是这

---

〔1〕　参见［美］达尔：《民主理论的前言》，顾昕、朱丹译，生活·读书·新知三联书店1999年版，第66页。

〔2〕　参见田飞龙："政治的概念与宪法的概念——从施米特政治法学的两个基本判断切入"，载http://www.iolaw.org.cn/showNews.asp? id＝20108，最后访问日期：2020年12月17日。

个权力仍然要以法律为依据。在当前知识产权范围持续扩张与社会上大多数人的知识接近需求相比之下，部分社会群体及其观点极有可能被边缘化。[1]这种边缘化不一定源自其人口少，更可能是没有发声意识、没有发声渠道，然而这并不意味着这些边缘化的知识接近需求是不重要的。因此，基于政府能够直接在其工作中接触知识产权人等知识产权主体，他们应当在中立之余发挥凝聚相关观点并在相关工作内容中调整知识产权授权确权的相关规范等作用，满足人们对保护自我知识创新的强烈需求及保证人们使用知识的渠道畅通。国家应当在知识资源分配方案上找到最为国民所接受的备选方案。[2]这一点绝对离不开政府作为首要的问题和观点形成中心的角色，在相关法律制定与修改、提供建议与方案时，政府应当积极响应，并尽力关注可能被边缘化的声音。

有些政府过度参与知识产权事务的做法，实际上并不是非常明智的。如我国长期存在的知识产权行政、司法保护双轨制之下某些领域行政保护超越司法保护标准的做法，这实际上是将知识产权事务过度置于政府管控之下而民众自主参与力度有限的做法。虽然知识产权行政保护可能会带来高效的知识产权保护结果，但是这种有效性的前提是有效的政府与充足的知识产权执法人力、财力。政府在知识产权事务上的角色并没有要求其过度参与这种事务，政府在知识产权事务中的角色应当是"掌舵"，而非"划船"。[3]再如，我国著作权集体管理组织虽然不是严格意义上的政府角色，但是依然存在着严重的行政色彩。这使得本来应当由民众自由处理的知识产权授权委托渠道过度被行政化、集中化。这种集中化虽然可以使得政府及时、集中管控大多数作品的许可与流通渠道，但并不利于民众通过自由、多元化的集体管理组织授权而畅通知识交流渠道。相反，为著作权等知识产权的授权行为赋予市场自由，相当于给予授权行为一个自由选择的机会，在相互比较之间也可以形成较为广泛的信息互动与沟通渠道，更有利于知识与信息的传播。

---

〔1〕 See Anjali Vats & Deidre A. Keller, "Critical Race IP", 36 *Cardozo Arts & Ent. L. J.* 735, 771 (2018).

〔2〕 参见［美］达尔：《民主理论的前言》，顾昕、朱丹译，生活·读书·新知三联书店1999年版，第82~83页。

〔3〕 参见［英］安德鲁·海伍德：《政治学核心概念》，吴勇译，天津人民出版社2008年版，第24页。

　　值得注意的是，不主张政府对知识产权事务的过度介入，并不否定在某些时候政府补充介入的必要性。如在地理标志的培育中，有些产品的分散种植并不利于当地地理标志的申请。西班牙政府在其国内橄榄油地理标志培育过程中将相关橄榄树种植者相对集中，对其成功培育地理标志、形成地理标志产品特色与扩张市场起到了关键作用。[1]而且，在很多场合，政府能够有效弥补公共利益缺位代表的缺陷，在知识产权强保护的进阶中为公共利益维护和公共领域保留提供了一定的有效代表。如在商标审查时，对于违反一定秩序的商标予以大范围的禁止，可以净化人们的语言环境、商业环境，绿色专利等也是一种公共利益维护理念之下的专利授权制度。但是在著作权领域内，这种规则略显差异。2010 年《著作权法》修改时删除了不符合主流价值观的"依法禁止出版、传播的作品"不受著作权法保护的规定。这也表明，之前的著作权法也是对公共利益有所考虑的。当然，该规定的删除另有起因，在此不予展开。

　　"国家利益必须能够落实到个人"。[2]在国家知识产权制度的贯彻和落实过程中，地方政府的作用也异常重要。在地方政府的权力较大且最直接与民众接触的情形下，地方政府的作用对知识产权事业的发展异常重要。地方政府的政治利益与国家知识产权法相关的规定并不一定完全一致的场合，地方政府的地位与角色更为重要。地方政府对知识产权的态度直接影响当地知识产权事业的发展与企业和民众对知识创新的态度。如我国东部地区及发达城市，地方政府对知识产权的重视从一定程度上透露出政府对待知识、知识产品、知识产权的态度，这为当地人提供了一定的政治认知基础，能够鼓励相关地方的企业和民众积极参与知识创新。而在保守的、经济发展落后、试错成本较大的地方，往往知识产权的发展并不理想，地方政府基于相关经济发展等政治性业绩的考虑，通常对知识产权的发展缺乏能力，除非有上级政府给予的补贴等支持。为了获取更多的奖励，地方政府也可能进行效仿，对相关的知识产权企业进行奖励，制造一种提高知识产权申请量的政府业绩印象。政府奖励是鼓励企业创新的办法之一，可是对于知识创新与传播却不是最佳的办法，将知识产权的量与政府业绩挂钩更不值得提倡。

---

〔1〕　参见王莉："欧盟地理标志产品管理研究"，吉林大学 2015 年博士学位论文。

〔2〕　参见唐昊："利益集团政治变迁与美国霸权的转型"，暨南大学 2007 年博士学位论文。

政府除了扮演以上知识产权事务治理角色之外，还在知识产权数量和质量的平衡上起着非常重要的作用。这一作用体现于国家能通过授权标准的协调调整、平衡知识产权数量与质量。正如有人所称，美国专利商标局有更大的动机去授予一个专利而不是驳回一个专利申请，因为专利审查员的奖金部分取决于他们处理的专利申请数量。[1]至于为了控制专利的数量过快增长带来的问题而采取的控制专利授权率的做法，[2]虽然其科学性值得质疑，但是也从一定程度上表明了政府在知识产权量上的调控能力。为了获取更多的知识产权收入，政府或许会在知识产权量上做出一定的衡量，但是衡量的具体标准与政府利益有极大的关系，因此，如何对之予以更科学的规范也值得思考。

基于知识产权人为稀缺的特点，知识产权的授权确权也存在一定的权力寻租空间。尤其是实力雄厚的大公司，它们对知识产权量的需求、对知识控制权的渴望直接促使它们为了知识产权布局与知识产权囤积而采取一定的手段，在其中政府的腐败等问题也会呈现。

三、知识产权促进社会治理的作用机制

知识产权促进社会治理的作用机制主要体现在以下四个方面：

第一，知识产权法及知识产权事业为社会治理带来知识分配，促进了民主秩序的构建。如在传统社会，贫困人口基于经济的贫困是无法有效劳动并换取良好的物质生活的。基于知识产权制度合法地将知识创造的成果归于创造者，能够使创造者通过知识产权获取一定的经济收入，并提供非常多的社会就业机会。知识产权的期限性也直接决定了知识创新成果在期限届满后进入公共领域，被社会公众免费接近，这间接增加了人们的知识接近机会，并从结果上促进人们通过享用知识创新成果而得到思想与生活等方面的进步。民主秩序的构建是与思想的自由传播及知识的精进分不开的，知识产权制度能够使知识的创新与传播有序化，为民主秩序构建提供思想多元化来源，对民主秩序的构建具有较大的促进作用。

第二，知识产权促进知识的产生与传播。知识产权法律的规定是社会事

---

〔1〕 See Marcia Angell, *The Truth about the Drug Companies*: *How They Deceive US and What to Do about It*, Random House, 2005, p. 177.

〔2〕 参见《专利质量提升工程实施方案》（2016 年）。

务治理形成的规范之一，根据这些规范，社会的知识创新、知识学习、知识传播、知识再创等秩序得以被维护。知识产权制度在局部是否能够有量和质上的提升虽然无从得知，但是从人类整体进步的历程来看，知识产权制度对社会知识的量、质的提升还是有贡献的。知识产权规则的国际范围内的相对统一，也直接扩大了国际范围内知识产品有序输送的范围，使得国际范围内的知识传播得以充分实现。尤其是借助于互联网的开放等，全球知识交流借助于国家之间在相关知识产权制度上的共识，能够实现人们跨地区的知识对话。知识产权制度对人们的文化科技知识的提升等具有极大的促进作用。

第三，知识产权制度及其改进有效弱化知识与知识贫瘠弱化中的人类发展不平衡现状。知识产权的保护是基于知识控制思想而产生的制度，是通过知识产权限制制度对知识产品的接近进行有效普及，从而解决一定范围内贫困人口对知识产品本无法接近的困境。通过专利权中的强制许可，可以直接授予国家在某些特定情形破除专利权私权的本性，从而实现授权的转移，解决国家及相关人口在知识产权权利保护范围内的知识产品接近能力问题。本着贫富差距拉大的经济发展现状，如何解决贫困问题及贫富分化问题是全球共同面对的难题。知识贫瘠化为这种经济差异化带来的社会发展不平衡雪上加霜，很容易带来贫困的代际传递，甚至造成久贫不脱贫的现象。知识产权的有效调整能够撇开经济现状来实现知识的有效扁平化分配，使得人们能够"平等"地接近一部分知识，有益于解决人类发展不平衡的问题。

第四，知识产权是一把双刃剑，其能否有效促进社会治理与社会发展，最重要的在于政治理性。政治理性的问题并不仅仅在于国家是否对知识产权进行保护，更在于国家对知识产权保护不一味地严肃化。近些年来，随着知识产权保护的声音越来越大，特别是发达国家逼近的知识产权强保护政策进入发展中国家，很多国家基于对知识产权保护的"强信赖"，开始大力提升知识产权的保护范围与水平，致使本身需要分享文化、增加人们接近知识产品的机会的政策戛然而止。上行政策及制度的落实也使得包括知识产品的知识接近越来越困难，政治理性的问题也随着知识产权带来的经济效应而丧失对知识接近需求的关怀。

知识产权制度国家治理是社会治理的一部分，任何国家不应当将之独立地看待，更不应当因其经济利益而忽略其他更重要的人之需求。知识产权保护能够给社会带来一定的正向效益，可以促进民主社会的构建与思想多元化，而政府对知识产权事务治理的参与应当有其合理的尺度。政治理性问题应当符合知识产权制度在社会中的双向功能，仅仅发挥其显性的经济价值不利于知识产权的长远发展及其对社会进步的促进作用。知识产权法的新型政治学功能优化值得被细化与关注。

第三节　知识产权法新型政治学功能优化

知识产权法的政治学功能优化需要通过知识产权制度本身的优化来实现。在一种民主制度下，如若信息生产者与信息消费者的利益都得到很好的代表且都具有大致相同的影响力，那么有效的知识产权制度就是可期待的。[1]分散的公共利益得不到代表也成为阻碍民主制定知识产权规则的重要因素，同样，弱势的发展中国家、最不发达国家在国际上得不到有效的代表，也是国际知识产权规则不能够民主制定的最重要因素。在权力分配上的失衡从根本上决定了民主制定知识产权规则的难度。

一、知识产权法之顶层设计中的政治理念

顶层设计指的是确定目的之后进行的自上而下的层层设计。[2]国家知识产权法顶层设计是国家对知识产权的态度与制度设计的依据。知识产权法律是统治阶级对知识控制权的意志体现。意志是支配人的思想和行为之精神力量，是人们为了达到某种目的而产生的自觉心理状态及过程。将意志融入国家机关的规范文件时，意志才成为法。[3]统治阶级指掌握国家政权的阶级，法律是统治阶级获得胜利的一种意志表现与载体。统治阶级意志形成受被统治阶级的制约，并最终由统治阶级的根本利益与整体利益决定。[4]知识产权本身是对知识创新、智慧劳动成果人为设定的分配规则，是国家统治者对一国知识分配规则的具体体现，而这些规则之上存在的顶层设计则直接影响该

---

〔1〕　［澳］彼得·达沃豪斯、约翰·布雷斯韦特：《信息封建主义》，刘雪涛译，知识产权出版社2005年版，第13页。

〔2〕　许耀桐："顶层设计内涵解读与首要任务分析"，载《人民论坛》2012年第17期。

〔3〕　张文显主编：《法理学》，高等教育出版社2007年版，第80页。

〔4〕　张文显主编：《法理学》，高等教育出版社2007年版，第80页。

国对知识产权的具体设计走向和民间对知识产权的认知与态度。

　　国家的知识产权保护强弱，与当前的政治理念、政治目标有极大的关系。[1]因此，要想确定某一国家当前知识产权法的发展方向及知识产权保护水平，必须理清该国家当前的政治责任与政治统治者的情况。如果政治体系体现出明显的民主特色，则意味着国家在知识产权治理水平上没必要尽太多的努力，甚至只需要根据民主制度对相关的提案进行审议，即可得出明确的社会力量对知识产权制度的需求，政府需要做的更多的是确保社会公众利益得到实现。而对于集权较重、言论自由不充分、民主制度有限的国家，政府则需要在知识产权制度的确立和执行上尽百分之百的努力。这样的政治环境下，政府应当对国家目前在国际上的知识产权保护义务与国内的知识产权能力匹配度和差距进行调研，并有前瞻性地预测国家知识产权制度需要程度和实现路径。尤其是对于最不发达国家与地区，其贫困人口相对较多，要尽量先解决其政治上的消除贫困难题，向国际社会寻求知识产权义务豁免或部分豁免，并尽量增加知识产品的接近机会，通过寻求知识产权"慈善"机会疏通国民接近知识产品的渠道。对这样的政治环境来讲，政治统治者具有更高的知识产权制度制定义务，而其国民的知识接近能力及接触实现也更多地仰仗于政治统治者的能力。

　　知识产权规则作为对人类共有资源——知识——的私权化规则，为了达到其所宣扬的目的，必须从根本上与其他基本人类需求相融合及协调，如食品安全、教育、健康等。[2]知识产权法被认为是为了激励创新创作、促进知识学习等目标实现而必须保护知识产权甚至扩张知识产权保护范围的正当性途径，其本身是一个开放性命题，但是被发达国家用作实现国际政治影响力及经济利益进而实现知识殖民等目的的重要工具，俨然已经成为当今社会对话中最重要的部分之一。相关对话之所以引起的争议较大、问题难以解决，就是因为知识产权法宣称的这些目的只有在一定的条件下才能实现，而非一个没有前提条件的放之四海而皆准的规律。要实现知识产权法的正向政治目标、建立政治对话及国内知识统治秩序，必须赋予科学的顶层设计。从政治

---

　　[1]　参见黄海峰：《知识产权的话语与现实——版权、专利与商标史论》，华中科技大学出版社2011年版，第2页。

　　[2]　See Margaret Chon, "Intellectual Property and the Development Divide", 27 *Cardozo L. Rev.* 2821, 2912 (2006).

角度来看，产权被授予一组选民之后就很难再拿走，也即在强知识产权保护国家削弱知识产权保护比起在弱知识产权保护国家加强知识产权保护更困难。[1] 因此，针对知识产权保护，首先要根据国际和国家实情，进行符合国家利益、国家政治发展目标、国民利益的知识产权法顶层设计，而非一味地去迎合西方国家的知识产权策略。

（一）知识产权法顶层设计的原则与方向

首先，知识产权法顶层设计必须保证国家在知识层面的明确政治倾向，这是知识产权法顶层设计的首要原则。要对国家的发展阶段应有清楚的定位，并对本国知识产权应有的水平与需求有清晰的认知。发展中国家对于发达国家来讲，是知识产权等制度的学习者，更是知识产权制度的追随者。所谓的学习者、追随者定位，意味着发展中国家在知识产权保护等制度上不必与发达国家保持同等水准，而应当根据自我发展地位和需求争取一定的利益。作为国际公约的执行者，其应当充分利用知识产权国际公约中的最低标准，作出适应自我发展能力与民主秩序的知识产权法顶层设计。

其次，知识产权法顶层设计应当在政治利益与国家知识产权发展之间寻求平衡。任何政治统治都不可避免地选择一种基本制度并依赖这种路径，但为了该政治统治的可持续性，则有必要在某些时候摆脱路径依赖，根据对社会未来变化的洞察作好"顶层设计"。[2] 知识产权法顶层设计权力者不可避免地在权力范围内受到相关利益方的游说等，这些利益方能够为国家带来税收等利益，促进国家的经济发展和国际交往等，因此，国家在顶层设计上必须对政治利益有所克制。在国家发展上应当平衡知识产权带来的困难与利益，而非仅仅以知识产权能够带来短期的经济利益等为目标而放弃其他价值，尤其应在消除贫富差距过程中确保人们对知识的接近。当然这不意味着对政治利益的全盘否定。政治利益的存在一定程度上反映了一部分人的意见，是民主意见表达的组成部分，但是政治理性要求知识产权法顶层设计考虑意见的全面性。

再次，随着跨国公司、全球公司在分布上的均匀化，跨国公司的知识产

---

〔1〕 See Bronwyn H. Hall, "The Global Nature of Intellectual Property: Discussion", Toronto IP Conference, May 2001, available at https://eml. berkeley. edu/~bhhall/papers/BHH01_ Toronto_ Maskusdiscussion. pdf (last visited on December 17, 2020).

〔2〕 参见汤安中：《权力的悖论——致决策者》，中国经济出版社 2016 年版，第 29~30 页。

权利益越来越分散化，利益集团的形成也更加去国别化，这也意味着更容易形成全球的知识产权联盟与共识，甚至脱离国家意志和国家统治者意愿的国际知识产权规则更加容易达成。跨国公司在一个国家游说不动政治统治者，可以到其他国家和地区去游说，知识产权规则的变化在未来一定时期可能不再以历史上影响重大的国家为主，而以跨国公司未来游说成功的国家群体为主。目前来看，这些游说成功的国家当然主要还是发达国家，因为它们在民主政治上具有优势地位，而发展中国家的民主实现困难及有些国家权力集中，则可能在游说效果上不如私密的贿赂和腐败更有影响力。私密的贿赂和腐败一般不予公开，这种形式的知识产权规则政治也将成为地区性的流行模式。因此，在有些国家避开政治游说的重大影响，也是国家知识产权顶层法设计的重要原则。这不仅关系到国内知识产权规则的正当效用，更关系到知识产权规则在国际游说中的独立性。[1]这更值得国家知识产权法顶层设计的重视。

最后，知识产权规则必须坚持以人为本、注重人的生存与发展，这是任何规则制定都必须坚守的底线。[2]国家知识产权法顶层设计应当以人为本，以国民的生存与发展为目标，而非追逐国际层面的知识产权规则或某种脱离民生环境、政治需求环境的知识产权制度。为了保障弱势群体对知识产品的接近权的实现、促进人类的共同进步，削弱知识产权甚至取消知识产权并不是必需手段，甚至是不必需的手段。知识产权能够为中产阶级保留利益，而公共支持项目或公共图书馆及对低收入购买者提供补贴则更适合用来满足贫困社会成员对知识接近的需求。[3]但是基于其他制度的非确定性，仍需要在知识产权法中预留一定的知识接近空间。在知识产权法顶层设计中有必要对这些精神予以明确，并将相关的精神在制度中予以明确规范。

法治中国政治目标的实现过程中，知识产权法将发挥重要的作用。在中国，知识产权制度具有中立性，因而很少产生政治影响，在中国整个司法体系中知识产权司法也处于领先地位。知识产权法的重要性可能对建立真正的

---

〔1〕 参见邓正红：《再造美国：美国核心利益产业的秘密重塑与软性扩张》，企业管理出版社2013年版，第179~180页。

〔2〕 参见袁泽清："知识产权法律制度的基本伦理原则"，载《贵州社会科学》2018年第8期。

〔3〕 See Justin Hughes & Robert P. Merges, "Copyright and Distributive Justice", 92 *Notre Dame L. Rev.* 513, 543~544 (2016).

法治中国产生更广泛的影响。[1]2018年，由中共中央办公厅、国务院办公厅印发的《关于加强知识产权审判领域改革创新若干问题的意见》提出，加强知识产权审判领域顶层设计，改革完善知识产权司法保护体制机制，充分发挥知识产权审判激励和保护创新、促进科技进步和社会发展的职能作用。这是我国明确提出知识产权法顶层设计的文件之一，也表明了顶层设计在我国的重要性。我国知识产权制度起步较晚，之所以能够利用高于别国的效率达到其他国家的水平，与我国知识产权法顶层设计的有效性有必然的联系。

（二）知识产权法顶层设计的执行：提升话语权体系构建与共识

知识产权法顶层设计的执行也即知识产权法顶层设计的实现，是国家知识产权立法、司法的高层思想指导。知识产权法顶层设计的执行应当主要关注以下内容：

首先，宪法层面的顶层设计是顶层设计的最基本依据。宪法是国家的根本大法，是知识产权法顶层设计相关思想的来源与基础。如宪法中规定的言论自由与言论自由的限制，为著作权法中的作品传播等提供了一定的依据。因此，在著作权法中不能突破宪法对言论自由的限制。而有的国家在宪法中规定了言论自由的权利，因此就在知识产权法具体知识产权客体认定中，被归为言论自由从而被认为是一种受到保护的内容，进而扩大知识产权的权利范围。

其次，共识形成是知识产权法顶层设计的关键。书面上的法律在执行阶段往往被不同的权力左右。[2]因此，在知识产权法顶层设计层面应当充分考虑民众的意见和建议，在顶层设计之初就取得大多数人的认可，也即取得共识。共识是关于根本性或基础性原则的协定，也即允许在侧重点和细节上存在不同的意见。[3]个人与利益集团利益不同是人类生活的永久性特征，和平共处只有通过协商、调解与妥协的过程建构"共识"才能实现。[4]知识产权

---

〔1〕 William O. Hennessey, "Protection of Intellectual Property in China (30 Years and More): A Personal Reflection", 46 *Hous. L. Rev.* 1257 (2009).

〔2〕 F. L. Morton ed., *Law, Politics and the Judicial Process in Canada*, The University of Calgary Press, 1984, p. 323.

〔3〕 参见［英］安德鲁·海伍德：《政治学核心概念》，吴勇译，天津人民出版社2008年版，第21页。

〔4〕 参见［英］安德鲁·海伍德：《政治学核心概念》，吴勇译，天津人民出版社2008年版，第21页。

是一种利益关涉广泛的法定权利，其关涉到国计民生，大到国家核心武器的专利，小到人们常服用的药丸等，均与知识产权制度有直接的关联。顶层设计过程中，政治统治者有必要去倾听社会不同的声音，主动去寻找被边缘化的群体及其声音，为建立公平的知识资源分配规则提供基础。[1]知识产权共识的达成更涉及多层、多方的主体共识的形成，可以说，无论是从国内范围还是从国际范围来看，我国在知识分配方面的话语权依然是顶层设计执行的重要路径之一。国内缺乏凝练话语的公共平台[2]，这不仅会导致话语异化而不利于在国内凝聚共识，更会导致难以在国际社会形成强有力的话语权。国际层面知识产权政策的形成更要防止"政策洗白"，以防为了某种利益而形成对国家发展不利的知识产权法顶层设计。

最后，政策上的顶层设计是知识产权法顶层设计的常见形式。国家政策是除了知识产权法之外的有效的知识产权规范，这种思想层面的传达有利于知识产权法的制定、执行与司法。我国知识产权政策是比知识产权法更有效的规范，知识产权政策与政府及知识产权相关的部门有关联，是一种软约束力更强的工具。

知识产权法顶层设计直接关系到国内知识产权利益，国际上知识产权的话语权直接影响到知识产权法顶层设计的内容。知识产权制度关系到国家信息安全、国家政治稳定。我国知识产权容量的提高稀释了跨国公司及外国公司在我国对相关技术的掌控集中度，并在一定程度上支持了国内企业对相关产业的投入和参与。但是中国本土企业的知识产品掌握能力仍然不够，因为外国企业在中国掌握了大量核心知识产权，很多大公司不仅利用我国逐步增强的知识产权制度申请了大量的专利、商标与著作权，还在关系国家粮食安全的农业方面申请了大量的植物新品种，严重挤压了民族农业的发展空间[3]。《"十三五"国家知识产权保护和运用规划》中规定，要坚持开放共享，通过统筹国内国际大局来参与知识产权全球治理。[4]这充分展现出我国对知识产

---

〔1〕　See Anjali Vats & Deidre A. Keller, "Critical Race IP", 36 *Cardozo Arts & Ent. L. J.* 735, 782 (2018).

〔2〕　参见李德顺："重视构建话语体系的路径思考"，载《中共中央党校学报》2018年第3期。

〔3〕　参见陈燕娟：《种子企业知识产权战略：理论、实证与协同发展》，武汉大学出版社2013年版，第2页。

〔4〕　参见《"十三五"国家知识产权保护和运用规划》第2条第2款第4项。

权全球治理的高度重视及美好愿景。

中国在国家战略上选择打造全球伙伴关系、打造人类命运共同体等，与西方国家的霸权主义有着极大的差异。[1]稳定的知识产权国际制度仍然需要践行国家战略思想，并将中国知识控制权及模式传达出去，为国际知识产权事业、发展中国家知识产权事业发表自己的观点。发展中国家对自己的世界角色定位也与其如何对待知识产权制度有紧密联系。例如，如果越南将自己定义为创新型发展战略国家，而非廉价劳动输出国，它就会在知识产权制度上有所变化。[2]知识产权法顶层设计的基础在于国家对知识控制权的信心与相关利益的坚定。为了优化我国在全球范围内的知识产权法顶层设计，有必要提升我国作为发展中国家在国际相关方面的话语权。

二、知识产权法之政策的执行

知识产权法有关政策的执行，是一种政治行为，更是一种明显的官方意思表示。我国并没有成熟的知识产权利益集团的游说机制，我国社会对之也呈现出负面的先入为主的印象，[3]加上我国国家政治体制及国家治理模式不同于西方资本主义国家，知识产权利益群体在我国历史上的知识产权制度构建中起到的作用并不明显。所以，在知识产权政策的制定上，政府具有主动决定优势和决定性作用。从政策的执行效率上来讲，我国行政机关目前的行政作用色彩明显。基于政府行政威力，将政策执行与地方官员的政绩挂钩，也使得政策在执行层面更容易落实到位。因此，我国可充分利用知识产权法的政府政策职能来实现知识产权利益的实践与转变。但是必须指出的是，在目前国家稳定发展过程中，应当更加鼓励社会群体符合自我利益的话语表达，鼓励人们参与到政策的制定中去。只有如此，才能实现知识产权政策民主之下的国家秩序稳定和知识利益分配公平。知识产权法政策的执行需要明确政策与法律之间的关系，更要在政策与法律之间达到一定的和谐与精神兼容，避免政策代替法律、政策超越法律、政策冲突法律的情形。

---

〔1〕 参见肖枫：“世界多极会走向'中美两极'吗?”，载《当代世界》2016 年第 10 期。

〔2〕 See Xuan-Thao Nguyen, "Beyond TPP: Legal Reform for Financing Intellectual Property and Innovation in Vietnam", 20 *SMU Sci. & Tech. L. Rev.* 241, 247 (2017).

〔3〕 参见刘华、孟奇勋：“公共政策视阈下的知识产权利益集团运作机制研究”，载《法商研究》2009 年第 4 期。

市场、公众、政府全面参与政策执行时的角色分配应当明确。政策的执行需要市场充分的参与，社会公众对知识产权的供需应当依赖透明的市场规则和公平的市场竞争环境。政府需要提供公平的政策对策，为市场、公众提供同等的知识产权创新、许可、交易等与知识接近有关的政策支持。在有些场合，解决政治性秩序问题，并不能完全依赖知识产权法的激励作用。如在有些疾病的情形下，专利保护可能并不能给药物的研发带来足够的激励促因，而患病者因为本身的贫穷和社会话语权之弱，无法为专利药品的产生等带来根本性的改变。[1]因此，政府的渗入作用是不可缺位的。这种政府的渗入作用不仅在于非知识产权方面的渗入，知识产权方面的渗入和调整同样具有不可或缺的作用。

知识产权中央政策与地方政策的冲突与融合需要重点考虑。中央政策与地方政策的分别颁布，地方政策应以中央政策为制定基础，但不排除现实中地方政策与中央政策冲突及抵触的情形发生。此外，还有知识产权政策与产业政策的冲突，这主要体现为知识产权保护与产业激励的冲突。产业政策机遇对相关产业经济的激励与刺激，是基于经济利益的发展追求。知识产权制度对产业发展总体上能起到重要的促进作用，但不完全排除有时起到的阻碍作用，如基于知识产权许可授权的前提要件等。在政策冲突的场合，应当由相关机关共同解决，而在制度落实方面更应当综合相关政策作用及其需要达到的目标。

知识产权政策的执行应当注重落实到规范层面。知识产权政策是相关方面对某些知识产权相关问题或某个知识产权相关问题做出的指引，其或以一定的官方讲话呈现，或以一定的报告等官方文件呈现，但仅以这些形式很难在具体的知识产权行为中为民众提供知识产权操作依据。

作为我国知识产权政策之一的《国家知识产权战略纲要》，自 2008 年颁布至今，促使我国知识产权事业取得了较为突出的成绩，但我国知识产权的发展仍然存在一定的问题，如有限的知识资源利用不足，政策以考核、补贴和税收优惠为主，知识产权体制和机制建设仍然十分缓慢。[2]知识产权保护

---

〔1〕 参见景明浩：“药品获取与公共健康全球保护的多维进路”，吉林大学 2016 年博士学位论文。

〔2〕 参见吕薇主编：《创新驱动发展与知识产权制度》，中国发展出版社 2014 年版，“前言”第1 页。

及其在政治语境中的角色也决定了，需要政府对知识产权征税给出明确的态度。[1]而值得瞩目的是，在我国《民法典》中，并没有将知识产权独立成编，其理由是知识产权的保护具有较大的行政成分，因此独立成编的时机尚不成熟。[2]这也正从侧面反映了我国知识产权法顶层设计在执行过程中仍然存在困境。

此外，为了削减和控制知识贫富差距带来的政治不稳定，强大的政治制度往往是必需的。要么有充分的民主制度支撑，从而削减利益集团为中心的依附主义带来的实质参与障碍；要么建立强大的政府，有效决定知识的分配，并通过提高国家在世界范围内的地位而充分实现符合自我利益的知识分配规则——符合本国发展利益的主权独立下的知识产权法律制度。因此，在知识产权法有关政策的执行中，政府的强大与强硬仍然具有一定的用武之地。

三、知识产权法之政府监管中的自治秩序

知识产权法中的政府监管在于知识产权秩序的政府监管，而知识产权秩序却是由民众作为主要主体来构建的。民众参与知识产权活动并产生和塑造的知识产权秩序同时也是一种自治秩序，这种自治秩序是民主秩序的表现。在知识产权政治学功能体现方面，自治秩序是非常重要的一个组成内容。

我国下级政府是上级政府的执行者，政府考核指标直接决定基层政府在知识产权相关行政事务上的动力，因此，政策可能比法律更加有效地被执行。[3]政府对于相关自治秩序的干涉和监管也因相关的政府考核指标而有所侧重，如地方政府为了完成相关政治性考察内容，建立相关的知识创新等内容，对知识产权激励、知识产权量上的追求动力较大，而在知识产权保护等方面却显得动力不足。同样，地方知识产权保护需要地方政府等投入较大的

---

〔1〕 See Xuan-Thao Nguyen & Jeffrey A. Maine, "Equity and Efficiency in Intellectual Property Taxation", 76 *Brook. L. Rev.* 1, 2 (2010).

〔2〕 参见徐隽："民法典分编草案首次提请审议：分编草案共六编总计千余条"，载《人民日报》2018年8月28日第6版。

〔3〕 参见辛方坤："邻避风险社会放大过程中的政府信任：从流失到重构"，载《中国行政管理》2018年第8期。

人力、物力、财力，在没有更大的利益驱动或政策激励的情况下，地方政府对知识产权保护的动力仍显不足。比较特殊的是经济发展比较成熟的地区，这些地区的政府往往希望能够获得更多的投资，从而树立该地区对知识产权保护较为重视的形象，吸引其他投资者在该地区进行投资。地方政府甚至会向特殊的投资者保证对其知识产权保护等方面给予优待。为了达到一定的知识产权政绩，地方政府也非常欢迎知识产权实力雄厚、创新能力较强的企业来本地进行投资，并给予优厚的投资待遇等。这些看起来对知识产权自治秩序并没有明显的影响，但是会从平等的知识创新机会和平等的市场竞争优势上更有利于知识控制权强者，对于相对劣势的知识产权不足者的创新能力提升作用有限。这就会造成知识控制权贫富分化与经济相挂钩的现象。将知识产权的行政保护纳入政绩，的确能够提升我国知识产权保护形象，[1]但是在实际操作中不仅产生了行政执法与知识产权司法保护之间的复杂关系，还产生了大量的差别化对待的现象。

网络时代是用户参与创作时代，相关社区自然形成的有关作品使用共识表明了除了政府方面强制性的知识产权分配规则外，个人及组织对知识分配也具有自治的意愿与能力。在此时，可以充分发挥政府尊重知识资源分配规则自治和为之提供政策可能的功能。[2]政府的监管不应当跨越法律及政策而成为某些企业或某类产业的"私家护卫"，为了它们的需求而牺牲市场许可等方面的知识产权规则需求。在此最需要提及的是对默示许可制度的构建问题。默示许可指的是在某些情形下对知识产权的授权虽然没有以口头或书面方式做出明示的许可意思表示，但足以让人认为其进行了许可的知识产权许可模式。[3]默示许可制度的排除由明确标明"不授权"的"选择–退出"（opt-out）的模式构成。当前很多场合呼吁的默示许可制度并没有得到法律规定的支持，而传统的"选择–加入"（opt-in）模式作为主流思想的监管模式却远不能满足用户参与创作时代对大量默示许可的需求。此外，还有文化共享模式被严格的知识产权保护监管掩盖，这促成了大量原本处于共享空间的知识产品被大

---

〔1〕　参见潘洪其："政绩考核到底该'考'什么"，载《新华每日电讯》2011 年 12 月 16 日第 3 版。

〔2〕　参见尤杰："'版权作品使用共识'与参与式文化的版权政策环境"，载《上海大学学报（社会科学版）》2016 年第 1 期。

〔3〕　参见王国柱："知识产权默示许可制度研究"，吉林大学 2013 年博士学位论文。

的企业收拢从而汇聚其知识产品的商业模式。这虽然是一种规范的传统授权模式下的政府知识产权监管模式，可以震慑盗版、假冒等不利于知识产权保护的行为，但是同样也剥夺了共享精神下人们对知识的自治秩序与知识接近泛化的首选文化。这种政府监管模式的非跟进性对分享文化自治的过度涉入，直接导致人群流向"次质量"的甚至低俗的不利于文化进步的更容易接近的知识内容。

需要注意的是，政府在知识资源的分配上应当居中，在自我职能和功能上应当赋予自己更多的高阶层职能，而非采用知识掌控能力超强的大政府、小公众的偏执型知识资源分配体系。知识过多掌握在政府手中或者易于为其控制，固然能够为政治统治稳定提供有效的路径，但是牺牲的将是人们参与创作的机会，进而带来知识贫富差距严重的后果，这比起国家消除经济贫困的负担将更沉重。因此，综合考虑外部环境和内部环境，政府作为一个知识分配权力机构，在知识规则之下应当尽量避免过度渗入知识产权市场活动中，在知识产权行政管理中，也不应当过多限制或超越法律规定来对待社会上的知识产权利用行为。从更高层次上来说，应当对市场形成的、民众自治形成的自治分享文化精神等予以尊重。知识产权保护并不是强制将人们纳入知识产权保护范围内，而是给市场和人们选择知识产权保护模式的机会。对于自愿形成的知识分享文化而致的免费知识产品的开放，应当予以更多的尊重甚至鼓励。尤其是在未来非人类创作模式可能流行的情况下，知识开放文化更应当得到鼓励，对知识的封闭化、垄断化或许并不是所有人的本愿。知识创新的形成并不一定以知识产权强制保护为唯一渠道，市场、民众自愿形成的开放知识创新成果的模式更应当得到尊重，因为他们或许能够为人类的进步提供更加富足的机会。政府有所为，有所不为，其应该在授予知识产权权利之后进行最少的监管，以支持知识产权的民众自治。

四、知识产权法之最终归宿中的民主定位

知识产权法政治学功能优化最终要落到其促进知识民主化的角色上去，这意味着法律制度不仅需要具有民主基因，还需要具有民主实践，这种民主应当包括对知识资源分配制度的民主决策、民主管理、民主监督，扩大公民对知识资源的参与程度，维护知识民主化的实现路径，凝聚知识资源分配与促

进知识进步的共识。[1]知识产权法的最终归宿就是知识民主，民主在知识产权法中占据首要地位。

政治家必须对知识产权感兴趣，因为他们可能因为反对知识产权而丢掉选票，至少在发达国家如此。一些对签署《反假冒贸易协定》持拒绝或沉默态度的欧洲国家秘密参与其发展，这个条约在 2012 年 9 月遭到欧洲议会的拒绝就证明了这一点。[2]中国在以美国为首的西方国家主导制定的双边或多边条约要求下被迫建立的知识产权制度实际上将中国的以公众本位（public-orientated）为中心的传统转向了西方国家所倡导的以个人为中心（private-orientated），双方都需要艰难前进，但是却朝着非常不恰当的方向。[3]

虽然说在我国知识产权领域探讨民主并不多见，但是需要明确的是，民主在我国从来不是敏感词。[4]"人民民主是社会主义的生命"，[5]更是社会主义知识产权法的核心。知识产权法的民主宿命要以我国的基本国情为基础进行考虑。我国建立的政治协商民主制度，理论上讲可以在知识产权资源分配活动中发挥重要的作用，但是基于我国民主党派与执政党的稳定作用机制，我国相关党派并没有特定的利益代表色彩，相互之间"派别"的特性差异也并不明显，因此在知识阶层代表上不具有有效的区别机制。[6]同时，我国还存在民主的另外一个特点，也即我国民众对政府的信任呈现出差序格局，政府等级越低，获得民众信任的程度就越低。[7]民众原子化聚合缺乏持久结构及可预期性导致在低层级政府与民众进行的知识产权相关问题的谈判及协商中，

---

〔1〕　参见苗连营、郑磊、程雪阳：《宪法实施问题研究》，郑州大学出版社 2016 年版，第 65 页。

〔2〕　See L. T. C. Harms, "The Politics of Intellectual Property Laws", 2012 *J. S. Afr. L.* 461, 465 (2012).

〔3〕　See Wenwei Guan, *Intellectual Property Theory and Practice*：*A Critical Examination of China's TRIPS Compliance and Beyond*, Springer, 2014, p. 159.

〔4〕　参见王志龙："民主是不是'敏感'的东西"，载《同舟共进》2008 年第 3 期。

〔5〕　胡锦涛："高举中国特色社会主义伟大旗帜 为夺取全面建设小康社会新胜利而奋斗——在中国共产党第十七次全国代表大会上的报告"，2007 年 10 月 15 日。

〔6〕　参见张静、董彦峰："组织分化、政治整合与新时代的社会治理"，载《文化纵横》2018 年第 4 期。

〔7〕　参见辛方坤："邻避风险社会放大过程中的政府信任：从流失到重构"，载《中国行政管理》2018 年第 8 期。

呈现出谈判者民众缺席的现象。[1]如此，知识民主化进程中协商谈判成为关键。

我国知识产权法中的民主优势还在于几千年来形成的卓越的行政体制。总结来讲，我国知识产权法中的民主优势在于稳定及协商，而不在于代表，民主实践优势在于相互制约的机制。同时，知识产权法中民主地位的维护更要尽力避免民粹主义政治。当大多数平民提出某种不合理的需求时，政治统治者为了当选，会选择支持这种不合理的主张。这种把多数意见当作绝对多数主义的民主不是真正的有限多数的民主。[2]知识产权法涉及范围非常广泛，网络时代民众的意见表达渠道也很丰富，尤其是由于我国人口众多，对于知识产权法相关内容的需求和科学性表达更要注重其意见形成的过程和结果的双向评估，要将知识产权法中的民主置于协商民主意义之上。

第四节　绿色政治生态中知识产权制度与知识民主化路径构建

所谓的绿色政治生态指的是以公民自由、社会正义和非暴力为中心的价值观念的政治环境。用发展的眼光来看未来知识产权法的发展及知识产权秩序的走向，要依赖于未来的绿色政治生态环境。未来绿色政治生态的核心在于人类命运共同体的构建、对信息封建主义的部分摒弃、构建分享主义的非霸权主义多极世界。而且，未来或许存在人与机器共存秩序下的分享信息的必要性，人与机器的和平政治必须以有利于人类发展的绿色政治的构建为前提。若非如此，知识产权法或许短期对人类有用，但是长远来看可能为人类的发展带来威胁。基于前机器时代知识产权理念的存在和相关制度政治模式的形成及延续，可能需要对知识产权的政治学功能及知识民主化重新予以审视。

一、知识产权法最惠益方扑朔迷离下的政治学反思

传统知识产权制度的形成及发展表明了知识产权法对知识创新有益、对

---

〔1〕　参见辛方坤："邻避风险社会放大过程中的政府信任：从流失到重构"，载《中国行政管理》2018 年第 8 期。

〔2〕　参见蒋德海："莫把民粹当民主"，载《人民日报》2016 年 10 月 17 日第 16 版。

人类的发展有益。知识产权及知识产权法对经济的促进作用从一定程度上可以显现出来，但是缺乏知识产权制度或者缺乏知识产权的强保护会对经济增长产生副作用并不能确定。知识产权制度从古至今最惠益方究竟为谁，是一个重要的且需要重点审视的问题。知识产权法从古至今被视为政治工具的一种，对知识控制权的扩大起着至关重要的作用，因此，我们需要重新分析与审视知识产权法的最惠益方。

第一层面，知识产权法最惠益的并不是知识创新，而是知识控制权的相对集中。知识产权及知识产权法的激励作用被强调之际，国际知识产权日益扩张。知识产权的创新促进作用也被认为是其存在的正当理由之一，也因此被一些发展中国家用于国家发展的重要制度安排。但是研究表明，知识产权虽然对创新者有积极的促进作用，但需要满足一定的条件。一方面来讲，现代化工业模式催生雇主知识产权制度立法，使得知识产权的权利人以大公司为主，而非个人。以公司为中心的科技文化及商业开发市场秩序使得大部分知识产权逐渐转移到公司名下，个人拥有的知识控制权越来越被弱化，即便是公司为主要知识产权主体，大量知识产权也逐渐被小部分公司拥有。如有研究表明，大部分的专利被一小部分公司拥有。[1]况且，有明确且令人信服的证据表明知识产权就是促进人们发展的[2]。

知识产品"昂贵"，但在有些行业及领域最终获利的并不是创造知识产品的自然人，获益更多的是一些大公司——所谓的投资人。激励创造人的知识产权的初衷已经被投资人当作获取知识控制权的渠道，如制药公司最大的利润来源于对新药的垄断权，即专利管理部门授予的专利权与食品药品监督管理部门授予的专有市场权（exclusive marketing rights）。[3]制药公司声称其通过专利获得收益才能支持其 R&D（Research and Development），进而产生新药。有人对制药公司究竟在 R&D 上花费了多少钱进行研究后认为，制药公司

〔1〕　See Hazel V. J. Moir, "Who Benefits? An Empirical Analysis of Australian and US Patent Owner-ship", in Sebastian Haunss & Kenneth C. Shadlen eds. , *Politics of Intellectual Property*: *Contestation over the Ownership*, *Use*, *and Control of Knowledge and Information*, Edward Elgar, 2009, p. 200.

〔2〕　参见［美］罗杰·谢科特、约翰·托马斯：《专利法原理》，余仲儒组织翻译，知识产权出版社 2016 年版，第 11 页。

〔3〕　See Marcia Angell, *The Truth about the Drug Companies*: *How They Deceive US and What to Do a-bout It*, Random House, 2005, p. 173.

声称的药品的平均 R&D 费用远高于实际平均值，投资药品研发的决定因素是药品的类别及数目。[1]对知识产权的掌控是它们对抗竞争对手的有力手段，是它们在相关制度上能够有话语权的基础，它们能够以其对国民的重要作用来获取与政府等方面的对话优势。此外，因为知识产权给企业带来了利润，所以它们能够在税收上为国家做出更多的贡献，也能够使它们在与政府的对话上更有力量。

所谓的知识创新及科技进步等大多数为利用知识产权制度来集中知识控制权的手段，无论是在市场竞争力上还是在国家竞争力上，均以知识集中化为目的和结果。以软件为例，在软件被授予专利前，软件行业的发展也没有因为专利的缺失而出现问题，且也没有在创新和投资上有短缺。[2]免费和开源软件已经为社会提供了一个促进软件繁荣的路径，而且这种方式还可以使无法负担软件许可的人获得软件产品。[3]因此，有些行业及领域并不以知识创新为主要目的，且即便以知识创新为目的，也并不表明知识创新一定能够以人类的综合发展为最终呈现。

第二层面，知识产权及知识产权制度的发展并不主要惠益穷人，[4]而是主要惠益富人，这使得知识产权法及其发展会逐渐导致知识控制权的贫富分化。从历史上看，知识产权法对部分生活在贫穷地区的人口的确是有益的，他们通过努力获得了国际社会对传统知识通过知识产权法或其他途径予以保护的基本共识。[5]这在没有知识产权法的时代，或知识产权没有被扩张以至于发达国家试图通过知识产权法攫取发展中国家的传统知识之前，是不可能

---

〔1〕 消费者维权团体"公共市民"（the consumer advocacy group Public Citizen）对 1994 年到 2000 年进入市场的药做了一个计算，结果显示制药公司花在每种药上的 R&D 费用税后大约 1 亿美元，与制药公司声称的 8.02 亿美元相差甚远。作者认为，8.02 亿美元与研发一种新药的平均成本是没有关系的。参见 Marcia Angell, *The Truth about the Drug Companies: How They Deceive US and What to Do about It*, Random House, 2005, pp. 42~42.

〔2〕 See The League for Programming Freedom, "Against Software Patents: The League for Programming Freedom", 14 *Hastings Comm. & Ent. L. J.* 297, 310 (1991).

〔3〕 See Douglas E. Phillips, *The Software License Unveiled: How Legislation by License Controls Software Access*, Oxford University Press, 2009, p. 188.

〔4〕 See Madhavi Sunder, *From Goods to a Good Life: Intellectual Property and Global Justice*, Yale University Press, 2012, p. 23.

〔5〕 See Madhavi Sunder, *From Goods to a Good Life: Intellectual Property and Global Justice*, Yale University Press, 2012, p. 136.

得到关注及保护的。然而，从实践上看，这种惠益并没有普及到大多数的穷人，甚至解决的仍然是极少数穷人的公平分配资源得益问题。如在育种方面，在不乐意接受 TRIPs 协议及西方国家贯彻的强知识产权保护的印度，虽然有极少部分的农民通过培育树种等获得专利，从而排除他人的使用，对知识具有一定的垄断权，[1]但是这并不是大多数农民的做法。从结果上看，全球大多数的育种技术都被专业的大型育种公司掌握，如美国孟山都公司控制了全球抗虫棉和抗虫玉米品种中90%的抗虫基因。[2]知识产权的束缚并不能为贫穷群体的农民带来主要利益，相反，大多数的农民为了购买带有知识产权的知识产品，必须为农业发展付出更高的代价，他们在育种等方面的表达能力也更加有限。

从实际来看，现行的"利益分享"做法，使得当地人可能从西方专利权人那里获得一些补偿，但是这形同将当地穷人作为一种"守门人"，而非将其平等地视作培育者。这种机制，如同西方专利权人偷了当地人一块面包，而只分享给当地人一点面包屑。[3]在西方专利权人没有得到当地人许可的情况下，当地人的经济损失也是非常显著的。[4]另外，地理标志对穷人的保护不力来自于另一个现实困境。如穷人离开其居住的地方，他们就不能够再享有这种地理标志的惠益。同样地，如果西方大公司在当地雇佣生产相应的传统知识产品，也能够得到实际的惠益。[5]因此，通过地理标志的保护并不是对穷人的保护，而是对当地资源的一种垄断。再者，如埃塞俄比亚咖啡产业保护案例中埃塞俄比亚一方所述，他们的咖啡种植在400万块非常小的土地上，地理标志保护对他们来讲是具有挑战性的事情，且他们很难做出产品对环境的

---

〔1〕 See Madhavi Sunder, *From Goods to a Good Life*: *Intellectual Property and Global Justice*, Yale University Press, 2012, p. 127.

〔2〕 参见陈燕娟：《种子企业知识产权战略：理论、实证与协同发展》，武汉大学出版社 2013 年版，第 1 页。

〔3〕 See Madhavi Sunder, *From Goods to a Good Life*: *Intellectual Property and Global Justice*, Yale University Press, 2012, p. 137.

〔4〕 See Madhavi Sunder, *From Goods to a Good Life*: *Intellectual Property and Global Justice*, Yale University Press, 2012, p. 140.

〔5〕 See Madhavi Sunder, *From Goods to a Good Life*: *Intellectual Property and Global Justice*, Yale University Press, 2012, p. 142.

依赖性举证。[1]在埃塞俄比亚咖啡商标保护案件中，最后埃塞俄比亚方虽然申请了商标，却采取了商标免费许可（royalty-free licensing）策略，说是为了扩大其知名度（也的确实现了），以增加当地农民的收入（也实现了），且没有与发达国家商标权人一样的利用知识产权谋取最大利益的私心。这从根本上说，还是因发达国家及其公司的谈判地位处于失衡状态所致。必须承认的是，知识产权在发展中国家对于促进人们健康的作用是非常有限的，甚至在发达国家的某些地方也是一样。[2]专利药品的确能够有效治疗人们的疾病，然而这些能够支付得起专利药的人[3]却是世界人口的少数部分、非穷人部分。现代知识产权制度的发展不仅对发展中国家不利，还对农民等贫困阶层的产品依赖和发展相对不利。相反，知识产权及知识产权制度却为大的开发公司提供了非常广阔的知识控制空间，基于贫困人口产品依赖性较强和产品需求量众多，这些公司的获利空间也因知识产权制度更加壮大。

第三层面，知识产权法对人类的发展是有促进作用的，但从国家之间的知识产权发展惠益来看，知识产权法具有更惠益一方。我国早在《专利法》立法之初就有关于制定知识产权法究竟有益于谁的争议。[4]发达国家一味以其国家利益实现为目标，拽着全球知识产权保护标准往上提，而发展中国家被迫按照较高的知识产权保护标准制定、修改其国内知识产权法。从根本上说，当今的世界仍然是强权国家主导话语权，知识利益的分配规则仍然为强权国家引领和控制。知识产权制度从国际范围内来看，并不完全惠益发展中国家，最大的受益方仍然是发达国家。

反观美国的知识产权法相关制度我们也可得知，其在不断地扩大知识产权保护范围、提升知识产权保护水准的同时也在知识的接近上提供了非常有力的保障，如其国内的相关公益组织、公共图书馆建设、强制许可的适用、合理使用制度的扩展带来的知识接近机会等，甚至医疗保险制度的健全和普

---

[1] See *The Coffee War: Ethiopia and the Starbucks Story*, September 3, 2010, http://www.wipo.int/ipadvantage/en/details.jsp? id=2621 (last visited on December 17, 2020).

[2] See Madhavi Sunder, *From Goods to a Good Life: Intellectual Property and Global Justice*, Yale University Press, 2012, p.174.

[3] See Madhavi Sunder, *From Goods to a Good Life: Intellectual Property and Global Justice*, Yale University Press, 2012, p.175.

[4] 参见赵元果编著：《中国专利法的孕育与诞生》，知识产权出版社 2003 年版，第 71 页。

及等非知识产权制度因素等，这些都在知识产权法或者知识产权制度之外增强了公众的知识接近能力。这也就意味着，在美国等发达国家，其知识产权保护的持续提升和加强，是因为其国家为公民接近受保护的知识产品提供了良好的保障机制，而不是一味地加强知识产权保护而不注重人权保护。因此，在知识产权保护同时为公司和国民带来好处的基础上，增强知识产权保护能够被支持。

另外，美国等知识产权保护强国基本上处于知识产权出口国的位置，中国等发展中国家则属于知识产品的进口国。出口国与进口国之间的角色可能经过一定的轮回或转换而有所转变，但是知识产权制度全球相对统一化一般是对知识产权出口国更加有利且是知识产权出口国主导的。因此，传统的以知识产权保护扩张论为中心的知识产权制度的发展惠益方是政治文化话语权强的发达国家，而发展中国家从知识产权制度中获得的利益是相对有限的，它们通过知识产权法获得的发展也是有限的。与发达国家在知识产权制度全球化、统一化进程中获得的利益及在全球知识控制权集中过程获得的利益相比，发展中国家因该种进程获得的知识控制权及机会均不足。

第四层面，知识产权扩张化进程的最惠益方也不是现代政府的民主化进程，这甚至可能带来知识控制权集中化下的政治发展限制。现代政府的民主化进程需要以自由的社会秩序和有序的社会秩序为前提要件，以稳定的外部环境为发展基础，以和谐的国际秩序及有序的利益表达渠道为基础。但是当前知识产权扩张化背景下的知识产权秩序是以非暴力的政治手段达到的，以发达国家利益为中心的非共识的"共识"公约。这种公约借助于发展中国家在发展上的落后与对知识产权的"无知"构建起来，借助于相关方面的政治话语权严重失衡，形成稳定的、统一化的知识产权国际公约与国际知识控制权集中化渠道。随着全球利益集团形式及作用力的扩张，大公司与公众的利益越来越分化，它们不去说服民众，而是直接对政府进行游说，达到掌控更多知识控制权的目的。[1] 从知识传播效率上来看，并非以自由、民主著称的发展中国家，其实它们的知识利用效率更高。一些对知识产权保护弱的国家，它们在信息传播上做出了更大的贡献，因为对知识产权保护较弱，在一定程度上会使得信息利用更高效。在这些国家相对宽松的知识产权保护环境下，

---

〔1〕　参见唐昊："利益集团政治变迁与美国霸权的转型"，暨南大学 2007 年博士学位论文。

传播的惠益方也更广泛，这不仅有益于它们国民多元化思维的形成与观点表达，更有利于它们逐步建立民主社会秩序。

知识开放能够促进多方面自由的实现，如思想和信息的自由交换、物品和技术的自由交换，这些都对研究社群具有非常重要的意义。[1]知识的开放更有利于知识的传播和再利用，但这也威胁了知识信息的管控职能，减少了发达国家对发展中国家的干涉和以信息为优势的筹码。这才是发达国家提倡加强知识产权保护、扩张知识产权范围的真正原因。脱离了知识产权的语境，它们对发展中国家进行利益交换和控制的资格将变得非常脆弱，或者将受到非常多的道德谴责，而在其发展优势上加强"权力"则会使得这种干涉和要挟变得轻松得多。

参与式创作环境下，人们对知识的贡献度将呈现出更大的平等接近知识需求，知识民主化成为必要。[2]但是当前环境下，全球知识产权扩张及双边和多边自由贸易协定中镶嵌知识产权条款的流行，使得扩张化的知识产权制度并不一定符合人们民主参与创作的实际需求与民主表达需求。社会民主化秩序的构建，或因知识产权制度的发展而受到限制。

二、绿色政治生态下的知识产权核心思想：知识民主化

绿色政治生态是未来知识产权秩序所存在的母体环境，知识产权秩序的构建有必要朝着绿色政治生态迈进。知识产权制度与未来绿色政治生态环境相悖必将导致知识产权制度的功能弱化，最终被抛弃或被扭曲。若要实现知识产权制度朝向绿色政治生态的方向发展，就必须理解所谓的绿色政治生态的核心思想。绿色政治生态首先要克服暴力，要维护世界的和平秩序，调整霸权主义为特征的知识控制权集权化走向。其次，绿色政治生态关注人们对知识的公平接近，这与人类的共同发展极其相关，是构建人类命运共同体的知识秩序基础。

---

[1] See Vandana Shiva, *Biopiracy: The Plunder of Nature and Knowledge*, South End Press, 1997, p. 15.

[2] 参见吴伟光：《数字技术环境下的版权法：危机与对策》，知识产权出版社 2008 年版，第 33～34 页。

很多人对知识产权法对创新的作用效力表示质疑，[1]这或许是因为其将知识产权法视为创新、知识经济利益的增进的基础。发展中国家对创新型国家建设的期待、对民主国家的建设，在一定程度上可能影响其对知识控制权及知识资源分配的判断力。从根本上讲，国家的发展实际上更是特定国家国民的事情，而现实中政治统治者在一些目标的设置上并没有足够结合实际国情。当然这与全球化也有很大的关系，因为全球化使得国际社会的发展趋于联系紧密，而政治主体在相关内容上呈现出非理性状态。

解决国内的知识资源分配不平等的问题，实际上仍然有赖于从国际层面着手，因为大多数国家，尤其是发展中国家的知识产权规则一定程度上来源于国际规则及发达国家的政治压力。通过民主途径，使知识资源分配去殖民化（decolonization），[2]是最终知识分配的目标。有些国家的统治者倾向于借助政策洗白将某种制度从国际层面引入国内层面，这实际上也可能造成国内知识产权制度的不平等。所谓的政策洗白（policy laundering），也即"一项国内法律或政策未必合宪、合法或合理，很可能难以通过立法或合宪审查，但是当它形成国际公约，以国际公约形式再回到国内或域内时，就可能以国际法责任的形式被赋予合法性，从而达到该项法律或政策合法化的效果"。[3]不平等的知识接近地位和不公平的知识利益分享，将带来非常严重的发展不平衡。这不仅会引起人们的不满和抱怨，更可能由于发达国家对发展中国家的知识攫取和生物剽窃而给文化和生物带来同质化和单一化等有关的政治暴力，如使用控制、强制、集权等方式的政治暴力。[4]国内层面的知识产权制度带来的不平等长期存在且更加隐蔽，它们所存在的知识资源和知识创新机会的集中化，将扩大国内知识接近机会的限制，导致知识控制权分配的两极化。绿色政治生态环境下对人类平等发展的关注与对公平的重视，决定了知识产权制度应当发挥公平分配知识控制权的功能。

---

〔1〕　参见高彦彦、臧雷振、[瑞典]安托·罗斯、王浦劬："民主化水平与国家创新能力：对波普尔假说的实证审视"，傅琼编译，载《国外社会科学》2017年第6期。

〔2〕　See Anjali Vats & Deidre A. Keller, "Critical Race IP", 36 *Cardozo Arts & Ent. L. J.* 735, 777 (2018).

〔3〕　参见刘银良：《国际知识产权政治问题研究》，知识产权出版社2014年版，第85~86页。

〔4〕　See Vandana Shiva, *Biopiracy：The Plunder of Nature and Knowledge*, South End Press, 1997, p. 101.

　　制造社会混乱是对生存需要绝望的人最后的手段，这源于对生存的一种悲剧性的追求。[1]发达国家富者对政治统治者带来的规则上的宽容与两者共同获益给社会上"弱者"及发展中国家带来的知识接近挑战，让这些知识弱权者服从于强制制定的利强者的规则，最终因达到不能容忍的程度而产生不利于社会政治稳定的"混乱"制造行为。过往以游行等形式传递出的反对意愿是和平方式的反对，从根本上说尚未达到"悲剧"极点，而"悲剧"在发展中国家及低收入家庭实际上每天都在上演。政治统治者一方面因为自己的政治目标需求而给知识强者符合其意愿的规则待遇，另一方面却对知识弱者加强"剥削"和"不管不问"，这种政治上的故意或者伪装的非故意"偏颇"是知识规则政治的常态。知识产权引发的无形财产的贫富差距将为有形财产贫富差距雪上加霜。规范化的国际知识产权治理应当遵循一定的政治规则和规范，并不能以霸权主义主导知识产权规则从而破坏人类共同进步的远大目标。绿色政治生态决定了未来规范国际治理首先要依据民主原则，独立的民主主义精神应当独立于游说集团，改变当今游说集团与政治统治者勾结引发的仅制定利于游说集团者的国际知识产权秩序的局面。发达国家已经在科技和文化上处于非常领先的水平，其对知识产权保护的欲望将继续加强，[2]若没有规范对之予以限制，人类命运共同体建设将沦为强知识产权规则的奴隶。

　　产生于 18 世纪的现代民主，被认为是经过被统治者的同意来取代王室和贵族阶级的权力，从而作为国家社会的强制力量。理论上讲，现代民主能够通过被统治者的投票决定国家政策从而减少实际上的强制因素，也更有利于和平渐进缓和社会利益冲突，但是这并未脱离其商业阶级的特殊利益，且随着经济力量的集中化，摧毁政治限制与削弱国家权威的现象随之产生。[3]将权力赋予多数人，多数人就会压迫少数人；将权力赋予少数人，少数人就会压迫多数人。[4]"民主"最初仅在于"多数决定"，这不仅忽略了对少数人权

---

　　〔1〕　参见［美］科尼尔·韦斯特："法律在进步政治中的作用"，载［美］戴维·凯瑞斯编辑：《法律中的政治——一个进步性批评》，信春鹰译，中国政法大学出版社 2008 年版，第 499 页。

　　〔2〕　参见王宏军：《"向上看"抑或"向下看"：中美两国知识产权扩张的立法视角研究》，南开大学出版社 2014 年版，第 15 页。

　　〔3〕　［美］R. 尼布尔：《道德的人与不道德的社会》，蒋庆等译，贵州人民出版社 2009 年版，第 9 页。

　　〔4〕　汉密尔顿言，转引自［美］达尔：《民主理论的前言》，顾昕、朱丹译，生活·读书·新知三联书店 1999 年版，第 6 页。

利的保护，更可能被强有力的利益集团利用"多数"优势来剥削少数群体、弱势群体的利益，造成实际的不公平。多数民主以多数至上为原则，这种民主意在通过政治决策符合多数意见达到意见的多元性。多数民主也有不同的版本，如民粹主义就不太受欢迎。另一个复杂版本认为，除非公民有适当的机会了解实情并深入思考，否则多数人的意见也不能视为他们的意见。[1]另一种更为复杂和难以精确予以实践的民主观为合伙（partnership）制的民主观，其认为人们是充分平等的合伙人，在一项集体的自治事业中共同行动。[2]知识产权非殖民化是知识产权制度惠益于人类的先决条件。[3]为了避免无政府状态和暴政，知识控制权的实现必须以民主方式来分配。未来绿色政治生态环境下，为了避免暴力等形式的知识分配模式，必须对知识控制权分配、知识权利分配予以民主化构建。

三、绿色政治生态中知识产权制度民主化路径

"民主"一词，在19世纪初还带有贬义，但是后来民主的发展及实践显示民主具有一定的优势。[4]绿色政治生态环境下的知识产权制度民主化的提法建立在"民主"并非仅仅适用于政治语境，还适用于其他广泛领域的观点之上，[5]是知识控制权民主化的必经之路。国际层面的多极世界的构建是未来绿色政治生态形成的基础，霸权主义的削弱是构建绿色政治生态的核心。美国在世界单极时刻的衰落及欧洲国家认可的多极化世界的构建，为发展中国家带来了巨大的发展与联盟的机会，[6]对未来实现国际知识产权民主化将

〔1〕 参见［美］罗纳德·德沃金：《至上的美德：平等的理论与实践》，冯克利译，江苏人民出版社2012年版，第376页。

〔2〕 参见［美］罗纳德·德沃金：《至上的美德：平等的理论与实践》，冯克利译，江苏人民出版社2012年版，第376页。

〔3〕 See Anjali Vats & Deidre A. Keller, "Critical Race IP", 36 *Cardozo Arts & Ent. L. J.* 735, 770 (2018).

〔4〕 参见［英］安德鲁·海伍德：《政治学核心概念》，吴勇译，天津人民出版社2008年版，第156页。

〔5〕 参见［英］安德鲁·海伍德：《政治学核心概念》，吴勇译，天津人民出版社2008年版，第157页。正如作者所言，有人认为民主仅适用于政治场合，还有人认为民主应当广泛被适用于权力分配等其他场合。

〔6〕 参见［摩洛哥］法提姆·哈拉克："正在形成中的多极世界：非洲面临的机遇与挑战"，周瑾艳编译，载《西亚非洲》2017年第1期。

更为有利。与此同时，随着全球化的进一步深入及跨国公司和全球公司的普及，现实世界中的全球化的步伐对不同发展需求碾压，导致想要阻止全球化、想要阻止产权规则的趋同化为时已晚，但是降低知识产权协调产生的弊端永远不会晚。[1]两种最为普通的民主为麦迪逊式的民主和平民主义民主，前者强调多数人的主权以防止少数人的暴政，后者主张政治平等和多数规则。[2]但合伙制民主才是最理想的民主方式。这种民主方式主要有三个要素：人民民主、公民平等及民主对话。[3]以下针对知识产权制度民主化的路径进行分析。

（一）国际层面组织机构方面的民主化

国际层面的知识产权制度民主化是国内知识产权民主化的基础与模板，国际层面的知识产权制度的形成程序民主化是知识产权制度内容民主化的前提。国际层面知识产权制度民主化，必须是以众多国家为单元的多主体民主表达结果。国际层面组织机构的民主化，主要作用是为知识产权民主化、知识控制权民主化提供一个正当程序作用的平台。

1. 需要赋予国际组织在国际知识产权治理中的权力

有人提出民主制定国际知识产权规则具有三大前提：①所有相关方利益都能得到代表（代表的条件）；②所有参加谈判的各方必须能获得各种可能结果的完整信息（完整信息的条件）；③任何一方都不能强迫他方参加协商（非支配条件）。[4]很多国际知识产权规则的制定因在谈判协商上欠缺民主因素而产生了知识产权规则的实际不公平，如 TRIPs 协议。可以说从 TRIPs 协议到《反假冒贸易协定》，贯穿的是国际专制主义。[5]国际层面的知识产权治理必须以国际组织在国际层面权威性的存在为基础，以此对抗受国际层面相关国家的霸权主义思想影响的知识封闭和知识集权化。国际组织在世界知识产权

---

〔1〕 See James H. Mittelman, "'Democratizing' Globalization: Practicing the Policies of Cultural Inclusion", 10 *Cardozo J. Int'l & Comp. L.* 217, 268 (2002).

〔2〕 参见［美］达尔：《民主理论的前言》，顾昕、朱丹译，生活·读书·新知三联书店1999年版，第1～84页。转引自贺平：《贸易政治学研究》，上海人民出版社2013年版，第233页。

〔3〕 参见［美］罗纳德·德沃金：《至上的美德：平等的理论与实践》，冯克利译，江苏人民出版社2012年版，第382～383页。

〔4〕 参见［澳］彼得·达沃豪斯、约翰·布雷斯韦特：《信息封建主义》，刘雪涛译，知识产权出版社2005年版，第14页。

〔5〕 参见刘银良：《国际知识产权政治问题研究》，知识产权出版社2014年版，第74页。

规则的形成过程中，应当充分发挥中立的作用，营造国际相关方面在政治力量悬殊之下的趋向平等的对话环境，推动国际知识资源分配规则之下的言论规则等民主社会构建的"车轮"。[1]

在帮助发展中国家建立符合其利益需求的知识产权制度过程中，世界知识产权组织具有非常重要的作用，其可以通过发布有关知识产权与发展的手册来帮助这些国家建立符合自身发展目标和需求的知识产权制度。[2]诸如世界知识产权组织等知识产权国际机构，是知识产权制度形成的宝贵平台。但是目前，国际组织在一定程度上有被边缘化的倾向，因为它们被理解为仅仅是论坛（forums），其中国家权力、国家利益和思想实际发挥着重要作用。[3]当前一些国家为了自己的利益脱离知识产权国际组织，这不仅违反绿色政治生态精神，还不利于知识产权国际组织发挥其国际知识产权治理作用。

知识产权国际治理必须有超越国家层面的有权威的平台，该平台的权威性应当得到大多数成员的认可。在国际组织的成员方面，应该构筑相关的制度，使得相关成员的组合与存在能够保持相对稳定，并使得国家之间在国际知识产权规则的形成上具有民主表达的稳定空间。支持有益于民主表达平台的建设，使得政治权力不足的国家能够在国际平台上表达己方的知识控制权需求与对知识产权制度的观点。

在当前环境下，应当充分利用世界贸易组织与世界知识产权组织机制。目前以美国为首的国家在利用双边自由贸易协定来超越国际公约，且在以自我利益及主导权实现为中心提升知识产权保护标准屡试不爽之后，开始逐渐考虑脱离世界贸易组织体系和世界知识产权组织体系，在未来可能会出现超越国际组织及国际平等对话平台的以发达国家为绝对主导的知识资源分配强权机制。这对发达国家和发展中国家来讲均非良好方案。对于发达国家来讲，它们的利益也逐渐分化，虽说在政治能力上它们势均力敌，但是每个国家都

---

〔1〕　See Michael D. Birnhack, "Global Copyright, Local Speech", 24 *Cardozo Arts & Ent. L. J.* 491, 496 (2006).

〔2〕　See Rami M. Olwan, *Intellectual Property and Development: Theory and Practice*, Springer, 2013, p. 363.

〔3〕　See Michael P. Ryan, "Knowledge, Legitimacy, Efficiency and the Institutionalization of Dispute Settlement Procedures at the World Trade Organization and the World Intellectual Property Organization", 22 *Nw. J. Int'l L. & Bus.* 389, 396 (2002).

有自己独特的知识产权规则倾向。从另外一个方面讲，一些发达国家也有贫富差距及阶层分化差异、自由民主等方面的特色，其追求的知识产权规则目标并不一定统一，因此可能会模糊发达国家与发展中国家界限的知识产权规则需求。对于发达国家来讲，以欧美为首的阵营并不一定符合其他国家的利益倾向。对于发展中国家来讲，它们可能被排除出发达国家逐步建立的新知识产权规则游戏团体，或许有一部分会因政治取向一致或者政治依附而被拉入新的相关谈判平台，但是这并不会形成公开和透明的、民主的谈判机制，对发展中国家仍然十分不利。这种脱离国际组织平台的谈判机制，将给予政治霸权者以更大的知识控制权和话语空间。考虑到相关知识分配风险，仍应当尽量保持世界贸易组织和世界知识产权组织等知识产权谈判平台，只有在这些传统的平台之上进行谈判，方可形成相对正义的知识产权规则及知识控制权分配方案。[1]

虽然通过世界贸易组织和世界知识产权组织已经形成了貌似"一刀切"的知识产权规则，但是这并不是最差的。发达国家绝对引领的脱离世界贸易组织和世界知识产权组织等平台的知识产权规则的发展并不能扭转一刀切的不利局面，因为脱离国际组织所制定的看似适合双方的知识产权规则，在形成过程中发达国家的强权力量作用力度更大，它们不仅不会解决之前一刀切的国际知识产权规则带来的问题，还会加重这种一刀切给发展中国家带来的不利影响。在双方政治地位悬殊的情况下，政治强权国家必定会在规则形成过程中占据更大的优势，相关的知识资源的分配及利益可能会更加偏向于强权国家。发展中国家未来的首要目标仍然是消除贫困，它们在知识产权规则上的需求仍然与发达国家有明显的差异。[2]

比起"一刀切"的知识产权规则，尽量缩小无形扩大的知识控制权及知识接近差距，将更多的国家聚集到统一的对话平台上，可能是实现国际知识资源分配正义的更优路径。虽然不能避免一些发达国家另辟蹊径，脱离国际组织，通过自己的政治强权实现知识霸权，但是继续发挥世界贸易组织和世界知识产权组织等国际组织的力量，仍然是未来需要坚持的方向。脱离这些

---

　　〔1〕　See James Boyle, "A Manifesto on WIPO and the Future of Intellectual Property", 2004 *Duke L. & Tech. Rev.* 9 (2004).

　　〔2〕　See James Boyle, "A Manifesto on WIPO and the Future of Intellectual Property", 2004 *Duke L. & Tech. Rev.* 9 (2004).

国际组织的知识产权规则，或许可以改变"一刀切"的国际知识产权规则，但是会使发达国家和发展中国家的知识接近能力面临不可逾越的鸿沟，人们的发展权将出现两极分化。

随着世界意识到强知识产权保护的负面影响，世界知识产权组织作为知识产权促进者的全球作用受到质疑，[1]但是这并不是最差的时候。世界贸易组织和世界知识产权组织应当在全球知识产权规则的相对统一上作进一步的努力，而非在 TRIPs-plus 领域内着力。在新的环境下利用新环境而非旧思维去描绘相对中立的自我角色，是这些国际组织在未来知识产权规则制定中的正确选择。[2]在相对中立的基础上，世界知识产权组织可以为知识产权规则的透明化等提供平台，将人类的共同发展理念贯彻到世界知识产权组织实现其使命的过程中，这样世界知识产权组织的角色也将发生一定的改变。[3]知识产权双边协议和地区性的多边协议，将知识产权保护的钟摆更大程度地偏向于强知识产权保护。[4]这种非"一刀切"的多元化的知识产权规则实际上更不利于实现知识民主化。

国际知识产权规则的相对统一性不仅可以确保相关成员的知识产权规则的高度透明性和一定时期的立法任务，还能够避免因将不同保护程度的知识产权保护标准混合于社会中而带来的知识产权规则的过度混杂。[5]况且若要返回到国际知识产权规则的"一刀切"起点，已经是不可能了。[6]因此，只有站立在国际知识产权规则相对统一的当前来做出更好的修正。

---

[1]　See Debora J. Halbert, "The World Intellectual Property Organization：Past, Present and Future", 54 *J. Copyright Soc'y U. S. A.* 253, 253（2007）.

[2]　See James Boyle, "A Manifesto on WIPO and the Future of Intellectual Property", 2004 *Duke L. & Tech. Rev.* 9（2004）.

[3]　See Debora J. Halbert, "The World Intellectual Property Organization：Past, Present and Future", 54 *J. Copyright Soc'y U. S. A.* 253, 254（2007）.

[4]　See Faris K. Nesheiwat, "A Critique of Intellectual Property Research", 27 *Arab L. Q.* 51, 52（2013）.

[5]　国际知识产权规则对成员的作用，可以从我国加入 WTO 前与美国的双边知识产权协定和加入 WTO 后在知识产权规则上取得的实际进步得知。See Jennifer S. Fan, "The Dilemma of China's Intellectual Property Piracy", 4 *UCLA J. Int'l L. & Foreign Aff.* 207（1999）.

[6]　See Michael A. Carrier, "Cabining Intellectual Property Through a Property Paradigm", 54 *Duke L. J.* 1, 145（2004）.

2. 发挥地区组织在国际知识产权治理中的影响

通过国际组织来影响知识产权规则的走向，是社会知识资源治理的未来趋势。新多边主义视野下，非政府间国际组织的作用具有非常大的解决国际问题、全球问题的优势。与旧的多边主义以国家利益保护为核心构建多边制度不同，新多边主义对人类知识利益的衡量具有更大可能的中心性。[1]如基于建立知识产权机构的能力有限及知识产权保护能力有限而成立的非洲地区工业产权组织（African Regional Industrial Property Organization，ARIPO）[2]及非洲知识产权组织（the African Intellectual Property Organization，OAPI）[3]，它们在过去的历史中为非洲的知识产权秩序的构建起到了非常重要的作用。与此同时，地区国际组织在国际利益"争夺"中也对地区意见表达起到了非常重要的促进作用，这对国际层面的民主对话非常重要。

从国际层面的国家治理来看，现代国家建设及发展中面临着的国家认同危机[4]同样可能给非政府间国际组织的知识资源影响力带来一定的优势。同理，也可能因知识控制权的阶层分化而带来身份认同的共识，也即人们以知识接近能力的强弱自动分为不同的跨越国家的团体，网络时代更是如此。

区域性知识产权组织不仅有利于实现区域国家在知识产权检索等管理上的便捷，促进区域国家之间的科技文化的交流沟通，还有利于在相关区域国家之间形成知识产权有关的共识。[5]这一点对区域国家来讲是弥足珍贵的。

---

〔1〕 参见景明浩："药品获取与公共健康全球保护的多维进路"，吉林大学 2016 年博士学位论文。

〔2〕 非洲地区工业产权组织是非洲（中非和东非）地区以英语为官方语言的国家组成的工业产权保护区域性组织，现有 19 个成员，包括博茨瓦纳、冈比亚、加纳、肯尼亚、莱索托、马拉维、莫桑比克、纳米比亚、塞拉利昂、利比里亚、卢旺达、圣多美和普林西比、索马里、苏丹、斯威士兰、坦桑尼亚、乌干达、赞比亚和津巴布韦。See at http://www. aripo. org/about-aripo（last visited on December 17, 2020）.

〔3〕 非洲知识产权组织是由官方语言为法语的国家组成的保护知识产权的地区性组织，现有 17 个成员，包括贝宁、布基纳法索、喀麦隆、中非、刚果、科特迪瓦、加蓬、几内亚、几内亚比绍、马里、毛里塔尼亚、尼日尔、乍得、多哥、塞内加尔、赤道几内亚和科摩罗。参见 http://www. oapi. int/（last visited December 17, 2020）。

〔4〕 参见周光辉、刘向东："全球化时代发展中国家的国家认同危机及治理"，载《中国社会科学》2013 年第 9 期。

〔5〕 参见世界知识产权组织编：《知识产权纵横谈》，张寅虎等译，世界知识出版社 1992 年版，第 319 页。

地区知识产权执法、跨境执法同样能够依赖于区域性知识产权组织在相关内容中给予的协助与协商。此外，谈判地位不平等，且缺乏谈判的资本是现实存在的知识资源分配不平等的重要原因之一。为了达到一定的谈判水准，应当借助于地区组织及非政府间国际组织的力量，因为它们不仅有吸纳谈判资金的渠道，还能够聚集零散的具有相同利益的群体与个人。区域性知识产权组织更能够代表这种区域知识产权共识、展开与国际组织的沟通交流、促进不同区域国家之间的知识产权规则及知识产权利益的诉求表达。甚至在产生知识产权冲突时，能够通过这些组织展开与相关方面的协商和谈判，进而解决相关问题。

（二）建立国际知识产权民主对话机制

发达国家与发展中国家在知识优势上各具特色，发达国家更擅长利用知识进一步发展，而发展中国家在传统知识和原始知识的保留上具有不可替代和不可复制的优势，因此从根本上讲，两者是互补的关系。但是，依据政治力量的天然"博弈"本能，发达国家与发展中国家在知识的分配上具有永无休止的不同利益和政治目标诉求。发展中国家需要依赖发达国家的先进知识产品来治病救命，发达国家在一定程度上需要借助于发展中国家的丰富的生物和文化多样性促进其知识的丰富与进步。从政治利益诉求上讲，发展中国家寻求的是个人作为人之生命权、健康权等基本人权，是对其地方传统知识和资源的自治及利用权。相比之下，发达国家追求的是成熟的政治体制之下的人的发展权和以知识为基础的知识霸权。强势的发达国家在国际地位上具有成熟的结盟机制，并能够熟练地操作政治利益诉求实现机制，在利益表达及实现机制上能够更加充分地利用自己的霸权地位和雄厚的政治资金，"操纵"发展中国家和组织在一定的利益不平等对换之下将知识资源控制权迁移到发达国家阵营。发达国家甚至可以以政治上的传统殖民思想，培养符合自己利益表达的发展中国家，或者使一些发展中国家"被动发达"，从而在一定的知识规则争议场合能够与其站在一个阵营。基于发达国家熟练的政治技巧、雄厚的政治影响力、强硬的政治态度及不成熟的发展中国家的政治体系、较弱的政治地位，必须纠正当前的以发达国家为引领的实际非民主的"民主"对话机制，建立充分民主的民主对话机制。

充分的民主对话机制不仅应当抛弃当前的以发达国家与发展中国家而论的传统对话机制，更应当引入新的平衡标准。传统的以经济因素为首要考量的对话机制并不符合实际，例如，有些国家虽然在经济上有了提升，但是没有丰富的知识，知识接近的实现仍有障碍。再如，有些国家作为一个政治实体的经济能力有所提升，但是呈现出国富民穷的态势，国民的知识接近能力与国家的发展普遍不协调。在前述例子中，知识的接近能力仍需要借助于知识产权制度来予以协调，而不应当仅仅以国家的传统发达与否给予定调。应当允许相关国家独立站队和根据自己国家的知识产权需求在国际范围内寻求符合自我政治理性的知识控制权，这不仅符合真正的民主，也符合国家自治的根本精神。甚至可以采取激进的做法，以国家的贫困人口数量为标准要求符合其自身发展需求的知识产权豁免或部分豁免。但是遗憾的是，在国际对话中，知识产权制度的对话往往不是独立存在的，国家也不会抛弃其他因素而单就知识产权表达自己的观点。这也是传统对话机制中知识产权制度不公平、非实质民主的重要原因之一。发达国家巧妙地将知识产权制度与经济直接挂钩，并以知识产权制度被动接受而实现所谓的利益互换。

建立国际知识产权民主对话机制，还应当在未来绿色政治生态环境下尽量减少知识产权制度与经济挂钩的做法。经济的全球化带动了其他行业与价值的全球化，虽然当前削弱全球化为时已晚，但是减少知识产权与经济制度挂钩的行动永远不会晚。之所以要减少知识产权与经济挂钩，原因在于知识产权最重要的价值并不是经济价值，而是知识控制权价值。历史上过度注重知识产权的经济价值，认为知识产权是财产权并强调其在经济体系中的贡献，导致了很多基于该认知对知识经济利益的争夺。可以说，将知识产权保护与经济利益挂钩，是造成知识产权利益分配不公的罪魁祸首。这不仅带来了利益被动交换，更带来了政治威胁。进一步讲，如果将知识产权与经济挂钩，那么从国际贸易中获得利益的群体必定对选举政治和国内领导人产生强大的制约作用，[1]这不仅会过分增加政府的能力，还会减少公众公平参与社会事务治理的机会。

（三）构建自由而有益的知识参与机制

人们生活的环境不是一个以经济利益为唯一向度的环境，而是一个以人是政治性动物为基础的友好期待的集聚社区。构建自由而有益的知识参与

[1] 参见贺平：《贸易政治学研究》，上海人民出版社2013年版，第230页。

机制〔1〕是人类文化民主最重要的保障，这不仅可以促进个人作为主体参与社会知识创作与生成，更是人类命运共同体理念之下人类能够和平相处、知识发展利益共享的绿色生态之路。经典现实主义认为，安全是国家利益的核心，国家利益以权力定义和衡量，权力越大的国家拥有的国家利益就越多，因此国际政治就是一个权力斗争与国家私利主导的过程。而新现实主义与新自由主义认为，应当更注重国家间的利益关系及利益分配，故此，惠益分享成为知识利益分配的思路。〔2〕前者着重于传统的国家与国家之间以竞争为主的关系，后者着重于探求国家与国家之间以合作为主的关系。对于一国政府来讲，其在知识分配中应当承担何种任务，其应然角色为何，值得重新审视。政府机构有时候是比较脆弱的，党派可能在政治格局上占据主导作用，在知识资源的分配和占有上，地方政府可能比中央政府更能够在知识资源的配置上起到重要作用。〔3〕绿色政治生态环境下，知识资源有益于人类，而人类命运共同体构建的制度建设必须以自由而有益的知识参与机制为前提。

1. 偏向人类共同发展理念的自由而有益的知识参与思想

构建有益于人类命运共同体建设的国际知识产权秩序必须以偏向人类共同发展理念的自由而有益的知识参与思想共识为基础。"所有的政治都是本土的政治"，只有在尊重本土自治的情况下，选择性参与当地知识资源的开发与利用才能够得到最好的合作效果。国际层面的知识相互尊重与利益的自由处理是国际层面偏向人类发展的思想核心。相互尊重与自由平等的知识沟通才能被双方接受，也更有利于不同国家、不同群体之间进行可能的合作。任何带有侵略性质、掠夺恶意的知识产权规则都是不会长久的，那种依靠"要挟"或者不平等的利益交换促使他国进行知识产权制度改革的强权，并不是文明政治所称赞的行为，其并没有脱离传统的霸权主义习惯。

发展权并不意味着慈善，但是意味着所有的个人能够在他们的国家管理

---

〔1〕 See Nkgodi Race Diale, "Community Group Environment for People Participation and Empowerment", 2009, available at http://uir. unisa. ac. za/bitstream/handle/10500/3434/02%20dissertaion. pdf? sequence=3&isAllowed=y, p. 189 (last visited on December 17, 2020).

〔2〕 参见蔡守秋、黄细江："论遗传资源知识产权领域的国家话语权博弈与生态治理能力现代化——兼评《遗传资源知识产权法律问题研究》"，载《法学杂志》2017年第9期。

〔3〕 See Michael P. Ryan, "Knowledge-Economy Elites, the International Law of Intellectual Property and Trade, and Economic Development", 10 *Cardozo J. Int'l & Comp. L.* 271, 276 (2002).

自己的资源。[1]实践中，普遍"发展"都有针对的对象，一般从政治统治者服务的对象来讲，最终的发展当然是发展本国及国民。但是当站到知识这种公共内容之角度思考这个问题时，宜认为国家除了应当将本国及本国国民作为发展的第一对象之外，还要顾及人类知识共同体的发展，这种发展以人类命运共同体的建设为主导意识。以构建人类命运共同体为目标的知识产权法应当在协调发达国家与发展中国家的发展优势与劣势上发挥更大的作用。尤其是在双方资源本身具有差异化、发展优势多元化的场合，知识产权法必须在尊重地方自治、土著权威的前提下，保护和协调知识产权法对相关资源的公平再分配。

这些只在群体内部进行传播的知识技能传统，并未能够在当今强权政治环境下幸免于私权化。[2]这种私权化很多时候更像是一种"政治掠夺"。这些在某些稳定成员内部传播的知识可能会给集体内部的个体带来一定的发展障碍，甚至影响其创作自由和个人发展，看似被外界以知识产权私权方式进行介入可解决这些问题，但值得注意的是外界的介入带来的危害可能更大。自治环境的稳定、传统资源保留能够优化资源配置、促进资源开发，因此需要合作。

现实中的发达国家强权优势占据的话语权过重，而无论是在制度的引领上还是民主对话的代表上，都有待于加强发展中国家的地位。这种地位的提升，不仅是政治和谐运行的前提，更是人类政治、社会、经济生活的关键。抛弃任何一方的知识产权制度都不能促进人类的共同进步，过度保护发达国家的知识产权制度只会进一步拉大国家与国家之间的贫富差距。以传统知识为例，传统知识一般不宜被纳入知识产权法系统进行保护，不是其不符合知识产权条件，而是其在知识产权法范围内没有得到民主代表和公平对待。发达国家对其资源的变相掠夺成为传统知识群体不想或担心进入知识产权范围被保护的重要理由。其次，纳入知识产权保护范围，意味着这些传统知识将脱离土著人内部自治体系，打破土著人内部自治秩序的权威性，从根本上看

---

〔1〕 See United Nations, *The Essential UN*, United Nations Publications, 2018, p. 102, available at https://read. un-ilibrary. org/united-nations/the-essential-un_ b985f1a5-en#page102（last visited December 17, 2020）.

〔2〕 ［澳］普拉蒂普·N. 托马斯、简·瑟韦斯主编：《亚洲知识产权与传播》，高蕊译，清华大学出版社 2009 年版，第 123 页。

也不利于他们的集体团结。当前基于相关方面在传统知识利益分享模式上的探索、在传统知识通过知识产权保护方面的探索，得出的对相关方均有益处的知识控制权的分配，可能值得借鉴，但是必须承认这只是退而求其次的民主方式。真正从知识产权有益于人类命运共同体构建的思维角度来看，传统知识的利用方式并不尽然需要知识产权的保护模式。国际层面的知识参与机制并不仅仅在于经济利益的分享，更在于掌握相关知识后能够在一定范围内得以表达的知识控制权。

2. 修正性贯彻国际知识产权规则义务渠道的畅通

国际层面知识产权制度并未充分包含人类命运共同体构建的自觉意识。为了稳固统治，加强知识产权保护以建立被社会信任的知识产权环境而增进投资的思想，知识产权国际公约的相关成员大多数都在尽力践行知识产权国际公约的相关规定，甚至有些发展中国家不惜以超越知识产权国际公约的标准来实现国内的知识产权保护制度的落实。这对于发展中国家知识环境的自由参与是非常不利的，从结果上直接导致了它们的国民在接近知识产品上的困难。因此，修正性贯彻国际知识产权规则义务应当成为构建自由和有益的知识参与机制的基础。

修正性贯彻也就意味着，对于不能够践行国际知识产权规则义务的国家来讲，存在践行的困难或存在比国际知识产权规则义务价值更大的价值需要践行时，如大多数公民的公共健康、教育权、消除贫困等，此时应当有畅通机制存在允许它们被评估和延期履行义务。与此类似，对于提前符合相关条件、有能力履行相关国际知识产权义务的国家，应当畅通它们提前或超越相关标准来保护知识产权的机制。这两个极端有时是交叉存在的，原因不仅在于相关国家实际履行国际义务的能力不同，更在于它们在发展过程中需要关注的侧重点不同。值得注意的是，传统知识关系到代际发展，且"非文献性"的传统知识占据的比例高决定了借助于知识产权体系对之予以保护的必要性。[1]知识产权制度不仅关系到当代人的权利实现，还对后代人的知识控制权有影响。因此，合理的知识产权规则必须以纵向历史发展视角为依据，以符合人类可持续发展目标为中心。这也就意味着，这种混合制度需求可能

---

〔1〕 参见蔡守秋、黄细江："论遗传资源知识产权领域的国家话语权博弈与生态治理能力现代化——兼评《遗传资源知识产权法律问题研究》"，载《法学杂志》2017 年第 9 期。

在未来更加普遍。

国家应当结合国际公约中给出的最低知识产权保护标准，从国家的根本情况出发，将知识产权法规则修正成符合自我发展和国民知识接近保障的知识民主规则。[1]之所以强调这一点，是因为从目前来看，很多发达国家及在社会上具有影响力的发展中国家在国际知识产权规则的适用上，不仅会充分利用制度制定符合本国发展的国内法，还会极力通过一定渠道将其国内的做法输出到世界其他国家。前者如印度专利制度之下的仿制药行业的发达使印度成了世界上的仿制药主要生产和来源地，这些仿制药不仅为印度当地的疾病救治提供了可治疗的途径，为人们接近药品提供了关键渠道，还因部分出口到其他国家形成了跨国性的药品接近规模。受益者不仅包括如印度一样的发展中国家的穷人，还包括发达国家的穷人。再如，巴西和泰国虽然被跨国公司和西方政府施压、威胁，但仍采用强制许可制度来实现它们国内的卫生计划。[2]

3. 国民为本的首要机制构建考虑因素

构建自由而有益的知识参与机制，无论是以人类命运共同体为目标的机制构建，还是修正性贯彻国际知识产权规则义务的渠道畅通，均需要国家在国内外知识产权秩序构建意见表达中以国民为中心价值衡量对象，保障国内国民的生活健康和对知识的接近。"民为贵，社稷次之"，国民乃是国家政治稳定的根基，国民对知识的充分接触的实现是国家强大的前提。让人们脱离封闭知识的旧范式，达到一个能开放学习的新平台，应当成为现代国家发展的起点。

现代国家由不同的阶级组成，不同的阶级又表现出在权力与特权的占有上比早期的共同体更加分配不均。这种社会的不平等不仅会导致共同体内部的冲突，也会导致各种国家共同体之间的冲突。这种问题的解决办法通常是以牺牲其他国家的利益来巩固它们因此而获得的"特权"。[3]这种描述在知识产权领域体现得非常具有代表性。无论国内阶级的何种构成，相关的政治

---

〔1〕 See Madhavi Sunder, *From Goods to a Good Life*: *Intellectual Property and Global Justice*, Yale University Press, 2012, p. 179.

〔2〕 See Madhavi Sunder, *From Goods to a Good Life*: *Intellectual Property and Global Justice*, Yale University Press, 2012, p. 184.

〔3〕 ［美］R. 尼布尔:《道德的人与不道德的社会》，蒋庆等译，贵州人民出版社 2009 年版，第30 页。

主体的目标都应当是提升治理社会的能力与在任期内增强对国民带来的知识起因的权力。如"经济和社会发展以及根除贫困是发展中国家第一和压倒一切的优先事务",[1]发展中国家在力所能及的范围内应当在知识产权豁免或者接近知识产品方面被赋予"慈善"级别的待遇。这不是对人类科技文化投入的不尊重,而是对濒临死亡的人类予以的最基本的救助,它不仅是贫困国家的责任和义务,更应当成为社会上所有政府尤其是发达国家政府应予重视的话题。发展中国家在制定知识产权制度时,应当秉持人本主义理念及中立性的知识产权利益平衡地位,积极适用 TRIPs 协议等灵活条款,结合本国发展水平及国民的普遍需求制定符合自我发展的知识产权制度。[2]这种行为不是地方保护主义,而是基于地方发展所必需和必要的政治考量。因为,这种行为并不以违反国际规则为要件,相反可能是在符合知识产权国际公约的基础上做出的有利于国民发展的知识产权制度。

要解决发展的问题,就要将人权放在发展理念中,并充分尊重自治原则及对财富和资源的独立主权原则。[3]要解决当地的问题,应当根据规则接受能力来树立国家知识资源自主分配独立性,而非被迫接受不公平规则的主权削弱。此外,还应当提升文化地方保护意识,确保地方政府对知识资源的保护与传承意识,避免地方知识资源被不正当攫取。

之所以要以国民为相关机制建立所要考虑的首要对象,是因为在相关制度的制定中,若不以国民为主要考虑对象,很容易造成制度腐败。所谓的制度腐败,不仅包括前文提及的政策洗白,还可能包括在合理的知识产权制度缺位的情况下所产生的知识秩序乱象。诸如通过书籍定价等国家政策缓和知识产权保护带来的贫富差距等制度并不一定切实存在。也即如果没有相应的政策弥补,则应当谨慎对待知识产权扩张。更要警惕补贴等公共政策中的腐败产生,避免为了腐败而提升知识产权标准,却不顾国民发展的现象。因为,

---

〔1〕　参见《生物多样性公约》,载 https://www.cbd.int/doc/legal/cbd-zh.pdf,最后访问日期:2020 年 12 月 17 日。

〔2〕　参见景明浩:"药品获取与公共健康全球化保护的多维进路",吉林大学 2016 年博士学位论文。

〔3〕　See United Nations, *The Essential UN*, United Nations Publications, 2018, p. 103. Available at https://read.un-ilibrary.org/united-nations/the-essential-un _ b985f1a5-en#page103 (last visited on December 17, 2020).

知识参与机制是民主表达的前提与基础，没有学习、传播等知识参与行为和机制的畅通的信息闭塞情形下，难以促进民主表达和思想的多元化。自由而有益的知识参与机制也就意味着，让多数人能够依赖知识产权制度获取民主表达所需要的信息基础。

（四）构建知识民主中的充分代表机制

知识产权法不仅应当提升人类知识、信息的创造度，更应当提高人类知识的利用度，而且注重的是人类的创造性活动、关系到人类发展的活动。否则，知识产权制度将被大的资本集团利用，不利于人类的发展。国际知识产权法的发展更应当着眼于人类的发展，趋于向人类公平发展的价值倾斜。相对来讲，国际知识产权制度应当惠益于全人类，更应当注重将知识产权红利分配给不发达地区，注重基本人权的实现。使用知识产权来实现知识的稀缺性，不是偶然或者法律体系的副产品，它正是知识产权意图实现的目标。[1]发展中国家应当优先为知识产权制度的引入建立基础，并深度衡量其本身与知识产权相关的文化，被其他发达国家通过政治威胁或变相威胁而直接移植的知识产权制度不一定适合其国家的政治发展目标，并可能带来更多的国家发展及人权问题。[2]发展中国家应当与国际组织、非政府间国际组织以及其他发展中国家联合起来，建立真正有利于这些国家发展的知识产权制度。[3]国内知识产权法的发展应当以提升本国国民及机构的创新能动性、提升市场秩序为前提。通过国家立法使得知识和信息产生人为稀缺性，构建其竞争性，是知识产权法最重要的角色。[4]发展中国家及最不发达国家应当同心协力来确保它们的知识产权与发展的需求和关切得以妥善满足。[5]民主路径的构建意味着必须有充分的代表，然而在知识产权领域向来是以不充分代表而形成知识

[1] See Christopher T. May & Susan K. Sell, *Intellectual Property Rights: A Critical History*, Lynne Rienner Publishers Inc., 2005, p. 19.

[2] See Rami M. Olwan, *Intellectual Property and Development: Theory and Practice*, Springer, 2013, p. 359.

[3] See Rami M. Olwan, *Intellectual Property and Development: Theory and Practice*, Springer, 2013, p. 359.

[4] See Christopher T. May & Susan K. Sell, *Intellectual Property Rights: A Critical History*, Lynne Rienner Publishers Inc., 2005, p. 19.

[5] See Rami M. Olwan, *Intellectual Property and Development: Theory and Practice*, Springer, 2013, p. 363.

产权制度，此为难题之一。充分代表，不仅在国际层面有重要需求，更在国内层面有重要需求；不仅在于代表的全面性上，更在于代表的真实性上。

在过去，知识产权国际层面规则的形成并不是充分代表的结果，而是部分代表的非充分代表。这直接和间接造成了当前知识产权国际公约的不公平性本质和相关利益分化的严重差距，为本身基于经济发展差距带来更大的发展缩小差距障碍。信息的充分利用与知识的创新对人们的发展进步同等重要，过去对知识产权经济功能的过度"崇拜"，使得人们过于关注知识产权的经济功能而忽略了知识本身在知识控制权上的主要作用。知识民主化对知识控制权分配的要求使得在相关的观点表达上必须以充分代表实现。

充分代表不仅在于数量的充分代表，更在于真实的代表。从国际层面看，知识产权国际公约的形成中发展中国家的意见并未得到有效的民主表达，这导致在 TRIPs 协议制定过程中，支持 TRIPs 协议的利益很集中，而反对 TRIPs 协议的利益则非常分散，并通常是亡羊补牢后才知自己的利益损失殆尽。[1]若要改变目前国际不平等的知识产权规则，必须从制定这些规则的参与者出发，将所有的利益方都纳入知识产权规则改变过程中，确保知识产权保护标准是在真实代表的前提下，双方基于自由意愿达成的一致协议。[2]在知识的接近上，必须将多数人和少数人同等地放在天平上加以衡量。[3]反对新型信息封建主义、要求为公共领域与知识而战的众多群体和团体联合起来，形成一个知识产权全球性政治联盟，促使政府围绕服务公共福利及公民的基本自由权利来制定知识产权政策，是必要的。[4]过往有的知识产权改革的声音看似很激烈，但是实际并没有起到太大的作用，原因就在于力量没有得到有效整合，也即倡导改革的声音之间需要交流和沟通，以结盟表达声音。[5]真实

---

〔1〕 参见［澳］彼得·达沃豪斯、约翰·布雷斯韦特：《信息封建主义》，刘雪涛译，知识产权出版社 2005 年版，第 227 页。

〔2〕 See James H. Mittelman, "'Democratizing' Globalization: Practicing the Policies of Cultural Inclusion", 10 *Cardozo J. Int'l & Comp. L.* 217, 268~269 (2002).

〔3〕 参见［美］达尔：《民主理论的前言》，顾昕、朱丹译，生活·读书·新知三联书店 1999 年版，第 10 页。

〔4〕 参见［澳］彼得·达沃豪斯、约翰·布雷斯韦特：《信息封建主义》，刘雪涛译，知识产权出版社 2005 年版，第 17 页。

〔5〕 ［澳］普拉蒂普·N. 托马斯、简·瑟韦斯主编：《亚洲知识产权与传播》，高蕊译，清华大学出版社 2009 年版，第 182~183 页。

被代表必须以自我代表或委托代表组成意见。要想在发展中国家形成它们的知识控制权观点，必须对它们进行进一步的意见整合，而非以笼统的"发展中国家"进行表达。

此外，政治联盟代表中，大公司联合传统区域的合作模式应当得以探索。大公司在联盟方面具有较熟练的技巧和能力，与此同时它们对传统区域知识开发的需求直接影响着传统区域对相关知识的权力。一般情况下，发达国家的大型跨国公司及全球公司需要贫穷地区的资源，但是贫穷地区的知识产权保护并不能给予它们有效的谈判地位。应当鼓励发达国家大公司在与贫穷地区的资源利用过程中，注重发展中国家贫穷地区人们对资源的依赖性，加重对穷人的资源保护。星巴克与埃塞俄比亚之间关于咖啡许可案例[1]中的做法或值得借鉴。在埃塞俄比亚咖啡在美国专利商报局尚未获得注册许可的情况下，双方签订以"标识"许可为内容的协议，使得双方之间有了合作共赢的基础。合作不仅在于通过知识产权规则对穷人进行一定的知识产权保障，还要确保他们能够有自主和平等参与国际创新的机会。没有共同参与式的知识拱手相让是一种变相的知识控制权攫取与知识掠夺，是一种非正义模式下的非充分代表。在此过程中，穷人及发展中国家会面对知识产权范围越来越大的局面，他们不仅应当积极学习其他国家的知识产权所蕴含的科技文化、接触其他国家的知识，还应当在充分解决贫困的同时或基础之上，解放国民的传统禁锢思想，推动国民对自己知识的充分利用、学习与改进，并将之通过知识产权推向世界其他国家，充分利用知识产权来解决国民的贫困问题。[2]发展中国家必须有勇气去充分运用国际知识产权规则中，如 TRIPs 协议第 30 条[3]在多个国家被延伸出 Bolar 例外，即允许仿制药生产商在专利到期之前

---

〔1〕 See *The Coffee War*：*Ethiopia and the Starbucks Story*, September 3, 2010, available at http：//www. wipo. int/ipadvantage/en/details. jsp？id＝2621（last visited on December 17, 2020）. Also see Getachew Mengistie & Michael Blakeney, "Geographical Indications and the Scramble for Africa", 25 *Afr. J. Int'l & Comp. L.* 199, 218~220（2017）.

〔2〕 See Madhavi Sunder, *From Goods to a Good Life*：*Intellectual Property and Global Justice*, Yale University Press, 2012, p. 144.

〔3〕 TRIPs 协议第 30 条规定 "各成员可以对专利所授予的专有权规定有限的例外，但是，在考虑第三方的合法利益的情况下，这些例外以并未与专利的正常利用发生不合理的冲突，而且也并未不合理地损害专利所有人的合法利益为限"。

使用专利来获得仿制药生产的许可。[1]合作必须将民主融入世界知识产权规则的形成和修正过程，在知识资源分配过程中必须保护知识多样性和文化、生物多样性，因为任何地区的知识特性都是全人类智慧的结晶，是人们知识传承的重要一环，一旦因知识产权规则丧失发展和传承机会，那将是人类整体的损失，是人类文明的缺损。[2]不同国家和地区的知识产权利益不仅与其地理位置有直接联系，还与其政治利益和诉求有关联，因此，知识产权规则的采纳与站队在未来将逐渐突破传统的以地区性、发展阶段为基础的知识产权规则制定过程中的结盟与竞争模式，[3]转为更加有利于国际各方利益实现的合作模式。作为联合国常任理事国，美国与中国需要相互支持。从整个国际层面来看，未来的知识资源分配规则仍需要以合作而非竞争为主，国家与国家之间以损害最小的方式联合创造良好的知识资源秩序是未来的必经之路。[4]我国的各种伙伴关系等构建，直接为我国在知识产权领域的合作提供了前提与平台。如我国参与及构建"一带一路""中国-中东欧国家合作""上海合作组织""APEC""G20"等方面的有益尝试，[5]为我国与世界对知识产权等事务合作有意向的国家建立了有益的桥梁。利用本地资源和参与文化是任何人的基本人权，这种脱胎于《公民权利和政治权利公约》的权利，成为当前现代本土化的一种理论基础。[6]大公司的联盟是相关利益表达最为真切与充分的惯常做法，但是这一点在发达国家与发展中国家之间的利益共同体上表现得并不明显。发展中国家的大公司依赖知识产权制度产生更加强大的全球竞争力，并在相关行业内为发展中国家的制度需求、为发展中国家

---

〔1〕　See Jennifer Sellin, *Access to Medicines: The Interface Between Patents and Human Rights. Does One Fits All?*, Intersentia, 2014, p. 453.

〔2〕　See Peter K. Yu, "Piracy, Prejudice, and Perspectives: An Attempt to Use Shakespeare to Reconfigure the U. S.-China Intellectual Property Debate", 19 *B. U. Int'l L. J.* 1, 86 (2001).

〔3〕　See Min-Chiuan Wang, "The Asian Consciousness and Interests in Geographical Indications", 96 *Trademark Rep.* 906, 942 (2006).

〔4〕　See Peter K. Yu, "Piracy, Prejudice, and Perspectives: An Attempt to Use Shakespeare to Reconfigure the U. S.-China Intellectual Property Debate", 19 *B. U. Int'l L. J.* 1, 80~81 (2001).

〔5〕　参见孙靓莹："中国发展合作范式的国际共享——评《超越发展援助——在一个多极世界中重构发展合作新理念》"，载《社会发展研究》2017 年第 4 期。

〔6〕　See Rosemary J. Coombe, "Protecting Traditional Environmental Knowledge and New Social Movements in the Americas: Intellectual Property, Human Right, or Claims to an Alternative Form of Sustainable Development", 17 *Fla. J. Int'l L.* 115, 134 (2005).

的公司意愿进行表达，融入世界话语权体系。基于大公司联盟的成功历史，该种联盟在未来仍可能长久存在，且基于其在信息整合方面的优势及与政府、政治统治者在相关对话上的优势，它们能够通过这些渠道有效实现观点代表。

在我国知识产权法的立法过程中，并没有足够的民众参与机制设置。即便是近年来流行的知识产权法修改的专家意见稿等也仅仅是一些高层次人才对知识资源分配规则的意见性探讨。[1]但是，相关的知识产权规则的制定向来直接关系到每一个公民，所谓的知识民主化路径的考量，必须注重民众参与，建立自下而上的知识产权规则制定与修改模式。

（五）通过政治外交增强知识产权国际话语权

对于民主的实现来讲，各个国家都有一个与自我政治思维模式和政治认知相一致的知识民主思考体系，知识产权体系对知识控制权的分配以知识产权的形式为最终体现。从知识产权制度的角度来看，知识的民主化与话语权紧密联系。在国际层面，国家的话语权直接影响民主表达过程与结果。无论是在过去的知识竞争时代还是在未来以知识合作为可能的时代，任何民主表达都存在一定的话语权空间，只有通过政治外交更好地组合相关的政治力量以增强在国际层面的话语权，才能够更好地输出己方对知识控制权分配的意见与建议，更好地扩大己方在民主表达中的成就。

所谓的制定出怎样的知识产权制度，取决于谁坐在谈判桌上，[2]言下之意也即谁的话语权强，谁就能更好地坐在谈判桌上。在相关的谈判场合，并不是每个国家都有实质平等的对话权利，虽然倡导国家与国家之间地位平等，但是基于各种综合性因素，不同国家在各种场合的参与机制还存在一定的缺陷。在这些缺陷得以完全弥补之前，有必要增加国家在国际层面的话语权，以提升本国及本国所在组织、地域等方面的知识分配话语权和对不符合己方利益的知识分配的异议话语权。提升国际话语权有必要通过增加政治外交来实现。现代的国家相处模式基本脱离了传统暴力方式，以和平为中心的社会秩序更多地表明，多建立与其他国家的政治外交、多建立多层国家伙伴关系

---

〔1〕 参见马怀德、张红："立法的民主化及法律监督"，载《国家检察官学院学报》2005 年第 4 期。

〔2〕 See Jessica Litman, "The Politics of Intellectual Property Law", 27 *Cardozo Arts & Ent. L. J.* 313, 315（2009）.

等有利于相关对话的实现。

正如福柯（Michel Foucault）所言，话语权不仅是一种语言表达工具，其实质上体现的是一种权力关系。[1]争取和掌握话语权，不仅有利于增强国家知识控制权，也可以为发展中国家及与我国知识资源分配需求相似的国家带来一定的潜在利益，提升国际政治地位及能力。掌握国际知识分配的话语权，不仅是我国应当"争取"的内容，更是当今中国必须承担的大国义务。从国际范围内来看，美国作为一个以霸权为核心目标的资本主义国家，其在国际范围内的利益诉求从来都是以维护其国内知识产权利益为中心，在照顾国际范围内的其他发展中国家利益上及对其他国家的知识产权弱能力上向来持一种强硬的对抗态度，并擅长通过政治手段来迫使他国在一定范围内接受符合其利益的多边或双边知识产权条约。发展中国家缺乏相关的利益争夺经验与优势，可以通过加强国际外交，通过建立利益共同体，形成集体或推选出代表在知识产权利益上发声与谈判。权力的分支之知识控制权或许会影响不同国家在发展中的话语权，利益的分歧与现代化中的知识利益超越发展中国家与发达国家的分类，也将直接冲击发展中国家的统一利益。但毕竟发展中国家还是具有相对多的相同或类似特点和知识控制权认知，在相关利益代表上有相对大的趋同优势。在有些发达国家意图脱离相关国际组织的场合，发展中国家更应当加强政治外交，凝聚对知识控制权的共识。

美国特朗普上台之后，宣布退出跨太平洋伙伴关系协定（TPP）、巴黎气候协议、联合国教科文组织、伊核协议、联合国人权理事会等。国际上对之颇有微词，美国某些学者对之表示担心，他们认为美国退出这些组织，可能会削弱美国在国际上政治及其他方面的话语权、主导和领导力。必须明确的是，退出国际公约的行为与对其自身的国际领导梯队的定位极不相符，缺乏负责态度的大国终究是为自身私利而贪婪吸收国际知识和信息的霸权者。如美国，其自身对知识产权保护的呼声可谓一直高涨，但是其至今尚未批准《经济、社会及文化权利国际公约》，自然相关的内容并不能进入其知识产权保护价值体系中予以衡量。其在国际公约的履行和积极维护国际秩序上，欠缺一定的价值观正向引导，并显示出强烈的利己本色。但是这给国际知识产

---

[1]　See Michel Foucault, *Power*, New York Press, 1994, p. 58. 转引自蔡守秋、黄细江："论遗传资源知识产权领域的国家话语权博弈与生态治理能力现代化——兼评《遗传资源知识产权法律问题研究》"，载《法学杂志》2017 年第 9 期。

权秩序与民主化进程带来挑战的同时也带来了巨大的机遇，发展中国家更应当通过增强政治外交来达到相关利益的结合，我国亦可借此来展现自己在国际知识民主化进程中知识产权秩序构建的负责任大国的本色。

我国在 2001 年加入世界贸易组织，其中有三个基本立场：①承担与本国经济发展水平相适应的义务；②以乌拉圭回合谈判为基础，与世界贸易组织成员进行双边或多边谈判，以确定公正合理的入世条件；③以发展中国家身份加入世界贸易组织并享受发展中国家待遇。[1]当时我国在自我角色定位上是明确的，即自己是发展中国家，应当以发展中国家被对待，而且当时因为我国的发展水平有限，这一身份也被其他国家认可，所以即便有发展跨国公司的想法及在国际知识产权谈判中代表发展中国家的意见，也是理所应当被接受的。但是随着我国经济发展的持续进步，从发展势头上被一些国家认为是威胁，如以美国为首的发达国家提出"中国威胁论"，它们一方面试图通过经济手段制裁中国，遏制中国的发展，另一方面极力促使中国知识产权保护标准的提升。但是即便如此，也没有阻挡我国在国际上的知识产权发展优势，甚至倒逼我国从根本上以知识产权的进步与知识产权利益的牺牲发展了知识产权文化，改变了中国的知识产权抵触心理和知识产权消费习惯。目前，我国虽然在国际上有着明显的角色，并随着"一带一路"工程在国际社会进步的建设中逐步深入，但是在国际上的话语权仍然不足，无论是在以中国为单一身份的谈判中还是以发展中国家的身份对相关知识产权规则的影响上，话语权都相对有限。当然，导致该结果的因素有很多，要想提升中国在国际知识产权规则及知识资源分配上的话语权也是一项挑战。随着我国在国际地位上的政治影响和国际参与度的提升，以及我国法治国家建设与大国建设的推进，为了惠益我国企业及国民在国际社会上的知识资源相关利益和影响力，重塑和提升我国在国际范围内的知识产权话语权也是很有必要的。更大范围内来看，我国作为发展中国家在国际社会上的地位也在提升，与其他国家建立的多层次的伙伴关系对我国知识产权意见的国际透露与表达具有非常大的帮助。

通过知识产权立法来提高知识产权保护水平并不能为大多数的发展中国

---

[1] 参见邓正红：《再造美国：美国核心利益产业的秘密重塑与软性扩张》，企业管理出版社 2013 年版，第 14 页。

家带来本质上的改变，这不仅可能对其促进创新创造没有作用力，还会反过来削弱其知识接近能力，阻碍知识学习及知识产品可及性。主要原因之一在于，腐败是发展中国家普遍面临的问题。腐败的政治环境不仅会使外界给予的知识产权援助利益归入某些掌握权力者的私囊，还会弱化国际知识产权资源的作用。尤其是最不发达国家，其国内的基本设施之落后也限制了知识产权制度可作用的范围。生活在贫困之中的群体，解决生存问题可能是不可期之事，外界的物质救援和知识产品救援即便能达到理想的效果，也是阻碍重重，如将抗艾滋病的药物顺利运到贫穷的地方，再如即便是在美国，也有将近三分之一的艾滋病患者因为保险问题得不到救助[1]。因此，国际层面的政治外交不仅有利于促进相关国家对知识、知识产品需求的信息沟通，更有利于相关国家构建相互谅解的知识产权规则体系，共同在民主化进程中解决人类发展面临的共性问题和特性问题。

（六）构建我国知识分配民主的结构

国内知识产权民主秩序的构建更加依赖于本身的民主制度和认知内涵。中国传统上擅长利用中央集权，能够在短期内积累更多的财富，建立更多的知识产权研发、利用机构，促进收入公平和对知识产权接触的公平[2]。相反，发达国家注重民主，却在决策上无效，在知识产权利用效率上并不见得更加有效。传统的民主强调的是少数服从多数的民主，而《公民权利和政治权利国际公约》为民主增加了"保护少数"的原则。[3]少数人决定多数人利益、少数国家决定大多数国家的资源分配规则，成为民主在产权规则中欠缺的结果。在一个运作良好的民主社会，每个人都不时地成为少数部分，这就意味着，在较长一段时间内，人或多或少都有平等的自治权，也因此有平等的自由。即便少数人不同意所有的法律，他们也会遵循基本法律，如人权对多数和少数基本无差异对待。[4]在知识产权领域，建立知识民主秩序不仅在

---

〔1〕 See Sarah Childress, "Why Some with HIV Still Can't Get Treatment", PBS, July 11, 2012. Available at https://www. pbs. org/wgbh/frontline/article/why-some-with-hiv-still-cant-get-treatment/ （last visited on December 17, 2020）.

〔2〕 中国的书籍定价非常低，有利于人们的知识接近。

〔3〕 参见《公民权利和政治权利国际公约》第 27 条，http://www. un. org/chinese/hr/issue/ccpr. htm，最后访问日期：2020 年 12 月 17 日。

〔4〕 See Filip Spagnoli, "In Defense of the Compatibility of Freedom and Equality", 13 *Tex. Wesleyan L. Rev.* 769, 776 (2007).

于对多数的关注与观点认同，更要注重对少数的关注。从现实的知识民主秩序来看，强调知识的民主化及对少数的关注，必定以参与式民主为核心构建知识民主的知识产权规则，防止知识产权规则制定和执行过程中，多数意见或虚假多数意见对少数意见的掩盖。民主是多元化的，中共十九大报告中多次提及"参与式民主"。对于参与式民主来讲，国民对相关事件的参与应当是平等的，知识相关事务的治理应当是全民参与模式。尤其是在网络环境下，参与式创作的知识产品产生模式更重要的是知识的传播与学习，知识产权制度的构建应当改变传统上以经济利益保护为核心的知识产权秩序。传统知识产权秩序过度以经济利益为核心，忽视了知识本身的信息特点，致使人们在知识获取上的差异化，这对知识进步是极其不利的。

道格拉斯·诺斯（Douglass C. North）提出产权与民主制度之间有某种关联的理论。[1]在占有规则与传播规则之间找一种平衡是现代知识产权制度的核心，将想法、观点、批评都列举出来有助于提升民主[2]。著作权法有助于确保构成我们社会、政治和审美话语的声音多样性和自主性，对民主社会构建具有不可小觑之作用。[3]在网络环境下，作者或著作权人对知识传播的控制严重影响了民主社会的构建。建立一个数字公共广场，或许更能够促进民主社会建设之需。[4]这些例子表明，在未来参与式创作模式下，利于知识传播的创作模式才更有利于参与制民主的构建，进而促进绿色政治生态环境的良性循环。

我国中央政府与地方政府的分权，虽然在某些情形下对知识传播有害，但是这种权力下放的模式及知识自治的权力分化，使得知识传播更加有效。如利用国有公司将一些药品及时运送到边远地区、利用中央集权的政治体系使一些决策更加有效地实施、在知识产权的利用上能够更注重人权。[5]我国

---

〔1〕［澳］彼得·达沃豪斯、约翰·布雷斯韦特：《信息封建主义》，刘雪涛译，知识产权出版社 2005 年版，第 13 页。

〔2〕［美］劳伦斯·莱斯格：《免费文化》，王师译，中信出版社 2009 年版，第 27 页。

〔3〕 See Neil Weinstock Netanel, "Copyright and a Democratic Civil Society", 106 *Yale L. J.* 283, 386 (1996).

〔4〕 See Neil Weinstock Netanel, "Copyright and a Democratic Civil Society", 106 *Yale L. J.* 283, 387 (1996).

〔5〕 See at https://www.ted.com/talks/dambisa_ moyo_ is_ china_ the_ new_ idol_ for_ emerging_ economies#t-478612 (last visited on December 17, 2020).

这种参与式民主的进程，并非适合于所有发展中国家，尤其是经济发展非常困难的最不发达国家。对这些国家来讲，政府的权威性和效率性将极大地促进知识的传播与利用，统一化的知识产权制度可能更有利于决策的高效性和权威性，因此，在发展经济之前过度强调民主可能并不是一种良好的行为模式。对于我国目前的政治结构形式来讲，最重要的是防止地方政府在执行中央政策时的腐败。知识产权方面的腐败与政绩直接挂钩，相关的地方保护主义也极其容易产生。国内知识产权民主化渠道不仅要注重国内情况，更要紧跟国际形势，作出最有利于我国利益的、有益于我国话语权增强的知识民主化的知识产权制度规范。

国家与国家不同，且发展差异较大，在国际上"以大欺小"的现象非常普遍。因此，国际上，民主应当被凸显。在民主化表达及民主化的进程中，呈现出这样一组现象：越是民主化国家，其对知识控制权的观点越可能被民间意见表达左右，其效率性可能不高，而在非民主化国家或者不强调民主的国家，它们的权力集中直接决定意见形成的非民主性及决策的效率性。民主化国家很容易将自己的观点拓展到国际层面，而非民主国家则更容易从国际层面接受观点并践行到国内知识产权规则的构建上。在没有建立民主或民主非常弱的情况下，就应当建立行政上的能干政府。[1]当然，在有法律机制的情况下，这种强政府仍应当尽可能避免政府对个人领域肆无忌惮的侵占与对公有领域的无效代表。因为如果没有民主，也就没有集权，知识控制权很容易被非知识需求者和决策能力者掌握，这是最不利的。

现代信息社会及未来的新技术发展社会中，任何国家都无权对全球范围内的信息及其他知识资源的专有权作出仅利于本国的立法，这些立法建立于社会公众的学习自由权、教育权、信息自由权等基本人权之上，[2]应当由相关方共同参与设计知识资源的分配方案，也即得到有效的民主决策和结果。我国作为发展中国家的一员，长期处于发展中阶段，这种发展中的状态未被经济的发展成功突破。因此，我国在未来的民主秩序构建中，应当更加切实地探索全民参与知识秩序的构建，充分利用我国权力来于民、用于民的良好

---

〔1〕 参见［美］弗朗西斯·福山：《政治秩序与政治衰败：从工业革命到民主全球化》，毛俊杰译，广西师范大学出版社 2015 年版，第 51 页。

〔2〕 参见徐瑄："知识产权的正当性——论知识产权法中的对价与衡平"，载《中国社会科学》2003 年第 4 期。

政治素养，将相关的民主与政府的结构带来的效力性相结合，形成更好的观点输出、知识输出与输入结合的知识产权规范体系。

对现代民主来讲，自由是基础。[1]尊重和保护知识产权绝对不意味着对知识产权的扩大保护及盲目跟从，甚至超越其他国家知识产权保护标准。至于这种知识控制权掌控者与决策者之间是否匹配及协调以达到知识民主效益正向化，更是值得深思。知识产权作为财产权，是一种私权，其自我处置能力上应当给予更加宽松的自治秩序允诺，诸如集体管理等应当有序放开。知识产权制度关系到具体的知识控制权的公平性，必须考虑实体权利构造与公平价值的平衡，以及比例原则的重要地位。如果主张的权利超过其对社会的实际贡献，就是一种不公平的对市场的控制，如著作权中的游戏机的锁定代码，这种代码的著作权人可以有效地将著作权转化成控制兼容这种游戏机的游戏市场的权利。专利领域亦如此，那些没有对大型市场的建设和发展做出突出贡献的创造者就不应当得到有效控制这些市场的权利。[2]知识产权具体的扩张是不利于人们的民主表达的，这或可导致思想的相对封闭化、穷竭化，与知识创新促进人类命运共同体构建的目标也是有差距的。

因强大的政治制度缺失，将失败或脆弱的国家推进冲突、暴力与贫困的恶性循环，[3]不是现代文明政治秩序构建的初衷，更不是未来知识秩序构建的目标。从根本上讲，知识控制权的差距产生于政治力量的不平衡及民主之缺陷，未来我国知识分配的民主不仅要强调人文关怀，更应当强调与其他国家的互帮互助。在民主秩序的构建上，应强调参与式民主的思想，将我国知识民主化的模式推向世界其他国家，并构建具有融合能力的区域知识自治秩序。

第五节　知识产权法国际政治学发展的期待性考察

如果说 20 世纪及之前的财富主要通过物质资本和工业化得以创造，从而塑造了世界伟大的意识形态辩论和阵营分野，进而带来财产控制，那么在 21

---

〔1〕 参见孙关宏："慎提'中国式民主'"，载《探索与争鸣》2014 年第 12 期。

〔2〕 Robert P. Merges, *Justifying Intellectual Property*, Harvard University Press, 2011, p. 8.

〔3〕 参见［美］弗朗西斯·福山：《政治秩序与政治衰败：从工业革命到民主全球化》，毛俊杰译，广西师范大学出版社 2015 年版，第 44 页。

世纪，新的财富则通过智力资本和虚拟化得到创造，未来的世界意识形态新战线的塑造则有赖于当前的政治规范和作用。[1]不同的国家具有不同的建国基础，如建立在公民不受国家侵害的保护理念上的英国、民间力量和贵族家族之间争议基础之上的意大利、庞大的自由和宪法力量之上的美国、民族理念之下国家干预的法国等，[2]不同的国家建国理念影响了国家在资源获取和世界知识控制权上的地位、制度参与度及影响力。历史将知识产权与贸易结合在一起改变了全球范围内对知识产权的认知。[3]未来知识产权法国际政治学的发展则有赖于国家与国家之间、个人与个人之间的民主秩序构建及对构建满足人类命运共同体的知识控制权分配的共同认知。在面对知识这一非竞争性内容时，基于其能够产生的多方位的价值，则需要各方在知识产权扩张与限缩之间寻求民主化的平衡，抛却过去以竞争为手段的方式转而以合作模式代替。

首先，知识产权国际竞争与合作展望及措施。上文已分析国际知识产权竞争与国际知识产权合作之间的关系及发展，本部分的期待性考察在于对未来知识产权国际竞争与合作秩序的一种展望性思考。

在未来知识产权相关秩序构建过程中，可能仍然存在一定的利益及意见分歧。所谓"分歧，在其合法的场合，有助于社会和组织的统一"，[4]只要相关分歧能够得到充分的代表与民主表达，就仍有希望达成国际层面的共识。有人认为 TRIPs 协议并没有发展中国家预期的那样促进发展，过多的法律也没有带来足够的发展动力。[5]但必须承认，TRIPs 协议给全球知识产权秩序带来的相对统一，虽然类似"一刀切"的做法，忽略了相关国家在知识产权利益上的需求，实际上也是不民主的体现，但是其比起复杂纷乱的自由贸易

---

〔1〕　参见［澳］弗朗西斯·高锐："知识产权的作用再思考"，see at http://www.wipo.int/export/sites/www/about-wipo/zh/dgo/speeches/pdf/dg_ speech_ melbourne_ 2013.pdf，最后访问日期：2020 年 12 月 17 日。

〔2〕　参见《公司的力量》节目组：《公司的力量》，山西教育出版社 2010 年版，第 53 页。

〔3〕　See J. Janewa Osei-Tutu, "Corporate 'Human Rights' to Intellectual Property Protection?", 55 *Santa Clara L. Rev.* 1, 2015, p.32.

〔4〕　参见［美］西摩·马丁·李普塞特：《政治人：政治的社会基础》，张绍宗译，上海人民出版社 2011 年版，第 1 页。

〔5〕　See Assafa Endeshaw, "Intellectual Property Enforcement in Asia: A Reality Check", 13 *Int'l J. L. & Info. Tech.* 378, 380 (2005).

协定来讲，仍然具有宝贵的价值，甚至可以说这种统一的做法构建的知识产权规则蓝本相对削弱了社会知识控制权的不平等分配。

在世界整体向前发展的同时，有些国家和群体仍然挣扎在生存与死亡的边缘，专利药品及食品是他们赖以生存的保障。虽然有国际经济救援，但是不可否认的是，这些国家和地区的知识接近能力仍然非常受局限。特别是对于一些贫穷国家来讲，建立和维持有效的知识产权机构所需要的人力、物力、财力本身就是它们不可承受之重。[1]更何况对它们来讲，政治统治者的首要任务是降低贫困以维持统治秩序的稳定。是否可以开辟出特殊的区域使基本生命权和健康权急需之地得以维持在一定期限内豁免知识产权保护义务，甚至在其发展到一定程度之前为其提供知识产权慈善，成为政治稳定及发达地区国家和组织应当额外考虑的问题，因为知识本身具有社会公有性质，其应当在全球范围内惠益人类，而非将知识控制权私有化、特优化。正义主义视角下的知识帮扶主义早在2000年的《联合国千年宣言》第28条中就有提倡——"帮助非洲建立应付艾滋病毒、艾滋病和其他传染病蔓延的能力"。富裕国家有义务帮助贫困国家，富裕国家公共和慈善基金应当被分配用来促进主要用于治疗第三世界国家疾病的药物和疫苗的开发与供应。[2]富裕国家有救助贫困国家的义务被认为是知识产权慈善实际上并不恰当，但是非常有价值。之所以不恰当，是因为这种义务是弥补国际知识产权秩序非正义带来的不公平的手段之一，可以说是发达国家应为之内容。对发展中国家的知识产权慈善，并不是仅仅对发展中国家有利而对发达国家无利，因为发达国家的知识产品同样有待于更多的发展中国家健康的人群来消费，只有存在更多的健康的、受到教育的人群，知识产品才有更大的影响力、影响范围。[3]因此，在未来的知识产权帮扶义务上，相关内容仍有待加强。这就要建立发达国家与发展中国家之间以发展和合作为主题的知识分配模式。

---

〔1〕 参见"非洲地区工业产权组织"，载《中国投资》2018年第8期。

〔2〕 See F. M. Scherer, "The Political Economy of Patent Policy Reform in the United States", 7 *J. on Telecomm. & High Tech. L.* 167, 2009, p. 214.

〔3〕 See Robert L. Jr. Ostergard, "Intellectual Property: A Universal Human Right", 21 *Hum. Rts. Q.* 156, 174（1999）.

再者，多极世界的机构成立及发展如此之快，难保其稳定性。[1]因此，建立完善的基于发达国家与发展中国家的知识产权国际竞争与合作秩序依然是当前国际知识产权秩序健康发展的根本，是促进人类命运共同体建设的重中之重。知识产权的地域性与知识的非地域性形成较大的落差，这也就意味着谁掌握知识控制权，谁就能够在国际竞争力上先胜一筹。知识资源分配相关的制度有必要在全球范围内予以民主对话，因为知识资源分配规则不仅关系到国家的竞争力问题，更关系到个人的发展问题。知识资源事关国际政治的稳定与安全，[2]有效的国际对话不仅能够保障知识资源的正义再分配，更能够维护全球人类的发展秩序。从未来的人类发展来看，疾病仍然会给人类带来实际的挑战，知识资源分配不公平是造成人类阶层分化、贫富差距拉大等的重要原因之一。有效吸取知识产权制度对人类共同发展作用的历史经验，朝向建立人类命运共同体、促进人类共同进步的世界政治目标，知识资源分配和相关制度的改善仍然有待于国际合作为主的对话机制。在科技与传统并行的未来，发达国家和发展中国家在相关利益诉求上并不能统一以发达国家利益、发展中国家利益来简单概括。以我国为例，作为发展中国家，我国具有天然的生物和文化多样性，在发达国家恶意掠夺资源的场合，理应站在发展中国家阵营来抵制这种行为并展开与发达国家的对话。但是随着科技的发展，我国在相关技术领域取得了进步，同样需要逐渐从外国获取相关资源和文化来服务于更进一步的发展，此时好似又与发达国家主张的利益不谋而合。因此，在相关利益的代表和主张上，不免会进入一个两难境地，无知之幕的制度制定规则或可成为未来知识资源分配正义的一个选项。但是仍然值得提出的是，大多数发达国家仍然是利益受益方，其缺乏我国所具有的双面利益优势，在其仅仅意欲攫取他国资源的情况下，其主导的知识产权规则的制定方向仍然值得警惕。

基于人类共同发展路径观点，为了创建和维系保障人类福利与人类能动性的社会结构，对发展中国家提供援助是一种正义义务。[3]国际社会只有在

---

〔1〕　参见［摩洛哥］法提姆·哈拉克："正在形成中的多极世界：非洲面临的机遇与挑战"，周瑾艳编译，载《西亚非洲》2017年第1期。

〔2〕　See Kristie Thomas, *Accessing Intellectual Property Compliance in Contemporary China：The World Trade Organization TRIPS Agreement*, Palgrave Macmillan, 2017, p. 5.

〔3〕　参见田冬霞："对跨国人体研究剥削议题的伦理审视"，中山大学2016年博士学位论文。

知识产权领域抛弃传统的竞争对手的国际关系，才能够为人类的未来造福。早在 2000 年，《联合国千年宣言》第 6 条就提出了"自由""平等""团结""容忍""尊重大自然""共同承担责任"六大基本价值。从实践看，美国作为发达国家的代表，在建立和实施南北特惠贸易方面颇为积极，并基于此扩张自己在全球的政治和经济战略。[1]但是，仅通过贸易为不发达国家提供帮助消除不了当地人的贫困与疾病，更重要的是需要在知识产权、知识产品方面为其提供一定的慈善、惠益。当然，为不发达地区提供知识产权惠益并不是一个国家的事情，也不是某一个国家能够单方面决定的事情，因为知识产权虽然具有地域性，但是知识产权保护的政治力量是跨地域的，所以仍然需要在大多数成员范围内达成一定的政治目标共识，通过知识产权手段帮助最不发达国家有效率地解决当地的贫困与疾病，带动其知识产权推动创新和创造。

国际社会知识的分配之所以需要合作，还因为对于知识资源的分配，尤其是在传统知识资源的分配规则制定上，不可适用"一刀切"的国际规则。西方和传统知识的二元语境也决定了西方发达国家来引领传统知识规则制定的不当性。此外，传统知识虽然是一个抽象的词语，但是其涵盖了多种多样的传统知识，这些传统知识资源的分配不仅要注重与大的抽象的传统知识的一致性，还要注重因传统知识的当地性而产生的不同地区传统知识的细微差别。[2]特别是考虑到机器的自主能力已经超出了人类的想象[3]，知识产权规则应当尽早对以人工智能为标志的机器主体的知识产权规则进行一定的控制。新技术的出现将淡化国家与国家之间的知识产权竞争与合作的界限。更多新内容的出现表明，人类面临的最大难题已经不是政治力量对比下的正义，而是人类需要共同面对的被机器管控的时代。机器对知识创新的超强学习能力给人类带来的挑战倒逼人们对知识产权规则与秩序做一定的防备。

我国《"十三五"国家知识产权保护和运用规划》中规定要促进知识产

---

〔1〕 参见刘勇："美国《非洲增长与机遇法案》述评"，载《武大国际法评论》2009 年第 1 期。

〔2〕 See Anjali Vats & Deidre A. Keller, "Critical Race IP", 36 *Cardozo Arts & Ent. L. J.* 735, 770 (2018).

〔3〕 See https://www.nytimes.com/2018/03/08/business/alexa-laugh-amazon-echo.html, https://mashable.com/2018/03/06/amazon-echo-alexa-random-laugh/#An5kmHuACiqh（last visited on December 17, 2020）.

权开放合作，并表明要加强知识产权国际交流合作、加强国际知识产权事务参与度。[1]我国作为发展中国家，为世界输出的和平价值与人类命运共同体构建的理念，可以为国际知识产权合作与知识合理分配提供非常大的理论与实践示范。

其次，国际知识产权政治秩序视野下的公共力量。知识产权制度的形成无论是在国内还是在国外，都离不开相关大公司、大企业及政府的观点表达，然而公共力量的崛起并没有太多的规范性考察。但是，基于公共力量的正当性存在及其在观点凝聚上的作用、对人类发展的关怀，在未来知识产权制度的形成过程中应当予以高度重视，并在法律规范中赋予其合适的地位，合理构建相关的工作机制。

在被迫提升知识产权保护标准的当今时代，胜利的是利益集团、政府及富人。理性政治的有限性决定必须采取其他有效措施来保证穷人对知识的接近。在知识的接近方面，中介机构比起作者和发明人，起着更为重要的作用。[2]如果政府能够利用其权威性和财力，来建立免费的或者低价格的公共知识机构，将具有非常良好的政治效果。通过建立公立或者政府补贴的公立知识转换及传播机构，将确保在知识产权制度中对著作权人予以保护的前提下，为知识贫穷阶层提供知识及知识产品接近的机会。特别是在网络环境下，研究机构、非政府间国际组织、媒体等根据不同的受众在知识传播方面将可发挥非常大的作用。[3]并不能单以知识产权法是否践行了强知识产权保护为标准衡量知识产权法的政治正确性，必须以辅助政策作依托。只有提供丰富的公共产品，方能实现知识产权法在一国的政治理想。

在知识产权制度的构建上，一定要注重对相关辅助政策的构建，其中相关公共力量也能够起到一定的协助作用。社会政策是国家通过立法和政府行

---

〔1〕 参见《"十三五"国家知识产权保护和运用规划》第4条第7款第1项。

〔2〕 See Nicola Jones, Ajoy Datta and Harry Jones etc. , *Knowledge, Policy and Power: Six Dimensions of the Knowledge Development Policy Interface*, Overseas Development Institute, 2009, p. 30, available at https://www. odi. org/sites/odi. org. uk/files/odi-assets/publications-opinion-files/4919. pdf (last visited on December 17, 2020).

〔3〕 See Nicola Jones, Ajoy Datta and Harry Jones etc. , *Knowledge, Policy and Power: Six Dimensions of the Knowledge Development Policy Interface*, Overseas Development Institute, 2009, p. 30, available at https://www. odi. org/sites/odi. org. uk/files/odi-assets/publications-opinion-files/4919. pdf (last visited on December 17, 2020).

政干预，解决社会问题、促进社会安全、改善社会环境、增进社会福利的一系列政策、行动准则和规定的总称，其基本任务是提供民生保障。知识产权作为当代社会生活中，人们不可避免日常接触的内容，在一定程度上直接或间接影响着人们的生活、发展等，没有社会政策作为依托，知识产权制度的实践及其在社会中的调节功能将严重受限。公共政策的总体目标是维持政治统治秩序的稳定和促进人类的发展，但是促进知识增益及由此而产生的人类发展并不是知识产权制度和政策能够独立承担的责任，必须由其他辅助政策予以配合。[1]国家至少应当从社会政策方面，通过合理引导知识资源分配规则的制定，为知识分配提供基础保障，避免不同群体对知识的接近能力被其他因素影响而拉开距离，形成不可逾越的知识鸿沟。如没有充分的公共资源保障知识接近机制而一味提升知识产权保护标准，对于多数发展中国家及最不发达国家来讲，无疑是灭顶之灾。即便是美国，作为一个呼吁知识产权强保护的国家，其在提升知识产权保护的同时，仍有不少的政府机构、社会公益组织等在知识免费传播上做出了极大贡献。[2]基于公司的集合能力和自愿结盟的能力，它们很擅长且很有能力在知识资源的分配上达成区域性的协议或形成一种秩序共识。如基于美国《版权法》并不为电影作品的标题提供著作权保护和登记服务，为了避免使用容易混淆、近似的电影标题，1925 年在美国电影协会（Motion Picture Association of America，MPAA）的主持下成立了标题登记局（the Title Registration Bureau），该局从 1925 年至今基本没有变化。[3]这种法律规定之外的社会力量自发建立的知识资源的分配秩序，在一定行业内具有非常大的影响力，能够在一定程度上形成社会知识掌控话语权。但这样的自发知识资源分配能力是否能够排除其作为社会公共领域知识的性质，仍值得商榷。《知识接近公约》是最为明显的一个，它们通过建立相关的盟约，提议大家注重知识分配正义，注重发展中国家作为世界知识规则中不可忽视

---

〔1〕 参见吴汉东："知识产权的多元属性及研究范式"，载《中国社会科学》2011 年第 5 期。

〔2〕 如美国有非常多的公立图书馆，美国的转换性使用制度充分保障了人们对作品的接触和利用，免费图书下载网站也很多，特别是很多大学图书馆等也提供网上免费电子图书。而在我国，不仅图书馆相对匮乏，即便是公立图书馆，其要求也十分严格，公民对作品的接近和利用权本身受到限制，加上近几年的版权剑网行动，对公民在网络上免费获取作品的限制非常严格。

〔3〕 See John Tehranian, "Towards a Critical IP Theory: Copyright, Consecration, and Control", 2012 *BYU L. Rev.* 1237, 1291 (2012).

的一部分之知识接近保障。[1]再如 2001 年以耶鲁大学学生为中心成立的美国基本药物联盟（Universities Allied for Essential Medicines），主张提升人们对药品的接近能力，并加强对被忽视的热带病的药物研究和开发。[2]其他组织的成立，如"Light Years IP"致力于代表穷人群体在传统知识的保护与发达国家公司之间的不平等谈判等过程中起到正向的作用。[3]为了保障强著作权保护模式下人们对作品的可及性，可以充分鼓励社会自愿公开作品的作者对作品自治平台的建设，如古腾堡工程（Project Gutenberg）[4]、谷歌图书（Google Books）等项目均为著作权强保护环境下作品接近实现的优秀平台。值得注意的是，富裕的国家有商业机构或慈善机构可以提供平台建设经费，但是在贫穷国家依然主要依赖于政府的投资。如果政府不对公共设施予以投资而一味地提升著作权保护水平，无疑将给国民的知识接近带来极大的限制。再者，贫穷国家因为国民对科技接近能力的微弱，它们对信息的接近力也比不上发达国家人口，甚至与发达国家的穷人阶层相比也差之千里。因此，这样的此场合，国家更应该在尊重著作权的前提下，通过公共设施建设来满足社会公众对知识接近的需求，增加人们接受教育的机会。

除了知识产权体系之外，政府还需要明白其职责不仅在于促进知识产权的保护与提高以实现其相关产业的利益及其知识控制权的累计与增进，还需要通过为相关需要科研进步的产业，特别是对人类生命健康、重大疾病治疗有重要贡献的或者有潜质的企业进行投资。知识产权的掌握度一定程度上能够反映该国科技水平。但是一般重要科技的突破不是单一个人或企业能够胜任的，再有市场潜在价值的科研任务如果没有资金的支持与保障，即便有知识产权的后续保护，也并不能给予具有科研能力的主体以主动性，也很难在国际范围内为争取知识产权形成稳定的、熟练的游说团体。甚至在没有充分的资金予以保障的情况下，这些企业只能将需要的科研任务外包给其他国家，[5]委

---

〔1〕　如《知识接近公约》第 1 条"目的"："保护和促进知识接近，促进技术向发展中国家转移。"See Treaty on Access to Knowledge（2005 draft），Article 1-1. Available at http://www. cptech. org/a2k/a2k_ treaty_ may9. pdf（last visited on December 17, 2020）.

〔2〕　See https://uaem. org/（last visited on December 17, 2020）.

〔3〕　See http://lightyearsip. net/（last visited on December 17, 2020）. 它们成功的案例有很多，包括 Ethiopian Fine Coffee 等。

〔4〕　See http://www. gutenberg. org/wiki/Main_ Page（last visited on December 17, 2020）.

〔5〕　参见鲁菁："中国医药研发外包服务产业发展研究"，中南大学 2012 年博士学位论文。

托情形下的知识产权归属及实际的知识控制并不利于委托方，尤其是来自发展中国家的委托方。民主运作之下的国际知识产权制度、良好的国际知识产权环境并不能完全保障知识产权法及知识产权之目的的实现。知识产权要实现知识资源的落实及知识权利的合理分配，同样还需要政府作为一个最有利于引导和促进科学进步的主体发挥作用。政治统治者及政府对知识产权的支持与否大多与其政治策略和目标有关，知识产权制度如何与国家的发展政策和国家制度密切联系。[1]如在中国必须在提升知识产权保护的同时构建有利于知识创新的环境。政府在科研等管理活动中充当决策人、发包人、监理人等多重角色，这些错位与越位使得科研难以自由，同时还可能产生权学勾结、弄虚作假、贪腐贿赂等风气，这严重阻碍了知识产权制度的正当作用的发挥。[2]这种对知识民主化、知识创新起到阻碍作用的机制比起知识产权法相关内容更应当得到重视，知识环境的良好才能保证发挥知识产权制度的有效作用。

私营力量的介入在近年来直接或间接体现了知识规则影响渠道中这些力量的作用力。如谷歌等私营大公司私营力量的介入，有效利用其独立的资金地位率先发展了数字图书馆及触动了民主力量在知识传播上的参与度。[3]随着技术的进步，大公司对知识资源分配规则具有比其他社会力量，甚至在一定程度上比国家具有更大的把控能力。如 2012 年美国国会提出《禁止网络盗版法案》后，WEB2.0 相关公司如维基百科采取关闭一天的做法来反对立法，谷歌通过在其首页显示反对《禁止网络盗版法案》来引起人们的关注，由于大公司的反对，《禁止网络盗版法案》迅速胎死腹中。[4]一些小的利益集团也能够在一些知识控制权有关的事件中起到非常重要的作用。[5]

随着跨国经济的发展，知识产权有关的公共利益集团也开始出现，这表

---

〔1〕 参见世界知识产权组织编：《知识产权纵横谈》，张寅虎等译，世界知识出版社 1992 年版，第 321~322 页。

〔2〕 参见陈宇学：《创新驱动发展战略》，新华出版社 2014 年版，第 291 页。

〔3〕 参见华劼："美国转换性使用规则研究及对我国的启示——以大规模数字化与数字图书馆建设为视角"，载《同济大学学报（社会科学版）》2018 年第 3 期。

〔4〕 See John Tehranian, "Towards a Critical IP Theory: Copyright, Consecration, and Control", 2012 *BYU L. Rev.* 1237, 1243~1244 (2012).

〔5〕 参见［澳］彼得·德霍斯：《知识财产法哲学》，周林译，商务印书馆 2008 年版，第 148~150 页。

现出人们对原有民主政治的不信任。[1]需要警惕的是，利益集团往往表现出一定的精英利益，其中的利益集团化在现实中也可能使民主内部零散的利益冲突升级和固化，从而以身份政治代替民主政治，并带来知识分配的阶层化。[2]理性的公共力量可以促进知识规则政治中的理性发挥。在"任何权力都有自我扩张的本能冲动"的政治规律之下，[3]如何控制知识资源的公共性与私权化之间的平衡砝码是公共力量崛起之下理性努力的方向。民主技术运动（democratic technology movement）是可以促进民主进程的工具，因为它可以帮助穷人争取到技术所带来的利益，同时也可以帮助我们在新的生活领域中保卫我们来之不易的民主自由。[4]当前的知识产权规则，无论是国际层面还是国内层面，大多数情况下是以健康、正常人口的视角来看待其正当性的。在知识产权规则的制定中，话语权也总是掌握在健康人群手中，并没有全盘考虑残疾人等弱势群体在人口中的比例，[5]甚至在一些与其他法律交叉或者形成空集的情形下知识产权规则也带来了一定的社会非正义。[6]充分发挥非营利组织的作用，尤其是它们在知识公共领域维护方面无人代表情形下的作用，它们甚至在某些领域可以承担政府与私人均不可完成的任务。[7]历史上在非洲及其他最不发达地区对专利药品的接近问题上，无国界医生组织（Mrdecins Sans Frontieres，MSF）和乐施会（Oxfam）等都支持了非洲国家应对 TRIPs 协议的立法活动。[8]可以充分发挥组织的功能，培养人类趋于同等水平的知识资源利用能力，如 SuperFlex 教育当地人通过知识产权保护输出产品和知识就

---

〔1〕　参见唐昊："利益集团政治变迁与美国霸权的转型"，暨南大学 2007 年博士学位论文。

〔2〕　参见唐昊："利益集团政治变迁与美国霸权的转型"，暨南大学 2007 年博士学位论文。

〔3〕　参见苗连营、郑磊、程雪阳：《宪法实施问题研究》，郑州大学出版社 2016 年版，第 90 页。

〔4〕　［澳］普拉蒂普·N. 托马斯、简·瑟韦斯主编：《亚洲知识产权与传播》，高蕊译，清华大学出版社 2009 年版，第 185 页。

〔5〕　See Eric E. Johnson，"Intellectual Property's Need for a Disability Perspective"，20 *Geo. Mason U. Civ. Rts. L. J.* 181（2010）.

〔6〕　如知识产权法与就业歧视。See Elizabeth A. Rowe，"Intellectual Property and Employee Selection"，48 *Wake Forest L. Rev.* 25（2013）.

〔7〕　See Jyh-An Lee，"The Neglected Role of Non-Profit Organizations in the Intellectual-Commons Environment"，Stanford Law School Dissertation（the degree of Doctor of the Science of Law），2009, p. iv.

〔8〕　See Nadia Natasha Seeratan，"Negative Impact of Intellectual Property Patent Rights on Developing Countries：An Examination of the Indian Pharmaceutical Industry"，3 *Scholar* 339, 392（2001）.

是很好的例子。[1]

相关机构的崛起和利用，可以从一定程度上创立协同式知识产权扶贫制度，实现知识利益共享的知识民主化目标。可以说全球的知识产权冲突及争议很多时候是由经济原因作为表象而形成的政治问题，而贫困地区与非贫困地区的知识产权规则的需求与支付能力形成的对比构成了贫困代际传递结构。虽然发达国家为以非洲国家为主的发展中国家、最不发达国家提供了大量的资金方面的"扶贫"，发展中国家也为另外一部分发展中国家及最不发达国家提供了较大的资金、物质方面的"扶贫"，但是"久扶不脱贫"的现象依然严重。除了腐败之外，最重要的原因还在于扶贫没有扶"智"，知识产权制度的嵌入不利于贫困地区的贫困人口充分利用全球知识产权发展红利，没有充分参与到全球知识产权发展进程中去，进而在全球科技文化飞速发展的当今，依然有极度贫困的人口不得不为每天的温饱问题发愁，不得不因他们的疾病得不到医治而苦苦挣扎。这种情况在中国同样存在，快速发展的东部沿海地区城市，将落后的中西部贫困地区远远甩在身后，贫困差异化严重的结果之一就是各地区在知识创新和知识享用的能力上有较大的差异，甚至因此带来诸如教育差异化等突出问题。基于知识产权制度而带来的知识接近能力及接近结果上的差异化逐渐扩大，知识产权协同式扶贫模式值得被推荐。扶贫是全球的重要问题，贫困人口、贫困人群脱贫是全球发展目标。传统的参与式扶贫使得贫困人口处于一个被动状态，不能够充分适应知识产权全球化及经济全球化过程中的政治生态环境。而知识产权的协同式扶贫有益于扶贫的彻底性，帮助贫困人口快速发展是为知识民主化进程提供促进力的重要保障。

最后，对知识分子在知识产权规则发展中作用的期待。知识分子不仅是最具有潜力的知识源泉，更有希望成为知识利益分配中重要的建议者。专业的知识分子在思想上达成自己的观点，在客观上不依附于政治、不服侍权势，不完全听命于政府、集团或志同道合的专业人士所组成的行会的政策目标，这是理想的状态，但现实中很多知识分子在受到各种诱惑后表达出违心观点，[2]这也对知识资源的分配规则带来一定的负面影响。在实践中，知识分子具有多

---

〔1〕 See https://superflex.net/ (last visited on December 17, 2020).

〔2〕 参见［美］爱德华·W. 萨义德:《知识分子论》，单德兴译，生活·读书·新知三联书店2002年版，第74~75页。

重角色，其知识掌握能力占据一定主要地位，其角色可能为其带来实际的政治地位。在西方国家，很多知识分子除了作为知识分子之外，还成为发达国家或公司集团等在社会上获取政治支持、获取规则偏爱的工具。在这种场合，一方面关系到知识分子在知识掌握上的优势，另一方面也使得他们成为决策者的组成部分，这就意味着知识分子可能在一定范围内对知识控制权分配规则最为了解，如果他们能够具有决策的权力或者建议的权力，那么或可为知识资源的分配提供有益的见解。目前我国社会公众对法律人的信任度不足，[1]如何使法律人取得社会公众的普遍信任是法治建设中的重要难题。

知识产权契合社会契约论的知识，将具有公共本性的知识通过知识产权给予为知识增进做出贡献的人。除了直接与知识产权利益相关的知识产权人之外，还有学者这一具有非常牢固的知识体系的群体，他们对制定出什么样的知识产权法律制度，特别是在国内知识产权法律制度的制定上，具有潜在的影响力。我国在过去呈现出的立法决策和规划多由上而下体现出中央和上级的意志，在知识产权法领域更是如此。[2]如中国在进行知识产权法修改过程中，会专门委托相关的大学知识产权研究机构对相关问题征求意见。[3]发达国家还通过为外国政府官员提供如加强知识产权保护等内容的知识产权课程，向发展中国家输出强知识产权保护意识，[4]这些都是知识分子的知识资源分配规则的作用机制。但是有的学者可能会为了得到同行或某行业的认可而选择支持某一方的观点，或为了更容易被邀请参加会议而选择支持某一方的观点，为了更容易发表论文而偏向于某一杂志倾向的观点，这些"被动"表达出的意见可称为"学者政治"，但是这些并不利于知识产权制度的理性建

---

〔1〕　参见丁晓东："人民意志视野下的法教义学——法律方法的用途与误用"，载《政治与法律》2019 年第 7 期。

〔2〕　参见马怀德、张红："立法的民主化及法律监督"，载《国家检察官学院学报》2005 年第 4 期。

〔3〕　如我国《著作权法》第三次修改过程中，国家版权局专门委托了著作权领域影响力较大的三家教学科研单位——中国人民大学知识产权学院、中国社会科学院法学所知识产权研究中心、中南财经政法大学知识产权研究中心起草《著作权法》修订专家建议稿。再如我国《专利法》第四次修改过程中，国家知识产权局多次召开草案征求意见会，邀请了众多大学学者和科研人员参会。

〔4〕　See USPTO Annual Reports Performance and Accountability Report, Fiscal Year 2007, p. 5, available at https://www.uspto.gov/sites/default/files/about/stratplan/ar/USPTOFY2007PAR.pdf（last visited on December 17, 2020）.

设。[1]再如，学者表达出的意思与政府预设观点不同时，是否会遭受到政府的不欢迎，也会成为学者在表达建议或观点时考虑的问题。南非的本土传统知识立法是一个类似政治哲学的典型例子。报道称，政府忽视了一个独立研究机构做的规定影响评估，这个评估意见称从对大部分本土群体的社会和经济利益来讲，没有足够证据证明履行的风险和成本是合理的。这个评估意见不符合政府预设的观点。[2]这也就意味着，知识分子在知识产权规则的形成中有非常大的作用，但是这些作用的发挥受限于一定的国家制度和政治生态环境。对于专家学者而言，如果要使他们能够表达出不依附有产业利益在内的意见，必须赋予他们言论自由的空间，保障他们在表达意见时的中立性而非潜在的引导性。

与第三层面的理解相关联，第四层面期待性在于知识产权政治对知识产权研究的影响及知识产权研究与知识产权政治之间的互动。也即知识产权研究实际上影响着知识产权的规则发展，并从一定程度上在国际层面贯穿着相关知识产权纷争等内容。首先，知识产权的研究受到国家对知识产权政策的影响，在国际范围内也是如此。[3]知识产权的研究对象本身是一种动态知识分配模式的呈现，无论是对过去的历史方式的呈现，还是对当前制度的审视或对未来制度发展的规划等研究，都脱离不开相关的生态圈。知识产权制度的研究在一些国家也为知识产权规则的形成贡献大量的观点与蓝本。如有些研究者会被委托做一些相关的课题研究，这在发达国家和发展中国家都是常见的。无论是主动的研究还是任务式的研究，如果是按照一定的结论研究，则会丧失民主表达的空间；如果是自由式的研究、不拘泥于成果及结论的研究，或许更能够反映相关的客观现实。其次，知识产权研究是影响知识产权制度的。符合政治利益的研究成果更能够得到相关企业和政府的支持，相关的企业和政府也会更加倾向于对这些研究给予实际的支持。为了迎合这些支持，相关的研究也可能偏离理性发展规模。这主要体现为一些研究成果的前

---

[1] See Jessica Litman, "The Politics of Intellectual Property Law", 27 *Cardozo Arts & Ent. L. J.* 313, 318~319 (2009).

[2] See L. T. C. Harms, "The Politics of Intellectual Property Laws", 2012 *J. S. Afr. L.* 461, 463 (2012).

[3] 学者们会根据政策倾向、政府支持的方向、会议的论题，去找寻自己的研究方向。这就可能造成，政治关心的方向引领研究方向，更严重的是，将会产生一些被利益集团支持的科研集团或机构，来为一些利益集团服务。

后观点转变或者给予相关研究的结论前置等模式。

　　实际上，学术研究也是知识创新的源泉，是知识产品的组成部分，其受到政府及企业等方面的影响，同时也作用于相关制度的形成，是一种民主表达的构成，但同时这些内容的政治任务色彩过浓也会给民主表达带来阻碍，造成知识表达的非民主性与公平障碍。尤其是在国际层面，英语国家的观点基于语言权力优势，研究成果能够波及、影响的范围更为广泛。相反，非英语语言的研究影响范围更小，与此同时，它们能够相互交融的机会也更加有限。因此，加强相关研究成果的交流与沟通，或许能够弥补这种不足。

结 论

　　基于知识产权法政治学研究的重要性及其在我国的研究相对薄弱的现状，本书以知识产权法政治学研究为题展开对知识产权法领域有关的政治学理论与实践的系统研究、探讨与思考。将知识产权作为财产权进行研究及对知识产权经济效益的过度关注，使得知识产权制度从19世纪至今发展成为一种极度偏向知识"产权保护"的工具。近代知识产权规则的形成中所蕴含的激励色彩，使现代知识产权法具有功利主义色彩。从整个人类的总体进步来讲，只有惠益多数人的知识产权法才能够产生公平的知识分配和惠益结果。激励色彩及经济利益过度被重视的结果是，知识产权制度的稳定性相对不足，其对社会的价值不仅被部分弱化，同时还带来诸如以经济基础为标准的阶层知识资源分配差异化分布的特点。这种知识资源控制权的分布，为知识产品的接近带来一定的歧视性，阻碍着贫困地区及贫困人口对接近知识和贡献知识的可能性。而且，更为严重的是，这种知识资源控制权的分布将直接导致贫困的代际传递。相对地，知识产权的政治学分析及其机制却存在诸如目的性、价值取向及客观基础、终极正对性等方面的优势。

　　在过去的知识产权扩张过程中，无论是专利法中的少数圈地运动、著作权法中的言论管控等知识集权化，还是商标法中对言论自由的过度解释，都显示出知识强权者将知识作为实现己方价值的工具。这种工具的特色在于，知识产权的扩张能够使他们获得知识控制权，并增强他们在知识有关的活动中的参与权与决定权。知识产权的扩张还体现在对个人自治的削弱，这一见解主要体现在以公司为主体的知识产权主体在知识产权法中的广泛被认可，以及大公司崛起之际知识通过知识产权法流向大公司。在此现象之下，知识产权的作用向权力者大量集中。大公司借助于所汇集的知识产权更容易获得其在市场及知识产权规则制定时的话语权。一方面，它们借助于知识产权制度向自然人"搜刮"知识创新成果，并产生市场上的经济效益，为国家贡献大量的税收；另一方面，基于它们在市场上因知识产权而贡献出的文化与科技、经济成果，国家对它们更加重视和依赖，甚至在一些国外信息的获取上也以跨国公司为主要渠道。这就造成了，借助于民主机制，政治统治者的决策权被知识产权制度的既得利益者掌握，游说使得政治利益的输送显得更加正当化，而这背后却是赤裸裸的知识贫富差距的拉大。诸如当前的地理标志、植物新品种权等立志解决贫困问题的知识产权制度也不能够实现其所谓的高尚目标，它们所展示出的对贫困人口知识资源的剥夺更加显著。本身拥有知识的人和创造知识的人在这些知识产权扩张中失去了自由和免费使用知识的自由，甚至他们必须额外支付相关的费用，这些费用以更加"冠冕堂皇"的名义被知识产权法保护起来。这种知识产权扩张的历程，带来了诸多损害：破坏了人们自由接近知识的自治秩序、知识接近权被部分人人为地差异化对待、言论自由因知识产权的扩张得以限制、国家主权在知识产权扩张中也被迫削损以及知识产权法的立法目的和其本身的用意已经逐渐偏离主轨道。知识产权的扩张是政治色彩极其浓厚的霸权主义在二战后的延续，是发达国家主导的民主秩序之下的非民主知识控制权的集中化，借助于 TRIPs 协议的形成及其对国际知识产权规则的统一化，发达国家在知识资源汇聚与控制上获得了领先的优势，这并没有为大多数人口带来知识接近优势，尤其是为中下层阶级对知识获取的限制及他们对知识创新机会的削减，提供了较强的制度支持。而在此过程中获得利益者却是大公司，尤其是跨国公司及发达国家。

基于人们生存需求所产生的基本人权的探讨决定了知识产权与人权之间的协调关键性，但是这一协调在实践中践行性不足。发展中国家及贫困人口对知识有关的接近权、对基于生存和健康所需求的知识产品等危机影响了他们基本人权的实现。而产生于知识产权制度的这些内容并不仅限于发展中国家及最不发达国家，对于发达国家的贫困人口也有同样的逻辑存在。知识产权法产生的知识资源汇聚，使得掌控知识的人、具有知识控制权的人能够在政治影响力上获得更重要的地位和以话语权为基础的决策权。该现象的对立面也就是，知识产权不足者及知识产品的使用者，他们在获取知识上的被动性促成他们在知识参与上的阻碍。与此同时，多样性的需求是政治进步的必要条件，多样性也是人们进步的途径。基于知识产权制度产生的对知识接近的障碍直接带来多样性的削减，降低了多样性表达的形成概率。甚至在一些领域，多样性的自治生活也被知识产权及知识产权法的统一化扰乱，逐步形成了全球一体化、一元化的发展模式，这对人类知识进步及发展极其不利。此外，从人类共同发展的牺牲补偿理论来看，知识产权扩张也是一个有违人类公平发展秩序的构建机制。人类共同发展的牺牲补偿理论的主要逻辑在于，在发展过程中给其他主体带来损害或者以牺牲其他主体利益而先发展者，应当在后续其他主体的发展中让与一定的制度性利益，这既是公平起见的牺牲补偿模式，更是为人类共同发展而产生的协同互助模式。这一点在知识产权法领域很少见，但这并不意味着该理论在知识产权法领域不适宜存在或者不应当存在，只是需要更多的人在此方面做出呼吁及努力。人权的政治实现更决定了人们对知识产权扩张的负面情绪，对知识产权的有限限缩成为当前人们生存与发展对知识产权的制度性需求。依据以上理论基础，知识产权扩张的有限限缩不仅在于对新内容进行知识产权保护应当持一种谨慎态度，更应当对过去的知识产权的过度扩张形成的知识产权制度进行广泛的反思，并有可能对之予以一定的反哺式修改。基于知识接近自由需要，为了确保人们对知识产权药品及疫苗、网络作品及软件、粮食与食品等的需求，可大胆适用知识产权法中的现有知识产权限制制度，如非自愿许可的强制许可、法定许可、合理使用等。需要注意的是，对知识产权扩张的限制，不仅是一剂解决贫困问题的良方，更是维护自治秩序，保留多样性的良好机制，可以确保人们在饮食等生活上对知识进行自由秩序的构建，是对他们区域性自治秩序的最佳尊重手段。但是在知识产权限缩制度的构建及实践上，人类仍然面临着难以协调的政治价值及政治认知等方面的难题，这些难题的解决将更有益于人类知识资源公正分配的秩序构建。如有些地区的贫困问题，使得当地人难以享受知识产权限缩制度带来的可能性惠益。再如，基于霸权主义思维而形成的知识资源竞争意识，使得发达国家及其公司在国内外形成的知识资源汇集和知识产权制度的影响力，直接导致相关知识产权限缩制度难以发挥作用。又如对知识产权的限制制度体现出知识控制权集权化时代对知识产权扩张的一种疯狂模式。现实的需求与现实实践对比可以认为，应当警惕知识作为公共产品被划归为永久的私有性，这种知识控制权的诱惑力和认知影响或许比知识产权制度本身的作用力更大，也是知识产权限缩制度难以落到实处的深层原因所在。

国际知识产权制度层面，同样显示出以知识控制权竞争为主的知识产权秩序。这种知识产权秩序的形成与 TRIPs 协议有极大的关系。TRIPs 协议及其后续知识产权秩序的形成，是发达国家以优势政治影响力在非民主代表机制下形成的对它们有利的知识产权制度，这些制度的形成是跨国公司游说的极大胜利，甚至在后续的知识产权制度的实践中，它们成为首屈一指的受益者。竞争意识为主的国际知识产权规则的构造，并没有满足于 TRIPs 协议构造的知识产权秩序。在 TRIPs 协议基础上，发达国家的跨国公司在信息的提供及观点的建议上和利益的输送上，继续为既得利益者卖力，扩散影响力和使知识控制权集中化。然而，发展中国家的崛起及相关发达国家在知识利益上的特色化发展，使得相关国家在知识产权利益上呈现出多元化的需求，利益共同体相对破解使得发展中国家与发达国家的区分在某些时候好像并不总是占据同一"阵营"。因此，知识产权国际层面的竞争秩序可能在未来转向以合作为主的模式。以合作为主的模式形成的区域多边及双边的知识产权条约，是现在超越 TRIPs 协议的主要国际知识产权制度形成模式。这些知识产权规则却又为知识产权制度的人类公共发展目标带来更进一步的危机，因为它们往往具有超越 TRIPs 协议标准的超高知识产权保护水准，以此为代价的是发达国家给予发展中国家（一方给予另一方）符合其经济利益的关税等方面的优惠。这之所以值得警惕，是因为：国际层面知识产权制度的影响或威力是长久的，而经济方面的惠益是短暂的；国际层面知识产权制度波及的范围更加广泛，任何国民都要受之限制；经济利益除了与国家有关之外，只与某类商人具有直接的利益关系。随着知识产权国际层面秩序的变化及贫困地区短期内难以脱离贫困现状的情况，国际知识产权秩序的构建仍然需要警惕知识的霸权主义思想的蔓延，尤其是双边自由贸易协定中极其不平等的"利益"互换。但是其中也存在知识产权秩序转机的一面，即有些国家对国际知识产权规则控制能力的下降及有些霸权主义国家对国际组织的依赖性降低，这使得世界呈现出多极化发展的特色，区域性知识秩序的构建在未来发展潜力也更大。基于未来国际知识产权秩序构建的需求及多极世界秩序构建趋势，未来知识产权国际公约将具有更大的价值。多哈回合谈判的停滞不前及其他公约的部分失败，同样也表明在国际层面持续大范围而非局部知识产权秩序构建的必要性与可行性。知识产权国际公约难度增加的同时也彰显出国际层面对知识资源分配理念与相关主导意识认知差异化的倾向，因此要在未来取得更有价值的知识资源分配的知识产权规则，有必要从民主角度入手，来扭转后

TRIPs 时代在 TRIPs 非民主构建下形成的知识分配不公平的知识产权秩序。

人是政治的动物，自治是人类自身身份识别与认同的基础，知识控制权与知识权利的冲突与调和需要在将知识私权化的过程中尊重自治意愿。在知识产权法国际规则制定中需要注意，相关群体的利益应得到充分的代表，还应保证民主对话的日常机制。另外，必须有机构对公共利益予以代表，在国内范围应当以政府代表公共利益，在国际范围内应当以非政府间国际组织或行业组织等来代表。知识的民主化，才是知识产权法能够惠益人类而非仅仅惠益某些阶层的最终途径，人类命运共同体的建设应当成为知识产权法的最终回归点。当今知识产权法的激励蕴含了过重的知识资源公正分配政治利益，并不是理性的、正义的知识产权法，其未来的走向必须引起人们的关注与反思。知识产权制度并不能仅仅为中产及以上阶层服务，而应当服务于"人类"，无论这里的"人"属于何种阶层、何种职业。尤其是在知识产权法中私权与基本人权产生冲突的场合，应当优先保障基本人权的实现。但是，对基本人权的维护并不意味着对知识产权这一私权的放弃，知识产权人在放弃知识产权利益的同时应当有相应的非知识产权机制予以弥补。之所以将这种事后弥补机制转移给对知识产权人的弥补，而非事后对基本人权有待实现人的弥补，原因在于后者基本人权的实现更值得确定化。而事后弥补可能会带来失败的风险，这种机制并不适用于基本人权场合。相反，对知识产权人知识产权利益的实现则没有什么不恰当之处。

国家有义务通过健全知识产权体系，保持独立的知识产权规划能力，并保证政府在一定场合充分代表公共利益来保卫公有领域，至少不减少人们在新技术环境下对知识及知识产品的必要接近权。知识的共有性是知识最基本的特征，政治目的的钱权交换过程中对社会公众基本人权实现的削损及以穷人的基本知识接近权利为代价的政治交易，并不是实现政治统治独立性的最佳途径。政治统治的优化路径及国际优化治理方向应当以知识政治、知识控制权、知识权利分配的政府独立主导为核心，以国家主权和国家利益为主要目的。在国际层面，要尽力设置好保护人类知识可及性范围，预防跨国公司为了私人利益而滋生政治"腐败"和联盟，避免民主以金钱数额为标准而非以人为标准的政治民主失衡的现状继续导致知识分配不均和知识贫富差距加大。建立人类命运共同体是知识产权法最终服务的高级政治目标，这一目标的实现不仅需要在国内知识产权法构建上对国内知识进行公平分配，还应当赋予所有国家在承担公平的国际公约义务和在国际公约制定中的独立表达地位。历史上由极少数决定和大多数被动接受的知识产权规则应当引起人们的反思，发达国家有义务对发展中国家尤其是最不发达国家因被迫贯彻不公平的国际知识产权规则所付出的代价，甚至一些生命的牺牲和发展机会的被动丧失予以一定的弥补。发达国家因其主导的国际知识产权规则进而拥有的对国际知识资源的攫取优势看似光鲜亮丽并且在劳动价值论、人格权论、激励理论为其正当性背书，但是从政治学意义上看，其不足之处也是斑驳可陈，不可弥补的沉重的历史代价给人类以知识为基础的生存和发展带来的损失成为连累全球平衡发展的重要因素之一。

　　西方民主实质上是以金钱为标准的民主，而非以人为标准的民主。有实质非民主之嫌疑，是知识产权规则不公平最重要的原因。丧失实质民主价值的、不公平的知识产权规则不仅损害了发展中国家的利益，还损害了发达国家低收入家庭的生存权和发展权。非民主政治之下的知识资源分配规则无疑拉大了人类的经济贫富差距、知识贫富差距和以知识接近为基础的机会贫富差距。发达国家常见的政治依附主义在知识产权规则制定中的巨大作用，几乎成为政治政策允诺与政治资金援助相交换的合法为基础的重要作用领域之一。发达国家的优势在于或许可以有充足健全的公共设施来弥补这种知识分配不公平规则带来的部分穷人对知识产品接近欠缺障碍，发展中国家却没有这种优势存在。反观我国的民主协商类型的民主制度，相对于像我国一样的发展中国家的知识产权法决定的知识利益的分配更具有优势。由于脱离了政治统治者对政治援助资金的依赖，政治统治结构更加具有独立性，而非以某些利益集团的利益为中心。中国的政治民主协商决定了，在知识资源分配规则上，代表们根据自己的经验和调查对国内知识利益分配相对具有独立的判断和决策能力。民主协商不仅有充分代表的优势，更能够避免被动的表面民主。因此，充分的民主、有效的代表成为知识资源分配规则的关键。被动接受高标准知识产权规则、被掠夺知识资源的发展中国家面临的巨大的知识接近障碍是其国际政治地位决定的，被动接受不符合其利益取向的知识资源分配规则往往是为了同发达国家交换符合其政治经济利益的惠益，如纺织业、农业发达的发展中国家为了使自己的产品能够外销到发达国家而不得不以被动接受知识产权规则为代价，或者被动接受发达国家的威胁（如美国的"特别301条款"等规则为要挟的知识产权规则）。甚至在国际知识产权规则的制定上，跨国公司能够以自己的特殊雄厚财力左右其政治统治者以其利益为中心在国际规则制定上维护其利益，发展中国家的实质"被动加入"和采取相关的知识产权规则实际上服务于一些大的跨国公司的利益，而这些过程统统以政治权力为基础，并没有民主的体现。发达国家及跨国公司的结盟上的主动性，发展中国家及穷人在结盟上的非充分性，决定了富人更容易通过结盟代表，主张、争取利己的知识分配规则，而穷人在结盟上的失败和经验不足也决定了其在知识资源分配规则上的损失。若要更好地服务于人类命运共同体的建设，必须在知识产权法的制定上充分以民主为依据。第一，应当以人口为中心来实行代表权，充分表达知识利益分配诉求；第二，必须在代表步骤中，避免腐败和政治利益输送腐蚀民主价值；第三，必须在代表中，抛却外界给予的要挟和压力，这就要尽量避免知识产权规则与经济贸易等政治力量主导的领域挂钩；第四，公共利益的充分代表必须有制度保障，这一点要充分发挥非政府间国际组织的作用。

知识产权扩张的知识产权法或许能够在短时间内促进更多的知识产品产生，增加整体的创新成果，但是扩张的知识产权法蕴含的是不平等的知识产权规则带来的知识利益分配的结构性差异。长远来看，这不仅不利于人类知识进步，更可能使当前和以后的人类基本权利和发展权利的实现落空。由政治非理性带来的知识结构性差异将带来更多的社会不稳定因素和结果，这不仅不利于国内的政治统治，更给国际和平和公平的合作机会带来挑战。在国际经济和政治竞争日益激烈的当今时代，在知识资源的分配上需要以合作为主要手段，这是因为知识在全球范围内是为数不多的可以共享和互益的对象。因为知识产品具有非消耗性和非竞争性，所以在知识资源的分配上采取合作态度将是对双方均有利的办法。但是目前，国际知识资源分配的合作呈现出较为消极的态势。一方面，发达国家以自己具有优势的科技为中心领域制定保护自己创造创新资源的扩张性制度；另一方面，发达国家逐渐改变规则来为其"掠夺"发展中国家的资源保驾护航，不公平性非常明显，发展中国家在国际民主对话中的被动缺位或被忽略也决定了发达国家的政治"阴谋"之下以知识为中心的对发展中国家的制度殖民与侵犯。为了尽量避免在未来产生以知识产权为基础的人类发展悲剧，必须发展以合作为主的知识产权规则。合作决定了在国际知识产权规则制定中，发达国家不能以其强权政治要挟发展中国家接受不平等的国际知识产权规则，发展中国家也应当在国际知识产权规则制定中发出自己的声音，作为国家首先应当为自己的国民利益在国际上进行有效代表，以人类的共同发展为目标。民主虽然不能保障知识利益的有效分配，但是至少能够保障大多数人有效被代表之公平，对于人类命运共同体的建设有贡献的不仅在于知识的进步，更在于知识的接近。在民主不得的情况下，非政府间国际组织应当作为补充去代表一定的群体进行民主对话，并提供机会，让知识贫困者参与到公共知识利益分配活动中去。非政府间国际组织在国家联盟失效或者力量悬殊较大而产生不平等规则的情况下，理应利用充分的矫正机制对不平等予以修正。非政府间国际组织的有效代表，仍以人类命运共同体为最终目标、以尽量代表弱者为主要途径，陷入腐败和政治依附主义的非政府间国际组织同样有着非理性和对人类知识利益分配之罪恶性作用可能。因此，应当建立适当的监督机制。监督者应当是非政府间国际组织所代表的利益方，如区域组织代表着区域范围内公有的利益目标，行业组织代表着行业的利益目标。

此外，作为强权政治引领的有利于发达国家知识产权规则的有效补充，国家在不得已接受不符合国家利益的知识产权制度且无法逆转的情况下，应当充分利用发达国家在知识产权限制上的制度，如强制许可、合理使用中的转换性标准、平行进口，并加强国内有利于促进知识传播和可接触实现的公共知识软硬件设施和政策，如建立与人口相适应的公共图书馆、医疗改革降低医药终端使用者的医疗费用、促进强制许可进程等。作为一个主权独立的国家，最基本的政治任务就是保障国民的生存权和发展权，而不仅仅是"尊重"。言下之意，对于公民的知识接近和因知识产权而产生的生存权及发展权等个人基本权利，国家不仅应当有充分的制度去尊重个人对之予以追求，还应当积极建立相应的机制予以保障和促进。知识产权保护是必要的，但是当其过度扩张甚至侵犯到人们的普遍基本人权时，应当在两者之间做出取舍。首要方式是控制知识产权的扩张；其次，如果非要扩张，必须由有保障的、由国家负担的措施对之予以弥补，从而实现国民基本人权之下的利益代表替代实现。国家对知识公共领域保留发挥着最终决定之关键作用，无论采取哪种措施都应服务于政治稳定，政治稳定必须以利益的充分代表和实现为根基，否则知识产权规则非民主带来的知识贫富差距的拉大将动摇政治统治的根基，极端的知识利益争议的悲剧上演极其可能是穷人最后的反抗方式。绿色政治生态必须对知识这一公共产品之上的知识产权分配规则之实质正义和程序正义进行衡量，尤其是未来知识产权相关行业占据国民生活和国家治理中的分量越来越重，国家必须考虑知识产权的规则惠益大多数国民，而非少数有权、有钱者在政治、金钱交易之上形成的不公平规则。

当今的国际知识产权规则对知识资源的分配并不公平，其根本原因在于强权政治及政治依附主义带来的知识拥有量少者通过政治利益输送换取政治上规则制定和参与机会的利益，制定出来的知识产权规则是有利于知识集中掌握者的，知识拥有量少者的对话机会和权力非常有限。产生于发达国家的有政治连带关系的少数跨国公司，非常容易通过本国政府和所在国政府向当地政府输送利益，合法或者非法地决定了世界上大多数人的知识接近规则。以激励论为外衣的知识产权扩张将进一步加剧知识贫富差距，为独立的政治统治主体带来根本性的发展机会。即便理论上可借助于知识产权规则中的知识产权限制规则，实践中也因受到发达国家与发展中国家之间的双边或多边知识产权协议或者来自发达国家的政治要挟而不了了之。

过强的知识产权保护被发达国家誉为对发展中国家自己好、能够"倒逼"其发展的良方。实际上有时则相反，过强的知识产权保护、有利于发达国家的知识产权扩张并没有根本惠益发展中国家，或者说发展中国家在此阶段付出的代价过大。政治学作为资源的权威性分配分析工具具有不可替代之重要性，对于知识、知识产权领域来讲更是如此。传统社会知识产权量较少，在创新量较少的时代，需要政府及相关机构的游说激励创新。而当今知识产权过多，紧逼知识公有领域防线，甚至对人类的生活造成严重威胁，不同发达程度国家之间的矛盾冲突与对立等决定了知识资源分配规则制定过程中应当实现大政府权力，调控知识产权等人类基本人权的分配与实现。同时，国家掌握权力，公司或个人掌握知识，其冲突也较为明显，这种冲突化为实践就成为因知识产权而掌握大量知识和信息的大企业对掌握（决策）权力的国家及政治者产生实际的影响，并可以间接影响相关的规则。国家要运用相关的权力，需要国家和政府破除其对公司提供相关信息尤其是国外信息的渠道依赖，并修改相关的知识产权规则，避免知识产权过度集中化而产生的知识集权。这就意味着知识有必要民主化、知识产权有必要民主化。

知识民主化中，国家首先要意识到自己在知识产权治理中的参与作用，而非主导作用。政府在知识产权制度方面，应当提供优良的制度供给和知识分享环境，而非传统信息封建主义模式的知识产权保护为首的知识产权制度。

在知识产权顶层设计方面，国家应当将知识产权制度作为知识分配规则的首要依据来源，对构建人类命运共同体为目标的知识分配模式给予充分的认可。在知识产权执行过程中，地方政府与中央政府的知识分配政策执行过程中产生的矛盾与冲突，与将知识产权纳入政绩考核有极大的关系。知识创新是一种自然发生的过程，更是一种尊重自由表达的过程，如果通过知识产权量与政绩挂钩的方式，人为促进地方知识产权量的增加，以之标榜地方创新能力，则颇为不妥，因为这是一种政治对地方性知识产权秩序的侵入性扰乱。这样产生的知识产权规则同样是带有政治任务色彩的。

　　未来的政治环境生态是朝向绿色政治生态环境发展的，其重点在于对人本身的关怀，主要围绕公民自由、社会正义和非暴力价值观念而塑造相关的政治环境。在此价值理念下，必须将知识产权秩序的目标定位为人类命运共同体构建模式的知识产权规则和规则作用模式。基于此，首先必须注重巩固知识产权国际组织的地位，为国家在国际层面进行知识分配规则友好协商提供平台；其次要充分发挥知识产权区域组织的作用，因为它们能够有效汇集和形成相关国家对国际知识产权规则的利益表达，并建立地区利益联盟，形成能够与其他主体进行和平谈判的力量；最后，将更多的人集中到谈判桌上，让更多的主体能够有机会"发声"，让更多的主体方能够排除其他因素而仅仅因他们在世界知识秩序中的参与而主张相关的权力，这是一个满足人道和民主表达的必要手段。构建良好的民主对话机制和对自由有益的知识参与机制，是未来知识产权规则和知识产权秩序正向发展的必要保障。国家为本的知识产权利益衡量及修正性国际规则义务的践行，是贫困地区知识产权规则制定和执行的要义所在，它们在短时间内有必要通过政府及其他方面的知识产权援助，来发展良好的知识创新环境，为知识产权制度的良好协同发展提供机会。

　　所谓的知识民主化要以知识产权规则为首要依据，因此在知识产权规则的构建中应当以知识产权规则意愿的充分且真实代表为基础，并确保能够在相关的谈判中有表达机会。可通过发展国际知识治理体制与秩序，来限制强权政治政府的集权在知识资源分配中的能力，并使大部分国家接受国际组织等部分规则的限制。同时，加强对地区自治政治的尊重与保障，促进人们在知识资源分配秩序中的参与能动性，进而在国家知识资源分配体系中发挥重要作用。

最后需要注意的是，知识产权法的政治学研究只是众多知识产权法研究方法的一种。所谓"横看成岭侧成峰，远近高低各不同"，知识产权法政治学研究具有其正当性，也是当今知识产权法学研究的一个重要分支，特别是在国际交往日益密切、国家之间由竞争为主转向合作为主的趋势下，知识产权法的政治学研究成果具有更加重要的现实意义和价值。从前瞻性上来讲，知识产权法政治学研究所蕴含的政治学价值观念关涉物质生活达到一定程度后的人类精神和政治生活所急需的内容。虽然知识产权法的政治学研究不会对其他方法研究的成果产生重大影响，但是根据时代不同拓展知识产权法的研究方法是大势所趋。知识产权法作为研究对象，不同方法将产生不同的研究结果，多种结果相互结合才能够为知识产权法的科学发展提供全方位的依据。因此，本书的研究成果仅作为众多知识产权法研究成果构成之"百花园"中的"一朵小花"，期待能够为丰富知识产权法的学术研究及促进知识产权法的发展贡献绵薄之力。相比于呈显学的知识产权法理学、知识产权经济学研究等，知识产权法政治学研究仍需要且值得大力投入。基于知识产权法政治学在国际和国内双维度范围内的激烈博弈，结合我国的国际角色及国内政治需求，从内在和外在环境综合考虑对知识产权制度进行价值评估，并对相关的知识产权规则予以调整，非常必要。缺乏知识产权法政治学研究，将会使知识产权制度呈现出偏向于经济学评估等非全面性、非根本性偏失。总而言之，知识产权法政治学研究在我国有广阔发展空间，应当有更进一步的鼓励研究，以更好地应对国外成熟研究之下的成熟运用带来的知识产权法政治博弈技巧，实现我国知识产权制度的价值功能，对世界范围内的知识产权制度规则提供有益的借鉴和见解输出。

参考文献

一、著作类

（一）中文著作

1. 《公司的力量》节目组：《公司的力量》，山西教育出版社 2010 年版。

2. 《西式民主怎么了》编写组：《西式民主怎么了》，学习出版社 2014 年版。

3. 蔡东杰：《政治是什么？》，上海人民出版社 2015 年版。

4. 蔡祖国：《知识产权保护与信息自由的冲突与协调》，知识产权出版社 2016 年版。

5. 陈燕娟：《种子企业知识产权战略：理论、实证与协同发展》，武汉大学出版社 2013 年版。

6. 陈宇学：《创新驱动发展战略》，新华出版社 2014 年版。

7. 戴哲：《艺术品追续权制度研究》，知识产权出版社 2016 年版。

8. 邓辉：《公司法政治学研究初论》，复旦大学出版社 2015 年版。

9. 邓正红：《再造美国：美国核心利益产业的秘密重塑与软性扩张》，企业管理出版社 2013 年版。

10. 樊峰宇：《公司政治》，中国纺织出版社 2004 年版。

11. 冯晓青、刘友华：《专利法》，法律出版社 2010 年版。

12. 冯晓青：《技术创新与企业知识产权战略》，知识产权出版社 2015 年版。

13. 冯晓青：《企业知识产权战略》，知识产权出版社 2015 年版。

14. 冯晓青：《知识产权法利益平衡理论》，中国政法大学出版社 2006 年版。

15. 冯晓青：《知识产权法哲学》，中国人民公安大学出版社 2003 年版。

16. 国家工商行政管理局商标局：《商标法规资料选编》，法律出版社 1985 年版。

17. 郝振省主编：《全国国民阅读调查报告（2008）》，中国书籍出版社 2009 年版。

18. 贺平：《贸易政治学研究》，上海人民出版社 2013 年版。

19. 贺小勇等：《WTO 框架下知识产权争端法律问题研究：以中美知识产权争端为视角》，法律出版社 2011 年版。

20. 胡开忠、陈娜、相靖：《广播组织权保护研究》，华中科技大学出版社 2011 年版。

21. 胡潇潇：《药品专利实验例外制度研究》，知识产权出版社 2016 年版。

22. 黄海峰：《知识产权的话语与现实——版权、专利与商标史论》，华中科技大学出版社 2011 年版。

23. 江平等主讲：《中华人民共和国著作权法讲析》，中国国际广播出版社 1991 年版。

24. 蒋德海：《法政治学要义》，社会科学文献出版社 2014 年版。

25. 蒋永甫：《西方宪政视野中的财产权研究》，中国社会科学出版社 2008 年版。

26. 郎友兴、韩志明编选：《政治学基础文献选读》，浙江大学出版社 2008 年版。

27. 李步云：《论人权》，社会科学文献出版社 2010 年版。

28. 李菊丹：《国际植物新品种保护制度研究》，浙江大学出版社 2011 年版。

29. 李猛：《自然社会：自然法与现代道德世界的形成》，生活·读书·新知三联书店 2015 年版。

30. 李少军：《国际政治学概论》，上海人民出版社 2014 年版。

31. 李文江：《国外专利权限制及我国适用研究》，知识产权出版社 2017 年版。

32. 刘吉发：《政治学新论》，中国人民大学出版社 2016 年版。

33. 刘孔中、宿希成、寿步：《软件相关发明专利保护》，知识产权出版社 2001 年版。

34. 刘丽娟编：《郑成思知识产权文集：国际公约与外国法卷（一）》，知识产权出版社 2017 年版。

35. 刘银良：《国际知识产权政治问题研究》，知识产权出版社 2014 年版。

36. 楼慧心：《知识制度利益：知识产权制度对社会利益结构的影响研究》，浙江大学出版社 2006 年版。

37. 罗军：《专利权限制研究》，知识产权出版社 2015 年版。

38. 吕薇主编：《创新驱动发展与知识产权制度》，中国发展出版社 2014 年版。

39. 马振清：《当代政治社会化基本理论》，九州出版社 2017 年版。

40. 苗连营、郑磊、程雪阳：《宪法实施问题研究》，郑州大学出版社 2016 年版。

41. 饶明辉：《当代西方知识产权理论的哲学反思》，科学出版社 2008 年版。

42. 孙国强：《全球发展学》，贵州人民出版社 2014 年版。

43. 孙笑侠：《法治需求及其动力》，法律出版社 2016 年版。

44. 孙玉红：《多国博弈视角下 TPP 谈判引发的政策互动和中国的战略选择》，对外经济贸易大学出版社 2014 年版。

45. 孙哲：《新人权论》，河南人民出版社 1992 年版。

46. 汤安中：《权力的悖论——致决策者》，中国经济出版社 2016 年版。

47. 田曼莉：《发展中国家实施 TRIPs 协议研究》，法律出版社 2012 年版。

48. 万璐、程宝栋、李俊：《美国 TPP 战略的经济效应及我国亚太地区 FTA 策略研究》，人民日报出版社 2017 年版。

49. 王广凤、唐要家：《开源软件与专有软件的竞争——基于系统软件市场的研究》，经济管理出版社 2015 年版。

50. 王宏军：《"向上看"抑或"向下看"：中美两国知识产权扩张的立法视角研究》，南开大学出版社 2014 年版。

51. 王沪宁：《比较政治分析》，上海人民出版社 1987 年版。

52. 王浦劬等：《政治学基础》（第 3 版），北京大学出版社 2014 年版。

53. 王绍光：《民主四讲》，生活·读书·新知三联书店 2014 年版。

54. 王笑冰：《地理标志法律保护新论：以中欧比较为视角》，中国政法大学出版社 2013 年版。

55. 王艳杰等编著：《全球生物剽窃案例研究》，中国环境出版社 2015 年版。

56. 韦之：《知识产权论》，知识产权出版社 2002 年版。

57. 文希凯、陈仲华：《专利法》，中国科学技术出版社 1993 年版。

58. 吴必康：《权力与知识：英美科技政策史》，福建人民出版社 1998 年版。

59. 吴海民：《大国的较量：中美知识产权谈判纪实》，长江文艺出版社 2009 年版。

60. 吴海民：《审判"海盗"：知识产权与名人出庭》，华艺出版社 1995 年版。

61. 吴伟光：《数字技术环境下的版权法：危机与对策》，知识产权出版社 2008 年版。

62. 熊文聪：《事实与价值二分：知识产权法的逻辑与修辞》，华中科技大学出版社 2016 年版。

63. 徐贻军、何德平：《制度的笼子》，中信出版社 2016 年版。

64. 薛虹：《十字路口的国际知识产权法》，法律出版社 2012 年版。

65. 薛梅卿主编：《新编中国法制史教程》，中国政法大学出版社 1995 年版。

66. 严存生：《法律的人性基础》，中国法制出版社 2016 年版。

67. 严耕望撰：《中国政治制度史纲》，上海古籍出版社 2013 年版。

68. 杨弘、刘彤：《现代政治学分析基础》，人民出版社 2004 年版。

69. 杨华权：《中国著作权观念的历史解读》，北京大学出版社 2016 年版。

70. 杨林村主编：《开放源码软件及许可证法律问题和对策研究》，知识产权出版社 2004 年版。

71. 姚鹤辉：《商标法基本问题研究》，知识产权出版社 2015 年版。

72. 叶京生、董巧新：《知识产权与世界贸易》，立信会计出版社 2002 年版。

73. 尹新天：《中国专利法详解》（缩编版），知识产权出版社 2012 年版。

74. 俞可平主编：《西方政治学名著提要》，江西人民出版社 2000 年版。

75. 臧雷振：《政治学研究方法：议题前沿与发展前瞻》，中国社会科学出版社 2016 年版。

76. 曾海帆编著：《专利制度发展简史》，湖南省专利管理局、湖南省科技情报研究所 1985

年版。

77. 张今:《知识产权新视野》,中国政法大学出版社 2000 年版。

78. 张文显主编:《法理学》,高等教育出版社 2007 年版。

79. 张永宏:《本土知识在当代的兴起:知识、权力与发展的相互关联》,云南大学出版社 2011 年版。

80. 张子文主编:《科学技术史概论》,浙江大学出版社 2010 年版。

81. 赵小平:《地理标志的法律保护研究》,法律出版社 2007 年版。

82. 赵元果编著:《中国专利法的孕育与诞生》,知识产权出版社 2003 年版。

83. 郑成思:《知识产权论》,社会科学文献出版社 2007 年版。

84. 中国图书公司编辑:《中国商业史》,中国图书公司 1913 年版。

85. 中华人民共和国专利局编:《审查指南 1993》,专利文献出版社(知识产权出版社)1993 年版。

86. 周超:《论 TRIPs 协定与公共利益》,知识产权出版社 2012 年版。

87. 朱理:《著作权的边界:信息社会著作权的限制与例外研究》,北京大学出版社 2011 年版。

88. 卓泽渊:《法政治学》,法律出版社 2005 年版。

89. 卓泽渊:《法政治学研究》,法律出版社 2011 年版。

90. 左旭初:《中国近代商标简史》,学林出版社 2003 年版。

(二)译著

1. [奥] 凯尔森:《法与国家的一般理论》,沈宗灵译,商务印书馆 2013 年版。

2. [奥] 西格蒙德·弗洛伊德:《论文明:一个幻觉的未来》,徐洋、何桂全、张敦福译,国际文化出版公司 2000 年版。

3. [奥] 伊利奇·考夫:《专利制度经济学》,柯瑞豪译,北京大学出版社 2005 年版。

4. [澳] 彼得·达沃豪斯、约翰·布雷斯韦特:《信息封建主义》,刘雪涛译,知识产权出版社 2005 年版。

5. [澳] 彼得·德霍斯:《知识财产法哲学》,周林译,商务印书馆 2008 年版。

6. [澳] 布拉德·谢尔曼、[英] 莱昂内尔·本特利,《现代知识产权法的演进·英国的历程(1760~1911)》,金海军译,北京大学出版社 2012 年版。

7. [澳] 普拉蒂普·N. 托马斯、简·瑟韦斯主编:《亚洲知识产权与传播》,高蕊译,清华大学出版社 2009 年版。

8. [澳] 山姆·里基森、[美] 简·金斯伯格:《国际版权与邻接权:伯尔尼公约及公约以外的新发展》(下卷),郭寿康等译,中国人民大学出版社 2016 年版。

9. [法] 多米尼克·格莱克、[德] 布鲁诺·范·波特斯伯格:《欧洲专利制度经济学——创新与竞争的知识产权政策》,张南译,知识产权出版社 2016 年版。

10. ［法］蒲鲁东：《什么是所有权》，孙署冰译，商务印书馆 2009 年版。

11. ［古希腊］亚里士多德：《尼各马可伦理学》，廖申白译注，商务印书馆 2003 年版。

12. ［古希腊］亚里士多德：《政治学》，吴寿彭译，商务印书馆 1965 年版。

13. ［加］卜正民、傅尧乐编：《国家与社会》，张晓涵译，中央编译出版社 2014 年版。

14. ［加］卜正民：《纵乐的困惑：明代的商业与文化》，方骏、王秀丽、罗天佑译，广西师范大学出版社 2016 年版。

15. ［美］欧文·M. 费斯：《言论自由的反讽》，刘擎、殷莹译，新星出版社 2005 年版。

16. ［美］小约瑟夫·S. 奈、菲利普·D. 泽利科、戴维·C. 金编：《人们为什么不信任政府》，朱芳芳译，商务印书馆 2015 年版。

17. ［美］R. 尼布尔：《道德的人与不道德的社会》，蒋庆等译，贵州人民出版社 2009 年版。

18. ［美］爱德华·W. 萨义德：《知识分子论》，单德兴译，生活·读书·新知三联书店 2002 年版。

19. ［美］巴林顿·摩尔：《专制与民主的社会起源》，王茁、顾洁译，上海译文出版社 2013 年版。

20. ［美］保罗·戈斯汀：《著作权之道：从谷登堡到数字点播机》，金海军译，北京大学出版社 2008 年版。

21. ［美］本杰明·N. 卡多佐：《法律科学的悖论》，劳东燕译，北京大学出版社 2016 年版。

22. ［美］布赖恩·卡普兰：《理性选民的神话：为何民主制度选择不良政策》（第 2 版），刘艳红译，上海人民出版社 2016 年版。

23. ［美］达尔：《民主理论的前言》，顾昕、朱丹译，生活·读书·新知三联书店 1999 年版。

24. ［美］戴维·凯瑞斯编辑：《法律中的政治———一个进步性批评》，信春鹰译，中国政法大学出版社 2008 年版。

25. ［美］道格拉斯·诺思、罗伯斯·托马斯：《西方世界的兴起》，厉以平、蔡磊译，华夏出版社 2014 年版。

26. ［美］弗兰西斯·福山：《大断裂：人类本性与社会秩序的重建》，唐磊译，广西师范大学出版社 2015 年版。

27. ［美］弗兰西斯·福山：《我们的后人类未来：生物技术革命的后果》，黄立志译，广西师范大学出版社 2017 年版。

28. ［美］弗朗西斯·福山：《政治秩序与政治衰败：从工业革命到民主全球化》，毛俊杰译，广西师范大学出版社 2015 年版。

29. ［美］弗朗西斯·福山：《政治秩序的起源》，毛俊杰译，广西师范大学出版社 2014

年版。

30. ［美］弗雷德里克·M. 阿伯特、［瑞士］托马斯·科蒂尔、［澳］弗朗西斯·高锐：《世界经济一体化进程中的国际知识产权法》（下册），王清译，商务印书馆 2014 年版。

31. ［美］戈登·塔洛克：《官僚体制的政治》，柏克、郑景胜译，商务印书馆 2012 年版。

32. ［美］卡拉·希比：《国际知识产权》，倪晓宁、王丽译，中国人民大学出版社 2012 年版。

33. ［美］劳伦斯·莱斯格：《免费文化》，王师译，中信出版社 2009 年版。

34. ［美］罗伯特·W. 杰克曼：《不需暴力的权力——民族国家的政治能力》，欧阳景根译，天津人民出版社 2005 年版。

35. ［美］罗杰·谢科特、约翰·托马斯：《专利法原理》，余仲儒组织翻译，知识产权出版社 2016 年版。

36. ［美］罗纳德·德沃金：《认真对待权利》，信春鹰、吴玉章译，上海三联书店 2008 年版。

37. ［美］罗纳德·德沃金：《至上的美德：平等的理论与实践》，冯克利译，江苏人民出版社 2012 年版。

38. ［美］乔万尼·萨托利：《民主新论》（上、下），冯克利、阎克文译，上海人民出版社 2015 年版。

39. ［美］西达·斯考切波：《国家与社会革命：对法国、俄国和中国的比较分析》（第 3 版），何俊志、王学东译，上海人民出版社 2015 年版。

40. ［美］苏珊·K. 塞尔：《私权、公法——知识产权的全球化》，董刚、周超译，王传丽审校，中国人民大学出版社 2008 年版。

41. ［美］威廉·M. 兰德斯、理查德·A. 波斯纳：《知识产权法的经济结构》，金海军译，北京大学出版社 2005 年版。

42. ［美］西摩·马丁·李普塞特：《政治人：政治的社会基础》，张绍宗译，上海人民出版社 2011 年版。

43. ［美］亚历山大·米克尔约翰：《表达自由的法律限度》，侯健译，贵州人民出版社 2003 年版。

44. ［美］约翰·罗尔斯：《正义论》，何怀宏、何包钢、廖申白译，中国社会科学出版社 2009 年版。

45. ［美］密尔：《论自由》，许宝骙译，商务印书馆 2015 年版。

46. ［美］詹姆斯·M. 布坎南：《自由、市场与国家——80 年代的政治经济学》，平新乔、莫扶民译，上海三联书店 1989 年版。

47. ［日］田村善之：《田村善之论知识产权》，李扬等译，中国人民大学 2013 年版。

48. ［日］田村善之编：《日本现代知识产权法理论》，李扬等译，法律出版社 2010 年版。

49. ［瑞典］博·罗斯坦：《政府质量：执政能力与腐败、社会信任和不平等》，蒋小虎译，新华出版社 2012 年版。

50. ［印］阿马蒂亚·森：《理性与自由》，李风华译，中国人民大学出版社 2013 年版。

51. ［印］范达娜·席瓦：《失窃的收成：跨国公司的全球农业掠夺》，唐均译，上海人民出版社 2006 年版。

52. ［英］安德鲁·海伍德：《政治学核心概念》，吴勇译，天津人民出版社 2008 年版。

53. ［英］伯特兰·罗素：《权力论：新社会分析》，吴友三译，商务印书馆 2012 年版。

54. ［英］丹尼尔·汉南：《自由的基因：我们现代世界的由来》，徐爽译，广西师范大学出版社 2015 年版。

55. ［英］格雷厄姆·沃拉斯：《政治中的人性》，朱曾汶译，商务印书馆 1995 年版。

56. ［英］哈耶克：《通往奴役之路》，王明毅等译，中国社会科学出版社 1997 年版。

57. ［英］哈耶克：《致命的自负》，冯克利等译，中国社会科学出版社 2000 年版。

58. ［英］哈耶克：《自由宪章》，杨玉生等译，中国社会科学出版社 2012 年版。

59. ［英］霍奇逊：《制度经济学的演化：美国制度主义中的能动性、结构和达尔文主义》，杨虎涛等译，北京大学出版社 2012 年版。

60. ［英］杰里米·边沁：《政府片论》，马兰译，台海出版社 2016 年版。

61. ［英］卡尔·波兰尼：《巨变：当代政治与经济的起源》，黄树民译，社会科学文献出版社 2017 年版。

62. ［英］雷蒙德·普兰特：《当代政治理论》，张国栋译，吉林出版集团有限责任公司 2015 年版。

63. ［英］米诺格：《政治的历史与边界》，龚人译，译林出版社 2008 年版。

64. ［英］斯蒂芬·R. 芒泽编：《财产的法律和政治理论新作集》，中国政法大学出版社 2003 年版。

65. ［英］约翰·埃默里克·爱德华·达尔伯格-阿尔顿：《自由与权力》，侯健、范亚峰译，译林出版社 2014 年版。

66. 《美国宪法及其修正案》，朱曾汶译，商务印书馆 2014 年版。

67. 《美国专利法》，易继明译，知识产权出版社 2013 年版。

68. 《日本商标法》，李扬编译，华夏出版社 2011 年版。

69. 《十二国著作权法》，《十二国著作权法》翻译组译，清华大学出版社 2011 年版。

70. 联合国贸易与发展会议、国际贸易和可持续发展中心编：《TRIPS 协定与发展：资料读本》，中华人民共和国商务部条约法律司译，中国商务出版社 2013 年版。

71. 世界知识产权组织编：《知识产权纵横谈》，张寅虎等译，世界知识出版社 1992 年版。

二、论文类

(一) 期刊及论文集论文

1. "非洲地区工业产权组织",载《中国投资》2018年第8期。

2. 蔡宝刚:"论知识产权法制对'李约瑟难题'的破解",载《南京师大学报(社会科学版)》2003年第2期。

3. 蔡守秋、黄细江:"论遗传资源知识产权领域的国家话语权博弈与生态治理能力现代化——兼评《遗传资源知识产权法律问题研究》",载《法学杂志》2017年第9期。

4. 蔡益群:"中国政治学研究学术评论——兼论政治属性的理论功能与研究议程",载《理论与改革》2012年第1期。

5. 曹峰、李海明、彭宗超:"社会媒体的政治力量——集体行动理论的视角",载《经济社会体制比较》2012年第6期。

6. 陈炳辉:"国家治理复杂性视野下的协商民主",载《中国社会科学》2016年第5期。

7. 陈传夫:"关注信息领域的知识产权利益平衡问题",载《郑州大学学报(哲学社会科学版)》2003年第1期。

8. 陈凡、王太平:"知识产权的政治学",载《电子知识产权》2007年第6期。

9. 陈家刚:"协商民主与当代中国的政治发展",载《北京联合大学学报(人文社会科学版)》2008年第2期。

10. 陈明辉:"言论自由条款仅保障政治言论自由吗?",载《政治与法律》2016年第7期。

11. 崔广平:"略论我国著作权法保护客体与TRIPS协定的异同",载《法学杂志》2002年第6期。

12. 崔国斌:"知识产权 vs. 网络自由:新一轮国际立法争议解读",载《电子知识产权》2012年第3期。

13. 邓大才:"产权的政治逻辑:产权怎样、如何影响政治——从产权政治的功能视角考察",载《学习与探索》2014年第9期。

14. 邓大才:"产权与政治研究:进路与整合——建构产权政治学的新尝试",载《学术月刊》2011年第12期。

15. 邓宏光:"论商标权与言论自由的冲突",载《内蒙古社会科学(汉文版)》2006年第1期。

16. 邓正来:"中国法律哲学当下基本使命的前提性分析——作为历史性条件的世界结构",载《法学研究》2006年第5期。

17. 丁利:"新制度理论简说:政治学法学理论的新发展",载北大法律评论编委会编:《北大法律评论》(第3卷第2辑),法律出版社2001年版。

18. 董小灵:"美国发明专利保护期限的决定因素探讨",载《中国发明与专利》2015年第

9 期。

19. 董泽芳："博士学位论文创新的十个切入点"，载《学位与研究生教育》2008 年第 7 期。

20. ［摩洛哥］法提姆·哈拉克："正在形成中的多极世界：非洲面临的机遇与挑战"，周瑾艳编译，载《西亚非洲》2017 年第 1 期。

21. 范小青："开源文化的三大源头"，载《教育传媒研究》2016 年第 5 期。

22. 冯晓青、魏衍亮："互联网上言论自由权与版权关系"，载《电子知识产权》2003 年第 11 期。

23. 冯晓青、魏衍亮："互联网上言论自由权与版权关系之述评"，载北大法律评论编委会编：《北大法律评论》（第 4 卷第 2 辑），法律出版社 2002 年版。

24. 冯晓青："关于中国知识产权保护体系几个重要问题的思考——以中美贸易摩擦中的知识产权问题为考察对象"，载《人民论坛·学术前沿》2018 年第 17 期。

25. 冯晓青："未注册商标驰名商标保护及其制度完善"，载《法学家》2012 年第 4 期。

26. 冯晓青："新时代中国特色知识产权法理思考"，载《知识产权》2020 年第 4 期。

27. 冯晓青："知识产权法的公平正义价值取向"，载《电子知识产权》2006 年第 7 期。

28. 冯晓青："著作权法的民主文化目标及其作用机制研究"，载《黑龙江社会科学》2011 年第 5 期。

29. 冯晓青："著作权法目的与利益平衡论"，载《科技与法律》2004 年第 2 期。

30. 冯晓青："著作权扩张及其缘由透视"，载《政法论坛》2006 年第 6 期。

31. 冯晓青："专利权的扩张及其缘由探析"，载《湖南大学学报（社会科学版）》2006 年第 5 期。

32. ［美］福兰克·D. 普拉格："知识产权史：1545～1787 年"，周琼译，载易继明主编：《私法》，华中科技大学出版社 2007 年版。

33. 傅玮琳："专利法框架下应对'生物剽窃'之制度探索——以德昂族酸茶为例"，载《中国发明与专利》2017 年第 2 期。

34. 高荣林："版权与表达自由冲突之反思与重构"，载《上海政法学院学报（法治论丛）》2013 年第 6 期。

35. 高荣林："限制抑或促进——从言论自由的角度解读版权"，载《武汉科技大学学报（社会科学版）》2007 年第 6 期。

36. 高彦彦、臧雷振、［瑞典］安托·罗斯、王浦劬："民主化水平与国家创新能力：对波普尔假说的实证审视"，傅琼编译，载《国外社会科学》2017 年第 6 期。

37. 顾朝晖、朱伟铃、孙红卫："数字图书馆信息自由权和知识产权的冲突"，载《现代情报》2008 年第 9 期。

38. 管育鹰："美国 DMCA 后网络版权保护立法尝试"，载《中国版权》2014 年第 1 期。

39. 郭辉："弱者何以享有优待——接近正义的理论基础"，载《南开法律评论》2015 年。

40. 郭祎："'把权力关进笼子'的法政治学解读——学习贯彻党的十八届四中全会精神"，载《中共成都市委党校学报》2015 年第 1 期。

41. 韩荣和、关今华、关山虹："简论基本人权"，载《福建师范大学学报（哲学社会科学版）》2010 年第 4 期。

42. 韩玉雄、李怀祖："关于中国知识产权保护水平的定量分析"，载《科学学研究》2005 年第 3 期。

43. 何富："论版权保护和言论自由的冲突及其解决"，载《经济研究导刊》2014 第 24 期。

44. 何高潮："政治制度与经济发展关系分析：比较政治学的新视野——评《民主与发展：政治制度与各国的福利状况》"，载《管理世界》2005 年第 4 期。

45. 何华："著作权保护期限研究三题"，载《法商研究》2012 年第 4 期。

46. 何隽："鼓励自主创新是否违背国际规则？——对国民待遇原则的再思考"，载《知识产权》2013 年第 1 期。

47. 侯健："言论自由及其限度"，载北大法律评论编委会编：《北大法律评论》（第 2 卷第 2 辑），法律出版社 2000 年版。

48. 后向东："美国 2016 年《信息自由法》改革法案述评"，载《电子政务》2016 年第 10 期。

49. 胡波："关于知识产权法律价值的再思考——以罗尔斯'正义论'为理论基础"，载《知识产权法研究》2011 年第 1 期。

50. 胡波："扩张还是限制？——从美国专利判例法的演变趋势看我国专利法修改"，载《河北法学》2014 年第 5 期。

51. 胡梦云、冯晓青："软件专利保护正当性之思考"，载《电子知识产权》2006 年第 3 期。

52. 胡启明、成凤明："版权与表达自由之协调"，载《河北法学》2004 年第 4 期。

53. 胡岩："民主的阶级性与全民性刍议"，载《社会主义研究》2001 年第 6 期。

54. 胡佐超等："法律的生命不在于逻辑，而在于经验——论绝对新颖性标准在我国的适应性"，载《电子知识产权》2009 年第 5 期。

55. 华劼："美国转换性使用规则研究及对我国的启示——以大规模数字化与数字图书馆建设为视角"，载《同济大学学报（社会科学版）》2018 年第 3 期。

56. 黄柯、李杨："著作权之'道'：著作权法理论框架的观念重塑"，载《广西社会科学》2013 年第 4 期。

57. 黄新华："政治交易的经济分析——当代西方交易成本政治学述评"，载《厦门大学学报（哲学社会科学版）》2009 年第 5 期。

58. 黄修明："酒文化与中国古代社会政治"，载《中华文化论坛》2002 年第 2 期。

59. 黄玉烨、舒晓庆："扶助贫困法定许可制度探究"，载《中国社会科学院研究生院学报》2014 年第 3 期。

60. 吉达珠："法律的合法性危机及哈贝马斯的法政治学理论——解读《在事实与规范之间》"，载《中国社会科学院研究生院学报》2006 年第 5 期。

61. 吉宇宽："图书馆文化扶贫视域下著作权法定许可规则的适用及调整"，载《国家图书馆学刊》2017 年第 5 期。

62. 季卫东："戴维·凯瑞斯：《美国言论自由的历史与现实》"，载《清华法学》2002 年第 1 期。

63. 贾永健："司法改革与政治合法性——对审判管理改革的法政治学透视"，载《天中学刊》2012 年第 4 期。

64. 蒋大兴："政治/政党与企业——政治权力参与资源分配的文明结构"，载《当代法学》2018 年第 1 期。

65. 蒋雁峰："酒与中国政治"，载《中国酒》2002 年第 1 期。

66. 蒋永甫："财产权与有限政府——洛克政治哲学的内在逻辑"，载《武汉大学学报（哲学社会科学版）》2008 年第 2 期。

67. 焦和平："植物品种权扩张背景下'农民特权'的法律保护"，载《西北大学学报（哲学社会科学版）》2012 年第 4 期。

68. 金海军："美国最高法院 2016 年度知识产权判例解析"，载《知识产权》2017 年第 9 期。

69. 金眉："《伯尔尼公约》述论"，载《南京大学学报（哲学·人文·社会科学）》1994 年第 4 期。

70. 康添雄："专利作为技术公共事物的治理之道——民主在无效宣告中的引入"，载《法制与社会发展》2011 年第 5 期。

71. 赖洪川、赵瑞华："论版权保护与言论自由的平衡与冲突——从 Eldred v. Ashcroft 案看美国版权扩张法案（CTEA）对宪法第一修正案的冲击"，载《暨南学报（哲学社会科学版）》2005 年第 4 期。

72. 李德顺："重视构建话语体系的路径思考"，载《中共中央党校学报》2018 年第 3 期。

73. 李红团："构建合乎国情的药品专利链接制度"，载《中国新药杂志》2018 年第 17 期。

74. 李嘉丽、谢晓敏："从'澳门豆捞'案看通用名称的认定标准"，载《中华商标》2017 年第 11 期。

75. 李林："立法权与立法的民主化"，载高鸿钧主编：《清华法治论衡》（第 1 辑），清华大学出版社 2000 年版。

76. 李明德："'知识产权滥用'是一个模糊命题"，载《电子知识产权》2007 年第 10 期。

77. 李明德："欧盟'版权指令'述评"，载《环球法律评论》2002 年第 4 期。

78. 李明德："商标、商标权与市场竞争——商标法几个基本理论问题新探"，载《甘肃社会科学》2015 年第 5 期。

79. 李杨："传统知识保护的'公共领域'困境解读"，载《电子知识产权》2009年第5期。

80. 李雨峰："版权、市民社会与国家"，载《知识产权》2006年第3期。

81. 李雨峰："企业商标权与言论自由的界限———以美国商标法上的戏仿为视角"，载《环球法律评论》2011年第4期。

82. 李雨峰："枪口下的法律——近代中国版权法的产生"，载《北大法律评论》编辑委员会编：《北大法律评论》（第6卷第1辑），法律出版社2004年版。

83. 李雨峰："思想/表达二分法的检讨"，载《北大法律评论》编辑委员会编：《北大法律评论》（第8卷第2辑），北京大学出版社2007年版。

84. 李雨峰："著作权制度的反思与改组"，载《法学论坛》2008年第2期。

85. 梁志文："反思知识产权之合法性基础——以正义论为视角的分析"，载《电子知识产权》2007年第9期。

86. 梁志文："论TRIPS协议下的国家自主性——知识产权正义论的视角"，载《法治研究》2009年第5期。

87. 梁志文："论版权法改革的方向与原则"，载《法学》2017年第12期。

88. 梁志文："政治学理论中的隐喻在知识产权制度调适中的运用"，载《政治与法律》2010年第7期。

89. 林珊珊、周思婷："商标里的政治"，载《领导文萃》2013年第11期。

90. 林尚立："政治学与政治发展：中国政治学发展20年"，载《政治学研究》1998年第2期。

91. 刘春霖："知识产权侵权赔偿也应追求公平正义——读《知识产权侵权损害赔偿原则探析》有感"，载《河北经贸大学学报（综合版）》2010年第1期。

92. 刘春田、金海军："2003年知识产权法学学术研究回顾"，载《法学家》2004年第1期。

93. 刘登明、王灿、郑东红："试论版权技术措施与合理使用的冲突与融合"，载《前沿》2005年第3期。

94. 刘华、孟奇勋："公共政策视阈下的知识产权利益集团运作机制研究"，载《法商研究》2009年第4期。

95. 刘华："知识产权制度的效益及实证分析"，载《黄冈师范学院学报》2001年第2期。

96. 刘建："论版权法中的接触权原则"，载《中国出版》2017年第17期。

97. 刘晶晶、武志昂："从政府规制理论看'Bolar例外'"，载《中国药师》2016年第7期。

98. 刘立春、朱雪忠："美国和加拿大药品专利链接体系要素的选择及其对中国的启示"，载《中国科技论坛》2014年第1期。

99. 刘平："我国当前知识产权奖励政策存在的偏差及其调整"，载《科技进步与对策》2009 年第 16 期。

100. 刘闻："论商业言论自由的法律边界"，载《江西社会科学》2016 年第 8 期。

101. 刘雪凤、许超："知识产权全球治理的结构功能主义解读"，载《中国行政管理》2011 年第 9 期。

102. 刘彦武："文化走出去战略的地缘政治学分析"，载《中华文化论坛》2014 年第 1 期。

103. 刘勇："美国《非洲增长与机遇法案》述评"，载《武大国际法评论》2009 年第 1 期。

104. 龙井瑢："对网络时代版权扩张的反垄断规制及新对策"，载《河北法学》2011 年第 1 期。

105. 鲁浪浪："论知识产权领域社会正义的实现"，载《法制与社会》2009 年第 15 期。

106. 吕斌："茅台政治化利弊"，载《法人》2012 年第 9 期。

107. 吕嘉："论政治学的特殊性"，载《政治学研究》2001 年第 2 期。

108. 吕建中："发展民主政治与建设社会主义政治文明"，载《攀登》2006 年第 3 期。

109. 马得华："我国宪法言论自由条款类似于美国宪法第一修正案吗?"，载《比较法研究》2016 年第 4 期。

110. 马怀德、张红："立法的民主化及法律监督"，载《国家检察官学院学报》2005 年第 4 期。

111. 孟奇勋、黎运智："规则·利益·行动者——评《私人力量，公众法律：知识产权的全球化》"，载《知识产权》2008 年第 5 期。

112. 缪文升："关于构建公正社会的法政治学视角分析"，载《理论前沿》2006 年第 7 期。

113. 〔美〕尼克："SOPA 提案：当知识产权碰上言论自由"，载《沪港经济》2012 年第 6 期。

114. 裴宏："美国知识产权掠影（上）"，载《中国发明与专利》2006 年第 11 期。

115. 彭桂兵："表达权视角下版权许可制度的完善：以新闻聚合为例"，载《西南政法大学学报》2018 年第 4 期。

116. 平少华、耿澜："世界农产品地理标志保护的百年博弈"，载《中国果菜》2015 年第 11 期。

117. 钦国巍："构建我国著作权强制许可使用制度"，载《郑州轻工业学院学报（社会科学版）》2010 年第 5 期。

118. 秦克寅："跨国公司知识产权滥用的社会学探析"，载《商场现代化》2006 年第 16 期。

119. 桑丽茹：" '与疾病诊断有关的检测方法' 专利申请的策略"，载《中国发明与专利》2012 年第 11 期。

120. 尚志红："国家电网公司知识产权管理现状及发展对策"，载《中国电力企业管理》

2017 年第 16 期。

121. 沈桦："知识生产下的殖民主义"，载《艺术当代》2017 年第 10 期。

122. 施雅仪："从美国 Myriad 案探讨经分离 DNA 之专利适格性"，载《智慧财产权月刊》2014 年第 9 期。

123. 施燕："浅谈绝对新颖性标准对中国企业的影响"，载《科技创业月刊》2012 年第 4 期。

124. 石必胜："美国专利创造性制度的司法变迁"，载《比较法研究》2012 年第 5 期。

125. 史学瀛、张春玲："我国解决公共健康危机的法律策略探析"，载《河北法学》2008 年第 4 期。

126. 舒国滢："中国法学之问题——中国法律知识谱系的梳理"，载《清华法学》2018 年第 3 期。

127. 宋慧献、周艳敏："冲突与平衡：知识产权的人权视野"，载《知识产权》2004 年第 2 期。

128. 宋慧献："财产权多元论与知识产权的非人权性"，载《北方法学》2011 年第 3 期。

129. 孙关宏："慎提'中国式民主'"，载《探索与争鸣》2014 年第 12 期。

130. 孙靓莹："中国发展合作范式的国际共享——评《超越发展援助——在一个多极世界中重构发展合作新理念》"，载《社会发展研究》2017 年第 4 期。

131. 孙笑侠："司法的政治力学——民众、媒体、为政者、当事人与司法官的关系分析"，载《中国法学》2011 年第 2 期。

132. 孙新强："论作者权体系的崩溃与重建——以法律现代化为视角"，载《清华法学》2014 年第 2 期。

133. 孙运德："美国知识产权文化政治化的原因及路径分析"，载《华北水利水电学院学报（社科版）》2013 年第 5 期。

134. 孙运德："知识产权文化的概念及其政治功能"，载《河南商业高等专科学校学报》2009 年第 6 期。

135. 涂四溢："我国宪法之'公共财产'的前生今世——从李忠夏的《宪法上的"国家所有权：一场美丽的误会"》说起"，载《清华法学》2015 年第 5 期。

136. 汪习根："免于贫穷的权利及其法律保障机制"，载《法学研究》2012 年第 1 期。

137. 汪习根："中国梦与人权——当今中国人权的法政治学解读"，载《人权》2014 年第 3 期。

138. 王宏军："知识产权资本知识产权霸权——以发展中国家的立场为视角"，载《甘肃政法学院学报》2009 年第 1 期。

139. 王立峰、李海滢："法律合法性的批判与超越——韦伯与哈贝马斯的法政治学思想比较"，载《法制与社会发展》2008 年第 4 期。

140. 王立峰："法政治学的核心范畴研究——以布迪厄的'场域理论'为视角"，载《社会科学研究》2013 年第 3 期。

141. 王立峰："基于'法律与政治关系'的中国法政治学的前提性问题批判"，载《江海学刊》2015 第 3 期。

142. 王霖华："TRIPs 中的国民待遇原则及其在国际私法上的意义"，载《外交学院学报》2001 年第 1 期。

143. 王瑞领："论国际政治学中理性主义的学科意义及其局限"，载《理论与改革》2015 年第 5 期。

144. 王震："基因专利的惠益共享"，载《北京科技大学学报（社会科学版）》2007 年第 2 期。

145. 王正发："独一无二的鲍格胥"，载《中国发明与专利》2007 年第 10 期。

146. 王志龙："民主不是'敏感'的东西"，载《同舟共进》2008 年第 3 期。

147. 韦之："欧共体计算机程序保护指令评介"，载《中外法学》1998 年第 6 期。

148. 文希凯："禽流感与专利权"，载《中国发明与专利》2005 年第 12 期。

149. 吴汉东、李瑞登："中国知识产权法学研究 30 年"，载《法商研究》2010 年第 3 期。

150. 吴汉东："关于知识产权本质的多维度解读"，载《中国法学》2006 年第 5 期。

151. 吴汉东："知识产权的多元属性及研究范式"，载《中国社会科学》2011 年第 5 期。

152. 吴汉东："知识产权的私权与人权属性——以《知识产权协议》与《世界人权公约》为对象"，载《法学研究》2003 年第 3 期。

153. 吴汉东："知识产权法的制度创新本质与知识创新目标"，载《法学研究》2014 年第 3 期。

154. 吴汉东："知识产权领域的表达自由：保护与规制"，载《现代法学》2016 年第 3 期。

155. 伍春艳、焦洪涛、范建得："人类遗传数据的开放共享抑或知识产权保护"，载《知识产权》2014 年第 1 期。

156. 向波："知识产权法律制度之正义考量"，载《知识产权》2014 年第 10 期。

157. 向波："著作权集体管理组织：市场功能、角色安排与定价问题"，载《知识产权》2018 年第 7 期。

158. 向利："主动与被动：达菲的两难选择"，载《医药产业资讯》2006 年第 1 期。

159. 肖枫："世界多极会走向'中美两极'吗?"，载《当代世界》2016 年第 10 期。

160. 肖建玉、沈爱玲："构建符合我国国情的药品专利链接制度"，载《现代中药研究与实践》2010 年第 5 期。

161. 肖金明："为全面法治重构政策与法律关系"，载《中国行政管理》2013 年第 5 期。

162. 辛方坤："邻避风险社会放大过程中的政府信任：从流失到重构"，载《中国行政管理》2018 年第 8 期。

163. 熊琦："数字音乐付费制度的未来模式探索"，载《知识产权》2013 年第 7 期。

164. 熊琦："著作权法定许可的正当性解构与制度替代"，载《知识产权》2011 年第 6 期。

165. 熊琦："著作权法定许可制度溯源与移植反思"，载《法学》2015 年第 5 期。

166. 熊伟红："从'三振'规则看网络版权保护与言论自由之关系"，载《商》2015 年第 6 期。

167. 熊文聪："后现代主义视角下的著作权的正当性及其边界——从个体权利到基于商谈的共识"，载《政治与法律》2010 年第 6 期。

168. 徐瑄："知识产权的正当性——论知识产权法中的对价与衡平"，载《中国社会科学》2003 年第 4 期。

169. 许耀桐："顶层设计内涵解读与首要任务分析"，载《人民论坛》2012 年第 17 期。

170. 薛克鹏："经济法的实质正义观及其实现"，载《北方法学》2008 年第 1 期。

171. 闫海："论政治法与法政治学——从政治与法律关系的契入"，载《太平洋学报》2010 第 9 期。

172. 严强："政治生活与政治学基础理论"，载《阅江学刊》2009 年第 1 期。

173. 杨才然、高伟："洛克的知识产权正义论"，载《电子知识产权》2008 年第 1 期。

174. 杨才然："知识产权法的正义价值取向"，载《电子知识产权》2006 年第 7 期。

175. 杨德齐："知识产权之正义论"，载《改革与开放》2009 年第 3 期。

176. 杨德桥："论利益集团对知识产权法的影响——以《著作权法》第三次修改为切入视角"，载《理论月刊》2012 年第 12 期。

177. 杨光斌："社会权利优先的中国政治发展选择"，载《行政论坛》2012 年第 3 期。

178. 杨静："话语视角下的知识产权国际保护秩序：以 ACTA 立法进程为例"，载《东方法学》2016 年第 1 期。

179. 杨敏："版权与言论自由：从'三振出局'法说开去"，载《前沿》2013 年第 4 期。

180. 杨述兴："从程序正义反思知识产权法之诉前禁令制度"，载《电子知识产权》2006 年第 8 期。

181. 杨涛、张钦坤："版权扩张的负面效应解析"，载《出版发行研究》2015 年第 3 期。

182. 杨晓静："著作权延伸集体管理制度的法经济学解析"，载《中国出版》2018 年第 11 期。

183. 杨智杰："政府资料开放与著作权法之关系：美国、欧盟、英国比较"，载《河南财经政法大学学报》2018 年第 3 期。

184. 姚颉靖："知识产权诉前禁令制度的反思与重塑：以程序正义为视角"，载《甘肃行政学院学报》2007 年第 4 期。

185. 姚选民："民事审判的法律之维与政治之维——'沈/张系列诉讼案'的法政治学解读"，载《社会科学论坛》2012 年第 11 期。

186. 易继明、蔡元臻："版权蟑螂现象的法律治理——网络版权市场中的利益平衡机制"，载《法学论坛》2018 年第 2 期。

187. 尹新天："如何发挥知识产权制度的作用（下）——评英国知识产权委员会的报告"，载《知识产权》2003 年第 5 期。

188. 尤杰：" '版权作品使用共识' 与参与式文化的版权政策环境"，载《上海大学学报（社会科学版）》2016 年第 1 期。

189. 于飞："民法基本原则：理论反思与法典表达"，载《法学研究》2016 年第 3 期。

190. 虞崇胜："论政治文明的多样性"，载《济南大学学报》2004 年第 1 期。

191. 袁建中："欧洲专利局关于软件专利保护客体之探讨"，载《电子知识产权》2009 年第 9 期。

192. 袁源、宋伟："美国知识产权捐赠政策及演变"，载《中国科技论坛》2011 年第 11 期。

193. 袁泽清："知识产权法律制度的基本伦理原则"，载《贵州社会科学》2018 年第 8 期。

194. 苑野："物联网商业方法的专利保护探析"，载《知识产权》2018 年第 4 期。

195. 詹鹏飞："洛克财产权理论的法政治学之维"，载《周口师范学院学报》2016 年第 1 期。

196. 张德芬："知识产权法之和谐价值的正当性及其实现"，载《法学评论》2007 年第 4 期。

197. 张盾："财产权批判的政治观念与历史方法"，载《哲学研究》2011 年第 8 期。

198. 张耕："民间文学艺术知识产权正义论"，载《现代法学》2008 年第 1 期。

199. 张惠彬："论言论自由与商标权之协调"，载《新闻与传播研究》2015 年第 7 期。

200. 张静、董彦峰："组织分化、政治整合与新时代的社会治理"，载《文化纵横》2018 年第 4 期。

201. 张静："邓小平与中美科技合作的展开（1977～1979）"，载《当代中国史研究》，2014 年第 3 期。

202. 张科荣："知识权力与后殖民主义文化霸权"，载《广西社会科学》2004 年第 1 期。

203. 张玲、王洪慧："试题的著作权保护与限制—— '新东方' 案的启示"，载《法学家》2005 年第 5 期。

204. 张平："网络环境下知识产权法的作用"，载陈美章、刘江彬主编：《数字化技术的知识产权保护》，知识产权出版社 2000 年版。

205. 张文韬："论著作权集体管理组织内部治理的基本原则"，载《科技与出版》2017 年第 9 期。

206. 赵娟："论美国言论自由判例中的公共论坛原理——从 2009 年萨姆案谈起"，载《行政法学研究》2010 年第 4 期。

207. 郑海平："表达自由案件中的'公共论坛'原理——基于美国宪法判例的分析"，载《甘肃行政学院学报》2012 年第 5 期。

208. 郑前程："制度主义的演进与复兴——政治学中的制度理论"，载《中共福建省委党校学报》2003 年第 2 期。

209. 郑胜利："论知识产权法定主义"，载《中国发展》2006 年第 3 期。

210. 郑万青："知识产权与人权的关联辨析——对'知识产权属于基本人权'观点的质疑"，载《法学家》2007 年第 5 期。

211. 郑万青："知识产权与信息自由权——一种全球治理的视角"，载《知识产权》2006 年第 5 期。

212. 郑文通："宪法和知识产权：美国最高法院'米老鼠案'述评"，载《电子知识产权》2004 年第 1 期。

213. 郑悦迪："论滑稽模仿——言论自由与商标权的冲突与协调"，载《中华商标》2017 年第 10 期。

214. 周光辉、刘向东："全球化时代发展中国家的国家认同危机及治理"，载《中国社会科学》2013 年第 9 期。

215. 周贺微："TPP 之著作权限制条款研究——兼论著作权法激励理论的适用"，载《邵阳学院学报（社会科学版）》2017 年第 2 期。

216. 周宏："美国植物新品种保护体系发展历程及对我国的启示"，载《电子知识产权》2007 年第 11 期。

217. 周林："论信息时代的版权立法——以追续权立法为例"，载《美术研究》2018 年第 1 期。

218. 周艳敏："言论自由：版权保护的牺牲品？"，载《新闻爱好者》2001 年第 10 期。

219. 周园："包容性增长：知识产权审判建设公平正义社会的重要向度"，载《重庆理工大学学报（社会科学）》2013 年第 7 期。

220. 卓泽渊："论法政治学的创立"，载《现代法学》2005 年第 1 期。

221. 邹建锋："理解当代民主的含义"，载《探索》2003 年第 3 期。

（二）学位论文

1. 曾志荣："分配正义视角下的知识产权陷阱取证与举证责任分配问题研究"，苏州大学 2009 年硕士学位论文。

2. 范超："经济全球化背景下国际贸易中的知识产权保护问题研究"，东北财经大学 2011 年博士学位论文。

3. 黄汇："版权法上的公共领域研究"，西南政法大学 2009 年博士学位论文。

4. 景明浩："药品获取与公共健康全球保护的多维进路"，吉林大学 2016 年博士学位论文。

5. 李晓娟："论地理标志保护中的农民权"，山西大学 2012 年硕士学位论文。

6. 李祖明："互联网上的版权保护与限制"，中国社会科学院研究生院 2002 年博士学位论文。

7. 林祥明："植物新品种保护对我国种业发展的影响研究"，中国农业科学院 2006 年博士学位论文。

8. 刘雪凤："知识产权全球治理视角下 NGO 功能研究"，华中科技大学 2011 年博士学位论文。

9. 鲁菁："中国医药研发外包服务产业发展研究"，中南大学 2012 年博士学位论文。

10. 马虎兆："知识产权发展水平、经济贡献及转型升级思路研究"，天津大学 2012 年博士学位论文。

11. 阮思宇："论知识产权的权利限制——以正当性分析为探索路径"，吉林大学 2011 年博士学位论文。

12. 孙浩蕾："多哈地理标志谈判及中国对策研究"，山西大学 2012 年硕士学位论文。

13. 孙运德："政府知识产权能力研究——基于知识产权制度的公共政策视角"，吉林大学 2008 年博士学位论文。

14. 唐昊："利益集团政治变迁与美国霸权的转型"，暨南大学 2007 年博士学位论文。

15. 田冬霞："对跨国人体研究剥削议题的伦理审视"，中山大学 2016 年博士学位论文。

16. 涂云新："经济、社会、文化权利的宪法保障比较研究"，武汉大学 2014 年博士学位论文。

17. 万飞："WTO TRIPS 协定与老挝知识产权保护制度完善问题研究"，武汉大学 2014 年博士学位论文。

18. 王国柱："知识产权默示许可制度研究"，吉林大学 2013 年博士学位论文。

19. 王莉："欧盟地理标志产品管理研究"，吉林大学 2015 年博士学位论文。

20. 王培舒："知识产权与人权的联系、冲突与协调发展"，吉林大学 2007 年博士学位论文。

21. 王运嘉："计算机软件整体保护模式之探讨——版权法与专利法之双重视角"，中国政法大学 2014 年博士学位论文。

22. 肖声高："保护公共健康视角下的商标使用限制法律问题研究"，武汉大学 2014 年博士学位论文。

23. 徐知兰："UNESCO 文化多样性理念对世界遗产体系的影响"，清华大学 2012 年博士学位论文。

24. 闫星："美国信息产业利益集团政治参与的研究"，复旦大学 2006 年博士学位论文。

25. 杨健："知识产权国际法治探究"，吉林大学 2013 年博士学位论文。

26. 姚思涵："商标注册中的语言文字不规范使用问题研究"，中央民族大学 2017 年硕士学位论文。

27. 尤杰："数字传播时代的版权与言论自由权之争：对转换性使用的哲学思考"，上海大学 2011 年博士学位论文。

28. 袁源："知识产权政策多维效果研究——基于政策过程新范式的探讨"，中国科学技术大学 2012 年博士学位论文。

29. 袁真富："驰名商标异化的制度逻辑"，上海大学 2010 年博士学位论文。

30. 臧雷振："变迁中的政治机会结构与政治参与——新媒体时代的国家治理回应"，北京大学 2014 年博士学位论文。

31. 张惠彬："商标财产化研究"，西南政法大学 2014 年博士学位论文。

32. 张梅："政治学视野中的中国版权保护问题研究"，苏州大学 2006 年博士学位论文。

33. 邹波："知识产权的宪法保护研究"，武汉大学 2011 年博士学位论文。

（三）会议报纸论文等

1. 樊鹏："西方应尽快填补政治认知'逆差'"，载《环球时报》2017 年 10 月 27 日第 15 版。

2. 蒋德海："莫把民粹当民主"，载《人民日报》2016 年 10 月 17 日第 16 版。

3. 马肃平、袁端端："六家企业受罚，暗流依然涌动'基因泄密者'的明与暗"，载《南方周末》2018 年 11 月 8 日。

4. 潘洪其："政绩考核到底该'考'什么"，载《新华每日电讯》2011 年 12 月 16 日第 3 版。

5. 王自强："关于著作权人'被代表'问题的思考"，载《中国新闻出版报》2012 年 4 月 16 日第 4 版。

6. 吴汉东："知识产权 VS. 人权：冲突、交叉与协调"，载《中国知识产权报》2004 年 1 月 6 日。

7. 徐隽："民法典分编草案首次提请审议：分编草案共六编总计千余条"，载《人民日报》2018 年 8 月 28 日第 6 版。

三、外文著作

1. Alexandra George, *Constructing Intellectual Property*, Cambridge University Press, 2012.

2. Andrew C. Mertha, *The Politics of Piracy: Intellectual Property in Contemporary China*, Cornell University Press, 2007.

3. Andrew Heywood, *Political Ideologies: An Introduction*, 6th ed., Palgrave, 2017.

4. Anthony J. Stenson & Tim S. Gray, *The Politics of Genetic Resource Control*, Palgrave Macmillan, 1999.

5. Anthony Lewis, *Freedom for the Thought That We Hate*, Basic Books, 2007.

6. Benjamin Farrand, *Networks of Power in Digital Copyright Law and Policy: Political Salience*,

Expertise and the Legislative Process, Routledge, 2014.

7. Bill D. Herman, *The Fight over Digital Rights: The Politics of Copyright and Technology*, Cambridge University Press, 2013.

8. Brad Sherman & Lionel Bentl, *The Making of Modern Intellectual Property Law*, Cambridge University Press, 1999.

9. Brigit Toebes, Rhonda Ferguson, Milan M. Markovic & Obiajulu Nnamuchi, *The Right to Health: A Multi-Country Study of Law, Policy and Practice*, T. M. C. Asser Press, 2014

10. Bryan A. Garner (Editor in Chief), *Black's Law Dictionary*, 8th ed. , 2004.

11. Catherine L. Fisk, *Working Knowledge: Employee Innovation and the Rise of Corporate Intellectual Property*, 1800~1930, The University of North Carolina Press, 2009.

12. Christopher May, *The Global Political Economy of Intellectual Property Rights: The New Enclosures?*, Routledge, 2000.

13. Christopher May, *The Global Political Economy of Intellectual Property Rights: The New Enclosures*, 2nd ed. , Routledge, 2010.

14. Christopher T. May & Susan K. Sell, *Intellectual Property Rights: A Critical History*, Lynne Rienner Publishers Inc. , 2005.

15. Christopher T. May, *The Political Economy of Intellectual Property Rights*, Edward Elgar Publishing Ltd, 2010.

16. Committee on Geophysical and Environmental Data, Board on Earth Sciences and Resources & National Research Council, *Resolving Conflicts Arising from the Privatization of Environmental Data*, National Academies Press, 2001.

17. Cory Doctorow, *Information Doesn't Want to Be Free: Laws for the Internet Age*, McSweeney's, 2015.

18. Dambisa Moyo, *Dead Aid: Why Aid Is Not Working and How There Is a Better Way for Africa*, Farrar, Straus and Giroux, 2010.

19. David Kairys (editor), *The Politics of Law: A Progressive Critique*, 3rd ed. , Basic Books, 1998.

20. Dick Pels, *Property and Power in Social Theory: A Study in Intellectual Rivalry*, Routledge, 2002.

21. Douglas E. Phillips, *The Software License Unveiled: How Legislation by License Controls Software Access*, Oxford University Press, 2009.

22. F. L. Morton ed. , *Law, Politics and the Judicial Process in Canada*, The University of Calgary Press, 1984.

23. Gordon C. K Cheung, *Intellectual Property Rights in China: Politics of Piracy, Trade and Pro-

tection, Routledge, 2009.

24. Jennifer Sellin, *Access to Medicines: The Interface between Patents and Human Rights. Does One Fits All?*, Intersentia, 2014.

25. Jose M. Zuniga, Stephen P. Marks & Lawrence O. Gostin eds. , *Advancing the Human Right to Health*, Oxford University Press, 2013.

27. Kristie Thomas, *Accessing Intellectual Property Compliance in Contemporary China: The World Trade Organization TRIPS Agreement*, Palgrave Macmillan, 2017.

28. Laura J. Murray, S. Tina Piper & Kirsty Robertson, *Putting Intellectual Property in Its Place: Rights Discourses, Creative Labor, and the Everyday*, Oxford University Press, 2014.

29. Laurence R. Helfer & Graeme W. Austin, *Human Rights and Intellectual Property: Mapping the Global Interface*, Cambridge University Press, 2011.

30. Lawrence Lessig, *Free Culture: The Nature and Future of Creativity*, Penguin Books, 2006.

31. Madhavi Sunder, *From Goods to a Good Life: Intellectual Property and Global Justice*, Yale University Press, 2012.

32. Marcia Angell, *The Truth About the Drug Companies: How They Deceive US and What to Do About It*, Random House, 2005.

33. Martin J. Adelman & Toshiaki Iimura, *Law, Politics and Revenue Extraction on Intellectual Property*, Cambridge Scholars Publishing, 2015.

34. Matthew Festenstein & Michael Kenny, *Political Ideologies: A Reader and Guide*, Oxford University Press, 2005.

35. Michael P. Ryan, *Knowledge Diplomacy: Global Competition and the Politics of Intellectual Property*, Brookings Institution Press, 1998.

36. Michel Foucault, *Power*, New York Press, 1994.

37. Michele Boldrin & David K. Levine, *Against Intellectual Monopoly*, Cambridge University Press, 2008.

38. Monica Horten, *The Copyright Enforcement Enigma: Internet Politics and the "Telecoms Package"*, Palgrave Macmillan, 2011.

39. Nicola Jones, Ajoy Datta, Harry Jones etc. , *Knowledge, Policy and Power: Six Dimensions of the Knowledge development Policy Interface*, Overseas Development Institute, 2009.

40. Pat Choate, *Hot Property: The Stealing of Ideas in an Age of Globalization*, Alfred A. Knopf, 2005.

41. Paul Goldstein, Joseph Straus, Peter Ganea, Tanuja V. Garde & Ashley Isaacson Woolley, *Intellectual Property in Asia: Law, Economics, History and Politics*, Springer, 2009.

42. Peter Drahos, *Global Intellectual Property Rights: Knowledge, Access and Development*, Palgrave

Macmillan, 2002.

43. Preslava Stoeva, *New Norms and Knowledge in World Politics*: *Protecting People*, *Intellectual Property and the Environment*, Routledge, 2013.

44. Rami M. Olwan, *Intellectual Property and Development*: *Theory and Practice*, Springer, 2013.

45. Randal R. Rader, Toshiaki Iimura, Thomas J. R. Voit et al. eds. , *Law*, *Politics and Revenue Extraction on Intellectual Property*, Cambridge Scholars Publishing, 2015.

46. Renée Marlin-Bennett, *Knowledge Power*: *Intellectual Property*, *Information*, *and Privacy*, Lynne Rienner Publishers, 2004.

47. Richard Stim, *Trademark Law*, West Legal Studies, 2000.

48. Robert P. Merges, *Justifying Intellectual Property*, Harvard University Press, 2011.

49. Robert P. Merges, Peter S. Menell & Mark A. Lemley, *Intellectual Property in The New Technology Age*, 6th ed. , Aspen Publishers, 2012.

50. Robert Pitkethly, *UK Intellectual Property Awareness Survey* 2006, UK Intellectual Property Office, 2006.

51. Ronald A. Cass and Keith N. Hylton, *Laws of Creation*: *Property Rights in the World of Ideas*, Harvard University Press, 2013.

52. Ruth L. Okediji, *The International Copyright System*: *Limitations*, *Exceptions and Public Interest Considerations for Developing Countries*, International Centre for Trade and Sustainable Development, 2006.

53. Samuel Bernstein, *French Political and Intellectual History*, Transaction Publishers, 1983.

54. Sebastian Haunss, *Conflicts in the Knowledge Society*: *The Contentious Politics of Intellectual Property*, Cambridge University Press, 2013.

55. Sebastian Haunss, Kenneth C. Shadlen, *Politics of Intellectual Property*: *Contestation over the Ownership*, *Use*, *and Control of Knowledge and Information*, Edward Elgar Publishing Limited, 2009.

56. Singer, Berger, Davidson & Penalver, *Property Law*: *Rules*, *Policies*, *and Practices*, 7th ed. , Wolters Kluwer, 2017.

57. Susan K. Sell, *Private Power*, *Public Law*: *The Globalization of Intellectual Property Rights*, Cambridge University Press, 2003.

58. Susan K. Sell, *Power and Ideas*: *North-South Politics of Intellectual Property and Antitrust*, State University of New York Press, 1997.

59. Tzen Wong and Graham Dutfield, *Intellectual Property and Human Development*: *Current Trends and Future Scenarios*, Cambridge University Press, 2010.

60. United Nations, *The Essential UN*, United Nations Publications, 2018.

61. Valbona Muzaka, *The Politics of Intellectual Property Rights and Access to Medicines*, Palgrave Macmillan, 2011.

62. Vandana Shiva, *Biopiracy: The Plunder of Nature and Knowledge*, South End Press, 1997.

63. Wenwei Guan, *Intellectual Property Theory and Practice: A Critical Examination of China's TRIPS Compliance and Beyond*, Springer, 2014.

64. William P. Alford, *To Steal a Book Is an Elegant Offensive: Intellectual Property Law in Chinese Civilization*, Stanford University Press, 1995.

65. Yali Friedman, *Building Biotechnology: Business, Regulations, Patents, Law, Politics, Science*, 3rd Revised edition, Logos Press, 2008.

66. YiJun Tian, *Re-thinking Intellectual Property: The Political Economy of Copyright Protection in the Digital Era*, Routledge-Cavendish, 2008.

四、外文论文

1. Adam Masarek, "Treetop View of the Cathedral: Plant Variety Protection in South and Southeast Asian Least-Developed Countries", 24 *Emory Int'l L. Rev.* 433 (2010).

2. Alex Kozinski Stuart Banner, "Who's Afraid of Commercial Speech?", 76 *Va. L. Rev.* 627 (1990).

3. Amy B. Cohen, "Copyright Law and the Myth of Objectivity: The Idea-Expression Dichotomy and the Inevitability of Artistic Value Judgements", 66 *Ind. L. J.* 175 (1990).

4. Amy Kapczynski, "Four Hypotheses on Intellectual Property and Inequality", Working Paper Prepared for the SELA conference, 2015.

5. Amy Kapczynski, "The Access to Knowledge Mobilization and the New Politics of Intellectual Property", 117 *Yale L. J.* 804 (2008).

6. Anibal Quijano, "Coloniality sand Modernity/Rationality", 21 *CULTURAL STUD.* 168 (2007).

7. Anjali Vats & Deidre A. Keller, "Critical Race IP", 36 *Cardozo Arts & Ent. L. J.* 735 (2018).

8. Anupam Chander & Madhavi Sunder, "The Battle to Define Asia's Intellectual Property Law: TPP to RCEP", 8 *UC Irvine L. Rev.* 331 (2018).

9. Anupam Chander & Madhavi Sunder, "Foreword: Is Nozick Kicking Rawls's Ass? Intellectual Prloperty and Social Justice", 40 *U. C. Davis L. Rev.* 563 (2007).

10. Assafa Endeshaw, "Intellectual Property Enforcement in Asia: A Reality Check", 13 *Int'l J. L. & Info. Tech.* 378 (2005).

11. B. DeJonge, "Plant Variety Protection in Sub-Saharan Africa: Balancing Commercial and Smallholder Farmers' Interests", 7 *J. Pol. & L.* 100 (2014).

12. Barton Beebe & Jeanne C. Fromer, "Are We Running Out of Trademarks? An Empirical Study

of Trademark Depletion and Congestion", 131 *Harv. L. Rev.* 945 (2018).

13. Bluntschli, "The Development of Right, and the Right of Development", 32 *J. Jurisprudence* (*T. T. Clark*) 1 (1888).

14. Boudewijn Bouckaert, "What is Property", 13 *Harv. J. L. & Pub. Pol'y* 775 (1990).

15. Brigitte Binkert, "Why the Current Global Intellectual Property Framework Under TRIPs Is Not Working", 10 *Intell. Prop. L. Bull.* 143 (2006).

16. Bronwen Jones, "Orientalism, Postcolonialism and Intellectual Property Protection in Egypt", 7 *J. Comp. L.* 112 (2012).

17. Bronwyn H. Hall, "The Global Nature of Intellectual Property: Discussion", *Toronto IP Conference*, May 2001.

18. By Catherine Ho, "Looking to Protect Brand Abroad, Companies Tap Lobbyists on Trademark Infringement", *The Washington Post*, August 14, 2011.

19. Christopher Jon Sprigman, "Berne's Vanishing Ban on Formalities", 28 *Berkeley Tech. L. J.* 1565 (2013).

20. Christopher S. Yoo, "Copyright and Democracy: A Cautionary Note", 53 *Vand. L. Rev.* 1933 (2000).

21. Christopher Scott Harrison, "Protection of Pharmaceuticals as Foreign Policy: The Canada-U. S. Trade Agreement and Bill C-22 Versus the North American Free Trade Agreement and Bill C-91", 26 *N. C. J. Int'l L. & Com. Reg.* 457 (2001).

22. Colin Darch, "Digital Divide or Unequal Exchange: How the Northern Intellectual Property Rights Regime Threatens the South", 32 *Int'l J. Legal Info.* 488 (2004).

23. Colleen Chien, "Cheap Drugs at What Price to Innovation: Does the Compulsory Licensing of Pharmaceuticals Hurt Innovation?", 18 *Berkeley Tech. L. J.* 853 (2003).

24. Cynthia Cannady, "North-South Trade in Intellectual Property: Can It Be Fair", 3 *World Trade Rev.* 317 (2004).

25. D. Peter Harvey, "Geographical Indications: The United States' Perspective", 107 *Trademark Rep.* 960 (2017).

26. Dan Liu, "Owing the Code: The U. S. Supreme Court's Decision in Myriad Genetics Distinguishes between DNA and cDNA, Los Angeles County Bar Association", 36 *DEC L. A. Law.* 20 (2013).

27. Daniel Austin Green, "Indigenous Intellect: Problems of Calling Knowledge Property and Assigning It Rights", 15 *Tex. Wesleyan L. Rev.* 335 (2009).

28. Daniel Garner, "Intellectual Property in the Uruguay Round", 3 *Int'l Legal Persp.* 51 (1990).

29. David H. Blankfein-Tabachnick, "Does Intellectual Property Law Have Foundations? A Review

of Robert Merges's Justirying Intellectual Property", 45 *Conn. L. Rev.* 995 (2013).

30. David J. Loundy, "Revising the Copyright Law for Electronic Publishing", 14 *J. Marshall J. Computer & Info. L.* 1 (1995).

31. David S. Day, "Government Speech: An Introduction to a Constitutional Dialogue", 57 *S. D. L. Rev.* 389 (2012).

32. David Schultz, "Political Theory and Legal History: Conflicting Depictions of Property in the American Political Founding", 37 *Am. J. Legal Hist.* 464 (1993).

33. David Vaver, "Intellectual Property Today: Of Myths and Paradoxes", 69 *Can. B. Rev.* 98 (1990).

34. Debora J. Halbert, "The World Intellectual Property Organization: Past, Present and Future", 54 *J. Copyright Soc'y U. S. A.* 253 (2007).

35. Dina LaPolt, "John Meller & Jay Rosenthal, A Response to Professor Menell: A Remix Compulsory License Is Not Justified", 38 *Colum. J. L. & Arts* 365 (2015).

36. Donald P. Harris, "TRIPS' Rebound: An Historical Analysis of How the TRIPS Agreement Can Ricochet Back Against the United States", 25 *Nw. J. Int'l L. & Bus.* 99 (2004).

37. Donemark Joseph L. Calimon, "Plant Variety Protection and the Rights of Breeders, Farmers and Indigenous Peoples under Philippine Law", 15 *World Bull.* 212 (1999).

38. Douglas J. Frederick, "Watching the Watchdog: Modifying Fair Use of Works Produced by the Institutional Press", 87 *Iowa L. Rev.* 1059 (2002).

39. Dr. Tilman Lüder, "The Next Ten Years in E. U. Copyright: Making Markets Work", 18 *Fordham Intell. Prop. Media & Ent. L. J.* 1 (2007).

40. Edson Beas Rodrigues Junior & Bryan Murphy, "Brazil's Prior Consent Law: A Dialogue between Brazil and the United States over Where the TRIPS Agreement Currently Sets the Balance between the Protection of Pharmaceutical Patents and Access to Medicines", 16 *Alb. L. J. Sci. & Tech.* 423 (2006).

41. Elizabeth A. Rowe, "Intellectual Property and Employee Selection", 48 *Wake Forest L. Rev.* 25 (2013)

42. Eric E. Johnson, "Intellectual Property and the Incentive Fallacy", 39 *Fla. St. U. L. Rev.* 623 (2012).

43. Eric E. Johnson, "Intellectual Property's Need for a Disability Perspective", 20 *Geo. Mason U. Civ. Rts. L. J.* 181 (2010).

44. Eric ELDRED, et al. , "Petitioners, v. John D. ASHCROFT, Attorney General", 123 *S. Ct.* 769 (2003).

45. F. M. Scherer, "The Political Economy of Patent Policy Reform in the United States", 7 *J. on*

Telecomm. & High Tech. L. 167（2009）.

46. Faris K. Nesheiwat, "A Critique of Intellectual Property Research", 27 *Arab L. Q.* 51（2013）.

47. Filip Spagnoli, "In Defense of the Compatibility of Freedom and Equality", 13 *Tex. Wesleyan L. Rev.* 769（2007）.

48. Gabriel N. Turcu, "Influences of the Trade Environment on the Trademark", 2006 *Rom. J. Intell. Prop. L.* 196（2006）.

49. Getachew Mengistie & Michael Blakeney, "Geographical Indications and the Scramble for Africa", 25 *Afr. J. Int'l & Comp. L.* 199（2017）.

50. Graeme B. Dinwoodie, "A New Copyright Order: Why National Courts Should Creat Global Norms", 149 *U. Pa. L. Rev.* 469（2000）.

51. Graeme W. Austin, "Intellectual Property Politics and the Private International Law of Copyright Ownership", 30 *Brook. J. Int'l L.* 899（2005）.

52. Graham Reynolds, "Towards a Right to Engage in the Fair Transformative Use of Copyright-Protected Expression", in Michael Geist, ed. , *From "Radical Extremism" to "Balanced Copyright": Canadian Copyright and the Digital Agenda*, Toronto: Irwin Books, 2010.

53. Gregory N. Mandel, "The Public Perception of Intellectual Property", 66 *Fla. L. Rev.* 261（2014）.

54. Guy A. Rub, "Copyright Survives: Rethinking the Copyright-Contract Conflict", 103 *Va. L. Rev.* 1141（2017）.

55. Hazel V. J. Moir, "Who Benefits? An Empirical Analysis of Australian and US Patent Ownership", in Sebastian Haunss & Kenneth C. Shadlen eds. , *Politics of Intellectual Property: Contestation over the Ownership, Use, and Control of Knowledge and Information*, Edward Elgar, 2009.

56. Hon. Justice L. T. C. Harmsa, "The Politics of Intellectual Property Laws", *Intellectual Property Journal*（2012）.

57. Howard C. Anawalt, "International Intellectual Property, Progress, and the Rule of Law", 19 *Santa Clara Computer & High Tech. L. J.* 383（2003）.

58. J. Janewa Osei-Tutu, "Coprorate 'Human Rights' to Intellectual Property Protection?", 55 *Santa Clara L. Rev.* 1（2015）.

59. J. Janewa Osei-Tutu, "Human Development As An Intellectual Property Metric", 90 *St. John's L. Rev.* 711（2016）.

60. James Boyle, "A Manifesto on WIPO and the Future of Intellectual Property", 2004 *Duke L. & Tech. Rev.* 9（2004）.

61. James Boyle, "A Politics of Intellectual Property: Environmentalism for the Net?", 47 *Duke*

L. *J.* 87 (1997).

62. James Boyle, "Foreword: The Opposite of Property", 66 *SPG Law & Contemp. Probs.* 1 (2003).

63. James H. Mittelman, "'Democratizing' Globalization: Practicing the Policies of Cultural Inclusion", 10 *Cardozo J. Int'l & Comp. L.* 217 (2002).

64. James Raven, "Booksellers in Court: Approaches to the Legal History of Copyright in England Before 1842", 104 *Law Libr. J.* 115 (2012).

65. Jason M. Nolan, "The Role of Transformative Use: Revisiting the Fourth Circuit's Fair Use Opinions in Bouchat v. Baltimore Ravens", 16 *Va. J. L. & Tech.* 538 (2011).

66. Jennifer Berman, "Using the Doctrine of Informed Consent to Improve HIV Vaccine Access in the Post-TRIPS Era", 22 *Wis. Int'l L. J.* 273 (2004).

67. Jennifer L. Pomeranz, "No Need to Break New Ground: A Response to the Supreme Court's Threat to Overhaul the Commercial Speech Doctrine", 45 *Loy. L. A. L. Rev.* 389 (2012).

68. Jessica Litman, "Readers' Copyright", 58 J. Copyright Soc'y U. S. A. 325 (2011).

69. Jessica Litman, "The Politics of Intellectual Property Law", 27 *Cardozo Arts & Ent. L. J.* 313 (2009).

70. Jiyu Zhang, "New Plant Variety Protection in China from the Perspective of Food Security and Environmental Protection", 12 *Frontiers L. China* 174 (2017).

71. John F. Duffy, "Inventing Invention: A Case Study of Legal Innovation", 86 *Tex. L. Rev.* 1 (2007).

72. John R. Schmertz & Mike Meier, "Court of First Instance Rules for Budweiser in EU Trademark Dispute", 13 *Int'l L. Update* 103 (2007).

73. John R. Schmertz & Mike Meier, "European Court of Human Rights Holds That Budweiser Could Not Invoke Protection of Protocol No. 1 in Suit Against Portugal for Rejecting Its Trade Mark Application Since Mark Had Never Become Its 'Possession'", 12 *Int'l L. Update* 18 (2006).

74. John T Cross, "Justifying Property Rights in Native American Traditional Knowledge", 15 *Tex. Wesleyan L. Rev.* 257 (2009).

75. John Tehranian, "Towards a Critical IP Theory: Copyright, Consecration, and Control", 2012 *BYU L. Rev.* 1237 (2012).

76. John V. Tait, "Trademark Regulations and the Commercial Speech Doctrine: Focusing on the Regulatory Objective to Classify Speech for First Amendment Analysis", 67 *Fordham L. Rev.* 897 (1998).

77. Joseph Tromba, "Is Fair Use Actually Fair in the Digital Age for Good-Faith Creators? A Call

for a Broader Interpretation of the Fair Use Doctrine in the Digital Age", 33 *Touro L. Rev.* 1283 (2017).

78. Julie E. Cohen, "A Right to Read Anonymously: a Closer Look at 'Copyright Management' in Cyberspace", 28 *Conn. L. Rev.* 981 (1996).

79. Julie E. Cohen, "Creativity and Culture in Copyright Theory", 40 *U. C. Davis L. Rev.* 1151 (2007).

80. Justin Hughes, Robert P. Merges, "Copyright and Distributive Justice", 92 *Notre Dame L. Rev.* 513 (2016).

81. Justin Hughes, "The Philosophy of Intellectual Property", 77 *Geo. L. J.* 287 (1988).

82. Jyh-An Lee, "Copyright Divisibility and the Anticommons", 32 *Am. U. Int'l L. Rev.* 117 (2016).

83. Kapczynski, "The Cost of Price: Why and How to Get Beyond Intellectual Property Internalism", 59 *UCLA L. Rev.* 970 (2012).

84. Kimberlee Weatherall, "Intellectual Property in the TPP: Not the New TRIPS", 17 *Melb. J. Int'l L.* 257 (2016).

85. Kshitij Kumar Singh, "Intellectual Property Rights in Agricultural Biotechnology and Access to Technology: A Critical Appraisal", 18 *Asian Biotechnology and Development Review*3 (2016).

86. L. T. C. Harms, "The Politics of Intellectual Property Laws", 2012 *J. S. Afr. L.* 461 (2012).

87. Lara Mastrangelo, "Droit de Suite: Why the United States Can No Longer Ignore the Global Trend", 18 *Chi. –Kent J. Int'l & Comp. L.* 1 (2018).

88. Laurence R. Helfer, "Human Rights and Intellectual Property: Conflict or Coexistence?", 5 *Minn. Intell. Prop. Rev.* 47 (2003).

89. Laurence R. Helfer, "Toward a Human Rights Framework for Intellectual Property", 40 *U. C. Davis L. Rev.* 971 (2007).

90. Leah Chan Grinvald," Making Much Ado about Theory: The Chinese Trademark Law", 100 *Trademark Rep.* 964 (2010).

91. Linnea Nasman, "Philosophical Vaccine Exemptions and Their Risk to Public Health", 21 *LBJ J. Pub. Aff.* 69 (2013).

92. Lisa P. Ramsey, "A Free Speech Right to Trademark Protection", 106 *Trademark Rep.* 797 (2016).

93. Lisa P. Ramsey, "Increasing First Amendment Scrutiny of Trademark Law", 61 *SMU L. Rev.* 381 (2008).

94. Lori Knowles & Tania Bubela, "Challenges for Intellectual Property Management of HIV Vaccine-Related Research and Development: Part 1, the Global Context", 16 *Health L. J.* 55

（2008）．

95. Madhavi Sunder, "Intellectual Property and Identity Politics: Playing with Fire", 4 J. *Gender Race & Just.* 69（2000）．

96. Malla Pollack, "A Listener's Free Speech, a Reader's Copyright", 35 *Hofstra L. Rev.* 1457（2007）．

97. Malla Pollack, "The Democratic Public Domain: Reconnecting The Modern First Amendment and The Original Progress Clause（A. K. A. Copyright and Patent Clause）", 45 *Jurimetrics J.* 23（2004）．

98. Margaret Chon, "Intellectual Property and the Development Divide", 27 *Cardozo L. Rev.* 2821（2006）．

99. Marilyn J. Kretsinger, "Droit de Suite: The Artist's Right to A Resale Royalty", 15 *Hastings Comm/Ent L. J.* 967（1993）．

100. Mark A. Lemley, "Faith-Based Intellectual Property", 62 *UCLA L. REV.* 1328（2015）．

101. Mark A. Lemley, "Eugene Volokh, Freedom of Speech and Injunctions in Intellectual Property Cases", 48 *Duke L. J.* 147（1998）．

102. Mark A. Lemley, "Property, Intellectual Property, and Free Riding", 83 *Tex. L. Rev.* 1031（2005）．

103. Mark D. Janis & Jay P. Kesan, "U. S. Plant Variety Protection: Sound and Fury", 39 *Hous. L. Rev.* 727（2002）．

104. Mark D. Janis & Stephen Smith, "Technological Change and the Design of Plant Variety Protection Regimes", 82 *Chi. -Kent L. Rev.* 1557（2007）．

105. Matthew Rosenberg, Nicholas Confessore & Carole Cadwalladr, "How Trump Consultants Exploited the Facebook Data of Millions", *The New York Times*, March 17, 2018.

106. Matthew W. Silverstein, "Note: Pro-Football, Inc. v. Blackhorse and the First Amendment: Does Classifying Trademarks as Government Speech Undermine Free Speech Protection?", 17 *Wake Forest J. Bus. & Intell. Prop. L.* 54（2016）．

107. Megan M. Carpenter, "Trademarks and Human Rights: Oil and Water? Or Chocolate and Peanut Butter?", 99 *Trademark Rep.* 892（2009）．

108. Mei-Hsin Wang & Daniele Alexander, "Analysis of Cases on Pharmaceutical Patent Infringement in Greater China", in Randal R. Rader, Toshiaki Iimura, Thomas J. R. Voit et al. eds. , *Law, Politics and Revenue Extraction on Intellectual Property*, Cambridge Scholars Publishing, 2015.

109. Mei-Hsin Wang, "Trends and Case Analysis Regarding Compulsory Licensing in Asia", in Randal R. Rader, Toshiaki Iimura, Thomas J. R. Voit et al. eds. , *Law, Politics and Revenue*

Extraction on Intellectual Property, Cambridge Scholars Publishing, 2015.

110. Michael A. Carrier, "Cabining Intellectual Property through a Property Paradigm", 54 *Duke L. J.* 1 (2004).

111. Michael A. Gollin, "Answering the Call: Public Interest Intellectual Property Advisors", 17 *Wash. U. J. L. & Pol'y* 187 (2005).

112. Michael D. Birnhack, "Global Copyright, Local Speech", 24 *Cardozo Arts & Ent. L. J.* 491 (2006).

113. Michael P. Ryan, "Knowledge, Legitimacy, Efficiency and the Institutionalization of Dispute Settlement Procedures at the World Trade Organization and the World Intellectual Property Organization", 22 *Nw. J. Int'l L. & Bus.* 389 (2002).

114. Michael P. Ryan, "Knowledge-Economy Elites, the International Law of Intellectual Property and Trade, and Economic Development", 10 *Cardozo J. Int'l & Comp. L.* 271 (2002).

115. Min-Chiuan Wang, "The Asian Consciousness and Interests in Geographical Indications", 96 *Trademark Rep.* 906 (2006).

116. Mirela V. Hristova, "Are Intellectual Property Rights Human Rights? Paten Protection and the Right to Health", 93 *J. Pat. & Trademark Off. Soc'y* 339 (2011).

117. Miriam Marcowitz-Bitton, "Commercializing Public Sector Information", 97 *J. Pat. & Trademark Off. Soc'y* 412 (2015).

118. Mohammad Amin Naser, "Rethinking the Foundations of Trademark", 5 *Buff. Intell. Prop. L. J.* 1 (2007).

119. Nadia Natasha Seeratan, "Negative Impact of Intellectual Property Patent Rights on Developing Countries: An Examination of the Indian Pharmaceutical Industry", 3 *Scholar* 339 (2001).

120. Nancy Sharp Nti Asare, "Intellectual Property Law: A Basic Introduction", 28 *AUG Wyo. Law.*
20 (2005).

121. Nat Stern, "In Defense of the Imprecise Definition of Commercial Speech", 58 *Md. L. Rev.* 55 (1999).

122. Ned Snow, "Providing Fair Use: Burden of Proof as Burden of Speech", 31 *Cardozo L. Rev.* 1781 (2010).

123. Ned Snow, "The Forgotten Right of Fair Use", 62 *Case W. Res. L. Rev.* 135 (2011).

124. Neil Fligstein, "Market as Politics: A Political-Cultural Approach to Market Institutions", 61*American Sociological Review* 4 (1996).

125. Neil Weinstock Netanel, "Copyright and A Democratic Civil Society", 106 *Yale L. J.* 283

(1996).

126. Neil Weinstock Netanel, "Market Hierarchy and Copyright in Our System of Free Expression", 53 *Vand. L. Rev.* 1879 (2000).

127. Oren Bracha, "The New Intellectual Property of The Nineteenth Century", 89 *Tex. L. Rev.* 423 (2010).

128. Pamela Samuelson, "Preliminary Thoughts on Copyright Reform", 2007 *Utah L. Rev.* 551 (2007).

129. Pamela Samuelson, "Unbundling Fair Uses", 77 *Fordham L. Rev.* 2537 (2009).

130. Paul J. Heald, "Mowing the Playing Field: Addressing Information Distortion and Asymmetry in the TRIPS Game", 88 *Minn. L. Rev.* 249 (2003).

131. Peter Bankia, "Policy and Politics Behind Intellectual Property Laws", 21 *Fordham Int'l L. J.* 445 (1997).

132. Peter Drahos, "Intellectual Property and Pharmaceutical Markets: A Nodal Governance Approach", 77 *Temp. L. Rev.* 401 (2004).

133. Peter J. Chalk & Alexander Dunlop, "Indigenous Trade Marks and Human Rights: An Australian and New Zealand Perspective", 99 *Trademark Rep.* 956 (2009).

134. Peter K. Yu, "Currents and Crosscurrents in the International Intellectual Property Regime", 38 *Loy. L. A. L. Rev.* 323 (2004).

135. Peter K. Yu, "From Pirates to Partners: Protecting Intellectual Property in China in the Twenty-First Century", 50 *Am. U. L. Rev.* 131 (2000).

136. Peter K. Yu, "Piracy, Prejudice, and Perspectives: An Attempt to Use Shakespeare to Reconfigure the U. S. –China Intellectual Property Debate", 19 *B. U. Int'l L. J.* 1 (2001).

137. Peter K. Yu, "The Common Questions About Intellectual Property and Human Rights", 23 *Ga. St. U. L. Rev.* 709 (2007).

138. Peter K. Yu, "The Objectives and Principles of the TRIPS Agreement", 46 *HOUS. L. REV.* 979 (2009).

139. Peter S. Menell, "Intellectual Property and the Property Rights Movement", 30 *Regulation* 36 (2007).

140. Peter S. Menell, "Property, Intellectual Property, and Social Justice: Mapping the Next Frontier", 5 *Brigham-Kanner Prop. Rts. Conf. J.* 147 (2016).

141. Peter S. Menell, "Property, Intellectual Property, and Social Justice: Mapping the Next Frontier", available at https://papers. ssrn. com/sol3/papers. cfm? abstract_ id=2736517.

142. Philippe Cullet, "Plant Variety Protection in Africa: Towards Compliance with the TRIPs Agreement", 45 *J. Afr. L.* 97 (2001).

143. Rafael X. Zahralddin, "The Effect of Broad Patent Scope of the Competitiveness of United States Industry", 17 *Del. J. Corp. L.* 949 (1992).

144. Randall P. Bezanson, "Speaking through Others' Voices: Autoship, Originality, and Free Speech", 38 *Wake Forest L. Rev.* 983 (2003).

145. Rashmi Venkatesan, "TRIPS and Plant Variety Protection in India: Complicating the Globalisation Debate", 9 *Indian J. Int'l Econ. L.* 43 (2018).

146. Rebecca Tushnet, "Economies of Desire: Fair Use and Marketplace Assumptions", 51 *Wm. & Mary L. Rev.* 513 (2009).

147. Robert C. Denicola, "Trademarks as Speech: Constitutional Implications of the Emerging Rationales for the Protection of the Trade Symbols", 1982 *Wis. L. Rev.* 158 (1982).

148. Robert D. Cooter, "Freedom, Creativity, and Intellectual Property", 8 *N. Y. U. J. L. & Liberty* 1 (2013).

149. Robert Danay, "Copyright vs. Free Expression: The Case of Peer-to-Peer File-Sharing of Music in the United Kingdom", 8 *Yale J. L. & Tech.* 32 (2005~2006).

150. Robert G. Bone, "Hunting Goodwill: A History of the Concept of Goodwill in Trademark Law", 86 *B. U. L. Rev.* 547 (2006).

151. Robert L. Jr. Ostergard, "Intellectual Property: A Universal Human Right", 21 *Hum. Rts. Q.* 156 (1999).

152. Robert P. Merges & Richard R. Nelson, "On the Complex Economics of Patent Scope", 90 *Colum. L. Rev.* 839 (1990).

153. Robert P. Merges, "A New Dynamism in the Public Domain", 71 *U. Chi. L. Rev.* 183 (2004).

154. Robert P. Merges, "As Many As Six Impossible Patents Before Breakfast: Property Rights for Business Concepts and Patent System Reform", 14 *Berkeley Tech. L. J.* 577 (1999).

155. Robert P. Merges, "Locke Remixed", 40 *U. C. Davis L. Rev.* 1259 (2007).

156. Robert P. Merges, "One Hundred Years of Solicitude: Intellectual Property Law, 1900~2000", 88 *Cal. L. Rev.* 2187 (2000).

157. Rosemary J. Coombe, "Protecting Traditional Environmental Knowledge and New Social Movements in the Americas: Intellectual Property, Human Right, or Claims to an Alternative Form of Sustainable Development", 17 *Fla. J. Int'l L.* 115 (2005).

158. Rosemary J. Coombe, "Objects of Property and Subjects of Politics: Intellectual Property Laws and Democratic Dialogue", 69 *Tex. L. Rev.* 1853 (1991).

159. Ruth L. Okedui, "The International Intellectual Property Roots of Geographical Indications", 82 *Chi. -Kent L. Rev.* 1329 (2007).

160. Sarah Childress, "Why Some with HIV Still Can't Get Treatment", *PBS*, July 11, 2012.

161. Scott J. Palmer," An Identity Crisis: Regime Legitimacy and the Politics of Intellectual Property Rights in China", *Indiana Journal of Global Legal Studies* (2001).

162. Sean Buchanen, "If Hip-Hop Were Classified and the Pentagon Papers Had Been Copyrighted: An Analysis of Whether the Fair Use Defense in Copyright Law is Broad Enough to Protect First Amendment Concerns", 3 *Akron Intell. Prop. J.* 351 (2009).

163. Sebastian Haunss & Kenneth C. Shadlen, "Introduction: Rethinking the Politics of Intellectual Property", in Sebastian Haunss & Kenneth C. Shadlen eds. , *Politics of Intellectual Property: Contestation over the Ownership, Use, and Control of Knowledge and Information*, Edward Elgar Pub, 2009.

164. Sonya G. Bonneau, "Ex Post Modernism: How the First Amendment Framed Nonrepresentational Art", 39 *Colum. J. L. & Arts* 195~231 (2015)

165. Stephen Hilgartner, "Intellectual Property and the Politics of Emerging Technology: Inventions, Citizens, and Powers to Shape the Future", 84 *Chi. -Kent L. Rev.* 197 (2009).

166. Stewart E. Sterk, "Rhetoric and Reality in Copyright Law", 94 *Mich. L. Rev.* 1197 (1996).

167. Susan K. Sell," Industry Strategies for Intellectual Property and Trade: the Quest for TRIPs, and Post-TRIPs Strategies", 10 *Cardozo J. Int'l & Comp. L.* 79 (2002).

168. Susan Sell, "Intellectual Property and Public Policy in Historical Perspective: Contestation and Settlement", 38 *Loy. L. A. L. Rev.* 267 (2004).

169. Jacob I. Corré, "The Argument, Decision, and Reports of Darcy v. Allen", 45 *Emory L. J.* 1261 (1996).

170. "The Harvard Law Review Association, Frist Amendment-Freedom of Speech-Trademarks-Matal v. Tam", 131 *Harv. L. Rev.* 243 (2017).

171. "The League for Programming Freedom, Against Software Patents: The League for Programming Freedom", 14 *Hastings Comm. & Ent. L. J.* 297 (1991).

172. "The League for Programming Freedom, Software Patents, Is This the Future of Programming?", *DR. DOBB'S J.* , Nov. 1990.

173. "The Washington Declaration on Intellectual Property and the Public Interest", 28 *Am. U. Int'l L. Rev.* 1 (2012).

174. Timothy Sandefur, "A Critique of Ayn Rand's Theory of Intellectual Property Rights", 9 *J. Ayn Rand Stud.* 139~161 (2007).

175. Travis J. Denneson, "The Definitional Imbalance between Copyright and the First Amendment", 30 *Wm. Mitchell L. Rev.* 895 (2004).

176. V. Kryzhna, "Intellectual Property Law and Public Interests", 2011 *Law Ukr. : Legal J.* 145 (2011).

177. W. David Slawson, "Standard Form Contracts and Democratic Control of Lawmaking Power", 84 *Harv. L. Rev.* 529 (1971).

178. William O. Hennessey, "Protection of Intellectual Property in China (30 Years and More): A Personal Reflection", 46 *Hous. L. Rev.* 1257 (2009).

179. William W. Fisher Ⅲ, "The Growth of Intellectual Property: A History of the Ownership of Ideas in the United States", 1999.

180. Xuan-Thao Nguyen & Jeffrey A. Maine, "Equity and Efficiency in Intellectual Property Taxation", 76 *Brook. L. Rev.* 1 (2010).

181. Xuan-Thao Nguyen, "Beyond TPP: Legal Reform for Financing Intellectual Property and Innovation in Vietnam", 20 *SMU Sci. & Tech. L. Rev.* 241 (2017).

182. Xuan-Thao Nguyen, "The China We Hardly Know: Receiving the New China's Intellectual Property Regime", 55 *St. Louis U. L. J.* 773 (2011).

五、其他文献

(一) 案例

1. *Amgen, Inc. v. Roche Holding Ltd.*, 519 F. 3d 1343 (2008).

2. *Association for Molecular Pathology v. Myriad Genetics, Inc.*, 569 U. S. 576 (2013).

3. *Bolar Pharmaceutical Co., Inc. v. Roche Products, Inc.*, 469 U. S. 856 (1984).

4. *Campbell v. Acuff-Rose Music, Inc.*, 510 U. S. 569 (1994).

5. *Deepsouth Packing Co. v. Laitram Corp.*, 406 U. S. 518 (1972).

6. *Diamond v. Chakrabarty*, 447 U. S. 303 (1980).

7. *Eli Lilly and Co. v. Medtronic, Inc.*, 496 U. S. 661 (1990).

8. *Eric ELDRED, et al., Petitioners, v. John D. ASHCROFT, Attorney General*, 123 S. Ct. 769 (2003).

9. *Feist Publications, Inc. v. Rural Telephone Service Co., Inc.*, 499 U. S. 340 (1991).

10. *Fox News Network, LLC v. TVEyes*, 124 F. Supp. 3d 325 (2015).

11. *Gottschalk v. Benson*, 409 U. S. 63 (1972).

12. *Harper & Row Publishers, Inc. v. Nation Enterprises*, 471 U. S. 539 (1985).

13. *In re Brunetti*, 877 F. 3d 1330 (2017).

14. *In re McGinley*, 660 F. 2d 481 (1981).

15. *Matal v. Tam*, 137 S. Ct. 1744 (2017).

16. *McDermott v. San Francisco Women's Motorcycle Contingent*, 240 Fed. Appx. 865 (2007).

17. *Near v. Minnesota*, 51 S. Ct. 625 (1931).

18. *Pac. & S. Co., Inc. v. Duncan*, 744 F. 2d 1490, 1499 (11th Cir. 1984).

19. *Pro-Football, Inc. v. Blackhorse*, 709 Fed. Appx. 182 (2018).

20. *Ritchie v. Simpson*, 170 F. 3d 1092 (Fed. Cir. 1999).

21. *Roche Products, Inc. v. Bolar Pharmaceutical Co., Inc.*, 733 F. 2d 858 (1984).

22. *Roche Products, Inc. v. Bolar Pharmaceuticals Co., Inc.*, 572 F. Supp. 255 (1983).

23. *Sega Enterprises Ltd. v. Accolade, Inc.*, 977 F. 2d 1510, 1514, 1523 (1992).

24. *Time Inc. v. Bernard Geis Associates*, 293 F. Supp. 130 (1968).

25. *Virginia State Board of Pharmacy v. Virginia Citizens Consumer Council*, 96 S. Ct. 1817 (1976).

26. 北京北大方正电子有限公司与广州宝洁有限公司等侵犯著作权纠纷案，北京市海淀区人民法院（2008）海民初字第 27047 号民事判决书，北京市第一中级人民法院（2011）一中民终字第 5969 号民事判决书。

27. 美国教育考试服务中心诉新东方侵犯著作权和商标专用权案，北京市第一中级人民法院（2001）一中知初字第 35 号民事判决书、北京市高级人民法院（2003）高民终字第 1393 号民事判决书。

28. 重庆长城茶叶有限责任公司诉国家工商行政管理总局商标评审委员会商标驳回复审行政纠纷案，北京市知识产权法院（2015）京知行初字第 6454 号行政判决书。

（二）法律文件

1. 中共中央办公厅、国务院办公厅《关于深化审评审批制度改革鼓励药品医疗器械创新的意见》（2017 年）。

3. 《信息网络传播权保护条例》（2013 年）。

4. 中共中央《关于构建社会主义和谐社会若干重大问题的决定》（2006 年）。

5. 《深化党和国家机构改革方案》（2018 年）。

6. 《商标法》（1982 年、1993 年、2001 年、2013 年、2019 年）。

7. 中国人大网上对《中华人民共和国专利法修正案（草案）》的意见（2015 年）。

8. 《著作权法》（1990 年、2001 年、2010 年、2020 年）。

9. 《专利法》（1984 年、1992 年、2000 年、2008 年、2020 年）。

10. 《专利质量提升工程实施方案》（2016 年）。

11. 《"十三五"国家知识产权保护和运用规划》（2016 年）。

12. 《北京市发明奖励办法》（2007 年）。

13. 《发明奖励条例》（1978 年）。

14. 原国家食品药品监督管理总局《关于鼓励药品医疗器械创新保护创新者权益的相关政策（征求意见稿）》（2017 年）。

15. 国家版权局《关于规范网络转载版权秩序的通知》（2015 年）。

16. 《国家自主创新产品认定管理办法（试行）》（2006 年）。

17. 国务院办公厅《关于改革完善仿制药供应保障及使用政策的意见》（2018 年）。

18. 《河南省专利奖励办法》（2017 年）。

19. 《湖南省专利奖励办法》（2013 年）。

20. 《江苏省专利发明人奖励办法》（2016 年）。

21. 《江西省专利奖励办法》（2015 年）。

22. 《山东省专利奖励办法》（2015 年）。

23. 《商标法实施细则》。

24. 《实施国际著作权条约的规定》（1992 年）。

25. 《药品实验数据保护实施办法（暂行）（征求意见稿）》。

26. 《药品注册管理办法》（2007 年）。

27. 《中华人民共和国民法典》。

28. 《药品注册管理办法》（已失效）。

29. 时任中国专利局局长黄坤益 1983 年 12 月 2 日在第六届全国人大常委会第三次会议上关于《中华人民共和国专利法（草案）》的说明。

30. 时任国家版权局局长宋木文 1989 年 12 月 20 日在第七届全国人大常委会第十一次会议上关于《中华人民共和国著作权法（草案）》的说明。

31. 全国人大法律委员会对《中华人民共和国著作权法（草案）》审议结果的报告，1990 年 6 月 20 日。

32. 时任国家专利局局长高卢麟 1992 年 6 月 23 日在第七届全国人民代表大会常务委员会第二十六次会议上关于《中华人民共和国专法修正案（草案）》的说明。

33. 全国人大法律委员会关于《中华人民共和国商标法修正案（草案）》审议结果的报告。

34. 时任国家知识产权局局长田力普 2008 年 8 月 25 日在第十一届全国人民代表大会常务委员会第四次会议上关于《中华人民共和国专利法修正案（草案）》的说明。

35. 《广东省专利奖励办法》（2014 年）。

36. 《甘肃省专利奖励试行办法》（2015 年）。

37. 《中美科技协定》。

38. 《中美贸易关系协定》（1979 年）。

39. 《巴黎公约》。

40. 《伯尔尼公约》。

41. 《公民权利和政治权利国际公约》。

42. 《国际植物新品种权保护公约》（1991 年）。

43. 《经济、社会及文化权利国际公约》（1996 年）。

44. 《联合国千年宣言》（2000 年）。

45. 《名古屋议定书》。

46. 《生物多样性公约》（1992 年）。

47. 《世界版权公约》。

48. 《世界人权宣言》（1948 年）。

49. 《保护计算机程序示范条例》（1978 年）。

50. 美国《贸易扩展法》（1962 年）。

51. 美国《贸易法》（1974 年）。

52. 美国 1980 年《专利商标修正法案》（贝赫-多尔法案）。

53. 美国《药品价格竞争和专利期限恢复法案》（Hatch-Waxman 法案）。

54. 美国《专利法》。

55. 《美国宪法》。

56. 《欧洲人权公约第一议定书》。

57. 《欧洲专利公约》（European Patent Convention 1973）。

58. 《英国人权法案》（United Kingdom Human Right Act 1998）。

59. Bangladesh Trade Marks Act（2009）.

60. Commission on Intellectual Property, Integrating Intellectual Property Rights and Development Policy（2002）.

61. Constitution of the World Health Organization（1946）.

62. Directive 2011/77/EU.

63. Drug Price Competition and Patent Term Restoration Act, commonly known as the Hatch-Waxman Act.

64. GPL 条款。

65. Indian Trade Marks Act（1999）.

66. Office of the High Commissioner for Human Rights, Intellectual Property Rights and Human Rights（Sub-Commission on Human Rights Resolution 2000/7）.

67. The Copyright Term Extension Act（CTEA）of 1998，也称 the Sonny Bono Copyright Term Extension Act，Sonny Bono Act，或 the Mickey Mouse Protection Act.

68. The U. S. 104th Congress Senate Report 104-315.

69. The U. S. 112th Congress（2011~2012），H. R. 3261.

70. The United Kingdom Trademark Act.

71. Trademark Act of Thailand.

72. Treaty on Access to Knowledge（2005 draft）.

73. UNAIDS, 2017 Global HIV Statistics.

74. Universal Declaration of Human Rights（UDHR）（1948）.

75. USPTO Annual Reports Performance and Accountability Report, Fiscal Year 2007.

（三）网络资源

1. "TRIPS 理事会批准最不发达国家药品豁免延至 2033 年"，载 http://www. ipr. gov. cn/article/gjxw/gjtp/dbtp/gjty/wtogjty/201306/1757075_ 1. html。

3. ［澳］弗朗西斯·商锐："知识产权的作用再思考"，载 http://www. wipo. int/export/sites/www/about-wipo/zh/dgo/speeches/pdf/dg_ speech_ melbourne_ 2013. pdf。

4. http://lightyearsip. net/.

5. http://www. aripo. org/about-aripo.

6. http://www. copyrighthistory. org/cam/tools/request/showRecord. php? id=record_ us_ 1831.

7. http://www. gutenberg. org/wiki/Main_ Page.

8. http://www. ipmall. infro/hosted-resources/crs/RL30756-050110. pdf.

9. http://www. oapi. int/.

10. http://www. piipa. org/index. php/about-piipa.

11. http://www. unterstein. net/su/docs/CathBaz. pdf.

12. https://en. wikipedia. org/wiki/Give_ me_ liberty, _ or_ give_ me_ death！.

13. https://superflex. net/.

14. https://uaem. org/.

15. https://www. congress. gov/bill/106th-congress/house-bill/209.

16. https://www. congress. gov/bill/96th-congress/senate-bill/1250.

17. https://www. geekpark. net/news/232619.

18. https://www. geekpark. net/news/232619.

19. https://www. nytimes. com/2018/03/08/business/alexa-laugh-amazon-echo. html, https://mashable. com/2018/03/06/amazon-echo-alexa-random-laugh/#An5kmHuACiqh.

20. https://www. ted. com/talks/dambisa_ moyo_ is_ china_ the_ new_ idol_ for_ emerging_ economies#t-478612.

21. https://zh. wikipedia. org/wiki/%E7%A6%81%E6%AD%A2%E7%BD%91%E7%BB%9C%E7%9B%97%E7%89%88%E6%B3%95%E6%A1%88.

22. Neij v. Sweden, Application no. 40397/12, European Court of Human Rights, 2013, available at http://hudoc. echr. coe. int/eng? i=001-117513.

23. Nkgodi Race Diale, *Community Group Environment for People Participation and Empowerment*, 2009, *available at* http://uir. unisa. ac. za/bitstream/handle/10500/3434/02%20dissertaion. pdf? sequence=3&isAllowed=y. 《2020 年可持续发展议程——目标 1：无贫穷》，http://www. cn. undp. org/content/china/zh/home/sustainable-development-goals/goal-1-no-poverty. html.

24. Rob Waugh, "U. S Senators Withdraw Support for Anti-Piracy Bills as 4. 5 Million People Sign Google's Anti-Censorship Petition", 载 http://www. dailymail. co. uk/sciencetech/article-2088860/SOPA-protest-4-5m-people-sign-Googles-anti-censorship-petition. html, 2012.

25. Steve Schlackman, "How Mickey Mouse Keeps Changing Copyright Law", October 18, 2017.

26. "The Coffee War: Ethiopia and the Starbucks Story", September 3, 2010, http://www. wipo. int/ipadvantage/en/details. jsp? id=2621.

27. 田飞龙:"政治的概念与宪法的概念——从施米特政治法学的两个基本判断切入", 载 http://www. iolaw. org. cn/showNews. asp? id=20108。

致　谢

　　学术研究工作类似于其他很多工作，培养兴趣和坚持精神并形成无形的信念非常重要。同时，周边人的鼓励、支持、鞭策乃至批评也会给我们带来珍贵的能量。基于现实的挑战，喜悦的事情我们一般不会沉浸其中太久，一些难关的克服则往往令我们刻骨铭心。当开头有困难、进展不顺利、结果受质疑时，信念就会被削损，而人与人之间的交流将会为我们提供重拾信心的勇气。如果周围有这种能量"供应站"，无疑是非常幸运的。

　　多年前基于开拓知识产权法新领域学术研究的念头，我和硕士、博士期间导师冯晓青教授讨论了学科研究的方向。三年前，当我拿着包括"知识产权法政治学研究"的三个题目征询冯老师的意见时，他非常兴奋地推荐我对知识产权法政治学展开研究。可以说，没有冯老师的鼓励，我是万万不敢迈出这一步的。当时的确没有想到本研究的困难及对相关内容把握的难度，只是很确信冯老师的建议是非常值得信赖的。我在写作期间，从结构到内容把握，再到完稿后的修改、出版，都得到了冯老师的大力支持。没有冯老师的鼓励及支持，就没有本研究成果完成及面世。冯老师的言传身教对我影响至深，感恩这座坚实又源源不断的"能量站"。

　　家庭对很多人来讲都是类似的避风港湾，是大家的给力能量站。我深感除了从家庭获得亲情的依赖之外，从做学术的自信来讲，也能获得很多精神能量。在本研究中，我的父亲无数次给我电话、视频，提醒我要注意的写作方向、历史事件别忽略、要避免雷区等。在写作过程中，家人经常问我进展，当然也无数次嘱咐我注意休息。无疑，这都在鞭策我多加努力，争取更好的研究进程。他们不仅是后盾级别的能量站，很惭愧地讲，他们也是我负面情绪的回转站。无限感谢！

　　偶然得来的能量，因为不常见，也异常珍贵。在本研究及评价过程中，我得到了张今教授、来小鹏教授、李顺德教授、徐家力教授、刘瑛教授、崔国斌副教授、杨利华副教授、付继存副教授等老师们的宝贵意见，在此感谢。在本研究的开始及进展中，我还很多次得到了陈丹阳博士、曹聪瑞博士等朋友的学科知识的帮助，亦表示感谢。

还值得指出，我在美国加州大学伯克利分校学习期间，与 Robert Merges 老师、Mark Cohen 老师的交流及 Peter Menell 老师和 Dylan Penningroth 老师的课程，为我的写作提供了不少思路，在此一并感谢。

本书得以出版，也感谢中国政法大学出版社的编辑们。细致的工作彰显出专业，向他们致以谢意。

回首这份研究成果的形成过程，大部分撰写是我在几个图书馆和咖啡店完成的，与此同时伴随我的还有多种音乐，这种额外的社会馈赠让人很想感恩这个和平时代。"顺杆爬"的成果即将面世，我感到一定的不舍，因为很多想法好像还没有特别周全地得以表达，但又很希望得到更多人的意见及建议。真诚欢迎有兴趣的读者随时指正（hewei_ zhou@outlook.com）。

周贺微

2021 年 1 月于北京工业大学